山西
统计年鉴
Shanxi Statistical Yearbook
2021

山　西　省　统　计　局
国家统计局山西调查总队　编

Compiled by
Shanxi Provincial Bureau of Statistics &
Survey Office of the National Bureau of
Statistics in Shanxi

总第39期

中国统计出版社
China Statistics Press

图书在版编目（CIP）数据

山西统计年鉴. 2021 = Shanxi Statistical Yearbook 2021 : 汉英对照 / 山西省统计局, 国家统计局山西调查总队编. -- 北京 : 中国统计出版社, 2021.9
ISBN 978-7-5037-9609-8

Ⅰ. ①山… Ⅱ. ①山… ②国… Ⅲ. ①统计资料－山西－2021－年鉴－汉、英 Ⅳ. ①C832.25-54

中国版本图书馆 CIP 数据核字(2021)第 160519 号

山西统计年鉴-2021

作　　者/山西省统计局　国家统计局山西调查总队
责任编辑/佘竞雄
责任校对/王育民　李　静　田　甜
装帧设计/黄　晨　王　芳
出版发行/中国统计出版社有限公司
通信地址/北京市丰台区西三环南路甲 6 号　邮政编码/100073
电　　话/邮购（010）63376909　书店（010）68783171
网　　址/ http://www.zgtjcbs.com
印　　刷/河北鑫兆源印刷有限公司
经　　销/新华书店
开　　本/880mm×1230mm　1/16
字　　数/1370 千字
印　　张/45
版　　别/2021 年 9 月第 1 版
版　　次/2021 年 9 月第 1 次印刷
定　　价/390.00 元

本书附同版本 CD-ROM 一张，光盘内容以书面文字为准。
如有印装差错，由本社发行部调换。

编者说明

一、《山西统计年鉴－2021》收录了全省和各地市、县（市、区）、有关部门2020年经济、社会、科技等方面的统计数据，以及多个重要历史年份主要统计数据，是一部全面反映山西省国民经济和社会发展情况的资料性年刊。为便于国际交流，内文全部采用中英文对照。

二、全书共分20个篇章：1. 综合；2. 人口、劳动工资和社会保障；3. 物价；4. 人民生活；5. 财政、金融和保险；6. 能源；7. 固定资产投资；8. 对外经济贸易；9. 农业；10. 工业；11. 建筑业；12. 房地产；13. 批发和零售业；14. 住宿、餐饮业和旅游；15. 交通运输、邮电通信业；16. 教育、科技；17. 文化、体育、卫生、环保；18. 城市概况；19. 地市篇；20. 县（市、区）篇。为方便读者使用，各篇章前绘制了反映总体趋势的统计图，篇末附有《主要统计指标解释》，对主要统计指标的涵义、统计范围和统计方法以及历史沿革予以简要说明。

三、与《山西统计年鉴－2020》相比，本年鉴内容主要做了如下修订："综合"篇，修订了人均地区生产总值历史数据；"人口、劳动工资和社会保障"篇，根据第七次全国人口普查结果，对人口与就业相关历史数据作了修订，并调整了相关指标；"固定资产投资"篇，删减了房屋建筑面积相关指标；"文化、体育、卫生、环保"篇，调整了"体育场地数"表式；"地市篇"和"县（市、区）篇"，修订补充了2011-2019年人口数据。

四、本年鉴统计指标口径范围及解释以国家现行统计报表制度为准。资料主要来源于统计年报，部分资料来自于抽样调查和有关部门。

五、为方便读者使用，对个别有变动的指标在表下作了简要注释。本年鉴中涉及到的历史数据，均以最新出版的本年鉴数据为准。

六、本年鉴所使用的度量衡单位，均采用国际统一标准计量单位。部分数据合计数或相对数由于单位取舍不同而产生的计算误差，均未作机械调整。

七、年鉴符号使用说明："空格"表示该项统计指标数据不足本表最小单位数、数据不详或无数据；"#"表示该指标其中的主要项。

COMPILER'S NOTES

Ⅰ . *Shanxi Statistical Yearbook 2021* is an annual statistics publication, which reflects comprehensively the national economic and social development of Shanxi province. It covers data for 2020 and key statistical data in some historically important years at the provincial level and the local levels of prefecture and county. To meet the need of international exchange, this yearbook is made in both Chinese and English.

Ⅱ . The yearbook contains the following twenty parts: 1. General Survey; 2. Population, Labor Wages and Social Security; 3. Price; 4. People's Living Conditions; 5. Public Finance, Banking and Insurance; 6. Energy; 7. Investment in Fixed Assets; 8. Foreign Trade and Economic Cooperation; 9. Agriculture; 10. Industry; 11. Construction; 12. Real Estate; 13. Wholesale and Retail Trade; 14. Hotels, Catering Services and Tourism; 15. Transportation, Post and Telecommunication Services; 16. Education, Science and Technology; 17. Culture, Sports, Public Health and Environmental Protection; 18. General Survey of Cities; 19. Cities at Prefecture Level; 20. Counties, Cities and Districts at County Level. To facilitate readers, Statistical Charts reflecting total trend are attached at the beginning of each chapter, and Explanatory Notes on Main Statistical Indicators, a brief introduction about the meaning, statistical coverage, statistical methods and historical changes of main statistical indicators, are provided at the end of each chapter.

Ⅲ . Comparing with *Shanxi Statistical Yearbook 2020*, following revisions have been made in this new version: In the chapter of General Survey, historical data of per capita GDP are revised; In the chapter of Population, Labor Wages and Social Security, related historical data of population and employment are revised according to the results of the Seventh National Population Census, and related indicators are adjusted; In the chapter of Investment in Fixed Assets, related indicators of building's floor space are deleted; In the chapter of Culture, Sports, Public Health and Environmental Protection, the table of Number of Sports Venues is adjusted; In the chapter of Cities at Prefecture Level and Counties, Cities and Districts at County Level, population data from 2011 to 2019 are revised and added.

Ⅳ . The statistical coverage and explanation of indicators in this yearbook are the same as the current national statistical report system. The data in this yearbook are mainly obtained from annual statistical reports, and some are from sample surveys and related departments.

Ⅴ . For the convenience of the readers, brief notes concerning some indicators about their changes in meaning or coverage are given at the lower part of relevant tables. In case of some statistical data issued before being inconsistent with this publication, take the data in this publication as correction.

Ⅵ . The units of measurement used in this yearbook are international standard measurement units. Statistical discrepancies due to rounding are not adjusted in this yearbook.

Ⅶ . Notations used in this yearbook: " (blank) " indicates that the figure is not large enough to be measured with the smallest unit in the table or is not available; " # "indicates the major items of the total.

目　　录

CONTENTS

一、综　合

GENERAL SURVEY

二、人口、劳动工资和社会保障

POPULATION, LABOR WAGES AND SOCIAL SECURITY

三、物　价

PRICE

五、财政、金融和保险

PUBLIC FINANCE, BANKING AND INSURANCE

六、能　源

ENERGY

七、固定资产投资

INVESTMENT IN FIXED ASSETS

九、农　业

AGRICULTURE

十、工 业

INDUSTRY

十一、建筑业

CONSTRUCTION

十二、房地产

REAL ESTATE

十三、批发和零售业

WHOLESALE AND RETAIL TRADE

十六、教育、科技

EDUCATION, SCIENCE AND TECHNOLOGY

十七、文化、体育、卫生、环保

CULTURE, SPORTS, PUBLIC HEALTH AND ENVIRONMENTAL PROTECTION

十九、地市篇

CITIES AT PREFECTURE LEVEL

二十、县(市、区)篇

COUNTIES, CITIES AND DISTRICTS AT COUNTY LEVEL

1 综 合

GENERAL SURVEY

资料整理人员

田　甜　高春堂　李世峰　黄翰林　辛忠霞
王亚文　王俊鹏　张淑虹

综合

GENERAL SURVEY

地区生产总值	Gross Domestic Product	17651.9	亿元 (100 million yuan)
第一产业	Primary Industry	946.7	亿元 (100 million yuan)
第二产业	Secondary Industry	7675.4	亿元 (100 million yuan)
第三产业	Tertiary Industry	9029.8	亿元 (100 million yuan)

地区生产总值构成 (%)
Composition of Gross Domestic Product (%)

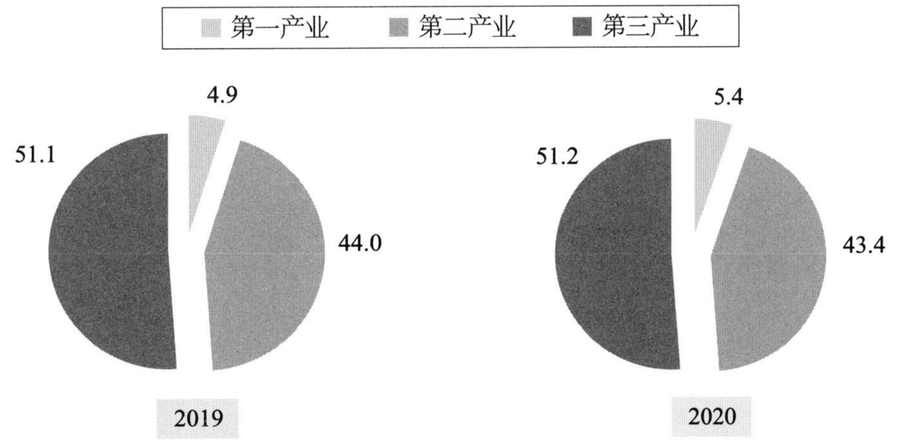

地区生产总值（亿元）
Gross Domestic Product（100 million yuan）

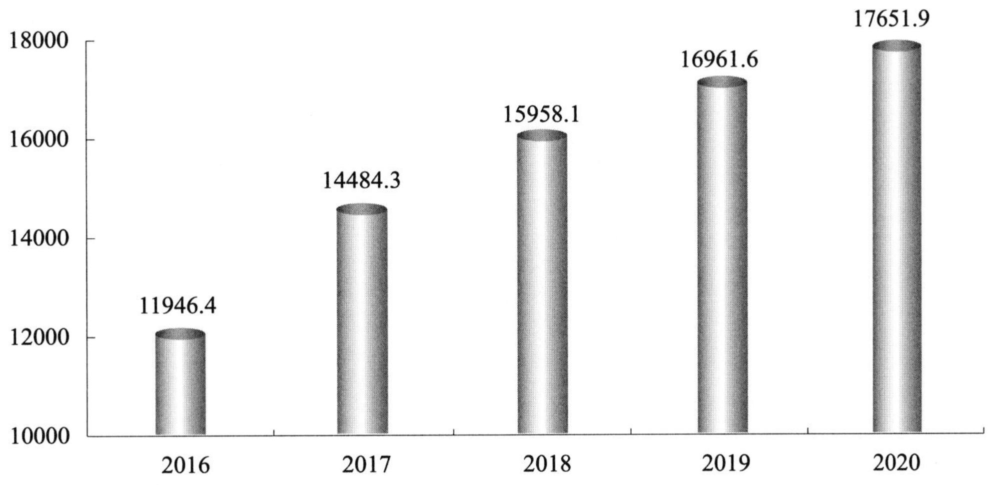

地区生产总值增速 Growth Rate of Gross Domestic Product	3.6	% (%)
第一产业 Primary Industry	3.6	% (%)
第二产业 Secondary Industry	5.5	% (%)
第三产业 Tertiary Industry	2.1	% (%)
人均地区生产总值 Per Capita Gross Domestic Product	50528	元 (yuan)

地区生产总值增速 (%)

Growth Rate of Gross Domestic Product (%)

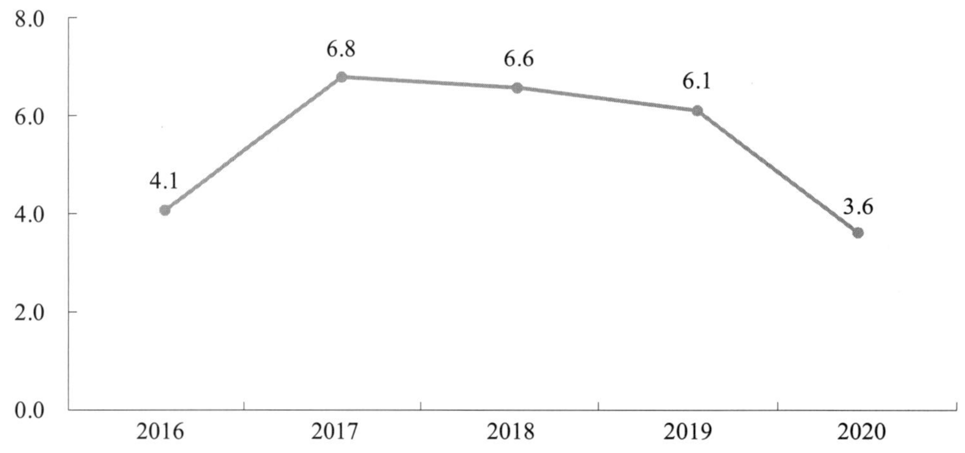

人均地区生产总值（元）

Per Capita Gross Domestic Product (yuan)

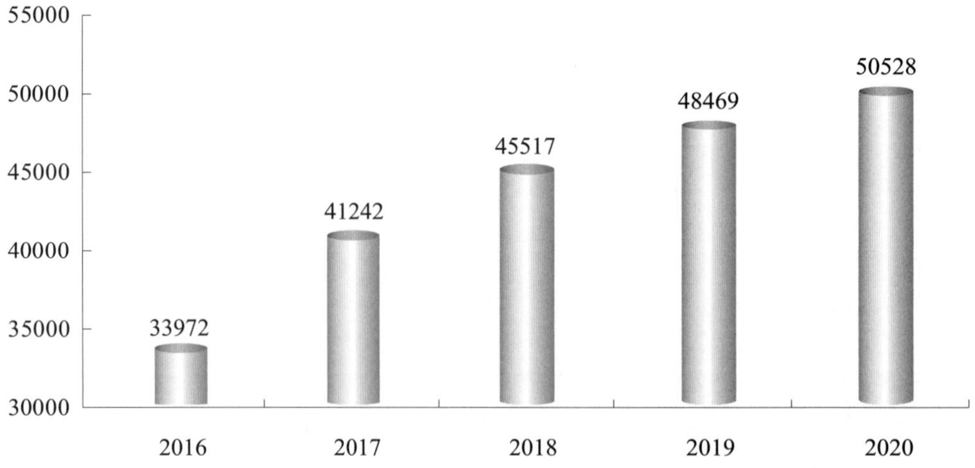

1-1　行政区划(2020年)

ADMINISTRATIVE DIVISION(2020)

市　名 City	城　市 City 合　计 Total	城　市 City 地级市 City at Prefecture Level	城　市 City 县级市 City at County Level	市辖区 District under Jurisdiction of Cities	县 County	镇 Town	乡 Township
	22	11	11	26	80	579	610
太原市 Taiyuan	小店区 Xiaodian　迎泽区 Yingze　杏花岭区 Xinghualing　尖草坪区 Jiancaoping　万柏林区 Wanbailin　晋源区 Jinyuan　清徐县 Qingxu　阳曲县 Yangqu 娄烦县 Loufan　古交市 Gujiao						
大同市 Datong	新荣区 Xinrong　平城区 Pingcheng　云冈区 Yungang　云州区 Yunzhou　阳高县 Yanggao　天镇县 Tianzhen　广灵县 Guangling　灵丘县 Lingqiu 浑源县 Hunyuan　左云县 Zuoyun						
阳泉市 Yangquan	城　区 Chengqu　矿　区 Kuangqu　郊　区 Jiaoqu　平定县 Pingding　盂　县 Yuxian						
长治市 Changzhi	潞州区 Luzhou　上党区 Shangdang　屯留区 Tunliu　潞城区 Lucheng　襄垣县 Xiangyuan　平顺县 Pingshun　黎城县 Licheng　壶关县 Huguan 长子县 Zhangzi　武乡县 Wuxiang　沁　县 Qinxian　沁源县 Qinyuan						
晋城市 Jincheng	城　区 Chengqu　沁水县 Qinshui　阳城县 Yangcheng　陵川县 Lingchuan　泽州县 Zezhou　高平市 Gaoping						
朔州市 Shuozhou	朔城区 Shuocheng　平鲁区 Pinglu　山阴县 Shanyin　应　县 Yingxian　右玉县 Youyu　怀仁市 Huairen						
晋中市 Jinzhong	榆次区 Yuci　太谷区 Taigu　榆社县 Yushe　左权县 Zuoquan　和顺县 Heshun　昔阳县 Xiyang　寿阳县 Shouyang 祁　县 Qixian　平遥县 Pingyao　灵石县 Lingshi　介休市 Jiexiu						
运城市 Yuncheng	盐湖区 Yanhu　临猗县 Linyi　万荣县 Wanrong　闻喜县 Wenxi　稷山县 Jishan　新绛县 Xinjiang　绛　县 Jiangxian　垣曲县 Yuanqu 夏　县 Xiaxian　平陆县 Pinglu　芮城县 Ruicheng　永济市 Yongji　河津市 Hejin						
忻州市 Xinzhou	忻府区 Xinfu　定襄县 Dingxiang　五台县 Wutai　代　县 Daixian　繁峙县 Fanshi　宁武县 Ningwu　静乐县 Jingle　神池县 Shenchi 五寨县 Wuzhai　岢岚县 Kelan　河曲县 Hequ　保德县 Baode　偏关县 Pianguan　原平市 Yuanping						
临汾市 Linfen	尧都区 Yaodu　曲沃县 Quwo　翼城县 Yicheng　襄汾县 Xiangfen　洪洞县 Hongtong　古　县 Guxian　安泽县 Anze　浮山县 Fushan　吉　县 Jixian 乡宁县 Xiangning　大宁县 Daning　隰　县 Xixian　永和县 Yonghe　蒲　县 Puxian　汾西县 Fenxi　侯马市 Houma　霍州市 Huozhou						
吕梁市 Lvliang	离石区 Lishi　文水县 Wenshui　交城县 Jiaocheng　兴　县 Xingxian　临　县 Linxian　柳林县 Liulin　石楼县 Shilou　岚　县 Lanxian　方山县 Fangshan 中阳县 Zhongyang　交口县 Jiaokou　孝义市 Xiaoyi　汾阳市 Fenyang						

1-2　国民经济和社会发展总量与速度指标

指　标	Item	总量指标	
		1990	2000
一、人口与就业（万人）	**Population and Employment (10 000 persons)**		
常住人口	Resident Population	2899.0	3247.8
就业人员	Total Employees	1304	1392
二、国民经济核算（亿元）	**National Economic Accounting (100 million yuan)**		
地区生产总值	Gross Domestic Product	429.3	1845.7
第一产业	Primary Industry	80.8	179.9
第二产业	Secondary Industry	210.1	858.4
第三产业	Tertiary Industry	138.4	807.5
三、物价指数（上年=100）	**Price Indices (last year=100)**		
居民消费价格指数	Consumer Price Index	102.2	103.9
商品零售价格指数	Retail Price Index	102.1	97.1
四、财　政（亿元）	**Public Finance (100 million yuan)**		
一般公共预算收入	General Public Budget Revenue	51.7	114.5
一般公共预算支出	General Public Budget Expenditure	54.9	225.1
五、固定资产投资（亿元）	**Investment in Fixed Assets (100 million yuan)**		
全社会固定资产投资	Total Investment in Fixed Assets	123.4	625.2
#住　宅	Residential Buildings	22.0	111.3
第一产业	Primary Industry	5.2	12.0
第二产业	Secondary Industry	75.6	289.6
第三产业	Tertiary Industry	42.6	323.6
六、对外贸易（亿美元）	**Foreign Trade (USD 100 million)**		
进出口总额	Total Value of Exports and Imports	3.5	17.6
出　口	Total Value of Exports	2.6	12.4
进　口	Total Value of Imports	0.9	5.3
七、农　业	**Agriculture**		
主要农产品产量（万吨）	Output of Major Farm Products (10 000 tons)		
粮　食	Grain	969.0	853.4
蔬　菜	Vegetables	347.4	920.3
油　料	Oil-bearing Crops	39.4	44.8
肉　类	Meat	31.9	65.0
猪年末存栏　（万头）	Hogs at Year-end (10 000 heads)	363.1	519.5
羊年末存栏　（万只）	Sheep and Goats at Year-end (10 000 heads)	709.6	1058.4
八、房地产开发投资（亿元）	**Investment in Real Estate Development (100 million yuan)**		
本年完成投资	Investment Completed This Year	2.8	39.5
#住　宅	Residential Buildings	2.5	27.2

PRINCIPAL AGGREGATE INDICATORS ON NATIONAL ECONOMIC AND SOCIAL DEVELOPMENT AND GROWTH RATES

Aggregate Data			速 度 指 标 Indices and Growth Rates						
			指数(2020为以下各年%) Index (2020 as percentage of the following years)				平均增长速度 (%) Average Annual Growth Rate (%)		
2010	2015	2020	1990	2000	2010	2015	1991-2020	2001-2020	2011-2020
3574.1	3518.6	3490.5	120.4	107.5	97.7	99.2	0.6	0.4	-0.2
1802	1827	1738	133.3	124.8	96.4	95.1	1.0	1.1	-0.4
8903.9	11836.4	17651.9	1332.5	500.5	184.3	130.3	9.0	8.4	6.3
510.4	726.2	946.7	255.9	202.5	143.2	114.5	3.2	3.6	3.7
5349.6	5219.7	7675.4	1484.1	523.8	173.4	125.0	9.4	8.6	5.7
3043.9	5890.5	9029.8	1769.9	551.1	204.8	137.0	10.1	8.9	7.4
103.0	100.6	102.9	336.0	156.3	125.1	109.9	4.1	2.3	2.3
102.3	99.3	100.9	230.8	134.0	115.5	106.3	2.8	1.5	1.5
969.7	1642.4	2296.6	4437.9	2006.2	236.8	139.8	13.5	16.2	9.0
1931.4	3423.0	5110.9	9310.1	2270.9	264.6	149.3	16.3	16.9	10.2
6352.6	14137.2								
900.3	2106.8								
281.3	1563.7								
2628.1	5206.0								
3443.2	7367.5								
125.8	147.2	218.7	6247.4	1239.3	173.8	148.6	14.8	13.4	5.7
47.1	84.2	127.3	4840.5	1029.3	270.3	151.2	13.8	12.4	10.5
78.7	62.9	91.4	10500.3	1731.8	116.1	145.1	16.8	15.3	1.5
1107.5	1314.0	1424.3	147.0	166.9	128.6	108.4	1.3	2.6	2.5
694.1	837.4	861.2	247.9	93.6	124.1	102.8	3.1	-0.3	2.2
16.6	12.2	14.3	36.3	31.9	86.2	117.4	-3.3	-5.5	-1.5
77.2	99.0	102.7	322.2	157.8	133.1	103.7	4.0	2.3	2.9
528.8	619.2	569.4	156.8	109.6	107.7	92.0	1.5	0.5	0.7
769.7	1112.1	970.1	136.7	91.7	126.0	87.2	1.0	-0.4	2.3
592.2	1494.9	1830.4	64254.9	4639.0	309.1	122.4	24.1	21.1	11.9
457.4	1098.3	1431.8	58120.7	5258.6	313.0	130.4	23.6	21.9	12.1

1-2 续表

指　　标	Item	总量指标 1990	2000
九、工　业	**Industry**		
主要工业产品产量(全社会)	Output of Major Industrial Products (Total Society)		
原　煤　(万吨)	Coal (10 000 tons)	28597	25152
发电量　(亿千瓦小时)	Electricity (100 million kwh)	314.2	624.7
粗　钢　(万吨)	Crude Steel (10 000 tons)	238.6	472.7
钢　材　(万吨)	Steel Products (10 000 tons)	128.8	392.6
水　泥　(万吨)	Cement (10 000 tons)	612.5	1434.0
十、国内贸易 (亿元)	**Domestic Trade (100 million yuan)**		
社会消费品零售总额	Total Retail Sales of Consumer Goods	158.0	692.7
十一、交通运输、邮电	**Transportation, Post and Telecommunication Services**		
货物运输量　(万吨)	Freight Traffic (10 000 tons)	50111	86624
#铁　路	Railways	23332	28779
旅客客运量　(万人)	Passenger Traffic (10 000 persons)	15960	31818
#铁　路	Railways	3226	2953
邮政行业业务总量　(亿元)	Business Volume of Post Services (100 million yuan)		
电信业务总量　(亿元)	Business Volume of Telecommunication Services (10 000 million yuan)		
移动电话用户　(万户)	Number of Mobile Telephone Subscribers (10 000 subscribers)		126
十二、教育、科技、文化、卫生	**Education, Science and Technology, Culture and Public Health**		
教　育	**Education**		
普通高等学校数(所)	Regular Institutions of Higher Education (unit)	26	24
普通高等学校在校学生数 (万人)	Student Enrollment of Regular Higher Education Institutions (10 000 persons)	5.1	12.6
普通中学在校学生数 (万人)	Student Enrollment of Regular Secondary Schools (10 000 persons)	145.1	199.8
普通小学在校学生数 (万人)	Student Enrollment of Regular Primary Schools (10 000 persons)	297.4	343.6
科　技	**Science and Technology**		
全社会R&D经费内部支出 (亿元)	Total Internal Expenditure on R&D (10 000 million yuan)		9.9
文　化	**Culture**		
图书总印数　(万册)	Total Printed Copies of Books (10 000 copies)	12166	10105
期刊总印数　(万份)	Total Printed Copies of Magazines (10 000 copies)	2815	2659
报纸总印数　(万份)	Total Printed Copies of Newspapers (10 000 copies)	54361	62815
卫　生	**Public Health**		
医　院　(个)	Number of Hospitals (unit)		716
执业(助理)医师　(人)	Number of Licensed (Assitant) Docotors (person)	60185	64900

continued

Aggregate Data			速 度 指 标 Indices and Growth Rates						
2010	2015	2020	指数(2020为以下各年%) Index (2020 as percentage of the following years)				平均增长速度 (%) Average Annual Growth Rate (%)		
			1990	2000	2010	2015	1991–2020	2001–2020	2011–2020
74096	96680	107906	377.3	429.0	145.6	111.6	4.5	7.6	3.8
2150.6	2457.5	3503.5	1115.2	560.8	162.9	142.6	8.4	9.0	5.0
3048.8	3847.0	6637.8	2782.2	1404.1	217.7	172.5	11.7	14.1	8.1
2866.4	4267.3	6181.5	4800.0	1574.5	215.7	144.9	13.8	14.8	8.0
3670.3	3786.1	5616.7	917.0	391.7	153.0	148.3	7.7	7.1	4.3
3027.1	5345.1	6746.3	4268.7	973.9	222.9	126.2	13.3	12.1	8.3
124677	161772	190238	379.6	219.6	152.6	117.6	4.5	4.0	4.3
63836	70509	92002	394.3	319.7	144.1	130.5	4.7	6.0	3.7
39059	30676	13757	86.2	43.2	35.2	44.8	–0.5	–4.1	–9.9
5746	7393	4890	151.6	165.6	85.1	66.1	1.4	2.6	–1.6
	43.1	150.7				349.7			
	468.2	3091.7				660.3			
2225	3337	4023		3187.3	180.8	120.6		18.9	6.1
65	79	85	326.9	354.2	130.8	107.6	4.0	6.5	2.7
56.3	74.0	84.2	1641.0	670.0	149.6	113.7	9.8	10.0	4.1
253.7	192.1	177.0	122.0	88.6	69.8	92.2	0.7	–0.6	–3.5
291.1	227.0	235.3	79.1	68.5	80.8	103.7	–0.8	–1.9	–2.1
89.9	132.5	211.1		2133.1	234.8	159.3		16.5	8.9
13183	12439	11033	90.7	109.2	83.7	88.7	–0.3	0.4	–1.8
4000	2573	1996	70.9	75.1	49.9	77.6	–1.1	–1.4	–6.7
206698	203549	213427	392.6	339.8	103.3	104.9	4.7	6.3	0.3
1201	1274	1419		198.2	118.2	111.4		3.5	1.7
85376	90216	101667	168.9	156.7	119.1	112.7	1.8	2.3	1.8

1-3 山西省水资源总量(2019年)
TOTAL VOLUME OF WATER RESOURCES(2019)

单位：亿立方米 (100 million cu.m)

市名 City		水资源总量 Water Resources	地表水资源量 Surface Water Resources	地下水资源量 Ground Water Resources	重复计算量 Repetition Statistical Amount	年降水量 Annual Precipitation
全省	**Total**	**97.30**	**58.49**	**82.50**	**43.69**	**715.90**
太原市	Taiyuan	5.86	2.78	4.90	1.82	30.05
大同市	Datong	8.75	5.07	6.65	2.97	62.77
阳泉市	Yangquan	2.80	3.52	2.79	3.51	18.57
长治市	Changzhi	8.39	4.72	7.70	4.03	58.90
晋城市	Jincheng	8.13	5.57	7.61	5.04	50.61
朔州市	Shuozhou	5.06	1.97	4.72	1.63	42.57
晋中市	Jinzhong	9.39	5.58	6.37	2.56	64.40
运城市	Yuncheng	9.40	2.89	9.40	2.90	74.37
忻州市	Xinzhou	18.04	10.68	14.27	6.91	123.03
临汾市	Linfen	8.62	6.33	7.76	5.47	91.01
吕梁市	Lvliang	12.87	9.38	10.34	6.86	99.63

1-4 山西省实际用水量(2019年)
ACTUAL CONSUMPTION OF WATER(2019)

单位：亿立方米 (100 million cu.m)

市名 City		总计 Total	农田灌溉 Farmland Irrigation	工业 Industry	城镇生活 Urban Living	农村生活 Rural Living	林牧渔畜 Forestry, Animal Husbandry, Fishery and Livestock	生态 Ecological Utilization
全省	**Total**	**75.97**	**41.01**	**13.45**	**10.30**	**3.49**	**2.82**	**4.89**
太原市	Taiyuan	8.27	1.59	2.85	2.65	0.29	0.15	0.74
大同市	Datong	6.34	3.62	1.04	0.81	0.31	0.12	0.44
阳泉市	Yangquan	2.01	0.25	0.76	0.57	0.14	0.12	0.16
长治市	Changzhi	5.72	2.36	1.35	0.87	0.38	0.17	0.59
晋城市	Jincheng	4.35	1.32	1.73	0.75	0.21	0.23	0.12
朔州市	Shuozhou	4.90	3.22	0.65	0.45	0.16	0.30	0.12
晋中市	Jinzhong	7.02	3.89	1.10	0.77	0.37	0.34	0.55
运城市	Yuncheng	16.38	12.52	1.14	1.27	0.56	0.45	0.44
忻州市	Xinzhou	6.71	4.19	0.86	0.46	0.28	0.34	0.58
临汾市	Linfen	8.14	5.12	0.84	0.91	0.45	0.42	0.40
吕梁市	LvLiang	6.13	2.93	1.13	0.78	0.35	0.19	0.75

1-5 平均每天主要社会经济活动

MAJOR INDICATORS OF AVERAGE DAILY SOCIAL AND ECONOMIC ACTIVITIES

指 标	Item	2010	2015	2020
地区生产总值(万元)	Gross Domestic Product (10 000 yuan)	243942	324285	483615
全社会固定资产投资额(万元)	Total Investment in Fixed Assets (10 000 yuan)	174044	387319	
社会消费品零售总额(万元)	Total Retail Sales of Consumer Goods (10 000 yuan)	82934	146442	184831
进出口总额(万美元)	Total Value of Exports and Imports of Customs (USD 10 000)	3446	4032	5991
一般公共预算收入(万元)	General Public Budget Revenue (10 000 yuan)	26566	44996	62920
一般公共预算支出(万元)	General Public Budget Expenditure (10 000 yuan)	52914	93780	140024
主要农产品产量(吨)	Output of Major Farm Products (ton)			
粮 食	Grain	30344	36001	39021
油 料	Oil-bearing Crops	455	334	392
蔬 菜	Vegetables	19015	22943	23594
主要工业产品产量(全社会)	Output of Major Industrial Products (Total Society)			
原 煤 (万吨)	Coal (10 000 tons)	203	265	296
发电量 (万千瓦小时)	Electricity (10 000 kwh)	58919	67327	95987
钢 材 (吨)	Steel Products (ton)	78530	116911	169355
焦 炭 (万吨)	Coke (10 000 tons)	23	22	29
水 泥 (吨)	Cement (ton)	100556	103728	153881
货运量(万吨)	Freight Traffic (10 000 tons)	342	443	521
客运量(万人)	Passenger Traffic (10 000 persons)	107	84	38
图书出版 (万册)	Books Published (10 000 copies)	36.12	34.08	30.23
期刊出版 (万份)	Magazines Issued (10 000 copies)	10.96	7.05	5.47
报纸出版 (万份)	Newspapers Issued (10 000 copies)	566.30	557.67	584.73
出 生 (人)	Births (person)	1043	1000	789
死 亡 (人)	Deaths (person)	525	557	671
结 婚 (对)	Marriages (couple)	988	950	591
离 婚 (对)	Divorces (couple)	73	148	183

1-6 社会经济主要指标人均水平
MAJOR PER CAPITA INDICATORS OF SOCIETY AND ECONOMY

指 标	Item	2010	2015	2020
一、地区生产总值 (元)	**Gross Domestic Product (yuan)**	**25434**	**33593**	**50528**
二、人民生活 (元)	**People's Livelihood (yuan)**			
城镇非私营单位在岗职工平均工资	Average Wage of Fully Employed Staff and Workers in Urban Non-private Units	33544	52960	77364
#国 有	State-owned Units	33119	54953	76368
集 体	Collective-owned Units	21993	44114	49633
城镇居民可支配收入	Disposable Income of Urban Households	15510	25828	34793
城镇居民消费支出	Living Expenditure of Urban Households	10236	15819	20332
农村居民可支配收入	Disposible Income of Rural Households	5263	9454	13878
农村居民消费支出	Living Expenditure of Rural Households	4070	7421	10290
住户存款	Households Deposits	26346	42877	68431
三、主要农产品产量 (公斤)	**Output of Major Farm Products (kg)**			
粮 食	Grain	316	373	408
油 料	Oil-bearing Crops	4.7	3.5	4.1
蔬 菜	Vegetables	198.3	237.7	246.5
肉 类	Meat	22.0	28.1	29.4
四、主要工业产品产量 (全社会)	**Output of Major Industrial Products (Total Society)**			
原 煤 (吨)	Coal (ton)	21.17	27.44	30.89
发电量 (千瓦小时)	Electricity (kwh)	6143.2	6974.3	10028.2
粗 钢 (公斤)	Crude Steel (kg)	870.9	1091.8	1899.9
钢 材 (公斤)	Steel Products (kg)	818.8	1211.1	1769.3
焦 炭 (吨)	Coke (ton)	2.43	2.28	3.00
水 泥 (公斤)	Cement (kg)	1048.4	1074.5	1607.7
布 (米)	Cloth (m)	2.1	2.2	0.5
五、社会消费品零售额 (元)	**Total Retail Sales of Consumer Goods (yuan)**	**8647**	**15170**	**19310**

1-7 国民经济与社会发展结构指标

MAJOR COMPOSITION INDICATORS ON NATIONAL ECONOMIC AND SOCIAL DEVELOPMENT

单位：% (%)

指 标	Item	2010	2015	2020
男女人口比例	**Sex Ratio**			
男 性	Male	51.4	51.3	51.0
女 性	Female	48.6	48.7	49.0
人口抚养比	**Dependency Ratio of Population**			
总抚养比	Gross Dependency Ratio	32.8	32.6	41.3
少儿抚养比	Children Dependency Ratio	22.7	20.6	23.1
老年抚养比	Old People Dependency Ratio	10.1	12.1	18.2
地区生产总值构成	**Composition of GDP**			
第一产业	Primary Industry	5.7	6.1	5.4
第二产业	Secondary Industry	60.1	44.1	43.4
第三产业	Tertiary Industry	34.2	49.8	51.2
城乡居民人均收入比(农民=1)	**Ratio of Per Capita Income of Urban and Rural Households (Rural Income=1)**	**2.95**	**2.73**	**2.51**
一般公共预算支出构成	**Compositon of General Public Budget Expenditure**			
#教 育	Education	17.0	17.6	14.3
社会保障和就业	Social Security and Employment	14.2	15.6	15.9
卫生健康	Expenditure for Health Care	5.9	8.5	8.5
终端能源消费构成	**Consumption of End-Use Energy Consumption**			
第一产业	Primary Industry	2.4	2.0	1.7
第二产业	Secondary Industry	75.9	74.9	78.8
第三产业	Tertiary Industry	12.0	12.4	10.6
人民生活	People's Livelihood	9.6	10.7	8.9
全社会固定资产投资构成	**Composition of Total Investment in Fixed Assets**			
第一产业	Primary Industry	4.4	11.1	5.4
第二产业	Secondary Industry	41.4	36.8	36.6
第三产业	Tertiary Industry	54.2	52.1	58.0
农林牧渔业总产值构成	**Compositon of Gross Output Value of Farming, Forestry, Animal Husbandry and Fishery**			
农 业	Farming	62.0	59.4	55.6
林 业	Forestry	6.2	6.4	7.1
牧 业	Animal Husbandry	25.7	27.6	31.3
渔 业	Fishery	0.5	0.6	0.3
农林牧渔专业及辅助性活动	Specializing and Supportive Activities for Agriculture, Forestry, Animal Husbandry and Fishery	5.6	6.1	5.7
社会消费品零售总额构成	**Total Retail Sales of Consumer Goods**			
城 镇	Town	80.5	81.5	82.6
乡 村	Village	19.5	18.5	17.4

1-8 人民物质文化生活情况
CONDITIONS OF PEOPLE'S MATERIAL AND CULTURAL LIFE

指　　标	Item	2010	2015	2020
一、城乡居民收入 (元)	**Income of Urban and Rural Households (yuan)**			
城镇居民人均可支配收入	Per Capita Disposable Income of Urban Households	15510	25828	34793
农村居民人均可支配收入	Per Capita Disposable Income of Rural Households	5263	9454	13878
城镇非私营单位在岗职工平均工资	Average Wage of Fully Employed Staff and Workers in Urban Non-private Units	33544	52960	77364
二、平均每人住房面积 (平方米)	**Per Capita Floor Space of Residential Buildings (sq.m)**			
城镇居民住房面积	Urban Households	28.0	32.0	34.7
农村居民住房面积	Rural Households	28.7	33.5	40.3
三、生活、文化、教育、卫生	**Livelihood, Culture, Education and Public Health**			
每百户拥有 (抽 样)	Number of Durable Consumer Goods Owned Per 100 Households by Sample			
彩色电视机 (台)	Color Television Sets (unit)			
城镇居民	Urban Households	111.8	107.2	103.4
农村居民	Rural Households	109.0	104.6	104.7
洗衣机(台)	Washing Machines (unit)			
城镇居民	Urban Households	100.7	98.9	100.5
农村居民	Rural Households	81.0	83.2	89.4
移动电话 (部)	Mobile Telephones (unit)			
城镇居民	Urban Households	146.6	220.6	242.3
农村居民	Rural Households	107.7	201.2	225.4
每人每年拥有期刊 (份)	Number of Magazines Per Person Per Year (copy)	1.1	0.7	0.6
每百人每天拥有报纸 (份)	Newspapers Per 100 Persons Per Day (copy)	16.2	15.8	16.7
每万人拥有在校大学生 (人)	Number of Enrollment Students of Regular Institutions of Higher Education Per 10 000 Persons (person)	160.8	210.1	241.0
每千人拥有医院床位数 (张)	Number of Hospital Beds Per 1 000 persons (unit)	3.1	3.8	5.2
每千人拥有卫生技术人员数 (人)	Number of Medical Technical Personnels Per 1 000 Persons (person)	5.5	5.8	7.5

1-9 主要年份地区生产总值
GROSS DOMESTIC PRODUCT IN MAJOR YEARS

按当年价格计算 (at current prices)

年份 Year	地区生产总值 (万元) Gross Domestic Product (10 000 yuan)	第一产业 Primary Industry	第二产业 Secondary Industry	第三产业 Tertiary Industry	#工业 Industry	#建筑业 Construction	人均地区生产总值 (元) Per Capita GDP (yuan)
1952	159978	93831	27484	38663	23447	4037	116
1957	291594	115415	93994	82185	71745	22249	186
1962	324083	110666	121848	91569	109126	12722	188
1965	439158	127041	205199	106918	185889	19310	238
1970	576900	151931	302600	122369	279549	23051	277
1975	698101	208009	346700	143392	321978	24722	301
1978	879946	182040	514685	183221	481225	33460	365
1980	1087619	206348	635098	246173	582107	52991	442
1985	2189896	422629	1200573	566694	1021192	179381	838
1990	4292736	808080	2100746	1383910	1866110	234636	1528
1991	4685100	687700	2362800	1634600	2108100	254700	1592
1992	5511200	829400	2702800	1979000	2404400	298400	1862
1993	6804100	972700	3350300	2481100	2960100	390200	2271
1994	8266600	1238400	3965700	3062500	3471800	493900	2729
1995	10760300	1686900	4944500	4128900	4385000	559500	3515
1996	12921100	1982800	6002100	4936200	5327300	674800	4178
1997	14760000	1918400	7075800	5765800	6263600	812200	4724
1998	16110800	2072500	7612500	6425800	6585500	1027000	5104
1999	16671000	1599600	7854700	7216700	6845500	1009200	5230
2000	18457200	1798600	8583700	8074900	7486500	1097200	5722
2001	20295300	1710900	9560100	9024300	8324500	1235600	6226
2002	23248000	1978000	11343100	9926900	9914400	1428700	7082
2003	28542500	2151900	15207300	11183300	13640100	1567200	8639
2004	34959900	2628700	19316300	13014900	17578200	1738200	10515
2005	40793800	2478200	23895100	14420500	21923100	1972000	12195
2006	47136000	2564100	27992800	16579100	25788900	2203900	14008
2007	59355800	3034600	36023100	20298100	33509400	2514600	17542
2008	72229800	3735800	43889500	24604500	40922500	2967000	21234
2009	71476100	4434600	40912000	26129500	37397600	3528500	20906
2010	89039000	5103500	53496400	30439000	49239200	4274300	25434
2011	108944100	5865600	67501500	35577000	62509900	5007500	30534
2012	116831100	6419700	68527000	41884400	63304000	5249700	32864
2013	119872300	6975700	66843200	46053400	61138800	5740700	33848
2014	120947100	7366200	63779600	49801300	57691700	6129000	34248
2015	118363900	7262100	52196500	58905300	45971700	6262200	33593
2016	119464000	7242800	51136200	61085000	44412200	6766300	33972
2017	144842700	7191600	66353300	71297800	58872500	7528800	41242
2018	159581300	7407500	70744600	81429200	62602200	8198700	45517
2019	169616100	8253400	74663000	86699700	65827100	8947700	48469
2020	176519300	9466800	76754400	90298100	67339200	9525300	50528

注：根据最新人口数据对2011年以来人均地区生产总值作了修订；2020年数据为初步核算数，后同。

Note: Per capita GDP from 2011 have been revised according to the latest population data. Data of 2020 are preliminary figures, the same applies to the following.

1-10 主要年份地区生产总值构成
COMPOSITION OF GROSS DOMESTIC PRODUCT IN MAJOR YEARS

单位：% (%)

年 份 Year	地区生产总值 Gross Domestic Product	第一产业 Primary Industry	第二产业 Secondary Industry	第三产业 Tertiary Industry	#工 业 Industry	#建筑业 Construction
1952	100.0	58.6	17.2	24.2	14.6	2.5
1957	100.0	39.6	32.2	28.2	24.6	7.6
1962	100.0	34.2	37.6	28.2	33.7	3.9
1965	100.0	28.9	46.7	24.4	42.3	4.4
1970	100.0	26.3	52.5	21.2	48.4	4.0
1975	100.0	29.8	49.7	20.5	46.1	3.5
1978	100.0	20.7	58.5	20.8	54.7	3.8
1980	100.0	19.0	58.4	22.6	53.5	4.9
1985	100.0	19.3	54.8	25.9	46.6	8.2
1990	100.0	18.8	48.9	32.3	43.5	5.5
1991	100.0	14.7	50.4	34.9	45.0	5.4
1992	100.0	15.0	49.0	36.0	43.6	5.4
1993	100.0	14.3	49.2	36.5	43.5	5.7
1994	100.0	15.0	48.0	37.0	42.0	6.0
1995	100.0	15.7	46.0	38.3	40.8	5.2
1996	100.0	15.3	46.5	38.2	41.2	5.2
1997	100.0	13.0	47.9	39.1	42.4	5.5
1998	100.0	12.9	47.3	39.8	40.9	6.4
1999	100.0	9.6	47.1	43.3	41.1	6.1
2000	100.0	9.7	46.5	43.8	40.6	5.9
2001	100.0	8.4	47.1	44.5	41.0	6.1
2002	100.0	8.5	48.8	42.7	42.6	6.1
2003	100.0	7.5	53.3	39.2	47.8	5.5
2004	100.0	7.5	55.3	37.2	50.3	5.0
2005	100.0	6.1	58.6	35.3	53.7	4.8
2006	100.0	5.4	59.4	35.2	54.7	4.7
2007	100.0	5.1	60.7	34.2	56.5	4.2
2008	100.0	5.2	60.8	34.0	56.7	4.1
2009	100.0	6.2	57.2	36.6	52.3	4.9
2010	100.0	5.7	60.1	34.2	55.3	4.8
2011	100.0	5.4	62.0	32.6	57.4	4.6
2012	100.0	5.5	58.7	35.8	54.2	4.5
2013	100.0	5.8	55.8	38.4	51.0	4.8
2014	100.0	6.1	52.7	41.2	47.7	5.1
2015	100.0	6.1	44.1	49.8	38.8	5.3
2016	100.0	6.1	42.8	51.1	37.2	5.7
2017	100.0	5.0	45.8	49.2	40.6	5.2
2018	100.0	4.6	44.3	51.1	39.2	5.1
2019	100.0	4.9	44.0	51.1	38.8	5.3
2020	100.0	5.4	43.4	51.2	38.1	5.4

1-11 主要年份地区生产总值指数

INDICES OF GROSS DOMESTIC PRODUCT IN MAJOR YEARS

1952年=100 (year of 1952=100)

年份 Year	地区生产总值 Gross Domestic Product	第一产业 Primary Industry	第二产业 Secondary Industry	第三产业 Tertiary Industry	#工业 Industry	#建筑业 Construction
1952	100.0	100.0	100.0	100.0	100.0	100.0
1957	174.0	106.1	371.3	198.2	326.7	629.9
1962	169.2	92.7	404.4	194.3	411.3	334.8
1965	248.5	123.3	705.2	251.1	725.0	537.0
1970	304.2	129.3	982.4	291.7	1025.7	647.1
1975	378.4	160.0	1264.7	334.7	1347.5	634.9
1978	485.1	131.7	1893.0	434.4	2033.7	819.6
1980	543.3	124.4	2117.4	555.5	2240.0	1167.2
1985	939.1	188.3	3565.9	1119.7	3517.1	3447.2
1990	1252.9	220.3	4689.7	1651.0	4847.8	3259.7
1991	1321.8	192.6	5111.8	1827.6	5332.6	3302.1
1992	1487.0	217.4	5669.0	2094.5	5972.5	3354.9
1993	1681.8	237.2	6388.9	2414.9	6772.8	3569.6
1994	1855.1	247.9	7136.5	2673.3	7585.6	3908.7
1995	2077.7	257.3	8092.7	3031.5	8639.9	4221.4
1996	2322.8	287.7	9015.3	3404.4	9564.4	5002.4
1997	2585.3	273.3	10214.3	3901.5	10798.2	5877.8
1998	2841.3	302.0	11154.1	4322.8	11597.3	7453.1
1999	3048.7	251.5	12258.3	4798.3	12710.6	8377.2
2000	3335.2	278.4	13288.0	5302.1	13854.6	8670.5
2001	3672.1	268.4	14723.1	5959.6	15364.8	9563.5
2002	4145.8	304.9	16931.6	6591.3	17684.8	10921.5
2003	4639.1	326.0	19217.3	7329.6	20090.0	12286.7
2004	5205.1	340.6	21984.6	8157.8	23043.2	13761.1
2005	5751.7	322.2	24930.6	8981.7	26246.2	15082.2
2006	6321.1	333.2	28022.0	9610.5	29553.2	16530.1
2007	7155.5	348.9	32001.1	10859.8	33897.5	17852.5
2008	7749.4	353.7	34209.2	12152.1	36372.1	18138.1
2009	8175.6	369.3	34893.4	13573.9	36335.7	23579.6
2010	9058.5	393.7	40127.4	14266.2	42076.7	25230.1
2011	9964.4	418.1	45424.2	14993.8	47925.4	26617.8
2012	10881.1	444.0	49966.6	16238.3	53053.4	26963.8
2013	11860.4	465.3	54663.5	17699.7	57987.4	28851.3
2014	12441.6	487.7	56412.7	19168.8	59901.0	31130.5
2015	12814.8	492.5	55679.3	21334.9	58942.5	32842.7
2016	13340.2	506.8	56291.8	22807.0	59237.3	34583.4
2017	14247.4	521.5	59613.0	24654.3	62850.7	36312.6
2018	15187.7	532.5	62236.0	26873.2	65490.5	38491.3
2019	16114.1	544.2	65970.1	28620.0	69288.9	41570.6
2020	16694.2	563.8	69598.5	29221.0	72961.2	44314.3

1-12 主要年份地区生产总值指数
INDICES OF GROSS DOMESTIC PRODUCT IN MAJOR YEARS

上年=100 (last year=100)

年份 Year	地区生产总值 Gross Domestic Product	第一产业 Primary Industry	第二产业 Secondary Industry	第三产业 Tertiary Industry	#工业 Industry	#建筑业 Construction
1953	116.7	105.6	125.7	137.2	124.6	132.0
1957	107.6	89.6	133.0	108.4	122.2	181.5
1962	91.3	105.7	85.2	84.7	84.2	93.9
1965	118.8	103.1	135.2	117.4	136.6	124.5
1970	124.4	99.2	147.0	121.7	150.5	120.0
1975	107.9	108.1	112.0	97.9	113.4	93.0
1978	117.6	89.8	131.2	109.9	130.7	140.9
1980	102.0	87.6	102.9	111.1	104.6	82.6
1985	107.1	82.2	113.1	115.8	110.2	133.3
1990	105.0	112.6	101.4	108.6	100.4	110.7
1991	105.5	87.4	109.0	110.7	110.0	101.3
1992	112.5	112.9	110.9	114.6	112.0	101.6
1993	113.1	109.1	112.7	115.3	113.4	106.4
1994	110.3	104.5	111.7	110.7	112.0	109.5
1995	112.0	103.8	113.4	113.4	113.9	108.0
1996	111.8	111.8	111.4	112.3	110.7	118.5
1997	111.3	95.0	113.3	114.6	112.9	117.5
1998	109.9	110.5	109.2	110.8	107.4	126.8
1999	107.3	83.3	109.9	111.0	109.6	112.4
2000	109.4	110.7	108.4	110.5	109.0	103.5
2001	110.1	96.4	110.8	112.4	110.9	110.3
2002	112.9	113.6	115.0	110.6	115.1	114.2
2003	111.9	106.9	113.5	111.2	113.6	112.5
2004	112.2	104.5	114.4	111.3	114.7	112.0
2005	110.5	94.6	113.4	110.1	113.9	109.6
2006	109.9	103.4	112.4	107.0	112.6	109.6
2007	113.2	104.7	114.2	113.0	114.7	108.0
2008	108.3	101.4	106.9	111.9	107.3	101.6
2009	105.5	104.4	102.0	111.7	99.9	130.0
2010	110.8	106.6	115.0	105.1	115.8	107.0
2011	110.0	106.2	113.2	105.1	113.9	105.5
2012	109.2	106.2	110.0	108.3	110.7	101.3
2013	109.0	104.8	109.4	109.0	109.3	107.0
2014	104.9	104.8	103.2	108.3	103.3	107.9
2015	103.0	101.0	98.7	111.3	98.4	105.5
2016	104.1	102.9	101.1	106.9	100.5	105.3
2017	106.8	102.9	105.9	108.1	106.1	105.0
2018	106.6	102.1	104.4	109.0	104.2	106.0
2019	106.1	102.2	106.0	106.5	105.8	108.0
2020	103.6	103.6	105.5	102.1	105.3	106.6

1-13 分行业增加值
VALUE ADDED BY SECTOR

单位：万元 (10 000 yuan)

指 标	Item	按当年价格计算 at Current Prices		2019年为2018年% 2019 as Percentage of 2018	2020年为2019年% 2020 as Percentage of 2019
		2019	2020		
地区生产总值	**Gross Domestic Product**	**169616100**	**176519300**	**106.1**	**103.6**
按国民经济行业分	**Grouped By Sector**				
农、林、牧、渔业	Farming, Forestry, Animal Husbandry and Fishery	8755100	10001600	102.2	103.7
工 业	Industry	65827100	67339200	105.8	105.3
建筑业	Construction	8947700	9525300	108.0	106.6
批发和零售业	Wholesale and Retail Trade	13616100	13331700	102.8	98.2
交通运输、仓储和邮政业	Transport, Storage and Post	10281700	10681800	106.6	102.3
住宿和餐饮业	Hotels and Catering Services	2070500	1874900	105.8	88.5
金融业	Financial Industry	11305700	12076800	106.7	106.8
房地产业	Real Estate	10667300	11837700	103.9	105.7
其他服务业	Other Services	38144900	39850300	108.5	101.6
按三次产业分	**By Three Strata of Industry**				
第一产业	Primary Industry	8253400	9466800	102.2	103.6
第二产业	Secondary Industry	74663000	76754400	106.0	105.5
第三产业	Tertiary Industry	86699700	90298100	106.5	102.1

1-14 按产业、行业(门类)划分的法人单位数、产业活动单位数(2020年)

项　目	Item	单位数(个) Number of Units (unit)
总　计	**Total**	**772765**
按产业分	**By Industry**	
第一产业	Primary Industry	97184
第二产业	Secondary Industry	112411
第三产业	Tertiary Industry	563170
按行业(门类)分	**By Sector**	
农、林、牧、渔业	Farming, Forestry, Animal Husbandary and Fishery	104786
采矿业	Ming	6643
制造业	Manufacturing	43690
电力、热力、燃气及水生产和供应业	Production and Supply of Electricity, Heat, Gas and Water	5907
建筑业	Construction	58195
批发和零售业	Wholesale and Retail Trade	221278
交通运输、仓储和邮政业	Transport, Storage and Post	21188
住宿和餐饮业	Hotels and Catering Services	12368
信息传输、软件和信息技术服务业	Information Transmission, Software and Information Technology Services	36222
金融业	Financial Industry	2824
房地产业	Real Estate	24282
租赁和商务服务业	Lease and Business Affairs Services	72254
科学研究和技术服务业	Scientific Reseach and Technical Services	34791
水利、环境和公共设施管理业	Management of Water Conservancy, Environment and Public Facilities	7121
居民服务、修理和其他服务业	Resident Services, Repair and Other Services	16018
教　育	Education	19778
卫生和社会工作	Health Care and Social Work	8445
文化、体育和娱乐业	Culture, Sports and Recreation	17997
公共管理、社会保障和社会组织	Public Management, Social Security and Social Organization	58978

注：(1)本表根据有关部门行政登记资料，采用电话、互联网查询等方式更新维护单位信息，后表同；
(2)本表不含注册未经营的单位数据，后表同。

NUMBER OF CORPORATION UNITS AND ACTIVE UNITS BY TYPE OF INDUSTRY AND SECTOR(2020)

法人单位 Corporation Units		产业活动单位 Active Units	
单产业法人 Single Industry	多产业法人 Multi-industry	单位数（个） Number of Units (unit)	#多产业法人所属的产业活动单位 Units Belong to Multi-industry Corporation
752959	**19806**	**860144**	**107185**
96993	191	97542	549
109886	2525	118658	8772
546080	17090	643944	97864
104578	208	105356	778
6409	234	7144	735
42648	1042	45177	2529
5695	212	7022	1327
57123	1072	61484	4361
216875	4403	243301	26426
20577	611	26469	5892
11864	504	13911	2047
35865	357	40027	4162
2196	628	12868	10672
23045	1237	26555	3510
70826	1428	79152	8326
34008	783	37956	3948
6997	124	7854	857
15746	272	16875	1129
18669	1109	27481	8812
7985	460	10527	2542
17769	228	18804	1035
54084	4894	72181	18097

Notes: (1)Data in this table is based on the administrative registration data of relevant departments, and is updated and maintained by telephone and internet inquiries. The same applies to the following.

(2)The units which have been registered but haven't been in operation are not included in the table. The same applies to the following.

1-15 按登记注册类型划分的法人单位数、产业活动单位数(2020年)

项　目	Item	单位数(个) Number of Units (unit)
总　计	**Total**	**772765**
一、内　资	**Civil Funded Enterprises**	**771965**
国　有	State-owned Enterprises	40914
集　体	Collective-owned Enterprises	5634
股份合作	Share Cooperative Enterprises	96
国有联营	State-owned Joint Owned Enterprises	12
集体联营	Collective-owned Joint Owned Enterprises	12
国有与集体联营	State-owned and Collective-owned Joint Owned Enterprises	4
其他联营	Other Joint Owned Enterprises	16
国有独资公司	Company Exclusively with Investment from State	2360
其他有限责任公司	Other Limited Responsibility Company	17313
股份有限公司	Share Holding Limited Company	1055
私营独资	Enterprise Exclusively with Investment from Private	37711
私营合伙	Private Partner Enterprises	2653
私营有限责任公司	Privately Owned Limited Responsibility Company	539562
私营股份有限公司	Privately Owned Share Holding Limited Company	2003
其　他	Others	122620
二、港澳台商投资	**Enterprises Funded by Hong Kong, Macao and Taiwan**	**304**
与港澳台商合资经营	Joint Venture	128
与港澳台商合作经营	Cooperative Enterprise	13
港澳台商独资	Ventures Exclusively with Hong Kong, Macao and Taiwan Investment	156
港澳台商投资股份有限公司	Share Holding Limited Company	6
其他港澳台商投资	Others	1
三、外商投资	**Foreign Funded Enterprises**	**496**
中外合资经营	Joint Venture	221
中外合作经营	Cooperative Enterprises	16
外资企业	Enterprises Funded by Foreign Investment	225
外商投资股份有限公司	Limited Company Funded by Foreign Investment	32
其他外商投资	Others	2

NUMBER OF CORPORATION UNITS AND ACTIVE UNITS BY REGISTRATION STATUS(2020)

法人单位 Corporation Units		产业活动单位 Active Units	
单产业法人 Single Industry	多产业法人 Multi-industry	单位数(个) Number of Units (unit)	#多产业法人所属的产业活动单位 Units Belong to Multi-industry Corporation
752959	**19806**	**860144**	**107185**
752259	**19706**	**855684**	**103425**
34990	5924	68270	33280
5026	608	9233	4207
88	8	192	104
12		24	12
12		26	14
4		11	7
16		22	6
2077	283	4337	2260
15786	1527	26180	10394
621	434	8717	8096
37311	400	38608	1297
2638	15	2710	72
530128	9434	570152	40024
1796	207	4012	2216
121754	866	123190	1436
268	**36**	**1735**	**1467**
112	16	136	24
12	1	19	7
139	17	1539	1400
4	2	25	21
1		16	15
432	**64**	**2725**	**2293**
206	15	262	56
13	3	18	5
184	41	1448	1264
27	5	990	963
2		7	5

主要统计指标解释

国内生产总值（GDP） 指一个国家所有常住单位在一定时期内生产活动的最终成果。国内生产总值有三种表现形态，即价值形态、收入形态和产品形态。从价值形态看，它是所有常住单位在一定时期内生产的全部货物和服务价值与同期投入的全部非固定资产货物和服务价值的差额，即所有常住单位的增加值之和；从收入形态看，它是所有常住单位在一定时期内创造的各项收入之和，包括劳动者报酬、生产税净额、固定资产折旧和营业盈余；从产品形态看，它是所有常住单位在一定时期内最终使用的货物和服务价值与货物和服务净出口价值之和。在实际核算中，国内生产总值有三种计算方法，即生产法、收入法和支出法。三种方法分别从不同的方面反映国内生产总值及其构成。

对于一个地区来说，称为地区生产总值或地区 GDP。

三次产业 我国的三次产业划分是：

第一产业是指农、林、牧、渔业（不含农、林、牧、渔专业及辅助性活动）。

第二产业是指采矿业（不含开采专业及辅助性活动），制造业（不含金属制品、机械和设备修理业），电力、热力、燃气及水生产和供应业，建筑业。

第三产业即服务业，是指除第一产业、第二产业以外的其他行业。第三产业包括：批发和零售业，交通运输、仓储和邮政业，住宿和餐饮业，信息传输、软件和信息技术服务业，金融业，房地产业，租赁和商务服务业，科学研究和技术服务业，水利、环境和公共设施管理业，居民服务、修理和其他服务业，教育，卫生和社会工作，文化、体育和娱乐业，公共管理、社会保障和社会组织，国际组织，以及农、林、牧、渔业中的农、林、牧、渔专业及辅助性活动，采矿业中的开采专业及辅助性活动，制造业中的金属制品、机械和设备修理业。

法人单位 指有权拥有资产、承担负债，并独立从事社会经济活动（或与其他单位进行交易）的组织。

产业活动单位 指位于一个地点，从事一种或主要从事一种社会经济活动的组织或组织的一部分。

Explanatory Notes on Main Statistical Indicators

Gross Domestic Product (GDP) refers to the final products produced by all resident units in a country during a certain period of time. Gross domestic product is expressed in three different perspectives, namely value, income, and products respectively. GDP in its value perspective refers to the balance of total value of all goods and services produced by all resident units during a certain period of time, minus the total value of input of goods and services of the nature of non-fixed assets; in other words, it is the sum of the value-added of all resident units. GDP from the perspective of income refers to the sum of all kinds of revenue, including compensation of employees, net taxes on production, depreciation of fixed assets, and operating surplus. GDP from the perspective of products refers to the value of all goods and services for final demand by all resident units plus the net exports of goods and services during a given period of time. In the practice of national accounting, gross domestic product is calculated by three approaches, namely production approach, income approach and expenditure approach, which reflect gross domestic product and its composition from different angles.

For a region, it is called as gross regional product or regional GDP.

Three Strata of Industry In China, economic activities are categorized into the following three strata of industry:

Primary industry refers to farming, forestry, animal husbandry and fishery, excluding services in support of these industries.

Secondary industry refers to mining (excluding support activities for mining), manufacturing (excluding repair of metal products, machinery and equipment), production and supply of electricity, heat, gas and water, construction.

Tertiary industry refers to all other industries not included in primary or secondary industry. It includes wholesale and retail trade, transport, storage and post, hotels and catering services, information transmission, software and information technology services, financial industry, real estate, lease and business affairs services, scientific research and technical services, management of water conservancy, environment and public facilities, residents services, repair and other services, education, health care and social work, culture, sports and recreation, public management, social security and social organization, international organization, services in support of farming, forestry, animal husbandry and fishery, support activities of mining, repair of metal products, machinery and equipment of manufacturing.

Corporation Units refer to organizations which are entitled to possess assets, assume liabilities and carry out social economic activities (or can trade with other units) independently.

Active Units refer to organizations or a part of it which carry out one or mainly one social economic activities in certain places.

2 人口、劳动工资和社会保障

POPULATION, LABOR WAGES AND SOCIAL SECURITY

资料整理人员

李渔翔　周俊英　刘晓霞　宫　雪　张敏怡
张国琪　王　喆　高　超　王俊鹏

人口 POPULATION

常住人口	Resident Population	3490.50	万人 (10 000 persons)
男　性	Male	1779.98	万人 (10 000 persons)
女　性	Female	1710.52	万人 (10 000 persons)
出生人口	Birth Population	28.80	万人 (10 000 persons)
死亡人口	Death Population	24.48	万人 (10 000 persons)

城乡人口构成 (%)
Composition of Urban and Rural Population (%)

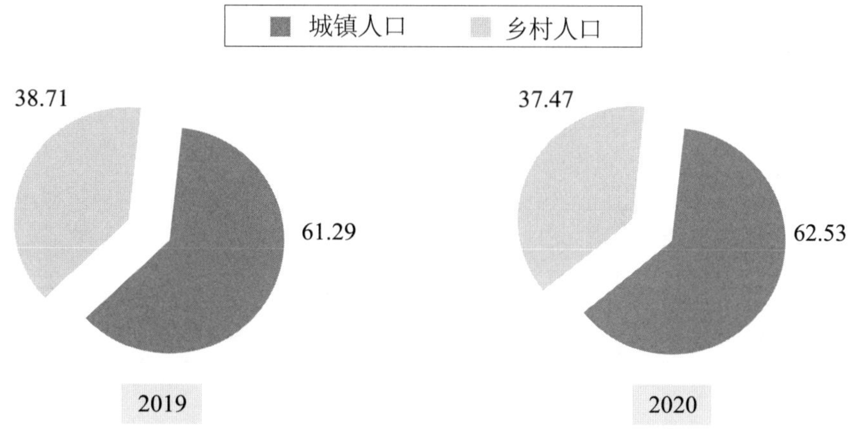

人口出生率、死亡率、自然增长率 (‰)
Birth Rate, Death Rate and Natural Growth Rate of Population (‰)

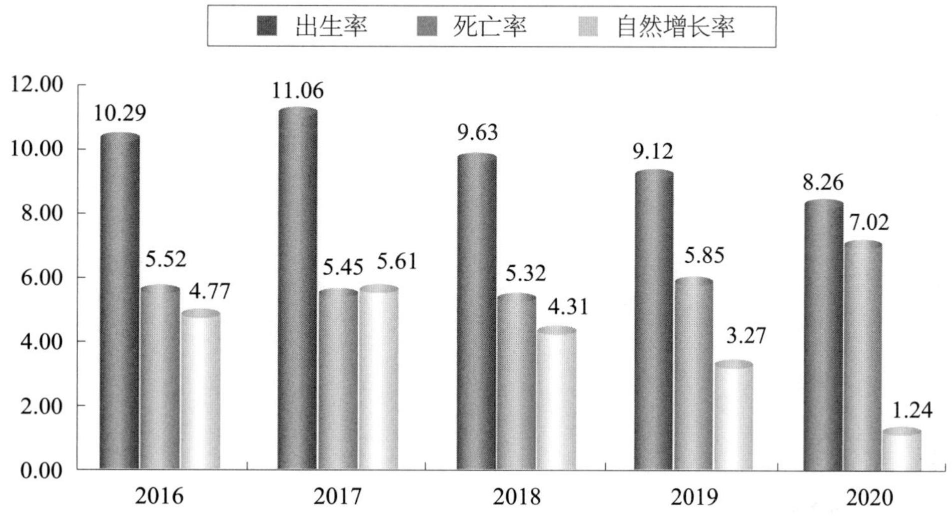

就业人员和平均工资

EMPLOYEES AND AVERAGE WAGE

全社会就业人员	Total Employees	1738	万人 (10 000 persons)
第一产业	Primary Industry	424	万人 (10 000 persons)
第二产业	Secondary Industry	438	万人 (10 000 persons)
第三产业	Tertiary Industry	876	万人 (10 000 persons)

全社会就业人员和城镇非私营单位就业人员数(万人)

Number of Employed Persons in Total Society and Urban Non-private Units (10 000 persons)

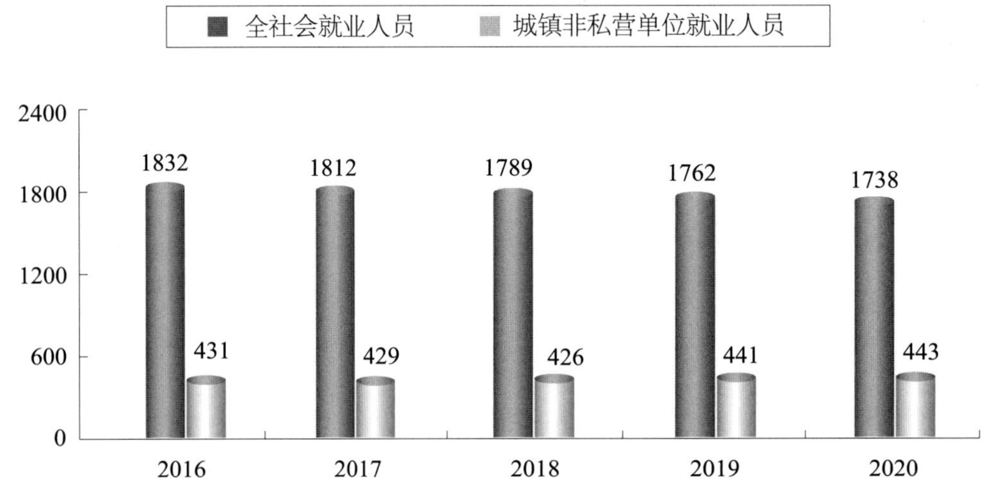

城镇非私营单位就业人员平均工资(元)

Average Wage of Employed Persons in Urban Non-private Units (yuan)

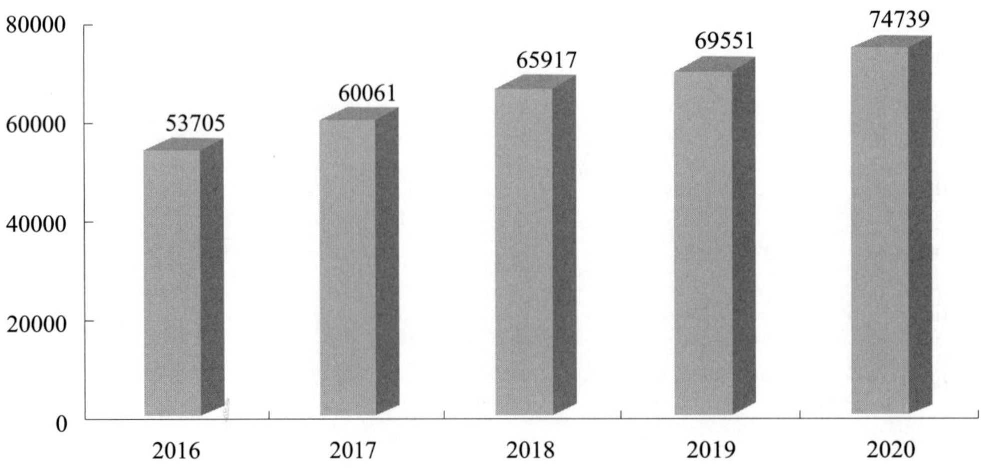

2-1 常住人口及构成

RESIDENT POPULATION AND ITS COMPOSITION

单位：万人 (10 000 persons)

年 份 Year	常住人口 Resident Population	按性别分 By Sex				按城乡分 By Residence			
		男 性 Male		女 性 Famle		城 镇 Urban		乡 村 Rural	
		人口数 Population	比重(%) Proportion	人口数 Population	比重(%) Proportion	人口数 Population	比重(%) Proportion	人口数 Population	比重(%) Proportion
1978	2423.60	1273.07	52.53	1150.53	47.47	464.85	19.18	1958.75	80.82
1979	2447.20	1283.91	52.46	1163.29	47.54	484.79	19.81	1962.41	80.19
1980	2476.46	1299.32	52.47	1177.14	47.53	502.72	20.30	1973.74	79.70
1981	2508.77	1311.24	52.27	1197.53	47.73	517.06	20.61	1991.71	79.39
1982	2546.00	1330.05	52.24	1215.95	47.76	546.63	21.47	1999.37	78.53
1983	2588.40	1354.77	52.34	1233.63	47.66	577.73	22.32	2010.67	77.68
1984	2631.48	1379.68	52.43	1251.80	47.57	610.77	23.21	2020.71	76.79
1985	2673.51	1403.33	52.49	1270.18	47.51	645.65	24.15	2027.86	75.85
1986	2713.53	1424.06	52.48	1289.47	47.52	682.72	25.16	2030.81	74.84
1987	2758.11	1446.35	52.44	1311.76	47.56	721.80	26.17	2036.31	73.83
1988	2807.24	1470.15	52.37	1337.09	47.63	763.01	27.18	2044.23	72.82
1989	2852.98	1494.96	52.40	1358.02	47.60	806.54	28.27	2046.44	71.73
1990	2898.96	1508.62	52.04	1390.34	47.96	837.80	28.90	2061.16	71.10
1991	2941.86	1537.12	52.25	1404.74	47.75	854.90	29.06	2086.96	70.94
1992	2979.31	1557.29	52.27	1422.02	47.73	872.04	29.27	2107.27	70.73
1993	3012.62	1574.40	52.26	1438.22	47.74	889.93	29.54	2122.69	70.46
1994	3045.21	1590.82	52.24	1454.39	47.76	908.08	29.82	2137.13	70.18
1995	3077.28	1606.34	52.20	1470.94	47.80	926.57	30.11	2150.71	69.89
1996	3109.26	1622.41	52.18	1486.85	47.82	945.53	30.41	2163.73	69.59
1997	3140.89	1636.40	52.10	1504.49	47.90	964.57	30.71	2176.32	69.29
1998	3172.20	1650.18	52.02	1522.02	47.98	984.33	31.03	2187.87	68.97
1999	3203.63	1665.57	51.99	1538.06	48.01	1004.34	31.35	2199.29	68.65
2000	3247.80	1680.91	51.76	1566.89	48.24	1165.31	35.88	2082.49	64.12
2001	3271.63	1693.19	51.75	1578.44	48.25	1147.92	35.09	2123.71	64.91
2002	3293.71	1703.90	51.73	1589.81	48.27	1254.56	38.09	2039.15	61.91
2003	3314.29	1704.92	51.44	1609.37	48.56	1286.28	38.81	2028.01	61.19
2004	3335.07	1712.24	51.34	1622.83	48.66	1321.65	39.63	2013.42	60.37
2005	3355.21	1719.33	51.24	1635.88	48.76	1412.81	42.11	1942.40	57.89
2006	3374.55	1725.49	51.13	1649.06	48.87	1451.39	43.01	1923.16	56.99
2007	3392.58	1735.34	51.15	1657.24	48.85	1493.75	44.03	1898.83	55.97
2008	3410.64	1750.20	51.32	1660.44	48.68	1538.58	45.11	1872.06	54.89
2009	3427.36	1758.13	51.30	1669.23	48.70	1576.09	45.99	1851.27	54.01
2010	3574.11	1835.37	51.35	1738.75	48.65	1717.43	48.05	1856.68	51.95
2011	3562.37	1827.89	51.31	1734.49	48.69	1773.88	49.79	1788.49	50.21
2012	3548.21	1818.86	51.26	1729.35	48.74	1821.12	51.32	1727.10	48.68
2013	3534.98	1816.68	51.39	1718.31	48.61	1869.47	52.88	1665.51	47.12
2014	3528.49	1811.63	51.34	1716.86	48.66	1916.15	54.30	1612.35	45.70
2015	3518.62	1804.44	51.28	1714.18	48.72	1966.02	55.87	1552.59	44.13
2016	3514.48	1800.33	51.23	1714.15	48.77	2012.92	57.27	1501.57	42.73
2017	3510.46	1796.89	51.19	1713.57	48.81	2056.95	58.59	1453.51	41.41
2018	3502.47	1786.56	51.01	1715.91	48.99	2096.40	59.85	1406.07	40.15
2019	3496.88	1779.57	50.89	1717.31	49.11	2143.41	61.29	1353.47	38.71
2020	3490.50	1779.98	50.99	1710.52	49.01	2182.78	62.53	1307.72	37.47

注：本表2011—2019年数据根据第七次全国人口普查数据修订，2020年数据根据第七次全国人口普查数据推算。

Note: The data in this table from 2011 to 2019 are revised according to the Seventh National Population Census, and the data of 2020 are estimated according to the census.

2-2 主要年份人口自然变动
NATURAL CHANGE OF POPULATION IN MAJOR YEARS

单位：万人 (10 000 persons)

年 份 Year	出 生 Birth		死 亡 Death		自然增长 Natural Growth	
	人 数 Population	出生率 (‰) Birth Rate	人 数 Population	死亡率 (‰) Death Rate	人 数 Population	增长率 (‰) Natural Growth Rate
1978	37.76	15.66	15.80	6.55	21.96	9.11
1979	38.03	15.62	15.61	6.41	22.42	9.21
1980	41.74	16.95	15.98	6.49	25.76	10.46
1981	50.61	20.31	16.30	6.54	34.31	13.77
1982	53.25	21.07	16.78	6.64	36.47	14.43
1983	53.42	20.81	16.99	6.62	36.43	14.19
1984	52.09	19.96	15.66	6.00	36.43	13.96
1985	56.65	21.36	16.87	6.36	39.78	15.00
1986	54.63	20.28	17.45	6.48	37.18	13.80
1987	59.01	21.57	17.67	6.46	41.34	15.11
1988	61.69	22.17	17.86	6.42	43.83	15.75
1989	60.52	21.38	17.83	6.30	42.69	15.08
1990	64.82	22.54	18.87	6.56	45.95	15.98
1991	62.96	21.56	20.06	6.87	42.90	14.69
1992	58.00	19.59	20.55	6.94	37.45	12.65
1993	52.37	17.48	19.05	6.36	33.32	11.12
1994	52.88	17.46	20.29	6.70	32.59	10.76
1995	50.82	16.60	18.73	6.12	32.09	10.48
1996	51.32	16.59	19.33	6.25	31.99	10.34
1997	50.56	16.18	18.94	6.06	31.62	10.12
1998	51.04	16.09	19.57	6.17	31.47	9.92
1999	51.03	15.93	19.45	6.07	31.58	9.86
2000	42.72	13.25	18.59	5.77	24.13	7.48
2001	42.57	13.06	19.24	5.90	23.33	7.16
2002	42.22	12.86	20.16	6.14	22.06	6.72
2003	40.52	12.26	19.94	6.22	20.58	6.04
2004	41.10	12.36	20.32	6.11	20.78	6.25
2005	40.21	12.02	20.07	6.00	20.14	6.02
2006	38.63	11.48	19.28	5.73	19.35	5.75
2007	38.26	11.31	20.23	5.98	18.03	5.33
2008	38.51	11.32	20.44	6.01	18.06	5.31
2009	37.16	10.87	20.45	5.98	16.71	4.89
2010	38.06	10.68	19.18	5.38	18.88	5.30
2011	37.50	10.47	20.10	5.61	17.41	4.86
2012	38.53	10.70	20.99	5.83	17.55	4.87
2013	39.15	10.81	20.17	5.57	18.98	5.24
2014	39.74	10.92	21.58	5.93	18.16	4.99
2015	36.49	9.98	20.33	5.56	16.16	4.42
2016	37.79	10.29	20.27	5.52	17.52	4.77
2017	40.83	11.06	20.12	5.45	20.71	5.61
2018	35.73	9.63	19.74	5.32	15.99	4.31
2019	33.97	9.12	21.79	5.85	12.18	3.27
2020	28.80	8.26	24.48	7.02	4.32	1.24

2-3 主要年份人口年龄构成和抚养比
AGE COMPOSITION AND DEPENDENCY RATIO OF POPULATION IN MAJOR YEARS

单位：% (%)

年 份 Year	年龄构成 Age Composition			抚养比 Dependency Ratio		
	0—14岁 Age 0-14	15—64岁 Age 15-64	65岁及以上 Age 65 and Over	总抚养比 Gross Dependency Ratio	少儿抚养比 Children Dependency Ratio	老年抚养比 Old People Dependency Ratio
1953	33.89	61.37	4.74	62.95	55.22	7.72
1964	40.43	55.22	4.35	81.09	73.22	7.88
1982	33.36	61.65	4.99	62.21	54.11	8.09
1990	28.15	66.46	5.39	50.47	42.36	8.11
2000	25.73	67.94	6.33	47.19	37.87	9.32
2005	21.30	71.55	7.15	39.76	29.77	9.99
2010	17.10	75.33	7.58	32.75	22.70	10.06
2011	16.47	75.62	7.91	32.24	21.78	10.46
2012	16.44	75.59	7.97	32.29	21.75	10.54
2013	15.83	75.80	8.37	31.93	20.88	11.04
2014	15.67	75.65	8.68	32.19	20.71	11.47
2015	15.50	75.40	9.10	32.63	20.56	12.07
2016	15.45	75.06	9.49	33.23	20.58	12.64
2017	15.59	74.46	9.95	34.30	20.94	13.36
2018	15.81	73.79	10.40	35.52	21.43	14.09
2019	15.67	73.36	10.97	36.31	21.36	14.95
2020	16.35	70.75	12.90	41.34	23.11	18.23

注：1953、1964、1982、1990、2000、2010和2020年为七次人口普查数据，其余年份为人口抽样调查推算数。
Note: Data of 1953, 1964, 1982, 1990, 2000, 2010 and 2020 in this table are obtained from senven National Population Census, and the rest are caculated from the Sample Survey of Population .

2-4 主要年份就业人员数
NUMBER OF EMPLOYEES IN MAJOR YEARS

单位：万人 (10 000 persons)

年 份 Year	就业人员 Total Employed Persons	第一产业 Primary Industry	第二产业 Secondary Industry	第三产业 Tertiary Industry	城 镇 Urban	乡 村 Rural
1952	651	562	43	46	66	584
1978	965	628	189	148	268	697
1980	1003	612	249	142	300	703
1985	1154	576	338	240	385	769
1990	1304	633	383	289	451	853
1995	1425	636	436	353	513	911
2000	1392	663	353	376	430	962
2005	1500	642	386	473	441	1060
2010	1802	682	473	646	626	1176
2011	1817	650	509	658	661	1156
2012	1834	609	517	708	699	1135
2013	1855	592	536	727	785	1070
2014	1842	595	484	763	851	991
2015	1827	550	468	809	890	937
2016	1832	522	469	841	943	889
2017	1812	500	458	853	954	858
2018	1789	478	437	875	953	836
2019	1762	462	425	876	962	800
2020	1738	424	438	876	1002	736

注：第七次全国人口普查后，对2010–2019年就业数据进行了修订，后同。
Note: The employment data from 2010 to 2019 were revised after the Senventh National Population Census. The same applies to the following.

2-5 就业基本情况

单位：万人

项 目	Item	2010	2011
16岁及以上人口	**Population Aged 16 and Over**	**3015.4**	**3002.1**
就业人员合计	**Total Number of Employed Persons**	**1802**	**1817**
第一产业	Primary Industry	682	650
第二产业	Secondary Industry	473	509
第三产业	Tertiary Industry	646	658
按城乡分就业人员	**Number of Employed Persons by Urban and Rural Areas**		
城 镇	Urban Employed Persons	626	661
乡 村	Rural Employed Persons	1176	1156
按登记注册类型分城镇非私营单位就业人员	**Number of Employed Person in Urban Non-private Units by Status of Registration**		
国有单位	State-owned Units	237.8	243.8
城镇集体单位	Urban Collective-owned Units	24.8	24.8
股份合作单位	Cooperative Units	2.6	2.0
联营单位	Joint Ownership Units	0.4	0.6
有限责任公司	Limited Liability Corporations	95.6	103.4
股份有限公司	Share-holding Corporations Ltd.	18.7	20.4
港澳台商投资单位	Units with Funds from Hong Kong, Macao & Taiwan	8.6	7.0
外商投资单位	Foreign Funded Units	4.4	4.9
城镇登记失业人数	**Number of Registered Unemployed Persons in Urban Areas**	**20.4**	**21.2**
城镇登记失业率 (%)	**Registered Unemployment Rate in Urban Areas (%)**	**3.6**	**3.5**

BASIC STATISTICS ON EMPLOYMENT

(10 000 persons)

2012	2013	2014	2015	2016	2017	2018	2019	2020
2986.1	**2969.5**	**2954.5**	**2946.9**	**2932.1**	**2927.6**	**2916.8**	**2911.7**	**2884.3**
1834	**1855**	**1842**	**1827**	**1832**	**1812**	**1789**	**1762**	**1738**
609	592	595	550	522	500	478	462	424
517	536	484	468	469	458	437	425	438
708	727	763	809	841	853	875	876	876
699	785	851	890	943	954	953	962	1002
1135	1070	991	937	889	858	836	800	736
239.8	212.4	206.0	201.9	199.9	196.3	176.6	173.7	172.9
24.8	21.4	19.6	17.6	16.8	15.3	13.2	9.1	6.4
1.9	1.0	0.8	0.8	0.7	0.6	0.3	0.3	0.2
0.7	0.4	0.3	0.4	0.4	0.2	0.1	0.1	
126.3	178.4	173.8	171.1	164.6	168.8	185.4	187.4	194.7
22.7	27.8	27.9	27.0	25.5	26.0	31.2	44.5	41.9
2.2	10.8	11.1	10.8	12.3	11.8	9.1	6.8	8.2
14.0	10.6	10.3	8.4	7.7	7.4	7.4	9.7	10.1
21.3	**22.3**	**24.5**	**25.6**	**26.1**	**26.5**	**24.6**	**21.3**	**27.7**
3.4	**3.3**	**3.4**	**3.5**	**3.5**	**3.4**	**3.3**	**2.7**	**3.1**

2-6 城镇非私营单位就业人员和工资(2020年)
NUMBER AND WAGE OF EMPLOYEES IN URBAN NON-PRIVATE UNITS(2020)

项 目	Item	就业人员(人) Number of Employees (person)	工资总额(万元) Total Wage (10 000 yuan)	平均工资(元) Average Wage (yuan)	#在岗职工 Fully Employed
总 计	**Total**	**4425978**	**32992795**	**74739**	**77364**
一、按执行会计标准类别分	**Grouped by Categories of Implementing Accounting Standards**				
1.企 业	Enterprises	2867819	21671811	75611	78755
2.政 府	Government	1492363	11075264	74503	76272
3.民间非营利组织	Private Non-Profit Organizations	63904	236038	39521	40140
4.其 他	Others	1892	9683	51226	51367
二、按国民经济行业分	**Grouped by Sector**				
1.农、林、牧、渔业	Farming, Forestry, Animal Husbandry and Fishery	12604	63190	49707	50394
2.采矿业	Mining	826262	7099138	86091	86678
3.制造业	Manufacturing	579190	3817170	65378	65848
4.电力、热力、燃气及水生产和供应业	Production and Supply of Electricity, Heat, Gas and Water	156730	1439877	92027	93912
5.建筑业	Construction	288907	1864960	65914	67623
6.批发和零售业	Wholesale and Retail Trade	136974	870256	63230	64089
7.交通运输、仓储和邮政业	Transport, Storage and Post	234666	2223712	94622	96110
8.住宿和餐饮业	Hotels and Catering Services	37024	129148	35748	38325
9.信息传输、软件和信息技术服务业	Information Transmission, Software and Information Technology Services	52083	473607	90594	92216
10.金融业	Financial Industry	272408	2113592	76173	117023
11.房地产业	Real Estate	56968	363740	63904	64955
12.租赁和商务服务业	Lease and Business Services	114437	621453	54183	54919
13.科学研究和技术服务业	Scientific Research and Technical Services	79403	655579	83282	84836
14.水利、环境和公共设施管理业	Water, Environmental Protection and Public Facility Management	75529	295437	39160	40974
15.居民服务、修理和其它服务业	Resident Services, Repair and Other Services	10871	56949	56249	58880
16.教 育	Education	547164	4210638	78007	79261
17.卫生和社会工作	Health Care and Social Work	261300	1934587	75370	77166
18.文化、体育和娱乐业	Culture, Sports and Recreation	45820	274422	60412	61781
19.公共管理、社会保障和社会组织	Public Management, Social Security and Social Organization	637639	4485340	70356	72089

注：(1)2020年起全国实施劳动工资统计改革，劳动工资相关指标采用新的统计口径与调查方法，后同。
(2)在岗职工包含劳务派遣工，后同。

Notes：(1)Statistical reform of labor wages has been conducted in the whole country since 2020, and related indicators have adopted new statistical coverages and survey methods.The same applies to the tables following.
(2)Dispatching workers are included in fully employed workers. The same applies to the tables following.

2-7 城镇非私营国有单位就业人员和工资(2020年)

NUMBER AND WAGE OF EMPLOYEES IN STATE-OWNED UNITS(2020)

项 目	Item	就业人员(人) Number of Employees (person)	工资总额(万元) Total Wage (10 000 yuan)	平均工资(元) Average Wage (yuan)	#在岗职工 Fully Employed
总 计	**Total**	**1729320**	**12826805**	**74525**	**76368**
一、按执行会计标准类别分	**Grouped by Categories of Implementing Accounting Standards**				
1.企 业	Enterprises	229552	1717211	75445	77834
2.政 府	Government	1492002	11072995	74506	76274
3.民间非营利组织	Private Non-Profit Organizations	6650	29869	47917	48365
4.其 他	Others	1117	6730	60631	61026
二、按国民经济行业分	**Grouped by Sector**				
1.农、林、牧、渔业	Farming, Forestry, Animal Husbandry and Fishery	6177	33190	53539	55010
2.采矿业	Mining	31697	231522	72405	73103
3.制造业	Manufacturing	10705	55209	50904	51842
4.电力、热力、燃气及水生产和供应业	Production and Supply of Electricity, Heat, Gas and Water	48855	523503	108074	110271
5.建筑业	Construction	30253	138455	47464	53737
6.批发和零售业	Wholesale and Retail Trade	15178	113368	75221	76499
7.交通运输、仓储和邮政业	Transport, Storage and Post	25187	129545	51122	52019
8.住宿和餐饮业	Hotels and Catering Services	9498	37211	40192	40454
9.信息传输、软件和信息技术服务业	Information Transmission, Software and Information Technology Services	8630	76279	88517	89092
10.金融业	Financial Industry	19798	238377	120926	122086
11.房地产业	Real Estate	6380	27021	43313	43704
12.租赁和商务服务业	Lease and Business Services	23877	134089	55858	57294
13.科学研究和技术服务业	Scientific Research and Technical Services	46012	373066	81256	82652
14.水利、环境和公共设施管理业	Water, Environmental Protection and Public Facility Management	56046	223639	39960	42495
15.居民服务、修理和其它服务业	Resident Services, Repair and Other Services	3657	22261	60831	62101
16.教 育	Education	475365	3929940	83201	84365
17.卫生和社会工作	Health Care and Social Work	240906	1845189	77703	79578
18.文化、体育和娱乐业	Culture, Sports and Recreation	33744	210828	62618	63802
19.公共管理、社会保障和社会组织	Public Management, Social Security and Social Organization	637355	4484112	70366	72098

2-8 城镇非私营集体单位就业人员和工资(2020年)

NUMBER AND WAGE OF EMPLOYEES IN COLLECTIVE-OWNED UNITS(2020)

项 目	Item	就业人员(人) Number of Employees (person)	工资总额(万元) Total Wage (10 000 yuan)	平均工资(元) Average Wage (yuan)	
					#在岗职工 Fully Employed
总 计	**Total**	**63574**	**309409**	**48098**	**49633**
一、按执行会计标准类别分	**Grouped by Categories of Implementing Accounting Standards**				
1.企 业	Enterprises	61495	303270	48613	50159
2.政 府	Government	53	200	38086	39303
3.民间非营利组织	Private Non-Profit Organizations	1940	5696	31617	29650
4.其 他	Others	87	243	27044	27044
二、按国民经济行业分	**Grouped by Sector**				
1.农、林、牧、渔业	Farming, Forestry, Animal Husbandry and Fishery	455	1165	25369	25500
2.采矿业	Mining	4689	53829	108155	108155
3.制造业	Manufacturing	15206	60585	38939	39865
4.电力、热力、燃气及水生产和供应业	Production and Supply of Electricity, Heat, Gas and Water	593	1896	32467	33375
5.建筑业	Construction	9927	38778	39464	40389
6.批发和零售业	Wholesale and Retail Trade	8082	23915	28760	29740
7.交通运输、仓储和邮政业	Transport, Storage and Post	2540	11129	44085	44528
8.住宿和餐饮业	Hotels and Catering Services	684	1956	28049	28049
9.信息传输、软件和信息技术服务业	Information Transmission, Software and Information Technology Services	181	778	41143	42758
10.金融业	Financial Industry	8488	77118	90291	91807
11.房地产业	Real Estate	3181	8096	25839	25988
12.租赁和商务服务业	Lease and Business Services	3804	13243	33069	33498
13.科学研究和技术服务业	Scientific Research and Technical Services	481	1537	31884	31682
14.水利、环境和公共设施管理业	Water, Environmental Protection and Public Facility Management	341	669	19420	20328
15.居民服务、修理和其它服务业	Resident Services, Repair and Other Services	624	1748	27513	28793
16.教 育	Education	2131	6383	31810	30454
17.卫生和社会工作	Health Care and Social Work	1089	3893	39512	40366
18.文化、体育和娱乐业	Culture, Sports and Recreation	971	2277	23303	23452
19.公共管理、社会保障和社会组织	Public Management, Social Security and Social Organization	109	417	47090	48111

2-9 城镇非私营其他单位就业人员和工资(2020年)

NUMBER AND WAGE OF EMPLOYEES IN OTHER-OWNED UNITS(2020)

项 目	Item	就业人员(人) Number of Employees (person)	工资总额(万元) Total Wage (10 000 yuan)	平均工资(元) Average Wage (yuan)	#在岗职工 Fully Employed
总 计	**Total**	**2633084**	**19856581**	**75531**	**78717**
一、按登记注册类型分	**Grouped by Registered Kind**				
内 资	Civil Funded Enterprises	2450145	18395692	75527	78770
1.股份合作	Share Cooperative Enterprises	2282	22865	98902	102930
2.联 营	Joint Owned Enterprises	153	357	23490	23490
3.有限责任公司	Limited Liability Company	1947056	14523754	75261	76812
4. 股份有限公司	Share Holding Limited Company	418705	3527504	82750	98102
5. 其 他	Others	81949	321213	41646	42307
港、澳、台商投资	Enterprises Funded by HongKong, Macao and Taiwan	81591	716137	78236	78989
外商投资	Foreign Funded Enterprises	101349	744752	73205	77173
二、按执行会计标准类别分	**Grouped by Categories of Implementing** Accounting Standards				
1.企 业	Enterprises	2576772	19651330	76279	79532
2.政 府	Government	309	2069	69433	71585
3.民间非营利组织	Private Non-Profit Organizations	55315	200473	38783	39433
4.其 他	Others	688	2709	39256	39289
三、按国民经济行业分	**Grouped by Sector**				
1.农、林、牧、渔业	Farming, Forestry, Animal Husbandry and Fishery	5972	28835	47629	47604
2.采矿业	Mining	789876	6813787	86507	87091
3.制造业	Manufacturing	553279	3701376	66398	66794
4.电力、热力、燃气及水生产和供应业	Production and Supply of Electricity, Heat, Gas and Water	107281	914479	85115	86811
5.建筑业	Construction	248727	1687727	69186	70013
6.批发和零售业	Wholesale and Retail Trade	113714	732973	64157	64805
7.交通运输、仓储和邮政业	Transport, Storage and Post	206938	2083037	100559	101863
8.住宿和餐饮业	Hotels and Catering Services	26842	89981	34381	37776
9.信息传输、软件和信息技术服务业	Information Transmission, Software and Information Technology Services	43271	396550	91220	93062
10.金融业	Financial Industry	244122	1798097	72149	117989
11.房地产业	Real Estate	47407	328623	69114	70285
12.租赁和商务服务业	Lease and Business Services	86756	474121	54695	55192
13.科学研究和技术服务业	Scientific Research and Technical Services	32910	280977	86927	88816
14.水利、环境和公共设施管理业	Water, Environmental Protection and Public Facility Management	19142	71129	37174	37314
15.居民服务、修理和其它服务业	Resident Services, Repair and Other Services	6591	32940	56504	60032
16.教 育	Education	69668	274315	41927	42626
17.卫生和社会工作	Health Care and Social Work	19306	85505	46910	47310
18.文化、体育和娱乐业	Culture, Sports and Recreation	11106	61317	56885	58893
19.公共管理、社会保障和社会组织	Public Management, Social Security and Social Organization	176	812	47290	48453

2-10 城镇非私营企业单位就业人员和工资(2020年)

NUMBER AND WAGE OF EMPLOYEES IN URBAN NON-PRIVATE ENTERPRISES(2020)

项 目	Item	就业人员(人) Number of Employees (person)	工资总额(万元) Total Wage (10 000 yuan)	平均工资(元) Average Wage (yuan)	
					#在岗职工 Fully Employed
总 计	**Total**	**2867819**	**21671811**	**75611**	**78755**
按国民经济行业分	**Grouped by Sector**				
1.农、林、牧、渔业	Farming, Forestry, Animal Husbandry and Fishery	8126	37103	45074	45086
2.采矿业	Mining	826262	7099138	86091	86678
3.制造业	Manufacturing	579165	3817044	65379	65849
4.电力、热力、燃气及水生产和供应业	Production and Supply of Electricity, Heat, Gas and Water	154941	1432538	92512	94248
5.建筑业	Construction	288891	1864923	65915	67624
6.批发和零售业	Wholesale and Retail Trade	136786	869584	63275	64137
7.交通运输、仓储和邮政业	Transport, Storage and Post	219547	2137741	97265	98544
8.住宿和餐饮业	Hotels and Catering Services	36561	127618	35773	38390
9.信息传输、软件和信息技术服务业	Information Transmission, Software and Information Technology Services	48947	453774	92396	94137
10.金融业	Financial Industry	268989	2069429	75510	116711
11.房地产业	Real Estate	55751	357225	64134	65188
12.租赁和商务服务业	Lease and Business Services	98855	524284	53057	53603
13.科学研究和技术服务业	Scientific Research and Technical Services	46021	383396	84742	86305
14.水利、环境和公共设施管理业	Water, Environmental Protection and Public Facility Management	22422	84154	37543	37832
15.居民服务、修理和其它服务业	Resident Services, Repair and Other Services	7603	36862	53711	56805
16.教 育	Education	26846	130445	50346	50919
17.卫生和社会工作	Health Care and Social Work	25698	157622	63800	64918
18.文化、体育和娱乐业	Culture, Sports and Recreation	16127	87504	55334	56806
19.公共管理、社会保障和社会组织	Public Management, Social Security and Social Organization	282	1426	53681	53681

2-11 城镇私营单位就业人员和工资(2020年)

NUMBER AND WAGE OF EMPLOYEES IN URBAN PRIVATE UNITS(2020)

项 目	Item	就业人员(人) Number of Employees (person)	工资总额(万元) Total Wage (10 000 yuan)	平均工资(元) Average Wage (yuan)
总 计	**Total**	**2082366**	**8713596**	**42905**
按国民经济行业分	**Grouped by Sector**			
1.农、林、牧、渔业	Farming, Forestry, Animal Husbandry and Fishery	35564	116340	32299
2.采矿业	Mining	120615	616937	52611
3.制造业	Manufacturing	499712	2277908	46106
4.电力、热力、燃气及水生产和供应业	Production and Supply of Electricity, Heat, Gas and Water	23046	92342	43565
5.建筑业	Construction	349141	1494033	45747
6.批发和零售业	Wholesale and Retail Trade	288822	1088496	37977
7.交通运输、仓储和邮政业	Transport, Storage and Post	95959	469155	50025
8.住宿和餐饮业	Hotels and Catering Services	75378	228406	32225
9.信息传输、软件和信息技术服务业	Information Transmission, Software and Information Technology Services	32500	152371	46368
10.金融业	Financial Industry	25004	155163	61797
11.房地产业	Real Estate	149532	548546	37418
12.租赁和商务服务业	Lease and Business Services	116784	502694	42194
13.科学研究和技术服务业	Scientific Research and Technical Services	65602	298465	46271
14.水利、环境和公共设施管理业	Water, Environmental Protection and Public Facility Management	29397	87211	30771
15.居民服务、修理和其他服务业	Resident Services, Repair and Other Services	31374	100839	33107
16.教 育	Education	84115	267396	33548
17.卫生和社会工作	Health Care and Social Work	40899	160725	40537
18.文化、体育和娱乐业	Culture, Sports and Recreation	18921	56571	31191

2-12 主要年份城镇非私营单位就业人员平均工资和指数

AVERAGE WAGE AND RELATED INDICES OF EMPLOYEES IN URBAN NON-PRIVATE UNITS IN MAJOR YEARS

单位：元 (yuan)

年 份 Year	就业人员平均工资 Average Wage of Employees	在岗职工平均工资 Average Wage of Fully Employed	在岗职工平均工资指数 (1952年＝100) Average Wage Indices of Fully Employed (year of 1952=100)	
			货币工资 Money Wage	实际工资 Real Wage
1952		375	100.0	100.0
1955		501	133.6	122.1
1960		528	140.8	125.3
1965		638	170.1	141.1
1970		588	156.8	135.8
1975		614	163.7	141.6
1978		632	168.5	145.8
1980		754	201.1	163.2
1982		785	209.3	161.6
1985		1122	299.2	201.9
1990		2111	562.9	228.3
1995		4721	1258.9	258.2
1998		5641	1504.3	279.9
1999		6065	1617.3	299.8
2000		6918	1844.8	323.5
2001	8039	8122	2165.9	381.7
2002	9267	9357	2495.2	449.7
2003	10620	10729	2861.1	507.4
2004	12794	12943	3451.5	590.9
2005	15473	15645	4172.0	702.3
2006	18106	18300	4880.0	807.0
2007	21315	21525	5740.0	911.0
2008	25489	25828	6887.5	1021.6
2009	28066	28469	7591.7	1130.5
2010	33057	33544	8945.1	1301.2
2011	39230	39903	10640.8	1470.0
2012	44236	44943	11984.8	1616.7
2013	46407	47417	12644.5	1655.3
2014	48969	49984	13329.1	1717.4
2015	51803	52960	14122.7	1807.1
2016	53705	54975	14660.0	1856.7
2017	60061	61547	16412.5	2054.7
2018	65917	67669	18045.1	2219.3
2019	69551	72207	19255.2	2305.9
2020	74739	77364	20630.4	2372.8

2-13 社会保障基本情况
BASIC STATISTICS ON SOCIAL SECURITY

年份 Year	参加保险人数(万人) Active Contributors (10 000 persons)				基金收入(亿元) Fund Revenue(100 million yuan)		
	城镇职工养老保险 Basic Pension Insurance of Employees in Urban Units		失业保险 Unemployment Insurance	医疗保险 Basic Medical Insurance	城镇职工养老保险 Basic Pension Insurance of Employees in Urban Units		失业保险 Unemployment Insurance
	企业 Enterprises	机关事业 Government Agencies and Institutions			企业 Enterprises	机关事业 Government Agencies and Institutions	
2000	358.81		254.80		53.87		2.43
2001	365.57		286.10	156.00	58.05		2.94
2002	361.24		278.90	217.00	75.91		3.42
2003	364.42	67.13	284.10	272.00	86.27	7.09	3.80
2004	376.08	68.71	286.50	295.00	109.30	9.04	4.22
2005	383.43	80.08	288.50	325.00	118.90	11.96	5.53
2010	494.92	96.11	305.05	935.00	357.13	48.24	13.52
2011	523.93	99.84	309.35	1005.06	516.78	56.93	18.62
2012	548.67	100.02	380.88	1055.90	602.26	64.68	25.05
2013	570.21	102.22	400.98	1086.30	563.51	75.53	34.13
2014	588.73	103.30	407.68	1100.70	580.56	83.35	36.07
2015	604.23	110.00	411.29	1113.81	586.07	102.52	30.61
2016	620.57	139.64	415.15	1121.16	652.11	135.92	27.51
2017	636.70	162.01	420.56	3215.40	790.94	628.46	25.18
2018	659.84	177.81	431.13	3240.46	909.88	407.81	26.02
2019	691.71	179.82	443.91	3266.36	955.56	332.20	23.77
2020	764.80	181.01	469.38	3245.07	898.82	376.40	23.23

年份 Year		基金支出(亿元) Fund Expenditure(100 million yuan)				城镇低保人数(万人) Persons Receiving Lowest Cost of Living (10 000 persons)
	医疗保险 Basic Medical Insurance	城镇职工养老保险 Basic Pension Insurance of Employees		失业保险 Unemployment Insurance	医疗保险 Basic Medical Insurance	
		企业 Enterprises	机关事业 Government Agencies and Institutions			
2000		50.62		1.34		3.06
2001	1.32	51.22		1.49	0.68	28.53
2002	4.13	60.32		2.12	1.53	62.21
2003	10.19	65.18	8.19	3.17	4.80	84.21
2004	17.88	76.30	12.40	2.58	10.98	84.86
2005	25.60	78.37	14.75	2.78	15.75	84.97
2010	86.74	226.81	43.61	6.56	69.65	91.51
2011	106.32	367.39	51.79	5.64	84.07	91.69
2012	141.04	437.23	58.24	4.96	104.24	89.04
2013	160.93	411.31	66.49	5.22	128.25	85.03
2014	163.22	480.56	75.36	13.44	146.54	72.60
2015	178.60	554.76	102.20	13.79	154.17	59.90
2016	187.17	614.57	132.31	11.87	170.25	53.10
2017	371.88	712.48	565.19	12.31	323.09	45.98
2018	428.36	764.64	378.19	11.68	393.61	35.80
2019	472.40	922.92	336.48	14.39	449.51	28.04
2020	497.86	1020.31	362.69	34.93	438.17	26.14

注：(1)2017年起，医疗保险包含城镇职工和城乡居民基本医疗保险数据；

(2)2017年机关事业养老保险基金收入为2014年10月至2017年12月期间数据。

Notes：(1)Data of medical insurance has included basic medical insurance of employees and that for urban and rural residents since 2017.

(2)Fund revenue of government agencies and institution of 2017 is a period data which is calculated from October 2014 to December 2017.

主要统计指标解释

人口数 指一定时点、一定地区范围内有生命的个人总和。

年度统计的年末人口数指每年 12 月 31 日 24 时的常住人口数。

常住人口 包括：1.住本乡（镇）街道，户口登记地在本乡（镇）街道；2.住本乡（镇）街道半年以上，户口登记地在其他乡（镇）街道；3.住本乡（镇）街道不满半年，但是已离开户口登记地半年以上；4.户口登记地在本乡（镇）街道，离开不满半年；5.住本乡（镇）街道，户口待定；6.户口登记地在本乡（镇）街道，现居住国外。

城镇人口和乡村人口 城镇人口是指居住在城镇范围内的全部常住人口；乡村人口是除上述人口以外的全部人口。

城镇包括城区和镇区。城区是指在市辖区和不设区的市中，街道办事处所辖的居民委员会地域；城市公共设施、居住设施等连接到的其他居民委员会地域和村民委员会地域。

镇区是指在城区以外的镇和其他区域，其包括镇所辖的居民委员会地域；镇的公共设施、居住设施等连接到的村民委员会地域。

出生率（又称粗出生率） 指在一定时期内（通常为一年）一定地区的出生人数与同期内平均人数（或期中人数）之比，用千分率表示。本资料中的出生率指年出生率，其计算公式为：

出生率＝年出生人数/年平均人数×1000‰

式中：出生人数指活产婴儿，即胎儿脱离母体时（不管怀孕月数），有过呼吸或其他生命现象。年平均人数指年初、年底人口数的平均数，也可用年中人口数代替。

死亡率（又称粗死亡率） 指在一定时期内（通常为一年）一定地区的死亡人数与同期内平均人数（或期中人数）之比，用千分率表示。本资料中的死亡率指年死亡率，其计算公式为：

死亡率＝年死亡人数/年平均人数×1000‰

人口自然增长率 指在一定时期内（通常为一年）人口自然增加数（出生人数减死亡人数）与该时期内平均人数（或期中人数）之比，用千分率表示。计算公式为：

人口自然增长率＝（本年出生人数-本年死亡人数）/年平均人数×1000‰＝人口出生率-人口死亡率

总抚养比 也称总负担系数。指人口总体中非劳动年龄人口数与劳动年龄人口数之比。通常用百分比表示。用以表明每 100 名劳动年龄人口大致要负担多少名非劳动年龄人口。用于从人口角度反映人口与经济发展的基本关系。计算公式为：

$$GDR = (P_{0\text{-}14}+P_{65}^{+})/P_{15\text{-}64}\times100\%$$

其中：GDR 为总抚养比；

$P_{0\text{-}14}$ 为 0-14 岁少年儿童人口数；

$P_{15\text{-}64}$ 为 15-64 岁的劳动年龄人口数；

P_{65}^{+} 为 65 岁及 65 岁以上的老年人口数。

老年人口抚养比 也称老年人口抚养系数。指某一人口中老年人口数与劳动年龄人口数之比。通常用百分比表示。用以表明每 100 名劳动年龄人口要负担多少名老年人。老年人口抚养比是从经济角度反映人口老龄化社会后果的指标之一。计算公式为：

$$ODR = P_{65}^{+}/P_{15\text{-}64}\times100\%$$

其中：ODR 为老年人口抚养比；

$P_{15\text{-}64}$ 为 15-64 岁的劳动年龄人口数；

P_{65}^{+} 为 65 岁及 65 岁以上的老年人口数。

少年儿童抚养比 也称少年儿童抚养系数。指某一人口中少年儿童人口数与劳动年龄人口数之比。通常用百分比表示。

以反映每100名劳动年龄人口要负担多少名少年儿童。计算公式为：

$$CDR = P_{0\text{-}14} / P_{15\text{-}64} \times 100\%$$

其中：CDR为少年儿童抚养比；

$P_{0\text{-}14}$ 为0-14岁少年儿童人口数；

$P_{15\text{-}64}$ 为15-64岁的劳动年龄人口数。

就业人员 指在16周岁以上，有劳动能力，为取得劳动报酬或经营收入而从事一定社会劳动的人员。

城镇登记失业人员 劳动年龄（年满16周岁（含）至依法享受基本养老保险待遇）内，有劳动能力，有就业要求，处于无业状态，并在当地劳动保障部门进行失业登记的城镇常住人员。

城镇登记失业率 城镇登记失业人员与城镇单位就业人员（扣除使用的农村劳动力、聘用的离退休人员、港澳台及外方人员）、城镇单位中的不在岗职工、城镇私营业主、个体户主、城镇私营企业和个体就业人员、城镇登记失业人员之和的比。

城镇非私营单位 城镇地区非私营法人单位和统计上认定的视同法人单位的产业活动单位。具体包括国有单位、城镇集体单位、联营、股份制、外商投资、港澳台商投资等单位。

工资统计主要统计法人单位的就业人员，而个体就业人员、自由职业者等非单位就业人员不在工资统计范围内。

城镇私营单位 城镇地区私营法人单位和统计上认定的视同法人单位的产业活动单位，具体包括私营有限责任公司、私营股份有限公司、私营合伙企业和私营独资企业。

单位就业人员 指报告期最后一日在本单位工作，并取得工资或其他形式劳动报酬的人员数。该指标为时点指标，不包括最后一日当天及以前已经与单位解除劳动合同关系的人员，是在岗职工、劳务派遣人员及其他从业人员之和。就业人员不包括：

1.离开本单位仍保留劳动关系，并定期领取生活费的人员；

2.在本单位实习的各类在校学生；

3.本单位因劳务外包而使用的人员，如：建筑业整建制使用的人员。

在岗职工 指在本单位工作且与本单位签订劳动合同，并由单位支付各项工资和社会保险、住房公积金的人员，以及上述人员中由于学习、病伤、产假等原因暂未工作仍由单位支付工资的人员。在岗职工还包括：

1.应订立劳动合同而未订立劳动合同人员；

2.处于试用期人员；

3.编制外招用的人员，如临时人员；

4.派往外单位工作，但工资或其他形式劳动报酬仍由本单位发放的人员（如挂职锻炼、外派工作等情况）。

工资总额 指根据《关于工资总额组成的规定》(1990年1月1日国家统计局发布的一号令)进行修订，本单位在报告期内(季度或年度)直接支付给本单位全部就业人员的劳动报酬总额。包括计时工资、计件工资、奖金、津贴和补贴、加班加点工资、特殊情况下支付的工资，是在岗职工工资总额、劳务派遣人员工资总额和其他就业人员工资总额之和。

工资总额是税前工资，包括单位从个人工资中直接为其代扣或代缴的房费、水费、电费、住房公积金和社会保险基金个人缴纳部分等。

工资总额不论是计入成本的还是不计入成本的，不论是以货币形式支付的还是以实物形式支付的，均应列入工资总额的计算范围。需要明确的是工资总额不包括从单位工会经费或工会账户中发放的现金或实物。

平均工资 指单位就业人员在一定时期内平均每人所得的工资额。它表明一定时期工资收入的高低程度，是反映就业人员工资水平的主要指标。计算公式为：

平均工资＝报告期内就业人员工资总额/报告期内就业人员平均人数

在岗职工平均货币工资指数 指报告期在岗职工平均工资与基期在岗职工平均工资的比率，是反映不同时期在岗职工货币工资水平变动情况的相对数。计算公式为：

在岗职工平均货币工资指数＝报告期在岗职工平均工资/基期在岗职工平均工资×100%

在岗职工平均实际工资指数 在岗职工平均实际工资指扣除物价变动因素后的在岗职工平均工资。在岗职工平均实际工资指数是反映实际工资变动情况的相对数，表明在岗职工实际工资水平提高或降低的程度。计算公式为：

在岗职工平均实际工资指数＝报告期在岗职工平均实际工资/基期在岗职工平均实际工资×100%

Explanatory Notes on Main Statistical Indicators

Total Population refers to the total number of people alive at a certain point of time within a given area.

The annual statistics on total population is taken at midnight, the 31st of December.

Resident Population includes (1) population residing in the township or sub-district office area with residence registered here, (2) population residing in the township or sub-district office area more than half a year with residence registered in other places, (3) population residing in the township or sub-district office area less than half a year, but having left place of residence registration more than half a year, (4) population having left the place for less than half a year with residence registered in the township or sub-district office, (5) population residing in the township or sub-district office area with pending residence registration, (6) population now residing in foreign countries with residence registered in the township or sub-district office.

Urban Population and Rural Population Urban population refer to all people residing in cities and towns, while rural population refer to population other than urban population.

City and town include city area and town area. City area refers to the area of residence committees ruled by sub-district office in municipal district or cities with no district, and area of other residence committees which joined by urban public establishment and residence establishment.

Town area refers to the area of township and other areas besides the city zone, including the area of residence committees ruled by town government, and the area of villager's committees which joined by township public establishment and residence establishment.

Birth Rate (Crude Birth Rate) refers to the ratio of the number of birth to the average population (or mid-period population) during a certain period of time (usually a year), expressed in ‰. Birth rate in the chapter refers to annual birth rate. The following formula is used:

Birth Rate = (Number of Births / Average Number of Population) ×1000‰

Number of births in the formula refers to live births, i.e. when a baby has breathed or shown any vital phenomena regardless of the length of pregnancy. Annual average number of population is the average of the beginning of the year and that at the end of the year. Sometimes it is substituted by the mid-year population.

Death Rate (Crude Death Rate) refers to the ratio of the number of deaths to the average population (or mid-period population) during a certain period of time (usually a year), expressed in ‰. Death rate in the chapter refers to annual death rate. The following formula is used:

Death Rate = (Number of Deaths / Annual Average Number of Population) ×1000‰

Natural Growth Rate of Population refers to the ratio of natural increase in population (number of births minus number of deaths) in a certain period of time (usually a year) to the average population (or mid-period population) of the same period, expressed in ‰. The following formula is applied:

Natural Growth Rate of Population = [(Number of Birth - Number of Death) / Average Number of Population] ×1000‰ = Birth Rate - Death Rate

Gross Dependency Ratio also called gross dependency coefficient, refers to the ratio of non-working-age population to the working-age population, express in ‰. Describing in general the number of non-working-age population that every 100 people at working ages will take care of, this indicator reflects the basic relation between population and economic development from the demographic perspective. The gross dependency ratio is calculated with the following formula:

$GDR = P_{0\text{-}14} + P_{65}^{+} / P_{15\text{-}64} \times 100\%$

Where: GDR is the gross dependency ratio;

$P_{0\text{-}14}$ is the population of children aged 0-14;

$P_{15\text{-}64}$ is the working-age population aged 15-64;

P_{65}^{+} is the elderly population aged 65 and over.

Old Dependency Ratio also called old dependency coefficient, refers to the ratio of the elderly population to the working-age population, express in ‰. It describes the number of the elderly population that every 100 people at working ages will take care of. Old dependency ratio is one of the indicators reflecting the social implication of population aging from the economic perspective. The old dependency ratio is calculated with the following formula:

$ODR = P_{65}^{+} / P_{15\text{-}64} \times 100\%$

Where: ODR is the old dependency ratio;

$P_{15\text{-}64}$ is the working-age population aged 15-64;

P_{65}^{+} is the elderly population aged 65 and over.

Children Dependency Ratio also called children dependency coefficient, refers to the ratio of the children population to the working-age population, expressed in ‰. It describes the number of children population that every 100 people at working ages will take care of. The children dependency ratio is calculated with the following formula:

$$CDR = P_{0\text{-}14} / P_{15\text{-}64} \times 100\%$$

Where: CDR is the children dependency ratio;

$P_{0\text{-}14}$ is the children population aged 0-14;

$P_{15\text{-}64}$ is the working-age population aged 15-64.

Employed Persons refer to persons, aged 16 and over, who had labor capacity and performed some social work for compensation or business gains.

Registered Unemployed Persons in Urban Areas refer to the persons residing in urban areas at certain working ages (16 years old to the age of enjoying primary endowment insurance benefits according to the law), who are capable of working, unemployed and willing to work, and have been registered at the local labor security department to apply for a job.

Registered Unemployment Rate in Urban Areas refers to the ratio of the number of the registered unemployed persons to the sum of the number of persons employed in various units (minus the employed rural labor force, re-employed retirees, and Hong Kong, Macao, Taiwan or foreign employees), laid-off staff and workers in urban units, owners of private enterprises in urban areas, owners of self-employed individuals in urban areas, employees of private enterprises in urban areas, employee of self-employed individuals in urban areas, and the registered unemployed persons in urban areas.

Urban Non-private Units refer to urban non-private legal entities and active units deemed as legal entities in statistics, including state-owned units, urban collective-owned units, joint owned units, share-holding units, foreign funded units, units funded by Hong Kong, Macao and Taiwan, etc.

Wage statistics mainly include the employees of legal entities, while non-unit employees such as individual employees and freelancers are not included.

Urban Private Units refer to urban private legal entities and active units deemed as legal entities in statistics, including private limited liability corporations, Private Share Holding Limited Corporations, Private Partnership Enterprises, private sole proprietorship enterprises.

Persons Employed in Various Units refer to the total number of employees who work at his unit and obtain wages or other forms of payment at the end of the reporting period. This indicator is a kind of time point index and it equals to the sum of the number of employed staff and workers, labor dispatch personnel and other employed persons. Employed persons do not include:

(1) persons who have left their working units while keeping their labor contract (employment relation) unchanged and receiving regular alimony;

(2) all kinds of enrolled students who do internship in various units;

(3) persons employed due to labor outsourcing, for example, persons employed in the organizational system of construction industry.

Fully Employed Staff and Workers refer to persons who signed labor contracts with working units and working units would pay wages, social insurance and housing funds for them. Persons who have their work posts but are temporarily absent from work for reasons of study or on sick, injury or maternal leave and still receive wages from their working units are also included. Employed staff and workers also include:

(1) persons who should have signed the labor contracts but not (like people with rural household registration);

(2) employees on probation;

(3) employees beyond the staffing quota, for example, temporary employees;

(4) employees who are sent to other working units but still obtain wages from their original units (situations like on-the-job placement, expatriated assignment, etc.).

Total Wage It is revised according to the *Provision of Composition of Total Wages* (Order No.1 by National Bureau of Statistics on January, 1st, ,1990), total wage refers to the total remuneration payment to all employed persons in various units during the reporting period (by quarter or by year), including hourly-paid wages, piece-rate wages, bonuses, allowance and subsidies, overtime wages and wages paid under special circumstances. It equals to the sum of total wages of employed staff and workers, dispatch labors and other employed persons.

Total wage is pre-tax wages, including the room charges, utility bills, housing funds and social insurance paid or withheld by employee's units.

Total wage, whether or not included in cost, whether or not paid in money or in kind, shall be included in the calculation of total wage. The distribution paid in cash or kind by the labor union's funds or account shall not be included.

Average Wage refers to the average per capita wage during a certain period of time for employed persons. It shows the general level of wage income during a certain period of time and it's one major indicator to reflect the wage level. It is calculated as follows:

Average Wage = Total Wage of Employed Persons at Reference Period /Average Number of Employed Persons at Reference Period

Average Money Wage Indices of Fully Employed Staff and Workers refers to the ratio of average wage of fully employed stuff and workers at reference period to that at base period, which reflects the change of wage of fully employed staff and workers at different period. It is calculated as follows:

Average Money Wage Indices of Fully Employed Staff and Workers

= (Average Wage of Fully Employed Staff and Workers at Reference Period /Average Wage of Fully Employed Staff and Workers at Base Period) ×100%

Average Real Wage Indices of Fully Employed Staff and Workers average real wage of fully employed staff and workers refers to the average wage of fully employed stuff and workers after removing the effects of price changes. Average real wage indices of fully employed staff and workers refers to the change of real wage, which reflects the relative increasing and decreasing level of real wage of fully employed staff and workers. It is calculated as follows:

Average Real Wage Indices of Fully Employed Staff and Workers

= (Average Real Wage of Fully Employed Staff and Workers at Reference Period /Average Real Wage of Fully Employed Staff and Workers at Base Period) ×100%

3 物价

PRICE

资料整理人员

朱　军　周冠宇

物价 PRICE

居民消费价格指数	General Residents Consumer Price Index	102.9
城　市	Urban Residents Consumer Price Index	102.8
农　村	Rural Residents Consumer Price Index	103.3
商品零售价格指数	Retail Price Index	100.9
工业生产者出厂价格指数	Ex-factory Price Index of Industrial Producer	96.7
工业生产者购进价格指数	Purchasing Price Index of Industrial Producer	97.2

物价指数（上年 =100）
Price Index (last year=100)

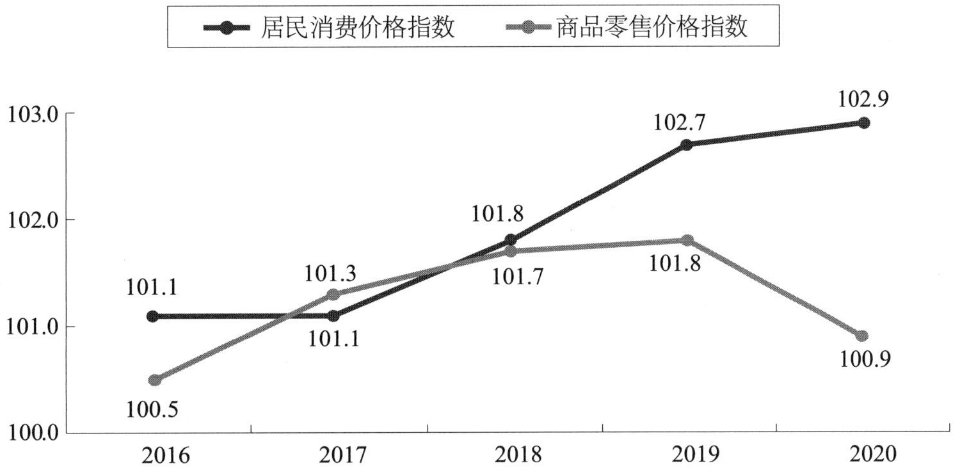

工业生产者价格指数（上年 =100）
Price Index of Industrial Producer (last year=100)

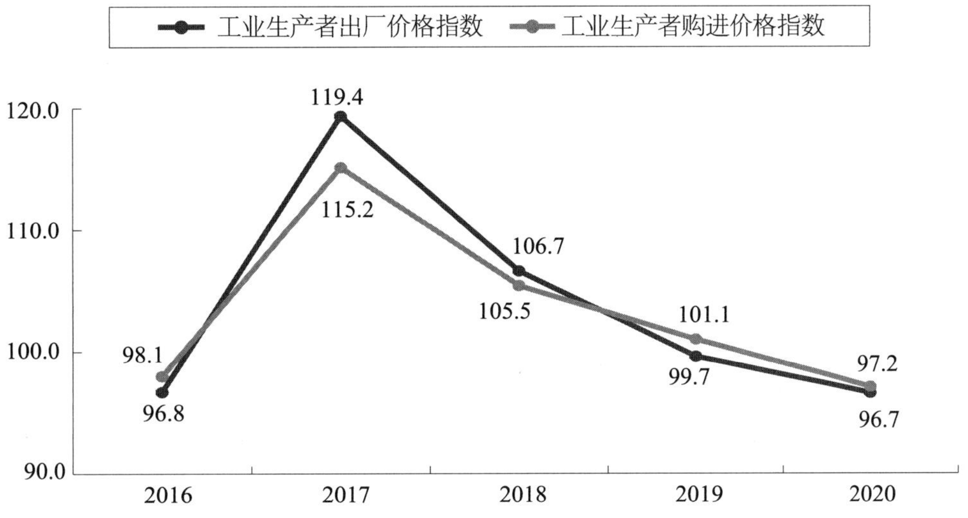

3-1 主要年份各类物价指数
GENERAL PRICE INDICES IN MAJOR YEARS

上年=100 (last year=100)

年 份 Year	全省居民消费价格指数 Residents Consumer Price Index	城市居民消费价格指数 Urban Residents Consumer Price Index	农村居民消费价格指数 Rural Residents Consumer Price Index	全省商品零售价格指数 Retail Price Index
1978		100.0		100.0
1980	103.4	105.5	101.3	103.5
1985	108.5	109.1	107.8	107.6
1990	102.2	101.5	103.0	102.1
1995	116.9	116.7	117.2	115.6
2000	103.9	104.7	103.0	97.1
2005	102.3	101.7	103.7	100.3
2010	103.0	103.1	102.8	102.3
2011	105.2	105.1	105.4	104.9
2012	102.5	102.4	102.6	101.8
2013	103.1	103.0	103.2	101.8
2014	101.7	101.8	101.4	100.6
2015	100.6	100.6	100.7	99.3
2016	101.1	101.1	101.1	100.5
2017	101.1	101.4	100.5	101.3
2018	101.8	101.8	101.8	101.7
2019	102.7	102.6	103.0	101.8
2020	102.9	102.8	103.3	100.9

3-1 续表 continued

1978年=100 (year of 1978=100)

年 份 Year	全省居民消费价格指数 Residents Consumer Price Index	城市居民消费价格指数 Urban Residents Consumer Price Index	农村居民消费价格指数 Rural Residents Consumer Price Index	全省商品零售价格指数 Retail Price Index
1978	100.0	100.0	100.0	100.0
1980	104.0	106.6	101.5	104.0
1985	123.4	128.2	118.4	122.0
1990	206.6	213.4	200.5	203.2
1995	391.3	421.6	354.6	356.7
2000	444.2	488.5	391.6	349.9
2005	472.9	508.9	437.4	354.3
2010	554.9	589.6	529.4	406.1
2011	583.8	619.7	558.0	426.0
2012	598.4	634.8	572.6	433.7
2013	617.0	653.8	590.9	441.5
2014	627.5	665.6	599.2	444.1
2015	631.3	669.6	603.4	441.0
2016	638.2	677.0	610.0	443.2
2017	645.2	686.4	613.1	449.0
2018	656.8	698.8	623.9	456.6
2019	674.5	717.0	642.6	464.8
2020	694.1	737.1	663.8	469.0

3-2 主要年份城市居民消费价格指数
URBAN RESIDENTS CONSUMER PRICE INDICES IN MAJOR YEARS

年 份 Year	1950年价格=100 Year of 1950=100	1957年价格=100 Year of 1957=100	1965年价格=100 Year of 1965=100	1970年价格=100 Year of 1970=100	1978年价格=100 Year of 1978=100	1980年价格=100 Year of 1980=100	1985年价格=100 Year of 1985=100	1990年价格=100 Year of 1990=100	上年=100 Last Year=100
1978	141.3	104.1	98.6	100.0	100.0				100.0
1980	150.6	110.9	102.1	106.5	106.6	100.0			105.5
1985	181.1	133.5	123.0	128.2	128.2	120.3	100.0		109.1
1990	301.4	222.2	204.7	213.4	213.4	200.2	166.4	100.0	101.5
1995	595.6	439.3	404.6	421.6	421.6	395.8	328.9	197.6	116.7
2000	690.0	508.8	468.7	488.5	488.5	458.6	380.9	229.0	104.7
2005	718.8	530.1	488.3	508.9	508.9	477.7	396.8	238.7	101.7
2010	832.6	614.2	565.8	589.6	589.6	553.4	459.7	276.5	103.1
2011	875.1	645.5	594.7	619.7	619.7	581.6	483.1	290.6	105.1
2012	896.5	661.3	609.2	634.8	634.8	595.8	494.9	297.7	102.4
2013	923.4	681.1	627.5	653.9	653.8	613.7	509.7	306.6	103.0
2014	940.0	693.4	638.8	665.7	665.6	624.7	518.9	312.1	101.8
2015	945.6	697.6	642.6	669.7	669.6	628.4	522.0	314.0	100.6
2016	956.0	705.3	649.7	677.1	677.0	635.3	527.7	317.5	101.1
2017	969.4	715.1	658.8	686.5	686.4	644.2	535.1	321.9	101.4
2018	986.8	728.0	670.7	698.9	698.8	655.8	544.7	327.7	101.8
2019	1012.5	746.9	688.1	717.1	717.0	672.9	558.9	336.2	102.6
2020	1040.9	767.8	707.4	737.2	737.1	691.7	574.5	345.6	102.8

3-3 主要年份商品零售价格指数
RETAIL PRICE INDICES IN MAJOR YEARS

年 份 Year	1950年价格=100 Year of 1950=100	1957年价格=100 Year of 1957=100	1965年价格=100 Year of 1965=100	1970年价格=100 Year of 1970=100	1978年价格=100 Year of 1978=100	1980年价格=100 Year of 1980=100	1985年价格=100 Year of 1985=100	1990年价格=100 Year of 1990=100	上年=100 Last Year=100
1978	143.1	104.2	95.4	99.6	100.0				100.0
1980	148.8	108.4	99.3	103.6	104.0	100.0			103.5
1985	174.5	127.0	116.3	121.5	122.0	117.3	100.0		107.6
1990	290.6	211.5	193.8	202.4	203.2	195.4	166.6	100.0	102.1
1995	510.1	371.3	340.3	355.5	356.7	343.1	292.5	175.6	115.6
2000	500.5	364.1	333.7	348.6	349.9	336.5	286.8	172.2	97.1
2005	506.8	368.8	337.9	353.0	354.3	340.6	290.3	174.3	100.3
2010	580.8	422.6	387.4	404.5	406.1	390.4	332.6	199.7	102.3
2011	609.3	443.3	406.4	424.3	426.0	409.5	348.9	209.5	104.9
2012	620.3	451.3	413.7	431.9	433.7	416.9	355.2	213.3	101.8
2013	631.5	459.4	421.1	439.7	441.5	424.4	361.6	217.1	101.8
2014	635.3	462.2	423.6	442.3	444.1	426.9	363.8	218.4	100.6
2015	630.9	459.0	420.6	439.2	441.0	423.9	361.3	216.9	99.3
2016	634.1	461.3	422.7	441.4	443.2	426.0	363.1	218.0	100.5
2017	642.3	467.3	428.2	447.1	449.0	431.6	367.8	220.8	101.3
2018	653.2	475.2	435.5	454.7	456.6	438.9	374.1	224.6	101.7
2019	665.0	483.8	443.3	462.9	464.8	446.8	380.8	228.6	101.8
2020	671.0	488.2	447.3	467.1	469.0	450.8	384.2	230.7	100.9

3-4 居民消费价格分类指数(2020年)

RESIDENTS CONSUMER PRICE INDICES BY CATEGORY OF COMMODITIES(2020)

上年=100 (last year=100)

指 标	Item	全 省 Total Province Indices	城 市 Urban Indices	农 村 Rural Indices
居民消费价格指数	**Consumer Price Index**	**102.9**	**102.8**	**103.3**
一、食品烟酒	Food, Tobacco and Liquor	106.9	106.9	106.7
1.食 品	Food	108.2	108.2	108.2
粮 食	Grain	100.5	100.1	101.1
薯 类	Tubers	100.0	100.3	99.3
豆 类	Beans	103.1	104.2	101.2
食用油	Edible Oil and Fats	103.1	102.4	104.3
菜	Vegetables	108.1	108.1	108.1
鲜 菜	Fresh Vegetables	108.7	108.8	108.6
干菜及菜制品	Dried Vegetables and Processed Products	100.6	100.7	100.1
畜肉类	Meat of Livestock	137.2	136.1	139.7
猪 肉	Pork	153.9	154.2	153.5
禽肉类	Meat of Poultry	101.4	100.9	103.1
水产品	Aquatic Products	102.6	102.2	103.8
蛋 类	Poultry Eggs	79.6	80.2	78.7
鸡 蛋	Eggs	78.6	79.0	78.0
奶 类	Milk and Other Dairy Products	101.2	101.4	100.7
干鲜瓜果类	Dried and Fresh Melons and Fruits	90.9	91.6	88.9
鲜瓜果	Fresh Melons and Fruits	88.1	88.6	87.1
坚 果	Dried Fruits	99.9	100.8	96.5
糖果糕点类	Candy and Cake	100.7	100.8	100.5
调味品	Flavouring	100.9	101.1	100.6
其他食品类	Other Foods	101.7	101.8	101.5
2.茶及饮料	Tea and Beverages	100.3	100.2	100.4
茶 叶	Tea	100.1	100.2	99.8
固体咖啡	Solid Coffee	101.2	101.6	99.7
其他固体饮料	Other Solid Drinks	100.0	100.7	99.3
饮用水	Potable Water	99.4	98.6	100.8
果汁饮料	Fruit Juice	100.7	101.6	98.7
3.烟 酒	Tobacco and Liquor	100.7	100.7	100.6
烟 草	Tobacco	101.0	101.2	100.8
酒 类	Liquor	100.1	100.0	100.2
4.在外餐饮	Dining Out	105.6	105.7	105.2
正 餐	Dinner	105.9	105.7	107.0
快 餐	Snack	105.6	106.2	103.7
地方小吃	Local Snack	105.6	106.3	102.8

3-4 续表1 continued

上年=100 (last year=100)

指 标	Item	全 省 Total Province Indices	城 市 Urban Indices	农 村 Rural Indices
二、衣 着	Clothing	101.3	101.2	101.4
1.服 装	Garments	101.4	101.5	101.3
男式服装	Man's Garments	101.8	101.9	101.2
女式服装	Woman's Garments	100.6	100.7	100.1
儿童服装	Children's Garments	103.4	102.7	105.3
2.服装材料	Garment Material	101.2	101.1	101.4
3.其他衣着及配件	Other Clothing and Accessories	99.8	99.5	101.1
4.衣着加工服务费	Fees for Clothing Manufacturing Services	103.6	104.1	101.1
5.鞋 类	Footwear	100.7	100.4	101.7
鞋	Shoes	100.7	100.4	101.7
鞋类加工服务	Shoes Manufacturing Services	102.2	102.5	101.7
三、居 住	Residence	100.1	100.0	100.4
1.租赁房房租	Rent	100.4	100.1	101.9
2.住房保养维修及管理	Household Maintenance, Renovation and Management	102.4	102.4	102.2
3.水电燃料	Water, Electricity and Fuels	99.1	99.5	98.3
4.自有住房	Private Housing	100.0	99.8	100.8
四、生活用品及服务	Articles for Daily Use and Services	100.0	100.1	99.6
1.家具及室内装饰品	Furniture and Interior Decorations	100.0	99.8	100.3
家 具	Furniture	99.9	99.8	100.4
室内装饰品	Interior Decorations	100.1	100.0	100.3
2.家用器具	Household Appliances	98.8	98.8	98.7
3.家用纺织品	Household Textiles	99.0	98.7	99.7
4.家庭日用杂品	Daily Use Household Articles	100.7	101.3	99.4
5.个人护理用品	Personal Care Articles	100.6	100.7	100.2
6.家庭服务	Household Services	102.7	103.0	101.6
五、交通和通信	Transportation and Communication	96.6	96.5	96.9
1.交 通	Transportation	94.3	94.0	95.1
交通工具	Transportation Facility	96.2	95.6	97.9
交通工具用燃料	Fuels of Transportation Facility	86.0	86.0	86.0
交通工具使用和维修	Use and Repairment of Transportation Facility	100.6	100.7	100.3
交通费	Traffic Fare	99.5	99.3	100.1
市内公共交通	Incity Public Transportation	99.1	98.7	100.0
出租汽车	Taxi	100.1	100.2	100.0
飞 机 票	Plane Ticket	94.9	95.3	89.8
火 车 票	Train Ticket	100.0	100.0	100.0
长途汽车	Coach	101.0	101.1	101.0

3-4 续表2 continued

上年=100 (last year=100)

指　标	Item	全　省 Total Province Indices	城　市 Urban Indices	农　村 Rural Indices
2.通　信	Communication	100.6	100.7	100.3
通信工具	Communication Facility	102.7	103.1	101.3
通信服务	Communication Service	100.0	99.9	100.0
邮递服务	Postal Service	99.9	99.9	99.8
六、教育文化和娱乐	Education, Culture and Recreation	101.1	101.3	100.8
1.教　育	Education	101.9	102.2	101.4
教育用品	Education Articles	102.4	102.0	102.9
教育服务	Education Services	101.9	102.2	101.4
2.文化娱乐	Culture and Recreation	99.6	99.8	98.7
文娱耐用消费品	Durable Consumer Goods for Cultural and Recreational Use	100.3	100.7	99.4
其他文娱用品	Other Cultural and Recreational Articles	100.3	100.4	100.0
文化娱乐服务	Cultural and Recreational Services	95.3	94.7	97.9
旅　游	Touring	101.2	101.6	94.4
七、医疗保健	Health Care	109.4	108.7	110.8
1.药品及医疗器具	Medicine and Medical Appliances	100.8	100.5	101.5
中　药	Traditional Chinese Medicine	101.7	101.2	102.9
西　药	Western Medicine	100.4	100.1	101.2
滋补保健品	Health Care Products	101.3	101.5	100.6
医疗卫生器具	Medical Appliances	100.0	99.6	101.4
保健器具	Health Care Appliances	99.8	99.7	100.1
2.医疗服务	Medical Services	115.3	114.9	116.1
综合医疗类	General Practice	125.7	119.8	140.5
诊断类	Diagnosis	104.2	105.1	102.8
治疗类	Treatment	116.5	120.2	109.9
康复类	Rehabilitation	110.9	109.4	114.0
中医医疗服务类	Traditional Chinese Medical Services	104.7	102.7	108.1
其他医疗服务	Other Medical Services	110.2	111.6	107.3
八、其他用品和服务	Other Articles and Services	102.4	101.6	104.5
1.其他用品类	Other Articles	106.2	105.7	107.2
首饰手表	Jewelry and Watch	110.6	109.5	114.0
其他杂项用品	Other Miscellaneous Articles	99.7	99.8	99.6
2.其他服务类	Other Services	99.4	98.5	102.2
旅馆住宿	Touring Accomodation	96.4	94.8	103.1
美容美发洗浴	Hairdressing, Beauty and Bath	102.5	100.7	106.8
养老服务	Pension Services	102.0	100.9	104.3
金融保险	Financial Insurance	98.0	97.6	99.3
其他服务类	Other Services	100.2	100.1	100.4

3-5 商品零售价格分类指数(2020年)
RETAIL PRICE INDICES BY CATEGORY OF COMMODITIES(2020)

上年=100 (last year=100)

指 标	Item	全 省 Total Province Indices	城 市 Urban Indices	农 村 Rural Indices
商品零售价格指数	**Retail Price Indices**	**100.9**	**100.7**	**101.6**
一、食 品	Food	107.6	107.5	107.7
1.粮 食	Grain	100.4	100.0	101.2
2.薯 类	Tubers	100.2	100.3	99.6
3.豆 类	Beans	103.5	104.1	101.7
4.食用油	Edible Oil and Fats	102.8	102.4	103.6
5.菜	Vegetables	108.1	108.1	107.8
6.畜肉类	Meat of Livestock	136.9	136.2	139.5
7.禽肉类	Meat of Poultry	101.2	100.9	102.9
8.水产品	Aquatic Products	102.5	102.3	103.7
9.蛋 类	Eggs	79.7	80.0	79.0
10.奶 类	Milk and Other Dairy Products	101.1	101.3	100.5
11.干鲜瓜果类	Fruits and Nuts	90.9	91.5	88.2
12.糖果糕点类	Candy and Cake	100.7	100.7	100.5
13.调味品	Flavouring	100.9	101.1	100.5
14.其他食品类	Other Foods	101.6	101.7	101.4
15.在外餐饮	Ding out	105.5	105.5	105.3
二、饮料、烟酒	Drinking, Tobacco and Liquor	100.6	100.6	100.7
1.茶及饮料	Tea and Drinking	100.1	100.1	99.9
2.烟 草	Tobacco	101.1	101.2	101.0
3.酒 类	Liquor	100.0	100.0	100.3
三、服装、鞋帽	Garments, Shoes and Hats	101.1	101.0	101.4
1.服 装	Garments	101.5	101.5	101.2
2.鞋帽袜	Shoes, Socks and Stockings, Hats	100.3	99.9	102.1
3.其他衣着配件	Others	100.4	100.1	101.5
四、纺织品	Textiles	98.8	98.7	99.3
1.服装材料	Clothing Material	101.2	101.0	101.7
2.床上用品	Bed Articles	98.3	98.2	98.7
五、家用电器及音像器材	Household Appliances and Audiovisual Equipment	99.2	99.3	98.8
1.家庭设备	Household Facilities	98.8	98.8	98.7
2.文娱用耐用消费品	Durable Consumer Goods for Cultural and Recreational Use	99.7	100.0	98.7
3.专业音像器材	Professional Audiovisual Equipment	101.4	101.5	101.2

3-5 续表 continued

上年=100 (last year=100)

指　标	Item	全　省 Total Province Indices	城　市 Urban Indices	农　村 Rural Indices
六、文化办公用品	Culture and Office Articles	101.1	101.2	100.7
七、日用品	Daily Use Articles	100.1	100.1	100.0
1.日用百货	General Merchandise	99.7	99.5	100.7
2.厨具餐具茶具	Kitchenware, Tableware and Tea Set	99.8	99.9	99.5
3.清洗用品	Washing Goods	101.5	102.0	98.9
4.其他日用品	Others	99.8	99.8	100.0
八、体育娱乐用品	Sports and Recreational Articles	100.4	100.5	99.9
1.体育户外用品	Sports Articles	100.3	100.4	100.0
2.娱乐用品	Recreational Articles	100.4	100.5	99.9
九、交通、通信用品	Transportation and Communication Appliances	98.5	98.5	98.5
1.交通运输机械	Transportation Machinery	97.5	97.5	97.6
2.通信器材	Communication Equipment	102.1	102.3	101.3
十、家　具	Furniture	100.0	99.9	100.4
十一、化妆品	Cosmetics	100.4	100.3	100.5
十二、金银饰品	Gold, Silver and Jewelry	111.9	111.3	114.6
十三、中西药品及医疗保健用品	Traditional, Western Medicines and Health Care Products	100.8	100.6	101.6
1.医疗卫生器具	Medical Appliances and Articles	99.7	99.4	101.3
2.中　药	Traditional Chinese Medicine	101.6	101.3	103.0
3.西　药	Western Medicine	100.5	100.4	101.2
4.保健器具及用品	Health Care Equipment and Articles	101.3	101.3	100.7
十四、书报杂志及电子出版物	Newspapers, Magazines and Electronic Publication	101.1	101.0	101.6
1.教材及参考书	Teaching Materials and Reference Books	102.1	101.9	102.6
2.书报杂志	Newspapers and Magazines	100.3	100.2	100.6
3.计算机办公软件	Computer Office Software	100.8	100.9	100.4
十五、燃　料	Fuels	90.8	90.3	93.8
1.煤炭及制品	Coal and Coal Products	92.5	90.4	99.8
2.石油及制品	Petroleum and its Products	90.1	90.2	89.2
十六、建筑材料及五金电料	Building Materials, Hardware and Electrical Materials	100.6	100.5	101.1
1.建筑装璜材料	Decoration Materials	100.7	100.4	101.5
2.五金水暖	Hardware and Electrical Materials	100.6	100.7	100.3

3-6 调查市县居民消费价格指数(2020年)

RESIDENTS CONSUMER PRICE INDICES IN CITIES AND COUNTIES SURVEYED(2020)

上年=100 (last year=100)

市 县 Region		居民消费价格指数 Residents Consumer Price Index	食品烟酒 Food,Tobacco and Liquor	衣 着 Clothing	居 住 Residence	生活用品及服务 Articles for Daily Use and Services
全 省	**Total**	**102.9**	**106.9**	**101.3**	**100.1**	**100.0**
太原市	Taiyuan	102.6	107.6	101.1	99.6	100.5
大同市	Datong	102.7	107.5	102.3	99.9	98.9
阳泉市	Yangquan	103.0	105.3	100.3	102.2	99.9
长治市	Changzhi	103.0	105.9	99.1	99.9	99.0
晋城市	Jincheng	102.9	105.5	99.3	101.5	99.7
朔州市	Shuozhou	103.0	106.2	103.9	100.9	100.5
晋中市	Jinzhong	102.6	106.6	100.4	100.6	100.6
运城市	Yuncheng	103.6	108.1	103.1	99.6	100.7
忻州市	Xinzhou	102.8	105.7	98.7	99.9	100.8
临汾市	Linfen	102.4	106.0	103.0	99.9	100.5
吕梁市	Lvliang	102.8	106.3	101.0	100.4	100.1
浑源县	Hunyuan	102.7	106.0	98.5	101.7	100.2
平遥县	Pingyao	104.1	105.6	104.2	101.2	99.7
永济市	Yongji	103.1	107.0	101.7	99.2	100.5
洪洞县	Hongtong	102.6	106.4	102.5	99.9	100.0
兴 县	Xingxian	104.2	109.5	98.5	100.7	99.1
汾阳市	Fenyang	103.5	107.7	99.3	100.3	97.8

市 县 Region		交通和通信 Transportation and Communication	教育文化和娱乐 Education, Culture and Recreation	医疗保健 Health Care	其他用品和服务 Other Articles and Services
全 省	**Total**	**96.6**	**101.1**	**109.4**	**102.4**
太原市	Taiyuan	95.8	102.1	107.4	100.5
大同市	Datong	96.9	99.2	106.2	101.6
阳泉市	Yangquan	97.0	99.8	111.1	104.4
长治市	Changzhi	96.9	101.9	115.3	101.8
晋城市	Jincheng	96.7	101.9	113.4	102.0
朔州市	Shuozhou	97.1	98.8	109.9	101.6
晋中市	Jinzhong	95.5	100.7	108.8	103.9
运城市	Yuncheng	97.9	99.8	113.4	101.8
忻州市	Xinzhou	96.6	105.8	108.9	102.6
临汾市	Linfen	98.2	100.2	104.6	103.4
吕梁市	Lvliang	97.0	101.2	108.9	101.8
浑源县	Hunyuan	97.2	99.8	108.2	103.0
平遥县	Pingyao	96.3	101.2	118.2	106.1
永济市	Yongji	97.7	101.1	109.8	103.5
洪洞县	Hongtong	96.8	100.1	106.9	104.9
兴 县	Xingxian	96.7	100.7	111.7	103.3
汾阳市	Fenyang	96.7	102.2	110.2	103.0

3-7 调查市县商品零售价格指数(2020年)

RETAIL PRICE INDICES IN CITIES AND COUNTIES SURVEYED(2020)

上年=100 (last year=100)

市 县 Region		商品零售价格指数 Retail Price Index	食 品 Food	服装鞋帽 Garments,Shoes and Hats	纺织品 Textiles	家用电器及音像器材 Household Appliances and Audiovisual Equipment
全 省	**Total**	**100.9**	**107.6**	**101.1**	**98.8**	**99.2**
太原市	Taiyuan	100.5	108.2	101.0	99.4	98.2
大同市	Datong	100.7	108.3	102.2	95.9	96.4
阳泉市	Yangquan	100.6	105.9	100.2	99.4	100.0
长治市	Changzhi	100.6	106.6	99.0	93.1	102.0
晋城市	Jincheng	99.9	106.0	99.2	100.2	98.4
朔州市	Shuozhou	101.7	106.7	104.0	100.6	100.3
晋中市	Jinzhong	100.6	107.1	100.1	101.4	100.5
运城市	Yuncheng	101.7	108.7	103.0	100.5	100.4
忻州市	Xinzhou	100.5	106.1	98.7	99.9	101.9
临汾市	Linfen	101.5	106.6	103.0	100.0	101.7
吕梁市	Lvliang	100.7	106.9	100.9	100.3	100.1
浑源县	Hunyuan	101.7	106.7	98.5	101.3	98.1
平遥县	Pingyao	101.8	106.6	104.3	103.9	97.9
永济市	Yongji	101.9	108.0	101.7	100.4	100.5
洪洞县	Hongtong	101.6	107.5	102.5	100.0	99.5
兴 县	Xingxian	102.1	110.8	98.4	100.1	95.3
汾阳市	Fenyang	101.3	108.9	99.3	91.3	98.5

市 县 Region		日用品 Daily Use Articles	中西药品及医疗保健用品 Traditional,Western Medecines and Health Care Products	燃 料 Fuels	建筑材料及五金电料 Building Materials, Hardware and Electrical Materials
全 省	**Total**	**100.1**	**100.8**	**90.8**	**100.6**
太原市	Taiyuan	100.2	98.4	90.3	100.6
大同市	Datong	99.6	102.5	89.6	100.4
阳泉市	Yangquan	100.2	105.5	89.7	100.2
长治市	Changzhi	99.6	101.0	90.0	100.7
晋城市	Jincheng	99.8	100.2	89.2	101.2
朔州市	Shuozhou	99.9	101.8	95.5	99.6
晋中市	Jinzhong	102.5	100.0	91.1	98.1
运城市	Yuncheng	100.2	102.6	90.3	99.4
忻州市	Xinzhou	100.0	100.9	90.1	102.8
临汾市	Linfen	98.3	100.3	90.6	100.9
吕梁市	Lvliang	99.3	102.5	87.1	102.7
浑源县	Hunyuan	100.0	106.5	92.5	103.9
平遥县	Pingyao	99.6	100.6	94.1	102.0
永济市	Yongji	100.1	101.2	92.6	100.1
洪洞县	Hongtong	101.6	99.8	93.0	101.3
兴 县	Xingxian	99.2	102.3	92.8	99.5
汾阳市	Fenyang	98.8	101.3	95.3	100.1

3-8 农业生产资料价格分类指数
INDICES OF AGRICULTURAL PRODUCTIVE MATERIALS BY CATEGORY OF COMMODITIES

上年=100 (last year=100)

类 别	Category	2010	2015	2020
农业生产资料价格指数	**Price Indices of Agricultural Pruductive Materials**	**102.0**	**99.6**	**108.1**
一、农用手工工具	Manipulative Tools for Agruiculture	103.3	100.6	100.2
二、饲 料	Forage	109.7	98.7	109.3
三、仔畜幼禽及产品畜	Commodity Animals	96.1	105.9	160.7
四、半机械化农具	Semi-mechanized Farm Implements	100.0	99.7	99.3
五、机械化农具	Mechanized Farm Implements	99.6	98.7	100.4
六、化学肥料	Chemical Fertilizer	94.7	99.5	102.4
七、农药及农药械	Pesticide and Its Appliances	101.3	99.9	100.3
化学农药	Chemical Pesticide	101.1	99.9	100.2
农药器械	Chemical Pesticide Appliances	102.2	100.0	100.6
八、农用机油	Oil for Farm Machinery	109.8	88.9	85.2
九、其他农业生产资料	Other Agricultural Pruductive Material	105.7	100.1	100.6
十、农业生产服务	Agricultural Pruductive Service	107.2	101.1	100.9

3-9 工业生产者购进价格指数
PURCHASING PRICE INDICES OF INDUSTRIAL PRODUCER

上年=100 (last year=100)

名 称	Item	2010	2015	2020
总 指 数	**Total Price Index**	**109.0**	**93.1**	**97.2**
一、燃料动力类	Fuels	104.9	93.2	93.5
二、黑色金属材料类	Ferrous Metal Materials	110.1	90.6	103.1
钢 材	Steel	103.6	94.0	97.9
其 他	Others	115.7	88.3	106.8
三、有色金属材料和电线类	Non-ferrous Metals	119.9	93.0	99.7
四、化工原料类	Chemical Raw Materials	112.2	90.0	92.6
五、木材及纸浆类	Timber and Paper Pulp	103.5	99.3	97.1
六、建筑材料及非金属矿类	Building Materials and Non-metal Mineral	98.2	94.7	90.8
七、其他工业原材料及半成品类	Other Industrial Raw Materials and Half-products	102.5	99.6	100.2
八、农副产品类	Farm Products	118.8	98.8	101.8
九、纺织原料类	Textile Raw Materials	111.4	93.4	98.7

3-10 工业生产者出厂价格指数
EX-FACTORY PRICE INDICES OF INDUSTRIAL PRODUCER

上年=100 (last year=100)

指　标	Item	2010	2015	2020
全部工业品	**Total Industrial Products**	**109.5**	**87.7**	**96.7**
1.轻工业	Light Industry	101.8	98.1	101.4
以农产品为原料	Using Farm Products as Raw Materials	106.7	98.1	102.1
以非农产品为原料	Using Non-farm Products as Raw Materials	98.4	98.0	97.7
重工业	Heavy Industry	110.2	87.2	96.4
采掘工业	Ming and Quarrying	112.1	82.2	95.9
原材料工业	Raw Material Industry	109.8	86.4	95.9
加工工业	Manufacturing Industry	109.6	90.8	97.7
2.生产资料	Productive Materials	109.7	87.2	96.3
采掘工业	Ming and Quarrying	110.7	82.2	95.9
原材料工业	Raw Material Industry	110.1	86.3	95.8
加工工业	Manufacturing Industry	107.9	90.9	97.5
生活资料	Living Materials	104.9	99.3	101.4
食　品	Food	105.0	98.6	101.9
衣　着	Clothing	104.9	99.8	101.4
一般日用品	Daily Articles	105.2	101.1	103.4
耐用消费品	Durable Consumer Goods	101.7	99.7	99.7
按工业部门分	**By Department of Industry**			
1.冶金工业	Metallurgical Industry	114.3	85.9	98.6
2.电力工业	Power Industry	105.7	101.0	100.0
3.煤炭及炼焦工业	Coal and Coking Industry	110.5	81.6	93.6
4.石油工业	Petroleum Industry	101.2	96.4	93.0
5.化学工业	Chemical Industry	102.8	98.3	96.9
6.机械工业	Machine Industry	98.9	98.2	98.7
7.建筑材料工业	Building Materials Industry	98.5	97.5	100.2
8.森林工业	Forestry Industry	104.8	100.1	96.3
9.食品工业	Food Industry	105.4	98.3	102.8
10.纺织工业	Textile Industry	116.9	94.7	94.2
11.缝纫工业	Tailoring Industry	104.9	99.8	101.4
12.皮革工业	Leather Industry	104.2	103.5	100.6
13.造纸工业	Paper Making Industry	105.5	98.1	96.1
14.文教艺术用品工业	Cultural, Education & Handicrafts Article	101.8	100.0	99.8
15.其他工业	Other Industry	102.5	98.9	93.8

3-11 工业生产者分行业出厂价格指数

EX-FACTORY PRICE INDICES OF INDUSTRIAL PRODUCER BY SECTOR

上年=100 (last year=100)

指 标	Item	2019	2020
煤炭开采和洗选业	Coal Mining and Dressing	97.2	93.0
石油和天然气开采业	Petroleum and Natural Gas Extraction	92.9	92.9
黑色金属矿采选业	Ferrous Metals Mining and Dressing	110.1	109.7
有色金属矿采选业	Non-ferrous Metals Mining and Dressing	114.4	137.0
非金属矿采选业	Non-metal Minerals Mining and Dressing	103.4	100.9
农副食品加工业	Farm Products Processing	101.8	104.0
食品制造业	Food Manufacturing	99.7	102.7
酒、饮料及精制茶制造业	Alcohol, Beverage and Refined Tea Manufacturing	103.1	100.8
烟草制品业	Tobacoo Products Manfacturing	101.8	100.3
纺织业	Textile Industry	102.2	94.2
纺织服装、服饰业	Textile, Wearing Apparel and Accessories	99.5	101.5
皮革、毛皮、羽毛及其制品和制鞋业	Leather, Fur, Feather and Related Products and Footwear	76.4	100.6
木材加工及木、竹、藤、棕、草制品业	Timber Processing, Bamboo, Cane, Plam, Fiber and Straw Products	105.6	99.1
家具制造业	Furniture Manufacturing	100.4	90.3
造纸及纸制品业	Papermaking and Paper Products	97.3	96.1
印刷业和记录媒介的复制	Printing and Record Medium Reproduction	98.8	99.3
文教、工美、体育和娱乐用品制造业	Culture, Education, Art and Crafts, Sport and Entertainment Products	101.4	100.9
石油、煤炭及其他燃料加工业	Petroleum, Coal and Other Fuels Processing	102.4	96.1
化学原料和化学制品制造业	Raw Chemical Materials and Chemical Products	97.6	94.8
医药制造业	Medical and Pharmaceutical Products	104.1	103.1
橡胶和塑料制品业	Rubber and Plastic Products	99.3	101.2
非金属矿物制品业	Non-metal Mineral Products	101.7	98.4
黑色金属冶炼及压延加工业	Smelting and Pressing of Ferrous Metals	100.3	97.0
有色金属冶炼及压延加工业	Smelting and Pressing of Non-ferrous Metals	99.2	96.5
金属制品业	Metal Prodcuts	103.3	102.0
通用设备制造业	Ordinary Machinery Manufacturing	105.2	99.2
专用设备制造业	Special Purpose Equipment Manufacturing	100.7	100.3
汽车制造业	Automobile Manufacturing	98.6	98.6
铁路、船舶、航空航天和其他运输设备制造业	Railroad, Marine, Aviation and Other Transport Equipment Manufacturing	102.7	100.1
电气机械及器材制造业	Electric Equipment and Machinery	101.9	102.7
计算机、通信和其他电子设备制造业	Computers, Telecommunication and Other Electronic Equipment Manufacturing	96.2	96.1
仪器仪表制造业	Instruments and Appratus Manufacturing	100.0	100.5
其他制造业	Other Manufacturing	100.0	100.9
金属制品、机械和设备修理业	Metal Products, Machinery and Equipment Repairing	100.0	97.5
电力、热力的生产和供应业	Production and Supply of Electricity and Heat	100.9	100.0
燃气生产和供应业	Production and Supply of Gas	101.6	95.2
水的生产和供应业	Production and Supply of Water	99.1	99.6

主要统计指标解释

居民消费价格指数　反映居民生活消费品及服务项目价格变动趋势和变动程度的相对数，采用链式拉斯贝尔公式，加权平均计算。根据抽样调查方法在全省抽取 17 个调查市、县为填报单位。

商品零售价格指数　反映市场商品零售价格变动趋势和变动程度的相对数，计算方法及样本单位同上。

农业生产资料价格指数　反映农业生产资料价格变动趋势和变动程度的相对数，计算方法同上，根据抽样调查方法在全省抽取 6 个县、市为填报单位。

工业生产者出厂价格指数　是反映全部工业产品出厂价格总水平的变动趋势和程度的相对数，根据全省部分重点企业的产品出厂价格的定期调查资料，按加权算术平均公式计算。

工业生产者购进价格指数　是反映工业企业购进主要原材料、燃料、动力价格水平变动趋势和程度的相对数。根据全省部分重点企业主要原材料、燃料、动力购进价格的定期调查资料，按加权算术平均公式计算。

Explanatory Notes on Main Statistical Indicators

Residents Consumer Price Indices reflect the trend and degree of changes in prices of consumer goods and services purchased by urban and rural residents. They are calculated by the weighted arithmetic mean, using Byes formula. According to sampling survey, draw 17 survey cities and counties in total Province as report units.

Retail Price Indices reflect the general change and degree in retail prices of market commodities. The calculating method and sample unit are the same as above.

Indices of Agricultural Productive Materials refer the trend and degree of changes in price of agricultural productive materials. The calculating method is same as above, and drawing 6 survey cities and counties as report units.

Ex-factory Price Indices of Industrial Producer reflect the trend and degree of changes in ex-factory prices of all industrial products. They are calculated by the weighted arithmetic mean, according to regular survey data of ex-factory price in part of important enterprises in the province.

Purchasing Price Indices of Industrial Producer reflect the trend and degree of changes in prices of industrial enterprises purchasing raw materials and fuels. They are calculated by the weighted arithmetic mean, according to regular survey data of major raw materials and fuels purchasing price in part of important enterprises in the province.

4 人民生活

PEOPLE'S LIVING CONDITIONS

资料整理人员

任启龙　臧克俭

人民生活

PEOPLE'S LIVING CONDITIONS

城镇居民人均可支配收入	Per Capita Disposable Income of Urban Households	34793	元 (yuan)
城镇居民人均消费支出	Per Capita Living Expenditure of Urban Households	20332	元 (yuan)
农民居民人均可支配收入	Per Capita Disposable Income of Rural Households	13878	元 (yuan)
农村居民人均消费支出	Per Capita Living Expenditure of Rural Households	10290	元 (yuan)

城乡居民恩格尔系数 (%)

Engel's Coefficient of Urban and Rural Households (%)

城乡居民家庭人均可支配收入（元）

Per Capita Disposable Income of Urban and Rural Households (yuan)

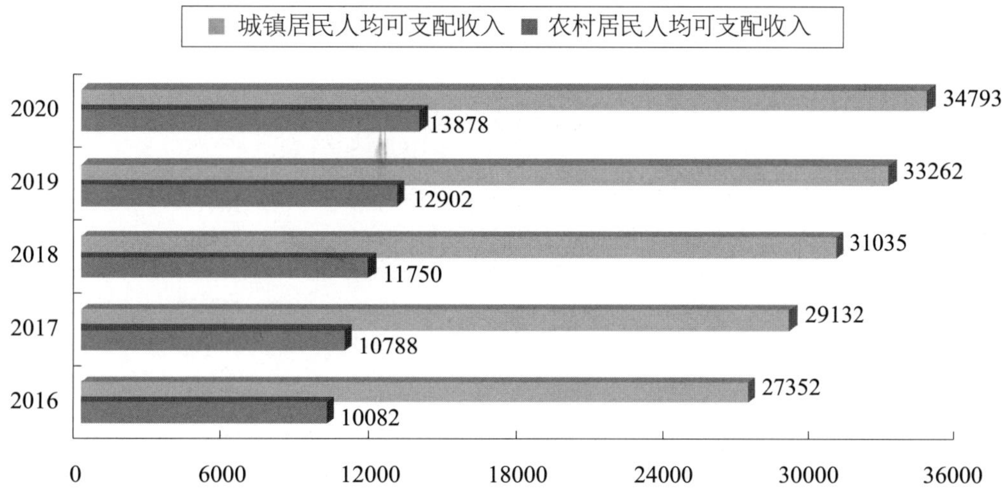

4-1 全省居民人均收支情况

单位：元

年 份 Year	可支配收入 Disposible Income	工资性收入 Wages and Salaries	经营净收入 Net Business Income	财产净收入 Net Property Income	转移净收入 Net Transfer Income	消费支出 Consumption Expenditure	食品烟酒 Food, Tobacco and Liquor
1978	140	120	12	2	6	126	79
1979	184	141	22	2	18	155	92
1980	201	148	31	2	20	179	104
1981	225	161	43	2	19	194	110
1982	271	185	60	3	24	215	127
1983	315	160	133	3	19	246	140
1984	380	178	177	4	21	273	154
1985	416	205	175	5	30	336	176
1986	439	241	159	6	33	375	194
1987	489	275	169	6	38	416	212
1988	576	319	208	8	41	491	248
1989	701	381	260	13	47	574	291
1990	802	401	292	10	99	649	332
1991	813	485	255	9	63	692	355
1992	918	544	281	7	88	730	391
1993	1084	640	332	7	105	883	466
1994	1386	825	402	18	142	1082	562
1995	1840	1059	557	32	192	1444	791
1996	2210	1145	770	33	262	1740	903
1997	2430	1319	780	38	293	1785	882
1998	2567	1332	852	43	340	1755	853
1999	2622	1450	716	37	419	1857	825
2000	2924	1641	777	34	472	2163	851
2001	3196	1865	772	31	528	2283	877
2002	3751	2319	886	61	485	2696	952
2003	4183	2671	988	71	453	2941	1043
2004	4770	3058	1122	126	464	3338	1211
2005	5518	3611	1155	156	595	3902	1341
2006	6235	4088	1208	201	738	4560	1451
2007	7282	4712	1383	291	896	5319	1703
2008	8333	4744	1873	336	1380	5984	1961
2009	8911	5101	1814	464	1532	6449	2021
2010	10149	5796	2056	495	1802	7011	2130
2011	11959	7225	1924	613	2198	8404	2568
2012	13592	8335	2177	651	2429	9446	2765
2013	15120	9424	2338	739	2619	10118	2692
2014	16538	10168	2593	936	2841	10864	2941
2015	17854	10893	2709	987	3265	11729	3089
2016	19049	11305	2693	1112	3939	12683	3098
2017	20420	11957	2624	1228	4611	13664	3325
2018	21990	12552	2809	1304	5325	14810	3688
2019	23828	13396	3109	1306	6017	15863	3997
2020	25214	13854	3250	1386	6724	15733	4362

注：2013年起，国家统计局实施城乡一体化住户调查改革，居民收支相关指标采用新口径，同时对2013年以前数据做了相应调整。

Note: The NBS has conducted the integrated household survey reform and related indicators of household income and expenditure have adopted a new coverage since 2013. Data before 2013 has adjusted according to the new coverage.

PER CAPTIA INCOME AND CONSUMPTION EXPENDITURE OF THE PROVINCIAL HOUSEHOLDS

(yuan)

衣　着 Clothing	居　住 Residence	生活用品及服务 Household Facilities, Articles and Services	交通通信 Transport and Communication	教育文化娱乐 Education, Culture and Recreation	医疗保健 Health Care	其他用品及服务 Others
20	9	9	1	5	1	2
25	15	13	1	6	2	2
29	23	12	1	8	1	2
32	16	17	1	11	2	5
34	16	18	2	11	3	4
38	24	22	2	11	4	5
42	28	21	2	17	4	5
54	32	29	2	27	7	10
54	44	31	2	31	8	11
59	55	35	2	29	9	15
71	43	48	3	39	11	27
84	50	53	4	53	13	27
96	71	54	5	51	21	18
106	59	59	6	57	20	30
115	51	64	6	60	22	23
130	70	74	14	73	26	30
167	72	81	20	94	33	53
215	100	89	38	121	47	43
252	125	102	59	162	76	61
260	137	114	80	164	84	65
226	140	112	65	184	94	80
229	166	131	97	220	108	81
255	229	159	132	272	147	118
260	274	147	147	303	163	112
335	356	152	216	422	182	81
372	382	160	254	464	197	70
398	433	166	305	530	216	79
505	540	197	338	595	295	91
559	693	255	467	683	346	107
604	884	289	579	739	391	130
644	1154	299	573	750	477	126
663	1309	356	641	802	510	148
718	1341	401	779	897	570	173
891	1596	560	905	1024	628	232
974	1929	595	1070	1113	739	261
999	2174	609	1146	1381	836	282
1085	2199	619	1215	1485	1009	312
1147	2297	673	1501	1628	1102	292
1104	2751	680	1709	1811	1228	303
1206	2934	761	1884	1879	1360	316
1261	3229	856	1845	1940	1635	356
1290	3332	911	1980	2136	1821	397
1236	3460	864	1981	1608	1854	367

4-2 城镇居民人均收支情况

单位：元

年 份 Year	可支配收入 Disposible Income	工资性收入 Wages and Salaries	经营净收入 Net Business Income	财产净收入 Net Property Income	转移净收入 Net Transfer Income	消费支出 Consumption Expenditure	食品烟酒 Food, Tobacco and Liquor
1978	301	298			3	275	153
1979	338	324			14	305	171
1980	380	352			28	357	195
1981	401	383			18	373	197
1982	433	412			21	390	210
1983	452	430			22	394	216
1984	517	489	1		27	433	231
1985	595	535	4		56	533	262
1986	718	649	5	4	59	635	303
1987	807	724	3	5	74	708	347
1988	945	849	5	11	79	856	404
1989	1176	1037	7	30	102	993	480
1990	1291	994	7	17	273	1048	514
1991	1410	1238	7	15	150	1171	576
1992	1623	1385	10	7	221	1303	658
1993	1957	1628	17	13	299	1560	760
1994	2566	2133	34	12	387	2043	989
1995	3306	2664	36	55	551	2641	1267
1996	3703	2803	63	61	777	3036	1400
1997	3990	2987	79	86	839	3229	1398
1998	4096	2947	64	102	983	3278	1418
1999	4337	3027	72	81	1157	3516	1413
2000	4715	3289	122	58	1246	3982	1384
2001	5377	3805	153	45	1373	4178	1420
2002	6214	4617	307	134	1157	4791	1532
2003	6977	5391	404	140	1042	5210	1713
2004	7866	6114	468	258	1026	5790	1918
2005	8866	6841	513	271	1241	6518	2049
2006	9967	7545	576	350	1496	7395	2240
2007	11487	8613	689	454	1730	8385	2573
2008	13021	8277	1673	520	2550	9145	2897
2009	13883	8859	1666	717	2641	9747	2984
2010	15510	9726	2120	752	2912	10236	2988
2011	17965	11909	1784	1042	3229	11869	3483
2012	20232	13511	2114	1143	3464	12765	3750
2013	22258	14674	2486	1364	3734	13763	3541
2014	24069	15624	2701	1727	4017	14637	3804
2015	25828	16562	2790	1789	4688	15819	3981
2016	27352	16954	2659	2004	5735	16993	3863
2017	29132	17831	2443	2190	6667	18404	4244
2018	31035	18572	2574	2286	7602	19790	4703
2019	33262	19697	2860	2253	8452	21159	5073
2020	34793	20197	2943	2384	9268	20332	5304

PER CAPTIA INCOME AND CONSUMPTION EXPENDITURE OF URBAN HOUSEHOLDS

(yuan)

衣 着 Clothing	居 住 Residence	生活用品及服务 Household Facilities, Articles and Services	交通通信 Transport and Communication	教育文化娱乐 Education, Culture and Recreation	医疗保健 Health Care	其他用品及服务 Others
48	9	31	3	20	4	7
51	12	33	3	23	4	7
59	17	39	4	30	5	8
65	10	40	4	35	2	19
67	15	40	5	34	3	15
71	14	38	6	27	4	17
80	16	40	6	37	5	18
97	15	51	5	65	4	34
105	42	61	5	76	8	35
114	57	73	5	59	10	44
136	22	105	5	85	11	88
160	26	108	7	112	15	85
184	61	106	11	97	23	53
209	32	120	13	106	21	94
236	38	138	11	125	29	68
279	66	169	20	150	36	81
365	81	179	28	195	52	153
473	151	195	95	256	85	118
530	163	202	145	317	146	133
573	201	238	166	322	167	163
472	236	237	138	367	196	215
479	296	292	201	415	210	210
511	377	360	283	502	304	261
516	448	321	314	566	352	241
649	641	288	397	773	369	142
715	700	319	465	789	373	137
734	797	321	568	887	408	156
909	983	366	580	912	547	171
986	1168	450	786	982	600	183
1025	1451	486	969	1020	649	212
1074	1886	473	861	991	770	192
1092	2064	566	1006	1013	791	232
1138	2032	621	1234	1169	784	270
1375	2256	848	1364	1347	864	333
1426	2529	844	1516	1417	915	368
1498	2925	877	1587	1917	1024	394
1616	2899	888	1710	2027	1241	453
1705	3020	948	2148	2208	1394	415
1603	3634	952	2401	2439	1652	450
1774	3867	1094	2658	2559	1741	466
1821	4247	1219	2497	2638	2138	525
1801	4333	1265	2776	2938	2383	589
1671	4452	1149	2687	2150	2421	496

4-3 农村居民人均收支情况

单位：元

年 份 Year	可支配收入 Disposible Income	工资性收入 Wages and Salaries	经营净收入 Net Business Income	财产净收入 Net Property Income	转移净收入 Net Transfer Income	消费支出 Consumption Expenditure	食品烟酒 Food, Tobacco and Liquor
1978	102	78	15	2	7	91	61
1979	145	96	27	3	20	118	73
1980	156	96	39	3	18	134	80
1981	180	103	55	3	19	148	88
1982	227	123	76	4	24	168	105
1983	276	82	171	4	18	203	118
1984	339	84	230	5	19	224	131
1985	358	101	229	6	22	273	148
1986	345	104	210	7	24	287	157
1987	377	116	229	7	26	313	164
1988	439	121	284	7	27	354	190
1989	514	122	360	7	25	409	216
1990	604	160	408	8	28	488	258
1991	568	177	356	7	27	496	265
1992	627	195	393	7	32	493	281
1993	718	226	464	5	23	599	344
1994	884	269	558	20	37	674	381
1995	1208	367	781	23	37	928	586
1996	1557	421	1079	21	37	1174	686
1997	1738	580	1090	17	51	1145	653
1998	1874	599	1209	17	48	1064	596
1999	1800	693	1026	16	65	1062	543
2000	1950	745	1133	21	51	1175	562
2001	2018	817	1106	24	71	1259	584
2002	2236	905	1243	16	71	1407	595
2003	2410	947	1358	27	79	1502	619
2004	2738	1051	1551	40	95	1728	747
2005	3082	1262	1622	73	125	2000	825
2006	3420	1480	1685	88	167	2421	855
2007	3975	1643	1929	163	240	2908	1019
2008	4480	1840	2037	185	418	3386	1192
2009	4677	1901	1940	248	588	3642	1201
2010	5263	2214	1997	262	791	4070	1349
2011	6225	2751	2057	203	1214	5096	1694
2012	7064	3246	2238	167	1412	6184	1796
2013	7950	4150	2190	111	1498	6458	1839
2014	8809	4570	2482	123	1634	6992	2054
2015	9454	4922	2624	142	1766	7421	2150
2016	10082	5204	2730	149	1999	8029	2272
2017	10788	5462	2824	164	2337	8424	2308
2018	11750	5736	3075	193	2746	9172	2540
2019	12902	6098	3396	210	3198	9728	2751
2020	13878	6347	3614	205	3712	10290	3248

PER CAPTIA INCOME AND CONSUMPTION EXPENDITURE OF RURAL HOUSEHOLDS

(yuan)

衣 着 Clothing	居 住 Residence	生活用品及服务 Household Facilities, Articles and Services	交通通信 Transport and Communication	教育文化娱乐 Education, Culture and Recreation	医疗保健 Health Care	其他用品及服务 Others
13	9	4	0.5	2	1	1
18	16	8	1	2	1	1
21	24	5	1	2	1	0.5
24	18	11	1	4	2	1
25	16	12	1	5	3	1
28	27	18	1	7	4	1
30	31	16	1	11	4	1
40	38	22	1	14	7	2
37	44	20	1	16	8	3
39	55	22	2	18	9	4
47	52	28	2	21	11	4
55	59	31	2	29	12	4
61	76	33	2	33	20	4
64	70	34	3	36	19	4
65	56	33	4	33	19	4
67	71	35	12	40	21	9
83	68	39	16	51	25	11
103	78	43	14	63	31	10
131	109	59	22	94	45	30
121	109	59	41	94	46	22
115	97	55	32	101	48	19
110	104	53	47	126	59	20
115	149	50	49	147	62	40
121	180	53	57	160	61	43
142	181	68	105	206	68	43
154	180	58	120	258	86	27
178	193	64	132	295	90	29
210	218	75	163	364	111	34
236	335	108	226	457	155	49
272	438	135	272	518	188	66
291	552	157	335	551	235	72
298	666	178	330	622	271	76
335	711	201	365	650	376	84
428	966	286	468	716	403	136
531	1340	350	632	814	565	155
498	1420	340	702	843	647	170
540	1481	344	707	929	770	168
559	1537	382	820	1017	794	162
565	1798	386	962	1132	770	143
578	1902	393	1028	1127	938	151
626	2076	444	1107	1150	1065	165
697	2171	501	1057	1208	1169	174
721	2287	526	1145	967	1183	214

4-4 居民人均可支配收入和指数
PER CAPITA DISPOSABLE INCOME AND INDEX OF HOUSEHOLDS

单位：元 (yuan)

年 份 Year	全省居民人均可支配收入 Per Capita Disposable Income of the Provincial Households		城镇居民人均可支配收入 Per Capita Disposable Income of Urban Households		农村居民人均可支配收入 Per Capita Disposable Income of Rural Households	
	绝对数 Value	指数(1978年=100) Index (Year of 1978=100)	绝对数 Value	指数(1978年=100) Index (Year of 1978=100)	绝对数 Value	指数(1978年=100) Index (Year of 1978=100)
1978	140	100.0	301	100.0	102	100.0
1979	184	130.4	338	111.1	145	142.8
1980	201	138.3	380	118.2	156	151.0
1981	225	150.9	401	121.0	180	170.8
1982	271	177.5	433	127.8	227	210.5
1983	315	203.1	452	131.3	276	252.2
1984	380	238.9	517	146.0	339	303.5
1985	416	240.7	595	154.1	358	297.8
1986	439	240.7	718	174.6	345	273.5
1987	489	250.0	807	180.9	377	280.3
1988	576	243.4	945	173.4	439	272.6
1989	701	247.9	1176	185.7	514	259.8
1990	802	277.5	1291	200.8	604	296.3
1991	813	268.3	1410	206.6	568	270.9
1992	918	282.6	1623	217.9	627	286.0
1993	1084	289.8	1957	226.4	718	290.7
1994	1386	295.8	2566	235.7	884	287.6
1995	1840	336.0	3306	260.2	1208	335.4
1996	2210	374.0	3703	269.1	1557	402.8
1997	2430	398.9	3990	281.2	1738	436.6
1998	2567	427.4	4096	292.5	1874	477.7
1999	2622	438.3	4337	308.5	1800	465.9
2000	2924	470.4	4715	320.3	1950	490.2
2001	3196	515.2	5377	367.1	2018	505.0
2002	3751	614.5	6214	433.8	2236	563.6
2003	4183	673.1	6977	479.4	2410	592.8
2004	4770	737.4	7866	521.7	2738	638.8
2005	5518	833.8	8866	578.2	3082	693.5
2006	6235	923.8	9967	638.5	3420	750.6
2007	7282	1031.4	11487	706.3	3975	825.5
2008	8333	1101.0	13021	748.2	4480	863.9
2009	8911	1182.1	13883	805.8	4677	893.8
2010	10149	1307.2	15510	873.2	5263	978.5
2011	11959	1464.1	17965	962.3	6225	1097.9
2012	13592	1623.4	20232	1058.4	7064	1214.4
2013	15120	1751.6	22258	1130.4	7950	1324.2
2014	16538	1883.9	24069	1200.8	8809	1447.2
2015	17854	2021.6	25828	1280.8	9454	1542.3
2016	19049	2133.5	27352	1341.7	10082	1626.9
2017	20420	2262.2	29132	1409.3	10788	1732.1
2018	21990	2393.0	31035	1474.8	11750	1853.2
2019	23828	2524.9	33262	1540.6	12902	1975.7
2020	25214	2596.4	34793	1567.5	13878	2057.2

4-5 全省居民家庭生活基本情况
BASIC LIVING CONDITIONS OF THE PROVINCIAL HOUSEHOLDS

指　标	Item	2019	2020
一、调查户数 (户)	Number of Households Surveyed (household)	4500	4500
二、调查户常住人口(人)	Number of Resident Population Surveyed (person)	12525	12337
三、平均每户常住人口数 (人)	Average Number of Resident Population per Household (person)	2.78	2.74
四、平均每户从业人口 (人)	Average Number of Employees per Household (person)	1.54	1.49
五、平均每一从业者负担人数 (人)	Average Number of Persons Supported by Each Employee (person)	1.91	1.95
六、平均每人全年可支配收入 (元)	Per Capita Annual Disposable Income (yuan)	23828	25214
七、平均每人全年消费支出 (元)	Per Capita Annual Living Expenditure (yuan)	15863	15733

4-6 城镇居民家庭生活基本情况
BASIC LIVING CONDITIONS OF URBAN HOUSEHOLDS

指　标	Item	2019	2020
一、调查户数 (户)	Number of Households Surveyed (household)	2730	2730
二、调查户常住人口(人)	Number of Resident Population Surveyed (person)	7824	7714
三、平均每户常住人口数 (人)	Average Number of Resident Population per Household (person)	2.87	2.83
四、平均每户从业人口数 (人)	Average Number of Employees per Household (person)	1.38	1.31
五、平均每一从业者负担人数 (人)	Average Number of Persons Supported by Each Employee (person)	2.14	2.23
六、平均每人全年可支配收入 (元)	Per Capita Annual Disposable Income (yuan)	33262	34793
七、平均每人全年消费支出 (元)	Per Capita Annual Living Expenditure (yuan)	21159	20332
八、平均每人期末住房面积 (平方米)	Per Capita Living Space at Year-end (sq.m)	34.33	34.66

4-7 城镇家庭人口状况
POPULATION CONDITIONS OF URBAN HOUSEHOLDS

指　标	Item	2019	2020
一、调查户数 (户)	**Number of Households Surveyed (household)**	**2730**	**2730**
二、调查户常住人口(人)	**Number of Resident Population Surveyed (person)**	**7824**	**7714**
#劳动力数	Labors	5627	5683
#从业人数	Employees	3508	3285
#在校学生	Students Enrollment	1406	1438
按年龄分组	**Grouped by Age**		
5岁及以下	Aged 5 and Under	400	310
6-15岁	Aged 6-15	886	887
16-19岁	Aged 16-19	346	342
20-24岁	Aged 20-24	421	389
25-29岁	Aged 25-29	339	310
30-34岁	Aged 30-34	588	555
35-40岁	Aged 35-40	636	648
41-50岁	Aged 41-50	1380	1325
51-60岁	Aged 51-60	1357	1362
61-65岁	Aged 61-65	593	575
66岁及以上	Aged 66 and Above	843	944

4-8 城镇家庭劳动力状况
LABOR FORCE OF URBAN HOUSEHOLDS

单位：人 (person)

指 标	Item	2019	2020
一、劳动力文化状况	**Cultural Level of Labor Force**		
未上过学	Illiteracy or little literacy	35	44
小 学	Level of Primary School	606	624
初 中	Level of Junior Middle School	2103	2128
高 中	Level of Senior Middle School	1308	1314
大学专科	Level of Specialized Secondary School	924	915
大学本科	Level of Undergraduate	610	610
研究生	Level of Master and Doctor	41	47
二、劳动力从业情况	**Employment of Labor Force**		
(一)第一产业	Primary Industry	232	208
(二)第二产业	Secondary Industry	811	757
采矿业	Mining	237	227
制造业	Manufacturing	219	215
电力、热力、燃气及水生产供应业	Production and Supply of Power, Heat, Gas and Water	132	122
建筑业	Construction	223	193
(三)第三产业	Tertiary Industry	2465	2319
批发和零售业	Wholesale and Retail Trade	392	366
交通运输、仓储和邮政业	Transportation, Storage and Post	278	271
住宿和餐饮业	Hotels and Catering Services	167	153
信息传输、软件业和信息技术服务业	Information Transmission, Software and Information Technology	53	55
金融业	Financial Industry	109	94
房地产业	Real Estate	15	15
租赁和商务服务业	Leasing and Business Services	38	34
科学研究和技术服务业	Scientific Research and Technical Services	14	12
水利、环境和公共设施管理业	Management of Water Conservancy, Environment and Public Facilities	52	48
居民服务、修理和其他服务业	Services to Households, Repair and Other Services	589	534
教 育	Education	211	217
卫生和社会工作	Health and Social Service	148	134
文化、体育和娱乐业	Culture, Sports and Entertainment	79	70
公共管理、社会保障和社会组织	Public Management, Social Security and Social Organization	320	316
国际组织	International Organization		

4-9 城镇居民家庭人均全年总收入
PER CAPITA ANNUAL INCOME OF URBAN HOUSEHOLDS

单位：元 (yuan)

指 标	Item	2019	2020
总收入	**Total Income**	**36439.90**	**37738.35**
一、工资性收入	Income of Wages and Salaries	19697.15	20197.07
二、经营性收入	Business Income	4122.86	3964.17
(一)第一产业	Primary Industry	257.52	233.46
农 业	Farming	132.48	141.31
林 业	Forestry	4.68	1.48
牧 业	Animal Husbandry	120.36	90.68
渔 业	Fishery		
(二)第二产业	Secondary Industry	362.58	167.99
采矿业	Mining	0.22	
制造业	Manufacturing	71.88	17.50
电力、热力、燃气及水生产和供应业	Production and Supply of Power, Heat, Gas and Water	21.77	2.57
建筑业	Construction	268.70	147.93
(三)第三产业	Tertiary Industry	3502.76	3562.71
批发和零售业	Wholesale and Retail Trade	1494.05	1783.42
交通运输、仓储和邮政业	Transportation, Storage and Post	675.76	663.35
住宿和餐饮业	Hotels and Catering Services	651.04	568.29
房地产业	Real Estate	7.10	7.38
租赁和商务服务业	Leasing and Business Services	93.90	145.44
居民服务、修理和其他服务业	Resident Services, Repair and Other Services	371.45	307.15
农林牧渔服务业	Services of Agriculture, Forestry, Animal Husbandry and Fishery	17.37	11.19
其 他	Others	192.09	76.49
三、财产性收入	Property Income	2341.39	2470.46
#利息收入	Interest	133.11	190.85
红利收入	Dividend and Bonus	266.17	510.81
储蓄性保险净收益	Net Savings Insurance	5.72	53.07
出租房屋财产性净收入	Net Income of Property Rental	511.57	284.88
四、转移性收入	Transfer Income	10278.50	11106.65
#养老金或离退休金	Pension or Retirement Payments	8599.93	8924.10
社会救济和补助	Social Relief and Subsidy	108.87	91.96
政策性生活补贴	Policy Living Allowances	48.35	66.40
赡养收入	Old Alimony	325.83	381.50
报销医疗费	Reimbursement of Medical Expenses	554.54	647.73
从政府和组织得到的实物产品和服务折价	Goods and Services Discount Received from Governments and Organizations	15.09	30.23
现金政策性惠农补贴	Cash Benefits Policy of Aagricultural Subsidies	8.14	10.50

4-10 城镇居民家庭人均全年总支出
PER CAPITA ANNUAL EXPENDITURE OF URBAN HOUSEHOLDS

单位：元 (yuan)

项目	Item	2019	2020
总支出	**Total Expenditure**	**29928.39**	**27787.26**
一、消费支出	Living Expenditure	21158.99	20331.85
二、生产经营费用支出	Production and Operation Expenses	1113.35	864.22
(一)第一产业	Primary Industry	118.08	77.33
农　业	Farming	51.81	43.37
林　业	Forestry	0.74	0.56
牧　业	Animal Husbandry	65.51	33.40
渔　业	Fishery	0.01	
(二)第二产业	Secondary Industry	58.79	19.28
采矿业	Mining	0.03	
制造业	Manufacturing	9.69	7.42
电力、热力、燃气及水生产和供应业	Production and Supply of Power, Heat, Gas and Water		
建筑业	Construction	49.07	11.86
(三)第三产业	Tertiary Industry	936.48	767.60
批发和零售业	Wholesale and Retail Trade	445.55	402.84
交通运输、仓储和邮政业	Transportation, Storage and Post	149.32	104.30
住宿和餐饮业	Hotels and Catering Services	289.60	219.54
房地产业	Real Estate	1.71	0.35
租赁和商务服务业	Leasing and Business Services	0.13	
居民服务、修理和其他服务业	Resident Services, Repair and Other Services	39.90	35.61
农林牧渔服务业	Services of Agriculture, Forestry, Animal Husbandry and Fishery	3.63	3.29
其　他	Others	6.64	1.66
三、财产性支出	Property Expenditure	88.47	86.03
生活贷款利息支出	Living Loans Interest Expense	86.39	85.74
其他财产性支出	Other Property Expenditure	2.09	0.29
四、转移性支出	Transfer Expenditure	1826.59	1838.64
个人所得税	Individual Income Tax	92.56	69.58
社会保障支出	Social Security Expenditures	1524.70	1588.56
外来从业人员寄给家人的支出	Expenses of Foreign Employees Sent to The Family	3.43	5.73
赡养支出	Alimony Expenses	124.42	101.75
其他转移性支出	Other Property Expenditure	81.49	73.01
五、部分商业保险支出	Part of the Commercial Insurance Expenses	311.72	239.36
六、购置资产及非经常性转移支出	Acquisition of Assets and Non-recurring Transfer Expenditures	4635.71	3589.85
七、借贷性支出	Borrowing Expenditure	793.55	837.31

4-11 城镇家庭平均每人家庭经营净收入
PER CAPITA NET INCOME FROM HOUSEHOLD BUSINESS OF URBAN HOUSEHOLDS

单位：元 (yuan)

指　标	Item	2019	2020
家庭经营净收入	**Net Income from Household Business**	**2860.40**	**2943.20**
农　业	Farming	74.96	92.75
林　业	Forestry	3.92	0.91
牧　业	Animal Husbandry	51.56	53.86
渔　业	Fishery	-0.01	
采矿业	Mining	0.19	
制造业	Manufacturing	60.97	8.81
电力、热力、燃气及水生产和供应业	Production and Supply of Power, Heat, Gas and Water	19.65	2.44
建筑业	Construction	208.75	131.05
批发和零售业	Wholesale and Retail Trade	986.18	1305.75
交通运输、仓储和邮政业	Transportation, Storage and Post	499.51	528.61
住宿和餐饮业	Hotels and Catering Services	345.01	334.07
房地产业	Real Estate	5.39	7.02
租赁和商务服务业	Leasing and Business Services	87.92	137.36
居民服务、修理和其他服务业	Resident Services, Repair and Other Services	323.56	259.24
农林牧渔服务业	Services of Agriculture, Forestry, Animal Husbandry and Fishery	13.67	7.90
其　他	Others	179.16	73.44

4-12 主要年份城镇居民人均可支配收入增长情况
PER CAPITA DISPOSABLE INCOME GROWTH OF URBAN HOUSEHOLDS IN MAJOR YEARS

单位：元 (yuan)

年 份 Year	可支配收入 Disposable Income	比上年增加额 Increase Value over Last Year	比上年增长(%) Increase Rate over Last Year	城镇居民消费价格指数(上年=100) Consumer Price Index of Urban Residents (last year=100)	扣除物价上涨因素后 Deducting Price Rising	
					实际收入 Real Income	比上年增长% Increase Rate over Last Year
1978	301.4					
1980	379.7			105.5	359.9	
1985	595.3	78.4	15.2	109.1	545.6	5.6
1990	1290.9	114.8	9.8	101.5	1271.8	8.2
1995	3306.0	740.3	28.9	116.7	2832.9	10.4
2000	4715.0	377.9	8.7	104.7	4503.3	3.8
2005	8865.8	1000.2	12.7	101.7	8717.6	10.8
2010	15510.1	1626.7	11.7	103.1	15043.7	8.4
2013	22258.2	2026.0	10.0	103.0	21609.9	6.8
2014	24069.4	1811.2	8.1	101.8	23643.8	6.2
2015	25827.7	1758.3	7.3	100.6	25673.7	6.7
2016	27352.3	1524.6	5.9	101.1	27054.7	4.8
2017	29131.8	1779.5	6.5	101.4	28729.6	5.0
2018	31034.8	1903.0	6.5	101.8	30486.1	4.6
2019	33262.4	2227.6	7.2	102.6	32419.5	4.5
2020	34792.7	1530.3	4.6	102.8	33845.0	1.8

4-13 主要年份城镇居民人均消费支出增长情况
PER CAPITA LIVING EXPENDITURE GROWTH OF URBAN HOUSEHOLDS IN MAJOR YEARS

单位：元 (yuan)

年 份 Year	消费支出 Living Expenditure	比上年增加额 Increase Value over Last Year	比上年增长(%) Increase Rate over Last Year	城镇居民消费价格指数(上年＝100) Consumer Price Index of Urban Residents (last year=100)	扣除物价上涨因素后 Deducting Price Rising	
					实际支出 Real Expenditure	比上年增长% Increase Rate over Last Year
1978	275.4					
1980	356.6	51.8	17.0	105.5	338.0	10.8
1985	533.4	100.1	23.1	109.1	488.9	12.8
1990	1047.7	54.2	5.5	101.5	1032.2	3.9
1995	2640.7	597.4	29.2	116.7	2262.8	10.7
2000	3981.6	465.8	13.3	104.7	3802.9	8.2
2005	6517.8	727.8	12.6	101.7	6408.9	10.7
2010	10236.3	489.3	5.0	103.1	9928.5	1.9
2013	13762.7	997.9	7.8	103.0	13361.8	4.7
2014	14636.9	874.2	6.4	101.8	14378.1	4.5
2015	15818.6	1181.7	8.1	100.6	15724.3	7.4
2016	16992.8	1174.2	7.4	101.1	16807.9	6.3
2017	18404.0	1411.2	8.3	101.4	18149.9	6.8
2018	19789.8	1385.9	7.5	101.8	19439.9	5.6
2019	21159.0	1369.2	6.9	102.6	20622.8	4.2
2020	20331.9	–827.1	–3.9	102.8	19778.1	–6.5

4-14 城镇居民家庭平均每人食品消费量
PER CAPITA FOOD CONSUMPTION OF URBAN HOUSEHOLDS

单位：公斤 (kg)

指 标	Item	2019	2020
粮 食	Grain	117.56	130.94
油脂类	Oil or Fat	7.04	7.99
蔬菜及菜制品	Vegetables and Processed Products	102.61	104.56
肉 类	Meat	17.01	17.62
禽 类	Poultry	3.58	4.83
水产品	Aquatic Product	4.26	4.31
蛋类及蛋制品	Eggs and Processed Products	14.43	16.94
奶和奶制品	Milk and Processed Products	21.27	22.83
干鲜瓜果类	Fresh and Dried Fruits	77.51	76.22
糖果糕点类	Sweets and Pastry	8.13	7.74
饮 料	Beverage	0.21	0.22
酒	Liquor	3.70	3.65

4-15 城镇居民家庭平均每百户年末耐用消费品拥有量
DURABLE CONSUMER GOODS OWNED PER 100 URBAN HOUSEHOLDS AT YEAR-END

名 称	Item	2019	2020
家用汽车(辆)	Automobile (unit)	36.12	37.58
摩托车(辆)	Motorcycle (unit)	15.02	14.80
洗衣机(台)	Washing Machine (set)	100.00	100.51
电冰箱(台)	Refrigerator (set)	96.41	97.00
微波炉(台)	Microwave oven (set)	39.08	39.56
彩色电视机(台)	Color Television (set)	103.22	103.37
空 调(台)	Air conditioner (set)	41.79	43.19
固定电话(部)	Fixed Telephone (set)	8.02	7.55
移动电话(部)	Mobile Telephone (set)	242.31	242.27
#接入互联网	Mobile Telephone with Internet Access	193.96	223.81
计算机(台)	Computer (set)	60.04	61.50
#接入互联网	Computer with Internet Access	44.95	47.99
照相机(台)	Camera (set)	14.87	14.95

4-16 城镇居民家庭年末居住情况

HOUSING CONDITIONS OF URBAN HOUSEHOLDS AT YEAR-END

单位：% (%)

指　　标	Item	2019	2020
一、居住空间样式	Style of Residential Space	100.0	100.0
单栋楼房	Dependent Resident	9.0	8.3
单栋平房	Dependent Bungalow	19.7	20.0
四居室及以上单元房	Apartment with Four and More Bedrooms	1.0	0.8
三居室单元房	Apartment with Three Bedrooms	27.7	28.3
二居室单元房	Apartment with Two Bedrooms	35.8	35.5
一居室单元房	Apartment with One Bedrooms	3.4	3.4
筒子楼或连片平房	Tube-Shaped Apartment or Contiguous Bungalow	3.4	3.5
其　他	Others	0.1	0.1
二、主要建筑材料	Major Building Materials	100.0	100.0
钢筋混凝土	Reinforced Concrete	48.8	49.2
砖混材料	Brick and Concrete Material	42.8	42.5
砖瓦砖木	Tile and Brick	8.2	8.2
竹草土坯	Bamboo, Grass and Adobe	0.04	
其　他	Others	0.1	0.1
三、现住房房屋来源	Current Housing Sources	100.0	100.0
租赁公房	Rent Public Houses	1.8	1.9
租赁私房	Rent Private Houses	4.4	4.5
自建住房	Self-Build Housing	27.6	27.6
购买商品房	Purchased Commercial Housing	40.8	40.7
购买房改住房	Purchased Housing-Reform Houses	10.1	10.0
购买保障性住房	Purchased Security Housing	4.7	4.5
拆迁安置房	Resettlement Housing	6.5	6.6
继承或获赠住房	Inherited or receive Housing	0.7	0.8
免费借用房	Free Rental Housing	1.6	1.6
雇主提供免费住房	Employer-Provided Free Housing	0.8	0.5
其他来源	Other Sources	1.0	1.4

4-16 续表1 continued

单位：% (%)

指 标	Item	2019	2020
四、现住房建筑面积	Current Housing Construction Area	100.0	100.0
10平方米以内	Within 10 sq. m		
10-20平方米	10 – 20 sq. m	0.1	0.1
20-30平方米	20 – 30 sq. m	1.0	0.7
30-60平方米	30 – 60 sq. m	16.5	16.6
60-90平方米	60 – 90 sq. m	31.6	31.6
90-120平方米	90 – 120 sq. m	28.9	29.0
120-200平方米	120 – 200 sq. m	17.8	17.9
200平方米以上	Above 200 sq. m	4.0	4.1
五、住宅外道路路面情况	Road Conditions Outside Houses	100.0	100.0
水泥或柏油路面	Cement or Asphalt Road	96.4	96.4
沙石或石板等硬质路面	Sand, Stone and Other Hard Surfacing Road	3.2	3.1
其 他	Others	0.5	0.5
六、取水位置	Water Intaking	100.0	100.0
住宅内管道取水	Pipelines inside Houses	93.6	94.0
住宅内其他方式取水	Other Ways inside Houses	0.4	0.2
院内管道取水	Pipelines in Yards	4.6	4.9
院内其他方式取水	Other Ways in Yards	1.0	0.8
其他位置取水	Others	0.4	0.1
七、住户主要饮用水来源情况	Major Sources of Drinking Water for Households	100.0	100.0
经过净化处理的自来水	Purified Running Water	93.2	93.4
受保护的井水和泉水	Protected Wells and Springs	6.1	5.6
不受保护的井水和泉水	Unprotected Wells and Springs	0.1	0.1
江河湖泊水	River and Lake Water		0.2
收集雨水	Collected Rainwater		
桶装水	Bottled Water	0.6	0.6
其他水源	Other Water sources	0.04	0.1
八、住户厕所类型	Households Toilets	100.0	100.0
水冲式卫生厕所(冲入下水道)	Sanitary Flush Toilets (into Sewers)	77.8	77.9
水冲式卫生厕所(冲入化粪池)	Sanitary Flush Toilets (into Septic Tanks)	0.8	0.7
水冲式卫生厕所(冲入防渗厕坑)	Sanitary Flush Toilets (into Impervious Pits)	1.8	1.9

4-16 续表2 continued

单位：%　　(%)

指　　标	Item	2019	2020
水冲式非卫生厕所(冲入其他地方)	Non-stanitary Flush Toilets (into Other Ways)	7.3	6.6
卫生旱厕	Stanitray Pit Latrines	5.7	6.2
普通旱厕	General Pit Latrines	6.6	6.6
无厕所	No Toilets	0.1	0.1
九、住户主要取暖设备状况	Major Heating Equipments for Households	100.0	100.0
由市政或小区集中供暖	Central Heating Supplied by Municipal or Residential Area	78.3	80.1
自行供暖	Self Heating	19.7	18.3
无取暖设备	No Heating Equipments	2.0	1.6
十、住户主要取暖用能源状况	Major Heating Energy for Households	100.0	100.0
柴　草	Firewood	0.1	
煤　炭	Coal	11.2	9.2
罐装液化石油气	Bottled Liquefied Petroleum Gas		
管道液化石油气	Pipelined Liquefied Petroleum Gas	0.1	
管道煤气	Pipelined Gas	0.8	0.5
管道天然气	Pipelined Natural Gas	4.0	4.9
电	Electricity	3.6	4.4
燃料用油	Fuel oil		
沼　气	Biogas		
其　他	Others	0.6	
无取暖行为	None	79.6	81.0
十一、主要炊用能源状况	Major Cooking Energy	100.0	100.0
柴　草	Firewood	0.2	0.04
煤　炭	Coal	6.8	5.5
罐装液化石油气	Bottled Liquefied Petroleum Gas	1.7	3.4
管道液化石油气	Pipelined Liquefied Petroleum Gas	0.6	0.1
管道煤气	Pipelined Gas	11.2	11.0
管道天然气	Pipelined Natural Gas	53.6	54.2
电	Electricity	24.8	25.2
燃料用油	Fuel oil		
沼　气	Biogas		
其　他	Others	0.3	0.1
无炊用行为	None	0.7	0.5

4-17 城镇居民家庭五等份分组基本情况(2020年)

按可支配收入分组

指　标	Item	低收入户 (20%) Low Income Households
一、调查户数 (户)	Number of Households Surveyed (household)	546
二、调查户常住人口(人)	Number of Resident Population Surveyed (person)	1808
三、劳动力数(人)	Number of Labors	1188
#从业人数	Number of Employees	689
四、人均期末住房面积 (平方米)	Per Capita Housing Area at the Year-end (sq.m)	30.96
五、平均每百户期末耐用品拥有量	Durable Goods Owned Per 100 Households at the Year-end	
家用汽车(辆)	Automobile (unit)	26.92
摩托车(辆)	Motorcycle (unit)	17.95
洗衣机(台)	Washing Machine (set)	98.90
电冰箱(台)	Refrigerator (set)	91.21
微波炉(台)	Microwave Oven (set)	21.06
彩色电视机(台)	Color Television (set)	101.83
空　调(台)	Air Conditioner (set)	24.91
固定电话(部)	Fixed Telephone (set)	5.31
移动电话(部)	Mobile Telephone (set)	243.77
#接入互联网	Mobile Telephone with Internet Access	223.81
计算机(台)	Computer (set)	51.47
#接入互联网	Computer with Internet Access	39.74
照相机(台)	Camera (set)	5.68
六、平均每人食品消费情况 (公斤)	Per Capita Food Consumption (kg)	
粮　食	Grain	118.76
油脂类	Oil and Fat	6.80
蔬菜及菜制品	Vegetables and Processed Products	77.12
肉　类	Meat	11.42
禽　类	Poultry	3.81
水产品	Aquatic Product	2.56
蛋类及蛋制品	Eggs and Processed Products	13.88
奶和奶制品	Milk and Processed Products	15.66
干鲜瓜果类	Fresh and Dried Fruits	53.21
糖果糕点类	Sweets and Pastry	6.48
饮　料	Beverage	0.13
酒	Liquor	2.69

BASIC CONDITIONS OF URBAN HOUSEHOLDS BY INCOME QUINTILE(2020)

(by the group of disposible income)

中低收入户 (20%) Lower Middle Income Households	中等收入户 (20%) Middle Income Households	中高收入户 (20%) Higher Middle Income Households	高收入户 (20%) High Income Households
546	546	546	546
1866	1586	1362	1094
1294	1167	1105	929
858	743	538	457
34.12	37.80	40.40	46.88
36.66	44.87	37.73	42.20
17.74	18.13	13.00	6.20
102.36	101.83	99.27	100.00
97.30	97.99	98.72	100.00
35.64	41.03	45.42	56.40
102.70	104.03	104.03	104.40
36.82	43.59	45.79	67.40
6.93	6.04	8.97	10.80
254.73	249.63	235.53	225.20
238.01	232.97	217.03	204.40
57.60	66.12	62.45	71.00
45.61	53.30	47.25	54.80
8.95	12.82	17.58	31.60
126.22	133.53	150.93	143.09
7.53	7.47	9.00	8.65
88.59	100.40	125.55	131.46
14.48	17.59	21.60	23.46
4.62	5.06	5.80	5.58
3.26	3.68	5.23	6.26
15.15	17.08	19.28	20.29
18.77	22.15	24.37	29.15
67.31	72.45	84.22	96.21
7.21	7.37	8.45	9.89
0.14	0.16	0.18	0.34
3.63	3.66	3.83	4.52

4-18 城镇居民家庭五等份分组人均收支情况(2020年)

按可支配收入分组

指 标	Item	低收入户 (20%) Low Income Households
一、总收入(元)	**Total Income (yuan)**	**15915.71**
(一)工资性收入	Income of Wages and Salaries	10853.17
(二)经营性收入	Business Income	1632.03
第一产业	Primary Industry	503.26
第二产业	Secondary Industry	43.46
第三产业	Tertiary Industry	1085.32
(三)财产性收入	Property Income	1090.02
#利息收入	Interest	25.89
红利收入	Dividend and Bonus	52.69
储蓄性保险净收益	Net Savings Insurance	2.45
出租房屋财产性净收入	Net Income of Property Rental	142.45
(四)转移性收入	Transfer Income	2340.48
#养老金或离退休金	Pension or Retirement Payments	696.53
社会救济和补助	Social Relief and Subsidy	174.84
政策性生活补贴	Policy Living Allowances	50.76
赡养收入	Old Alimony	474.96
报销医疗费	Reimbursement of Medical Expenses	151.81
从政府和组织得到的实物产品和服务折价	Goods and Services Discount Received from Governments and Organizations	35.43
现金政策性惠农补贴	Cash Benefits Policy of Aagricultural Subsidies	11.67
二、总支出(元)	**Total Expenditure (yuan)**	**16664.45**
(一)生活消费支出	Living Expenditure	12553.15
食品烟酒	Food, Tobacco and Liquor	3383.81
衣 着	Clothing	962.85
居 住	Residence	2732.06
生活用品及服务	Household Living Facilities,Articles and Services	595.67
交通通信	Transportation and Communication	1534.24
教育文化娱乐服务	Education, Culture and Recreation Services	1670.65
医疗保健	Health Care	1367.88
其他商品和服务	Other Commodities and Services	305.98
(二)生产经营费用支出	Production and Operation Expenses	396.53
第一产业	Primary Industry	242.00
第二产业	Secondary Industry	6.93
第三产业	Tertiary Industry	147.60
(三)财产性支出	Property Expenditure	0.97
(四)转移性支出	Transfer Expenditure	697.80
(五)部分商业保险支出	Part of the Commercial Insurance Expenses	74.75
(六)购置资产及非经常性转移支出	Acquisition of Assets and Non-recurring Transfer Expenditures	2824.64
(七)借贷性支出	Borrowing Expenditure	116.61
三、可支配收入(元)	**Disposable Income (yuan)**	**14697.99**

PER CAPITA INCOME AND EXPENDITURE OF URBAN HOUSEHOLDS BY INCOME QUINTILE(2020)

(by the group of disposible income)

中低收入户 (20%) Lower Middle Income Households	中等收入户 (20%) Middle Income Households	中高收入户 (20%) Higher Middle Income Households	高收入户 (20%) High Income Households
27861.17	**35717.33**	**48601.20**	**69177.50**
17229.08	19406.02	22051.86	32448.08
3697.61	3090.10	5762.95	6451.78
408.10	174.13	261.05	57.90
4.56	563.74	313.36	219.48
3284.95	2352.22	5188.54	6174.40
1444.90	2009.69	2404.02	4694.37
36.54	73.49	190.43	1166.84
199.77	81.68	148.54	144.00
1.23	4.95	2.20	336.62
212.42	449.88	316.76	591.82
5489.57	11211.52	18382.38	25583.27
3488.73	8286.31	16228.43	22318.99
74.82	22.34	58.89	24.33
45.89	32.46	133.16	33.11
508.12	479.28	516.05	359.07
265.12	725.82	439.88	1771.61
56.42	20.86	21.73	14.85
9.74	4.69	7.73	2.64
24203.64	**28876.00**	**37619.95**	**45885.23**
17107.87	19668.95	25105.90	31333.66
4887.72	5237.19	6661.57	7569.69
1618.93	1688.34	2016.44	2295.64
3524.72	4236.68	5552.71	6394.25
1012.43	961.67	1519.35	1979.60
2768.57	2338.37	3551.63	4814.19
1703.77	2144.51	2198.42	2772.43
1364.14	2595.70	2986.44	4825.03
227.59	466.48	619.34	682.85
1706.66	859.01	3271.28	516.88
116.81	53.47	44.10	12.85
0.03	22.51	178.61	14.38
1589.82	783.03	3048.56	489.65
24.05	79.09	131.43	253.25
1744.17	1920.81	2104.24	3006.46
87.56	170.67	185.05	674.82
2493.89	4737.22	5973.61	8989.76
1039.44	1440.24	848.44	1110.41
24317.51	**32719.49**	**43002.19**	**65199.62**

4-19 农村居民家庭生活基本情况
BASIC LIVING CONDITIONS OF RURAL HOUSEHOLDS

指　标	Item	2019	2020
一、调查户数(户)	Number of Households Surveyed (household)	1770	1770
二、调查户常住人口(人)	Number of Resident Population Surveyed (person)	4701	4623
三、平均每户常住人口数(人)	Average Number of Resident Population per Household (person)	2.66	2.61
四、平均每户从业人口数(人)	Average Number of Employees per Household (person)	1.79	1.76
五、平均每一从业者负担人数(人)	Average Number of Persons Supported by Each Employee (person)	1.63	1.63
六、平均每人全年可支配收入(元)	Per Capita Annual Disposable Income (yuan)	12902	13878
七、平均每人全年消费支出(元)	Per Capita Annual Living Expenditure (yuan)	9728	10290
八、人均期末住房面积(平方米)	Per Capita Living Space at Year-end (sq.m)	39.90	40.29

4-20 农村家庭人口状况
POPULATION CONDITIONS OF RURAL HOUSEHOLDS

指　标	Item	2019	2020
一、调查户数(户)	**Number of Households Surveyed (household)**	**1770**	**1770**
二、调查户常住人口(人)	**Number of Resident Population Surveyed (person)**	**4701**	**4623**
#劳动力数	Labors	3406	3408
#从业人数	Employees	2700	2628
#在校学生	Students Enrollment	776	782
按年龄分组	**Grouped by Age**		
5岁及以下	Aged 5 and Under	195	149
6-15岁	Aged 6-15	472	462
16-19岁	Aged 16-19	212	213
20-24岁	Aged 20-24	216	210
25-29岁	Aged 25-29	190	175
30-34岁	Aged 30-34	214	216
35-40岁	Aged 35-40	247	233
41-50岁	Aged 41-50	701	638
51-60岁	Aged 51-60	1046	1036
61-65岁	Aged 61-65	514	523
66岁及以上	Aged 66 and Above	631	691

4-21 农村居民家庭劳动力状况

LABOR FORCE OF RURAL HOUSEHOLDS

单位：人 (person)

指 标	Item	2019	2020
一、劳动力文化状况	**Cultural Level of Labor Force**		
未上过学	Illiteracy or little literacy	135	130
小 学	Level of Primary School	963	956
初 中	Level of Junior Middle School	1735	1733
高 中	Level of Senior Middle School	412	419
大学专科	Level of Specialized Secondary School	135	144
大学本科	Level of Undergraduate	24	23
研究生	Level of Master and Doctor	2	3
二、劳动力从业情况	**Employment of Labor Force**		
(一)第一产业	Primary Industry	1443	1387
(二)第二产业	Secondary Industry	516	493
采矿业	Mining	113	111
制造业	Manufacturing	158	151
电力、热力、燃气及水生产供应业	Production and Supply of Power, Heat, Gas and Water	33	36
建筑业	Construction	212	195
(三)第三产业	Tertiary Industry	741	748
批发和零售业	Wholesale and Retail Trade	93	101
交通运输、仓储和邮政业	Transportation, Storage and Post	138	135
住宿和餐饮业	Hotels and Catering Services	91	84
信息传输、软件业和信息	Information Transmission, Software and	6	8
金融业	Financial Industry	10	9
房地产业	Real Estate	2	1
租赁和商务服务业	Leasing and Business Services	6	3
科学研究和技术服务业	Scientific Research and Technical Services	1	
水利、环境和公共设施管理业	Management of Water Conservancy, Environment and Public Facilities	16	18
居民服务、修理和其他服务业	Services to Households, Repair and Other Services	238	245
教 育	Education	44	38
卫生和社会工作	Health and Social Service	27	37
文化、体育和娱乐业	Culture, Sports and Entertainment	5	7
公共管理、社会保障和社会组织	Public Management, Social Security and Social Organization	64	62
国际组织	International Organization		

4-22 农村居民家庭人均全年总收入
PER CAPITA ANNUAL INCOME OF RURAL HOUSEHOLDS

单位：元 (yuan)

指　标	Item	2019	2020
总收入	**Total Income**	**16124.39**	**16537.63**
一、工资性收入	Income of Wages and Salaries	6098.12	6347.23
二、经营性收入	Business Income	6199.39	5863.92
(一)第一产业	Primary Industry	4679.98	4828.96
农　业	Farming	3408.23	3450.01
林　业	Forestry	35.80	52.50
牧　业	Animal Husbandry	1235.82	1326.38
渔　业	Fishery	0.14	0.07
(二)第二产业	Secondary Industry	157.85	136.68
采矿业	Mining	2.39	36.37
制造业	Manufacturing	99.05	33.68
电力、热力、燃气及水生产和供应业	Production and Supply of Power, Heat, Gas and Water	0.82	1.36
建筑业	Construction	55.59	65.27
(三)第三产业	Tertiary Industry	1361.56	898.28
批发和零售业	Wholesale and Retail Trade	492.33	232.58
交通运输、仓储和邮政业	Transportation, Storage and Post	369.53	314.51
住宿和餐饮业	Hotels and Catering Services	191.84	132.36
房地产业	Real Estate		
租赁和商务服务业	Leasing and Business Services	8.02	7.03
居民服务、修理和其他服务业	Resident Services, Repair and Other Services	218.13	121.27
农林牧渔服务业	Services of Agriculture, Forestry, Animal Husbandry and Fishery	58.47	45.80
其　他	Others	23.25	44.72
三、财产性收入	Property Income	217.84	215.29
#利息收入	Interest	34.49	54.65
红利收入	Dividend and Bonus	87.66	74.83
储蓄性保险净收益	Net Savings Insurance	0.49	0.49
出租房屋财产性净收入	Net Income of Property Rental	28.97	24.95
四、转移性收入	Transfer Income	3609.04	4111.20
#养老金或离退休金	Pension or Retirement Payments	960.98	934.54
社会救济和补助	Social Relief and Subsidy	318.37	423.90
政策性生活补贴	Policy Living Allowances	125.31	103.10
赡养收入	Old Alimony	737.21	932.17
报销医疗费	Reimbursement of Medical Expenses	194.31	221.56
从政府和组织得到的实物产品和服务折价	Goods and Services Discount Received from Governments and Organizations	61.37	115.48
现金政策性惠农补贴	Cash Benefits Policy of Agricultural Subsidies	262.07	277.30

4-23 农村居民家庭人均全年总支出
PER CAPITA ANNUAL EXPENDITURE OF RURAL HOUSEHOLDS

单位：元 (yuan)

项　目	Item	2019	2020
总支出	**Total Expenditure**	**16377.81**	**15309.27**
一、消费支出	Living Expenditure	9728.42	10290.10
二、生产经营费用支出	Production and Operation Expenses	2610.33	2047.32
(一)第一产业	Primary Industry	2144.41	1743.97
农　业	Farming	1342.26	1088.28
林　业	Forestry	27.54	24.17
牧　业	Animal Husbandry	773.10	631.27
渔　业	Fishery	1.52	0.25
(二)第二产业	Secondary Industry	34.92	32.71
采矿业	Mining	0.16	0.43
制造业	Manufacturing	34.30	4.41
电力、热力、燃气及水生产和供应业	Production and Supply of Power, Heat, Gas and Water	0.31	24.75
建筑业	Construction	0.15	3.12
(三)第三产业	Tertiary Industry	431.00	270.64
批发和零售业	Wholesale and Retail Trade	204.42	85.34
交通运输、仓储和邮政业	Transportation, Storage and Post	79.61	104.37
住宿和餐饮业	Hotels and Catering Services	72.76	45.75
房地产业	Real Estate	0.52	0.23
租赁和商务服务业	Leasing and Business Services	0.75	0.12
居民服务、修理和其他服务业	Resident Services, Repair and Other Services	60.32	10.31
农林牧渔服务业	Services of Agriculture, Forestry, Animal Husbandry and Fishery	6.09	9.14
其　他	Others	6.52	15.38
三、财产性支出	Property Expenditure	7.57	10.48
生活贷款利息支出	Living Loans Interest Expense	7.19	9.55
其他财产性支出	Other Property Expenditure	0.38	0.93
四、转移性支出	Transfer Expenditure	411.10	398.81
个人所得税	Individual Income Tax	3.14	2.65
社会保障支出	Social Security Expenditures	359.45	357.73
外来从业人员寄给家人的支出	Expenses of Foreign Employees Sent to The Family	0.11	0.70
赡养支出	Alimony Expenses	33.97	21.23
其他转移性支出	Other Property Expenditure	14.42	16.50
五、部分商业保险支出	Part of the Commercial Insurance Expenses	48.70	41.92
六、购置资产及非经常性转移支出	Acquisition of Assets and Non-recurring Transfer Expenditures	3165.36	2171.52
七、借贷性支出	Borrowing Expenditure	406.34	349.11

4-24 农村居民家庭平均每户土地经营情况
LAND MANAGEMENT OF RURAL HOUSEHOLDS

单位：亩 (mu)

指　标	Item	2019	2020
一、期末实际经营土地面积	**Land Area Under Real Management at the End of the Period**	**9.29**	**9.09**
耕　地	Cultivated Land	7.15	7.11
#有效灌溉面积	Effective Irrigated Area	2.05	2.23
林　地	Forest Land	1.07	0.99
园　地	Orchards	1.00	0.89
二、期内主要粮食播种面积	**Sown Area of Major Crops within the Period**	**5.23**	**5.17**
小　麦	Wheat	0.81	0.91
水　稻	Rice		0.01
玉　米	Corn	3.99	3.84
大　豆	Soybean	0.10	0.10
薯　类	Rubers	0.33	0.32
三、期内主要经济作物播种面积	**Sown Area of Major Commercial Crops within the Period**	**1.22**	**1.09**
棉　花	Cotton		
油　料	Oil-bearing Plants	0.36	0.22
糖料作物	Sugar-yileding Crops	0.01	
蔬　菜	Vegetables	0.18	0.15
#设施蔬菜	Greenhouse Vegetables	0.04	0.05
水　果	Fruit	0.67	0.72
#设施水果	Greenhouse Fruit	0.02	0.02
四、农业生产技术应用情况	**Application of Agriculture Production Technology**		
机耕面积	Area Cultivated by Machine	5.02	4.79
机播面积	Area Sown by Machine	3.84	3.85
机收面积	Area Harvested by Machine	2.79	2.69
机电灌溉面积	Area Irrigated by Machine	1.40	1.30

4-25 农村居民家庭平均每人家庭经营净收入
PER CAPITA NET INCOME FROM HOUSEHOLD BUSINESS OF RURAL HOUSEHOLDS

单位：元 (yuan)

指 标	Item	2019	2020
家庭经营净收入	**Net Income from Household Business**	**3396.04**	**3613.59**
农 业	Farming	2001.28	2293.02
林 业	Forestry	8.10	28.31
牧 业	Animal Husbandry	419.04	646.08
渔 业	Fishery	-1.38	-0.19
采矿业	Mining	2.14	14.74
制造业	Manufacturing	62.53	28.08
电力、热力、燃气及水生产和供应业	Production and Supply of Power, Heat, Gas and Water	0.50	-23.39
建筑业	Construction	54.95	60.97
批发和零售业	Wholesale and Retail Trade	267.73	133.61
交通运输、仓储和邮政业	Transportation, Storage and Post	238.37	173.27
住宿和餐饮业	Hotels and Catering Services	115.45	82.78
房地产业	Real Estate	-0.52	-0.23
租赁和商务服务业	Leasing and Business Services	6.47	6.44
居民服务、修理和其他服务业	Resident Services, Repair and Other Services	152.70	104.26
农林牧渔服务业	Services of Agriculture, Forestry, Animal Husbandry and Fishery	52.09	36.65
其 他	Others	16.59	29.19

4-26 主要年份农村居民人均可支配收入增长情况
PER CAPITA DISPOSABLE INCOME GROWTH OF RURAL HOUSEHOLDS IN MAJOR YEARS

单位：元 (yuan)

年 份 Year	可支配收入 Disposable Income	比上年增加额 Increase Value over Last Year	比上年增长(%) Increase Rate over Last Year	农村居民消费价格指数(上年=100) Consumer Price Index of Rural Residents (last year=100)	扣除物价上涨因素后 Deducting Price Rising	
					实际收入 Real Income	比上年增长% Increase Rate over Last Year
1978	101.6	8.0	8.6			
1980	155.8	10.4	7.1	101.3	153.8	5.8
1985	358.3	19.5	5.8	107.8	332.4	-1.9
1990	603.5	89.6	17.4	103.0	585.9	14.0
1995	1208.3	324.1	36.7	117.2	1031.0	16.6
2000	1950.4	150.7	8.4	103.0	1893.6	5.2
2005	3082.0	344.1	12.6	103.7	2972.0	8.6
2010	5263.3	586.3	12.5	102.8	5119.9	9.5
2013	7949.5	885.6	12.5	103.2	7703.0	9.0
2014	8809.4	859.9	10.8	101.4	8685.4	9.2
2015	9453.9	644.5	7.3	100.7	9388.2	6.6
2016	10082.5	628.6	6.6	101.1	9968.9	5.5
2017	10787.5	705.1	7.0	100.5	10733.8	6.5
2018	11750.0	962.5	8.9	101.8	11542.3	7.0
2019	12902.4	1152.4	9.8	103.0	12526.6	6.6
2020	13878.0	975.6	7.6	103.3	13434.7	4.1

4-27 主要年份农村居民人均消费支出增长情况
PER CAPITA LIVING EXPENDITURE GROWTH OF RURAL HOUSEHOLDS IN MAJOR YEARS

单位：元 (yuan)

年 份 Year	消费支出 Living Expenditure	比上年增加额 Increase Value over Last Year	比上年增长(%) Increase Rate over Last Year	农村居民消费价格指数(上年＝100) Consumer Price Index of Rural Residents (last year=100)	扣除物价上涨因素后 Deducting Price Rising	
					实际支出 Real Expenditure	比上年增长% Increase Rate over Last Year
1978	90.6					
1980	134.4	16.1	13.6	101.3	132.7	12.1
1985	272.7	48.4	21.6	107.8	253.0	12.8
1990	487.7	78.4	19.2	103.0	473.4	15.7
1995	928.0	254.4	37.8	117.2	791.8	17.5
2000	1174.8	112.8	10.6	103.0	1140.6	7.4
2005	1999.8	271.6	15.7	103.7	1928.4	11.6
2010	4070.4	428.9	11.8	102.8	3959.6	8.7
2013	6457.7	273.8	4.4	103.2	6257.5	1.2
2014	6991.7	534.0	8.3	101.4	6895.2	6.8
2015	7421.2	429.5	6.1	100.7	7369.6	5.4
2016	8028.8	607.6	8.2	101.1	7938.4	7.0
2017	8424.0	395.2	4.9	100.5	8382.1	4.4
2018	9172.2	748.2	8.9	101.8	9010.0	7.0
2019	9728.4	556.2	6.1	103.0	9445.1	3.0
2020	10290.1	561.7	5.8	103.3	9961.4	2.4

4-28 农村居民家庭平均每人食品消费量
PER CAPITA FOOD CONSUMPTION OF RURAL HOUSEHOLDS

单位：公斤 (kg)

指　标	Item	2019	2020
粮　食	Grain	164.60	192.85
油脂类	Oil or Fat	7.83	9.38
蔬菜及菜制品	Vegetables and Processed Products	83.20	92.26
肉　类	Meat	11.95	11.29
禽　类	Poultry	2.03	3.18
水产品	Aquatic Product	1.57	1.75
蛋类及蛋制品	Eggs and Processed Products	12.23	15.50
奶和奶制品	Milk and Processed Products	11.68	12.03
干鲜瓜果类	Fresh and Dried Fruits	44.94	47.32
糖果糕点类	Sweets and Pastry	5.92	6.44
饮　料	Beverage	0.15	0.14
酒	Liquor	4.81	4.48

4-29 农村居民家庭平均每百户耐用消费品拥有量
DURABLE CONSUMER GOODS OWNED PER 100 RURAL HOUSEHOLDS

名　称	Item	2019	2020
家用汽车(辆)	Automobile (unit)	19.21	20.56
摩托车(辆)	Motorcycle (unit)	40.56	39.83
洗衣机(台)	Washing Machine (set)	89.15	89.44
电冰箱(台)	Refrigerator (set)	80.79	81.75
微波炉(台)	Microwave oven (set)	7.63	8.19
彩色电视机(台)	Color Television (set)	104.35	104.69
空　调(台)	Air Conditioner (set)	21.30	21.81
固定电话(部)	Fixed Telephone (set)	3.79	2.94
移动电话(部)	Mobile Telephone (set)	225.31	225.42
#接入互联网	Mobile Telephone with Internet Access	159.60	197.91
计算机(台)	Computer (set)	28.36	29.27
#接入互联网	Computer with Internet Access	21.19	23.16
照相机(台)	Camera (set)	1.30	1.36

4-30 农村居民家庭年末居住情况

HOUSING CONDITIONS OF RURAL HOUSEHOLDS AT YEAR-END

单位：% (%)

指　标	Item	2019	2020
一、居住空间样式	Style of Residential Space	100.0	100.0
单栋楼房	Dependent Resident	8.6	8.0
单栋平房	Dependent Bungalow	78.2	78.4
四居室及以上单元房	Apartment with Four and More Bedrooms	0.1	0.1
三居室单元房	Apartment with Three Bedrooms	1.9	2.3
二居室单元房	Apartment with Two Bedrooms	1.0	1.3
一居室单元房	Apartment with One Bedrooms	0.4	0.6
筒子楼或连片平房	Tube-Shaped Apartment or Contiguous Bungalow	7.0	6.9
其　他	Others	2.9	2.4
二、主要建筑材料	Major Building Materials	100.0	100.0
钢筋混凝土	Reinforced Concrete	9.1	9.7
砖混材料	Brick and Concrete Material	43.3	42.8
砖瓦砖木	Tile and Brick	44.4	44.4
竹草土坯	Bamboo, Grass and Adobe	1.0	1.1
其　他	Others	2.3	2.0
三、现住房房屋来源	Current Housing Sources	100.0	100.0
租赁公房	Rent Public Houses	0.06	0.06
租赁私房	Rent Private Houses	1.1	1.9
自建住房	Self-Build Housing	91.1	89.5
购买商品房	Purchased Commercial Housing	3.1	3.8
购买房改住房	Purchased Housing-Reform Houses	0.6	0.6
购买保障性住房	Purchased Security Housing	0.4	0.5
拆迁安置房	Resettlement Housing	1.0	1.1
继承或获赠住房	Inherited or receive Housing	1.4	1.3
免费借用房	Free Rental Housing	0.9	0.8
雇主提供免费住房	Employer-Provided Free Housing	0.1	0.1
其他来源	Other Sources	0.2	0.3
四、现住房建筑面积	Current Housing Construction Area	100.0	100.0
10平方米以内	Within 10 sq. m		
10-20平方米	10 – 20 sq. m	0.3	0.2
20-30平方米	20 – 30 sq. m	4.5	2.4
30-60平方米	30 – 60 sq. m	20.5	21.0
60-90平方米	60 – 90 sq. m	25.2	25.9
90-120平方米	90 – 120 sq. m	25.3	26.9
120-200平方米	120 – 200 sq. m	19.2	18.9
200平方米以上	Above 200 sq. m	5.0	4.7
五、住宅外道路路面情况	Road Conditions Outside Houses	100.0	100.0
水泥或柏油路面	Cement or Asphalt Road	87.2	87.5
沙石或石板等硬质路面	Sand, Stone and Other Hard Surfacing Road	10.2	10.0
其　他	Others	2.7	2.5
六、取水位置	Water Intaking	100.0	100.0
住宅内管道取水	Pipelines inside Houses	50.2	49.6
住宅内其他方式取水	Other Ways inside Houses	1.3	1.1
院内管道取水	Pipelines in Yards	38.3	38.9
院内其他方式取水	Other Ways in Yards	5.9	6.0
其他位置取水	Others	4.3	4.4

4-30 续表1 continued

单位：%　　(%)

指　　标	Item	2019	2020
七、住户主要饮用水来源情况	Major Sources of Drinking Water for Households	100.0	100.0
经过净化处理的自来水	Purified Running Water	62.8	64.1
受保护的井水和泉水	Protected Wells and Springs	31.3	31.5
不受保护的井水和泉水	Unprotected Wells and Springs	4.4	2.8
江河湖泊水	River and Lake Water		0.1
收集雨水	Collected rainwater	1.5	1.5
桶装水	Bottled water	0.1	0.1
其他水源	Other Water sources	0.1	0.1
八、住户厕所类型	Households Toilets	100.0	100.0
水冲式卫生厕所(冲入下水道)	Sanitary Flush Toilets (into Sewers)	5.4	6.3
水冲式卫生厕所(冲入化粪池)	Sanitary Flush Toilets (into Septic Tanks)	0.2	0.8
水冲式卫生厕所(冲入防渗厕坑)	Sanitary Flush Toilets (into Impervious Pits)	4.0	4.0
水冲式非卫生厕所(冲入其他地方)	Non-stanitary Flush Toilets (into Other Ways)	26.2	20.7
卫生旱厕	Stanitray Pit Latrines	17.1	21.8
普通旱厕	General Pit Latrines	46.8	46.2
无厕所	No Toilets	0.2	0.2
九、住户主要取暖设备状况	Major Heating Equipments for Households	100.0	100.0
由市政或小区集中供暖	Central Heating Supplied by Municipal or Residential Area	8.4	9.4
自行供暖	Self Heating	87.9	86.9
无取暖设备	No Heating Equipments	3.7	3.6
十、住户主要取暖用能源状况	Major Heating Energy for Households	100.0	100.0
柴　草	Firewood	6.1	3.3
煤　炭	Coal	65.4	59.1
罐装液化石油气	Bottled Liquefied Petroleum Gas	0.1	0.1
管道液化石油气	Pipelined Liquefied Petroleum Gas	0.1	
管道煤气	Pipelined Gas	1.0	0.7
管道天然气	Pipelined Natural Gas	5.2	8.1
电	Electricity	12.8	18.6
燃料用油	Fuel oil		
沼　气	Biogas	0.1	
其　他	Others	0.2	0.1
无取暖行为	None	9.0	10.0
十一、主要炊用能源状况	Major Cooking Energy	100.0	100.0
柴　草	Firewood	12.8	5.9
煤　炭	Coal	41.6	38.6
罐装液化石油气	Bottled Liquefied Petroleum Gas	1.5	2.9
管道液化石油气	Pipelined Liquefied Petroleum Gas		
管道煤气	Pipelined Gas	2.5	1.6
管道天然气	Pipelined Natural Gas	6.7	11.4
电	Electricity	34.5	39.3
燃料用油	Fuel oil		
沼　气	Biogas	0.1	0.1
其　他	Others	0.3	
无炊用行为	None	0.1	0.2

4-31 农村居民家庭五等份分组基本情况(2020年)

按可支配收入分组

指　标	Item	低收入户 (20%) Low Income Households
一、调查户数 (户)	Number of Households Surveyed (household)	354
二、调查户常住人口(人)	Number of Resident Population Surveyed (person)	946
三、劳动力数	Number of Labors	632
#从业人数	Number of Employees	455
四、人均期末住房面积 (平方米)	Per Capita Housing Area at the Year-end (sq.m)	35.40
五、户均期末经营土地面积(亩)	Average Land Area under Management at the End of the Period (mu)	7.65
六、平均每百户期末耐用品拥有量	Durable Goods Owned Per 100 Households at the Year-end	
家用汽车(辆)	Automobile (unit)	13.56
摩托车(辆)	Motorcycle (unit)	35.31
洗衣机(台)	Washing Machine (set)	81.07
电冰箱(台)	Refrigerator (set)	72.03
微波炉(台)	Microwave Oven (set)	4.52
彩色电视机(台)	Color Television (set)	103.11
空　调(台)	Air Conditioner (set)	14.97
固定电话(部)	Fixed Telephone (set)	3.67
移动电话(部)	Mobile Telephone (set)	199.44
#接入互联网	Mobile Telephone with Internet Access	168.08
计算机(台)	Computer (set)	19.49
#接入互联网	Computer with Internet Access	15.25
照相机(台)	Camera (set)	1.13
七、平均每人食品消费情况 (公斤)	Per Capita Food Consumption (kg)	
粮　食	Grain	177.10
油脂类	Oil and Fat	8.84
蔬菜及菜制品	Vegetables and Processed Products	81.34
肉　类	Meat	10.14
禽　类	Poultry	3.43
水产品	Aquatic Product	1.47
蛋类及蛋制品	Eggs and Processed Products	14.15
奶和奶制品	Milk and Processed Products	10.23
干鲜瓜果类	Fresh and Dried Fruits	39.90
糖果糕点类	Sweets and Pastry	5.89
饮　料	Beverage	0.21
酒	Liquor	4.27

BASIC CONDITIONS OF RURAL HOUSEHOLDS BY INCOME QUINTILE(2020)

(by the group of disposible income)

中低收入户 (20%) Lower Middle Income Households	中等收入户 (20%) Middle Income Households	中高收入户 (20%) Higher Middle Income Households	高收入户 (20%) High Income Households
354	354	354	354
979	1003	896	799
678	713	715	670
519	535	585	534
35.16	38.06	42.96	48.25
7.66	8.15	10.05	10.38
18.64	24.29	22.88	23.45
37.57	42.37	44.07	39.83
87.29	91.53	95.20	92.09
76.55	85.59	87.01	87.57
4.80	11.02	8.19	12.43
103.39	103.67	107.34	105.93
18.36	18.93	27.68	29.10
2.82	2.82	3.39	1.98
220.90	236.72	239.55	230.51
186.72	210.17	214.12	210.45
28.25	30.79	33.90	33.90
23.16	24.29	25.71	27.40
1.41	1.41	1.13	1.69
172.83	167.44	195.28	225.78
8.49	7.81	9.97	11.18
81.24	84.19	106.27	108.14
10.35	11.97	13.16	17.17
2.89	3.53	3.74	4.51
1.57	2.10	1.85	3.29
14.51	14.04	17.09	19.10
10.57	10.99	17.04	13.43
41.54	46.66	54.80	67.67
6.44	6.36	7.12	6.97
0.10	0.11	0.22	0.23
3.72	4.67	5.51	7.83

4-32 农村居民家庭五等份分组人均收支情况(2020年)

按可支配收入分组

指　标	Item	低收入户 (20%) Low Income Households
一、总收入(元)	**Total Income (yuan)**	**8393.64**
(一)工资性收入	Income of Wages and Salaries	2215.92
(二)经营性收入	Business Income	3271.05
第一产业	Primary Industry	2130.58
第二产业	Secondary Industry	0.35
第三产业	Tertiary Industry	1140.13
(三)财产性收入	Property Income	135.84
#利息收入	Interest	23.92
红利收入	Dividend and Bonus	65.08
储蓄性保险净收益	Net Savings Insurance	
出租房屋财产性净收入	Net Income of Property Rental	8.01
(四)转移性收入	Transfer Income	2770.83
#养老金或离退休金	Pension or Retirement Payments	471.24
社会救济和补助	Social Relief and Subsidy	383.95
政策性生活补贴	Policy Living Allowances	79.75
赡养收入	Old Alimony	862.22
报销医疗费	Reimbursement of Medical Expenses	73.08
从政府和组织得到的实物产品和服务折价	Goods and Services Discount Received from Governments and Organizations	48.49
现金政策性惠农补贴	Cash Benefits Policy of Aagricultural Subsidies	182.65
二、总支出(元)	**Total Expenditure (yuan)**	**13860.86**
(一)消费支出	Living Expenditure	9020.55
食品烟酒	Food, Tobacco and Liquor	2976.09
衣　着	Clothing	651.34
居　住	Residence	2124.09
生活用品及服务	Household Living Facilities,Articles and Services	396.41
交通通信	Transportation and Communication	979.63
教育文化娱乐服务	Education, Culture and Recreation Services	796.21
医疗保健	Health Care	920.05
其他商品和服务	Other Commodities and Services	176.73
(二)生产经营费用支出	Production and Operation Expenses	2384.49
第一产业	Primary Industry	1580.88
第二产业	Secondary Industry	146.26
第三产业	Tertiary Industry	657.35
(三)财产性支出	Property Expenditure	22.75
(四)转移性支出	Transfer Expenditure	344.15
(五)部分商业保险支出	Part of the Commercial Insurance Expenses	47.72
(六)购置资产及非经常性转移支出	Acquisition of Assets and Non-recurring Transfer Expenditures	1542.20
(七)借贷性支出	Borrowing Expenditure	499.00
三、可支配收入(元)	**Disposable Income (yuan)**	**5494.21**

PER CAPITA INCOME AND EXPENDITURE OF RURAL HOUSEHOLDS BY INCOME QUINTILE(2020)

(by the group of disposible income)

中低收入户 (20%) Lower Middle Income Households	中等收入户 (20%) Middle Income Households	中高收入户 (20%) Higher Middle Income Households	高收入户 (20%) High Income Households
12036.27	**14894.15**	**18825.83**	**33265.84**
4938.64	6250.89	10220.50	10542.05
3664.74	5221.05	4788.52	15333.48
3367.81	3480.12	4564.09	13307.67
1.32	767.41	108.68	44.77
295.61	973.53	115.74	1981.04
127.24	79.67	113.93	248.45
52.03	74.92	62.64	46.12
5.19	2.78	35.21	49.26
			0.20
48.87	0.10	13.60	40.89
3305.66	3342.54	3702.88	7141.86
812.44	784.55	1212.88	2055.15
554.69	202.71	249.30	296.28
59.98	22.92	88.69	225.53
842.52	257.11	629.28	1281.07
124.92	394.48	354.28	694.44
41.34	41.71	246.47	204.41
271.94	103.85	225.13	407.14
12092.05	**16055.14**	**15121.22**	**22615.66**
8975.66	11935.37	10901.46	13796.85
2895.07	2943.98	2847.36	4219.60
694.54	972.14	759.33	1013.32
1866.58	3500.21	1877.71	2988.87
391.39	471.56	609.76	869.62
944.95	1220.87	1676.93	1482.31
1041.48	1459.32	1277.85	1131.56
999.20	1253.97	1625.07	1839.63
142.43	113.31	227.47	251.93
1499.56	1433.23	1744.70	5528.67
1427.03	1062.28	1708.60	5377.34
59.55	0.19	6.22	1.56
12.98	370.76	29.88	149.77
1.25	1.37	0.83	7.08
323.51	533.97	490.45	667.54
20.45	48.25	88.69	52.30
1064.53	2027.19	1601.51	2303.20
207.09	75.77	293.56	260.03
10038.61	**12790.21**	**16376.35**	**26850.03**

主要统计指标解释

可支配收入 指住户在调查期内获得的、可用于最终消费支出和储蓄的总和，即住户可以用来自由支配的收入。可支配收入既包括现金，也包括实物收入。按照收入的来源，可支配收入包含四项，分别为：工资性收入、经营净收入、财产净收入和转移净收入。计算公式为：

可支配收入 = 工资性收入 + 经营净收入 + 财产净收入 + 转移净收入

工资性收入 指就业人员通过各种途径得到的全部劳动报酬和各种福利，包括受雇于单位或个人、从事各种自由职业、兼职和零星劳动得到的全部劳动报酬和福利。

经营净收入 指住户或住户成员从事生产经营活动所获得的净收入，是全部经营收入中扣除经营费用、生产性固定资产折旧和生产税之后得到的净收入。计算公式具体为：

经营净收入 = 经营收入 - 经营费用 - 生产性固定资产折旧 - 生产税

财产净收入 指住户或住户成员将其所拥有的金融资产、住房等非金融资产和自然资源交由其他机构单位、住户或个人支配而获得的回报并扣除相关的费用之后得到的净收入。财产净收入包括利息净收入、红利收入、储蓄性保险净收益、转让承包土地经营权租金净收入、出租房屋净收入、出租其他资产净收入和自有住房折算净租金等。

转移净收入 计算公式为：转移净收入 = 转移性收入 - 转移性支出

转移性收入 指国家、单位、社会团体对住户的各种经常性转移支付和住户之间的经常性收入转移。包括养老金或退休金、社会救济和补助、政策性生产补贴、政策性生活补贴、救灾款、经常性捐赠和赔偿、报销医疗费、住户之间的赡养收入、本住户非常住成员寄回带回的收入等。

转移性支出 指住户对国家、单位、住户或个人的经常性或义务性转移支付。包括缴纳的税款、各项社会保障支出、赡养支出、经常性捐赠和赔偿支出以及其他经常转移支出等。

消费支出 指住户用于满足家庭日常生活消费需要的全部支出，包括用于消费品的支出和用于服务性消费的支出。根据用途不同，消费支出可划分为食品烟酒、衣着、居住、生活用品及服务、交通通信、教育文化娱乐服务、医疗保健、其他用品及服务八大类。

Explanatory Notes on Main Statistical Indicators

Disposable Income refers to the disposable income of households which obtained during the survey period, and can be used for final consumption and savings. It includes cash and physical income. It can be divided into four categories, including income of wages and salaries, net business income, net property income and net transfer income by the sources of income. The formula is as follows:

Disposable Income = Income of Wages and Salaries + Net Business Income + Net Property Income + Net Transfer Income

Income of Wages and Salaries refers to total labor rewards and welfare employees received through various channels, including employed by units or individuals, engaged in free occupations, part-time jobs and sporadic jobs.

Net Business Income refers to net income the households or their members received through production and operation activities. It equals to total business income minus business expenses, depreciation of productive fixed assets and production taxes. The formula is as follows:

Net Business Income = Business Income – Business Expenses – Depreciation of Productive Fixed Assets – Production Taxes

Net Property Income refers to net income received as returns deducting related expenses by the households or their members, who owns the financial assets, non-financial assets such as housing and natural resources, by providing them to other institutional units, households or individuals. It includes net interest income, dividend and bonus, net savings insurance, net rental income from transferring management right of contracted land, net rental income from houses, net rental income from other assets, imputed net rental from owner occupied housing and etc.

Net Transfer Income is calculated by the following formula:

Net Transfer Income = Transfer Income – Transfer Expenditure

Transfer Income refers to current transfer payment the state, units, social organizations pay to households and current transfer income among households. It includes pensions or retirement payments, social relief and subsidies, policy living allowances, relief funds, regular donations and compensations, reimbursement of medical expenses, supporting income among households, income from non-resident members of households, etc.

Transfer Expenditure refers to current or compulsory transfer payment households pay to the state, units, households and individuals. It includes taxes, social security expenditures, alimony payments, regular donations and compensations and other current transfer expenditures.

Living Expenditure refers to total expenditure households used to satisfy daily life consumption, which includes consumer goods and services expenditure. It can be classified into eight categories, including expenditure on food, tobacco and liquor, clothing, residence, household facilities, articles and services, transportation and communication, education, culture and recreation, health care and others.

5 财政、金融和保险

PUBLIC FINANCE, BANKING AND INSURANCE

资料整理人员

张艳芳　尹　伊

PUBLIC FINANCE, BANKING AND INSURANCE 财政、金融和保险

一般公共预算收入	General Public Budget Revenue	2296.6	亿元 (100 million yuan)
一般公共预算支出	General Public Budget Expenditure	5110.9	亿元 (100 million yuan)
住户存款	Households Deposits	25482.0	亿元 (100 million yuan)
原保险保费收入	Income of Premiums	932.8	亿元 (100 million yuan)

一般公共预算收入（亿元）
General Public Budget Revenue (100 million yuan)

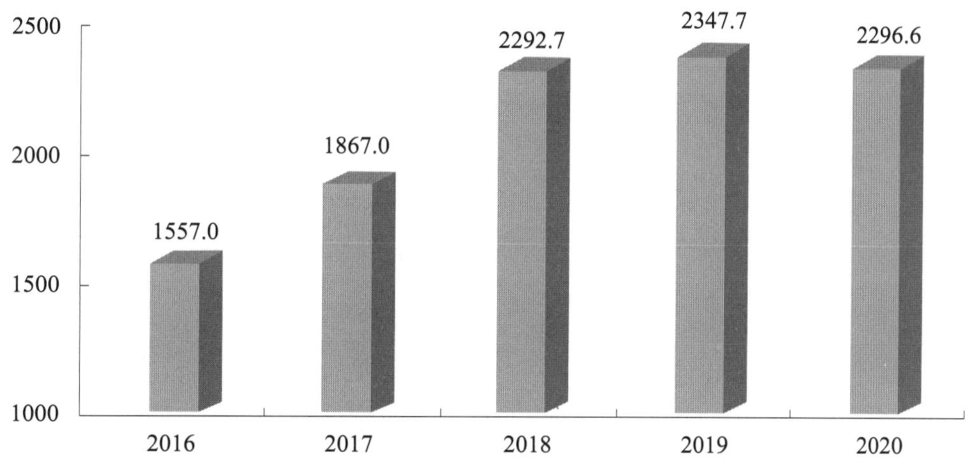

金融机构人民币各项存款余额（亿元）
Deposits Balance in RMB of Financial Institutions (100 million yuan)

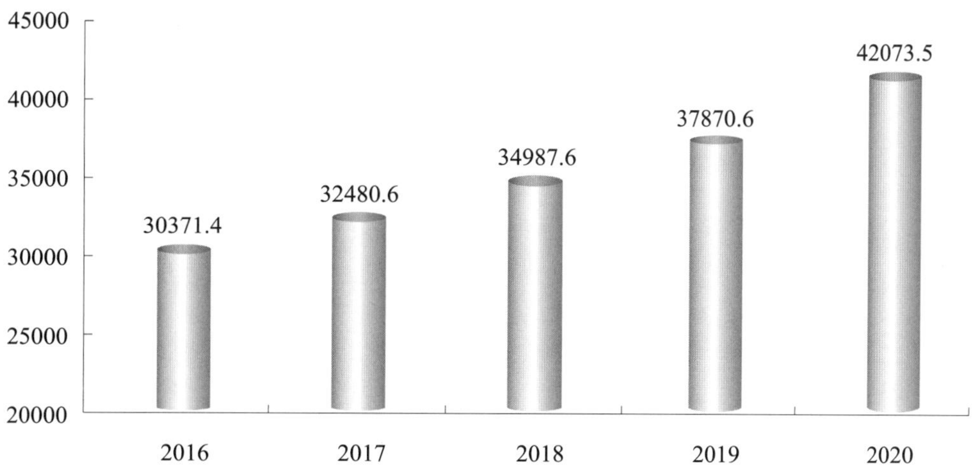

5-1 主要年份财政收支情况

FINANCIAL REVENUE AND EXPENDITURE IN MAJOR YEARS

单位：万元 (10 000 yuan)

年 份 Year	一般公共预算收入 General Public Budget Revenue	一般公共预算支出 General Public Budget Expenditure	一般公共预算收支差额 General Public Budget Balance	一般公共预算收支指数(上年=100) General Public Budget Revenue and Expenditure Indices (last year=100)	
				收 入 Revenue	支 出 Expenditure
1952	18276	10913	7363	138	185
1957	35230	28832	6398	109	95
1962	54001	36423	17578	79	50
1965	68571	51064	17507	115	103
1970	92081	94164	-2083	181	150
1975	123934	149779	-25845	113	98
1978	196419	211118	-14699	148	129
1980	209555	196099	13456	103	95
1985	249906	355483	-105577	92	119
1990	517495	548962	-31467	107	108
1995	722064	1128924	-406860	134	127
2000	1144762	2250554	-1105792	105	121
2005	3683437	6687508	-3004071	144	129
2006	5833752	9155698	-3321946	158	137
2007	5978870	10499228	-4520358	102	115
2008	7480047	13150175	-5670128	125	125
2009	8058279	15617047	-7558768	108	119
2010	9696652	19313641	-9616989	120	124
2011	12134340	23638476	-11504136	125	122
2012	15163780	27594582	-12430802	125	117
2013	17016227	30301263	-13285036	112	110
2014	18206350	30852826	-12646476	107	102
2015	16423546	34229731	-17806185	90	111
2016	15569972	34288617	-18718645	95	100
2017	18670022	37564199	-18894177	120	110
2018	22926982	42839099	-19912117	123	114
2019	23477478	47107629	-23630151	102	110
2020	22965669	51108746	-28143077	98	108

注：1994年以前一般预算收支为财政收支。
Note: General budget revenue and expenditure refer to financial revenue and expenditure before 1994.

5-2 政府性基金收支额(2020年)
REVENUE AND EXPENDITURE OF GOVERNMENT FUNDS(2020)

单位：万元 (10 000 yuan)

项　目	Item	金　额 Value
收入合计	**Total Revenue**	**11473498**
政府性基金收入	Revenue of Government Funds	11473498
支出合计	**Total Expenditure**	**17878041**
一、文化旅游体育与传媒	Expenditure for Culture, Tourism, Sports and Media	4176
二、社会保障和就业	Expenditure for Social Security and Employment	46827
三、节能环保	Expenditure for Energy Conservation and Environmental Protection	34181
四、城乡社区	Expenditure for Urban and Rural Community	9423240
五、农林水	Expenditure for Agriculture, Forestry and Water Conservancy	23540
六、交通运输	Expenditure for Transportation	533542
七、资源勘探信息等	Expenditure for Resources Exploration and Information	23459
八、债务付息	Expenditure for Interest Payment on Debts	536562
九、债务发行费用	Expenditure for Debts Issuance	5626
十、抗疫特别国债安排的支出	Anti-epidemic Special Bonds	1107336
十一、其他支出	Other Expenditures	6139552

5-3 一般公共预算收入(2020年)
GENERAL PUBLIC BUDGET REVENUE(2020)

单位：万元 (10 000 yuan)

项 目	Item	金 额 Value
收入总计	**Total Revenue**	**22965669**
一、税收收入	**Total taxes**	**16259891**
增值税	Value-added Taxes	6284590
企业所得税	Enterprises Income Taxes	2299921
个人所得税	Individual Income Taxes	381103
资源税	Resource Taxes	3587287
城市维护建设税	Taxes on Urban Construction and Maintenance	724555
房产税	House Property Taxes	457136
印花税	Stamp Taxes	329696
城镇土地使用税	Taxes on Use of Urban Land	285695
土地增值税	Land Value-added Taxes	528529
车船税	Taxes on Use of Vehicles and vessels	261461
耕地占用税	Taxes on Occuping Cultivated Land	196950
契 税	Contract Taxes	790236
烟叶税	Tobacco Taxes	1690
环境保护税	Environmental Protection Taxes	125975
其他税收收入	Other Taxes	5067
二、非税收入	**Non-tax Revenue**	**6705778**
专项收入	Special Incomes	1563135
行政事业性收费收入	Incomes from Administrative Fees	1106631
罚款收入	Penalty Incomes	932799
国有资本经营预算收入	Business Budget Revenue of State-owned Properties	297663
国有资源(资产)有偿使用收入	Incomes from State-owned Resource Utilization	2290667
其他收入	Other Incomes	157194

5-4 一般公共预算支出(2020年)
GENERAL PUBLIC BUDGET EXPENDITURE(2020)

单位：万元 (10 000 yuan)

项 目	Item	金 额 Value
支出总计	**Total Expenditure**	**51108746**
一、一般公共服务	Expenditure for General Public Services	4236314
二、国　防	Expenditure for National Defence	32995
三、公共安全	Expenditure for Public Security	2589631
四、教　育	Expenditure for Education	7333597
五、科学技术	Expenditure for Science and Technology	660884
六、文化旅游体育与传媒	Expenditure for Culture, Tourism, Sports and Media	1123095
七、社会保障和就业	Expenditure for Social Security and Employment	8101955
八、卫生健康	Expenditure for Health Care	4335525
九、节能环保	Expenditure for Energy Conservation and Environmental Protection	2602773
十、城乡社区	Expenditure for Urban and Rural Community	4771621
十一、农林水	Expenditure for Agriculture, Forestry and Water Conservancy	6536841
十二、交通运输	Expenditure for Transportation	3355616
十三、资源勘探信息等	Expenditure for Resources Exploration and Information	970746
十四、商业服务业等	Expenditure for Business and Services	146595
十五、金　融	Expenditure for Finance	387548
十六、援助其他地区	Expenditure for Other Regional Assistance	37173
十七、自然资源海洋气象等	Expenditure for Natural Resource, Ocean and Weather	675786
十八、住房保障	Expenditure for Housing Security	1187364
十九、粮油物资储备	Expenditure for Cereals, Oils and Material Reserves	202046
二十、灾害防治及应急管理	Expenditure for Disaster Prevention and Emergency Management	477721
二十一、债务付息	Expenditure for Interest Payment on Debts	786749
二十二、债务发行费用	Expenditure for Debts Issuance	8319
二十三、其他支出	Other Expenditures	547852

5-5 税收分经济类型情况(2020年)

单位：万元

项　目	Item	合　计 Total	内　资			
			国有企业 Stated -owned Enterprise	集体企业 Collective -owned Enterprise	股份合作企　业 Share Cooperative Enterprise	联营企业 Joint Enterprise
税收收入	**Tax Revenue**	**28618063**	**1721487**	**118168**	**34966**	**720**
国内增值税	Domestic Value-added Taxes	12982381	599326	61661	6179	434
#一般纳税人	General Taxpayers	11885120	552606	53870	5390	249
国内消费税	Domestic Consumption Taxes	769990	382999	26		
企业所得税	Enterprises Income Taxes	5478367	196945	37509	22644	22
个人所得税	Individual Income Taxes	965127	35530	5015	2779	
资源税	Resource Taxes	3587288	104772	1326	5	244
城市维护建设税	Taxes on Urban Construction and Maintenance	723720	64330	3842	371	13
房产税	House Property Taxes	457138	27959	3733	919	
印花税	Stamp Taxes	329697	10949	1034	66	3
城镇土地使用税	Taxes on Use of Urban Land	285697	15148	1505	60	2
土地增值税	Land Value-added Taxes	528530	4875	178		
车船税	Taxes on Use of Vehicles and Vessels	261457	1260		266	
车辆购置税	Vehicle Purchase Taxes	866205	1387	253	36	
耕地占用税	Taxes on Occuping Cultivated Land	196854	502	5		
契　税	Contract Taxes	790237	14006	1331	1635	
环境保护税	Vironmental Protection Taxes	125974	2428	406	6	2
海关代征	Taxes Collected by the Customs on Behalf of the Tax Authorities	257578	257578			
其他税收	Other Taxes	11823	1493	344		

TAXES REVENUE BY FORM OF OWNERSHIP(2020)

(10 000 yuan)

Civil Funded Enterprises					港澳台投资企业 Enterprise Funded by Hong Kong, Macao and Taiwan	外商投资企业 Foreign Funded Enterprise	个体经营 Individual
有限责任公司 Limited Responsibility Company	股份公司 Share Holding Limited Company	#国有控股 State Controlling Share	私营企业 Private Enterprise	其他企业 Other Enterprise			
16221299	**3985543**	**2643097**	**3952701**	**320852**	**413488**	**740081**	**1108758**
7318191	1872082	1182702	2325792	58896	274083	305857	159880
6766258	1853888	1178495	2015237	42607	273010	304121	17884
209323	158724	158673	13237		1307	3640	734
3348101	942050	614374	583566	18002	77588	251940	
416935	183534	114006	101376	79500	6368	13793	120297
2807896	370611	294617	182198	5423	8961	101987	3865
394841	110878	78966	118326	3209	6815	15898	5197
275099	66856	35826	36110	9527	12585	12009	12341
199539	35333	23391	64929	1626	6283	5446	4489
188175	15849	11200	48285	2167	6617	7199	690
412537	4823	1357	95018	481	665	3208	6745
56693	184474	101649	7089	54	5	11085	531
91950	1931	1108	229742	7671	1789	878	530568
45913	7060	6916	10461	129989	642	2207	75
369144	19276	8939	110839	2851	6918	2387	261850
80082	11890	9201	25272	201	2862	2550	275
6880	172	172	461	1255		-3	1221

5-6 金融机构信贷收支余额(2020年)
BALANCE OF CREDIT FUNDS OF FINANCIAL INSTITUTIONS(2020)

单位：亿元 (100 million yuan)

项　目	Item	本外币 RMB and Foreign Currency	人民币 RMB
一、各项存款	**Deposits**	**42497.08**	**42073.48**
境内存款	Domestic Deposits	42491.03	42068.03
住户存款	Households Deposits	25577.28	25482.02
#活期存款	Demand Deposits	6298.46	6247.53
非金融企业存款	Non-financial Enterprises Deposits	11135.91	10810.47
#活期存款	Demand Deposits	5950.69	5871.01
广义政府存款	Broad Government Deposits	5459.12	5457.39
非银行业金融机构存款	Deposits of Non-banking Financial Institutions	318.72	318.15
境外存款	Foreign Deposites	6.04	5.45
二、所有者权益	**Creditors' Equity**	**1693.17**	**1693.07**
三、各项贷款	**Loans**	**30640.85**	**30373.45**
境内贷款	Domestic Loans	30640.57	30373.23
住户贷款	Households Loans	6310.17	6309.93
#短期贷款	Short-term Loans	1719.87	1719.64
中长期贷款	Medium and Long-term Loans	4590.29	4590.29
企(事)业单位贷款	Loans to Non-financial Enterprises, Government Departments and Orgnizations	24330.41	24063.30
#短期贷款	Short-term Loans	7646.83	7398.41
中长期贷款	Medium and Long-term Loans	14084.21	14065.58
票据融资	Bill Finance	2514.71	2514.71
非银行业金融机构贷款	Loans to Non-banking Financial Institutions		
境外贷款	Foreign Loans	0.27	0.23

5-7 金融机构人民币各项存款和贷款余额

BALANCE OF DEPOSITS AND LOANS IN RENMINBI OF FINANCIAL INSTITUTIONS

单位：万元 (10 000 yuan)

年 份 Year	各项存款合计 Balance of Deposits	#非金融企业存款 Non-financial Enterprises Deposits	#住户存款 Households Deposits	各项贷款合计 Balance of Loans	#短期贷款 Short-term	#中长期贷款 Medium and Long-term
1980	392088	125522	128705	591107	578830	12277
1985	1050817	401574	529220	1512441	1185224	247760
1990	3141354	847362	2313378	3569045	2877047	571351
1991	3809523	1034918	2915655	4328291	3262954	943164
1992	4607404	1224459	3636711	5148408	3712448	1274798
1993	5702498	1414515	4603533	6381035	4400154	1778957
1994	6854272	2062932	6159495	8020557	5081106	2756760
1995	12882737	2833481	8444641	12231107	7744271	3210760
1996	15699109	3681447	10738217	14201114	9259966	3910686
1997	17923626	4474154	12368354	15249840	11782869	2965442
1998	20811147	4948038	14370605	17417903	13022710	3360439
1999	23572121	5643636	16143945	19092096	13767722	3740309
2000	26283900	6772936	17484210	24531452	14224781	8212709
2001	30907287	8219315	19797268	24084029	14317608	7687055
2002	37087186	9602764	23073176	29031751	16331829	9587870
2003	46815142	12594164	27815374	35522883	19343085	12138826
2004	58116546	15579954	33423062	40161240	20362341	14893336
2005	70886971	17489745	41196865	42289987	21082074	16994250
2006	85774569	22553297	47961838	47885141	23096219	20234188
2007	100418455	26614242	54223930	53944680	26792518	22980302
2008	127667183	32744816	70486087	59603272	27912981	27300364
2009	156984678	42390374	80994287	78147390	33337917	39118456
2010	185756526	53338036	92229697	96343196	37425196	54092971
2011	209204319	93395109	104554604	111693542	42314059	63877414
2012	240505805	107851389	119970319	131062060	51960561	71455443
2013	261053489	111639664	133393743	148875306	59772430	80157833
2014	267794699	108700270	141451816	164327453	63715573	87589237
2015	283460992	69622303	156758537	184586645	59898305	79535966
2016	303713743	74534097	171280459	202285781	77290669	108638948
2017	324805540	81469491	186202942	224638999	81868248	127923217
2018	349875755	87816646	203451895	250570401	82782425	149650713
2019	378705719	93015535	225449882	277461839	87770239	168040651
2020	420734802	108104653	254820163	303734544	91180525	186558706

注：2015年，央行对金融机构存贷款统计口径进行了调整。本表非金融企业存款2015年以前数据为企事业存款口径；住户存款2015年以前数据为城乡居民储蓄存款口径。

Note: PBC adjusted the coverage of deposits and loans of financial institutions in 2015. Non-financial Enterprises deposits before 2015 uses the former data of corporate deposits; households deposits before 2015 uses the former data of saving deposits of urban and rural residents.

5-8 金融机构法定存款利率
OFFICIAL INTEREST RATES OF DEPOSITS OF FINANCIAL INSITITUTIONS

单位：年利率%　　(annual interest rate %)

项　目	Item	2008.10.30 Oct.30,2008	2008.11.27 Nov.27,2008	2008.12.23 Dec.23,2008	2010.10.20 Oct.20,2010
城乡居民和单位存款	**Deposits of Urban and Rural Residents and Units**				
活　期	Demand Savings	0.72	0.36	0.36	0.36
定　期	Time Savings				
整存整取	Lump-sum Deposit and Withdrawing				
三个月	3 Months	2.88	1.98	1.71	1.91
半　年	6 Months	3.24	2.25	1.98	2.20
一　年	1 Year	3.60	2.52	2.25	2.50
二　年	2 Years	4.14	3.06	2.79	3.25
三　年	3 Years	4.77	3.60	3.33	3.85
五　年	5 Years	5.13	3.87	3.60	4.20
零存整取、整存零取、存本取息	Small Savings for Lump-sum Withdrawal, Big Money Saving and Small Withdrawing, Interest Withdrawal on a Principal Deposited				
一　年	1 Year	2.88	1.98	1.71	1.91
三　年	3 Years	3.24	2.25	1.98	2.30
五　年	5 Years	3.60	2.52	2.25	2.50
定活两便	Time-demand Optional Deposit				

项　目	Item	2010.12.26 Dec.26,2010	2011.2.9 Feb.9,2011	2011.4.6 Apr.6,2011	2011.7.7 Jul.7,2011
城乡居民和单位存款	**Deposits of Urban and Rural Residents and Units**				
活　期	Demand Savings	0.36	0.40	0.50	0.50
定　期	Time Savings				
整存整取	Lump-sum Deposit and Withdrawing				
三个月	3 Months	2.25	2.60	2.85	3.10
半　年	6 Months	2.50	2.80	3.05	3.30
一　年	1 Year	2.75	3.00	3.25	3.50
二　年	2 Years	3.55	3.90	4.15	4.40
三　年	3 Years	4.15	4.50	4.75	5.00
五　年	5 Years	4.55	5.00	5.25	5.50
零存整取、整存零取、存本取息	Small Savings for Lump-sum Withdrawal, Big Money Saving and Small Withdrawing, Interest Withdrawal on a Principal Deposited				
一　年	1 Year	2.25	2.60	2.85	3.10
三　年	3 Years	2.50	2.80	3.05	3.30
五　年	5 Years	2.75	3.00	3.25	3.50
定活两便	Time-demand Optional Deposit				

注：定活两便存款按一年期以内定期整存整取同档次利率打六折执行；2014年起不再公布5年期存款基准利率。

Note: Time-demand optional deposit enjoys a 60% preferential interest rate of lump-sum deposit and withdrawing in a year. Five-year benchmark deposit rate doesn't be announced from 2014.

5-8 续表 continued

单位：年利率% (annual interest rate %)

项 目	Item	2012.6.8 Jun.8,2012	2012.7.6 Jul.6,2012	2014.11.22 Nov.22,2014	2015.3.1 Mar.1,2015
城乡居民和单位存款	**Deposits of Urban and Rural Residents and Units**				
活 期	Demand Savings	0.40	0.35	0.35	0.35
定 期	Time Savings				
整存整取	Lump-sum Deposit and Withdrawing				
三个月	3 Months	2.85	2.60	2.35	2.10
半 年	6 Months	3.05	2.80	2.55	2.30
一 年	1 Year	3.25	3.00	2.75	2.50
二 年	2 Years	4.10	3.75	3.35	3.10
三 年	3 Years	4.65	4.25	4.00	3.75
五 年	5 Years	5.10	4.75		
零存整取、整存零取、存本取息	Small Savings for Lump-sum Withdrawal, Big Money Saving and Small Withdrawing, Interest Withdrawal on a Principal Deposited				
一 年	1 Year	2.85	2.60	2.35	2.10
三 年	3 Years	3.05	2.80	2.55	2.30
五 年	5 Years	3.25	3.00		
定活两便	Time-demand Optional Deposit				

项 目	Item	2015.5.11 May.11,2015	2015.6.28 Jun.28,2015	2015.8.26 Aug.26,2015	2015.10.24 Oct.24,2015
城乡居民和单位存款	**Deposits of Urban and Rural Residents and Units**				
活 期	Demand Savings	0.35	0.35	0.35	0.35
定 期	Time Savings				
整存整取	Lump-sum Deposit and Withdrawing				
三个月	3 Months	1.85	1.60	1.35	1.10
半 年	6 Months	2.05	1.80	1.55	1.30
一 年	1 Year	2.25	2.00	1.75	1.50
二 年	2 Years	2.85	2.60	2.35	2.10
三 年	3 Years	3.50	3.25	3.00	2.75
五 年	5 Years				
零存整取、整存零取、存本取息	Small Savings for Lump-sum Withdrawal, Big Money Saving and Small Withdrawing, Interest Withdrawal on a Principal Deposited				
一 年	1 Year	1.85	1.60	1.35	1.10
三 年	3 Years	2.05	1.80	1.55	1.30
五 年	5 Years				
定活两便	Time-demand Optional Deposit				

5-9 保险业基本情况(分险种)
BASIC STATISTICS ON INSURANCE BUSINESS BY TYPE

单位：万元 (10 000 yuan)

项　目	Item	2019	2020
原保险保费收入	**Premium of Primary Insurance**	**8833372**	**9327739**
财产险	Property Insurance	2273597	2378561
企业财产保险	Enterprise Property Insurance	83593	84580
家庭财产保险	Family Property Insurance	9855	7167
机动车辆保险	Motor Vehicle Insurance	1730007	1790685
工程保险	Engineering Insurance	12614	19121
责任保险	Liability Insurance	107826	140803
信用保险	Export Credit Insurance	19292	10972
保证保险	Guarantee Insurance	178604	147967
船舶保险	Ship Insurance	41	20
货物运输保险	Freight Transport Insurance	13344	15455
特殊风险保险	Special Risks Insurance	1317	2165
农业保险	Agriculture Insurance	114893	155317
其他险	Other Insurance	2212	4308
人身险	Personal Insurance	6559775	6949178
意外险	Accident Insurance	185075	209610
健康险	Health Insurance	1457194	1569447
寿　险	Life Insurance	4917506	5170120
普通寿险	Ordinary Life Insurance	2335149	2762828
分红寿险	Participating Life Insurance	2559655	2385390
投资连结保险	Investment-linked Life Insurance	349	372
万能寿险	Universal Life Insurance	22353	21531
赔款及给付	**Claim and Payment**	**2785967**	**3112924**
财产险	Property Insurance	1191517	1407265
人身险	Personal Insurance	1594450	1705659
意外险	Accident Insurance	49641	54571
健康险	Health Insurance	535143	561814
寿　险	Life Insurance	1009665	1089275

5-10 保险公司经营情况(2020年)
BASIC STATISTICS ON BUSINESS OF INSURANCE COMPANIES(2020)

单位：万元 (10 000 yuan)

指　标	Item	合　计 Total	财产险公司 Property Insurance Companies	人身险公司 Personal Insurance Companies
一、原保险保费收入	**Premium of Primary Insurance**	**9327739**	**2686512**	**6641227**
财产险	Property Insurance	2378561	2378561	
人身险	Personal Insurance	6949178	307951	6641227
人寿保险	Life Insurance	5170120		5170120
健康保险	Health Insurance	1569447	219703	1349744
意外伤害保险	Accident Insurance	209610	88248	121363
二、非保险合同本年新增交费	**New Revenue of Non-insurance Contracts in the Year**	**1389706**		**1389706**
保户投资款本年新增交费	Investment from the Insured	1337317		1337317
投连险独立账户本年新增交费	Segregated Accounts of Investment-Iinked Insurance	52388		52388
三、赔付支出	**Payment**	**3112924**	**1617001**	**1495923**
四、资产总额	**Total Assets**	**24291755**	**1630957**	**22660797**

5-11 保险公司保费收入、赔款及给付
PREMIUM, CLAIM AND PAYMENT OF INSURANCE COMPANIES

单位：万元 (10 000 yuan)

年 份 Year	保费收入 Premium	财产险公司 Property Insurance Companies	人身险公司 Personal Insurance Companies	赔款及给付 Claim and Payment	财产险公司 Property Insurance Companies	人身险公司 Personal Insurance Companies
2001	374100			104200		
2002	694621			121023		
2003	905101			156993		
2004	1041413			197050		
2005	1218039			200781		
2006	1409766	391067	1018699	252664		
2007	1803611	517485	1286126	525335	241723	283612
2008	2608864	623297	1985567	735783	316966	418817
2009	2892495	695848	2196646	785450	343523	441927
2010	3652983	957028	2695955	776286	425392	350894
2011	3646683	1165112	2481571	1035324	537913	497411
2012	3846491	1317799	2528692	1193251	670123	523128
2013	4123840	1496297	2627543	1693188	854807	838381
2014	4653746	1628146	3025600	1824737	874976	949761
2015	5867255	1673863	4193392	2002218	946164	1056054
2016	7005480	1839741	5165740	2390159	992062	1398097
2017	8239224	2072099	6167124	2611382	1061891	1549491
2018	8248756	2322803	5925952	2673460	1162816	1510644
2019	8833372	2564737	6268635	2785967	1389272	1396694
2020	9327739	2686512	6641227	3112924	1617001	1495923

5-12 证券业基本情况
BASIC STATISTICS ON SECURITY

年 份 Year	境内上市公司 (家) Number of Listed Companies in Mainland(unit)	上交所 Shanghai Stock Exchange	深交所 Shenzhen Stock Exchange	股票筹资额 (万元) Raised Capital (10 000 yuan)
2000	17	7	10	1092835
2001	18	8	10	1234761
2002	19	9	10	1306661
2003	21	12	9	1505721
2004	22	13	9	1531281
2005	22	13	9	1531281
2006	25	16	9	4036272
2007	26	16	10	4387204
2008	27	16	11	4869204
2009	28	17	11	5051201
2010	31	18	13	8411601
2011	34	18	16	8638229
2012	34	18	16	9168729
2013	34	18	16	9873152
2014	35	19	16	10451202
2015	37	19	18	13171489
2016	38	20	18	14122089
2017	38	20	18	15562917
2018	38	20	18	17694423
2019	37	19	18	18622923
2020	39	20	19	19200148

年 份 Year	#A 股 A Shares	股票总发行股本 (万股) Issued Capital (10 000 shares)	股票发行量 (万股) Issued Share (10 000 shares)	#A 股 A Shares
2000	1070061	663761	206471	188391
2001	1211987	714403	228688	210608
2002	1283887	733432	240216	222136
2003	1482947	809114	267920	249840
2004	1508507	907871	271920	253840
2005	1508507	907871	271920	253840
2006	4013498	2570003	761526	743446
2007	4364430	2734756	807626	789546
2008	4846430	3343555	851495	833415
2009	5028427	3483585	873895	855815
2010	7358740	4314023	1119875	898926
2011	7585368	4623996	1128522	907573
2012	8111468	4983495	1315198	1083249
2013	8815892	5268694	1514809	1282860
2014	9393942	5624837	1533841	1301892
2015	12114229	6944563	2328559	2086610
2016	13064829	7540697	2708300	2466351
2017	14505647	7980539	2918867	2676918
2018	16637153	8116416	3014167	2772218
2019	17565653	9498463	3187655	2848641
2020	18142878	10761598	3465728	3126714

主要统计指标解释

一般公共预算收入 指按照现行财政体制规定列入地方预算，直接缴入地方金库的财政收入。具体由两部分组成：税收收入和非税收入。

税收收入 反映政府税收收入。包括：增值税、企业所得税、个人所得税、城市维护建设税、房产税、印花税、城镇土地使用税、土地增值税、车船税、耕地占用税、契税、烟叶税、环境保护税以及其他税收收入等。

非税收入 反映政府非税收入。包括：专项收入、行政事业性收费收入、罚没收入、国有资本经营收入、国有资源（资产）有偿使用收入以及其他收入等。

一般公共预算支出 是指列入地方预算的财政支出，包括：一般公共服务支出、国防支出、公共安全支出、教育支出、科学技术支出、文化旅游体育与传媒支出、社会保障和就业支出、卫生健康支出、节能环保支出、城乡社区支出、农林水支出、交通运输支出、资源勘探信息等支出、商业服务业等支出、金融支出、自然资源海洋气象等支出、住房保障支出、粮油物资储备支出、灾害防治及应急管理支出、债务还本付息发行支出及其他支出等。

一般公共服务支出 反映政府提供一般公共服务的支出。具体包括人大、政协、政府办公厅（室）及相关机构、发展与改革、统计信息、财政、税收、审计、海关、人力资源、纪检监察、商贸、知识产权、市场监督管理、民族、港澳台、档案、民主党派及工商联、群众团体事务、党委办公厅（室）及相关机构事务、组织事务、宣传事务、统战事务、网信事务、对外联络、其它共产党事务支出、其它一般公共服务支出。

公共安全支出 反映政府维护社会公共安全方面的支出。有关事务包括：武装警察、公安、国家安全、检察、法院、司法、监狱、强制隔离戒毒、国家保密、缉私警察等。

教育支出 反映政府教育事务支出。有关事务包括：教育管理、普通教育、职业教育、中专教育、技校教育、职业高中教育、成人教育、广播电视教育、留学生教育、特殊教育、进修及培训、其他教育支出等。

科学技术支出 反映科学技术方面的支出。有关事务包括：科学技术管理事务、基础研究、应用研究、技术研究与开发、科技条件与服务、社会科学、科学技术普及、科技交流与合作、其他科学技术支出等。

文化旅游体育与传媒支出 反映政府在文化、旅游、文物、体育、广播影视、新闻出版等方面的支出。

社会保障和就业支出 反映政府在社会保障与就业方面的支出。有关事务包括：人力资源和社会保障管理、民政管理、补充全国社会保障基金、行政事业单位离退休、企业改革补助、就业补助、抚恤、退役安置、社会福利、残疾人事业、红十字事业、最低生活保障、临时救助、特困人员救助、补充道路交通事故社会救助基金、其他生活救助、退役军人管理事务等。

卫生健康支出 反映卫生健康方面的支出。有关事务包括：卫生健康管理、公立医院、公共卫生、基层医疗卫生机构、医疗保障、中医药、计划生育事务、医疗救助、医疗保障管理、其他卫生健康支出等。

节能环保支出 反映政府节能环保支出。有关事务包括：环境保护管理、环境监测与监察、污染防治、自然生态保护、天然林保护、退耕还林、风沙荒漠治理、退牧还草、已垦草原退耕还草、能源节约利用、污染减排、可再生能源、循环经济、能源管理、其他节能环保支出等。

城乡社区支出 反映政府城乡社区事务支出。有关事务包括：城乡社会管理、城乡社区规划与管理、城乡社区公共设施、城乡社区环境卫生、建设市场管理与监督、其他城乡社会支出等。

农林水支出 反映政府农林水事务支出。有关事务包括：农业、林业和草原、水利、扶贫、农业综合开发改革、其他农林水支出等。

交通运输支出 反映交通运输和邮政业方面的支出。有关事务包括：公路水路运输、铁路运输、民用航空运输、邮政业、其他交通运输业支出等。

资源勘探信息等支出 反映用于资源勘探、制造业、建筑业、工业信息等方面的支出。有关事务包括：资源勘探、制造业、建筑业、工业和信息产业监管、国有资产监管、支持中小企业发展和管理支出、其他资源勘探信息支出等。

商业服务业等支出 反映商业服务业等方面的支出。有关事务包括：商业流通事务、涉外发展服务支出、其他商业服务业支出等。

金融支出 反映金融部门的行政支出。有关事务包括：金融部门行政支出、金融部门监管支出、金融发展支出、金融调控支出等。

援助其他地区支出 反映援助方政府安排并管理的对其他地区各类援助、捐赠等资金支出。

自然资源海洋气象等支出 反映自然资源管理方面的支出。有关事务包括：自然资源、海洋管理、测绘管理、气象、其他自然资源海洋气象等支出。

住房保障支出 反映政府用于住房方面的支出。有关事务包括：保障性安居工程支出、住房改革支出、城乡社区住宅支出。

粮油物资储备支出 反映政府用于粮油物资储备方面的支出。有关事务包括：粮油事务、物资事务、能源储备、粮油储备、重要商品储备等。

灾害防治及应急管理支出 反映用于自然灾害防治、安全生产监管及应急管理等方面的支出。有关事务包括：应急管理、消防、森林消防、煤矿安全、地震、自然灾害防治、自然灾害及恢复重建、其他灾害防治及应急管理支出等。

其他支出 反映不能划分到上述功能科目的其他政府支出。包括年初预留和其他支出。

存款 企业、机关、团体或居民根据可以收回的原则，把货币资金存入银行或其他信用机构保管并取得一定利息的一种信用活动形式。根据存款对象的不同可划分：企业存款、财政存款、机关团体存款、城镇居民储蓄存款、农村存款等项目。

住户存款 银行业金融机构通过信用方式吸收的居民储蓄存款及通过其他方式吸收的由住户部门（由住户和为其服务的非营利机构组成的部门）支配的存款。其他方式吸收的存款主要有两部分：一是保证金存款；二是个人委托业务在银行沉淀资金。

非金融企业存款 银行业金融机构吸收的企业定活期存款、保证金存款、应解及临时存款以及企业委托银行业金融机构开展委托业务沉淀在银行的货币资金。

贷款 银行或其他信用机构根据必须归还的原则，按一定利率，为企业、个人等提供资金的一种信用活动形式。我国银行贷款，分流动资金贷款、农业贷款、固定资产贷款等科目。

境内贷款 银行业金融机构对非金融企业、个人、机关团体以贷款、票据贴现、垫款、押汇、福费廷等方式提供的融资总额。

住户贷款 银行业金融机构向住户部门（由住户和为其服务的非营利机构组成的部门）发放的贷款。

票据融资 银行业金融机构通过对客户持有的商业汇票、银行承兑汇票等票据进行贴现提供的融资。

保费收入 指投保人依据保险合同的约定向保险人缴付的保险费。

赔付支出 指保险人根据保险合同的约定，向被保险人或受益人支付的赔款、死伤医疗给付、满期给付和年金给付。

Explanatory Notes on Main Statistical Indicators

General Public Budget Revenue refers to financial revenue arranged to regional budget and directly paid to local treasury according to the current regulation of financial system. It consists of tax revenue and non-tax revenue.

Tax Revenue reflects the government's tax revenue, including value-added tax, enterprise income tax, individual income tax, urban maintenance and construction tax, house property tax, stamp tax, tax on use of urban land, urban land value-added tax, tax on use of vehicles and vessels, tax on occupying cultivated land, contract tax, tobacco tax and etc.

Non-tax Revenue reflects the government's non-tax revenue, including special revenue, incomes from administrative fees, penalty incomes, business revenue of state-owned properties, incomes form state-owned resource utilization and other incomes.

General Public Budget Expenditure refers to financial expenditure arranged to local budget, including expenditure for public services, national defence, public safety, education, science and technology, culture, tourism, sports and media, social security and employment, health care, energy conservation and environmental protection, urban and rural community, agriculture, forest and water conservancy, transportation, resources exploration and information, business and services, finance, natural resource, ocean and weather, housing security, cereals, oils and material reserves, disaster prevention and emergency management, debts service and issuance, and other expenditures.

Expenditure for General Public Services reflect the government's provision of general public service expenditures, specifically including the NPC and CPPCC, government offices and related agencies, development and reform, statistics, finance, taxation, auditing, customs, human resource, discipline inspection and supervision, commerce, intellectual property rights, market supervision, ethnic, Hong Kong, Macao and Taiwan, files, democratic parties and the federation of industry and commerce, mass organizations, party committee offices and related agencies, organization affairs, publicity affairs, united front affairs, cyberspace affairs, external liaison, other CPC affairs and other affairs.

Expenditure for Public Safety reflects the expenditure of government maintaining social public safety. Related affairs include armed police, public security, national security, prosecution, court, justice, prison, compulsory isolation for drug rehabilitation, state secrecy, anti-smuggling police, etc.

Expenditure for Education reflects the government's education expenditure. Related affairs include education administration, regular education, vocational education, specialized secondary education, technical school education, vocational high school education and higher vocational education, adult education, radio and television education, the international education, special education, further education and training, etc.

Expenditure for Science and Technology reflects the expenditure used for science and technology. It includes science and technology management services, basic research, applied research, technology research and development, science and technology and service conditions, social science, science and technology popularization, scientific and technological exchanges and cooperation, etc.

Expenditure for Culture, Tourism, Sports and Media reflects the expenditures government used for culture, tourism, heritage, sports, radio, film and television, press, publishing and other aspects.

Expenditure for Social Security and Employment reflects expenditures government used in the aspects of employment and social security. Related affairs include human resources and social security management, civil administration, addition of the national social security fund, retirement of administrative and institution units, subsidies for enterprises reform, employment subsidies, pension, retirement and placement, social welfare, disabled cause, Red Cross cause, the minimum living guarantee, temporary assistance, assistance for people in special need, supplementary social assistance fund for road traffic accidents, other life assistance, management of veterans and so on.

Expenditure for Health Care reflects expenditures in the aspects of health care. Related affairs include management of medical and health care, public hospitals, public health care, primary medical and health care institutions, medical security, traditional Chinese medicine, family planning affairs, medical assistance, medical security management, etc.

Expenditure for Energy Conservation and Environmental Protection reflects government's expenditure on energy conservation and environmental protection, including expenditures on management of environmental protection, environmental monitoring and supervision, pollution control, natural and ecological protection, natural forests protection, returning farmland to forests, desertification control, restoring grassland from over-grazing and cultivating, energy conservation and utilization, pollution reduction, renewable energy, recycling economy, energy management, etc.

Expenditure for Urban and Rural Community reflects the government's expenditure on urban and rural community affairs, including urban and rural social management affairs, planning and management of urban and rural communities, public facilities in rural and urban communities, urban and rural community sanitation, management and supervision of the construction market and so on.

Expenditure for Agriculture, Forestry and Water Conservancy reflects the government's expenditure on agriculture, forestry and water conservancy affairs. Related affairs include agriculture, forestry, water conservancy, poverty alleviation, comprehensive agricultural development, etc.

Expenditure for Transportation reflects transport and post expenditure. Related affairs include highway and waterway transport, railway transport and civil aviation transport, post, etc.

Expenditure for Resources Exploration and Information reflects the expenditure used on resources exploration, manufacture, construction and industrial information. Related affairs include resources exploration, manufacture, construction, supervision of industry and information, supervision of national assets, development and management on supporting small and medium-sized enterprises, etc.

Expenditure for Business and Services reflects expenditure on business and services aspects. Related affairs include expenditure on commercial circulation affairs, foreign developing service and so on.

Expenditure for Finance reflects expenditure in banking sector. Related Affairs include administrative expenditure of financial department, supervision of financial department, financial development expenditure, financial regulation expenditure, etc.

Expenditure for Aid to Other Regions reflects various aid and donation funds to other regions arranged and managed by the donor government.

Expenditure for Natural Resource, Ocean and Weather reflects expenditure in the aspects of natural resource management. Related affairs include natural resource, ocean management, surveying and mapping management, etc.

Expenditure for Housing Security reflects government’s expenditure on housing. Related affairs include affordable housing project expenditure, housing reform expenditure, urban and rural community expenditure.

Expenditure for Cereals, Oils and Material Reserves reflects the government expenditure in the aspects of cereals, oils, and material reserves. Related affairs include cereals and oils affairs, materials affairs, energy reserves, cereals and oils reserves, critical commodities reserves, etc.

Expenditure for Disaster Prevention and Emergency Management reflects expenditure on natural disaster prevention, production safety supervision and emergency management. Related affairs include emergency management, fire control, forest fire control, coal mine safety, earthquakes, natural disaster prevention, recovery and reconstruction, etc.

Other Expenditures reflect other government expenditures that cannot be subjected to the above mentioned functions, including reserve expenditures at the beginning of the year and other expenses.

Deposit is a form of credit activities by which enterprises, institutions, organizations or households can put money into banks and other credit institutions for sake keeping and interest earning under the principle of free withdrawal. According to different depositors, deposits are divided into enterprise deposits, fiscal deposits, government agencies and institutions deposits, saving deposits of urban and rural residents, rural deposits and etc.

Households Deposits refer to the residents saving deposits banking financial institutions absorbed by credit and the deposits at household sector’s (consisting of households and non-profit service institutions) disposal by other means. Other means of deposits mainly contain margin deposits and precipitation funds of individual entrusted business.

Non-financial Enterprises Deposits refer to enterprise demand and time deposits, margin deposits, remittances outstanding, temporary deposits and precipitation funds of enterprise entrusted business.

Loan is a form of credit activities by which banks and other credit institutions provide funds at certain interest rate to enterprises and individuals in the light of the principle of unconditional repayment. Loans from Chinese banks include circulating capital loans, agriculture loans, fixed assets loans, etc.

Domestic Loans refer to finance amount that banking institutions provide for non-financial enterprises, individuals, government organizations by loaning, bill discounting, advancing, bill exchanging, forfeiting.

Households Loans refer to loans banking institutions offer to the household sector (consisting of households and non-profit service institutions).

Bill Finance refers to the discount bill financing that banking institutions offer customers by trade bill, bank acceptance, etc.

Income of Premiums refers to the fees paid by the insurant to the insurer according to contract agreed terms.

Indemnity Expenditure refers to the indemnity, payment for death, injury and medical treatment, payment at maturity and annuity payment that the insurer paid to the insurant according to the contract agreed terms.

6 能 源

ENERGY

资料整理人员

樊梅洁　武鹏程　李伟琨　牛玉龙
王　馨

能源

ENERGY

能源消费总量	Total Energy Consumption	20980.55	万吨标准煤 (10 000 tons of SCE)
发电装机容量	Total Installed Electricity Capacity	10383.1	万千瓦 (10 000 kw)
# 火　电	Thermal Power	6877.6	万千瓦 (10 000 kw)
全社会用电量	Total Electricity Consumption	2341.7	亿千瓦小时 (100 million kwh)

全社会用电量（亿千瓦小时）

Total Electricity Consumption (100 million kwh)

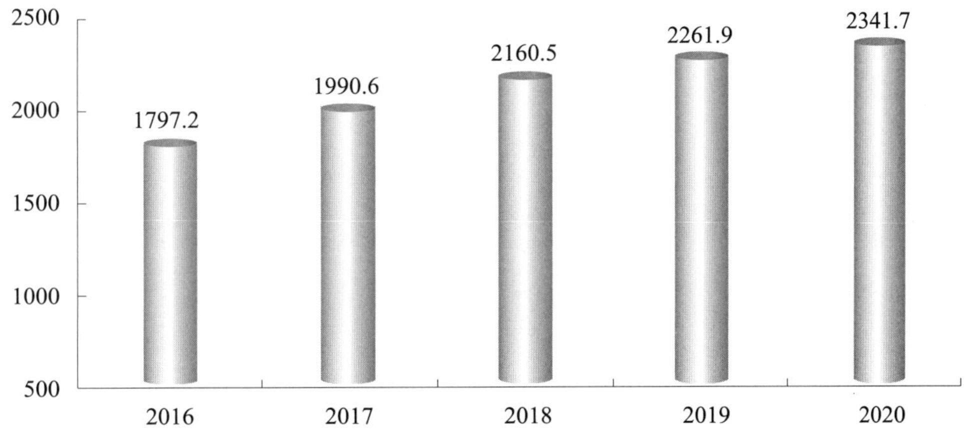

万元地区生产总值能耗降低率 (%)

Decrease Rate of Energy Consumption Per 10 000 Yuan of GDP (%)

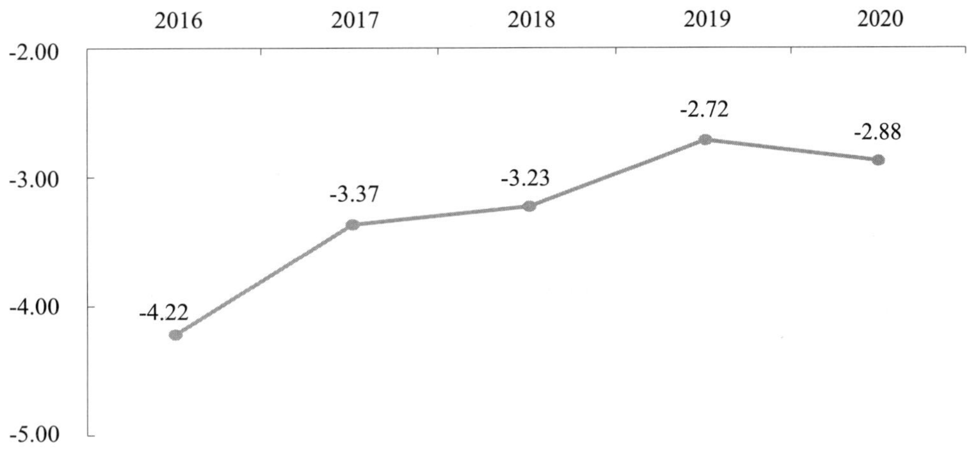

6-1 能源生产、外调、使用平衡表
BALANCE SHEET OF ENERGY PRODUCTION, TRANSFER AND USE

单位：万吨标准煤 (10 000 tons of SCE)

项 目	Item	2015	2019	2020
一、资 源	Resources	80151.28	83000.88	90184.25
年初库存量	Stock of Year Beginning	7050.37	5719.25	5892.16
一次能源生产量	Primary Energy Output	67433.68	66696.22	73638.39
外省市调入量	Transfer from Other Provinces	5081.57	9472.96	9348.71
回收能	Recovery of Energy	585.66	1112.45	1304.99
二、加工转换投入产出差额	Margin of Input and Output for Conversion	4236.28	4174.96	4050.69
加工转换投入量	Input for Conversion	66574.27	71445.92	81572.50
加工转换产出量	Output for Conversion	62337.99	67270.96	77521.80
三、外调出省、出口	Transfer to Other Provinces and Export	51695.93	55177.41	61173.19
调给外省市	Transfer to Other Provinces	51695.93	55177.41	61173.19
供应外贸出口	Export			
四、终端消费	Final Consumption	15088.30	17473.11	17937.22
(一)第一产业	Primary Industry	304.46	308.12	296.69
农、林、牧、渔业	Farming, Forestry, Animal Husbandry And Fishery	304.46	308.12	296.69
(二)第二产业	Secondary Industry	11298.26	13453.32	14138.01
工 业	Industry	11136.73	13275.47	13969.06
轻工业	Light Industry	276.76	142.60	182.82
重工业	Heavy Industry	10859.97	13132.87	13786.25
建筑业	Construction	161.53	177.85	168.94
(三)第三产业	Tertiary Industry	1875.21	2139.48	1908.83
交通运输、仓储和邮政业	Transport, Storage and Post	1015.61	1152.83	980.28
批发、零售业和住宿、餐饮业	Wholesale and Retail Trade, Hotels and Catering Services	384.07	405.83	367.33
其 他	Others	475.52	580.82	561.22
(四)人民生活	Residential Consumption	1610.37	1572.19	1593.69
城 镇	Cities and Towns	969.14	1038.56	1026.72
乡 村	Rural Areas	641.23	533.63	566.97
五、损失量	Losses	290.43	323.20	297.63
运输、仓储及输配损失	Losses in Transmission, Storage and Distribution	290.43	323.20	297.63
六、年末库存量	Stock of Year End	8840.34	5852.21	6725.51

6-2 煤炭生产、外调、使用平衡表
BALANCE SHEET OF COAL PRODUCTION, TRANSFER AND USE

单位：万吨 (10 000 tons)

项 目	Item	2015	2019	2020
一、资 源	Resources	110593.32	115992.66	124591.60
年初库存量	Stock of Year Beginning	8813.12	7310.18	7778.29
一次能源生产量	Primary Energy Product	96680.00	98795.36	107905.72
外省市调入量	Transfer from Other Provinces	5100.20	9887.12	8907.59
二、加工转换投入产出差额	Margin of Input and Output for Conversion	38013.73	46298.28	48956.41
加工转换投入量	Input for Conversion	93804.36	103491.06	117005.37
加工转换产出量	Output for Conversion	55790.63	57192.78	68048.96
三、外调出省、出口	Transfer to Other Provinces and Export	55842.55	56882.76	62093.36
调给外省市	Transfer to Other Provinces	55842.55	56882.76	62093.36
供应外贸出口	Export			
四、终端消费	Final Consumption	5866.89	5033.33	4782.62
(一)第一产业	Primary Industry	175.50	124.25	114.55
农、林、牧、渔业	Farming, Forestry, Animal Husbandry And Fishery	175.50	124.25	114.55
(二)第二产业	Secondary Industry	4299.24	4159.32	4030.36
工 业	Industry	4268.60	4154.36	4028.12
轻工业	Light Industry	223.84	41.19	39.51
重工业	Heavy Industry	4044.75	4113.17	3988.61
建筑业	Construction	30.64	4.96	2.24
(三)第三产业	Tertiary Industry	460.95	327.06	264.98
交通运输、仓储和邮政业	Transport, Storage and Post	69.26	8.88	6.80
批发、零售业和住宿、餐饮业	Wholesale and Retail Trade, Hotels and Catering services	170.60	164.18	134.18
其 他	Others	221.09	154.00	124.00
(四)人民生活	Residential Consumption	931.20	422.70	372.73
城 镇	Cities and Towns	277.50	129.08	56.82
乡 村	Rural Areas	653.70	293.62	315.91
五、损失量	Losses			
运输、仓储损失	Losses in Transmission and Storage			
六、年末库存量	Stock of Year End	10870.15	7778.29	8759.21

6-3 焦炭生产、外调、使用平衡表
BALANCE SHEET OF COKE PRODUCTION, TRANSFER AND USE

单位：万吨 (10 000 tons)

项　目	Item	2015	2019	2020
一、资　源	Resources	760.08	831.84	852.93
年初库存量	Stock of Year Beginning	760.08	472.96	343.48
外省市调入量	Transfer from Other Provinces		358.88	509.45
二、加工转换投入产出差额	Margin of Input and Output for Conversion	8039.88	9699.53	10493.70
加工转换投入量	Input for Conversion			
加工转换产出量	Output for Conversion	8039.88	9699.53	10493.70
三、外调出省、出口	Transfer to Other Provinces and Export	5901.31	7661.36	8303.93
调给外省市	Transfer to Other Provinces	5901.31	7661.36	8303.93
供应外贸出口	Export			
四、终端消费	Final Consumption	2083.43	2526.53	2698.99
(一)第一产业	Primary Industry			
农、林、牧、渔业	Farming, Forestry, Animal Husbandry And Fishery			
(二)第二产业	Secondary Industry	2082.63	2526.53	2698.99
工　业	Industry	2082.49	2526.53	2698.99
轻工业	Light Industry	0.11	0.29	0.32
重工业	Heavy Industry	2082.38	2526.24	2698.67
建筑业	Construction	0.14		
(三)第三产业	Tertiary Industry	0.80		
交通运输、仓储和邮政业	Transport, Storage and Post			
批发、零售业和住宿、餐饮业	Wholesale and Retail Trade, Hotels and Catering services	0.80		
其　他	Others			
(四)人民生活	Residential Consumption			
城　镇	Cities and Towns			
乡　村	Rural Areas			
五、损失量	Losses			
运输、仓储损失	Losses in Transmission and Storage			
六、年末库存量	Stock of Year End	815.22	343.48	343.71

6-4 电力生产、外调、使用平衡表
BALANCE SHEET OF ELECTRICITY PRODUCTION, TRANSFER AND USE

单位：万千瓦小时 (10 000 kwh)

项 目	Item	2015	2019	2020
一、资 源	Resources	1625200	6747500	7834600
一次能源生产量	Primary Energy Output	1388500	4008700	4710400
外省市调入量	Transfer from Other Provinces	236700	2738800	3124200
二、加工转换投入产出差额	Margin of Input and Output for Conversion	23186000	29305200	30325000
加工转换投入量	Input for Conversion			
加工转换产出量	Output for Conversion	23186000	29305200	30325000
三、外调出省、出口	Transfer to Other Provinces and Export	7439100	12652100	13660400
调给外省市	Transfer to Other Provinces	7439100	12652100	13660400
四、终端消费	Final Consumption	16440900	22336300	23507400
(一)第一产业	Primary Industry	409700	490900	475200
农、林、牧、渔业	Farming, Forestry, Animal Husbandry And Fishery	409700	490900	475200
(二)第二产业	Secondary Industry	12802100	17200300	18145500
工 业	Industry	12633700	16944900	17896500
轻工业	Light Industry	342800	259600	389100
重工业	Heavy Industry	12290900	16685300	17507400
建筑业	Construction	168400	255400	249000
(三)第三产业	Tertiary Industry	1630400	2509500	2582500
交通运输、仓储和邮政业	Transport, Storage and Post	543100	792900	822200
批发、零售业和住宿、餐饮业	Wholesale and Retail Trade, Hotels and Catering services	350400	585300	586000
其 他	Others	736900	1131300	1174300
(四)人民生活	Residential Consumption	1598700	2135600	2304200
城 镇	Cities and Towns	999300	1316800	1376700
乡 村	Rural Areas	599400	818800	927500
五、损失量	Losses	931200	1064300	991800
输配损失	Losses in Distribution	931200	1064300	991800

6-5 石油制品生产、外调、使用平衡表
BALANCE SHEET OF PETROLEUM PRODUCTS PRODUCTION, TRANSFER AND USE

单位：万吨标准煤 (10 000 tons SCE)

项　　目	Item	2015	2019	2020
一、资　源	Resources	1152.89	1174.21	1051.62
年初库存量	Stock of Year Beginning	72.76	72.83	53.80
外省市调入量	Transfer from Other Provinces	1080.14	1101.38	997.82
二、加工转换投入产出差额	Margin of Input and Output for Conversion		254.87	177.80
加工转换投入量	Input for Conversion		1.44	1.21
加工转换产出量	Output for Conversion		256.31	179.00
三、外调出省、出口	Transfer to Other Provinces and Export		169.46	170.27
调给外省市	Transfer to Other Provinces		169.46	170.27
四、终端消费	Final Consumption	1082.30	1205.58	1009.44
(一)第一产业	Primary Industry	61.04	79.83	80.94
农、林、牧、渔业	Farming, Forestry, Animal Husbandry And Fishery	61.04	79.83	80.94
(二)第二产业	Secondary Industry	190.06	232.79	225.61
工　业	Industry	129.03	138.87	135.62
轻工业	Light Industry	1.64	0.97	0.85
重工业	Heavy Industry	127.39	137.90	134.77
建筑业	Construction	61.02	93.92	89.99
(三)第三产业	Tertiary Industry	748.25	820.00	639.80
交通运输、仓储和邮政业	Transport, Storage and Post	706.60	765.50	594.32
批发、零售业和住宿、餐饮业	Wholesale and Retail Trade, Hotels and Catering services	14.75	25.24	19.22
其　他	Others	26.90	29.25	26.27
(四)人民生活	Residential Consumption	82.95	72.97	63.08
城　镇	Cities and Towns	37.16	37.75	33.16
乡　村	Rural Areas	45.79	35.22	29.93
五、损失量	Losses	1.79		
运输、仓储损失	Losses in Transmission and Storage	1.79		
六、年末库存量	Stock of Year End	68.81	54.04	49.71

6-6 主要年份一、二次能源生产量及构成

PRODUCTION AND COMPOSITION OF PRIMARY AND SECONDARY ENERGY IN MAJOR YEARS

年 份 Year	一次能源产量(万吨标准煤) Primary Energy Production (10 000 tons of SCE)	占能源产量(%) Percentage			加工转换能源占一次能源产量(%) Conversion As Percentage of Primary Energy (%)			
		原 煤 Coal	风、光、水电 Wind, Solar and Hydro Power	煤层气 Gas		火 电 Thermal Power	洗精煤及其他洗煤 Washed Coal	焦 炭 Coke
1980	10310.32	99.71	0.18	0.04	11.28	4.68	3.02	3.57
1985	18237.45	99.82	0.16	0.02	8.85	4.06	2.23	2.56
1990	24341.19	99.86	0.13	0.01	17.08	5.37	5.29	6.42
1995	29760.94	99.88	0.10	0.02	38.73	6.77	14.67	17.29
2000	21457.60	99.63	0.31	0.06	53.72	11.44	19.79	22.50
2005	47233.52	99.74	0.17	0.09	47.04	11.05	19.58	16.41
2010	63326.74	99.45	0.23	0.32	47.20	13.43	20.77	13.00
2011	74481.77	99.55	0.26	0.19	45.31	12.46	21.05	11.80
2012	78182.88	99.30	0.47	0.23	45.89	12.62	22.57	10.70
2013	68925.26	98.95	0.45	0.60	70.36	11.44	46.13	12.79
2014	68426.78	98.83	0.52	0.65	71.69	11.54	47.71	12.44
2015	72488.91	98.76	0.60	0.64	64.86	9.95	44.14	10.77
2016	63030.18	98.21	0.99	0.80	74.80	11.36	50.82	12.62
2017	65901.20	97.94	1.23	0.83	75.78	11.72	51.71	12.36
2018	70766.55	97.63	1.51	0.87	71.97	11.83	47.43	12.71
2019	69313.12	97.15	1.76	1.09	77.35	12.53	51.48	13.34
2020	75065.92	96.77	1.91	1.32	85.39	11.83	60.07	13.49

注：根据第四次经济普查结果，对2019年生产量进行了调整。
Note: The energy production of 2019 is revised according to the results of the the Fourth China Economic Census.

6-7 主要年份煤炭消费量

COAL CONSUMPTION IN MAJOR YEARS

单位：万吨 (10 000 tons)

年 份 Year	总 计 Total	生产建设消费 Production and Construction Consumption			生活用 Living Consumption
			#发 电 Electricity Generation	#炼 焦 Coking	
1980	4326	3378	727	642	948
1985	5566	4539	1028	1169	1027
1990	7292	6451	1692	2383	841
1995	13373	12757	2717	7264	616
2000	12704	12179	3128	6298	525
2005	22631	21811	6550	11208	820
2010	28180	27098	9968	11640	1082
2011	30896	29702	10980	12498	1194
2012	31085	29840	11547	11800	1245
2013	33062	32043	12271	12334	1019
2014	32056	31078	11597	11971	978
2015	28516	27585	10248	10914	931
2016	29355	28418	10324	10969	937
2017	31640	30662	12112	11161	978
2018	33480	32915	13442	12313	565
2019	34907	34484	13931	12812	423
2020	36186	35813	14496	13842	373

注：本表煤炭消费量包括终端消费量和用于加工转换消费量。
Note: Data of coal consumption in this table includes end-use consumption and consumption during the process of energy conversion.

6-8 主要年份石油制品、焦炭消费量
PETROLEUM PRODUCTS AND COKE CONSUMPTION IN MAJOR YEARS

单位：吨 (ton)

年份 Year	石油制品(标准煤) Petroleum Products (SCE)	#工业交通 Industry And Transportation	#农业 Agriculture	焦炭 Coke	#工业 Industry	#建筑业 Construction
1980	1084440	684270	351519	2995572	2553669	9840
1985	1582990	913600	462500	3698900	3118000	17500
1990	1987500	1481400	380400	8326800	7611200	12100
1995	2581000	1828700	449300	12764800	10114700	40800
2000	2751900	1988800	455100	12769000	10103000	62000
2005	5374600	4169400	524300	21399000	20405000	89000
2010	11037700	7744300	1001400	25892200	25867300	2000
2011	11105000	8238700	1004700	25585500	25546900	1500
2012	11296100	8331900	1068700	29385500	29344200	1600
2013	11481700	8876600	597500	21455900	21435500	300
2014	10929900	8677400	583400	21776900	21772000	300
2015	10823000	8356300	610400	20834300	20824900	1400
2016	11105200	8644700	619400	18981000	18978200	1200
2017	11367000	8781400	649900	19582700	19549800	1300
2018	11474800	8727900	736200	23857200	23856700	500
2019	12055800	9043700	798300	25265300	25265300	
2020	10094400	7299400	809400	26989900	26989900	

6-9 主要年份社会用电量
TOTAL ELECTRICITY CONSUMPTION IN MAJOR YEARS

单位：万千瓦小时 (10 000 kwh)

年份 Year	社会用电量 Total Consumption	#农业 Agriculture	#工业 Industry	#电力工业 Electricity	#化学工业 Chemistry	#煤炭工业 Coal	#黑色金属 Ferrous Metal	#交通运输 Transportation	#市政生活 Civicism
1980	1185877	171092	962483	248288	218915	146197	121300	5502	46798
1985	1634743	159100	1343101	321440	268079	232152	173668	37281	85000
1990	2552179	146279	2127321	480095	403856	386180	272555	89230	157301
1995	3782338	232387	3280436	809643	547112	553580	391889	121693	298126
2000	5020917	261338	4114046	939969	684945	603963	493088	147750	392327
2005	9463268	356384	7873556	1704567	1380229	1101659	1223916	310704	701698
2010	14600467	351399	11900099	2725517	1323372	1718512	2096358	456362	1482910
2011	16504098	387461	13451317	2933961	1500490	1943094	2223308	507130	1651314
2012	17657848	373888	14340495	3261393	1646993	2129660	2491088	519249	1659972
2013	18323479	378267	14755243	3252894	1676244	2347403	2624159	557756	1824445
2014	18226274	378518	14521438	3416360	1548017	2339848	2543894	587914	1926674
2015	17372078	409692	13564889	3187532	1511069	2359723	2360362	543134	2012292
2016	17971804	384500	13910563	3334719	1501452	2374025	2166583	584274	2152262
2017	19906135	411497	15451576	3583409	1719173	2588149	2291906	667569	2312858
2018	21605278	429615	16671156	3723253	1745432	2878202	2566796	725063	2654820
2019	22619035	490922	17227651	3952769	1830446	2989951	2517393	792892	2869089
2020	23417291	475179	17806450	4051444	1679693	3153689	2672692	822227	3040834

6-10 主要年份能源生产弹性系数
ELASTICITY RATIO OF ENERGY PRODUCTION IN MAJOR YEARS

单位：% (%)

年 份 Year	能源生产 比上年增长 Growth Rate of Energy Production Over Preceding Year	电力生产 比上年增长 Growth Rate of Electricity Over Preceding Year	地区生产总值 比上年增长 Growth Rate of Gross Domestic Product Over Preceding Year	能源生产 弹性系数 Elasticity Ratio of Energy Production	电力生产 弹性系数 Elasticity Ratio of Electricity Production
1980	11.10	5.38	2.0	5.55	2.69
1985	14.46	10.18	7.1	2.04	1.43
1990	3.96	3.64	5.0	0.79	0.73
1995	5.26	10.73	12.0	0.44	0.89
2000	1.12	9.62	9.4	0.12	1.03
2005	10.85	21.59	10.5	1.03	2.06
2010	24.87	14.97	10.8	2.30	1.39
2011	15.75	9.01	10.0	1.58	0.90
2012	4.94	8.13	9.2	0.54	0.88
2013	5.62	3.57	9.0	0.62	0.40
2014	-3.22	0.22	4.9	-0.66	0.04
2015	4.19	-7.16	3.0	1.40	-2.39
2016	-13.47	2.16	4.1	-3.29	0.53
2017	-3.30	10.16	6.8	-0.49	1.49
2018	12.39	15.81	6.6	1.88	2.40
2019	5.17	4.02	6.1	0.85	0.66
2020	10.41	5.17	3.6	2.89	1.44

6-11 主要年份能源消费弹性系数
ELASTICITY RATIO OF ENERGY CONSUMPTION IN MAJOR YEARS

单位：% (%)

年 份 Year	能源消费 比上年增长 Growth Rate of Energy Consumption Over Preceding Year	电力消费 比上年增长 Growth Rate of Electricity Consumption Over Preceding Year	地区生产总值 比上年增长 Growth Rate of Gross Domestic Product Over Preceding Year	能源消费 弹性系数 Elasticity Ratio of Energy Consumption	电力消费 弹性系数 Elasticity Ratio of Electricity Consumption
1980	3.92	-4.22	2.0	1.96	-2.11
1985	10.25	14.85	7.1	1.44	2.09
1990	-0.19	2.98	5.0	-0.04	0.60
1995	10.03	10.82	12.0	0.83	0.90
2000	3.60	11.61	9.4	0.38	1.24
2005	8.61	14.24	10.5	0.82	1.36
2010	7.91	15.47	10.8	0.73	1.43
2011	8.97	14.12	10.0	0.90	1.41
2012	5.57	6.10	9.2	0.61	0.66
2013	4.85	3.53	9.0	0.54	0.39
2014	0.51	-0.31	4.9	0.10	-0.06
2015	-4.20	-4.75	3.0	-1.40	-1.58
2016	-0.29	3.82	4.1	-0.07	0.93
2017	3.20	10.93	6.8	0.47	1.61
2018	3.16	14.88	6.6	0.48	2.26
2019	3.27	2.68	6.1	0.54	0.44
2020	0.58	5.24	3.6	0.16	1.46

6-12 主要年份能源加工转换投入产出情况

EFFICIENCY OF ENERGY CONVERSION IN MAJOR YEARS

年 份 Year	投入及转换总效率 Total Efficiency		发电及供热投入原煤 (万吨) Coal Input in Electricity And Heat (10 000 tons)	洗选加工投入原煤 (万吨) Coal Input in Washing (10 000 tons)
	投入总量 (万吨标准煤) Total Input (10 000 tons of SCE)	投入产出总效率(%) Efficiency(%)		
1980	1512.30	54.35	727.18	617.16
1985	2214.09	61.77	1108.00	802.00
1990	4792.46	73.22	1812.74	2162.71
1995	13076.80	82.56	2946.49	6864.89
2000	12867.25	81.44	3127.88	6958.75
2005	25291.10	79.72	6597.20	14652.96
2010	34407.94	80.18	9977.89	20225.00
2011	39760.22	80.86	11085.49	24827.28
2012	42285.31	81.08	11742.37	28952.95
2013	63122.88	86.20	12566.48	62776.72
2014	64247.14	86.40	12029.82	66236.01
2015	66574.27	87.12	10895.02	71019.77
2016	64933.96	87.33	10625.63	69121.64
2017	59913.95	85.85	12339.77	67641.65
2018	69124.09	86.67	13226.00	71235.84
2019	71445.92	86.74	13393.28	73560.80
2020	81572.50	88.45	14034.84	85414.35

年 份 Year	炼焦投入量 Input in Coking		制气投入原煤 (万吨) Coal Input in Making Gas (10 000 tons)	产出总量 (万吨标准煤) Total Output (10 000 tons of SCE)
	原 煤 (万吨) Coal (10 000 tons)	洗精煤(用于炼焦) (万吨) Cleaned Coal (for Coking) (10 000 tons)		
1980	474.00	168.00		821.90
1985	834.00	234.74		1367.69
1990	1772.80	610.24	72.59	3509.20
1995	3964.26	3298.52	63.97	10796.47
2000	3250.02	3045.74	58.03	10478.69
2005	2633.60	8571.16	136.14	20161.30
2010	223.61	11414.74	33.76	27587.12
2011	297.20	12180.33	55.57	32149.49
2012	67.32	11732.62	55.09	34283.93
2013	25.27	12309.16	52.79	54410.16
2014	26.23	11943.36	42.99	55508.26
2015	32.07	10882.20	24.80	58000.60
2016	32.99	10935.80	99.76	56703.86
2017	123.80	11037.49	95.03	51435.37
2018	21.74	12290.77	146.30	59910.07
2019	3.30	12808.23	115.63	61973.46
2020	1.34	13840.96	96.56	72148.42

注：本表2013—2015年洗选煤产出中的洗精煤(用于炼焦)包括动力洗精煤。

Note: Cleaned coal (for coking) in the washed coal output includes power coal during 2013 to 2015.

6-12 续表 continued

年 份 Year	发电及供热产出 Output of Electricity And Heat		炼焦产出 Output of Coking	
	电 力 (万千瓦小时) Electricity (10 000 kwh)	热 力 (万百万千焦) Heat (10 billion kilo-joule)	焦 炭 (万吨) Coke (10 000 tons)	焦炉煤气 (万立方米) Gas (10 000 cu.m)
1980	1156600		320.95	
1985	1777200	1297.88	568.66	55634
1990	3068800	2324.00	1586.57	81600
1995	4988500	3930.40	5294.97	159800
2000	6087300	2367.70	4967.22	179900
2005	12916500	6020.60	7981.04	1440000
2010	21043500	12089.93	8476.44	1607200
2011	22964500	14472.47	9047.91	1868200
2012	24429600	16014.55	8612.66	1674300
2013	25513000	17916.84	9022.40	1780300
2014	25460100	19810.66	8765.84	1709900
2015	23186000	23630.29	8039.88	1600600
2016	23092900	27215.90	8185.98	1595100
2017	25029900	31548.05	8383.14	1631000
2018	28534000	30699.78	9252.20	1874800
2019	29305200	30981.34	9699.53	2024800
2020	30325000	31312.23	10493.70	2264200

年 份 Year	洗选煤产出 Output of Washed Coal		制气产出 Output of Making Gas	
	洗精煤(用于炼焦) (万吨) Cleaned Coal (for Coking) (10 000 tons)	其他洗煤 (万吨) Others (10 000 tons)	焦炉煤气 (万立方米) Coke Gas (10 000 cu.m)	其他煤气 (万立方米) Others (10 000 cu.m)
1980	409.00			
1985	518.55	158.91		
1990	1429.65	366.30	9400	136400
1995	4850.20	710.59	1100	230000
2000	4818.21	590.05		191800
2005	10275.88	1327.49		417900
2010	14863.17	3537.38		101600
2011	17426.68	4652.97		168300
2012	19604.71	5698.09		156000
2013	34615.00	24428.00		117900
2014	35974.94	24563.82		84600
2015	35551.66	20103.84		54200
2016	22458.30	32452.00		219000
2017	21346.04	32019.97		239000
2018	21075.76	34699.59		438600
2019	20140.23	36995.48		442500
2020	23577.14	44284.05		218300

6-13 终端能源消费量和构成(2020年)

单位：万吨标准煤

项 目	Ietm	合 计 Total
能源消费量	**Energy Consumption**	**17937.22**
一、第一产业	Primary Industry	296.69
农、林、牧、渔业	Farming, Forestry, Animal Husbandry And Fishery	296.69
二、第二产业	Secondry Industry	14138.01
工 业	Industry	13969.06
轻工业	Light Industry	182.82
重工业	Heavy Industry	13786.25
建筑业	Construction	168.94
三、第三产业	Tertiary Industry	1908.83
交通运输、仓储和邮政业	Transport, Storage and Post	980.28
批发、零售业和住宿、餐饮业	Wholesale and Retail Trade, Hotels and Catering Services	367.33
其 他	Others	561.22
四、人民生活	Residential Consumption	1593.69
按产业分构成 (%)	**Composition of Industry (%)**	**100.00**
一、第一产业	Primary Industry	1.65
农、林、牧、渔业	Farming, Forestry, Animal Husbandry And Fishery	1.65
二、第二产业	Secondry Industry	78.82
工 业	Industry	77.88
轻工业	Light Industry	1.02
重工业	Heavy Industry	76.86
建筑业	Construction	0.94
三、第三产业	Tertiary Industry	10.64
交通运输、仓储和邮政业	Transport, Storage and Post	5.47
批发、零售业和住宿、餐饮业	Wholesale and Retail Trade, Hotels and Catering Services	2.05
其 他	Others	3.13
四、人民生活	Residential Consumption	8.88
按品种分构成(%)	**Composition of Variety (%)**	**100.00**
一、第一产业	Primary Industry	100.00
农、林、牧、渔业	Farming,Forestry,Animal Husbandry And Fishery	100.00
二、第二产业	Secondry Industry	100.00
工 业	Industry	100.00
轻工业	Light Industry	100.00
重工业	Heavy Industry	100.00
建筑业	Construction	100.00
三、第三产业	Tertiary Industry	100.00
交通运输、仓储和邮政业	Transport,Storage and Post	100.00
批发、零售业和住宿、餐饮业	Wholesale and Retail Trade, Hotels and Catering Services	100.00
其 他	Others	100.00
四、人民生活	Residential Consumption	100.00

CONSUMPTION AND COMPOSITION OF END-USE ENERGY(2020)

(10 000 tons of SCE)

原 煤 Coal	洗精煤及其他洗煤 Washed Coal and Others	焦 炭 Coke	石油制品 Petroleum Products	电 力 Electricity	天然气煤气及其他 Natural Gas, Gas and Others
2939.88	**259.66**	**2598.65**	**1009.44**	**7054.41**	**4075.18**
73.14			80.94	142.60	
73.14			80.94	142.60	
2467.96	259.66	2598.65	225.61	5445.34	3140.79
2466.53	259.66	2598.65	135.62	5370.62	3137.99
23.01	2.23	0.31	0.85	116.76	39.65
2443.51	257.43	2598.35	134.77	5253.87	3098.33
1.43			89.99	74.72	2.80
169.20			639.80	774.99	324.84
4.34			594.32	246.74	134.88
85.68			19.22	175.85	86.58
79.18			26.27	352.40	103.38
229.57			63.08	691.47	609.56
100.00	**100.00**	**100.00**	**100.00**	**100.00**	**100.00**
2.49			8.02	2.02	
2.49			8.02	2.02	
83.95	100.00	100.00	22.35	77.19	77.07
83.90	100.00	100.00	13.44	76.13	77.00
0.78	0.86	0.01	0.08	1.66	0.97
83.12	99.14	99.99	13.35	74.48	76.03
0.05			8.91	1.06	0.07
5.76			63.38	10.99	7.97
0.15			58.88	3.50	3.31
2.91			1.90	2.49	2.12
2.69			2.60	5.00	2.54
7.81			6.25	9.80	14.96
16.39	**1.45**	**14.49**	**5.63**	**39.33**	**22.72**
24.65			27.28	48.07	
24.65			27.28	48.07	
17.46	1.84	18.38	1.60	38.52	22.22
17.66	1.86	18.60	0.97	38.45	22.46
12.59	1.22	0.17	0.46	63.87	21.69
17.72	1.87	18.85	0.98	38.11	22.47
0.85			53.27	44.23	1.66
8.86			33.52	40.60	17.02
0.44			60.63	25.17	13.76
23.32			5.23	47.87	23.57
14.11			4.68	62.79	18.42
14.41			3.96	43.39	38.25

6-14 分行业能源消费总量(2020年)

行 业	Sector	能源消费总量(万吨标准煤) Total Energy Consumption (10 000 tons of SCE)
能源消费总量	**Total**	**20980.55**
农、林、牧、渔业	**Farming, Forestry, Animal Husbandry And Fishery**	**296.69**
工 业	**Industry**	**17012.40**
轻工业	Light Industry	190.70
重工业	Heavy Industry	16821.70
按工业行业分	Grouped by Industry Sector	
采矿业	Mining	4337.83
煤炭开采和洗选业	Coal Mining and Dressing	4035.18
石油和天然气开采业	Petroleum and Natural Gas Extraction	53.03
黑色金属矿采选业	Ferrous Metals Mining and Dressing	174.19
有色金属矿采选业	Nonferrous Metals Mining and Dressing	31.43
非金属矿采选业	Nonmetal Minerals Mining and Dressing	18.65
开采辅助活动	Mining Auxiliary Activities	0.23
其他采矿业	Other Minerals Mining	25.11
制造业	Manufacturing	11185.01
农副食品加工业	Farm and Sideline Food Processing	35.83
食品制造业	Food Manufacturing	21.76
酒、饮料和精制茶制造业	Alcohol, Beverage and Refined Tea Manufacturing	20.04
烟草制品业	Tobacoo Manufaturing	0.96
纺织业	Textile Industry	10.95
纺织服装、服饰业	Manufacture of Garments and Accessories	1.17
皮革、毛皮、羽毛及其制品和制鞋业	Manufacture of Leather, Fur, Feather and their Products and Footwear	0.26
木材加工和木、竹、藤、棕、草制品业	Processing of Timber, Manufacture of Wood, Bamboo, Rattan, Palm, and Straw Products	3.68
家具制造业	Manufacture of Funiture	1.36
造纸和纸制品业	Manufacture of Paper and Paper Products	10.43
印刷和记录媒介复制业	Printing and Record Medium Reproduction	2.20
文教、工美、体育和娱乐用品制造业	Manufacture of Articles For Culture, Education and Sport Activity	1.29

TOTAL ENERGY CONSUMPTION BY SECTOR(2020)

煤 炭 (万吨) Coal (10 000 tons)	电 力 (亿千瓦小时) Electricity (100 million kwh)	焦 炭 (万吨) Coke (10 000 tons)	汽 油 (万吨) Gasoline (10 000 tons)	柴 油 (万吨) Diesel Oil (10 000 tons)	天然气 (亿立方米) Natural Gas (100 million cu.m)
36185.87	**2449.92**	**2698.99**	**227.24**	**399.27**	**93.41**
114.55	**47.52**		**15.10**	**40.30**	
35431.37	**1888.83**	**2698.99**	**6.61**	**70.85**	**57.72**
52.23	41.79	0.32	0.16	0.35	2.20
35379.14	1847.05	2698.67	6.45	70.50	55.52
1007.24	409.07	14.51	4.36	49.15	10.00
958.05	325.37	3.03	4.25	41.96	8.74
	15.14		0.08	0.01	1.23
44.54	46.38	11.48	0.03	4.58	0.03
	9.61			1.79	
4.65	4.20			0.65	
				0.16	
	8.37				
19532.94	940.53	2684.48	1.03	19.64	23.74
11.46	8.34		0.03	0.09	0.29
1.40	4.40		0.04	0.04	0.55
1.07	2.36		0.02	0.01	0.83
	0.20				0.03
1.85	2.18			0.02	0.07
	0.31				0.02
	0.09				
	1.23				
	0.45				
16.26	2.26		0.01	0.07	0.03
	0.67		0.02	0.04	
	0.32	0.32	0.01	0.01	

6-14 续表

行 业	Sector	能源消费总量(万吨标准煤) Total Energy Consumption (10 000 tons of SCE)
石油、煤炭及其他燃料加工业	Processing of Petroleum, Coal and Other Fuels	1958.21
化学原料和化学制品制造业	Manufacture Raw Chemical Materials and Chemical Products	2248.01
医药制造业	Manufacture of Medical Products	64.08
化学纤维制造业	Manufacture of Chemical Fibers	4.60
橡胶和塑料制品业	Manufacture of Rubber and Plastic Products	35.04
非金属矿物制品业	Manufacture of Nonmetals Mineral Products	974.22
黑色金属冶炼和压延加工业	Smelting and Pressing of Ferrous Metals	4240.49
有色金属冶炼和压延加工业	Smelting and Pressing of Nonferrous Metals	1109.97
金属制品业	Manufacture of Metal Products	248.06
通用设备制造业	Manufacture of Universal Purpose Equipment	70.59
专用设备制造业	Manufacture of Special Purpose Equipment	16.85
汽车制造业	Manufacture of Motor Vehicles	11.78
铁路、船舶、航空航天和其他运输设备制造业	Manufacture of Railways, Ships, Aviation, Aircrafts and Other Transportation Equipments	20.67
电气机械和器材制造业	Manufacture of Electrical Equipment and Machinery	19.85
计算机、通信和其他电子设备制造业	Manufacture of Computer, Telecommunication and Other Electronic Equipments	24.81
仪器仪表制造业	Manufacture of Measuring Instrument and Machinery	0.30
其他制造业	Other Manufacturing	15.78
废弃资源综合利用业	Comprehensive Utilization of Waste	7.90
金属制品、机械和设备修理业	Repair of Metal Products, Machinery and Equipment	3.89
电力、热力、燃气及水生产和供应业	Production and Supply of Electricity, Heat, Gas and Water	1489.56
电力、热力生产和供应业	Production and Supply of Electricity and Heat	1357.14
燃气生产和供应业	Production and Supply of Gas	55.18
水的生产和供应业	Production and Supply of Water	77.23
建筑业	**Construction**	**168.93**
交通运输、仓储和邮政业	**Transport, Storage and Post**	**980.28**
批发、零售业和住宿、餐饮业	**Wholesale and Retail Trade, Hotels and Catering Services**	**367.33**
人民生活及其他	**Residential Consumption and Others**	**2154.92**

continued

煤 炭 (万吨) Coal (10 000 tons)	电 力 (亿千瓦小时) Electricity (100 million kwh)	焦 炭 (万吨) Coke (10 000 tons)	汽 油 (万吨) Gasoline (10 000 tons)	柴 油 (万吨) Diesel Oil (10 000 tons)	天然气 (亿立方米) Natural Gas (100 million cu.m)
12877.79	81.53	0.09	0.13	3.00	0.11
1582.89	167.97	15.76	0.10	2.22	4.49
20.19	13.51		0.03	0.07	0.36
	1.46				0.02
0.11	10.10		0.02	0.06	0.30
767.09	115.55	4.52	0.10	8.83	5.79
2462.49	267.27	2612.91	0.07	3.06	3.48
1780.37	146.32	0.29	0.03	1.34	5.47
9.90	56.67	50.53	0.08	0.27	1.03
0.04	23.22		0.09	0.07	0.05
	4.24	0.06	0.10	0.16	0.13
0.03	3.19		0.01	0.09	0.07
	4.37		0.01	0.02	0.44
	6.07		0.05	0.03	0.06
	7.33		0.02	0.03	0.07
	0.09		0.02		
	5.26				
	2.38			0.06	0.04
	1.20		0.04	0.05	0.01
14891.18	539.24		1.22	2.06	23.97
14775.96	499.88		1.08	2.05	23.28
114.92	13.72		0.12		0.69
0.30	25.64		0.02	0.01	
2.24	**24.90**		**13.97**	**46.72**	**0.12**
6.80	**82.22**		**135.88**	**231.38**	**9.96**
134.18	**58.60**		**6.78**	**6.03**	**5.08**
496.73	**347.85**		**48.90**	**3.99**	**20.53**

主要统计指标解释

能源消费总量 指一定地域内，国民经济各行业和居民家庭在一定时期内消费的各种能源的总和。包括：原煤、原油、天然气、水能、核能、风能、太阳能、地热能、生物质能等一次能源；一次能源通过加工转换产生的洗煤、焦炭、煤气、电力、热力、成品油等二次能源和同时产生的其他产品；其他化石能源、可再生能源和新能源。其中水能、风能、太阳能、地热能、生物质能等可再生能源，是指人们通过一定技术手段获得的，并作为商品能源使用的部分。在核算过程中，一次能源、二次能源消费不能重复计算。能源消费总量分为终端能源消费量、能源加工转换损失量和能源损失量三部分。

1.终端能源消费量：指一定时期内，全省生产和生活消费的各种能源在扣除了用于加工转换二次能源消费量和损失量以后的数量。

2.能源加工转换损失量：指一定时期内，全省投入加工转换的各种能源数量之和与产出各种能源产品之和的差额。该指标是观察能源在加工转换过程中损失量变化的指标。

3.能源损失量：指一定时期内，能源在输送、分配、储存过程中发生的损失和由客观原因造成的各种损失量，不包括各种气体能源放空、放散量。

能源生产弹性系数 是研究能源生产增长速度与国民经济增长速度之间关系的指标。计算公式：

$$能源生产弹性系数=\frac{能源生产量年平均增长速度}{国民经济年平均增长速度}$$

电力生产弹性系数 是研究电力生产增长速度与国民经济增长速度之间关系的指标。一般来说，电力的发展应当快于国民经济的发展，也就是说电力应超前发展。计算公式为：

$$电力生产弹性系数=\frac{电力生产量年平均增长速度}{国民经济年平均增长速度}$$

能源消费弹性系数 反映能源消费增长速度与国民经济增长速度之间比例关系的指标。计算公式为：

$$能源消费弹性系数=\frac{能源消费量年平均增长速度}{国民经济年平均增长速度}$$

电力消费弹性系数 反映电力消费增长速度与国民经济增长速度之间比例关系的指标。计算公式为：

$$电力消费弹性系数=\frac{电力消费量年平均增长速度}{国民经济年平均增长速度}$$

能源加工转换效率 指一定时期内，能源经过加工、转换后，产出的各种能源产品的数量与同期内投入加工转换的各种能源数量的比率。该指标是观察能源加工转换装置和生产工艺先进与落后、管理水平高低等的重要指标。计算公式为：

$$能源加工转换效率=\frac{能源加工转换产出量}{能源加工转换投入量}\times100\%$$

Explanatory Notes on Main Statistical Indicators

Total Energy Consumption refers to the total consumption of energy of various kinds by the production sectors of the economy and the households in a given period of time. It includes the primary kinds of energy such as coal, crude oil, natural gas, hydro-power, nuclear power, wind power, solar power, geothermal power and bio-energy; the secondary kinds of energy and their products which are transformed from the primary energy such as washed coal, coke, coal gas, electricity, heating, and petroleum products; and other kinds of fossil energy, renewable energy and new energy. The renewable energy, including hydro-power, wind power, solar power, geothermal power and bio-energy, refers to the part attained with some given technical means and used for commercial purposes. Total energy consumption can be divided into three parts: end-use energy consumption; loss during the process of energy conversion; and energy loss.

1. End-use Energy Consumption: It refers to the total energy consumption by the production sectors and the households in the province in a given period of time. It does not include the consumption during the conversion of primary energy into secondary energy and the loss in the process of energy conversion.

2. Loss during the Process of Energy Conversion: It refers to the total input of various kinds of energy for conversion, minus the total output of various kinds of energy in the province in a given period of time. It is an indicator to show the loss that occurs during the process of energy conversion.

3. Energy Loss: It refers to the total of the loss of energy during the course of energy transport, distribution and storage and the loss caused by any objective reason in a given period of time. The loss of various kinds of gas due to gas discharges and stocktaking is not included.

Elasticity Ratio of Energy Production is an indicator to show the relationship between the growth rate of energy production and the growth rate of the national economy. The formula is:

$$\text{Elasticity Ratio of Energy Production} = \frac{\text{Average Annual Growth Rate of Energy Production}}{\text{Average Annual Growth Rate of National Economy}}$$

Elasticity Ratio of Electricity Production is an indicator to show the relationship between the growth rate of electricity production and the growth rate of the national economy. Generally speaking, the growth rate of electricity production should be higher than that of the national economy. Its formula is:

$$\text{Elasticity Ratio of Electricity Production} = \frac{\text{Average Annual Growth Rate of Electricity Production}}{\text{Average Annual Growth Rate of National Economy}}$$

Elasticity Ratio of Energy Consumption is an indicator to show the relationship between the growth rate of energy consumption and the growth rate of the national economy. The formula is:

$$\text{Elasticity Ratio of Energy Consumption} = \frac{\text{Average Annual Growth Rate of Energy Consumption}}{\text{Average Annual Growth Rate of National Economy}}$$

Elasticity Ratio of Electricity Consumption is an indicator to show the relationship between the growth rate of electricity consumption and the growth rate of the national economy. The formula is:

$$\text{Elasticity Ratio of Electricity Consumption} = \frac{\text{Average Annual Growth Rate of Electricity Consumption}}{\text{Average Annual Growth Rate of National Economy}}$$

Efficiency of Energy Processing and Conversion refers to the ratio of the total output of energy products of various kinds after processing and conversion to the total input of energy of various kinds for processing and conversion in the same reference period. It is an important indicator to show the current conditions of energy processing and conversion equipment, production technique and management. The formula is:

$$\text{Efficiency of Energy Processing and Conversion} = \frac{\text{Output of Energy after Processing and Conversion}}{\text{Input of Energy for Processing and Conversion}} \times 100\%$$

7 固定资产投资

INVESTMENT IN FIXED ASSETS

资料整理人员

邱慧东　芦巧娟　宋雅静　任启龙　臧克俭

INVESTMENT IN FIXED ASSETS 固定资产投资

固定资产投资增速	Growth Rate of Investment in Fixed Assets	10.6	(%)
第一产业	Primary Industry	32.4	(%)
第二产业	Secondary Industry	16.6	(%)
第三产业	Tertiary Industry	5.5	(%)

固定资产投资总额构成 (%)
Composition of Investment in Fixed Assets (%)

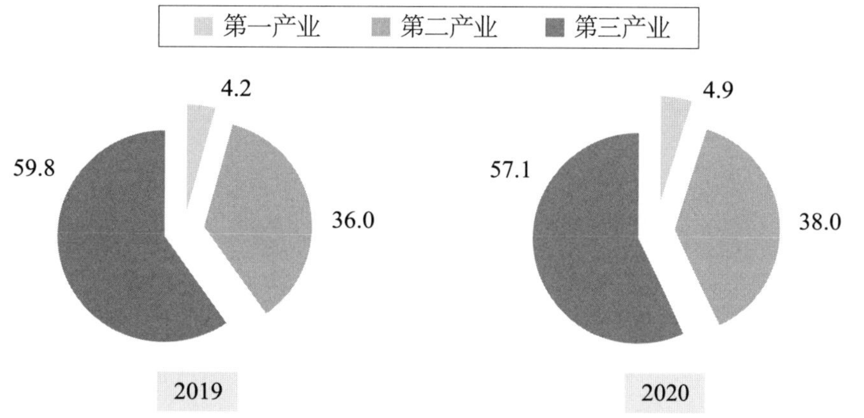

固定资产投资增速 (%)
Growth Rate of Investment in Fixed Assets (%)

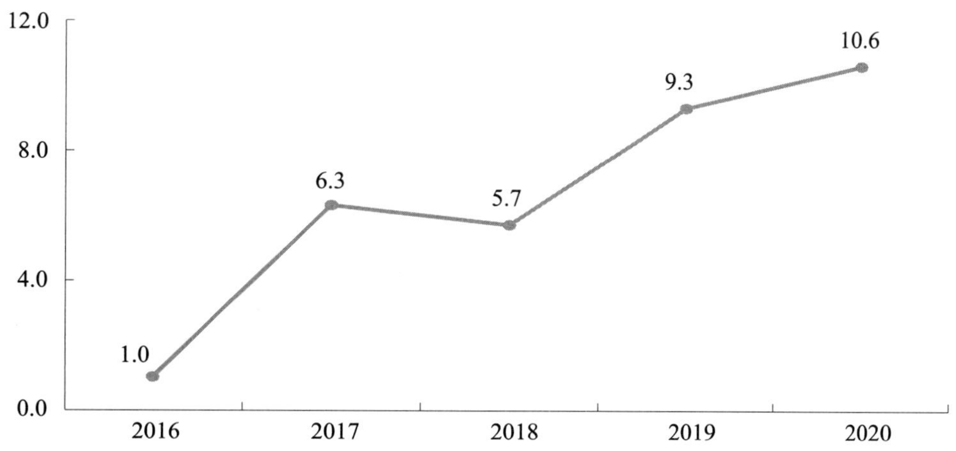

7-1 全社会固定资产投资主要指标增长速度(2020年)
GROWTH RATE OF MAJOR INDICATORS OF TOTAL INVESTMENT IN FIXED ASSETS(2020)

单位：% (%)

指 标	Item	2020
一、投资总额	**Total**	**10.2**
#房地产开发投资	Real Estate Investment	10.5
#农户投资	Rural Households Investment	-31.6
1.按登记注册类型分	Grouped by Type of Registration Status	
内 资	Domestic-funded Enterprises	10.4
港、澳、台商投资	Enterprises with Investment from Hong Kong, Macao and Taiwan	-28.0
外商投资	Enterprises with Foreign Investment	8.3
2.按控股情况分	Grouped by Share Holding	
国有控股	State-owned Enterprises	12.8
集体控股	Collective-owned Enterprises	-10.9
私人控股	Private Enterprises	12.6
港澳台商控股	Enterprises with Investment from Hong Kong, Macao and Taiwan	-29.5
外商控股	Enterprises with Foreign Investment	60.5
其 他	Others	-6.9
3.按构成分	Grouped by Composition	
建筑安装工程	Construction and Installation	12.7
设备工器具购置	Purchase of Equipment and Instruments	2.1
其他费用	Other Expenses	6.4
4.按三次产业分	Grouped by Type of Industry	
第一产业	Primary Industry	25.2
第二产业	Secondary Industry	16.5
第三产业	Tertiary Industry	5.3
二、本年资金来源小计	**Total Sources of Funds This Year**	**14.5**
国家预算内资金	State Budgetary Appropriation	23.0
国内贷款	Domestic Loans	12.1
利用外资	Foreign Investment	-11.1
自筹资金	Self-Raised Funds	14.5
其 他	Others	13.4

注：2018年起，固定资产投资项目到位资金统计范围由计划总投资500万元以上调整为5000万元及以上项目，增速为可比口径，后同。

Note: Since 2018, the new coverage of actual funds for investment in fixed assets has changed from 5 million yuan and above to 50 million yuan and above. The growth rate is comparable. The same applies to the relevant tables following.

7-2 按国民经济行业分全社会固定资产投资增长速度(2020年)

GROWTH RATE OF TOTAL INVESTMENT IN FIXED ASSETS BY ECONOMIC SECTOR(2020)

单位：% (%)

行 业	Sector	全社会固定资产投资 Total Investment in Fixed Assets	#农户投资 Rural Households Investment
总 计	**Total**	**10.2**	**-31.6**
农、林、牧、渔业	Farming, Forestry, Animal Husbandry and Fishery	21.2	-11.1
采矿业	Mining	-7.2	
制造业	Manufacturing	25.9	-53.5
电力、热力、燃气及水生产和供应业	Production and Supply of Electricity, Heat, Gas and Water	20.4	
建筑业	Construction	13.6	-36.4
批发和零售业	Wholesale and Retail Trade	7.5	-46.7
交通运输、仓储和邮政业	Transport, Storage and Post	14.2	-44.6
住宿和餐饮业	Hotels and Catering Services	45.8	-37.1
信息传输、软件和信息技术服务业	Information Transmission, Software and Information Technology Services	66.7	
金融业	Banking and Insurance	167.5	
房地产业	Real Estate Trade	6.2	-39.7
租赁和商务服务业	Lease and Business Affairs Services	-9.1	-51.6
科学研究和技术服务业	Scientific Research and Technical Services	9.4	
水利、环境和公共设施管理业	Management of Water Conservancy, Environmental and Public Facilities	-9.3	
居民服务、修理和其他服务业	Resident Services, Repair and Other Services	-9.9	-32.9
教 育	Education	37.5	-18.8
卫生和社会工作	Health Care and Social Work	12.4	1.2
文化、体育和娱乐业	Culture, Sports and Recreation	-12.8	-25.3
公共管理、社会保障和社会组织	Public Management, Social Security and Social Organization	33.7	

7-3 固定资产投资主要指标增长速度(2020年)

GROWTH RATE OF MAJOR INDICATORS OF INVESTMENT IN FIXED ASSETS(2020)

单位：% (%)

指　标	Item	2020
一、投资总额	**Total Investment**	**10.6**
#国有经济控股	State-Controlled Share Holding	11.4
#工　业	Industry	16.4
1.按隶属关系分	Grouped by Administrative Relationship	
中　央	Central Investment	9.4
地　方	Local Investment	10.7
2.按登记注册类型分	Grouped by Type of Registration Status	
内　资	Domestic-Funded Enterprises	10.9
港、澳、台商投资	Enterprises with Investment from Hong Kong, Macao and Taiwan	-28.0
外商投资	Enterprises with Foreign Investment	8.3
3.按构成分	Grouped by Composition	
建筑安装工程	Construction and Installation	13.4
设备工器具购置	Purchase of Equipment and Instruments	3.6
其他费用	Others	4.2
4.按建设性质分(不含房地产投资)	Grouped by Type of Construction	
新　建	New Construction	9.9
扩　建	Expansion	9.9
改建和技术改造	Reconstruction and Technical Reformation	7.5
其　他	Others	40.9
5.按三次产业分	Grouped by Type of Industry	
第一产业	Primary Industry	32.4
第二产业	Secondary Industry	16.6
第三产业	Tertiary Industry	5.5
二、建设项目(个)	**Construction Projects (unit)**	
施工项目	Projects Under Construction	11688
#本年新开工	Projects Newly Started This Year	6264
本年投产项目	Projects Put into Use This Yesr	4303
三、投资资金来源合计	**Grouped by Source of Funds**	
上年结余资金	Balance of Funds Last Year	1.2
本年资金来源小计	Subtotal Source of Funds This Year	15.6
国家预算内资金	State-budgetary Appropriation	27.1
国内贷款	Domestic Loans	17.9
利用外资	Foreign Investment	-11.1
自筹资金	Self-raised Funds	15.4
其　他	Others	12.5

7-4 按国民经济行业分固定资产投资增长速度(2020年)
GROWTH RATE OF INVESTMENT IN FIXED ASSETS BY ECONOMIC SECTOR(2020)

单位：% (%)

行 业	Sector	2020
总 计	**Total**	**10.6**
农、林、牧、渔业	Farming, Forestry, Animal Husbandry and Fishery	26.9
农 业	Farming	28.8
林 业	Forestry	2.1
畜牧业	Animal Husbandry	54.9
渔 业	Fishery	-2.5
农、林、牧、渔服务业	Farming, Forestry, Animal Husbandry and Fishery Services	-21.7
采矿业	Mining	-7.2
煤炭开采和洗选业	Coal Mining and Washsing	-13.0
石油和天然气开采业	Extraction of Petroleum and Natural Gas	60.1
黑色金属矿采选业	Mining and Dressing of Ferrous Metals	-9.9
有色金属矿采选业	Mining and Dressing of Nonferrous Metals	-60.9
非金属矿采选业	Mining and Dressing of Nonmetal Ores	-34.3
开采辅助活动	Mining Auxiliary Activities	-48.0
其他采矿业	Others	
制造业	Manufacturing	25.9
农副食品加工业	Farm and Sideline Food Processing	38.0
食品制造业	Food Manufacturing	56.3
酒、饮料和精制茶制造业	Alcohol, Beverage and Refined Tea Manufacturing	55.7
烟草制品业	Tobacoo Manufaturing	-83.4
纺织业	Textile Industry	76.4
纺织服装、服饰业	Manufacture of Garments and Accessories	-50.7
皮革、毛皮、羽毛及其制品和制鞋业	Manufacture of Leather, Fur, Feather and their Products and Footwear	-88.2
木材加工和木、竹、藤、棕、草制品业	Processing of Timber, Manufacture of Wood, Bamboo, Rattan, Palm, and Straw Products	-36.4
家具制造业	Manufacture of Furniture	-14.3
造纸和纸制品业	Manufacture of Paper and Paper Products	30.6
印刷和记录媒介复制业	Printing and Record Medium Reproduction	1.3
文教、工美、体育和娱乐用品制造业	Manufacture of Articles For Culture, Education and Sport Activity	-32.4
石油、煤炭及其他燃料加工业	Petroleum, Coal and Other Fuels Processing	126.2
化学原料和化学制品制造业	Manufacture Raw Chemical Materials and Chemical Products	-13.2
医药制造业	Manufacture of Medical Products	22.2
化学纤维制造业	Manufacture of Chemical Fibers	65.1
橡胶和塑料制品业	Manufacture of Rubber and Plastic Products	-26.6
非金属矿物制品业	Manufacture of Nonmetals Mineral Products	-6.6
黑色金属冶炼和压延加工业	Smelting and Pressing of Ferrous Metals	21.7
有色金属冶炼和压延加工业	Smelting and Pressing of Nonferrous Metals	-21.2
金属制品业	Manufacture of Metal Products	16.9
通用设备制造业	Manufacture of Universal Purpose Equipment	0.6
专用设备制造业	Manufacture of Special Purpose Equipment	38.6
汽车制造业	Manufacture of Motor Vehicles	10.1

7-4 续表1 continued

单位：%　　(%)

行　业	Sector	2020
铁路、船舶、航空航天和其他运输设备制造业	Manufacture of Railways, Ships, Aviation, Aircrafts and Other Transportation Equipments	40.8
电气机械和器材制造业	Manufacture of Electrical Equipment and Machinery	-20.3
计算机、通信和其他电子设备制造业	Manufacture of Computer, Telecommunication and Other Electronic Equipments	24.9
仪器仪表制造业	Manufacture of Measuring Instrument and Machinery	-22.6
其他制造业	Other Manufacturing	-99.4
废弃资源综合利用业	Comprehensive Utilization of Waste	30.9
金属制品、机械和设备修理业	Repair of Metal Products, Machinery and Equipment	95.0
电力、热力、燃气及水生产和供应业	Production and Supply of Electricity, Heat, Gas and Water	20.4
电力、热力生产和供应业	Production and Supply of Electricity and Heat	24.8
燃气生产和供应业	Production and Supply of Gas	-33.7
水的生产和供应业	Production and Supply of Water	28.5
建筑业	Construction	45.5
房屋建筑业	Buildings Construction	-98.1
土木工程建筑业	Civil Engineering	1468.7
建筑安装业	Building Installation	
建筑装饰和其他建筑业	Building Decoration and Other Construction	
批发和零售业	Wholesale and Retail Trade	13.2
批发业	Wholesale Trade	-16.7
零售业	Retail Trade	62.7
交通运输、仓储和邮政业	Transport, Storage and Post	9.4
铁路运输业	Railway Transport	-34.5
道路运输业	Highway Transport	12.7
水上运输业	Water Transport	691.8
航空运输业	Air Transport	-16.8
管道运输业	Transport Via Pipelines	-86.0
装卸搬运和运输代理业	Loading, Unloading and Other Transport Services	2330.2
仓储业	Storage	-2.4
邮政业	Post	-83.0
住宿和餐饮业	Hotels and Catering Services	58.9
住宿业	Hotels	57.5
餐饮业	Catering Services	82.8
信息传输、软件和信息技术服务业	Information Transmission, Software and Information Technology Services	66.7
电信、广播电视和卫星传输服务	Transmission Services of Telecommunication, Broadcast, Television and Satellite	113.8
互联网和相关服务	Internet and Relative Services	-16.2
软件和信息技术服务业	Software and Information Technology Services	574.5
金融业	Banking and Insurance	167.5
货币金融服务	Monetary Banking	145.2

7-4 续表2 continued

单位：% (%)

行　业	Sector	2020
资本市场服务	Capital Market	
保险业	Insurance	
其他金融业	Other Financial Activities	
房地产业	Real Estate Trade	8.3
房地产业	Real Estate Trade	8.3
租赁和商务服务业	Lease and Business Affairs Services	-7.6
租赁业	Leasing	-82.7
商务服务业	Business Affairs Services	-6.9
科学研究和技术服务业	Scientific Research and Technical Services	9.4
研究和试验发展	Research and Experimental Development	10.3
专业技术服务业	Professional Technical Services	-40.6
科技推广和应用服务业	Services of Science and Technology Exchanges and Promotion	31.8
水利、环境和公共设施管理业	Management of Water Conservancy, Environment and Public Facilities	-9.3
水利管理业	Water Conservancy	3.5
生态保护和环境治理业	Ecological Protection and Environmental Management	-32.7
公共设施管理业	Public Facilities	-4.9
土地管理业	Land Management	25.2
居民服务、修理和其他服务业	Resident Services, Repair and Other Services	3.2
居民服务业	Residence Services	65.6
机动车、电子产品和日用产品修理业	Repair of Motor Vehicles, Electronic Products and Daily Products	-88.7
其他服务业	Other Services	138.1
教　育	Education	38.4
教　育	Education	38.4
卫生和社会工作	Health Care and Social Work	12.5
卫　生	Health Care	25.6
社会工作	Social Work	-24.7
文化、体育和娱乐业	Culture, Sports and Recreation	-12.8
新闻和出版业	Journalism and Publishing Activities	
广播、电视、电影和影视录音制作业	Broadcasting, Movies, Televisions and Audiovisual Activities	-50.1
文化艺术业	Culture and Arts Activities	-1.0
体　育	Sports Activities	-4.2
娱乐业	Entertainment	-25.0
公共管理、社会保障和社会组织	Public Management, Social Security and Social Organization	33.7
中国共产党机关	Organs of CPC	-39.1
国家机构	Government Agencies	144.1
人民政协、民主党派	PPCC and Democratic Parties	
社会保障	Social Security	-100.0
群众团体、社会团体和其他成员组织	Mass Organizations, Social Organizations and Other Member Organizations	-73.9
基层群众自治组织	Grass Roots Self-governing Organizations	58.2

7-5 按登记注册类型分固定资产投资增长速度(2020年)
GROWTH RATE OF INVESTMENT IN FIXED ASSETS BY REGISTRATION STATUS(2020)

单位：% (%)

行　业	Sector	本年完成投资 Investment Completed This Year	内　资 Domestic-Funded Enterprises
总　计	**Total**	**10.6**	**10.9**
农、林、牧、渔业	Farming, Forestry, Animal Husbandry and Fishery	26.9	26.9
农　业	Farming	28.8	28.8
林　业	Forestry	2.1	2.1
畜牧业	Animal Husbandry	54.9	55.1
渔　业	Fishery	-2.5	-2.5
农、林、牧、渔服务业	Farming, Forestry, Animal Husbandry and Fishery Services	-21.7	-21.7
采矿业	Mining	-7.2	-8.7
煤炭开采和洗选业	Coal Mining and Washsing	-13.0	-12.1
石油和天然气开采业	Extraction of Petroleum and Natural Gas	60.1	44.8
黑色金属矿采选业	Mining and Dressing of Ferrous Metals	-9.9	-9.9
有色金属矿采选业	Mining and Dressing of Nonferrous Metals	-60.9	-60.8
非金属矿采选业	Mining and Dressing of Nonmetal Ores	-34.3	-34.3
开采辅助活动	Mining Auxiliary Activities	-48.0	-46.2
其他采矿业	Others		
制造业	Manufacturing	25.9	27.8
农副食品加工业	Farm and Sideline Food Processing	38.0	34.5
食品制造业	Food Manufacturing	56.3	40.7
酒、饮料和精制茶制造业	Alcohol, Beverage and Refined Tea Manufacturing	55.7	54.6
烟草制品业	Tobacoo Manufaturing	-83.4	-83.4
纺织业	Textile Industry	76.4	76.4
纺织服装、服饰业	Manufacture of Garments and Accessories	-50.7	-50.7
皮革、毛皮、羽毛及其制品和制鞋业	Manufacture of Leather, Fur, Feather and their Products and Footwear	-88.2	-88.2
木材加工和木、竹、藤、棕、草制品业	Processing of Timber, Manufacture of Wood, Bamboo, Rattan, Palm, and Straw Products	-36.4	-36.4
家具制造业	Manufacture of Furniture	-14.3	-14.3
造纸和纸制品业	Manufacture of Paper and Paper Products	30.6	30.6
印刷和记录媒介复制业	Printing and Record Medium Reproduction	1.3	1.3
文教、工美、体育和娱乐用品制造业	Manufacture of Articles For Culture, Education and Sport Activity	-32.4	-32.4
石油、煤炭及其他燃料加工业	Petroleum, Coal and Other Fuels Processing	126.2	155.7
化学原料和化学制品制造业	Manufacture Raw Chemical Materials and Chemical Products	-13.2	-11.7
医药制造业	Manufacture of Medical Products	22.2	25.5
化学纤维制造业	Manufacture of Chemical Fibers	65.1	65.1
橡胶和塑料制品业	Manufacture of Rubber and Plastic Products	-26.6	-28.5
非金属矿物制品业	Manufacture of Nonmetals Mineral Products	-6.6	-6.0
黑色金属冶炼和压延加工业	Smelting and Pressing of Ferrous Metals	21.7	21.7
有色金属冶炼和压延加工业	Smelting and Pressing of Nonferrous Metals	-21.2	-22.2
金属制品业	Manufacture of Metal Products	16.9	17.5
通用设备制造业	Manufacture of Universal Purpose Equipment	0.6	-0.9

7-5 续表1 continued

单位：%　　(%)

行　业	Sector	本年完成投资 Investment Completed This Year	内　资 Domestic-Funded Enterprises
专用设备制造业	Manufacture of Special Purpose Equipment	38.6	37.8
汽车制造业	Manufacture of Motor Vehicles	10.1	6.4
铁路、船舶、航空航天和其他运输设备制造业	Manufacture of Railways, Ships, Aviation, Aircrafts and Other Transportation Equipments	40.8	38.1
电气机械和器材制造业	Manufacture of Electrical Equipment and Machinery	-20.3	-18.8
计算机、通信和其他电子设备制造业	Manufacture of Computer, Telecommunication and Other Electronic Equipments	24.9	39.3
仪器仪表制造业	Manufacture of Measuring Instrument and Machinery	-22.6	-22.6
其他制造业	Other Manufacturing	-99.4	-99.4
废弃资源综合利用业	Comprehensive Utilization of Waste	30.9	22.8
金属制品、机械和设备修理业	Repair of Metal Products, Machinery and Equipment	95.0	200.5
电力、热力、燃气及水生产和供应业	Production and Supply of Electricity, Heat, Gas and Water	20.4	22.1
电力、热力生产和供应业	Production and Supply of Electricity and Heat	24.8	26.7
燃气生产和供应业	Production and Supply of Gas	-33.7	-34.8
水的生产和供应业	Production and Supply of Water	28.5	31.1
建筑业	Construction	45.5	45.5
房屋建筑业	Buildings Construction	-98.1	-98.1
土木工程建筑业	Civil Engineering	1468.7	1468.7
建筑安装业	Building Installation		
建筑装饰和其他建筑业	Building Decoration and Other Construction		
批发和零售业	Wholesale and Retail Trade	13.2	12.9
批发业	Wholesale Trade	-16.7	-17.1
零售业	Retail Trade	62.7	62.2
交通运输、仓储和邮政业	Transport, Storage and Post	9.4	9.6
铁路运输业	Railway Transport	-34.5	-34.5
道路运输业	Highway Transport	12.7	12.7
水上运输业	Water Transport	691.8	691.8
航空运输业	Air Transport	-16.8	-16.8
管道运输业	Transport Via Pipelines	-86.0	-86.0
装卸搬运和运输代理业	Loading, Unloading and Other Transport Services	2330.2	2330.2
仓储业	Storage	-2.4	-0.2
邮政业	Post	-83.0	-83.0
住宿和餐饮业	Hotels and Catering Services	58.9	59.6
住宿业	Hotels	57.5	58.2
餐饮业	Catering Services	82.8	82.8
信息传输、软件和信息技术服务业	Information Transmission, Software and Information Technology Services	66.7	70.6
电信、广播电视和卫星传输服务	Transmission Services of Telecommunication, Broadcast, Television and Satellite	113.8	126.6
互联网和相关服务	Internet and Relative Services	-16.2	-23.2
软件和信息技术服务业	Software and Information Technology Services	574.5	536.9

7–5 续表2 continued

单位：% (%)

行 业	Sector	本年完成投资 Investment Completed This Year	内 资 Domestic-Funded Enterprises
金融业	Banking and Insurance	167.5	167.5
货币金融服务	Monetary Banking	145.2	145.2
资本市场服务	Capital Market		
保险业	Insurance		
其他金融业	Other Financial Activities		
房地产业	Real Estate Trade	8.3	8.4
房地产业	Real Estate Trade	8.3	8.4
租赁和商务服务业	Lease and Business Affairs Services	−7.6	−8.0
租赁业	Leasing	−82.7	−82.7
商务服务业	Business Affairs Services	−6.9	−7.4
科学研究和技术服务业	Scientific Research and Technical Services	9.4	9.4
研究和试验发展	Research and Experimental Development	10.3	10.3
专业技术服务业	Professional Technical Services	−40.6	−40.6
科技推广和应用服务业	Services of Science and Technology Exchanges and Promotion	31.8	31.8
水利、环境和公共设施管理业	Management of Water Conservancy, Environment and Public Facilities	−9.3	−9.1
水利管理业	Water Conservancy	3.5	3.5
生态保护和环境治理业	Ecological Protection and Environmental Management	−32.7	−32.6
公共设施管理业	Public Facilities	−4.9	−4.9
土地管理	Land Management	25.2	25.2
居民服务、修理和其他服务业	Resident Services, Repair and Other Services	3.2	3.2
居民服务业	Residence Services	65.6	65.6
机动车、电子产品和日用产品修理业	Repair of Motor Vehicles, Electronic Products and Daily Products	−88.7	−88.7
其他服务业	Other Services	138.1	138.1
教 育	Education	38.4	38.4
教 育	Education	38.4	38.4
卫生和社会工作	Health Care and Social Work	12.5	12.5
卫 生	Health Care	25.6	25.6
社会工作	Social Work	−24.7	−24.7
文化、体育和娱乐业	Culture, Sports and Recreation	−12.8	−12.8
新闻和出版业	Journalism and Publishing Activities		
广播、电视、电影和影视录音制作业	Broadcasting, Movies, Televisions and Audiovisual Activities	−50.1	−50.1
文化艺术业	Culture and Arts Activities	−1.0	−1.0
体 育	Sports Activities	−4.2	−4.2
娱乐业	Entertainment	−25.0	−25.0
公共管理、社会保障和社会组织	Public Management, Social Security and Social Organization	33.7	33.7
中国共产党机关	Organs of CPC	−39.1	−39.1
国家机构	Government Agencies	144.1	144.1
人民政协、民主党派	PPCC and Democratic Parties		
社会保障	Social Security	−100.0	−100.0
群众团体、社会团体和其他成员组织	Mass Organizations, Social Organizations and Other Member Organizations	−73.9	−73.9
基层群众自治组织	Grass Roots Self-governing Organizations	58.2	58.2

7-5 续表3 continued

单位：% (%)

行 业	Sector	港澳台商投资 Enterprises with Investment from Hong Kong, Macao and Taiwan	外商投资 Enterprises with Foreign Investment
总 计	**Total**	**-28.0**	**8.3**
农、林、牧、渔业	Farming, Forestry, Animal Husbandry and Fishery		-100.0
农 业	Farming		
林 业	Forestry		
畜牧业	Animal Husbandry		-100.0
渔 业	Fishery		
农、林、牧、渔服务业	Farming, Forestry, Animal Husbandry and Fishery Services		
采矿业	Mining	-98.6	47.6
煤炭开采和洗选业	Coal Mining and Washsing	-100.0	-54.8
石油和天然气开采业	Extraction of Petroleum and Natural Gas		166.1
黑色金属矿采选业	Mining and Dressing of Ferrous Metals		
有色金属矿采选业	Mining and Dressing of Nonferrous Metals	-81.7	
非金属矿采选业	Mining and Dressing of Nonmetal Ores		
开采辅助活动	Mining Auxiliary Activities	-100.0	
其他采矿业	Others		
制造业	Manufacturing	-10.0	-24.8
农副食品加工业	Farm and Sideline Food Processing		122.1
食品制造业	Food Manufacturing		
酒、饮料和精制茶制造业	Alcohol, Beverage and Refined Tea Manufacturing		
烟草制品业	Tobacoo Manufaturing		
纺织业	Textile Industry		
纺织服装、服饰业	Manufacture of Garments and Accessories		
皮革、毛皮、羽毛及其制品和制鞋业	Manufacture of Leather, Fur, Feather and their Products and Footwear		
木材加工和木、竹、藤、棕、草制品业	Processing of Timber, Manufacture of Wood, Bamboo, Rattan, Palm, and Straw Products		
家具制造业	Manufacture of Furniture		
造纸和纸制品业	Manufacture of Paper and Paper Products		
印刷和记录媒介复制业	Printing and Record Medium Reproduction		
文教、工美、体育和娱乐用品制造业	Manufacture of Articles For Culture, Education and Sport Activity		
石油、煤炭及其他燃料加工业	Petroleum, Coal and Other Fuels Processing		-57.1
化学原料和化学制品制造业	Manufacture Raw Chemical Materials and Chemical Products	-76.5	32.4
医药制造业	Manufacture of Medical Products	-100.0	
化学纤维制造业	Manufacture of Chemical Fibers		
橡胶和塑料制品业	Manufacture of Rubber and Plastic Products		415.8
非金属矿物制品业	Manufacture of Nonmetals Mineral Products		-100.0
黑色金属冶炼和压延加工业	Smelting and Pressing of Ferrous Metals		
有色金属冶炼和压延加工业	Smelting and Pressing of Nonferrous Metals	48.0	
金属制品业	Manufacture of Metal Products		-100.0
通用设备制造业	Manufacture of Universal Purpose Equipment	2863.7	

7-5 续表4 continued

单位：% (%)

行业	Sector	港澳台商投资 Enterprises with Investment from Hong Kong, Macao and Taiwan	外商投资 Enterprises with Foreign Investment
专用设备制造业	Manufacture of Special Purpose Equipment		-52.3
汽车制造业	Manufacture of Motor Vehicles		-20.7
铁路、船舶、航空航天和其他运输设备制造业	Manufacture of Railways, Ships, Aviation, Aircrafts and Other Transportation Equipments		98.0
电气机械和器材制造业	Manufacture of Electrical Equipment and Machinery	-100.0	
计算机、通信和其他电子设备制造业	Manufacture of Computer, Telecommunication and Other Electronic Equipments	-56.6	0.2
仪器仪表制造业	Manufacture of Measuring Instrument and Machinery		
其他制造业	Other Manufacturing		
废弃资源综合利用业	Comprehensive Utilization of Waste		
金属制品、机械和设备修理业	Repair of Metal Products, Machinery and Equipment		-61.9
电力、热力、燃气及水生产和供应业	Production and Supply of Electricity, Heat, Gas and Water	-48.6	41.2
电力、热力生产和供应业	Production and Supply of Electricity and Heat	-38.4	25.7
燃气生产和供应业	Production and Supply of Gas	-87.2	
水的生产和供应业	Production and Supply of Water	-95.5	-1.6
建筑业	Construction		
房屋建筑业	Buildings Construction		
土木工程建筑业	Civil Engineering		
建筑安装业	Building Installation		
建筑装饰和其他建筑业	Building Decoration and Other Construction		
批发和零售业	Wholesale and Retail Trade		
批发业	Wholesale Trade		
零售业	Retail Trade		
交通运输、仓储和邮政业	Transport, Storage and Post		-61.8
铁路运输业	Railway Transport		
道路运输业	Highway Transport		-100.0
水上运输业	Water Transport		
航空运输业	Air Transport		
管道运输业	Transport Via Pipelines		
装卸搬运和运输代理业	Loading, Unloading and Other Transport Services		
仓储业	Storage		-57.2
邮政业	Post		
住宿和餐饮业	Hotels and Catering Services		-100.0
住宿业	Hotels		-100.0
餐饮业	Catering Services		
信息传输、软件和信息技术服务业	Information Transmission, Software and Information Technology Services	63.2	30.0
电信、广播电视和卫星传输服务	Transmission Services of Telecommunication, Broadcast, Television and Satellite		-58.5
互联网和相关服务	Internet and Relative Services	-8.1	51.1
软件和信息技术服务业	Software and Information Technology Services	263780.0	

7-5 续表5 continued

单位：% (%)

行 业	Sector	港澳台商投资 Enterprises with Investment from Hong Kong, Macao and Taiwan	外商投资 Enterprises with Foreign Investment
金融业	Banking and Insurance		
货币金融服务	Monetary Banking		
资本市场服务	Capital Market		
保险业	Insurance		
其他金融业	Other Financial Activities		
房地产业	Real Estate Trade	-25.7	20.1
房地产业	Real Estate Trade	-25.7	20.1
租赁和商务服务业	Lease and Business Affairs Services		
租赁业	Leasing		
商务服务业	Business Affairs Services		
科学研究和技术服务业	Scientific Research and Technical Services		
研究和试验发展	Research and Experimental Development		
专业技术服务业	Professional Technical Services		
科技推广和应用服务业	Services of Science and Technology Exchanges and Promotion		
水利、环境和公共设施管理业	Management of Water Conservancy, Environment and Public Facilities	-67.3	-34.5
水利管理业	Water Conservancy		
生态保护和环境治理业	Ecological Protection and Environmental Management	-67.3	-34.5
公共设施管理业	Public Facilities		
土地管理业	Land Management		
居民服务、修理和其他服务业	Resident Services, Repair and Other Services		
居民服务业	Residence Services		
机动车、电子产品和日用产品修理业	Repair of Motor Vehicles, Electronic Products and Daily Products		
其他服务业	Other Services		
教 育	Education		
教 育	Education		
卫生和社会工作	Health Care and Social Work		
卫 生	Health Care		
社会工作	Social Work		
文化、体育和娱乐业	Culture, Sports and Recreation		
新闻和出版业	Journalism and Publishing Activities		
广播、电视、电影和影视录音制作业	Broadcasting, Movies, Televisions and Audiovisual Activities		
文化艺术业	Culture and Arts Activities		
体 育	Sports Activities		
娱乐业	Entertainment		
公共管理、社会保障和社会组织	Public Management, Social Security and Social Organization		
中国共产党机关	Organs of CPC		
国家机构	Government Agencies		
人民政协、民主党派	PPCC and Democratic Parties		
社会保障	Social Security		
群众团体、社会团体和其他成员组织	Mass Organizations, Social Organizations and Other Member Organizations		
基层群众自治组织	Grass Roots Self-governing Organizations		

7-6 按构成分固定资产投资增长速度(2020年)

单位：%

行　业	Sector	本年完成投资 Investment Completed This Year
总　计	**Total**	**10.6**
农、林、牧、渔业	Farming, Forestry, Animal Husbandry and Fishery	26.9
农　业	Farming	28.8
林　业	Forestry	2.1
畜牧业	Animal Husbandry	54.9
渔　业	Fishery	-2.5
农、林、牧、渔服务业	Farming, Forestry, Animal Husbandry and Fishery Services	-21.7
采矿业	Mining	-7.2
煤炭开采和洗选业	Coal Mining and Washsing	-13.0
石油和天然气开采业	Extraction of Petroleum and Natural Gas	60.1
黑色金属矿采选业	Mining and Dressing of Ferrous Metals	-9.9
有色金属矿采选业	Mining and Dressing of Nonferrous Metals	-60.9
非金属矿采选业	Mining and Dressing of Nonmetal Ores	-34.3
开采辅助活动	Mining Auxiliary Activities	-48.0
其他采矿业	Others	
制造业	Manufacturing	25.9
农副食品加工业	Farm and Sideline Food Processing	38.0
食品制造业	Food Manufacturing	56.3
酒、饮料和精制茶制造业	Alcohol, Beverage and Refined Tea Manufacturing	55.7
烟草制品业	Tobacoo Manufaturing	-83.4
纺织业	Textile Industry	76.4
纺织服装、服饰业	Manufacture of Garments and Accessories	-50.7
皮革、毛皮、羽毛及其制品和制鞋业	Manufacture of Leather, Fur, Feather and their Products and Footwear	-88.2
木材加工和木、竹、藤、棕、草制品业	Processing of Timber, Manufacture of Wood, Bamboo, Rattan, Palm, and Straw Products	-36.4
家具制造业	Manufacture of Furniture	-14.3
造纸和纸制品业	Manufacture of Paper and Paper Products	30.6
印刷和记录媒介复制业	Printing and Record Medium Reproduction	1.3
文教、工美、体育和娱乐用品制造业	Manufacture of Articles For Culture, Education and Sport Activity	-32.4
石油、煤炭及其他燃料加工业	Petroleum, Coal and Other Fuels Processing	126.2
化学原料和化学制品制造业	Manufacture Raw Chemical Materials and Chemical Products	-13.2
医药制造业	Manufacture of Medical Products	22.2
化学纤维制造业	Manufacture of Chemical Fibers	65.1
橡胶和塑料制品业	Manufacture of Rubber and Plastic Products	-26.6
非金属矿物制品业	Manufacture of Nonmetals Mineral Products	-6.6
黑色金属冶炼和压延加工业	Smelting and Pressing of Ferrous Metals	21.7
有色金属冶炼和压延加工业	Smelting and Pressing of Nonferrous Metals	-21.2
金属制品业	Manufacture of Metal Products	16.9
通用设备制造业	Manufacture of Universal Purpose Equipment	0.6

GROWTH RATE OF INVESTMENT IN FIXED ASSETS BY COMPOSITION(2020)

(%)

建筑安装工程 Construction and Installation	设备工器具购置 Purchase of Equipment and Instruments	其他费用 Others
13.4	**3.6**	**4.2**
38.1	−19.0	−5.1
53.1	−40.9	−39.1
3.1	−43.7	2.7
65.4	−0.3	58.7
43.3	−100.0	−98.9
−18.0	−44.1	−45.5
6.7	−27.5	−22.1
−1.6	−26.6	−21.1
61.6	263.1	−58.8
3.1	−60.3	161.5
−54.4	−74.5	−76.0
−23.1	−64.7	38.9
−44.5	−92.9	3910.0
36.7	6.0	16.6
56.7	−35.5	42.5
30.6	88.0	712.4
104.8	−34.0	102.2
−97.9	−24.6	−56.7
133.0	1.1	30.1
−39.9	−98.3	−90.0
−86.9	−100.0	−100.0
−31.6	−48.0	−16.3
−9.2	−37.6	−64.3
−5.1	84.9	48.0
−8.1	−13.6	39440.0
−0.1	−54.2	−83.5
170.5	96.4	16.2
−11.1	−0.5	−54.7
12.4	55.3	28.9
25.0	93.0	3009.9
−36.1	−14.7	22.9
0.1	−18.9	−6.0
34.6	6.9	19.4
−21.9	−23.8	23.9
15.6	21.3	21.2
9.2	23.3	−59.1

7-6 续表1

单位：%

行 业	Sector	本年完成投资 Investment Completed This Year
专用设备制造业	Manufacture of Special Purpose Equipment	38.6
汽车制造业	Manufacture of Motor Vehicles	10.1
铁路、船舶、航空航天和其他运输设备制造业	Manufacture of Railways, Ships, Aviation, Aircrafts and Other Transportation Equipments	40.8
电气机械和器材制造业	Manufacture of Electrical Equipment and Machinery	-20.3
计算机、通信和其他电子设备制造业	Manufacture of Computer, Telecommunication and Other Electronic Equipments	24.9
仪器仪表制造业	Manufacture of Measuring Instrument and Machinery	-22.6
其他制造业	Other Manufacturing	-99.4
废弃资源综合利用业	Comprehensive Utilization of Waste	30.9
金属制品、机械和设备修理业	Repair of Metal Products, Machinery and Equipment	95.0
电力、热力、燃气及水生产和供应业	Production and Supply of Electricity, Heat, Gas and Water	20.4
电力、热力生产和供应业	Production and Supply of Electricity and Heat	24.8
燃气生产和供应业	Production and Supply of Gas	-33.7
水的生产和供应业	Production and Supply of Water	28.5
建筑业	Construction	45.5
房屋建筑业	Buildings Construction	-98.1
土木工程建筑业	Civil Engineering	1468.7
建筑安装业	Building Installation	
建筑装饰和其他建筑业	Building Decoration and Other Construction	
批发和零售业	Wholesale and Retail Trade	13.2
批发业	Wholesale Trade	-16.7
零售业	Retail Trade	62.7
交通运输、仓储和邮政业	Transport, Storage and Post	9.4
铁路运输业	Railway Transport	-34.5
道路运输业	Highway Transport	12.7
水上运输业	Water Transport	691.8
航空运输业	Air Transport	-16.8
管道运输业	Transport Via Pipelines	-86.0
装卸搬运和运输代理业	Loading, Unloading and Other Transport Services	2330.2
仓储业	Storage	-2.4
邮政业	Post	-83.0
住宿和餐饮业	Hotels and Catering Services	58.9
住宿业	Hotels	57.5
餐饮业	Catering Services	82.8
信息传输、软件和信息技术服务业	Information Transmission, Software and Information Technology Services	66.7
电信、广播电视和卫星传输服务	Transmission Services of Telecommunication, Broadcast, Television and Satellite	113.8
互联网和相关服务	Internet and Relative Services	-16.2
软件和信息技术服务业	Software and Information Technology Services	574.5

continued

(%)

建筑安装工程 Construction and Installation	设备工器具购置 Purchase of Equipment and Instruments	其他费用 Others
48.3	0.3	112.6
64.8	-25.4	-44.3
16.2	-0.5	238.2
-5.8	-41.8	47.0
29.5	11.3	80.2
-38.6	321.4	-49.5
-100.0	-95.9	-100.0
35.2	12.3	50.5
-28.3	1158.9	
17.4	22.4	36.8
22.9	26.1	31.7
-28.9	-56.8	-35.6
26.3	4.8	137.5
174.8	-63.7	
-96.1	-100.0	
	125.3	
-0.4	-7.0	120.2
-9.9	-13.6	-77.0
16.3	4.8	332.9
7.2	28.9	17.9
-34.6	22360.0	-36.8
9.5	52.0	23.5
184.2		
117.8	-94.3	-92.6
-79.0	-100.0	
2167.8	108.3	
-2.5	-46.6	45.3
-80.7	-97.6	
62.1	-39.6	53.9
60.7	-39.8	53.1
81.4	-24.3	
54.4	76.6	89.5
95.1	244.1	63.2
9.4	-34.0	-38.0
216.5	939.8	2579.9

7-6 续表2

单位：%

行　业	Sector	本年完成投资 Investment Completed This Year
金融业	Banking and Insurance	167.5
货币金融服务	Monetary Banking	145.2
资本市场服务	Capital Market	
保险业	Insurance	
其他金融业	Other Financial Activities	
房地产业	Real Estate Trade	8.3
房地产业	Real Estate Trade	8.3
租赁和商务服务业	Lease and Business Affairs Services	-7.6
租赁业	Leasing	-82.7
商务服务业	Business Affairs Services	-6.9
科学研究和技术服务业	Scientific Research and Technical Services	9.4
研究和试验发展	Research and Experimental Development	10.3
专业技术服务业	Professional Technical Services	-40.6
科技推广和应用服务业	Services of Science and Technology Exchanges and Promotion	31.8
水利、环境和公共设施管理业	Management of Water Conservancy, Environment and Public Facilities	-9.3
水利管理业	Water Conservancy	3.5
生态保护和环境治理业	Ecological Protection and Environmental Management	-32.7
公共设施管理业	Public Facilities	-4.9
土地管理业	Land Management	25.2
居民服务、修理和其他服务业	Resident Services, Repair and Other Services	3.2
居民服务业	Residence Services	65.6
机动车、电子产品和日用产品修理业	Repair of Motor Vehicles, Electronic Products and Daily Products	-88.7
其他服务业	Other Services	138.1
教　育	Education	38.4
教　育	Education	38.4
卫生和社会工作	Health Care and Social Work	12.5
卫　生	Health Care	25.6
社会工作	Social Work	-24.7
文化、体育和娱乐业	Culture, Sports and Recreation	-12.8
新闻和出版业	Journalism and Publishing Activities	
广播、电视、电影和影视录音制作业	Broadcasting, Movies, Televisions and Audiovisual Activities	-50.1
文化艺术业	Culture and Arts Activities	-1.0
体　育	Sports Activities	-4.2
娱乐业	Entertainment	-25.0
公共管理、社会保障和社会组织	Public Management, Social Security and Social Organization	33.7
中国共产党机关	Organs of CPC	-39.1
国家机构	Government Agencies	144.1
人民政协、民主党派	PPCC and Democratic Parties	
社会保障	Social Security	-100.0
群众团体、社会团体和其他成员组织	Mass Organizations, Social Organizations and Other Member Organizations	-73.9
基层群众自治组织	Grass Roots Self-governing Organizations	58.2

continued

(%)

建筑安装工程 Construction and Installation	设备工器具购置 Purchase of Equipment and Instruments	其他费用 Others
81.1		
58.8		
10.1	-1.1	4.4
10.1	-1.1	4.4
-4.2	-12.0	-28.4
-100.0	-75.6	-100.0
-4.0	-2.7	-27.9
8.6	3.7	33.2
3.5	16.5	169.0
-46.9	-50.0	192.6
35.7	28.2	-11.7
-4.8	-54.9	-22.6
5.2	68.3	-20.5
-31.3	-58.6	-6.2
-0.4	-64.9	-23.7
57.4	119.5	-91.6
17.5	-85.0	-4.6
68.2	-40.2	66.0
-87.2	-100.0	-78.1
197.0	-32.4	
44.1	18.8	4.2
44.1	18.8	4.2
1.4	126.0	60.8
11.4	146.3	75.3
-25.0	-55.7	1.8
-5.7	-69.2	-30.2
-49.9	-61.2	462.6
29.6	-70.9	-60.5
-6.1	-72.6	52.5
-28.7	-72.4	131.2
26.9	-18.2	481.9
-40.5	-2.8	127.3
155.7	-21.4	536.8
-100.0		
-74.3		-97.2
58.4	33.8	59.7

7-7 按建设性质分固定资产投资增长速度(2020年)

单位：%

行 业	Sector	本年完成投资 Investment Completed This Year
总 计	**Total**	**10.6**
农、林、牧、渔业	Farming, Forestry, Animal Husbandry and Fishery	26.9
农 业	Farming	28.8
林 业	Forestry	2.1
畜牧业	Animal Husbandry	54.9
渔 业	Fishery	-2.5
农、林、牧、渔服务业	Farming, Forestry, Animal Husbandry and Fishery Services	-21.7
采矿业	Mining	-7.2
煤炭开采和洗选业	Coal Mining and Washsing	-13.0
石油和天然气开采业	Extraction of Petroleum and Natural Gas	60.1
黑色金属矿采选业	Mining and Dressing of Ferrous Metals	-9.9
有色金属矿采选业	Mining and Dressing of Nonferrous Metals	-60.9
非金属矿采选业	Mining and Dressing of Nonmetal Ores	-34.3
开采辅助活动	Mining Auxiliary Activities	-48.0
其他采矿业	Others	
制造业	Manufacturing	25.9
农副食品加工业	Farm and Sideline Food Processing	38.0
食品制造业	Food Manufacturing	56.3
酒、饮料和精制茶制造业	Alcohol, Beverage and Refined Tea Manufacturing	55.7
烟草制品业	Tobacoo Manufaturing	-83.4
纺织业	Textile Industry	76.4
纺织服装、服饰业	Manufacture of Garments and Accessories	-50.7
皮革、毛皮、羽毛及其制品和制鞋业	Manufacture of Leather, Fur, Feather and their Products and Footwear	-88.2
木材加工和木、竹、藤、棕、草制品业	Processing of Timber, Manufacture of Wood, Bamboo, Rattan, Palm, and Straw Products	-36.4
家具制造业	Manufacture of Furniture	-14.3
造纸和纸制品业	Manufacture of Paper and Paper Products	30.6
印刷和记录媒介复制业	Printing and Record Medium Reproduction	1.3
文教、工美、体育和娱乐用品制造业	Manufacture of Articles For Culture, Education and Sport Activity	-32.4
石油、煤炭及其他燃料加工业	Petroleum, Coal and Other Fuels Processing	126.2
化学原料和化学制品制造业	Manufacture Raw Chemical Materials and Chemical Products	-13.2
医药制造业	Manufacture of Medical Products	22.2
化学纤维制造业	Manufacture of Chemical Fibers	65.1
橡胶和塑料制品业	Manufacture of Rubber and Plastic Products	-26.6
非金属矿物制品业	Manufacture of Nonmetals Mineral Products	-6.6
黑色金属冶炼和压延加工业	Smelting and Pressing of Ferrous Metals	21.7
有色金属冶炼和压延加工业	Smelting and Pressing of Nonferrous Metals	-21.2
金属制品业	Manufacture of Metal Products	16.9
通用设备制造业	Manufacture of Universal Purpose Equipment	0.6

注：本表不含房地产开发投资。

Note: Investment in this table doesn't include investment in real estate development.

GROWTH RATE OF INVESTMENT IN FIXED ASSETS BY TYPE OF CONSTRUCTION(2020)

(%)

#新 建 New Construction	#扩 建 Expansion	#改建和技术改造 Reconstruction and Technical Reformation
9.9	**9.9**	**7.5**
30.8	5.0	-12.3
31.5	2.7	9.7
7.9	-66.0	174.7
62.3	23.2	-45.3
-2.5		
-25.8	95.5	-78.8
-2.9	7.1	-20.3
-14.0	-1.1	-20.8
56.7	58.1	136.8
-52.8	-83.8	24.0
-57.9	-95.2	-60.6
-14.6	-26.6	-62.6
-58.8	49.2	-48.8
-0.8	125.3	47.4
26.0	11.6	440.5
-2.2	251.2	11035.5
13.7	923.4	66.7
-95.7		
84.5	42.2	40.5
-47.2	-100.0	-59.5
-88.2		
-17.2	-100.0	-27.1
-13.7		-100.0
-49.4	343.1	235.4
-18.1	15.0	15.8
-54.9	-95.2	
-8.5	769.2	222.2
-20.4	1.1	-29.7
32.9	61.9	-56.7
72.5	-100.0	
-15.7	-95.7	-59.5
-9.5	22.3	-20.4
-6.3		26.9
-70.5	158.7	4.3
12.8	100.2	29.1
12.0	-60.9	-43.5

7-7 续表1

单位：%

行 业	Sector	本年完成投资 Investment Completed This Year
专用设备制造业	Manufacture of Special Purpose Equipment	38.6
汽车制造业	Manufacture of Motor Vehicles	10.1
铁路、船舶、航空航天和其他运输设备制造业	Manufacture of Railways, Ships, Aviation, Aircrafts and Other Transportation Equipments	40.8
电气机械和器材制造业	Manufacture of Electrical Equipment and Machinery	-20.3
计算机、通信和其他电子设备制造业	Manufacture of Computer, Telecommunication and Other Electronic Equipments	24.9
仪器仪表制造业	Manufacture of Measuring Instrument and Machinery	-22.6
其他制造业	Other Manufacturing	-99.4
废弃资源综合利用业	Comprehensive Utilization of Waste	30.9
金属制品、机械和设备修理业	Repair of Metal Products, Machinery and Equipment	95.0
电力、热力、燃气及水生产和供应业	Production and Supply of Electricity, Heat, Gas and Water	20.4
电力、热力生产和供应业	Production and Supply of Electricity and Heat	24.8
燃气生产和供应业	Production and Supply of Gas	-33.7
水的生产和供应业	Production and Supply of Water	28.5
建筑业	Construction	45.5
房屋建筑业	Buildings Construction	-98.1
土木工程建筑业	Civil Engineering	1468.7
建筑安装业	Building Installation	
建筑装饰和其他建筑业	Building Decoration and Other Construction	
批发和零售业	Wholesale and Retail Trade	13.2
批发业	Wholesale Trade	-16.7
零售业	Retail Trade	62.7
交通运输、仓储和邮政业	Transport, Storage and Post	9.4
铁路运输业	Railway Transport	-34.5
道路运输业	Highway Transport	12.7
水上运输业	Water Transport	691.8
航空运输业	Air Transport	-16.8
管道运输业	Transport Via Pipelines	-86.0
装卸搬运和运输代理业	Loading, Unloading and Other Transport Services	2330.2
仓储业	Storage	-2.4
邮政业	Post	-83.0
住宿和餐饮业	Hotels and Catering Services	58.9
住宿业	Hotels	57.5
餐饮业	Catering Services	82.8
信息传输、软件和信息技术服务业	Information Transmission, Software and Information Technology Services	66.7
电信、广播电视和卫星传输服务	Transmission Services of Telecommunication, Broadcast, Television and Satellite	113.8
互联网和相关服务	Internet and Relative Services	-16.2
软件和信息技术服务业	Software and Information Technology Services	574.5

continued

(%)

#新 建 New Construction	#扩 建 Expansion	#改建和技术改造 Reconstruction and Technical Reformation
14.9	1440.5	56.3
9.1	65.5	6.4
44.6	-62.0	1.5
-20.2	191.1	2.4
30.0	1912.5	37.0
-22.0		-49.2
-99.4		
32.7	-50.9	84.3
6.1		
27.6	-23.8	9.2
30.1	-7.9	10.8
-27.7	-84.1	29.3
62.1	-49.4	-2.2
236.7		
-96.1		
11.8	18.7	106.1
-22.6	-11.8	230.5
66.0	492.7	-34.0
18.6	-26.5	-8.2
-39.9	-90.3	634.6
23.3	0.3	-10.1
691.8		
1.3	243.0	4.4
-86.0		
2326.6		
13.4	-68.4	49.2
-83.0		
85.9	81.6	-21.1
82.5	232.7	-21.6
157.4	-26.9	
66.5	227.7	-9.2
113.5	47.5	273.0
-19.2	823.7	
841.7	604.4	-49.3

7-7 续表2

单位：%

行　业	Sector	本年完成投资 Investment Completed This Year
金融业	Banking and Insurance	167.5
货币金融服务	Monetary Banking	145.2
资本市场服务	Capital Market	
保险业	Insurance	
其他金融业	Other Financial Activities	
房地产业	Real Estate Trade	-8.0
房地产业	Real Estate Trade	-8.0
租赁和商务服务业	Lease and Business Affairs Services	-7.6
租赁业	Leasing	-82.7
商务服务业	Business Affairs Services	-6.9
科学研究和技术服务业	Scientific Research and Technical Services	9.4
研究和试验发展	Research and Experimental Development	10.3
专业技术服务业	Professional Technical Services	-40.6
科技推广和应用服务业	Services of Science and Technology Exchanges and Promotion	31.8
水利、环境和公共设施管理业	Management of Water Conservancy, Environment and Public Facilities	-9.3
水利管理业	Water Conservancy	3.5
生态保护和环境治理业	Ecological Protection and Environmental Management	-32.7
公共设施管理业	Public Facilities	-4.9
土地管理业	Land Management	25.2
居民服务、修理和其他服务业	Resident Services, Repair and Other Services	3.2
居民服务业	Residence Services	65.6
机动车、电子产品和日用产品修理业	Repair of Motor Vehicles, Electronic Products and Daily Products	-88.7
其他服务业	Other Services	138.1
教　育	Education	38.4
教　育	Education	38.4
卫生和社会工作	Health Care and Social Work	12.5
卫　生	Health Care	25.6
社会工作	Social Work	-24.7
文化、体育和娱乐业	Culture, Sports and Recreation	-12.8
新闻和出版业	Journalism and Publishing Activities	
广播、电视、电影和影视录音制作业	Broadcasting, Movies, Televisions and Audiovisual Activities	-50.1
文化艺术业	Culture and Arts Activities	-1.0
体　育	Sports Activities	-4.2
娱乐业	Entertainment	-25.0
公共管理、社会保障和社会组织	Public Management, Social Security and Social Organization	33.7
中国共产党机关	Organs of CPC	-39.1
国家机构	Government Agencies	144.1
人民政协、民主党派	PPCC and Democratic Parties	
社会保障	Social Security	-100.0
群众团体、社会团体和其他成员组织	Mass Organizations, Social Organizations and Other Member Organizations	-73.9
基层群众自治组织	Grass Roots Self-governing Organizations	58.2

continued

(%)

#新 建 New Construction	#扩 建 Expansion	#改建和技术改造 Reconstruction and Technical Reformation
99.2		29.3
99.2		29.3
-2.5	-29.5	22.2
-2.5	-29.5	22.2
-6.2	89.0	-63.5
-82.5		
-5.5	89.0	-63.5
14.5	-80.7	-88.3
26.3		-100.0
-38.2	-80.7	
33.0		-52.2
-8.6	-43.4	0.7
4.1	6.7	-43.0
-34.0	-37.1	-37.6
-4.9	-45.9	32.5
32.2	-100.0	-80.9
9.6	-100.0	32.3
88.1		-73.1
-86.0	-100.0	
6.8		
36.4	69.8	19.6
36.4	69.8	19.6
20.1	246.8	18.2
41.1	264.9	117.4
-24.1	25.1	-100.0
-8.1	-76.6	-26.2
-68.6	450.0	
5.3	-52.2	-21.4
8.6	-26.4	-76.0
-21.2	-90.5	21.7
57.8	-65.6	-35.3
-39.1		
219.3	-44.5	-35.3
	-100.0	
-71.9	-95.8	
555.5	-67.3	

7-8 按控股情况分固定资产投资增长速度(2020年)

单位：%

行 业	Sector	本年完成投资 Investment Completed This Year
总 计	**Total**	**10.6**
农、林、牧、渔业	Farming, Forestry, Animal Husbandry and Fishery	26.9
农 业	Farming	28.8
林 业	Forestry	2.1
畜牧业	Animal Husbandry	54.9
渔 业	Fishery	-2.5
农、林、牧、渔服务业	Farming, Forestry, Animal Husbandry and Fishery Services	-21.7
采矿业	Mining	-7.2
煤炭开采和洗选业	Coal Mining and Washsing	-13.0
石油和天然气开采业	Extraction of Petroleum and Natural Gas	60.1
黑色金属矿采选业	Mining and Dressing of Ferrous Metals	-9.9
有色金属矿采选业	Mining and Dressing of Nonferrous Metals	-60.9
非金属矿采选业	Mining and Dressing of Nonmetal Ores	-34.3
开采辅助活动	Mining Auxiliary Activities	-48.0
其他采矿业	Others	
制造业	Manufacturing	25.9
农副食品加工业	Farm and Sideline Food Processing	38.0
食品制造业	Food Manufacturing	56.3
酒、饮料和精制茶制造业	Alcohol, Beverage and Refined Tea Manufacturing	55.7
烟草制品业	Tobacoo Manufaturing	-83.4
纺织业	Textile Industry	76.4
纺织服装、服饰业	Manufacture of Garments and Accessories	-50.7
皮革、毛皮、羽毛及其制品和制鞋业	Manufacture of Leather, Fur, Feather and their Products and Footwear	-88.2
木材加工和木、竹、藤、棕、草制品业	Processing of Timber, Manufacture of Wood, Bamboo, Rattan, Palm, and Straw Products	-36.4
家具制造业	Manufacture of Furniture	-14.3
造纸和纸制品业	Manufacture of Paper and Paper Products	30.6
印刷和记录媒介复制业	Printing and Record Medium Reproduction	1.3
文教、工美、体育和娱乐用品制造业	Manufacture of Articles For Culture, Education and Sport Activity	-32.4
石油、煤炭及其他燃料加工业	Petroleum, Coal and Other Fuels Processing	126.2
化学原料和化学制品制造业	Manufacture Raw Chemical Materials and Chemical Products	-13.2
医药制造业	Manufacture of Medical Products	22.2
化学纤维制造业	Manufacture of Chemical Fibers	65.1
橡胶和塑料制品业	Manufacture of Rubber and Plastic Products	-26.6
非金属矿物制品业	Manufacture of Nonmetals Mineral Products	-6.6
黑色金属冶炼和压延加工业	Smelting and Pressing of Ferrous Metals	21.7
有色金属冶炼和压延加工业	Smelting and Pressing of Nonferrous Metals	-21.2
金属制品业	Manufacture of Metal Products	16.9
通用设备制造业	Manufacture of Universal Purpose Equipment	0.6

GROWTH RATE OF INVESTMENT IN FIXED ASSETS BY SHARE HOLDING(2020)

(%)

#国有控股 State-owned	#集体控股 Collective-owned	#私人控股 Private
11.4	**-10.9**	**12.6**
33.0	-7.2	24.3
190.5	-15.7	-17.9
6.3	-71.5	5.8
33.1	65.1	61.2
	-100.0	-25.1
-27.1	-76.9	-20.7
3.7	16.6	-35.2
-0.4	25.9	-40.3
36.6	-100.0	191.3
29.2		-27.8
-52.6		-66.6
-89.0	-100.0	-36.5
-30.1		-62.4
13.7	-53.9	29.7
25.1	-62.1	43.4
69.2	849.6	67.7
146.1	-43.8	76.1
-87.8		
-65.6		168.2
-60.2		-49.5
-72.9		-89.2
		-40.5
-100.0		-13.0
		40.9
31.7		-4.0
-59.5		-9.8
126.7		100.7
-68.1	-88.0	18.2
-18.3		46.6
	-9.5	-21.7
4.4	-90.9	-23.4
148.3	-96.4	-13.6
16.4		9.5
-50.3		1.9
-12.1	-100.0	31.4
18.7		-12.2

7-8 续表1

单位：%

行 业	Sector	本年完成投资 Investment Completed This Year
专用设备制造业	Manufacture of Special Purpose Equipment	38.6
汽车制造业	Manufacture of Motor Vehicles	10.1
铁路、船舶、航空航天和其他运输设备制造业	Manufacture of Railways, Ships, Aviation, Aircrafts and Other Transportation Equipments	40.8
电气机械和器材制造业	Manufacture of Electrical Equipment and Machinery	-20.3
计算机、通信和其他电子设备制造业	Manufacture of Computer, Telecommunication and Other Electronic Equipments	24.9
仪器仪表制造业	Manufacture of Measuring Instrument and Machinery	-22.6
其他制造业	Other Manufacturing	-99.4
废弃资源综合利用业	Comprehensive Utilization of Waste	30.9
金属制品、机械和设备修理业	Repair of Metal Products, Machinery and Equipment	95.0
电力、热力、燃气及水生产和供应业	Production and Supply of Electricity, Heat, Gas and Water	20.4
电力、热力生产和供应业	Production and Supply of Electricity and Heat	24.8
燃气生产和供应业	Production and Supply of Gas	-33.7
水的生产和供应业	Production and Supply of Water	28.5
建筑业	Construction	45.5
房屋建筑业	Buildings Construction	-98.1
土木工程建筑业	Civil Engineering	1468.7
建筑安装业	Building Installation	
建筑装饰和其他建筑业	Building Decoration and Other Construction	
批发和零售业	Wholesale and Retail Trade	13.2
批发业	Wholesale Trade	-16.7
零售业	Retail Trade	62.7
交通运输、仓储和邮政业	Transport, Storage and Post	9.4
铁路运输业	Railway Transport	-34.5
道路运输业	Highway Transport	12.7
水上运输业	Water Transport	691.8
航空运输业	Air Transport	-16.8
管道运输业	Transport Via Pipelines	-86.0
装卸搬运和运输代理业	Loading, Unloading and Other Transport Services	2330.2
仓储业	Storage	-2.4
邮政业	Post	-83.0
住宿和餐饮业	Hotels and Catering Services	58.9
住宿业	Hotels	57.5
餐饮业	Catering Services	82.8
信息传输、软件和信息技术服务业	Information Transmission, Software and Information Technology Services	66.7
电信、广播电视和卫星传输服务	Transmission Services of Telecommunication, Broadcast, Television and Satellite	113.8
互联网和相关服务	Internet and Relative Services	-16.2
软件和信息技术服务业	Software and Information Technology Services	574.5

continued

(%)

#国有控股 State-owned	#集体控股 Collective-owned	#私人控股 Private
-3.7		60.7
-35.9		51.3
-85.6		78.4
-24.9		-6.5
1057.6		-1.5
		111.8
-100.0		-97.4
20.9		14.2
306.5		137.2
26.7	45.2	28.2
30.2	25.1	35.0
-51.3	143.7	-26.0
33.6	328.9	48.1
		-98.3
		-98.1
		-100.0
63.7	62.4	-6.8
-41.5		-7.5
1131.5	-24.2	-6.0
24.3	-53.1	-33.9
-53.0		267.1
26.2	-69.0	-56.1
7.4		
14.7		-99.0
-47.0		-100.0
		2330.2
156.4	108.3	-33.7
-100.0		-81.9
-33.2		146.3
-37.2		149.9
		104.7
76.3		62.5
124.5		
49.9		-38.2
48.6		1638.2

7-8 续表2

单位：%

行　业	Sector	本年完成投资 Investment Completed This Year
金融业	Banking and Insurance	167.5
货币金融服务	Monetary Banking	145.2
资本市场服务	Capital Market	
保险业	Insurance	
其他金融业	Other Financial Activities	
房地产业	Real Estate Trade	8.3
房地产业	Real Estate Trade	8.3
租赁和商务服务业	Lease and Business Affairs Services	-7.6
租赁业	Leasing	-82.7
商务服务业	Business Affairs Services	-6.9
科学研究和技术服务业	Scientific Research and Technical Services	9.4
研究和试验发展	Research and Experimental Development	10.3
专业技术服务业	Professional Technical Services	-40.6
科技推广和应用服务业	Services of Science and Technology Exchanges and Promotion	31.8
水利、环境和公共设施管理业	Management of Water Conservancy, Environment and Public Facilities	-9.3
水利管理业	Water Conservancy	3.5
生态保护和环境治理业	Ecological Protection and Environmental Management	-32.7
公共设施管理业	Public Facilities	-4.9
土地管理业	Land Management	25.2
居民服务、修理和其他服务业	Resident Services, Repair and Other Services	3.2
居民服务业	Residence Services	65.6
机动车、电子产品和日用产品修理业	Repair of Motor Vehicles, Electronic Products and Daily Products	-88.7
其他服务业	Other Services	138.1
教　育	Education	38.4
教　育	Education	38.4
卫生和社会工作	Health Care and Social Work	12.5
卫　生	Health Care	25.6
社会工作	Social Work	-24.7
文化、体育和娱乐业	Culture, Sports and Recreation	-12.8
新闻和出版业	Journalism and Publishing Activities	
广播、电视、电影和影视录音制作业	Broadcasting, Movies, Televisions and Audiovisual Activities	-50.1
文化艺术业	Culture and Arts Activities	-1.0
体　育	Sports Activities	-4.2
娱乐业	Entertainment	-25.0
公共管理、社会保障和社会组织	Public Management, Social Security and Social Organization	33.7
中国共产党机关	Organs of CPC	-39.1
国家机构	Government Agencies	144.1
人民政协、民主党派	PPCC and Democratic Parties	
社会保障	Social Security	-100.0
群众团体、社会团体和其他成员组织	Mass Organizations, Social Organizations and Other Member Organizations	-73.9
基层群众自治组织	Grass Roots Self-governing Organizations	58.2

continued

(%)

#国有控股 State-owned	#集体控股 Collective-owned	#私人控股 Private
306.3	23.7	
306.3	23.7	
0.7	-4.6	9.4
0.7	-4.6	9.4
25.9	-89.9	55.6
629.4		-100.0
25.4	-89.9	59.9
28.3		-15.2
36.6		-73.2
-6.4		-54.8
31.2		85.1
-6.3	-47.8	-33.1
2.9	-49.5	42.4
-16.9	-95.1	-57.4
-5.5	-36.0	-18.6
-2.8	73.1	1320.7
43.7	-100.0	-20.3
51.5	-100.0	245.7
		-91.2
-72.6		290.6
24.2	101.9	34.0
24.2	101.9	34.0
18.0	131.6	-3.1
25.9	422.7	10.5
-19.3	-100.0	-17.7
-12.2	-39.6	-20.0
-61.3		-12.2
-17.4	-49.1	23.9
8.9		-69.6
-13.9	124.1	-30.0
117.0	192.7	-58.4
-39.1		
150.4	226.9	-22.5
-100.0		
11.0		-82.8
323.0	-72.0	

7-9 按资金来源分固定资产投资增长速度(2020年)

单位：%

行 业	Sector	本年资金来源小计 Total Source of Funds
总 计	**Total**	**15.6**
农、林、牧、渔业	Farming, Forestry, Animal Husbandry and Fishery	41.9
农 业	Farming	66.6
林 业	Forestry	4.7
畜牧业	Animal Husbandry	70.7
渔 业	Fishery	-53.7
农、林、牧、渔服务业	Farming, Forestry, Animal Husbandry and Fishery Services	-18.4
采矿业	Mining	-0.6
煤炭开采和洗选业	Coal Mining and Washsing	-7.6
石油和天然气开采业	Extraction of Petroleum and Natural Gas	57.8
黑色金属矿采选业	Mining and Dressing of Ferrous Metals	-17.3
有色金属矿采选业	Mining and Dressing of Nonferrous Metals	-60.1
非金属矿采选业	Mining and Dressing of Nonmetal Ores	-8.7
开采辅助活动	Mining Auxiliary Activities	-7.9
其他采矿业	Others	
制造业	Manufacturing	40.2
农副食品加工业	Farm and Sideline Food Processing	122.2
食品制造业	Food Manufacturing	123.8
酒、饮料和精制茶制造业	Alcohol, Beverage and Refined Tea Manufacturing	38.4
烟草制品业	Tobacoo Manufaturing	-72.4
纺织业	Textile Industry	73.5
纺织服装、服饰业	Manufacture of Garments and Accessories	-40.1
皮革、毛皮、羽毛及其制品和制鞋业	Manufacture of Leather, Fur, Feather and their Products and Footwear	-100.0
木材加工和木、竹、藤、棕、草制品业	Processing of Timber, Manufacture of Wood, Bamboo, Rattan, Palm, and Straw Products	-33.7
家具制造业	Manufacture of Furniture	8.5
造纸和纸制品业	Manufacture of Paper and Paper Products	-17.2
印刷和记录媒介复制业	Printing and Record Medium Reproduction	25.1
文教、工美、体育和娱乐用品制造业	Manufacture of Articles For Culture, Education and Sport Activity	-3.1
石油、煤炭及其他燃料加工业	Petroleum, Coal and Other Fuels Processing	151.3
化学原料和化学制品制造业	Manufacture Raw Chemical Materials and Chemical Products	-14.8
医药制造业	Manufacture of Medical Products	10.2
化学纤维制造业	Manufacture of Chemical Fibers	94.5
橡胶和塑料制品业	Manufacture of Rubber and Plastic Products	-14.5
非金属矿物制品业	Manufacture of Nonmetals Mineral Products	18.9
黑色金属冶炼和压延加工业	Smelting and Pressing of Ferrous Metals	19.5
有色金属冶炼和压延加工业	Smelting and Pressing of Nonferrous Metals	-16.7
金属制品业	Manufacture of Metal Products	21.0
通用设备制造业	Manufacture of Universal Purpose Equipment	12.2

GROWTH RATE OF INVESTMENT IN FIXED ASSETS BY SOURCE OF FUNDS(2020)

(%)

国家预算内资金 State Budgetary Appropriation	国内贷款 Domestic Loans	利用外资 Foreign Investment	自筹资金 Self-raised Funds	其他资金 Others
27.1	**17.9**	**-11.1**	**15.4**	**12.5**
116.1	-23.3	591.2	25.5	166.7
891.2	58.1	591.2	13.7	128.0
46.2	-100.0		-4.0	101.9
614.8	5.8		58.7	233.0
			-53.7	
-57.6	-100.0		0.4	127.1
2.2	16.6		-3.5	74.0
	11.3		-11.7	79.7
			57.7	-100.0
			-17.3	
			-66.9	
-100.0	-100.0		-1.7	-72.8
			-7.9	
1504.9	130.5	-100.0	37.9	-1.2
	11.4		123.2	289.2
	1604.7		61.6	-100.0
83.0	-100.0	-100.0	32.0	80.2
			-72.4	
	94.4		46.6	141.3
			-40.1	
			-100.0	-100.0
			-61.6	
	-91.7		33.8	-100.0
	-21.1		-17.7	10.5
			22.0	
			-5.1	
	820.2		147.4	-72.6
	-62.8		-0.8	-96.4
	-73.9		9.7	-39.5
		-100.0	115.1	
	-100.0		-12.7	
	199.3	-100.0	21.3	-67.3
	1900.0		15.8	42716.7
	56.3		-16.5	-62.8
	17.3		19.6	168.1
	-83.6		29.2	2978.2

7-9 续表1

单位：%

行 业	Sector	本年资金来源小计 Total Source of Funds
专用设备制造业	Manufacture of Special Purpose Equipment	45.6
汽车制造业	Manufacture of Motor Vehicles	41.2
铁路、船舶、航空航天和其他运输设备制造业	Manufacture of Railways, Ships, Aviation, Aircrafts and Other Transportation Equipments	-24.4
电气机械和器材制造业	Manufacture of Electrical Equipment and Machinery	-2.0
计算机、通信和其他电子设备制造业	Manufacture of Computer, Telecommunication and Other Electronic Equipments	33.1
仪器仪表制造业	Manufacture of Measuring Instrument and Machinery	-77.7
其他制造业	Other Manufacturing	-100.0
废弃资源综合利用业	Comprehensive Utilization of Waste	35.2
金属制品、机械和设备修理业	Repair of Metal Products, Machinery and Equipment	297.7
电力、热力、燃气及水生产和供应业	Production and Supply of Electricity, Heat, Gas and Water	32.7
电力、热力生产和供应业	Production and Supply of Electricity and Heat	36.3
燃气生产和供应业	Production and Supply of Gas	-29.3
水的生产和供应业	Production and Supply of Water	67.8
建筑业	Construction	
房屋建筑业	Buildings Construction	
土木工程建筑业	Civil Engineering	
建筑安装业	Building Installation	
建筑装饰和其他建筑业	Building Decoration and Other Construction	
批发和零售业	Wholesale and Retail Trade	69.9
批发业	Wholesale Trade	39.9
零售业	Retail Trade	113.4
交通运输、仓储和邮政业	Transport, Storage and Post	24.8
铁路运输业	Railway Transport	-31.0
道路运输业	Highway Transport	32.5
水上运输业	Water Transport	
航空运输业	Air Transport	-26.8
管道运输业	Transport Via Pipelines	-99.2
装卸搬运和运输代理业	Loading, Unloading and Other Transport Services	2545.9
仓储业	Storage	-17.9
邮政业	Post	
住宿和餐饮业	Hotels and Catering Services	32.6
住宿业	Hotels	31.0
餐饮业	Catering Services	128.6
信息传输、软件和信息技术服务业	Information Transmission, Software and Information Technology Services	97.6
电信、广播电视和卫星传输服务	Transmission Services of Telecommunication, Broadcast, Television and Satellite	102.5
互联网和相关服务	Internet and Relative Services	-3.7
软件和信息技术服务业	Software and Information Technology Services	1076.1

continued

(%)

国家预算内资金 State Budgetary Appropriation	国内贷款 Domestic Loans	利用外资 Foreign Investment	自筹资金 Self-raised Funds	其他资金 Others
			48.6	-54.8
	65.9		36.2	243.3
			-23.9	-55.2
	-65.5	-100.0	2.7	-60.9
1021.1	3142.5	-100.0	6.5	9489.7
			-77.7	
			-100.0	
	-28.6		18.9	1282.4
	297.7			
-23.4	37.4	152.9	38.9	46.6
-17.7	36.1	916.7	41.7	48.8
-76.7	22.1	-100.0	-27.0	184.3
-12.2	182.9		162.3	-5.9
-100.0	372.8		65.7	136.3
	372.8		26.1	
-100.0			129.2	68.8
15.0	43.9		2.6	39.5
	-66.9		-25.6	-50.9
-0.2	55.9		16.8	42.9
	-100.0		-86.7	-80.7
			-100.0	-96.9
			2545.9	
			-30.9	-91.9
			197.5	-90.8
			200.2	-90.8
			128.6	
102.3	1.9	5.0	89.2	1182.2
807.4	175.8		78.5	
54.2	-100.0	-100.0	-15.9	4277.4
63.8			1201.5	13.4

7-9 续表2

单位：%

行 业	Sector	本年资金来源小计 Total Source of Funds
金融业	Banking and Insurance	300.4
货币金融服务	Monetary Banking	261.1
资本市场服务	Capital Market	
保险业	Insurance	
其他金融服务	Other Financial Activities	
房地产业	Real Estate Trade	4.0
房地产业	Real Estate Trade	4.0
租赁和商务服务业	Lease and Business Affairs Services	-32.6
租赁业	Leasing	-82.9
商务服务业	Business Affairs Services	-32.2
科学研究和技术服务业	Scientific Research and Technical Services	-8.5
研究和试验发展	Research and Experimental Development	-6.9
专业技术服务业	Professional Technical Services	25.9
科技推广和应用服务业	Services of Science and Technology Exchanges and Promotion	-13.6
水利、环境和公共设施管理业	Management of Water Conservancy, Environment and Public Facilities	0.8
水利管理业	Water Conservancy	41.5
生态保护和环境治理业	Ecological Protection and Environmental Management	-12.2
公共设施管理业	Public Facilities	-2.6
土地管理业	Land Management	56.8
居民服务、修理和其他服务业	Resident Services, Repair and Other Services	100.9
居民服务业	Residence Services	1432.8
机动车、电子产品和日用产品修理业	Repair of Motor Vehicles, Electronic Products and Daily Products	-88.4
其他服务业	Other Services	
教 育	Education	63.7
教 育	Education	63.7
卫生和社会工作	Health Care and Social Work	25.5
卫 生	Health Care	39.9
社会工作	Social Work	-21.6
文化、体育和娱乐业	Culture, Sports and Recreation	5.3
新闻和出版业	Journalism and Publishing Activities	
广播、电视、电影和影视录音制作业	Broadcasting, Movies, Televisions and Audiovisual Activities	-100.0
文化艺术业	Culture and Arts Activities	96.1
体 育	Sports Activities	-49.3
娱乐业	Entertainment	-24.2
公共管理、社会保障和社会组织	Public Management, Social Security and Social Organization	5.7
中国共产党机关	Organs of CPC	-87.3
国家机构	Government Agencies	233.2
人民政协、民主党派	PPCC and Democratic Parties	
社会保障	Social Security	
群众团体、社会团体和其他成员组织	Mass Organizations, Social Organizations and Other Member Organizations	-71.3
基层群众自治组织	Grass Roots Self-governing Organizations	-18.8

continued

(%)

国家预算内资金 State Budgetary Appropriation	国内贷款 Domestic Loans	利用外资 Foreign Investment	自筹资金 Self-raisied Funds	其他资金 Others
			300.4	
			261.1	
-17.6	-27.1	268.1	2.1	11.4
-17.6	-27.1	268.1	2.1	11.4
92.2	-70.9		-31.4	100.9
	-100.0		-81.0	
92.2	-70.8		-30.9	100.9
47.8			-7.3	-68.5
-44.9			-28.8	
1394.0			7.5	298.6
84.4			1.2	-100.0
19.6	19.9	-98.8	-3.4	-30.1
24.8	-40.2		128.6	66.4
72.4	102.2	-98.8	-25.9	12.4
14.1	17.6	-100.0	0.1	-41.8
1.4			69.8	-100.0
3094.6			-9.3	
2301.3			831.8	
			-88.4	
166.9	319.2	-100.0	6.9	-20.4
166.9	319.2	-100.0	6.9	-20.4
53.8	-80.1		12.0	72.3
50.6	-80.1		36.5	84.0
115.6			-26.9	-87.2
11.8	348.7	-100.0	13.8	-57.0
-100.0				
86.4	535.8		302.3	-49.8
-25.4			-24.3	-92.8
	-65.1	-100.0	-24.1	-29.0
78.7	-100.0		-20.5	-1.4
-100.0			-37.7	
220.3	-100.0		1651.5	-1.4
4.2			-73.0	
			-18.8	

7-10 农户固定资产投资主要指标增长速度

GROWTH RATE OF MAJOR INDICATORS OF RURAL HOUSEHOLDS INVESTMENT IN FIXED ASSETS

单位：% (%)

指　标	Item	2019	2020
一、本年新增固定资产原值	Original Value of Newly Increased Fixed Assets This Year	-26.5	-45.3
二、本年固定资产投资完成额	Completed Investment in Fixed Assets This Year	-30.6	-31.6
按投资来源分	Grouped by Source of Funds		
国内贷款	Domestic Loans	-27.8	-42.3
自筹资金	Self-raised Funds	-31.0	-29.8
其他资金	Others	-36.9	-39.6
按投资构成分	Grouped by Composition		
建筑工程	Construction	-34.4	-16.9
#水　利	Conservancy	-14.2	-38.4
房　屋	Buildings	-35.3	-12.8
#住　宅	Residential Buildings	-37.6	-39.7
安装工程	Installation		
设备工器具购置	Purchase of Equipment and Instruments	-26.4	-47.9
#生产设备	Production Equipment	-26.4	-47.9
其　他	Others	-18.3	-56.7
按具体投资项目分	Grouped by Investment Projects		
房　屋	Buildings	-35.3	-12.8
#住　宅	Residential Buildings	-37.6	-39.7
道　路	Roadway		
桥　梁	Bridge		
设　备	Equipment	-26.4	-47.9
水　利	Conservancy	-14.2	-38.4
其　他	Others	-17.1	-65.0
三、本年施工房屋面积	Floor Space of Buildings Under Construction This Year	-34.9	-26.4
#住　宅	Residential Buildings	-30.7	-29.0
#当年新开工	Newly Started in The Current Year	-39.6	-43.8
四、本年竣工房屋面积	Floor Space of Buildings Completed This Year	-34.1	-39.5
#住　宅	Residential Buildings	-28.8	-47.6
五、本年竣工房屋投资额	Investment in Buildings Completed This Year	-35.0	-51.0
#住　宅	Residential Buildings	-35.7	-52.7

主要统计指标解释

全社会固定资产投资 是以货币形式表现的在一定时期内全社会建造和购置固定资产的工作量以及与此有关的费用的总称。该指标是反映固定资产投资规模、结构和发展速度的综合性指标，又是观察工程进度和考核投资效果的重要依据。全社会固定资产投资按登记注册类型可分为国有、集体、联营、股份制、私营和个体、港澳台商、外商、其他等。

固定资产投资（不含农户） 指城镇和农村各种登记注册类型的企业、事业、行政单位及城镇个体户进行的计划总投资500万元及500万元以上的建设项目投资和房地产开发投资，包含原口径的城镇固定资产投资加上农村企事业组织项目投资，该口径自2011年起开始使用。

固定资产投资的实际到位资金 根据固定资产投资的资金来源不同，分为国家预算资金、国内贷款、利用外资、自筹资金和其他资金。

(1) 国家预算资金 国家预算包括一般预算、政府性基金预算、国有资本经营预算和社保基金预算。各类预算中用于固定资产投资的资金全部作为国家预算资金填报，其中一般预算中用于固定资产投资的部分包括基建投资、车购税、灾后恢复重建基金和其他财政投资。各级政府债券也应归入国家预算资金。

(2) 国内贷款 指报告期固定资产项目投资单位向银行及非银行金融机构借入用于固定资产投资的各种国内借款，包括银行利用自有资金及吸收存款发放的贷款、上级主管部门拨入的国内贷款、国家专项贷款（包括煤代油贷款、劳改煤矿专项贷款等），地方财政专项资金安排的贷款、国内储备贷款、周转贷款等。

(3) 利用外资 指报告期收到的境外（包括外国及港澳台地区）资金（包括设备、材料、技术在内）。包括对外借款（外国政府贷款、国际金融组织贷款、出口信贷、外国银行商业贷款、对外发行债券和股票）、外商直接投资、外商其他投资（包括利用外商投资收益在国内进行固定资产再投资活动的资金）。不包括我国自有外汇资金（国家外汇、地方外汇、留成外汇、调剂外汇和国内银行自有资金发放的外汇贷款等）。各类外资按报告期末的外汇牌价（中间价）折成人民币计算。

(4) 自筹资金 指固定资产投资单位在报告期收到的，由各企、事业单位筹集用于固定资产投资的资金，包括各类企事业单位的自有资金和从其他单位筹集的用于固定资产投资的资金，但不包括各类财政性资金、从各类金融机构借入资金和国外资金。

(5) 其他资金 指在报告期收到的除以上各种资金之外的用于固定资产投资的资金，包括社会集资、个人资金、无偿捐赠的资金及其他单位拨入的资金等。

固定资产投资按国民经济行业分 指根据其从事的社会经济活动性质对各类单位进行的分类。应根据建设项目建成投产后的主要产品种类或主要用途及社会经济活动种类来划分，不能根据项目单位本身的行业类别来划分。如果项目投产后有几种产品，应根据主要产品来确定行业类别。一般情况下，一个建设项目只能属于一种国民经济行业。

固定资产投资按隶属关系分 是按建设单位或企业、事业、行政单位的主管上级机关确定的。

(1) 中央 是指中共中央、人大常委会和国务院各部、委、局、总公司以及直属机构直接领导的建设项目和企业、事业、行政单位。这些单位的固定资产投资计划由国务院各部门直接编制和下达，统一组织或委托下级实施。包括有中央垂直管理的部门（如国家统计局各级调查队）和中央直属企业、事业单位（如工商银行、中国电信、中国石油）等。

(2) 地方 是由省（自治区、直辖市）、地（区、市、州、盟）、县（区、市、旗）三级政府及业务主管部门直接领导和管理的建设项目、企业、事业、行政单位。地方项目还包括不隶属以上各级政府及主管部门的建设项目和企业、事业单位，如外商投资企业和无主管部门的企业等。

固定资产投资按建设性质分 按整个建设项目情况来确定。建设项目的性质一般分为新建、扩建、改建和技术改造、单纯建造生活设施、迁建、恢复、单纯购置。房地产开发单位、农户投资不划分建设性质。

(1) 新建 指从无到有"平地起家"开始建设的项目。现有企业、事业、行政单位投资的项目一般不属于新建。但如有的单位原有基础很小，经过建设后新增的固定资产价值超过该企业、事业、行政单位原有固定资产价值（原值）三倍以上的，也应作为新建。

(2) 扩建　指在厂内或其他地点，为扩大原有产品的生产能力（或效益）或增加新的产品生产能力，而增建的生产车间（或主要工程）、分厂、独立的生产线的企业、事业单位。行政、事业单位在原单位增建业务性用房（如学校增建教学用房、医院增建门诊部、病房等）也作为扩建。

现有企、事业单位为扩大原有主要产品生产能力或增加新的产品生产能力，增建一个或几个主要生产车间(或主要工程)、分厂，同时进行一些更新改造工程的，也应作为扩建。

(3) 改建和技术改造　指现有企业、事业单位对原有设施进行技术改造或更新（包括相应配套的辅助性生产、生活福利设施）的建设项目。改建项目包括现有企业、事业单位为适应市场变化的需要，而改变企业的主要产品种类（如军工企业转民产品等）的建设项目，原有产品生产作业线由于各工序（车间）之间能力不平衡，为填平补齐充分发挥原有生产能力而增建不增加本企业主要产品设计能力的车间的建设项目。技术改造是指企业、事业单位在现有基础上，用先进的技术代替落后的技术，用先进的工艺和装备代替落后的工艺和装备，以改变企业落后的技术经济面貌，实现以内涵为主的扩大再生产，达到提高产品质量、促进产品更新换代、节约能源、降低消耗、扩大生产规模、全面提高社会经济效益的目的。技术改造具体包括以下内容：机器设备和工具的更新改造；生产工艺改革、节约能源和原材料的改造；厂房建筑和公共设施的改造；保护环境进行的“三废”治理改造；劳动条件和生产环境的改造等。

固定资产投资按构成分

(1) 建筑工程　指各种房屋、建筑物的建造工程，又称建筑工作量。这部分投资额必须兴工动料，通过施工活动才能实现，是固定资产投资额的重要组成部分。

(2) 安装工程　指各种设备、装置的安装工程，又称安装工作量。

在安装工程中，不包括被安装设备本身价值。

(3) 设备工具器具购置　指报告期内购置或自制的，达到固定资产标准的设备、工具、器具的价值。新建单位及扩建单位的新建车间，按照设计或计划要求购置或自制的全部设备、工具、器具，不论是否达到固定资产标准均计入“设备工具器具购置”中。

(4) 其他费用　指在固定资产建造和购置过程中发生的，除建筑安装工程和设备、工器具购置投资完成额以外的应当分摊计入固定资产投资的费用，不指经营中财务上的其他费用。

施工项目个数　是指本年正式进行过建筑或安装施工活动的建设项目个数。包括本年新开工项目，以前年度开工跨入本年继续施工项目，本年全部建成投产项目、以前年度全部停缓建在本年恢复施工的项目，本年进行过施工又在本年内全部停缓建的项目。施工项目个数可以反映一定时期固定资产投资的实际规模，与同期全部建成投产项目个数相比，可以从建设速度的角度反映固定资产投资的效果。

本年投产项目个数　指报告期内按设计文件规定建成主体工程和相应配套的辅助设施，形成生产能力或工程效益，经过验收合格，并且已正式投入生产或交付使用的建设项目。

Explanatory Notes on Main Statistical Indicators

Total Investment in Fixed Assets in the Whole Society refers to the volume of activities in construction and purchases of fixed assets of the whole society and related fees, expressed in monetary terms during the reference period. It is a comprehensive indicator which shows the size, structure and growth of the investment in fixed assets, providing a basis for observing the progress of construction projects and evaluating results of investment. Total investment in fixed assets in the whole society includes, by type of ownership, the investment by state-owned units, collective-owned units, joint ownership units, share-holding units, private units, individuals as well as investments by entrepreneurs from Hong Kong, Macao and Taiwan, foreign investors and others.

Investment in Fixed Assets (Excluding Rural Households) refers to the investment in construction projects with a total planned investment of 5 million yuan and over by enterprises of various ownerships, institutions, administrative units and urban self-employed individuals, and the investment in real estate development in both urban and rural areas. Since 2011, it covers the urban investment in fixed assets under the previous statistical coverage plus project investments by rural enterprises and institutions.

Actual Funds in Place for Investment in Fixed Assets are categorized as funds from the State budget, domestic loans, foreign investment, self-raised funds, and others, depending on the sources of investment.

(1) Fund from the State budget: State budget consists of general budget, government fund budget, operation budget of state-owned assets and social security fund budget. Funds for investment in fixed assets from various budgets are reported as fund from the state budget, of which, the general budget utilized on fixed assets investment includes investment on infrastructure construction, vehicle purchase tax, post-disaster restoration and reconstruction funds and other financial investment. Government bonds at all levels should also be included.

(2) Domestic loans refer to loans of various forms borrowed by investing units from banks and non-bank financial institutions during the reference period for the purpose of investment in fixed assets, including loans issued by banks from their self-owned funds and deposit, loans appropriated by higher responsible authorities, special loans by government (including loan for substituting petroleum with coal, special loans for reform-through-labour coal mines), loans arranged by local government from special funds, domestic reserve loan, and revolving loan, etc.

(3) Foreign investment refers to overseas (including foreign countries, Hong Kong, Macao and Taiwan) funds received during the reference period (covering equipment, materials and technology), including foreign borrowings (loans from foreign governments and international financial institutions, export credit, commercial loans from foreign banks, issue of bonds and stocks overseas), foreign direct investment and other foreign investments (including funds from foreign direct investment income that are reinvested in fixed assets domestically). Excluded from this category is capital in foreign exchanges owned by China (foreign exchanges owned by the central and local governments, foreign exchanges retained by enterprises, foreign exchanges by enterprises through the regulating mechanism, loans in foreign exchanges issued by the Bank of China with its own fund, etc.). In calculating the utilization of foreign capital, foreign currencies are converted into Chinese RMB applying the exchange rate (central parity rate) at the end of the reference period.

(4) Self-raised funds refer to funds for investment in fixed assets received during the reference period by investing units, including investment in fixed assets using own funds of various enterprises and institutions or funds raised from other units other than financial funds, funds borrowed from financial institutions and overseas funds.

(5) Others refer to funds for investment in fixed assets received from sources other than those listed above, including funds raised from individuals and through donations, and funds transferred from other units.

Investment in Fixed Assets by Sector refers to the classification of investment by the nature of social economic activities the investing units are engaged in. The classification of construction projects by sector is determined by the major products or the purpose of the projects when they are put into production or use, and by the nature of their social economic activities, instead of being determined by industrial classification of the project enterprises. The project will be classified according to major product if there are several kinds of products yielded. In general, one project can only be classified into one sector.

Investment in Fixed Assets by Jurisdiction of Management refers to the classification of investment by the competent authorities under which investment is made by construction units, enterprises, institutions or administrative units.

(1) Central investment refers to the investment in projects or by enterprises, institutions or administrative units which are under the direct leadership and management of the State Council and of the national commissions, ministries, agencies and State-owned large corporations. Various ministries and departments of the State Council prepare and implement plans through unified organization or lower-level commissions, which include departments direct under central government (i.e. survey offices at all level of the National Bureau of Statistics) and enterprises and institutions directly under central government (like the Industrial and Commercial Bank of

China, China Telecom and China National Petroleum Corporation).

(2) Local investment refers to the investment in projects or by enterprises, institutions or administrative units which are under the direct leadership and management of competent departments and governments at the level of province (autonomous regions and municipalities directly under the Central Government), prefecture （prefectures, cities and leagues） and county (districts, cities and banners). Also included are projects by foreign-invested enterprises and enterprises without competent managing authorities.

Investment in Fixed Assets by Type of Construction Construction projects in general can be classified, by the type of construction, into new construction, expansion, reconstruction and technical transformation, purely construction of living facilities, moving, restoration and purely purchasing. However, investment by type of construction is not applied to investment by real-estate development units and investment by rural households.

(1) New construction in general refers to construction projects, which start from scratch. The existing projects invested by enterprises, institutions and administrative agencies cannot be classified as new construction. In case the size of the existing unit is quite small, and the value of newly added fixed assets is more than three times of the original value, the expansion will be considered as new construction.

(2) Expansion refers to construction of new production workshop, branch factory or independent production line within a factory or in other locations, for the purpose of increasing the production capacity (or improving efficiency) or adding new production capacity by enterprises and institutions. Newly constructed accommodation for the operation of institutions and administrative organizations (such as newly constructed buildings for teaching in schools, buildings for clinics or wards in hospitals, etc.) are also classified as expansion.

Also included in expansion are investments by existing enterprises or institutions in building major production lines or branch factories along with some work on innovation, for the purpose of expanding the production capacity of original products or producing new products.

(3) Reconstruction and technical transformation refers to construction projects by existing enterprises or institutions in innovation or technical transformation of the old facilities (including auxiliary production equipment and welfare facilities). Also considered as reconstruction is the construction of new workshops by the existing enterprises or institutions to change the variety of products to meet the market demand (such as the production of civil products by defence industries), or to bring the designed production capacity into full play through a more balanced production process on production lines. Technical transformation refers to replacement of old technology or equipment by new technology or equipment, in order to expand the reproduction through improvement of technology contents in production, to improve product quality, to promote new products, to save energy, to reduce consumption, to expand the production scale and to improve overall social-economic efficiency. Contents of technical transformation include: updating of machinery, equipment and tools; reforming production process by using energy or materials saving technology; construction of factory workshops and transformation of public facilities; treatment transformation of “three wastes” (waste gas, waste water and industrial residue) aiming at environmental protection; improvement of working conditions and environment, etc.

Investment in Fixed Assets by Composition

(1) Construction refers to the construction of houses and buildings, also known as work volume of construction. This part of investment can only be achieved through construction activities, it is the major component of the total investment in fixed assets.

(2) Installation refers to the installation of various kinds of equipment and instruments, also known as work volume of installation.

The value of equipment installed itself is not included in the value of installation projects.

(3) Purchase of equipment and instruments refers to the total value of equipment, tools, and instruments purchased or self-produced which come up to the cut-off point for fixed assets during the reference period. Equipment, tools and instruments purchased or self-produced for new workshops by newly established or expanded units are categorized as “purchase of equipment and instruments” no matter whether they come up to the cut-off point for fixed assets.

(4) Other expenses refer to expenses arising during the construction or purchase of fixed assets other than those expenses on construction, installation and purchase of equipment and instruments. Other financial expenses arising in operation are not included.

Number of Projects under Construction refers to number of all projects with actual construction or installation activities in current year, including newly started projects, projects started previously and extended into the current year, projects completed and put into operation in current year, projects suspended previously and resumed in current year, and projects started this year but suspended or postponed in current year. The number of projects under construction can reflect the actual size of investment in fixed assets during a given period, and when compared with the number of projects completed and put into use during the same period, it demonstrates the results of investment in fixed assets from the angle of the speed of the construction.

Number of Projects Put into Use This Year refer to projects have completed the main construction and correspondent auxiliary facilities in accordance with the design documents, resulting in forming production capacity (efficiency) and have been checked and accepted after relevant tests, and have been formally delivered for use.

8

对外经济贸易

FOREIGN TRADE AND ECONOMIC COOPERATION

资料整理人员

王玉凤

FOREIGN TRADE AND ECONOMIC COOPERATION 对外经济贸易

进出口总额	Total Value of Imports and Exports	218.7	亿美元 (USD 100 million)
出口总额	Total Value of Exports	127.3	亿美元 (USD 100 million)
进口总额	Total Value of Imports	91.4	亿美元 (USD 100 million)
实际利用外资额	Actual Utilization of Foreign Capital	25.1	亿美元 (USD 100 million)

进出口总额（亿美元）
Total Value of Imports and Exports (USD 100 million)

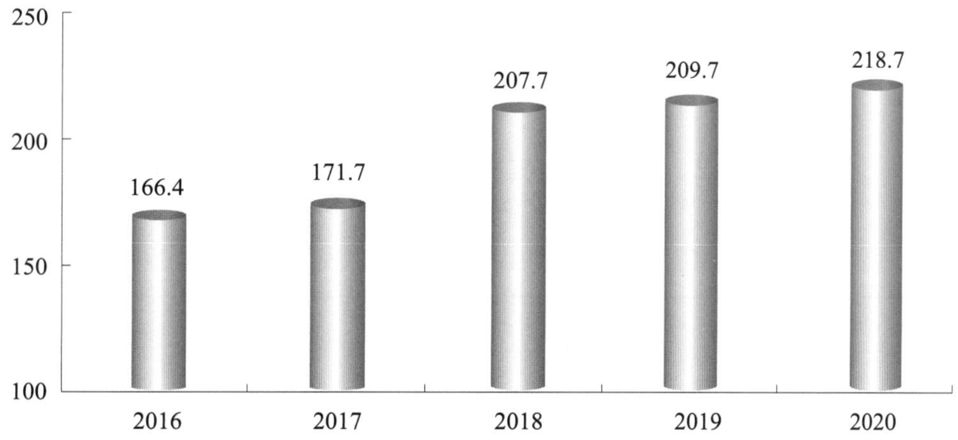

外商直接投资额（亿美元）
Foreign Direct Investment (USD 100 million)

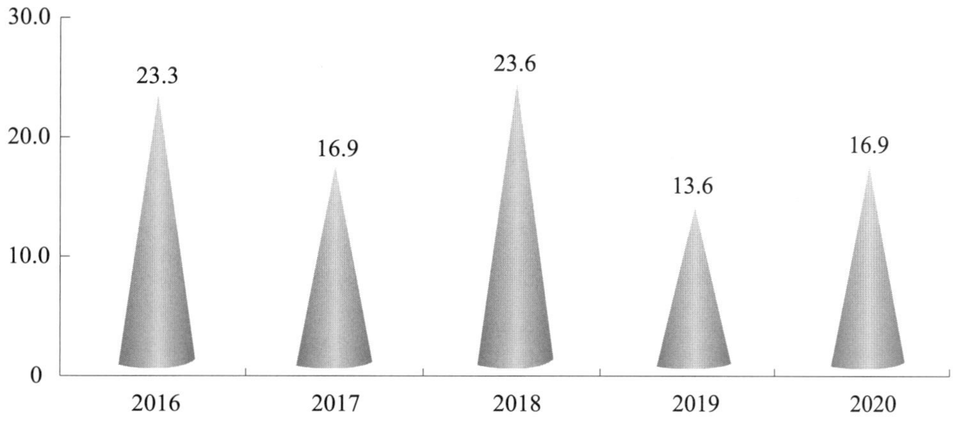

8-1 主要年份进出口贸易总额
TOTAL VALUE OF IMPORTS AND EXPORTS IN MAJOR YEARS

单位：万美元 (USD 10 000)

年 份 Year	进出口总额 Total	出口总额 Exports	进口总额 Imports
1990	35000	26300	8700
1995	140769	114367	26402
2000	176438	123687	52751
2005	554597	352871	201726
2010	1257839	470930	786909
2011	1475981	542823	933158
2012	1504325	701620	802705
2013	1579785	799649	780136
2014	1624852	894222	730631
2015	1471541	842091	629449
2016	1664428	993219	671210
2017	1717225	1019681	697544
2018	2077473	1226981	850491
2019	2096651	1169074	927577
2020	2186584	1273053	913530

8-2 进出口贸易总额(2020年)
TOTAL VALUE OF IMPORTS AND EXPORTS(2020)

单位：万元 (10 000 yuan)

项 目	Item	进出口总额 Total	出口总额 Exports	进口总额 Imports
总 额	**Total**	**15058240**	**8770086**	**6288155**
一、按企业性质分	**Grouped by Ownership**			
国有企业	State-Owned Enterprises	2748413	984923	1763489
外商投资企业	Foreign Funded Enterprises	8706032	5764150	2941882
合作企业	Sino-Foreign Cooperative Operation Enterprises	25	24	2
合资企业	Sino-Foreign Joint Ventures Enterprises	8568303	5692038	2876265
独资企业	Solely Foreign-Funded Enterprises	137703	72088	65615
民营企业	Non-State-Owned Enterprises	3595895	2015887	1580008
集体企业	Collective-owned Enterprises	169689	22267	147422
私人企业	Private-owned Enterprises	3419045	1986459	1432586
个体工商户	Self-employed Business	7161	7161	
其 他	Others	7901	5125	2776
二、按贸易方式分	**Grouped by The Mode of Trade**			
一般贸易	Original Trade	5274002	2632461	2641541
国家间、国际组织无偿援助和赠送的物资	Aid and Donation between Countries and from International	3111	3111	
华侨、港澳台同胞、外籍华人捐赠物资	Donation of Overseas Chinese, Compatriots in HongKong, Macao and Taiwan and Chinese with Foreign Citizenship	586	106	480
加工贸易	Processing Trade	8495926	5631744	2864182
来料加工装配贸易	Processing and Assembly Trade for Income Material	4398	3775	623
进料加工贸易	Processing Trade for Imported Material	8491528	5627969	2863559
加工贸易进口设备	Processing Trade for Imported Equipment	2714		2714
对外承包工程出口货物	Exported Goods on Contracted Projects	23830	23830	
租赁贸易	Leasing Trade			
外商投资企业作为投资进口的设备、物品	Equipments and Goods Imported as Foreign Investment	3341		3341
保税仓库进出境货物	Goods of Bonded Warehouse	1173691	450338	723354
保税区进出境仓储或转口货物	Storage and Transit Goods of Bonded Area	71060	21830	49229
其 他	Others	9978	6665	3313

8-3 进出口主要商品分类总额(2020年)
TOTAL VALUE OF IMPORTS AND EXPORTS BY CATEGORY OF MAIN COMMODITIES(2020)

单位：万元 (10 000 yuan)

项　目	Item	出口总额 Exports	进口总额 Imports
合　计	**Total**	**8770086**	**6288155**
1.活动物;动物产品	Live Animals; Animal Products	4742	5230
2.植物产品	Vegetables Products	62183	9034
3.动,植物油,脂,蜡及其分解产品	Animal or Vegetable Oils, Fats and Waxes and their Cleavage Products	21	6829
4.食品,饮料,酒及醋;烟草及制品	Foods, Beverages, Liquor and Vinegar; Tobacco and Its Products	30181	2581
5.矿产品	Mineral Products	64582	1497017
6.化学工业及其相关工业的产品	Chemicals and Related Products	511945	25218
7.塑料及其制品;橡胶及其制品	Plastics and Related Products; Rubber and Related Products	136383	57828
8.生皮,皮革,毛皮及其制品	Raw Hides, Leather, Furs and Related Products	3264	82
9.木及木制品;其他编结材料制品	Wood and Wooden Products; Plaited Products of Other Materials	3212	1734
10.纸浆;纸,纸板及其制品	Paper Pulp; Paper, Paperboard and Their Products	4288	7617
11.纺织原料及纺织制品	Textile Materials and Products	57508	4058
12.鞋帽伞杖鞭;羽毛制品;人造花	Footwear, Headgear, Umbrellas, Canes, Whips; Feather Products; Artificial Flowers	4967	114
13.石料及其制品;陶瓷玻璃及制品	Building Stone and Its Products; Ceramics, Glass and Glassware	104661	7940
14.珍珠,宝石,贵金属;仿首饰;硬币	Pearls, Precious Stones, Precious Metals; Imitation Jewelery; Coins	790	1513
15.贱金属及其制品	Base Metals and Related Products	950495	859387
16.机器,电子产品,电气设备及零件	Machinery, Electronic Products, Electric Equipment and Accessoris	6341395	3359896
17.车辆,航空器,船舶及运输设备	Vehicles, Aircraft, Vessels and Trasportation Equipment	190546	55117
18.光学,检测,医疗设备;钟表,乐器	Optical, Testing, Medical Apparatus, Clocks and Watches, Musical Instruments	153988	383835
19.杂项制品	Miscellaneous Products	139656	308
20.艺术品,收藏品及古物	Works of Art, Collectors' Pieces and Antiques		4
21.特殊交易品及未分类商品	Special Trading Goods and Non-classified Goods	5277	2813

8-4 分国别(地区)进出口贸易总额(2020年)

TOTAL VALUE OF IMPORTS AND EXPORTS BY COUNTRY(REGION)(2020)

单位：万元 (10 000 yuan)

国 别 (地区)	Country (Region)	进出口总额 Total	出口总额 Exports	进口总额 Imports
总 计	**Total**	**15058240**	**8770086**	**6288155**
亚 洲	**Asia**	**6830645**	**2778134**	**4052512**
#韩 国	Republic of Korea	679045	296766	382279
日 本	Japan	1014637	375244	639393
印 度	India	353752	323612	30140
哈萨克斯坦	Kazakhstan	127814	10550	117263
印度尼西亚	Indonesia	244403	41736	202667
中国香港	Hong Kong, China	529656	515442	14214
中国台湾	Taiwan, China	1429564	258053	1171511
新加坡	Singapore	282588	150551	132037
土耳其	Turkey	184687	174215	10472
马来西亚	Malaysia	139676	103335	36340
泰 国	Thailand	122249	117226	5022
越 南	Vietnam	668498	50641	617857
非 洲	**Africa**	**523474**	**122445**	**401030**
#南 非	South Africa	343064	32905	310159
欧 洲	**Europe**	**2785060**	**2398987**	**386073**
#荷 兰	Netherlands	684074	681697	2377
德 国	Germany	307265	189844	117421
意大利	Italy	236907	183331	53576
俄罗斯联邦	Russia	393989	385230	8759
英 国	United Kingdom	493418	488629	4789
捷 克	Czech Republic	304297	300273	4024
拉丁美洲	**Latin America**	**986601**	**422409**	**564191**
#巴 西	Brazil	358970	191546	167423
墨西哥	Mexico	208185	91284	116901
智 利	Chile	141900	54175	87725
哥伦比亚	Colombia	98225	24248	73977
北美洲	**North America**	**3080518**	**2900453**	**180066**
#加拿大	Canada	440048	319347	120701
美 国	United States	2640470	2581106	59365
大洋洲	**Oceania**	**849124**	**147659**	**701465**
#澳大利亚	Australia	670583	142654	527929
新喀里多尼亚	New Caledonia	170117	57	170060
东盟组织	**ASEAN**	**1562919**	**500348**	**1062571**
欧盟组织(除英国)	**EU**	**1766406**	**1512588**	**253818**
一带一路	**B&R**	**3483094**	**2073104**	**1409990**

8-5 实际利用外资额

ACTURAL UTILIZATION OF FOREIGN CAPITAL

单位：万美元 (USD 10 000)

项　　目	Item	2010	2015	2020
总　计	**Total**	**116512**	**325840**	**251403**
一、对外借款	**Foreign Loans**	**45091**	**38855**	**82345**
外国政府贷款	Government Loans	4874	4637	1561
国际金融组织贷款	Loans form International Financial Organizations	12480	5918	3030
一般商业贷款	General Commercial Loans	20589	28300	77754
买方信贷	Buyer Credit	7147		
二、外商直接投资	**Foreign Direct Investments**	**71421**	**286985**	**169058**
独资企业	Solely Foreign-Funded Enterprises	34009	96802	57502
合资企业	Joint Ventures Enterprises	34900	164537	71587
合作企业	Cooperative Operation Enterprises	2512	25646	39969

注：2011年起，实际利用外资额为全口径，后同。
Note: The coverage of actural utilization of foreign capital has changed to whole society since 2011.The same applies to the following.

8-6 主要年份实际利用外资额

ACTURAL UTILIZATION OF FOREIGN CAPITAL IN MAJOR YEARS

单位：万美元 (USD 10 000)

年份 Year	利用外资总额 Total	对外借款 Foreign Loans	外商直接投资 Foreign Direct Investments	外商其他投资 Other Foreign Investments
1985	176	55	43	78
1990	3763	3006	340	417
1995	16085	7662	6383	2040
2000	63188	40716	22472	
2005	106369	78853	27516	
2006	132438	85239	47199	
2007	191471	57188	134283	
2008	172174	69892	102282	
2009	82646	33331	49315	
2010	116512	45091	71421	
2011	249530	42252	207278	
2012	276711	26332	250379	
2013	299096	18429	280667	
2014	335672	40486	295186	
2015	325840	38855	286985	
2016	343355	110113	233242	
2017	267653	98604	169049	
2018	359037	122866	236171	
2019	228460	92556	135904	
2020	251403	82345	169058	

8-7 主要年份合同利用外资金额(外商直接投资)

CONTRACT UTILIZATION OF FOREIGN CAPITAL IN MAJOR YEARS(DIRECT INVESTMENT)

年 份 Year	项目投资总 额 Total Value of Project Investment	合同利用外资情况 Contract Utilization of Foreign Capital	独资企业 Solely Foreign –funded Enterprises	合资企业 Joint Venture Enterprises	合作企业 Cooperative Operation Enterprises	外商投资股份制 Foreign–funded Joint–stock
一、新批项目(企业)(个) New Projects and Enterprises (unit)						
1985		4		4		
1990		26		24	2	
1995		178	26	138	14	
2000		71	11	48	12	
2005		85	28	35	21	
2006		150	51	71	28	
2007		152	39	98	15	
2008		77	25	37	15	
2009		58	20	25	13	
2010		52	15	28	6	3
2011		62	35	21	6	
2012		39	12	18	7	2
2013		48	24	23	1	
2014		50	22	26	2	
2015		36	20	13	3	
2016		30	14	15	1	
2017		48	14	23	9	2
2018		47	21	21	4	1
2019		72	31	38	1	2
2020		114	60	50	2	2
二、合同金额(万美元) Contracted Value (USD10 000)						
1985	201	53		53		
1990	2160	1194		458	736	
1995	40058	23133	3206	17223	2704	
2000	44409	26174	732	15028	10414	
2005	244292	110208	30712	35877	43619	
2006	338880	134207	53339	37109	43759	
2007	834379	247174	50496	175153	21525	
2008	171644	107758	48949	30175	28634	
2009	109438	66893	22326	22548	22019	
2010	132039	100301	32528	56198	7436	4139
2011	291687	155636	50325	7157	11539	86615
2012	144834	35605	6734	24009	4574	288
2013	286998	96152	27089	64083	4980	
2014	262216	96785	67251	23791	5743	
2015	184554	98210	59577	21471	16450	712
2016	228154	83030	29899	28141	24990	
2017	957424	223636	129946	16951	73692	3047
2018	1127069	411258	241714	55983	32094	81467
2019	1097411	244613	63501	50183	122261	8668
2020	276392	153431	87571	61627	23	4210

8-8 按行业分利用外商直接投资额(2020年)
UTILIZATION OF FOREIGN DIRECT INVESTMENT CAPITAL BY SECTOR(2020)

单位：万美元 (USD 10 000)

行业	Item	新批项目(企业)(个) New Projects & Enterprises (unit)	合同金额 Contract Value	实际使用金额 Actual Value
总计	**Total**	**114**	**153431**	**169058**
农、林、牧、渔业	Farming, Forestry, Animal Husbandry and Fishery	2	51305	110
采矿业	Mining			37492
制造业	Manufacturing	15	7906	69897
电力、热力、燃气及水生产和供应业	Production and Supply of Electricity, Heat, Gas and Water	3	9865	40728
建筑业	Construction	1	42	578
批发和零售业	Wholesale and Retail Trade	23	6477	647
交通运输、仓储和邮政业	Transportation, Storage and Post	1	74	204
住宿和餐饮业	Hotels and Catering Services	2	8	
信息传输、软件和信息技术服务业	Information Transmission, Software and Information Technology Services	6	18503	7657
金融业	Financial Industry	2	100	5
房地产业	Real Estate Trade	3	1688	
租赁和商务服务业	Lease and Business Affairs Services	19	3952	39
科学研究和技术服务业	Scientific Reseach and Technical Services	29	42057	8536
水利、环境和公共设施管理业	Management of Water Conservancy, Environment and Public Facilities	2	2628	3164
居民服务、修理和其他服务业	Resident Services, Repair and Other Services			
教育	Education	1	1064	
卫生和社会工作	Health Care and Social Work	1	7600	
文化、体育和娱乐业	Culture, Sports and Recreation	4	162	

8-9 按国别(地区)分利用外商直接投资额(2020年)
UTILIZATION OF FOREIGN DIRECT INVESTMENT CAPITAL BY COUNTRY(REGION)(2020)

单位：万美元 (USD 10 000)

国别(地区)	Country (Region)	新批项目(企业)(个) New Projects and Enterprises (unit)	合同金额 Contract Value	实际使用金额 Actual Value
合计	**Total**	**114**	**153431**	**169058**
#中国香港	Hong Kong, China	40	127240	56037
新加坡	Singapore	3	4944	9099
韩国	Republic of Korea	3	331	12
日本	Japan	1	547	102
中国台湾	Taiwan, China	25	4442	833
泰国	Thailand			191
塞舌尔	Seychelles	1	900	50
英国	United Kingdom	2	79	1217
德国	Germany			1183
意大利	Italy	1	357	
英属维尔京群岛	British Virgin Is.	1	151	7705
加拿大	Canada	5	287	140
美国	United States	7	1349	19003
澳大利亚	Australia	3	764	22112
荷兰	Netherlands			2226
法国	France	1	9	
投资性公司投资	Investment Companies	10	–613	32272

8-10 主要年份对外承包工程和劳务合作
CONTRACTED PROJECTS AND LABOR COOPERATION WITH FOREIGN COUNTRIES OR REGIONS IN MAJOR YEARS

年 份 Year	新签合同份数 (个) Number of New Contracts (unit)	新签合同额 (万美元) New Contracted Value (USD 10 000)	完成营业额 (万美元) Value of Business (USD 10 000)	派出人数 (人) Persons Posted Abroad (person)	年末在外人数 (人) Persons Abroad at Year-end (person)
1985	1	101	132		
1990	12	186	118		73
1995	43	1537	728		574
2000	50	5563	3892		1518
2005	55	22187	20200	1195	2263
2010	8	48179	72228	1224	6147
2011	71	42187	70018	2447	5934
2012	42	64018	44927	3264	3513
2013	20	23599	76505	1816	4073
2014	14	34586	73542	1511	4232
2015	26	34875	73754	1595	5010
2016	20	22266	68641	2441	7587
2017	18	104648	71249	2066	5202
2018	34	101763	140296	4651	8322
2019	17	142877	142928	2714	3549
2020	45	285134	128040	2256	4382

8-11 开发区综合发展情况
KEY STATISTICS ON DEVELOPMENT ZONES

单位：亿元 (100 million yuan)

指 标	Item	2019	2020
当年进出口总额	Total Value of Imports and Exports	998.8	1267.0
出口总额	Total Value of Exports	600.8	774.1
进口总额	Total Value of Imports	398.0	492.9
当年税收收入	Tax Revenue	638.0	596.6
实际到位外资金额	Paid-in Foreign Funds	58.3	65.9
实际到位境内省外资金额	Paid-in Funds from Other Provinces	542.6	1405.5
全区从业人员 (万人)	Employees (10 000 persons)	99.9	138.8
“四上”企业营业收入	Major Business Revenue of 4 Types of Enterprises above Designated Size	12513.4	13473.2

8-12 各开发区综合发展情况(2020年)
KEY STATISTICS ON DEVELOPMENT ZONES(2020)

单位：亿元 (100 million yuan)

开 发 区	Development Zone	"四上"企业营业收入 Major Business Revenue of 4 Types of Enterprises above Designated Size	税收收入 Tax Revenue	进出口总额 Total Value of Imports and Exports
总 计	**Total**	**13473.2**	**596.6**	**1267.0**
山西转型综改示范区(太原区)	Shanxi Transformation and Comprehensive Reform Demonstration Zone (Taiyuan)	3523.9	96.8	1054.8
清徐经济开发区	Qingxu Economic Development Zone	374.9	11.5	2.6
太原中北高新技术产业开发区	Taiyuan Zhongbei Hi-Tech Industrial Development Zone	260.6	9.3	0.8
阳曲现代农业产业示范区	Yangqu Modern Agricultural Industry Demonstration Zone	0.3	0.2	
太原西山生态文化旅游示范区	Taiyuan Xishan Eco-Cultural Tourism Demonstration Zone			
大同经济技术开发区	Datong Eco-Tech Development Zone	234.7	18.6	34.7
左云经济技术开发区	Zuoyun Eco-Tech Development Zone	0.9		
新荣经济技术开发区	Xinrong Eco-Tech Development Zone	45.6	0.3	0.6
云冈经济技术开发区	Yungang Eco-Tech Development Zone	95.4	1.0	0.7
平城现代农业产业示范区	Pingcheng Modern Agricultural Industry Demonstration Zone			
朔州经济开发区	Shuozhou Economic Development Zone	212.9	26.3	0.4
右玉生态文化旅游示范区	Youyu Eco-Cultural Tourism Demonstration Zone	7.6	0.9	0.3
怀仁经济技术开发区	Huairen Eco-Tech Development Zone	65.2	1.3	0.7
平鲁经济技术开发区	Pinglu Eco-Tech Development Zone	41.2	2.3	0.3
应县经济技术开发区	Yingxian Eco-Tech Development Zone	7.5	0.2	0.1
山阴经济技术开发区	Shanyin Eco-Tech Development Zone	99.3	4.1	
忻州经济开发区	Xinzhou Economic Development Zone	252.2	16.9	2.3
原平经济技术开发区	Yuanping Eco-Tech Development Zone	82.8	3.5	0.1
繁峙经济技术开发区	Fanshi Eco-Tech Development Zone	68.8	2.8	0.3
静乐现代农业产业示范区	Jingle Modern Agricultural Industry Demonstration Zone	4.4	0.5	
定襄经济技术开发区	Dingxiang Eco-Tech Development Zone	57.4	2.7	5.5
岢岚经济技术开发区	Kelan Eco-Tech Development Zone	54.2		0.2
阳泉经济开发区	Yangquan Economic Development Zone	311.7	6.2	4.3
平定经济技术开发区	Pingding Eco-Tech Development Zone	54.2	1.3	1.9
吕梁经济技术开发区	Lvliang Eco-Tech Development Zone	49.8	6.6	
孝义经济开发区	Xiaoyi Economic Development Zone	458.8	15.9	2.3
文水经济开发区	Wenshui Economic Development Zone	70.9	1.7	5.5
交城经济开发区	Jiaocheng Economic Development Zone	198.6	7.7	11.6
汾阳杏花村经济技术开发区	Fenyang Xinghuacun Eco-Tech Development Zone	230.2	52.5	1.5
兴县经济技术开发区	Xingxian Eco-Tech Development Zone	189.6	32.4	
岚县经济技术开发区	Lanxian Eco-Tech Development Zone	64.3	5.2	
交口经济技术开发区	Jiaokou Eco-Tech Development Zone	5.1	0.3	
方山生态文化旅游示范区	Fangshan Eco-Cultural Tourism Demonstration Zone	0.2		
山西转型综改示范区(晋中区)	Shanxi Transformation and Comprehensive Reform Demonstration Zone (Jinzhong)	433.6	24.2	7.7
祁县经济开发区	Qixian Economic Development Zone	48.1	2.3	0.1
介休经济技术开发区	Jiexiu Eco-Tech Development Zone	406.9	17.0	1.1
太谷经济技术开发区	Taigu Eco-Tech Development Zone	30.4	1.2	1.8

8-12 续表 continued

单位：亿元 (100 million yuan)

开 发 区	Development Zone	"四上"企业营业收入 Major Business Revenue of 4 Types of Enterprises above Designated Size	税收收入 Tax Revenue	进出口总额 Total Value of Imports and Exports
左权生态文化旅游示范区	Zuoquan Eco-Cultural Tourism Demonstration Zone	57.3	1.4	
晋中农业高新技术产业示范区	Jinzhong Agricultural High-Tech Industry Demonstration Zone	48.5	2.6	0.2
灵石经济技术开发区	Lingshi Eco-Tech Development Zone	263.9	17.5	0.1
榆社经济技术开发区	Yushe Eco-Tech Development Zone	37.0	1.3	
平遥经济技术开发区	Pingyao Eco-Tech Development Zone	43.8	1.2	1.1
寿阳经济技术开发区	Shouyang Eco-Tech Development Zone	22.9	1.1	0.6
长治高新技术产业开发区	Changzhi High-Tech Industrial Development Zone	248.9	28.1	3.4
壶关经济开发区	Huguan Economic Development Zone	116.9	2.4	0.7
襄垣经济技术开发区	Xiangyuan Eco-Tech Development Zone	101.2	4.7	
长治经济技术开发区	Changzhi Eco-Tech Development Zone	211.7	16.1	0.9
屯留经济技术开发区	Tunliu Eco-Tech Development Zone	105.8	17.6	0.6
潞城经济技术开发区	Lucheng Eco-Tech Development Zone	183.4	6.4	0.1
上党经济技术开发区	Shangdang Eco-Tech Development Zone	38.4	1.0	0.5
沁源经济技术开发区	Qinyuan Eco-Tech Development Zone	34.1	2.3	
沁县现代农业产业示范区	Qinxian Modern Agricultural Industry Demonstration Zone	7.1	0.2	
平顺生态文化旅游示范区	Pingshun Eco-Cultural Tourism Demonstration Zone	0.8		
晋城经济技术开发区	Jincheng Eco-Tech Development Zone	709.6	19.9	59.5
高平经济技术开发区	Gaoping Eco-Tech Development Zone	153.9	4.8	0.7
沁水经济技术开发区	Qinshui Eco-Tech Development Zone	88.2	8.0	
阳城经济技术开发区	Yangcheng Eco-Tech Development Zone	36.2	2.0	0.2
陵川生态文化旅游示范区	Lingchuan Eco-Cultural Tourism Demonstration Zone	1.2		
临汾经济开发区	Linfen Eonomic Development Zone	112.5	5.2	3.6
侯马经济开发区	Houma Econmic Development Zone	293.0	2.0	1.5
洪洞经济技术开发区	Hongtong Eco-Tech Development Zone	117.2	4.4	
襄汾经济技术开发区	Xiangfen Eco-Tech Development Zone	156.8	4.9	
安泽经济技术开发区	Anze Eco-Tech Development Zone	67.0	7.6	
隰县现代农业产业示范区	Xixian Modern Agricultural Industry Demonstration Zone	0.3		
尧都高新技术产业开发区	Yaodu High-Tech Industrial Development Zone	34.8	0.5	3.4
霍州经济技术开发区	Huozhou Eco-Tech Development Zone	154.4	1.9	
运城经济技术开发区	Yuncheng Eco-Tech Development Zone	300.0	7.5	4.9
盐湖高新技术产业开发区	Yanhu High-Tech Industrial Development Zone	141.1	6.9	0.6
绛县经济开发区	Jiangxian Economic Development Zone	47.0	1.0	1.4
风陵渡经济开发区	Fenglingdu Economic Development Zone	18.9	2.6	
闻喜经济技术开发区	Wenxi Eco-Tech Development Zone	470.8	5.9	1.2
永济经济技术开发区	Yongji Eco-Tech Development Zone	93.2	2.5	1.7
河津经济技术开发区	Hejin Eco-Tech Development Zone	419.7	15.0	0.1
稷山经济技术开发区	Jishan Eco-Tech Development Zone	114.5	3.5	12.6
新绛经济技术开发区	Xinjiang Eco-Tech Development Zone	279.6	8.0	0.7
垣曲经济技术开发区	Yuanqu Eco-Tech Development Zone	96.7	4.6	24.2
万荣现代农业产业示范区	Wanrong Modern Agricultural Industry Demonstration Zone	2.7		0.1

8-13 人民币对主要外币年末汇价(中间价)

YEAR-END EXCHANGE RATE OF RMB YUAN AGAINST MAIN CONVERTIBLE CURRENCIES (MIDDLE RATE)

单位：人民币元 (RMB yuan)

年 份 Year	100美元 100 US Dollars	100日元 100 Japanese Yen	100港元 100 Hong Kong Dollars	100欧元 100 Euros
1985	293.66	1.25	37.57	
1986	345.28	2.07	44.22	
1987	372.21	2.58	47.74	
1988	372.21	2.91	47.70	
1989	376.51	2.74	48.28	
1990	478.32	3.32	61.39	
1991	532.33	3.96	68.45	
1992	551.46	4.36	71.24	
1993	576.20	5.20	74.41	
1994	861.87	8.44	111.53	
1995	835.10	8.92	107.96	
1996	831.42	7.64	107.51	
1997	828.98	6.86	107.09	
1998	827.91	6.35	106.88	
1999	827.83	7.29	106.66	
2000	827.84	7.69	106.18	
2001	827.70	6.81	106.08	
2002	827.70	6.62	106.07	800.58
2003	827.70	7.15	106.24	936.13
2004	827.68	7.66	106.23	1029.00
2005	819.17	7.45	105.30	1019.53
2006	797.18	6.86	102.62	1001.90
2007	760.40	6.46	97.46	1041.75
2008	694.51	6.74	89.19	1022.27
2009	682.78	7.68	88.11	1020.76
2010	662.27	8.11	85.09	878.96
2011	633.59	8.19	81.29	843.89
2012	630.00	7.67	81.30	816.73
2013	613.76	6.02	79.16	830.72
2014	611.62	5.14	78.85	745.22
2015	649.36	5.39	83.78	709.52
2016	693.70	5.96	89.45	730.68
2017	653.42	5.79	83.59	779.79
2018	686.32	6.19	87.62	784.73
2019	697.62	6.41	89.58	781.55
2020	652.49	6.32	84.16	802.50

主要统计指标解释

进出口总额 指实际进出我国国境的货物总金额。包括对外贸易实际进出口货物，来料加工装配进出口货物，国家间、联合国及国际组织无偿援助物资和赠送品，华侨、港澳台同胞和外籍华人捐赠品，租赁期满归承租人所有的租赁货物，进料加工进出口货物，边境地方贸易及边境地区小额贸易进出口货物（边民互市贸易除外），中外合资经营企业、中外合作经营企业、外商独资经营企业进出口货物和公用物品，到、离岸价格在规定限额以上的进出口货样和广告品（无商业价值、无使用价值和免费提供出口的除外），从保税仓库提取在中国境内销售的进出口货物，以及其他进出口货物。进出口总额用以观察一个国家在对外贸易方面的总规模。我国规定出口货物按离岸价格统计，进口货物按到岸价格统计。

实际利用外资 指我国各级政府、部门、企业和其他经济组织通过对外借款、吸收外商直接投资以及用其他方式筹措的境外现汇、设备、技术等。

对外借款 是我国利用外资的重要部分。包括我国通过外国政府贷款、国际金融组织贷款、外国银行商业贷款、出口信贷以及对外发行债券、股票等方式，从境外筹措的资金。

外商直接投资 是指外国企业和经济组织或个人（包括华侨、港澳台同胞以及我国在境外注册的企业）按我国有关政策、法规，用现汇、实物、技术等在我国境内开办外商独资企业，与我国境内的企业或经济组织共同举办中外合资经营企业、合作经营企业或合作开发资源的投资（包括外商投资收益的再投资）以及经政府有关部门批准的项目投资总额内企业从境外借入的资金。

对外承包工程 包括各对外承包公司以招标议标承包方式承揽下列业务：(1) 承包国外工程建设项目；(2) 承包我国对外经援项目；(3) 承包我国驻外机构的工程建设项目；(4) 承包我国境内利用外资进行建设的工程项目；(5) 与外国承包公司合营或联合承包工程项目时我国公司分包部分；(6) 以服务成果向业主收费的技术服务项目（包括承揽地形地貌测绘；地质资源勘探与普查；建设区域规划；提供设计文件、图纸、生产工艺技术资料和工程技术经济咨询；工程项目的可行性考察、研究和评估；进行技术指导和培训人员等）；(7) 对外承包兼经营的房屋开发业务。对外承包工程的营业额是以货币表现的本期内完成的对外承包工程的工作量，包括以前年度签订的合同和本年度新签订的合同在报告期完成的工作量。

Explanatory Notes on Main Statistical Indicators

Total Value of Imports and Exports refers to the real value of commodities imported and exported across the border of China. They include the actual imports and exports through foreign trade, imported and exported goods under the processing and assembling trades and materials, supplies and gifts as aid given gratis between governments and by the United Nations and other international organizations, and contributions donated by overseas Chinese, compatriots in Hong Kong and Macao and Chinese with foreign citizenship, leasing commodities owned by tenant at the expiration of leasing period, the imported and exported commodities processed with imported materials, commodities trading in border areas (excluding mutual exchange goods), the imported and exported commodities and articles for public use of the Sino-foreign joint ventures, cooperative enterprises and ventures with sole foreign investment. Also included is import or export of samples and advertising goods for which CIF or FOB value are beyond the permitted ceiling (excluding goods of no trading or use value and free commodities for export), imported goods sold in China from bonded warehouses and other imported or exported goods. The indicator of the total imports and exports at customs can be used to observe the total size of external trade in a country. In accordance with the stipulation of the Chinese government, imports are calculated at CIF, while exports are calculated at FOB.

Actual Utilization of Foreign Capital refers to remittance, equipment and technology financed from abroad, by loans, foreign direct investment and other forms undertaken by the Chinese governments at all levels, by various departments, enterprises and other economic units.

Foreign Borrowings refer to funds borrowed from abroad, including loans of foreign governments, loans of international financial institutions, commercial loans of foreign banks, export credit, and funds raised by Chinese bonds and shares issued abroad. It is an important part of China's utilization of foreign capitals.

Foreign Direct Investment refers to the investments inside China by foreign enterprises and economic organizations or individuals (including overseas Chinese, compatriots from Hong Kong and Macao, and Chinese enterprises registered abroad), following the relevant policies and laws of china, for the establishment of ventures exclusively with foreign own investment, Sino-foreign joint ventures and cooperative enterprises or for cooperative exploration of resources with enterprises or economic organizations in China. It includes the re-investment of the foreign entrepreneurs with the profits gained from the investment and the funds that enterprises borrow from abroad in the total investment of projects which are approved by the relevant department of the government.

Contracted Projects with Foreign Countries or Regions refer to projects undertaken by Chinese contractors (project contracting companies) through bidding process. They include：(1) overseas civil engineering construction projects financed by foreign investors; (2) overseas projects financed by the Chinese government through its foreign aid programs; (3) construction projects of Chinese diplomatic missions, trade offices and other institutions stationed abroad; (4) construction projects in china financed by foreign investment; (5) sub-contracted projects to be taken by Chinese contractors through a joint umbrella project with foreign contractor(s); (6) projects with charges for technical services from overseas operators. it includes geographic and topographic mappings geological resource prospecting and survey planning of construction areas provision of design documents blueprints materials on production process and techniques as well as engineering technical and economic consultation feasibility study research and evaluation of projects technical supervising and staff training; (7) housing development projects. The business income from international contracted projects is the work volume of contracted projects completed during the reference period, expressed in monetary terms, including completed work on projects signed in previous years.

9 农业

AGRICULTURE

资料整理人员

程英翠　郝静敏　王　辉　王宇霞　张　姣

AGRICULTURE 农业

农作物播种面积	Sown Areas of Farm Crops	3541.51	千公顷 (1 000 ha)
# 粮　食	Sown Areas of Grain	3130.02	千公顷 (1 000 ha)
粮食产量	Output of Grain	1424.3	万吨 (10 000 tons)
油料产量	Output of Oil-bearing Crops	14.3	万吨 (10 000 tons)
肉类产量	Output of Meat	102.7	万吨 (10 000 tons)

农林牧渔业总产值构成 (%)

Composition of Gross Output Value of Farming, Forestry, Animal Husbandry and Fishery (%)

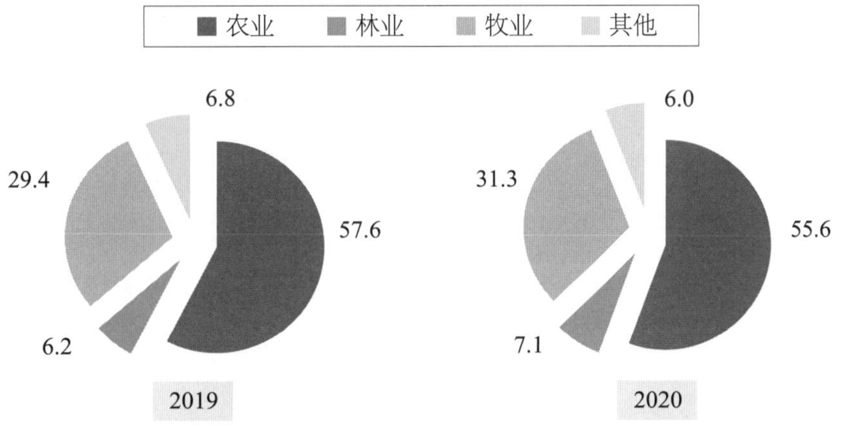

粮食总产量 (万吨)

Output of Grain (10 000 tons)

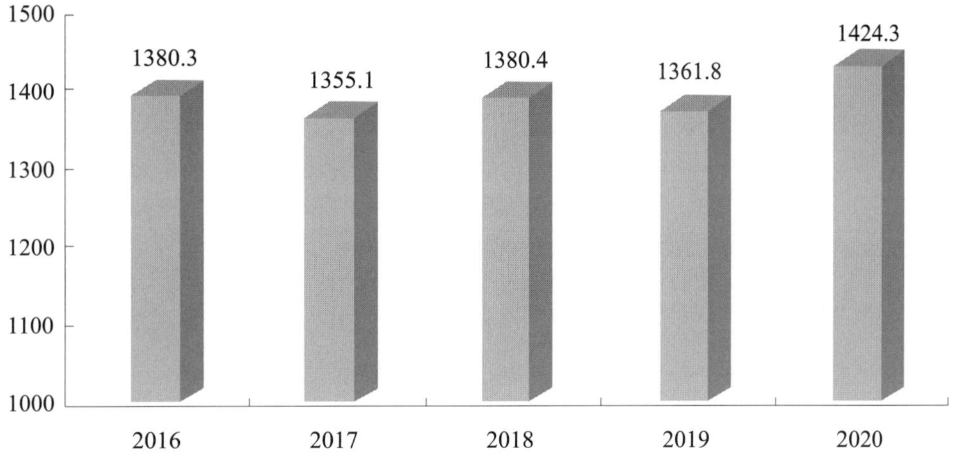

9-1 主要年份农林牧渔业总产值

GROSS OUTPUT VALUE OF FARMING, FORESTRY, ANIMAL HUSBANDRY AND FISHERY IN MAJOR YEARS

按当年价格计算 (at current price)

年份 Year	农林牧渔业总产值(万元) Total (10 000 yuan)	农业 Farming	林业 Forestry	牧业 Animal Husbandry	渔业 Fishery	农林牧渔专业及辅助性活动 Specializing and Supportive Activities for Agriculture, Forestry, Animal Husbandry and Fishery
1978	290133	239742	17391	32934	66	
1980	382302	286574	40154	55492	82	
1985	629163	484341	41218	102941	663	
1990	1247781	889037	78275	276170	4299	
1995	2996751	2033892	133136	817463	12260	
2000	3223544	2183303	127258	896667	16316	
2005	4837972	2817384	165153	1485882	26945	342608
2006	5123954	3039735	153420	1503994	35411	391394
2007	5878294	3818660	243935	1516848	33983	264868
2008	7392132	4678838	346918	1942008	40170	384198
2009	8889177	5484276	481729	2379527	48647	495000
2010	10164065	6299625	630003	2610390	55047	569000
2011	11634010	7116094	706389	3108030	65999	637500
2012	12659821	7743453	754326	3384811	71981	705250
2013	13720159	8390636	852565	3632998	78960	765000
2014	14405971	8725551	924834	3840043	79749	835794
2015	14249630	8468670	907813	3927425	78621	867100
2016	14299148	8244205	927435	4155926	76382	895200
2017	14187298	8618934	976551	3588444	76889	926480
2018	14609439	8949469	998981	3615290	68808	976891
2019	16265442	9367617	1013068	4785697	69090	1029970
2020	19358404	10759446	1370806	6063202	66174	1098776

9-2 农作物播种面积
SOWN AREA OF FARM CROPS

单位：千公顷 (1 000 ha)

指 标	Item	2010	2015	2020
农作物总播种面积	**Total Sown Area**	**3643.34**	**3610.07**	**3541.51**
一、粮 食	**Grain**	**3210.28**	**3256.34**	**3130.02**
(一)谷 物	Cereal	2730.81	2845.88	2762.88
#稻 谷	Rice	1.09	0.78	2.45
小 麦	Wheat	678.79	575.88	535.88
玉 米	Corn	1635.25	1894.48	1742.22
谷 子	Millet	195.24	203.56	220.30
高 粱	Sorghum	32.47	20.61	87.62
燕 麦	Nakedoats	59.52	53.81	53.55
(二)豆 类	Beans	298.69	242.22	183.84
#大 豆	Soybean	172.47	137.40	119.61
(三)薯 类	Tubers	180.78	168.25	183.30
#马铃薯	Potato	162.69	151.02	160.73
二、油 料	**Oil-bearing Crops**	**154.06**	**110.06**	**88.32**
#花 生	Peanuts	8.10	5.89	4.76
油菜籽	Rapeseeds	5.71	12.61	17.67
芝 麻	Sesame	4.01	1.96	1.74
胡麻籽	Benne	62.71	42.83	21.18
葵花籽	Sunflower Seeds	41.39	27.11	25.37
三、棉 花	**Cotton**	**43.31**	**5.71**	**1.13**
四、生 麻	**Rough Bast Fiber**	**0.02**	**0.02**	**1.68**
五、甜 菜	**Beetroots**	**5.59**	**1.19**	**0.04**
六、烟 叶	**Tobacco**	**2.80**	**1.97**	**1.35**
七、药 材	**Medicinal Materials**	**21.05**	**30.18**	**77.49**
八、蔬 菜	**Vegetables**	**168.62**	**165.06**	**188.98**
#设施蔬菜	Greenhouse Vegetables	20.03	41.68	38.73
九、瓜果类	**Melons**	**21.34**	**17.83**	**15.84**
十、其他作物	**Others**	**16.26**	**21.70**	**36.66**
#青饲料	Green feed	14.57	18.71	33.32

9-3 主要年份主要农作物播种面积
SOWN AREAS OF MAJOR FARM CROPS IN MAJOR YEARS

单位：千公顷 (1 000 ha)

年 份 Year	总播种面积 Total Sown Area	#粮食作物 Grain Crops	#谷 物 Cereal	#油 料 Oil-bearing Crops	#棉 花 Cotton	#蔬 菜 Vegetables	#瓜果类 Melons
1978	4389.25	3692.43	3279.15	165.16	237.53	105.18	13.00
1980	4266.60	3508.76	3117.22	231.46	224.31	92.37	22.07
1985	3978.23	3055.05	2634.17	505.61	121.14	104.94	32.89
1990	4016.89	3290.79	2755.55	356.33	130.34	110.59	20.41
1995	3895.55	3151.48	2425.09	342.42	127.10	156.79	25.40
2000	4042.42	3186.46	2326.74	417.06	43.04	242.13	49.19
2005	3795.35	3033.59	2333.37	273.38	97.45	244.93	30.39
2010	3643.34	3210.28	2730.81	154.06	43.31	168.62	21.34
2011	3696.70	3259.28	2805.28	148.03	38.14	181.14	18.73
2012	3692.31	3267.53	2819.77	138.54	24.63	187.88	20.30
2013	3660.38	3245.20	2809.56	133.33	13.46	189.36	25.09
2014	3659.98	3256.77	2830.51	124.36	10.88	192.16	21.98
2015	3610.07	3256.34	2845.88	110.06	5.71	165.06	17.83
2016	3591.57	3227.31	2807.45	118.03	3.56	158.77	14.75
2017	3577.61	3180.92	2757.88	114.08	2.87	169.85	14.52
2018	3555.16	3137.06	2711.80	111.86	2.58	176.94	16.18
2019	3524.42	3126.17	2716.54	99.76	2.26	180.39	17.24
2020	3541.51	3130.02	2762.88	88.32	1.13	188.98	15.84

9-4 主要年份主要农作物产量
OUTPUT OF MAJOR FARM CROPS IN MAJOR YEARS

单位：吨 (ton)

年 份 Year	粮 食 Grain	1. 谷 物 Cereal	#稻 谷 Rice	#小 麦 Wheat	#玉 米 Corn	#谷 子 Millet
1978	7069560	6363715	58990	1288415	2711625	891140
1980	6857060	6201675	69290	1184780	2628820	960370
1985	8226767	7408051	58472	2950507	2098065	883671
1990	9690053	8643731	54429	3192990	3054441	876631
1995	9171000	8162190	41450	2701000	4035207	627530
2000	8533500	7029713	32770	2151500	3547500	602218
2005	9780000	8820582	8974	2022800	6161300	381889
2010	11075424	10616494	4837	2168894	8094496	193284
2011	12254032	11760406	4897	2204466	9145880	247143
2012	13094036	12569613	6432	2333639	9803388	251314
2013	13620056	13044258	7271	2038926	10494470	298545
2014	13872494	13275335	6800	2247070	10454832	353240
2015	13140206	12583730	5164	2315442	9747113	317546
2016	13803322	13105466	5503	2291486	10179585	378328
2017	13550954	12800561	5201	2323958	9778692	415886
2018	13803952	12932182	5568	2285888	9816207	472643
2019	13618048	12667748	17556	2262112	9393703	504951
2020	14242698	13312462	17088	2364953	9799465	542368

9-4 续表 continued

单位：吨 (ton)

年 份 Year	#高 粱 Sorghum	2. 豆 类 Beans	#大 豆 Soybean	3.薯 类 Tubers	#马铃薯 Potato	油 料 Oil-bearing Crops
1978	959400	137420	137420	568425		42290
1980	766805	130620	130620	524765		133672
1985	770607	176898	176898	641818	477197	444478
1990	767132	302242	302242	744080	585814	393810
1995	519119	366840	220104	641970	430120	222635
2000	299801	577822	359542	925965	704063	448259
2005	111894	366750	259806	592668	461451	212620
2010	50661	214589	134461	244340	202550	166037
2011	50715	211596	136696	282030	236058	176898
2012	57639	232112	147498	292310	243938	182816
2013	64217	249121	160845	326676	273374	181028
2014	68166	247711	155714	349448	290362	164463
2015	51322	233158	146332	323318	269578	121945
2016	56543	274216	167020	423639	370492	159474
2017	66005	283065	170875	467329	408732	150425
2018	115349	356154	235961	515616	453338	154676
2019	232301	342370	214689	607929	527256	137007
2020	317969	307232	207811	623003	537938	143146

年 份 Year	棉 花 Cotton	生 麻 Rough Bast Fiber	甜 菜 Beetroots	烟 叶 Tobacco	蔬 菜 Vegetables	瓜果类 Melons
1978	69430	5000	54605	1650	1888975	122315
1980	77500	5792	117024	1001	1804220	228910
1985	73455	3779	248541	4702	2915412	649195
1990	111526	1048	431641	8860	3474121	473778
1995	90817	2155	396978	10455	5428701	452951
2000	44796	680	210313	16319	9203364	1141231
2005	102907	38	39617	6327	9015370	689523
2010	46698	16	251185	7412	6940604	592158
2011	43536	10	204632	6951	7786117	524722
2012	28821	3	407233	7301	8616973	617403
2013	16543	10	204989	7001	9322640	755989
2014	12722	6	65123	7356	9734576	752506
2015	7279	37	54779	6280	8374328	520082
2016	4884	97	32374	6060	7779429	473631
2017	4000	134	6433	5217	8067422	465133
2018	3610	103	1183	3911	8218711	529861
2019	2958	444	623	3474	8278305	545073
2020	1560	6349	1629	4095	8611947	517906

9-5 主要年份主要农作物单位面积产量
MAJOR FARM CROPS OUTPUT PER HECTARE IN MAJOR YEARS

单位：公斤/公顷 (kg/ha)

年 份 Year	粮 食 Grain	谷 物 Cereal	稻 谷 Rice	小 麦 Wheat	玉 米 Corn	谷 子 Millet	高 粱 Sorghum
1978	1915	1941	5207	1169	3419	1579	3171
1980	1954	1989	5670	1191	3541	1743	3269
1985	2693	2812	6871	2912	4221	2234	4315
1990	2945	3137	5923	3141	4797	2296	4532
1995	2910	3366	6436	2945	5253	2101	4430
2000	2678	3021	7234	2409	4470	2150	4393
2005	3224	3780	3349	2805	5205	1764	2903
2010	3450	3888	4440	3195	4950	990	1560
2011	3760	4192	4530	3391	5190	1275	1830
2012	4007	4458	5940	3766	5415	1307	2160
2013	4197	4643	6840	3406	5715	1548	2430
2014	4260	4690	6885	3841	5595	1800	2475
2015	4035	4422	6645	4021	5145	1560	2490
2016	4277	4668	7000	4063	5471	1932	2760
2017	4260	4641	6810	4146	5412	2088	2936
2018	4400	4769	6960	4080	5617	2390	3503
2019	4356	4663	6930	4137	5477	2387	3494
2020	4550	4818	6986	4413	5625	2462	3629

年 份 Year	豆 类 Beans	薯 类 Tubers	油 料 Oil-bearing Crops	棉 花 Cotton	甜 菜 Beetroots	蔬 菜 Vegetables	瓜果类 Melons
1978	1188	1910	256	292	6067	17959	9408
1980	943	2074	578	346	12077	19533	10372
1985	1066	2517	879	606	23034	27782	19738
1990	1200	2627	1105	856	25556	31414	23213
1995	884	2061	650	715	18243	34624	17833
2000	1194	2465	1075	1041	27819	38010	23200
2005	1059	1674	778	1056	32473	36808	22689
2010	718	1352	1078	1078	44939	41160	27751
2011	773	1565	1195	1141	27516	42984	28016
2012	854	1661	1320	1170	47693	45865	30419
2013	952	1879	1358	1229	44341	49233	30130
2014	972	2038	1322	1169	37078	50658	34235
2015	963	1922	1108	1274	46118	50734	29168
2016	1140	2363	1351	1374	61431	48998	32117
2017	1188	2530	1319	1395	50892	47496	32039
2018	1420	2954	1383	1399	46408	46448	32755
2019	1517	3305	1373	1308	35403	45892	31618
2020	1671	3399	1621	1377	36814	45570	32700

9-6 主要年份主要油料作物产量
OUTPUT OF MAJOR OIL-BEARING CROPS IN MAJOR YEARS

单位：吨 (ton)

年 份 Year	花 生 Peanuts	油菜籽 Rapeseeds	芝 麻 Sesame	胡麻籽 Benne Seeds	葵花籽 Sunflower Seeds
1978	888	2229	968	20437	3488
1980	5025	2800	2214	54932	31452
1985	50247	6766	11810	80071	164865
1990	48539	7758	23469	75102	139664
1995	48611	14759	11716	28820	78645
2000	41404	8638	19081	51279	257370
2005	28583	7676	4268	37889	102668
2010	17277	6253	3633	56395	52306
2011	18201	5749	3955	60211	52524
2012	17562	6558	2689	72961	47594
2013	15822	7190	2657	69651	47996
2014	13997	7212	2116	69289	44387
2015	10104	12788	1802	41205	38755
2016	12598	15179	1618	42136	63314
2017	13050	17759	1471	35376	60266
2018	13386	23705	1942	35217	58985
2019	13518	22201	1643	29262	50487
2020	13203	21351	1932	22499	53060

9-7 主要年份造林和果园面积
AREA OF AFFORESTATION AND ORCHARDS IN MAJOR YEARS

年 份 Year	当年造林面积(千公顷) Afforestation Area in the year (1 000 ha)	#经济林 Economic Forest	零星植树(万株) Planting Trees Piecemeal (10 000 units)	年末果园面积(千公顷) Area of Orchards (1 000 ha)	#苹果园面积 Area of Apple Orchards
1978	173.65	13.20	21992	64.00	37.57
1980	221.57	23.00	23129	68.21	40.80
1985	243.33	22.30	28764	111.47	56.98
1990	191.05	61.30	21057	184.71	101.15
1995	405.18	171.40	21418	286.34	188.47
2000	404.86	113.10	17176	288.89	177.98
2005	140.26	4.10	10596	279.69	151.40
2010	291.10	52.30	11098	291.07	136.25
2011	302.53	80.70	10803	320.71	145.38
2012	307.22	61.70	10415	336.89	152.84
2013	303.00	84.40	10504	346.47	156.99
2014	307.99	85.80	10062	354.90	160.52
2015	280.94	56.90	10023	359.54	160.34
2016	266.69	31.10	10131	357.35	152.99
2017	311.97	77.50	10775	359.53	152.06
2018	340.15	79.44	10775	363.27	147.54
2019	347.36	16.76	10857	374.86	145.94
2020	272.07	31.87	11200	381.05	144.26

9-8 造林和果园面积
AREA OF AFFORESTATION AND ORCHARDS

单位：千公顷 (1 000 ha)

指 标	ltem	2010	2015	2020
一、当年造林面积	**Afforestation Area in the Year**	**291.1**	**280.9**	**272.1**
#经济林	Economic Forest	52.3	56.9	31.9
防护林	Shelter Forest	223.7	131.7	216.5
二、育苗面积	**Area of Growing Seedings**	**40.0**	**71.3**	**76.5**
#本年新育	Area of Growing Seedings in the Year	19.2	21.8	16.1
三、零星植树(万株)	**Planting Trees Piecemeal (10 000 units)**	**11098**	**10023**	**11200**
四、年末果园面积	**Area of Orchards at Year-end**	**291.1**	**359.5**	**381.1**
#苹果园	Apple Orchards	136.2	160.3	144.3
梨 园	Pear Orchards	28.7	35.9	46.7
桃 园	Peach Orchards	23.5	34.7	50.1
葡萄园	Grape Orchards	8.6	12.7	15.4

9-9 主要林产品和水果产量
OUTPUT OF MAJOR FOREST PRODUCTS AND FRUITS

单位：吨 (ton)

指 标	Item	2010	2015	2020
一、主要林产品产量	**Output of Major Forest Products**			
核 桃	Walnuts	65156	168076	194969
板 栗	Chinese Chestnut	1346	1951	2719
二、水果产量	**Output of Fruits**	**4416081**	**7811497**	**8579836**
#苹 果	Apples	2682760	4634959	4366313
梨	Pears	417478	747519	977267
桃	Peaches	535180	1028788	1575551
葡 萄	Grapes	148713	279016	345078
红 枣(鲜枣)	Red Jujube(Fresh Jujube)	397827	766246	721048
柿 子(鲜柿)	Persimmon(Fresh Persimmon)	88291	109718	249513

9-10 渔业生产情况
PRODUCTION OF FISHERY

指　　标	Item	2010	2015	2020
水产品总产量(吨)	**Total Aquatic Products (ton)**	**31700**	**52427**	**46799**
#鱼类产量	Fish	30514	51850	46310
1.养殖产量	Aquaculture Products	30869	51264	45167
#池　塘	Pond	18933	34389	31999
湖　泊	Lakes	917	2114	294
水　库	Reservoir	10682	14473	12859
河　沟	Brook	240	94	
2.捕捞产量	Fishing Products	831	1163	1632
水产养殖面积(公顷)	**Aquaculture Area (ha)**	**14840**	**15715**	**12870**

9-11 主要年份肉类产量和猪牛羊数量
OUTPUT OF MEAT AND NUMBER OF HOGS, CATTLE, SHEEP AND GOATS IN MAJOR YEARS

年 份 Year	肉类总产量(万吨) Total Output of Meat (10 000 tons)	#猪 肉 Pork	猪年末头数(万头) Hogs at Year-end (10 000 heads)	牛年末头数(万头) Cattle at Year-end (10 000 heads)	羊年末只数(万只) Sheep and Goats at Year-end (10 000 heads)	#山 羊 Goats
1978			578.50	108.19	872.04	532.45
1980	17.34	16.20	531.16	109.35	909.87	535.73
1985	22.34	17.67	372.12	140.94	414.28	174.06
1990	31.86	22.45	363.14	179.29	709.58	303.92
1995	60.97	43.44	560.99	251.65	915.01	408.03
2000	65.05	44.90	519.52	225.01	1058.42	474.86
2005	90.59	60.97	626.07	245.22	1196.35	488.82
2010	77.15	56.86	528.83	85.79	769.72	370.25
2011	77.12	56.88	510.39	81.03	825.37	391.33
2012	85.15	62.43	556.82	85.49	894.33	390.48
2013	93.03	68.98	606.34	87.08	952.51	420.35
2014	99.48	73.61	638.46	91.56	1012.81	436.56
2015	99.01	70.32	619.16	90.60	1112.09	484.40
2016	99.35	68.30	588.62	94.36	1022.81	408.45
2017	93.32	62.67	544.11	100.73	943.18	382.10
2018	93.09	62.46	549.48	101.97	875.63	344.11
2019	91.02	56.78	451.41	103.83	868.90	343.00
2020	102.65	62.80	569.41	117.43	970.13	381.93

9-12 畜牧业生产情况
NUMBER OF LIVESTOCK AND LIVESTOCK PRODUCTS

指　标	Item	2010	2015	2020
一、大牲畜年末存栏 (万头)	**Larger Animals at Year-end (10 000 heads)**	**120.97**	**109.53**	**129.62**
1.牛　(万头)	Cattle (10 000 heads)	85.79	90.60	117.43
2.马　(万匹)	Horses (10 000 heads)	1.59	1.06	0.82
3.驴　(万头)	Donkeys (10 000 heads)	17.85	11.67	8.87
4.骡　(万头)	Mules (10 000 heads)	15.74	6.21	2.49
二、猪年末存栏　(万头)	**Hogs at Year-end (10 000 heads)**	**528.83**	**619.16**	**569.41**
#能繁殖的母猪	Reproducible Hogs	57.36	60.36	64.05
三、羊年末存栏　(万只)	**Sheep and Goats at Year-end (10 000 heads)**	**769.72**	**1112.09**	**970.13**
1.山　羊	Goats	370.25	484.40	381.93
2.绵　羊	Sheep	399.48	627.68	588.20
四、家禽年末存栏　(万只)	**Poultry at Year-end (10 000 heads)**	**6283.54**	**11052.91**	**13347.66**
五、养兔年末存栏　(万只)	**Rabbits at Year-end (10 000 heads)**	**240.33**	**116.36**	**72.53**
六、猪、牛、羊出栏	**Slaughtered Hogs, Cattle and Sheep**			
猪全年出栏　(万头)	Slaughtered Hog in the Year (10 000 heads)	729.65	906.39	797.61
牛全年出栏　(万头)	Slaughtered Cattle in the Year (10 000 heads)	34.98	40.23	47.90
羊全年出栏　(万只)	Slaughtered Mutton in the Year (10 000 heads)	424.94	537.86	573.14
七、畜禽产品产量	**Output of Animal and Poulty Products**			
1.肉类总产量 (万吨)	Total Output of Meat (10 000 tons)	77.15	99.01	102.65
#猪　肉	Pork	56.86	70.32	62.80
牛　肉	Beef	4.92	5.88	7.37
羊　肉	Mutton	5.87	7.67	8.58
禽　肉	Poultry	7.85	14.10	22.89
兔　肉	Rabbit	0.75	0.42	0.28
2.禽蛋产量 (吨)	Poultry Eggs (ton)	781305	1089922	1092774
3.奶类产量 (吨)	Milk (ton)	622683	768442	1173598
#牛　奶	Cow Milk	605559	759772	1170122
4.山羊毛产量 (吨)	Output of Wool (ton)	1473	2703	3860
#山羊绒	Cashmere	680	1197	1424
5.绵羊毛产量 (吨)	Sheep Wool (ton)	6098	9172	8013
6.蜂蜜产量 (吨)	Honey (ton)	3081	5042	8866
7.蚕茧产量 (吨)	Silkworm Cocoons (ton)	5376	5498	2194

9-13 农业现代化情况
AGRICULTURAL MODERNIZATION

指 标	Item	2010	2015	2020
一、农田水利情况	**Irrigation and Drainage**			
年末有效灌溉面积（千公顷）	Effective Irrigated Area at Year-end (1 000 ha)	1274.15	1460.28	1517.38
机电排灌面积（千公顷）	Mechanical and Electrical Irrigated Area (1 000 ha)	961.90	1111.71	1204.04
灌溉机电井数量（眼）	Electromechanical Well for Irrigation (unit)	81166	91276	97585
二、.农村用电情况	**Electricity Consumption**			
农村用电量（万千瓦小时）	Electricity Consumed in Rural Areas (10 000 kwh)	811763	968311	1092287
三、农用化肥情况	**Consumption of Chemical Fertilizers**			
农用化肥施用折纯（吨）	Effective Component of Chemical Fertilizers (ton)	1103663	1185472	1074111
1.氮 肥	Nitrogenous Fertilizer	400203	335291	209422
2.磷 肥	Phosphate Fertilizer	199996	160235	93856
3.钾 肥	Potash Fertilizer	85069	104235	82130
4.复合肥	Compownd Fertilizer	418395	585710	688702
四、农业机械化情况	**Agricultural Mechanization**			
1.当年实际机耕地面积（千公顷）	Area Cultivated by Machine at This Year (1 000 ha)	2560	2737	2694
2.当年机械播种面积（千公顷）	Area Sown by Machine at This Year (1 000 ha)	2182	2647	2662
占总播种面积（%）	Percentage to Total Sown Area (%)	59.8	73.3	75.2
3.当年机械收获面积（千公顷）	Mechanical Harvest Area at This Year (1 000 ha)	1027	1825	2010
占总播种面积（%）	Percentage to Total Sown Area (%)	28.2	50.6	56.8

9-14 主要年份农业生产条件
CONDITIONS OF AGRICULTURAL PRODUCTION IN MAJOR YEARS

年 份 Year	耕地总资源 (千公顷) Resoruces of Cultivated Area (1 000 ha)	有效灌溉面积 (千公顷) Effective Irrigated Area (1 000 ha)	农用化肥施用量 (折纯量,吨) Consumption of Chemical Fertilizer (ton)	农村用电量 (万千瓦小时) Electricity Consumption in Rural Areas (10 000 kwh)
1978	3923.41	1092.48	355990	122683
1980	3921.46	1115.14	302904	135870
1985	3761.09	1079.10	397907	151085
1990	3692.51	1134.45	565624	259437
1995	3645.09	1201.99	780568	460583
2000	4341.94	1105.04	869882	531441
2005	3793.19	1088.59	956999	669390
2006	4054.3	1172.1	983000	692109
2007	4053.45	1255.69	1008000	759390
2008	4055.82	1254.56	1034042	789864
2009	4068.4	1261	1043239	811966
2010	4064.18	1274.15	1103663	811763
2011	4064.51	1324.78	1145667	865984
2012	4064.19	1319.16	1182795	949517
2013	4061.73	1382.79	1210196	997819
2014	4056.84	1408.17	1196138	970811
2015	4058.79	1460.28	1185472	968311
2016	4056.78	1487.21	1170719	975220
2017	4056.32	1511.21	1119984	992646
2018	4056.78	1518.68	1096108	1014160
2019		1519.34	1084085	1049000
2020		1517.38	1074111	1092287

9-15 农业机械年末拥有量
AGRICULTURAL MACHINERY AT YEAR-END

年末数 (end of year)

指 标		Item	2010	2015	2020
农业机械总动力	**(万千瓦)**	**Total Power of Agricultural Machinery(10 000 kw)**	**2809.17**	**3351.65**	**1595.26**
柴油发动机动力	(万千瓦)	Diesel Engine Power(10 000 kw)	2369.83	2871.04	1300.07
汽油发动机动力	(万千瓦)	Gasoline Engine Power(10 000 kw)	86.17	70.61	38.83
电动机动力	(万千瓦)	Motor Power(10 000 kw)	353.17	410.00	256.32
大中型农用拖拉机	(台)	Large and Medium Tractors for Agriculture (unit)	73178	130685	113170
	(万千瓦)	(10 000 kw)	261.25	475.86	548.47
小型农用拖拉机	(台)	Mini-tractors for Agriculture (unit)	299453	357935	278752
	(万千瓦)	(10 000 kw)	276.82	332.47	272.91
拖拉机配套机具	(部)	Tractor Towing Farm Machinery (unit)	542264	767971	567619
联合收割机	(台)	Combine Harvesters (unit)	12771	34363	34950
机动脱粒机	(台)	Motorized Threshers (unit)	60629	91441	53521

9-16 农民家庭平均每户生产性固定资产原值
ORIGINAL VALUE OF PRODUCTIVE FIXED ASSETS PER RURAL HOUSEHOLD

单位：元 (yuan)

指 标	Item	2019	2020
一、农业生产性固定资产原值	**Original Value of Agricultural Productive Fixed Assets**		
生产性用房及建筑物	Productive Houses and Buildings	949.42	666.37
役 畜	Draught Animals	222.66	515.54
产品畜	Commodity Animals	1593.90	2025.88
农业设施	Agricultural Facilities	245.21	232.00
农业机械	Agricultural Machinery	1567.33	1476.83
农林牧渔服务业	Services of Farming, Forestry, Animal Husbandry and Fishery	11.98	12.54
二、非农产业固定资产原值	**Original Value of Nonagricultural Fixed Assets**		
采矿业	Mining	112.99	282.49
制造业	Manufacturing	83.05	33.33
电力、热力、燃气及水生产和供应业	Production and Supply of Power, Heat, Gas and Water	33.90	
建筑业	Construction	53.67	245.76
批发和零售业	Wholesale and Retail Trade	629.07	495.40
交通运输、仓储和邮政业	Transportation, Storage and Post	2662.26	1966.78
住宿和餐饮业	Hotels and Catering Services	103.44	139.31
房地产业	Real Estate		
租赁和商务服务业	Leasing and Business Services	39.55	16.95
居民服务、修理和其他服务业	Resident Services, Repair and Other Services	290.17	271.58
其他行业	Others	5.42	5.93

9-17 农民家庭平均每百户拥有主要生产性固定资产数量
MAJOR PRODUCTIVE FIXED ASSETS PER 100 RURAL HOUSEHOLDS

指 标	Item	2019	2020
生产性用房及建筑物(平方米)	Productive Houses and Buildings (sq.m)	1023.11	782.94
大中型农用拖拉机 (台)	Large and Medium-sized Agricultural Tractors (unit)	1.58	1.75
小型农用拖拉机 (台)	Small Agricultural Tractors (unit)	14.63	12.94
农用排灌动力机械 (台)	Machinery forAgricultural Drainage and Irrigation (unit)	0.56	0.28
插秧机 (台)	Rice Transplanters (unit)	0.34	0.28
收割机 (台)	Harvesters (unit)	0.40	0.45
脱粒机 (台)	Threshing Machines (unit)	1.19	1.47
产品畜 (头)	Commodity Animals (head)	80.45	74.35

9-18 农民家庭平均每人生产和销售的主要农林产品
PER CAPITA MAJOR FARM AND FOREST PRODUCTS PRODUCED AND SOLD BY RURAL HOUSEHOLDS

单位：公斤 (kg)

指 标	Item	生产量 Output		出售量 Sales	
		2019	2020	2019	2020
谷 物	Cereal	1011.18	1018.38	882.31	834.21
薯 类	Tubers	27.06	20.96	12.01	9.20
豆 类	Beans	10.54	6.42	8.87	4.75
棉 花	Cotton		0.01		
油 料	Oil-bearing Crops	5.60	6.21	6.63	3.37

主要统计指标解释

农林牧渔业总产值 指以货币表现的农、林、牧、渔业全部产品和对农林牧渔业生产活动进行的各种支持性服务活动的价值总量，它反映一定时期内农林牧渔业生产总规模和总成果。1957 年以前的农林牧渔业总产值中包括了厩肥和农民自给性手工业（如农民自制衣服、鞋、袜，自己从事粮食初步加工等）。1958 年及以后，林业中增加了村及村以下竹木采伐产值；牧业中取消了厩肥产值；副业中取消了农民自给性手工业产值，增加了村及村以下办的工业产值；渔业中增加了海洋捕捞水产品产值。1980 年及以后，在副业中增加了农民家庭兼营工业商品部分的产值。从 1984 年起村及村以下工业产值划归工业。从 1993 年起取消副业，将野生动物的捕猎划入牧业，野生植物采集和农民家庭兼营商品性工业划归农业。从 2003 年起，执行新的国民经济行业分类标准，农林牧渔业总产值中包括了农林牧渔服务业产值。林业中增加了森林采运业产值。农业中取消了家庭兼营商品性工业产值，将野生林产品的采集划归林业。2010 年执行《统计用产品分类目录》，对 2009 年的农业、林业产值做了调整，将原林产品中的核桃、板栗和花椒产值调整到农业行业中。从 2018 年开始，将农林牧渔服务业名称改为农林牧渔专业及辅助性活动。

农林牧渔业总产值的计算方法通常是按农、林、牧、渔业产品及其副产品的产量分别乘以各自单位产品价格求得；少数生产周期较长，当年没有产品或产品产量不易统计的，则采用间接方法匡算其产值；然后将四业产品产值及农林牧渔专业及辅助性活动产值相加即为农林牧渔业总产值。

粮食产量 指农业生产经营者日历年度内生产的全部粮食数量。按收获季节包括夏收粮食、早稻和秋收粮食，按作物品种包括谷物、薯类和豆类。其产量计算方法：谷物按脱粒后的原粮计算，豆类按去豆荚后的干豆计算；薯类（包括甘薯和马铃薯，不包括芋头和木薯）1963 年以前按每 4 公斤鲜薯折 1 公斤粮食计算，从 1964 年开始改为按 5 公斤鲜薯折 1 公斤粮食计算，2014 年开始按鲜薯计算；城市郊区作为蔬菜的薯类（如马铃薯等）按鲜品计算，并且不作粮食统计。

棉花产量 指全社会的产量。包括春播棉和夏播棉。产量按皮棉计算。不包括木棉。

油料产量 指全部油料作物的生产量。包括花生、油菜籽、芝麻、向日葵籽、胡麻籽（亚麻籽）和其他油料。不包括大豆、木本油料和野生油料。花生以带壳干花生计算。

水产品产量 指渔业（捕捞和养殖）生产活动的最终有效成果，包括全部海水和淡水鱼类、甲壳类（虾、蟹）、贝类、头足类、藻类和其他类渔业产品的最终产量。水产品产量是通过各级水产部门逐级上报取得数据。1995 年及以前，贝类中牡蛎按鲜肉计算；蚶、蛤、蛙按 5 斤鲜品折 1 斤计算。1996 年以后则统一按鲜品计算。

猪、牛、羊肉产量 指当年出栏并已屠宰、除去头蹄下水后带骨肉（即胴体重）的重量。包括全社会范围内的产量。1996 年以前为全面统计并逐级上报数据。1996 年第一次农业普查以后，根据普查结果，对畜牧业主要年报数据进行了修正。1999 年以后，国家统计局在部分地区开展了猪、牛、羊、禽等主要畜禽品种的抽样调查，并用抽样数据作为国家定案数据使用。未开展抽样调查的地区和品种，仍使用各级统计部门逐级上报数据。2007 年，根据第二次农业普查结果，对 2000–2006 年畜牧业主要年报数据进行了修正。2008 年，建立了主要畜禽监测调查制度，猪、牛、羊、禽等主要畜禽数据均以抽样调查数为法定数据。2018 年，根据第三次农业普查结果，对 2007–2017 年畜牧业主要年报数据进行了修正。

期初（末）畜禽存栏头（只）数 指报告期初（末）农村各种合作经济组织和国营农场、农民个人、机关、团体、学校、工矿企业、部队等单位以及城镇居民饲养的大牲畜、猪、羊、家禽等畜禽的数量。数据上报方式及数据调整情况同猪、牛、羊肉产量。

农作物播种面积 指农业生产经营者应在日历年度内收获农作物在全部土地（耕地或非耕地）上的播种或移植面积。凡是本年内收获的农作物，无论是本年还是上年播种，都算为播种面积，但不包括本年播种，下年收获的农作物面积。

耕地灌溉面积 指具有一定的水源，地块比较平整，灌溉工程或设备已经配套，在一般年景下能够进行正常灌溉的耕地面积。在一般情况下，耕地灌溉面积应等于灌溉工程或设备已经配套，能够进行正常灌溉的水田和水浇地面积之和。它是反映我国农田水利建设的重要指标。

农用化肥施用量 指本年内实际用于农业生产的化肥数量，包括氮肥、磷肥、钾肥和复合肥。化肥施用量要求按折纯量计算数量。折纯量是指把氮肥、磷肥、钾肥分别按含氮、含五氧化二磷、含氧化钾的百分之百成份进行折算后的数量。复合肥按其所含主要成分折算。公式为：

折纯量=实物量×某种化肥有效成份含量的百分比

农业机械总动力 指全部农业机械动力的额定功率之和。农业机械是指用于农业生产及其产品初加工等相关农事活动的机械及设备。农机总动力按使用能源不同分为以下四部分：

柴油发动机动力：指全部柴油发动机额定功率之和；

汽油发动机动力：指全部汽油发动机额定功率之和；

电动机动力：指全部电动机（含潜水电泵的电动机）额定功率之和；

其他机械动力：指采用柴油、汽油、电力之外的其他能源，如水力、风力、煤炭、太阳能等动力机械功率之和。

这个指标的统计数据主要来源于农机部门。

Explanatory Notes on Main Statistical Indicators

Gross Output Value of Agriculture, Forestry, Animal Husbandry and Fishery refers to the total value of products of agriculture, forestry, animal husbandry and fishery, and total value of services in support of agriculture, forestry, animal husbandry and fishery activities. It reflects the total scale and results of agricultural production during a given period. Prior to 1957, China's gross agricultural output value included barnyard manure and handicraft products for self-consumption (clothes, shoes, stockings, and initial grain processing undertaken by peasants). Since 1958, cutting and felling of bamboo and trees by villages and other cooperative organizations under villages have been included in forestry; value of barnyard manure has been excluded from animal husbandry; self consumed handicrafts have not been included from sideline occupations, while the output value of industries run by villages and cooperative organizations under village has been included in sideline occupations; and the output value of fish catches by motor fishing boats has been added to fishery. Since 1980, the value of handicraft products made for sale by individuals in households has been added to sideline occupations. Since 1984, industries run by villages and under villages have been included in the sector of industry. Since 1993, the subdivision of sideline occupations has been cancelled, and the hunting of wild animals has been classified into animal husbandry, and the gathering of wild plants and commodity industry run by rural household have been included in farming. A new industrial classification of economic activities was introduced in 2003. Under the classification, value of services to agriculture, forestry, animal husbandry and fishery is included in the gross output value of agriculture, value of wood felling and transport is included in forestry, value of industrial output by rural households is not included in agriculture, gathering wild forest products is included in forestry. *The Classification of Products for Statistical Purposes* implemented in 2010 made relevant revision on the output value of agriculture and forestry in 2009, and value of walnut, Chinese chestnut and Chinese prickly ash is included in farming. In 2018, agriculture, forestry, animal husbandry and fishery services was renamed specializing and supportive activities for agriculture, forestry, animal husbandry, and fishery.

Gross output value of agriculture is obtained by multiplying the output of each product or by-product by its price, resulting in the output value of each single item. For a small number of products, annual output of which is not available or difficult to get due to the long production (growing) process involved, the output value is estimated through an indirect approach. The sum of output values of all products of agriculture, forestry, animal husbandry and fishery and services in support to those industries is then equal to the gross output value of agriculture.

Grain Output refers to the total output of grains produced by agricultural producers within a calendar year. It includes summer grain, early rice and autumn grain if classified by harvest seasons; it covers cereal, tubers and beans if classified by type of crops. Output of cereal should be limited to husked grain only. Output of beans refers to dry beans without pods. The output of tubers (sweet potatoes and potatoes, not including taros and cassava) are converted into that of grain at the ratio 4:1, i.e. 4 kilograms of fresh tubers were equivalent to 1 kilogram of grain up to 1963. Since 1964 the ratio for conversion has been 5:1, and from 2014, the ratio for conversion has been 1:1. Tubers supplied as vegetables (such as potatoes) in cities and suburbs are calculated as fresh vegetables and their output is not included in the output of grain.

Cotton Output refers to cotton production in the whole country including cotton planted in spring and in autumn. Output is measured as the weight of ginned cotton. Ceiba is not included.

Output of Oil-bearing Crops refers to the total production of oil-bearing crops of various kinds, including peanuts (dry, in shell), rapeseeds, sesame, sunflower seeds, flax seeds, and other oil-bearing crops. Soybeans, oil-bearing woody plants, and wild oil-bearing crops are not included.

Output of Aquatic Products refers to final output actually yielded from fishing production (fishery and breeding), including all output of marine and freshwater fish, crustaceans (shrimps, crabs), shellfish, cephalopod, seaweed and other fishery products. Data on output of aquatic products are reported by aquatic product agencies level by level. Before 1995, among the shellfish, oyster was counted as fresh meat; 5 kilograms of ark shell, clams and frogs are equivalent to 1 kilogram of fresh aquatic products; they have all been counted as fresh aquatic products since 1996.

Output of Pork, Beef, and Mutton refers to the meat of slaughtered hogs, cattle, sheep and goats with head, feet, and offal taken away. Data refers to the production of the whole country. Before 1996, it was a comprehensive reporting from the lower level to the upper one. The First Agricultural Census of China in 1996 revealed some discrepancy between the production of animal products from the annual reports and that from the census. Efforts were made to adjust the output value of animal husbandry to make the figures from the annual reports consistent with the census data. Since 1999, the NBS conducted sample surveys for the major animal husbandry products, such as hogs, cattle, sheep and goats and fowls, and the data from sample surveys are used as national finalized data. Those products, which are not covered by the sample survey, are still reported by statistical agencies level by level. In

2007, the data on animal husbandry from 2000 to 2006 were revised according to the results of the Second Agriculture Census of China. In 2008, a monitoring and survey program was set up on main livestock, the data on the main livestock such as hog, cattle, sheep and poultry became the official data based on the sampling survey. In 2018, the data on animal husbandry from 2007 to 2017 were revised according to the results of the Third Agriculture Census of China.

Number of Livestock or Poultry in Stock at Beginning (or End) of Period refers to the total number of large animals, pigs, sheep, fowls, etc. raised by rural cooperative organizations, State farms, rural individuals, government agencies, schools, industrial and mining enterprises, army, and urban residents at the beginning (or end) of the reference period. Data reporting system and data adjustment are the same as that in the output of pork, beef and mutton.

Sown Area of Crops refers to area of all land (cultivated or non-cultivated area) sown or transplanted with crops that are harvested within the calendar year by agricultural producers. All crops harvested within the year are counted as sown area, regardless of being sown in this year or the previous year. Crops sown this year but will be harvested in the coming year are excluded.

Irrigated Area of Cultivated Land refers to area of land that are effectively irrigated, i.e. relatively level land, where there are water sources or complete sets of irrigation facilities to lift and move adequate water for irrigation purpose under normal conditions. Under normal situations, irrigated area of cultivated land is the sum of watered fields and irrigated fields where irrigation systems or equipment have been installed for regular irrigation purpose. It is an important indicator to reflect the farmland water conservancy construction in China.

Consumption of Chemical Fertilizers in Agriculture refers to the quantity of chemical fertilizers applied in agriculture in the year, including nitrogenous fertilizer, phosphate fertilizer, potash fertilizer, and compound fertilizer. The consumption of chemical fertilizers is calculated in terms of volume of effective components by means of converting the gross weight of the respective fertilizers into weight containing effective component (e.g. nitrogen content in nitrogenous fertilizer, phosphorous pentoxide contents in phosphate fertilizer, and potassium oxide contents in potash fertilizer). Compound fertilizer is converted in regard to its major components. The formula is:

Volume of effective component = physical quantity × effective component of certain chemical fertilizer (%)

Total Power of Agricultural Machinery refers to the total rated capacity of all agricultural machinery. Agricultural machinery refers to the machineries and equipment which are used for activities of planting, animal husbandry, fishery, primary processing of agricultural products, agricultural transport and infrastructure construction of farmland. Total power of agricultural machinery is grouped into four parts according to the energy used:

Diesel engine power refers to the total rated capacity of all diesel engines.

Gasoline engine power refers to the total rated capacity of all gasoline engines.

Motor power refers to the total rated capacity of all motors (include submersible pump motors).

Other mechanical powers refer to the total mechanical capacity of the sources of energy besides diesel, gasoline and motor power, such as hydro power, wind power, coal and solar energy.

Data are mainly from agricultural machinery agencies.

10

工 业

INDUSTRY

资料整理人员

刘香元　文明佳　杨　健　黄岩峰　牛玉龙

工 业
INDUSTRY

规模以上工业企业单位数	Number of Industrial Enterprises above Designated Size	5480	个 (unit)
产品产量（全社会）	Output of Products(Total Society)		
原　煤	Coal	107906	万吨 (10 000 tons)
发电量	Electricity	3503.5	亿千瓦小时 (100 million kwh)
粗　钢	Crude Steel	6637.8	万吨 (10 000 tons)
生　铁	Pig Iron	6089.1	万吨 (10 000 tons)

工业增加值构成 (%)
Composition of Value Added of Industry (%)

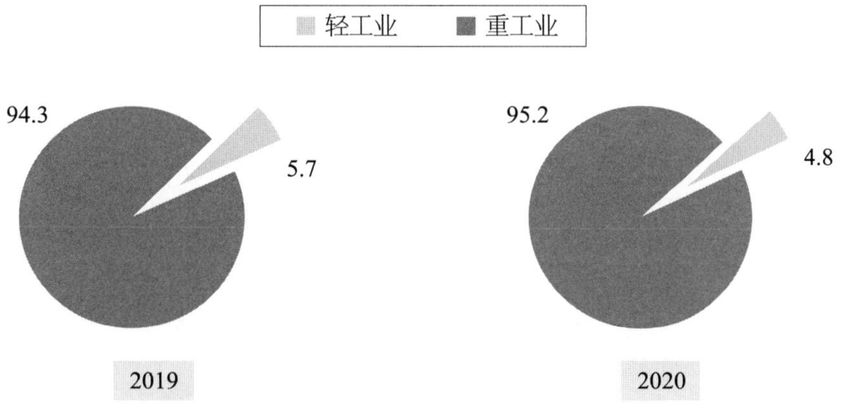

工业增加值增速 (%)
Growth Rate of Industrial Value Added (%)

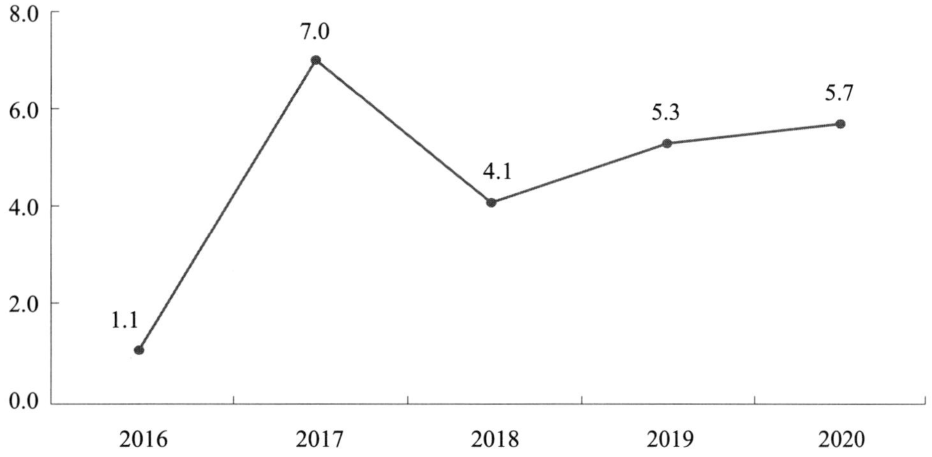

10-1 主要年份工业企业单位数

NUMBER OF INDUSTRIAL ENTERPRISES IN MAJOR YEARS

单位：个 (unit)

年份 Year	工业企业单位数 Number of Industrial Enterprises	按轻重工业分 Grouped by Light & Heavy Industry		按经济类型分 Grouped by Ownership		
		轻工业 Light Industry	重工业 Heavy Industry	国有经济 State-owned Enterprise	集体经济 Collective-owned Enterprise	其他经济 Other Ownership
1978	9381	4463	4918	2547	6834	
1980	9533	4528	5005	2524	7009	
1985	11004	4875	6129	2421	8577	6
1990	12122	4922	7200	2776	9318	28
1995	12086	4080	8006	3042	8698	346
2000	3275	944	2331	1537	766	972
2005	4441	761	3680	879	928	2634
2010	4240	737	3503	266	181	3793
2011	3673	546	3127	227	114	3332
2012	3905	569	3336	237	97	3571
2013	3979	586	3393	110	72	3797
2014	3906	614	3292	84	56	3766
2015	3845	625	3220	74	45	3726
2016	3548	595	2953	56	39	3453
2017	3835	654	3181	54	38	3743
2018	4212	683	3529	48	36	4128
2019	4798	702	4096	50	30	4718
2020	5480	732	4748	60	26	5394

年份 Year	按企业规模分 Grouped by Size of Enterprises				按隶属关系分 Grouped by Jurisdiction of Management	
	大型企业 Large Enterprises	中型企业 Medium-sized Enterprises	小型企业 Small Enterprises	微型企业 Microenterprises	中央企业 Central Enterprise	地方企业 Local Enterprise
1978	36	117	9228		100	9281
1980	50	94	9389		112	9421
1985	75	144	10785		168	10836
1990	97	169	11856		187	11935
1995	122	252	11712		183	11903
2000	137	228	2910		110	3165
2005	87	757	3597		95	4346
2010	149	970	3121		120	4120
2011	300	924	2297	152	135	3538
2012	295	889	2513	208	150	3755
2013	277	913	2542	247	148	3831
2014	246	898	2547	215	144	3762
2015	219	854	2476	296	147	3698
2016	223	843	2313	169	148	3400
2017	254	843	2516	222	171	3664
2018	271	840	2701	400	209	4003
2019	298	895	3110	495	210	4588
2020	289	906	3631	654	226	5254

注：(1)规模以上工业企业统计范围1998-2006年为国有企业、大中型企业和年产品销售收入500万元及以上非国有企业；2007-2010年为年主营业务收入500万元以上的工业法人企业；2011年及以后为年主营业务收入2000万元以上的工业法人企业。

(2)2011年起企业规模划分采用新标准。

Notes: (1)Enterprises in this table contains enterprises which is state-owned, large & medium-sized and non-state-owned with sales above 5 million yuan from 1998 to 2006; enterprises whose major business revenue is above 5 million yuan from 2007 to 2010; enterprises whose major business revenue is above 20 million yuan since 2011.

(2)New standards of enterprise size have been used since 2011.

10-2 主要年份主要工业产品产量
OUTPUT OF MAJOR INDUSTRIAL PRODUCTS IN MAJOR YEARS

年 份 Year	原 煤 (万吨) Coal (10 000 tons)	发电量 (亿千瓦小时) Electricity (100 million kwh)	生 铁 (万吨) Pig Iron (10 000 tons)	粗 钢 (万吨) Crude Steel (10 000 tons)	钢 材 (万吨) Steel Products (10 000 tons)	氧化铝 (万吨) Aluminum Oxide (10 000 tons)	原 铝 (万吨) Electrolyzed Aluminum (10 000 tons)
1978	9825	106.63	150.39	119.99	74.04		0.50
1980	12103	120.24	171.39	149.38	86.42		0.63
1985	21418	184.59	229.54	183.74	110.80		1.00
1990	28597	314.16	454.88	238.58	128.78		1.88
1995	34731	505.97	1438.29	339.80	217.09		6.44
2000	25152	624.71	1628.00	472.73	392.60		17.65
2005	55426	1316.50	3229.80	1654.72	1368.60	151.19	34.52
2010	74096	2150.56	3402.43	3048.82	2866.35	358.94	80.57
2011	87228	2344.00	3786.08	3490.42	3371.16	500.93	104.72
2012	91333	2534.99	4009.64	3950.17	3799.47	508.63	105.57
2013	92167	2641.10	4310.66	4671.44	4487.04	784.59	104.19
2014	92794	2642.81	4059.29	4325.39	4701.01	903.01	82.69
2015	96680	2457.45	3576.38	3846.96	4267.25	1272.91	66.03
2016	83044	2510.51	3641.09	3936.13	4278.97	1414.14	86.82
2017	87221	2765.53	3951.86	4429.68	4335.40	1928.26	98.50
2018	92634	3087.63	4761.30	5386.20	4903.30	2024.50	93.30
2019	98795	3361.67	5557.06	6039.05	5594.24	1996.26	78.90
2020	107906	3503.54	6089.08	6637.78	6181.45	1812.39	76.17

年 份 Year	焦 炭 (万吨) Coke (10 000 tons)	铜 (吨) Copper (ton)	水 泥 (万吨) Cement (10 000 tons)	平板玻璃 (万重量箱) Plate Glass (10 000 weight cases)	化学肥料 (折有效成份100%, 万吨) Chemical Fertilizer (10 000 tons)	#氮 肥 Nitrogenous	初级形态的塑料 (万吨) Primary Form of Plastics (10 000 tons)
1978	356.51	13583	255.87	47.09	32.33	30.24	0.57
1980	320.95	26607	287.88	52.74	40.15	34.91	0.55
1985	417.34	24400	458.68	113.33	39.31	37.41	0.94
1990	1609.27	25147	612.47	181.58	71.94	60.06	1.82
1995	5297.62	27530	1169.85	241.44	102.31	83.31	2.64
2000	4967.00	28544	1434.00	357.98	170.17	137.55	3.04
2005	7981.00	27225	2310.68	360.24	353.51	336.35	29.28
2010	8502.10	80610	3670.29	1673.37	331.84	321.60	20.24
2011	9047.91	87785	4101.47	1847.64	363.75	353.73	46.32
2012	8612.66	98134	5076.21	1975.81	389.07	379.23	51.86
2013	9022.40	88564	5269.09	2065.28	446.13	439.79	48.54
2014	8765.90	144489	4801.96	1758.92	461.67	453.36	49.36
2015	8039.88	180935	3786.09	1400.82	464.96	455.69	65.46
2016	8185.99	195596	3851.54	1648.08	443.54	431.16	67.24
2017	8383.14	192287	3760.27	1702.60	373.92	368.29	79.47
2018	9256.16	180000	4376.79	2121.70	361.25	342.37	89.10
2019	9699.53	138091	4982.40	1846.90	400.50	392.60	97.82
2020	10493.70	112650	5616.65	2252.16	400.21	386.29	102.37

注：本表产量为全社会口径。
Note: Coverage of products in the table is total society.

10-2 续表 continued

年份 Year	橡胶轮胎外胎 (万条) Rubber Tires (10 000 units)	矿山设备 (吨) Mining Equipment (ton)	纱 (吨) Yarn (ton)	布 (万米) Cloth (10 000 m)	白酒 (千升) White Spirit (kiloliter)
1978	9.97	18214	72193	32756	
1980	14.44	9349	84145	38652	
1985	29.25	16345	77762	37555	
1990	57.33	25717	94237	42948	
1995	112.45	23675	72165	35593	
2000	154.30	6857	84765	33253	
2005	135.11	109570	149828	36256	77199
2010	173.51	329442	53913	7381	112022
2011	164.86	354327	54012	8139	145722
2012	170.26	434304	61575	7499	130691
2013	166.57	430963	56923	7553	111881
2014	165.20	255155	55125	8172	93597
2015	154.98	260185	52826	7720	83568
2016	145.76	223304	53769	4176	103239
2017	73.23	260521	32243	3668	139907
2018	78.47	324226	21591	2399	167227
2019	83.09	412156	24891	2094	209323
2020	79.33	506947	22040	1715	179311

年份 Year	食醋 (吨) Vinegar (ton)	卷烟 (万箱) Cigarettes (10 000 cases)	机制纸及纸板(万吨) Machine-made Paper and Paperboard (10 000 tons)	合成洗涤剂(吨) Synthetic Detergents (ton)	非常规天然气 (亿立方米) Unconventional Gas (100 million cu.m)
1978		16.77	9.35	14409	
1980		18.62	11.55	18505	
1985		18.72	18.75	60746	
1990		24.17	35.44	68951	
1995		28.43	59.69	135359	
2000		30.34	27.00	189235	
2005		25.00	40.49	162303	
2010	385452	29.50	21.78	119774	29.9
2011	455262	31.00	20.48	98419	27.3
2012	550278	31.20	33.39	101898	33.6
2013	550229	31.70	34.17	108199	35.6
2014	474644	32.70	25.87	92683	38.1
2015	673052	32.70	35.34	87713	39.8
2016	626955	31.10	41.67	79342	43.2
2017	567275	30.00	45.55	72305	46.8
2018	518232	29.80	46.07	68306	52.7
2019	488801	31.00	60.90	70128	64.6
2020	491368	30.22	69.64	61088	85.9

注：本表2019年及以前年份非常规天然气只包含煤层气，2020年包含煤层气和致密砂岩气，后表同。
Note: Unconventional gas in the table includes both coalbed methane and shale gas in 2020, while it just includes coalbed methane before 2020. The same applies to the following.

10-3 规模以上主要工业产品产量
OUTPUT OF MAJOR INDUSTRIAL PRODUCTS ABOVE DESIGNATED SIZE

指 标		Item	2019	2020
原 煤	(万吨)	Coal (10 000 tons)	97109	106307
发电量	(亿千瓦小时)	Electricity (100 million kwh)	3228.7	3366.9
生 铁	(万吨)	Pig Iron (10 000 tons)	5557.1	6089.1
粗 钢	(万吨)	Crude Steel (10 000 tons)	6039.1	6637.8
钢 材	(万吨)	Steel Products (10 000 tons)	5594.2	6181.4
氧化铝	(万吨)	Aluminum Oxide (10 000 tons)	1996.3	1812.4
原 铝	(万吨)	Electrolyzed Aluminum (10 000 tons)	78.9	76.2
焦 炭	(万吨)	Coke (10 000 tons)	9699.5	10493.7
铜	(万吨)	Copper (10 000 tons)	13.8	11.3
水 泥	(万吨)	Cement (10 000 tons)	4982.4	5364.6
平板玻璃	(万重量箱)	Plate Glass (10 000 weight cases)	1846.9	2252.2
硫 酸	(折纯，万吨)	Sulfuric Acid (10 000 tons)	49.5	44.4
化学肥料	(折纯，万吨)	Chemical Fertilizer (10 000 tons)	398.5	393.6
化学农药	(吨)	Chemical Pesticide (ton)	1230	607
初级形态的塑料	(万吨)	Primary Form of Plastics (10 000 tons)	97.8	102.4
橡胶轮胎外胎	(万条)	Rubber Tires (10 000 units)	82.1	77.8
矿山设备	(吨)	Mining Equipment (ton)	412156	506947
金属切削机床	(台)	Metal-cutting Machine Tools (unit)	12	34
工业锅炉	(蒸发量吨)	Industrial Boiler (ton)	4554	4187
变压器	(万千伏安)	Transformer (10 000 kva)	785.2	1459.8
泵	(台)	Pump (unit)	95711	164651
纱	(吨)	Yarn (ton)	24891	22040
布	(万米)	Cloth (10 000 m)	2067	917
白 酒	(千升)	White Spirit (kiloliter)	209323	179311
啤 酒	(千升)	Beer (kiloliter)	180954	178201
卷 烟	(万箱)	Cigarettes (10 000 cases)	30.6	30.2
机制纸及纸板	(万吨)	Machine-made Paper and Paperboard (10 000 tons)	60.9	69.6
合成洗涤剂	(吨)	Synthetic Detergents (ton)	67528	59088
非常规天然气	(亿立方米)	Unconventional Gas (100 million cu.m)	64.1	85.2
电子计算机整机	(台)	Electronic Computers (set)		131103
手 机	(万台)	Mobile Phones (10 000 unit)	1862.2	2261.4
化学药品原药	(吨)	Chemical Medicine (ton)	26749	38494
食 醋	(吨)	Vinegar (ton)	488801	491368
太阳能电池	(千瓦)	Solar Cell (kw)	4841694	6854112
新能源汽车	(辆)	New Energy Motor Vehicles (unit)	57764	21565

10-4 工业企业主要财务指标(2020年)

单位：万元

指 标	Item	单位数(个) Number of Enterprises (unit)	#亏损企业 Loss-making Enterprises
总 计	**Total**	**5480**	**1554**
一、按登记注册类型分	Grouped by Registered Kind		
内资企业	Civil Funded Enterprises	5333	1523
国有企业	State-owned Enterprises	60	25
集体企业	Collective-owned Enterprises	26	6
股份合作企业	Share Holding Cooperative Enterprises	3	
联营企业	Joint Owned Enterprises		
有限责任公司	Limited Liability Corporations	1608	496
国有独资公司	State Sole Funed Corporations	137	46
其他有限责任公司	Other Limited Liability Corporations	1471	450
股份有限公司	Share Holding Limited Corporations	98	21
私营企业	Private Enterprises	3538	975
私营独资企业	Private-funed Enterprises	159	42
私营合伙企业	Private Partnership Enterprises	13	5
私营有限责任公司	Private Limited Liability Corporations	3117	877
私营股份有限公司	Private Share Holding Limited Corporations	249	51
其他企业	Others		
港、澳、台商投资企业	Enterprises Funded by Hong Kong, Macao and Taiwan	58	14
合资经营企业(港或澳、台资)	Joint Venture Enterprises	30	9
合作经营企业(港或澳、台资)	Cooperative Enterprises	1	1
港澳台商独资企业	Solely Owned Enterprises	24	3
港澳台商投资股份有限公司	Share Holding Limited Corporations	3	1
其他港澳台商投资企业	Others		
外商投资企业	Foreign Funded Enterprises	89	17
中外合资经营企业	Joint Venture Enterprises	58	10
中外合作经营企业	Cooperative Enterprises	3	
外资企业	Solely Owned Enterprises	27	6
外商投资股份有限公司	Share Holding Limited Corporations	1	1
其他外商投资企业	Others		

MAIN FINANCIAL INDICATORS OF INDUSTRIAL ENTERPRISES(2020)

(10 000 yuan)

资产总计 Total Assets	流动资产合计 Total Current Assets	负债合计 Total Liabilities	所有者权益合计 Total Creditors' Equity	营业收入 Business Revenue	营业成本 Business Cost
491850281	**211833596**	**358529496**	**133300366**	**220209730**	**180177529**
464299561	195502363	341558050	122728260	202508465	164658877
16490138	3168919	11119007	5356629	12503884	11681536
643776	129319	455681	185363	632557	468760
14095	11659	9112	4982	8471	7604
313718642	121779622	239493776	74306176	94969366	72069003
38512425	15469872	28647241	9865184	9373988	7056288
275206216	106309751	210846535	64440992	85595378	65012715
45931040	20415897	27765432	18165606	19170824	15015015
87501871	49996947	62715041	24709504	75223364	65416959
742069	559494	592418	138589	1226252	1148325
139304	89220	88830	50474	192675	164212
77851348	44600071	57073956	20714632	67576307	58823998
8769150	4748162	4959838	3805809	6228131	5280423
14077409	9849407	9823315	4254093	9565118	9055057
11963370	9313373	8709498	3253872	9039972	8705646
14305	8100	9881	4424	5934	6450
1984485	499753	1054617	929868	475997	313283
115249	28181	49320	65929	43215	29677
13473312	6481826	7148131	6318013	8136147	6463596
7555537	3197377	4439788	3108581	4336394	3397699
1225525	330289	522775	702750	575293	322196
4188318	2569761	2021849	2166468	3125606	2648699
503933	384399	163719	340214	98854	95002

10–4 续表1

单位：万元

指 标	Item	单位数 (个) Number of Enterprises (unit)
二、在总计中: 亏损企业	Of the Total: Loss–making Enterprises	1554
在总计中: 国有控股企业	Of the Total: State–Controlled Share Holding Enterprises	1170
在总计中: 轻工业	Of the Total: Light Industry	732
重工业	Heavy Industry	4748
在总计中: 大型企业	Of the Total: Large Enterprises	289
中型企业	Medium–sized Enterprises	906
小型企业	Small Enterprises	3631
微型企业	Microenterprises	654
三、按工业行业大类分	Grouped by Sector	
采矿业	Mining	1712
煤炭开采和洗选业	Coal Mining and Dressing	1494
石油和天然气开采业	Petroleum and Natural Gas Extraction	23
黑色金属矿采选业	Ferrous Metals Mining and Dressing	148
有色金属矿采选业	Nonferrous Metals Mining and Dressing	26
非金属矿采选业	Nonmetal Minerals Mining and Dressing	20
开采专业及辅助性活动	Mining Professional and Auxiliary Activities	1
其他采矿业	Other Mining Industry	
制造业	Manufacturing	3191
农副食品加工业	Farm Products Processing	169
食品制造业	Food Manufacturing	66
酒、饮料和精制茶制造业	Wine, Beverages and Refined Tea Manufacturing	52
烟草制品业	Tobacoo Products Manufacturing	1
纺织业	Textile Industry	20
纺织服装、服饰业	Textile, Wearing Apparel and Accessories	16
皮革、毛皮、羽毛及其制品和制鞋业	Leather, Fur, Feather and Related Products and Footwear	1
木材加工和木、竹、藤、棕、草制品业	Timber Processing, Bamboo, Cane, Palm Fiber and Straw Products	9

continued

(10 000 yuan)

#亏损企业 Loss-making Enterprises	资产总计 Total Assets	流动资产合计 Total Current Assets	负债合计 Total Liabilities	所有者权益合计 Total Creditors' Equity	营业收入 Business Revenue	营业成本 Business Cost
1554	162992246	73159377	150382750	12492003	43069908	39630977
372	329252824	123901414	247121365	82226966	103253401	80216549
177	14760709	7871397	7744139	7001053	10686276	7965421
1377	477089572	203962200	350785357	126299313	209523454	172212108
60	280091377	128082054	198300080	81791296	115442068	94031607
316	121209803	44124382	93238745	27971053	50306030	39261276
1003	73183619	33957055	53605610	19578852	49588602	42922260
175	17365481	5670105	13385061	3959165	4873030	3962386
609	262295701	111499803	198259739	64020274	77582878	56156296
558	252755334	108037064	192584420	60147451	73944288	53432727
9	4599710	1303309	2612502	1987209	1020790	725762
28	4024893	1767076	2425182	1608163	2044623	1580134
9	631645	234367	428050	203596	409800	286768
5	221456	99675	150226	70552	108150	77571
	62662	58313	59359	3303	55227	53333
782	165732255	85454350	113672080	52074303	116627662	101025527
44	1810436	925199	1166141	624486	2425267	2316437
15	1555402	748009	746477	808923	1336875	1058963
13	2551182	1462351	1098313	1452836	1647242	901006
	523429	344191	115433	407996	475532	161183
6	296347	144548	178304	118042	229147	206944
3	332030	199896	213791	116732	206372	163482
	1952	1393	1528	424	2002	1683
5	51357	40216	41112	10245	33424	30724

10–4 续表2

单位：万元

指　标	Item	单位数 (个) Number of Enterprises (unit)
家具制造业	Furniture Manufacturing	6
造纸和纸制品业	Paper Making and Paper Products	28
印刷和记录媒介复制业	Printing and Record Medium Reproduction	27
文教、工美、体育和娱乐用品制造业	Culture, Education, Art and Crafts, Sport and Entertainment Products	11
石油、煤炭及其他燃料加工业	Petroleum, Coal and Other Fuels Processing	150
化学原料和化学制品制造业	Raw Chemical Materials and Chemical Products	323
医药制造业	Medical and Pharmaceutical Products	106
化学纤维制造业	Chemical Fiber Manufacturing	1
橡胶和塑料制品业	Rubber and Plastic Products	79
非金属矿物制品业	Nonmetal Mineral Products	791
黑色金属冶炼和压延加工业	Smelting and Pressing of Ferrous Metals	136
有色金属冶炼和压延加工业	Smelting and Pressing of Non–ferrous Metals	99
金属制品业	Metal Prodcuts	348
通用设备制造业	Ordinary Machinery Manufacturing	158
专用设备制造业	Special Purpose Equipment Manufacturing	228
汽车制造业	Automobile Manufacturing	59
铁路、船舶、航空航天和其他运输设备制造业	Railroad, Marine, Aviation and Other Transport Equipments Manufacturing	36
电气机械和器材制造业	Electrical Machinery and Equipment Manufacturing	114
计算机、通信和其他电子设备制造业	Computers, Telecommunication and Other Electronic Equipments Manufacturing	62
仪器仪表制造业	Equipments and Instruments Manufacturing	30
其他制造业	Other Manufacturing	8
废弃资源综合利用业	Comprehensive Utilization of Waste Resources	25
金属制品、机械和设备修理业	Metal Products, Machinery and Equipment Repair	32
电力、热力、燃气及水生产和供应业	Production and Supply of Electricity, Heat, Gas and Water	577
电力、热力生产和供应业	Production and Supply of Electricity and Heat	441
燃气生产和供应业	Production and Supply of Gas	98
水的生产和供应业	Production and Supply of Water	38

continued

(10 000 yuan)

#亏损企业 Loss-making Enterprises	资产总计 Total Assets	流动资产合计 Total Current Assets	负债合计 Total Liabilities	所有者权益合计 Total Creditors' Equity	营业收入 Business Revenue	营业成本 Business Cost
	45729	31154	17943	27786	33284	30199
8	419858	156926	259031	160826	357853	342341
7	283439	141855	177257	105268	171877	145087
3	150693	78509	106357	44335	102209	91152
31	33775351	15934441	25277299	8538911	20258110	17072265
79	17549325	6547185	14059194	3487440	7946973	6861934
22	4828447	2489597	2390076	2445122	2259496	1340116
	95098	24882	72988	22110	3022	3099
15	850131	520186	564631	285500	637475	519116
216	12139889	6547700	8797819	3330777	7123442	5876885
56	33591248	13737012	22204910	11380270	33487284	30283675
47	11511960	4569849	8210359	3295604	7357285	6659699
57	4349774	2709653	2403135	1946635	4145591	3630788
22	3165668	2033156	1999016	1166649	1568339	1265597
31	8492926	6083933	5739484	2745371	3687737	3057941
20	4059315	2607738	2632650	1449578	3362325	3056990
6	3450789	2053235	1819345	1631444	1703425	1343966
30	4293148	2732766	2775649	1517497	2578585	2179093
21	12453551	10796968	8499454	3954097	10941894	10356031
3	664549	361388	304985	359564	290220	208165
3	1702042	947294	1277512	424530	1136805	984771
11	327752	160722	191508	136244	865064	657791
8	409441	322399	330378	79063	253509	218406
163	63822325	14879443	46597677	17205789	25999190	22995707
109	54120722	11793588	39459157	14657208	22035533	19510655
37	7809196	2570321	6162725	1631970	3567058	3150036
17	1892408	515534	975795	916612	396599	335016

10–4 续表3

单位：万元

指　　标	Item	税金及附加 Tax and Extra Charges
总　计	**Total**	**4844094**
一、按登记注册类型分	Grouped by Registered Kind	
内资企业	Civil Funded Enterprises	4662501
国有企业	State–owned Enterprises	73393
集体企业	Collective–owned Enterprises	27694
股份合作企业	Share Holding Cooperative Enterprises	53
联营企业	Joint Owned Enterprises	
有限责任公司	Limited Liability Corporations	3331637
国有独资公司	State Sole Funed Corporations	226943
其他有限责任公司	Other Limited Liability Corporations	3104694
股份有限公司	Share Holding Limited Corporations	660406
私营企业	Private Enterprises	569317
私营独资企业	Private–funed Enterprises	6068
私营合伙企业	Private Partnership Enterprises	624
私营有限责任公司	Private Limited Liability Corporations	515940
私营股份有限公司	Private Share Holding Limited Corporations	46686
其他企业	Others	
港、澳、台商投资企业	Enterprises Funded by Hong Kong, Macao and Taiwan	39238
合资经营企业(港或澳、台资)	Joint Venture Enterprises	32571
合作经营企业(港或澳、台资)	Cooperative Enterprises	3
港澳台商独资企业	Solely Owned Enterprises	5796
港澳台商投资股份有限公司	Share Holding Limited Corporations	868
其他港澳台商投资企业	Others	
外商投资企业	Foreign Funded Enterprises	142355
中外合资经营企业	Joint Venture Enterprises	71974
中外合作经营企业	Cooperative Enterprises	51440
外资企业	Solely Owned Enterprises	17795
外商投资股份有限公司	Share Holding Limited Corporations	1146
其他外商投资企业	Others	

continued

(10 000 yuan)

销售费用 Costs of Sales	管理费用 Costs of Administration	财务费用 Costs of Finance	利润总额 Total Profits	亏损企业亏损总额 Total Loss of Loss-making Enterprises	应交增值税 Value Added Taxes Payable	平均用工人数(万人) Average Employees (10 000 persons)
6188925	**9826430**	**7439181**	**10862774**	**4941170**	**6334126**	**192.06**
5962211	9472053	7301730	9575939	4865386	6011802	176.98
35148	376522	204874	90878	97403	218182	7.50
55903	35892	9295	32464	157	38644	0.94
198	220	2	345		130	0.01
3151043	5991977	5595449	4830150	3855416	3621108	100.68
370140	606044	597013	713039	264759	294578	7.64
2780902	5385933	4998436	4117111	3590657	3326530	93.04
459719	971338	341993	1673057	98445	631267	18.29
2260201	2096103	1150117	2949046	813966	1502472	49.56
35451	18495	5698	11416	7683	22558	0.60
1084	2617	55	23265	632	4796	0.08
2066326	1882855	1036551	2605566	713301	1363989	44.41
157340	192137	107813	308798	92350	111130	4.46
57947	105543	32944	279443	33208	87566	7.30
28362	86945	–2766	199625	21507	67852	6.94
	19	2	–99	99		
27927	13082	34479	77221	10607	18230	0.25
1658	5497	1229	2696	995	1483	0.11
168767	248835	104507	1007391	42576	234758	7.78
121231	159834	76481	507354	32489	139534	2.49
14575	28540	6134	151532		53611	0.63
25957	57614	18402	355955	2637	44254	4.53
7004	2847	3490	–7450	7450	–2641	0.14

10–4 续表4

单位：万元

指　　标	Item	税金及附加 Tax and Extra Charges
二、在总计中: 亏损企业	Of the Total: Loss–making Enterprises	766533
在总计中: 国有控股企业	Of the Total: State–Controlled Share Holding Enterprises	3558238
在总计中: 轻工业	Of the Total: Light Industry	551016
重工业	Heavy Industry	4293078
在总计中: 大型企业	Of the Total: Large Enterprises	2717489
中型企业	Medium–sized Enterprises	1666973
小型企业	Small Enterprises	417447
微型企业	Microenterprises	42185
三、按工业行业大类分	Grouped by Sector	
采矿业	Mining	3697843
煤炭开采和洗选业	Coal Mining and Dressing	3609179
石油和天然气开采业	Petroleum and Natural Gas Extraction	14780
黑色金属矿采选业	Ferrous Metals Mining and Dressing	56122
有色金属矿采选业	Nonferrous Metals Mining and Dressing	13326
非金属矿采选业	Nonmetal Minerals Mining and Dressing	4382
开采专业及辅助性活动	Mining Professional and Auxiliary Activities	55
其他采矿业	Other Mining Industry	
制造业	Manufacturing	1008417
农副食品加工业	Farm Products Processing	2906
食品制造业	Food Manufacturing	5445
酒、饮料和精制茶制造业	Wine, Beverages and Refined Tea Manufacturing	284868
烟草制品业	Tobacoo Products Manufacturing	221571
纺织业	Textile Industry	727
纺织服装、服饰业	Textile, Wearing Apparel and Accessories	1477
皮革、毛皮、羽毛及其制品和制鞋业	Leather, Fur, Feather and Related Products and Footwear	2
木材加工和木、竹、藤、棕、草制品业	Timber Processing,Bamboo,Cane,Palm Fiber and Straw Products	145

continued

(10 000 yuan)

销售费用 Costs of Sales	管理费用 Costs of Administration	财务费用 Costs of Finance	利润总额 Total Profits	亏损企业亏损总额 Total Loss of Loss-making Enterprises	应交增值税 Value Added Taxes Payable	平均用工人数(万人) Average Employees (10 000 persons)
1167679	2932229	3621211	-4941170	4941170	832004	54.14
3017337	6204907	5566827	5175468	3476139	3796155	103.45
733822	537474	129253	656725	144311	310687	15.27
5455104	9288956	7309928	10206049	4796859	6023438	176.79
3090512	4991389	3919803	6495406	1621460	3426843	99.44
1241448	2971414	2096420	2611634	2080370	1788349	57.34
1745268	1664462	1095967	1524922	986634	1025044	32.47
111697	199166	326991	230811	252706	93890	2.82
3251548	5513196	4101785	5430716	2846613	3878312	88.77
3204852	5319085	4037785	4921286	2768337	3753477	85.62
9097	44894	19715	263637	38550	10359	0.63
21763	110746	34199	171985	23320	99526	1.91
4099	31516	9259	65802	12390	11686	0.45
11737	5447	830	7621	4016	2976	0.13
	1508	-2	385		289	0.04
2712554	3624786	2051117	4477629	1528128	1993105	90.03
38242	50464	29812	-2472	51914	1690	1.88
85380	63188	18813	89889	18424	24115	1.58
45927	115374	6881	295636	15764	95487	2.30
6441	27648	-3785	56232		41414	0.09
3386	11232	3089	6683	1079	66	0.45
14403	16918	3262	8889	395	6081	0.53
78	80		187		22	
788	1108	2220	-973	1252	853	0.04

10-4 续表5

单位：万元

指　　标	Item	税金及附加 Tax and Extra Charges
家具制造业	Furniture Manufacturing	146
造纸和纸制品业	Paper Making and Paper Products	2197
印刷和记录媒介复制业	Printing and Record Medium Reproduction	918
文教、工美、体育和娱乐用品制造业	Culture, Education, Art and Crafts, Sport and Entertainment Products	401
石油、煤炭及其他燃料加工业	Petroleum, Coal and Other Fuels Processing	116559
化学原料和化学制品制造业	Raw Chemical Materials and Chemical Products	38444
医药制造业	Medical and Pharmaceutical Products	22678
化学纤维制造业	Chemical Fiber Manufacturing	147
橡胶和塑料制品业	Rubber and Plastic Products	3235
非金属矿物制品业	Nonmetal Mineral Products	45892
黑色金属冶炼和压延加工业	Smelting and Pressing of Ferrous Metals	106337
有色金属冶炼和压延加工业	Smelting and Pressing of Non-ferrous Metals	43228
金属制品业	Metal Prodcuts	13759
通用设备制造业	Ordinary Machinery Manufacturing	8379
专用设备制造业	Special Purpose Equipment Manufacturing	22031
汽车制造业	Automobile Manufacturing	10034
铁路、船舶、航空航天和其他运输设备制造业	Railroad, Marine, Aviation and Other Transport Equipments Manufacturing	10038
电气机械和器材制造业	Electrical Machinery and Equipment Manufacturing	9767
计算机、通信和其他电子设备制造业	Computers, Telecommunication and Other Electronic Equipments Manufacturing	28720
仪器仪表制造业	Equipments and Instruments Manufacturing	1587
其他制造业	Other Manufacturing	1159
废弃资源综合利用业	Comprehensive Utilization of Waste Resources	3597
金属制品、机械和设备修理业	Metal Products, Machinery and Equipment Repair	2025
电力、热力、燃气及水生产和供应业	Production and Supply of Electricity, Heat, Gas and Water	137834
电力、热力生产和供应业	Production and Supply of Electricity and Heat	119606
燃气生产和供应业	Production and Supply of Gas	8559
水的生产和供应业	Production and Supply of Water	9669

continued

(10 000 yuan)

销售费用 Costs of Sales	管理费用 Costs of Administration	财务费用 Costs of Finance	利润总额 Total Profits	亏损企业亏损总额 Total Loss of Loss-making Enterprises	应交增值税 Value Added Taxes Payable	平均用工人数(万人) Average Employees (10 000 persons)
483	1212	353	879		841	0.04
6545	6169	4445	–465	6945	11565	0.26
5938	14602	2591	2546	3668	3805	0.42
5517	4727	1089	–537	1850	467	0.18
504931	593169	488079	1416315	175454	360418	9.71
254561	416982	401103	–100895	450550	128054	7.54
478797	165582	44919	117274	28179	94603	3.30
352	934	288				0.04
17515	27862	7867	56242	4524	11566	0.96
301931	357031	136890	344573	147694	245851	9.65
398056	527061	443805	1055541	175474	397151	12.64
108064	203253	241290	–62604	214591	161045	4.24
107176	142474	34444	125210	47534	74459	5.74
48104	106998	33793	67686	6435	35334	2.64
89661	210307	114145	140359	16772	102100	4.26
50181	111158	4005	106142	69233	39699	2.15
33364	114204	23977	138710	8410	33142	2.09
62418	103077	25809	130160	36362	27643	2.10
19777	126052	–32472	375922	26418	42989	13.00
14887	22123	4621	33164	1985	6522	0.32
2685	51101	3161	62629	9656	1513	0.98
2325	13330	4528	8045	5379	36126	0.23
4641	19370	2093	6662	2191	8481	0.65
224823	688448	1286279	954428	566429	462708	13.26
32770	510254	1141919	947158	409932	435748	9.94
175594	122875	127400	7103	123949	19741	2.06
16459	55320	16960	168	32548	7220	1.26

10-5 国有控股工业企业主要财务指标(2020年)

单位：万元

指　标	Item	单位数(个) Number of Enterprises (unit)	#亏损企业 Loss-making Enterprises
总　计	**Total**	**1170**	**372**
按工业行业大类分	Grouped by Sector		
采矿业	Mining	457	174
煤炭开采和洗选业	Coal Mining and Dressing	432	165
石油和天然气开采业	Petroleum and Natural Gas Extraction	13	6
黑色金属矿采选业	Ferrous Metals Mining and Dressing	6	2
有色金属矿采选业	Nonferrous Metals Mining and Dressing	4	1
非金属矿采选业	Nonmetal Minerals Mining and Dressing	1	
开采专业及辅助性活动	Mining Professional and Auxiliary Activities	1	
其他采矿业	Other Mining Industry		
制造业	Manufacturing	372	103
农副食品加工业	Farm Products Processing	4	
食品制造业	Food Manufacturing	3	1
酒、饮料和精制茶制造业	Wine, Beverages and Refined Tea Manufacturing	10	4
烟草制品业	Tobacoo Products Manufacturing	1	
纺织业	Textile Industry	2	
纺织服装、服饰业	Textile, Wearing Apparel and Accessories	5	
皮革、毛皮、羽毛及其制品和制鞋业	Leather, Fur, Feather and its products and Footwear		
木材加工和木、竹、藤、棕、草制品业	Timber Processing, Bamboo, Cane, Palm Fiber and Straw Products		
家具制造业	Furniture Manufacturing		
造纸和纸制品业	Paper Making and Paper Products		
印刷和记录媒介复制业	Printing and Record Medium Reproduction	4	1
文教、工美、体育和娱乐用品制造业	Culture, Education, Art and Crafts, Sport and Entertainment Products		

MAIN FINANCIAL INDICATORS OF STATE–HOLDING INDUSTRIAL ENTERPRISES(2020)

(10 000 yuan)

资产总计 Total Assets	流动资产合计 Total Current Assets	负债合计 Total Liabilities	所有者权益合计 Total Creditors' Equity	营业收入 Business Revenue	营业成本 Business Cost
329252824	**123901414**	**247121365**	**82226966**	**103253401**	**80216549**
213540110	86936915	164561257	49030363	47501880	32132413
208656050	85844044	161936494	46771065	46020257	30979407
3301761	839344	1998163	1303598	684463	527627
1404368	167174	495363	909005	647465	497686
111618	25356	68362	43256	92457	72636
3651	2685	3515	135	2011	1723
62662	58313	59359	3303	55227	53333
63818777	25723224	44481339	19400291	32530947	27315599
37040	12394	28852	8188	17105	15651
7676	4321	2894	4782	7210	5374
1509386	944943	559243	950143	1118258	497155
523429	344191	115433	407996	475532	161183
97636	35656	58378	39259	41318	36941
165514	97759	109705	55808	81081	67041
104408	54079	67826	36581	39194	28211

10-5 续表1

单位：万元

指　标	Item	单位数(个) Number of Enterprises (unit)
石油、煤炭及其他燃料加工业	Petroleum, Coal and Other Fuels Processing	23
化学原料和化学制品制造业	Raw Chemical Materials and Chemical Products	49
医药制造业	Medical and Pharmaceutical Products	7
化学纤维制造业	Chemical Fiber	1
橡胶和塑料制品业	Rubber and Plastic Products	11
非金属矿物制品业	Nonmetal Mineral Products	44
黑色金属冶炼和压延加工业	Smelting and Pressing of Ferrous Metals	10
有色金属冶炼和压延加工业	Smelting and Pressing of Non-ferrous Metals	16
金属制品业	Metal Prodcuts	21
通用设备制造业	Ordinary Machinery Manufacturing	23
专用设备制造业	Special Purpose Equipment Manufacturing	63
汽车制造业	Automobile Manufacturing	10
铁路、船舶、航空航天和其他运输设备制造业	Railroad, Marine, Aviation and Other Transport Equipments Manufacturing	17
电气机械和器材制造业	Electrical Machinery and Equipment Manufacturing	18
计算机、通信和其他电子设备制造业	Computers, Telecommunication and Other Electronic Equipments Manufacturing	5
仪器仪表制造业	Equipments and Instruments Manufacturing	7
其他制造业	Other Manufacturing	6
废弃资源综合利用业	Comprehensive Utilization of Waste Resources	
金属制品、机械和设备修理业	Metal Products, Machinery and Equipment Repair	12
电力、热力、燃气及水生产和供应业	Production and Supply of Electricity, Heat, Gas and Water	341
电力、热力生产和供应业	Production and Supply of Electricity and Heat	251
燃气生产和供应业	Production and Supply of Gas	62
水的生产和供应业	Production and Supply of Water	28

continued

(10 000 yuan)

#亏损企业 Loss-making Enterprises	资产总计 Total Assets	流动资产合计 Total Current Assets	负债合计 Total Liabilities	所有者权益合计 Total Creditors' Equity	营业收入 Business Revenue	营业成本 Business Cost
6	8548683	1864395	6042771	2548263	2627673	2299946
24	10348116	3515277	9442605	905510	3676147	3256660
2	944703	464764	591995	352708	525211	382189
	95098	24882	72988	22110	3022	3099
3	278810	112769	212927	65882	159532	144049
12	2173757	829008	1394416	779341	865350	654063
4	14431138	3718377	8758939	5672199	9369269	8211285
10	5781911	1860178	4416140	1365771	3749506	3353936
6	1303531	738088	807169	496362	763198	632782
2	1810345	1069250	1191082	619262	752895	619951
5	6899305	4910557	4826721	2070174	2685629	2257562
4	444428	316435	343207	124135	938037	854730
2	3251832	1906174	1683276	1568556	1560435	1231394
8	2764821	1564101	2011289	753532	1651561	1380895
2	237982	136822	187307	50676	111152	91286
1	89571	48493	44355	45217	37144	24442
3	1695169	941065	1272192	422977	1132000	981048
3	274491	209245	239630	34862	143490	124728
95	51893937	11241275	38078770	13796311	23220574	20768537
56	43794774	8739665	31966675	11823744	19966903	17872885
24	6565354	2064008	5342002	1208851	2940093	2617372
15	1533809	437601	770093	763715	313578	278281

10-5 续表2

单位：万元

指　　标	Item	税金及附加 Taxes and Extra Charges
总　计	**Total**	**3558238**
按工业行业大类分	Grouped by Sector	
采矿业	Mining	2779027
煤炭开采和洗选业	Coal Mining and Dressing	2745213
石油和天然气开采业	Petroleum and Natural Gas Extraction	8607
黑色金属矿采选业	Ferrous Metals Mining and Dressing	23758
有色金属矿采选业	Nonferrous Metals Mining and Dressing	1320
非金属矿采选业	Nonmetal Minerals Mining and Dressing	74
开采专业及辅助性活动	Petroleum, Coal and Other Fuels Processing	55
其他采矿业	Other Mining Industry	
制造业	Manufacturing	658933
农副食品加工业	Farm Products Processing	66
食品制造业	Food Manufacturing	73
酒、饮料和精制茶制造业	Wine, Beverages and Refined Tea Manufacturing	256379
烟草制品业	Tobacoo Products Manufacturing	221571
纺织业	Textile Industry	158
纺织服装、服饰业	Textile, Wearing Apparel and Accessories	1106
皮革、毛皮、羽毛及其制品和制鞋业	Leather, Fur, Feather and its products and Footwear	
木材加工和木、竹、藤、棕、草制品业	Timber Processing, Bamboo, Cane, Palm Fiber and Straw Products	
家具制造业	Furniture Manufacturing	
造纸和纸制品业	Paper Making and Paper Products	
印刷和记录媒介复制业	Printing and Record Medium Reproduction	343
文教、工美、体育和娱乐用品制造业	Culture, Education, Art and Crafts, Sport and Entertainment Products	

continued

(10 000 yuan)

销售费用 Costs of Sales	管理费用 Costs of Administration	财务费用 Costs of Finance	利润总额 Total Profits	亏损企业亏损总额 Total Loss of Lossmaking Enterprises	应交增值税 Value Added Taxes Payable	平均用工人数（万人） Average Employees (10 000 persons)
3017337	**6204907**	**5566827**	**5175468**	**3476139**	**3796155**	**103.45**
2175956	4216722	3512499	3409399	2257837	2766389	66.37
2166936	4133274	3482023	3270802	2210606	2718825	65.21
4141	32687	21469	118491	37584	12395	0.51
4770	41835	8588	9722	8868	31307	0.37
	7328	421	9989	778	3463	0.23
109	90		10		111	0.01
	1508	-2	385		289	0.04
655582	1418171	1002019	1077863	749936	607022	26.14
194	707	47	727		36	0.02
722	580	34	198	90	529	0.02
7772	91696	-670	261763	6804	85005	1.56
6441	27648	-3785	56232		41414	0.09
1025	2995	355	152		305	0.14
3404	8076	465	3420		2720	0.34
2771	7117	1212	-97	1738	1357	0.15

10-5 续表3

单位：万元

指　标	Item	税金及附加 Taxes and Extra Charges
石油、煤炭及其他燃料加工业	Petroleum, Coal and Other Fuels Processing	20205
化学原料和化学制品制造业	Raw Chemical Materials and Chemical Products	20070
医药制造业	Medical and Pharmaceutical Products	4407
化学纤维制造业	Chemical Fiber	147
橡胶和塑料制品业	Rubber and Plastic Products	1909
非金属矿物制品业	Nonmetal Mineral Products	8073
黑色金属冶炼和压延加工业	Smelting and Pressing of Ferrous Metals	50669
有色金属冶炼和压延加工业	Smelting and Pressing of Non-ferrous Metals	29634
金属制品业	Metal Prodcuts	3591
通用设备制造业	Ordinary Machinery Manufacturing	3872
专用设备制造业	Special Purpose Equipment Manufacturing	16290
汽车制造业	Automobile Manufacturing	3280
铁路、船舶、航空航天和其他运输设备制造业	Railroad, Marine, Aviation and Other Transport Equipments Manufacturing	8833
电气机械和器材制造业	Electrical Machinery and Equipment Manufacturing	4818
计算机、通信和其他电子设备制造业	Computers, Telecommunication and Other Electronic Equipments Manufacturing	442
仪器仪表制造业	Equipments and Instruments Manufacturing	326
其他制造业	Other Manufacturing	1155
废弃资源综合利用业	Comprehensive Utilization of Waste Resources	
金属制品、机械和设备修理业	Metal Products, Machinery and Equipment Repair	1516
电力、热力、燃气及水生产和供应业	Production and Supply of Electricity, Heat, Gas and Water	120279
电力、热力生产和供应业	Production and Supply of Electricity and Heat	104770
燃气生产和供应业	Production and Supply of Gas	6959
水的生产和供应业	Production and Supply of Water	8550

continued

(10 000 yuan)

销售费用 Costs of Sales	管理费用 Costs of Administration	财务费用 Costs of Finance	利润总额 Total Profits	亏损企业亏损总额 Total Loss of Loss-making Enterprises	应交增值税 Value Added Taxes Payable	平均用工人数(万人) Average Employees (10 000 persons)
73862	114640	119345	119801	110314	52758	2.07
96309	264463	287067	–263841	379164	29017	4.06
63333	26796	18196	15273	4943	5891	0.61
352	934	288				0.04
2235	11150	451	853	2351	4375	0.33
27212	65052	22711	83891	17705	28194	0.96
167648	168194	220370	396295	33030	130069	3.27
30716	93725	165833	–57109	111565	73195	2.30
16645	51519	4820	9960	30627	11939	1.43
19080	51589	17614	22545	1865	11587	1.25
62338	145510	101483	84081	3650	72296	2.82
13711	25553	464	32133	6568	13705	0.36
28881	102423	22697	128777	4769	27548	1.68
22375	65439	16169	112485	18484	9385	1.12
2082	25149	1170	3467	3203	62	0.13
1967	4446	1475	2531	1767	–7	0.10
2545	50679	3130	62238	9656	1491	0.97
1962	12093	1078	2086	1645	4151	0.33
185799	570014	1052310	688206	468367	422744	10.95
24172	425033	924277	712994	327172	402619	8.14
146103	94800	117538	–10677	109439	13847	1.64
15524	50182	10495	–14111	31756	6279	1.17

10-6 外商投资和港澳台投资工业企业主要财务指标(2020年)

单位：万元

指　标	Item	单位数(个) Number of Enterprises (unit)	#亏损企业 Loss-making Enterprises
总　计	**Total**	**147**	**31**
按工业行业大类分	Grouped by Sector		
采矿业	Mining	13	2
煤炭开采和洗选业	Coal Mining and Dressing	10	1
石油和天然气开采业	Petroleum and Natural Gas Extraction	3	1
黑色金属矿采选业	Ferrous Metals Mining and Dressing		
有色金属矿采选业	Nonferrous Metals Mining and Dressing		
非金属矿采选业	Nonmetal Minerals Mining and Dressing		
开采专业及辅助性活动	Mining Professional and Auxiliary Activities		
其他采矿业	Other Mining Industry		
制造业	Manufacturing	93	20
农副食品加工业	Farm Products Processing	3	1
食品制造业	Food Manufacturing	7	1
酒、饮料和精制茶制造业	Wine, Beverages and Refined Tea Manufacturing	12	2
烟草制品业	Tobacoo Products Manufacturing		
纺织业	Textile Industry		
纺织服装、服饰业	Textile, Wearing Apparel and Accessories		
皮革、毛皮、羽毛及其制品和制鞋业	Leather, Fur, Feather and its products and Footwear		
木材加工和木、竹、藤、棕、草制造业	Timber Processing, Bamboo, Cane, Palm Fiber and Straw Products		
家具制造业	Furniture Manufacturing		
造纸和纸制品业	Paper Making and Paper Products		
印刷和记录媒介复制业	Printing and Record Medium Reproduction		
文教、工美、体育和娱乐用品制造业	Culture, Education, Art and Crafts, Sport and Entertainment Products		

MAIN FINANCIAL INDICATORS OF INDUSTRIAL ENTERPRISES WITH HONG KONG, MACAO, TAIWAN AND FOREIGN FUNDS(2020)

(10 000 yuan)

资产总计 Total Assets	流动资产合计 Total Current Assets	负债合计 Total Liabilities	所有者权益合计 Total Creditors' Equity	营业收入 Business Revenue	营业成本 Business Cost
27550720	**16331233**	**16971446**	**10572106**	**17701265**	**15518652**
4125882	1745665	1891834	2234048	1672840	983692
3430110	1373667	1596456	1833654	1516736	892011
695772	371998	295378	400394	156104	91681
18746519	13223380	12301169	6438183	14170301	13017771
45763	14485	43650	2112	65836	60247
252967	91627	152355	100612	206898	170178
251803	126297	107105	144698	214473	159628

10-6 续表1

单位：万元

指　标	Item	单位数(个) Number of Enterprises (unit)
石油、煤炭及其他燃料加工业	Petroleum, Coal and Other Fuels Processing	10
化学原料和化学制品制造业	Raw Chemical Materials and Chemical Products	14
医药制造业	Medical and Pharmaceutical Products	2
化学纤维制造业	Chemical Fiber Manufacturing	
橡胶和塑料制品业	Rubber and Plastic Products	
非金属矿物制品业	Nonmetal Mineral Products	6
黑色金属冶炼和压延加工业	Smelting and Pressing of Ferrous Metals	2
有色金属冶炼和压延加工业	Smelting and Pressing of Non-ferrous Metals	2
金属制品业	Metal Prodcuts	7
通用设备制造业	Ordinary Machinery Manufacturing	4
专用设备制造业	Special Purpose Equipment Manufacturing	5
汽车制造业	Automobile Manufacturing	4
铁路、船舶、航空航天和其他运输设备制造业	Railroad, Marine, Aviation and Other Transport Equipment Manufacturing	4
电气机械和器材制造业	Electrical Machinery and Equipment Manufacturing	3
计算机、通信和其他电子设备制造业	Computers, Telecommunication and Other Electronic Equipments Manufacturing	6
仪器仪表制造业	Equipments and Instruments Manufacturing	
其他制造业	Other Manufacturing	
废弃资源综合利用业	Comprehensive Utilization of Waste Resources	1
金属制品、机械和设备修理业	Metal products, Machinery and Equipment Repair	1
电力、热力、燃气及水生产和供应业	Production and Supply of Electricity, Heat, Gas and Water	41
电力、热力生产和供应业	Production and Supply of Electricity and Heat	29
燃气生产和供应业	Production and Supply of Gas	9
水的生产和供应业	Production and Supply of Water	3

continued

(10 000 yuan)

#亏损企业 Loss-making Enterprises	资产总计 Total Assets	流动资产合计 Total Current Assets	负债合计 Total Liabilities	所有者权益合计 Total Creditors' Equity	营业收入 Business Revenue	营业成本 Business Cost
1	2272713	1149278	1588248	677300	1545535	1288686
5	1723987	317283	1319043	404943	377811	296663
	131191	43270	33277	97914	65978	17912
	291497	41159	214666	76831	138045	89493
1	2244	1810	1695	549	7805	6959
	2041390	1037051	915962	1125428	870288	781092
2	188833	108602	98114	90719	702758	666888
	68544	54383	40009	28535	37399	28578
	62564	48999	29517	33047	38145	27240
3	26054	17908	21099	4955	20927	18119
1	413291	344262	219477	193815	248351	167180
2	574325	437674	208668	365657	155520	130780
1	10342025	9369713	7294747	3047278	9443273	9091197
	41249	6444	2691	38558	21020	8025
	16081	13136	10850	5231	10240	8908
9	4678320	1362188	2778444	1899876	1858124	1517189
4	4010866	1052279	2356665	1654200	1603383	1322451
4	492180	257657	315663	176517	213080	171175
1	175274	52251	106116	69158	41661	23563

10-6 续表2

单位：万元

指 标	Item	税金及附加 Taxes and Extra Charges
总 计	**Total**	**181593**
按工业行业大类分	Grouped by Sector	
采矿业	Mining	99365
煤炭开采和洗选业	Coal Mining and Dressing	98899
石油和天然气开采业	Petroleum and Natural Gas Extraction	466
黑色金属矿采选业	Ferrous Metals Mining and Dressing	
有色金属矿采选业	Nonferrous Metals Mining and Dressing	
非金属矿采选业	Nonmetal Minerals Mining and Dressing	
开采专业及辅助性活动	Mining Professional and Auxiliary Activities	
其他采矿业	Other Mining Industry	
制造业	Manufacturing	62853
农副食品加工业	Farm Products Processing	84
食品制造业	Food Manufacturing	1367
酒、饮料和精制茶制造业	Wine, Beverages and Refined Tea Manufacturing	1847
烟草制品业	Tobacoo Products Manufacturing	
纺织业	Textile Industry	
纺织服装、服饰业	Textile, Wearing Apparel and Accessories	
皮革、毛皮、羽毛及其制品和制鞋业	Leather, Fur, Feather and its products and Footwear	
木材加工和木、竹、藤、棕、草制造业	Timber Processing, Bamboo, Cane, Palm Fiber and Straw Products	
家具制造业	Furniture Manufacturing	
造纸和纸制品业	Paper Making and Paper Products	
印刷和记录媒介复制业	Printing and Record Medium Reproduction	
文教、工美、体育和娱乐用品制造业	Culture, Education, Art and Crafts, Sport and Entertainment Products	

continued

(10 000 yuan)

销售费用 Costs of Sales	管理费用 Costs of Administration	财务费用 Costs of Finance	利润总额 Total Profits	亏损企业亏损总额 Total Loss of Loss-making Enterprises	应交增值税 Value Added Taxes Payable	平均用工人数(万人) Average Employees (10 000 persons)
226714	**354377**	**137451**	**1286834**	**75784**	**322324**	**15.08**
46310	87684	-1941	492050	163	111583	1.73
45254	83247	2670	406332	99	110793	1.67
1057	4437	-4611	85718	64	791	0.06
158714	233275	51695	588260	47943	151992	12.66
3246	1864	-77	969	1505	85	0.03
9301	9438	2255	16964	4451	1894	0.22
26906	6956	1494	17315	2481	5151	0.23

10-6 续表3

单位：万元

指　　标	Item	税金及附加 Taxes and Extra Charges
石油、煤炭及其他燃料加工业	Petroleum, Coal and Other Fuels Processing	11747
化学原料和化学制品制造业	Raw Chemical Materials and Chemical Products	2772
医药制造业	Medical and Pharmaceutical Products	954
化学纤维制造业	Chemical Fiber Manufacturing	
橡胶和塑料制品业	Rubber and Plastic Products	
非金属矿物制品业	Nonmetal Mineral Products	2094
黑色金属冶炼和压延加工业	Smelting and Pressing of Ferrous Metals	302
有色金属冶炼和压延加工业	Smelting and Pressing of Non-ferrous Metals	13006
金属制品业	Metal Prodcuts	1359
通用设备制造业	Ordinary Machinery Manufacturing	279
专用设备制造业	Special Purpose Equipment Manufacturing	278
汽车制造业	Automobile Manufacturing	206
铁路、船舶、航空航天和其他运输设备制造业	Railroad, Marine, Aviation and Other Transport Equipment Manufacturing	1398
电气机械和器材制造业	Electrical Machinery and Equipment Manufacturing	1749
计算机、通信和其他电子设备制造业	Computers, Telecommunication and Other Electronic Equipments Manufacturing	23098
仪器仪表制造业	Equipments and Instruments Manufacturing	
其他制造业	Other Manufacturing	
废弃资源综合利用业	Comprehensive Utilization of Waste Resources	248
金属制品、机械和设备修理业	Metal products, Machinery and Equipment Repair	65
电力、热力、燃气及水生产和供应业	Production and Supply of Electricity, Heat, Gas and Water	19375
电力、热力生产和供应业	Production and Supply of Electricity and Heat	18203
燃气生产和供应业	Production and Supply of Gas	533
水的生产和供应业	Production and Supply of Water	639

continued

(10 000 yuan)

销售费用 Costs of Sales	管理费用 Costs of Administration	财务费用 Costs of Finance	利润总额 Total Profits	亏损企业亏损总额 Total Loss of Loss-making Enterprises	应交增值税 Value Added Taxes Payable	平均用工人数(万人) Average Employees (10 000 persons)
43484	65285	5721	127824	4313	20887	0.61
4122	24452	52440	–1168	23404	20630	0.27
28349	3785	291	8566		5481	0.08
4336	10102	8420	23793		8328	0.14
271	358	19	–76	152	57	
2134	10137	15667	36104		37453	0.22
9136	5560	3423	11396	1022	1223	0.20
2541	2860	36	2264		59	0.03
1216	3010	250	3746		1252	0.04
1115	1202	926	–892	1036	597	0.06
7948	12981	4086	48421	712	8874	0.10
9820	4977	4336	5521	8445	864	0.18
4397	63480	–47609	280290	422	38682	10.22
394	6152	15	6509		95	0.01
	677		714		382	0.01
21689	33419	87696	206524	27678	58748	0.69
	18381	82093	194990	16872	55367	0.43
21269	12037	2080	433	10216	3017	0.22
420	3001	3524	11101	590	364	0.04

10-7 大中型工业企业主要财务指标(2020年)

单位：万元

指标	Item	单位数(个) Number of Enterprises (unit)	#亏损企业 Loss-making Enterprises
总　计	**Total**	**1195**	**376**
按工业行业大类分	Grouped by Sector		
采矿业	Mining	563	182
煤炭开采和洗选业	Coal Mining and Dressing	547	180
石油和天然气开采业	Petroleum and Natural Gas Extraction	3	
黑色金属矿采选业	Ferrous Metals Mining and Dressing	9	1
有色金属矿采选业	Nonferrous Metals Mining and Dressing	3	1
非金属矿采选业	Nonmetal Minerals Mining and Dressing		
开采专业及辅助性活动	Mining Professional and Auxiliary Activities	1	
其他采矿业	Other Mining Industry		
制造业	Manufacturing	542	156
农副食品加工业	Farm Products Processing	12	9
食品制造业	Food Manufacturing	18	4
酒、饮料和精制茶制造业	Wine, Beverages and Refined Tea Manufacturing	9	3
烟草制品业	Tobacoo Products Manufacturing	1	
纺织业	Textile Industry	4	
纺织服装、服饰业	Textile, Wearing Apparel and Accessories	5	
皮革、毛皮、羽毛及其制品和制鞋业	Leather, Fur, Feather and its products and Footwear		
木材加工和木、竹、藤、棕、草制品业	Timber Processing, Bamboo, Cane, Palm Fiber and Straw Products		
家具制造业	Furniture Manufacturing		
造纸和纸制品业	Paper Making and Paper Products	2	1
印刷和记录媒介复制业	Printing and Record Medium Reproduction	4	1
文教、工美、体育和娱乐用品制造业	Culture, Education, Art and Crafts, Sport and Entertainment Products	2	

MAIN FINANCIAL INDICATORS OF LARGE AND MEDIUM-SIZED INDUSTRIAL ENTERPRISES(2020)

(10 000 yuan)

资产总计 Total Assets	流动资产合计 Total Current Assets	负债合计 Total Liabilities	所有者权益合计 Total Creditors' Equity	营业收入 Business Revenue	营业成本 Business Cost
401301181	**172206436**	**291538825**	**109762349**	**165748098**	**133292883**
238160202	99585951	177748801	60411399	55764328	36759462
233424181	97901122	175462382	57961798	54243755	35693061
2310040	970348	1097188	1212852	460258	295652
2206764	621877	1042156	1164608	928296	664303
156555	34292	87717	68838	76793	53113
62662	58313	59359	3303	55227	53333
130605735	65621610	90633504	39972228	91309678	79282288
650046	307374	519762	130284	1053066	1031882
868477	380401	410477	458000	822620	653337
1528415	938420	566304	962111	1155468	522700
523429	344191	115433	407996	475532	161183
131849	64606	80190	51659	133915	123036
189421	118111	128578	60843	107536	80621
139854	48952	61853	78002	173599	163240
123653	56160	77969	45684	56469	40591
47065	33316	26679	20385	32527	28234

10–7 续表1

单位：万元

指　　标	Item	单位数(个) Number of Enterprises (unit)
石油、煤炭及其他燃料加工业	Petroleum, Coal and Other Fuels Processing	84
化学原料和化学制品制造业	Raw Chemical Materials and Chemical Products	59
医药制造业	Medical and Pharmaceutical Products	26
化学纤维制造业	Chemical Fiber Manufacturing	1
橡胶和塑料制品业	Rubber and Plastic Products	6
非金属矿物制品业	Nonmetal Mineral Products	72
黑色金属冶炼和压延加工业	Smelting and Pressing of Ferrous Metals	58
有色金属冶炼和压延加工业	Smelting and Pressing of Non–ferrous Metals	28
金属制品业	Metal Prodcuts	41
通用设备制造业	Ordinary Machinery Manufacturing	13
专用设备制造业	Special Purpose Equipment Manufacturing	27
汽车制造业	Automobile Manufacturing	16
铁路、船舶、航空航天和其他运输设备制造业	Railroad, Marine, Aviation and Other Transport Equipments Manufacturing	16
电气机械和器材制造业	Electrical Machinery and Equipment Manufacturing	13
计算机、通信和其他电子设备制造业	Computers, Telecommunication and Other Electronic Equipments Manufacturing	14
仪器仪表制造业	Equipments and Instruments Manufacturing	3
其他制造业	Other Manufacturing	5
废弃资源综合利用业	Comprehensive Utilization of Waste Resources	
金属制品、机械和设备修理业	Metal Products, Machinery and Equipment Repair	3
电力、热力、燃气及水生产和供应业	Production and Supply of Electricity, Heat, Gas and Water	90
电力、热力生产和供应业	Production and Supply of Electricity and Heat	61
燃气生产和供应业	Production and Supply of Gas	17
水的生产和供应业	Production and Supply of Water	12

continued

(10 000 yuan)

#亏损企业 Loss-making Enterprises	资产总计 Total Assets	流动资产合计 Total Current Assets	负债合计 Total Liabilities	所有者权益合计 Total Creditors' Equity	营业收入 Business Revenue	营业成本 Business Cost
13	28174885	13967411	20937856	7237028	17673551	14863937
27	14722830	4922152	12249270	2473560	5619015	4906476
3	3607362	1834530	1674209	1933153	1562889	867510
	95098	24882	72988	22110	3022	3099
	299893	137099	222634	77259	239936	167493
27	3555086	1635008	2696078	859007	1824562	1400105
26	32252315	12941674	21377815	10874500	31546710	28429589
14	10396321	3991662	7546106	2850215	6240508	5613015
10	2062695	1193804	1232053	830642	2115270	1858687
	1926982	1164834	1288549	638432	819959	667082
2	6419526	4514603	4450604	1968922	2286062	1876655
3	3227559	2016724	1878064	1349494	2495012	2254550
2	3286058	1940993	1711503	1574555	1597363	1259331
5	2864176	1658245	1878203	985973	1466494	1199161
3	11594646	10256822	8003037	3591609	10545761	10025260
	84067	63173	26192	57876	40585	25330
2	1658608	913011	1240529	418080	1127792	976971
1	175419	153454	160569	14850	94456	83215
38	32535244	6998876	23156520	9378722	18674092	17251133
22	26131533	4833130	18325186	7806346	16398707	15246835
8	5280165	1785908	4276253	1003911	2031982	1787321
8	1123546	379838	555081	568465	243403	216977

10-7 续表2

单位：万元

指　标	Item	税金及附加 Tax and Extra Charges
总　计	**Total**	**4384462**
按工业行业大类分	Grouped by Sector	
采矿业	Mining	3430428
煤炭开采和洗选业	Coal Mining and Dressing	3391020
石油和天然气开采业	Petroleum and Natural Gas Extraction	5257
黑色金属矿采选业	Ferrous Metals Mining and Dressing	32146
有色金属矿采选业	Nonferrous Metals Mining and Dressing	1951
非金属矿采选业	Nonmetal Minerals Mining and Dressing	
开采专业及辅助性活动	Mining Professional and Auxiliary Activities	55
其他采矿业	Other Mining Industry	
制造业	Manufacturing	865192
农副食品加工业	Farm Products Processing	1341
食品制造业	Food Manufacturing	3974
酒、饮料和精制茶制造业	Wine, Beverages and Refined Tea Manufacturing	254967
烟草制品业	Tobacoo Products Manufacturing	221571
纺织业	Textile Industry	356
纺织服装、服饰业	Textile, Wearing Apparel and Accessories	1056
皮革、毛皮、羽毛及其制品和制鞋业	Leather, Fur, Feather and its products and Footwear	
木材加工和木、竹、藤、棕、草制品业	Timber Processing, Bamboo, Cane, Palm Fiber and Straw Products	
家具制造业	Furniture Manufacturing	
造纸和纸制品业	Paper Making and Paper Products	1663
印刷和记录媒介复制业	Printing and Record Medium Reproduction	586
文教、工美、体育和娱乐用品制造业	Culture, Education, Art and Crafts, Sport and Entertainment Products	189

continued

(10 000 yuan)

销售费用 Costs of Sales	管理费用 Costs of Administration	财务费用 Costs of Finance	利润总额 Total Profits	亏损企业亏损总额 Total Loss of Loss-making Enterprises	应交增值税 Value Added Taxes Payable	平均用工人数(万人) Average Employees (10 000 persons)
4331960	**7962803**	**6016223**	**9107041**	**3701830**	**5215192**	**156.77**
2319056	4949060	3740805	5100976	2339530	3467065	81.02
2302428	4851810	3723648	4849530	2330136	3412727	79.42
1621	18957	−109	167372		2893	0.38
14685	66295	16764	70003	8616	49075	0.94
322	10490	503	13687	778	2081	0.25
	1508	−2	385		289	0.04
1854757	2543034	1723277	3721126	1107158	1409284	65.85
7811	19007	14703	−17960	32555	2055	0.99
48641	27753	10622	64745	11472	20086	1.07
26710	93947	−1263	253373	4224	83278	1.75
6441	27648	−3785	56232		41414	0.09
2638	6206	1142	710		333	0.28
11250	9407	1209	7022		3005	0.36
5333	2895	589	4223	1170	8204	0.08
4293	8743	1186	1698	1738	1825	0.21
1796	1471	468	539		1556	0.08

10-7 续表3

单位：万元

指　　标	Item	税金及附加 Tax and Extra Charges
石油、煤炭及其他燃料加工业	Petroleum, Coal and Other Fuels Processing	98359
化学原料和化学制品制造业	Raw Chemical Materials and Chemical Products	30067
医药制造业	Medical and Pharmaceutical Products	17616
化学纤维制造业	Chemical Fiber Manufacturing	147
橡胶和塑料制品业	Rubber and Plastic Products	1873
非金属矿物制品业	Nonmetal Mineral Products	13750
黑色金属冶炼和压延加工业	Smelting and Pressing of Ferrous Metals	99965
有色金属冶炼和压延加工业	Smelting and Pressing of Non-ferrous Metals	39832
金属制品业	Metal Prodcuts	6877
通用设备制造业	Ordinary Machinery Manufacturing	4142
专用设备制造业	Special Purpose Equipment Manufacturing	14920
汽车制造业	Automobile Manufacturing	7368
铁路、船舶、航空航天和其他运输设备制造业	Railroad, Marine, Aviation and Other Transport Equipments Manufacturing	9057
电气机械和器材制造业	Electrical Machinery and Equipment Manufacturing	6047
计算机、通信和其他电子设备制造业	Computers, Telecommunication and Other Electronic Equipments Manufacturing	27483
仪器仪表制造业	Equipments and Instruments Manufacturing	318
其他制造业	Other Manufacturing	1136
废弃资源综合利用业	Comprehensive Utilization of Waste Resources	
金属制品、机械和设备修理业	Metal Products, Machinery and Equipment Repair	533
电力、热力、燃气及水生产和供应业	Production and Supply of Electricity, Heat, Gas and Water	88842
电力、热力生产和供应业	Production and Supply of Electricity and Heat	79202
燃气生产和供应业	Production and Supply of Gas	5233
水的生产和供应业	Production and Supply of Water	4407

continued

(10 000 yuan)

销售费用 Costs of Sales	管理费用 Costs of Administration	财务费用 Costs of Finance	利润总额 Total Profits	亏损企业亏损总额 Total Loss of Loss-making Enterprises	应交增值税 Value Added Taxes Payable	平均用工人数(万人) Average Employees (10 000 persons)
412997	494036	454554	1286127	142810	288998	8.23
153890	315955	355266	-169176	391265	80714	5.50
388708	108654	29291	74476	15158	70395	2.33
352	934	288				0.04
5729	10241	2747	49478		3643	0.40
72706	105527	47695	144621	63707	72551	3.41
370520	498991	440080	1048608	152395	382025	11.78
92619	144757	230365	-33052	158989	131133	3.65
43369	73204	12933	64955	34883	25539	2.65
15742	55373	23545	38558		14063	1.36
57155	130481	99875	90283	1492	68179	2.55
43545	88933	-741	77891	56044	25081	1.67
30212	104096	23300	134645	6901	29818	1.92
34886	68599	14017	99324	20202	9388	1.37
10722	85530	-38313	370706	3558	38776	12.60
3827	2893	491	7305		3028	0.10
2254	49474	3073	63377	8516	1304	0.95
612	8282	-56	2420	78	2892	0.42
158147	470709	552141	284939	255142	338843	9.90
23926	371506	459192	311657	178838	318022	7.64
119054	57921	86619	503	47452	15089	1.26
15167	41282	6330	-27221	28852	5732	1.00

10-8 工业企业主要效益指标(2020年)

MAIN BENEFIT INDICATORS OF INDUSTRIAL ENTERPRISES(2020)

单位：% (%)

指　　标	Item	亏损面 Range of Deficits	资产负债率 Ratio of Debts to Assets	营业收入利润率 Ratio of Profits to Business Revenue
总　计	**Total**	**28.4**	**72.9**	**4.93**
一、按登记注册类型分	Grouped by Registered Kind			
内资企业	Civil Funded Enterprises	28.6	73.6	4.73
国有企业	State-owned Enterprises	41.7	67.4	0.73
集体企业	Collective-owned Enterprises	23.1	70.8	5.13
股份合作企业	Share Holding Cooperative Enterprises		64.7	4.07
联营企业	Joint Owned Enterprises			
有限责任公司	Limited Liability Corporations	30.8	76.3	5.09
国有独资公司	State Sole Funed Corporations	33.6	74.4	7.61
其他有限责任公司	Other Limited Liability Corporations	30.6	76.6	4.81
股份有限公司	Share Holding Limited Corporations	21.4	60.5	8.73
私营企业	Private Enterprises	27.6	71.7	3.92
私营独资企业	Private-funed Enterprises	26.4	79.8	0.93
私营合伙企业	Private Partnership Enterprises	38.5	63.8	12.07
私营有限责任公司	Private Limited Liability Corporations	28.1	73.3	3.86
私营股份有限公司	Private Share Holding Limited Corporations	20.5	56.6	4.96
其他企业	Others			
港、澳、台商投资企业	Enterprises Funded by Hong Kong, Macao and Taiwan	24.1	69.8	2.92
合资经营企业(港或澳、台资)	Joint Venture Enterprises	30.0	72.8	2.21
合作经营企业(港或澳、台资)	Cooperative Enterprises	100.0	69.1	-1.67
港澳台商独资企业	Solely Owned Enterprises	12.5	53.1	16.22
港澳台商投资股份有限公司	Share Holding Limited Corporations	33.3	42.8	6.24
其他港澳台商独资企业	Others			
外商投资企业	Foreign Funded Enterprises	19.1	53.1	12.38
中外合资经营企业	Joint Venture Enterprises	17.2	58.8	11.70
中外合作经营企业	Cooperative Enterprises		42.7	26.34
外资企业	Solely Owned Enterprises	22.2	48.3	11.39
外商投资股份有限公司	Share Holding Limited Corporations	100.0	32.5	-7.54
其他外商投资企业	Others			

10-8 续表1 continued

单位：% (%)

指 标	Item	亏损面 Range of Deficits	资产负债率 Ratio of Debts to Assets	营业收入利润率 Ratio of Profits to Business Revenue
二、在总计中：亏损企业	Of the Total: Loss-making Enterprises	100.0	92.3	-11.47
在总计中：国有控股企业	Of the Total: State-Controlled Share Holding Enterprises	31.8	75.1	5.01
在总计中：轻工业	Of the Total: Light Industry	24.2	52.5	6.15
重工业	Heavy Industry	29.0	73.5	4.87
在总计中：大型企业	Of the Total: Large Enterprises	20.8	70.8	5.63
中型企业	Medium-sized Enterprises	34.9	76.9	5.19
小型企业	Small Enterprises	27.6	73.3	3.08
微型企业	Microenterprises	26.8	77.1	4.74
三、按工业行业大类分	Grouped by Sector			
采矿业	Mining	35.6	75.6	7.00
煤炭开采和洗选业	Coal Mining and Dressing	37.3	76.2	6.66
石油和天然气开采业	Petroleum and Natural Gas Extraction	39.1	56.8	25.83
黑色金属矿采选业	Ferrous Metals Mining and Dressing	18.9	60.3	8.41
有色金属矿采选业	Nonferrous Metals Mining and Dressing	34.6	67.8	16.06
非金属矿采选业	Nonmetal Minerals Mining and Dressing	25.0	67.8	7.05
开采专业及辅助性活动	Mining Professional and Auxiliary Activities		94.7	0.70
其他采矿业	Other Mining Industry			
制造业	Manufacturing	24.5	68.6	3.84
农副食品加工业	Farm Products Processing	26.0	64.4	-0.10
食品制造业	Food Manufacturing	22.7	48.0	6.72
酒、饮料和精制茶制造业	Wine, Beverages and Refined Tea Manufacturing	25.0	43.1	17.95
烟草制品业	Tobacoo Products Manufacturing		22.1	11.83
纺织业	Textile Industry	30.0	60.2	2.92
纺织服装、服饰业	Textile,Wearing Apparel and Accessories	18.8	64.4	4.31
皮革、毛皮、羽毛及其制品和制鞋业	Leather, Fur, Feather and Related Products and Footwear		78.3	9.35
木材加工和木、竹、藤、棕、草制品业	Timber Processing, Bamboo, Cane, Palm Fiber and Straw Products	55.6	80.1	-2.91

10-8 续表2 continued

单位：% (%)

指　标	Item	亏损面 Range of Deficits	资产负债率 Ratio of Debts to Assets	营业收入利润率 Ratio of Profits to Business Revenue
家具制造业	Furniture Manufacturing		39.2	2.64
造纸和纸制品业	Paper Making and Paper Products	28.6	61.7	-0.13
印刷和记录媒介复制业	Printing and Record Medium Reproduction	25.9	62.5	1.48
文教、工美、体育和娱乐用品制造业	Culture, Education, Art and Crafts, Sport and Entertainment Products	27.3	70.6	-0.53
石油、煤炭及其他燃料加工业	Petroleum, Coal and Other Fuels Processing	20.7	74.8	6.99
化学原料和化学制品制造业	Raw Chemical Materials and Chemical Products	24.5	80.1	-1.27
医药制造业	Medical and Pharmaceutical Products	20.8	49.5	5.19
化学纤维制造业	Chemical Fiber Manufacturing		76.8	0.01
橡胶和塑料制品业	Rubber and Plastic Products	19.0	66.4	8.82
非金属矿物制品业	Nonmetal Mineral Products	27.3	72.5	4.84
黑色金属冶炼和压延加工业	Smelting and Pressing of Ferrous Metals	41.2	66.1	3.15
有色金属冶炼和压延加工业	Smelting and Pressing of Non-ferrous Metals	47.5	71.3	-0.85
金属制品业	Metal Prodcuts	16.4	55.3	3.02
通用设备制造业	Ordinary Machinery Manufacturing	13.9	63.2	4.32
专用设备制造业	Special Purpose Equipment Manufacturing	13.6	67.6	3.81
汽车制造业	Automobile Manufacturing	33.9	64.9	3.16
铁路、船舶、航空航天和其他运输设备制造业	Railroad, Marine, Aviation and Other Transport Equipments Manufacturing	16.7	52.7	8.14
电气机械和器材制造业	Electrical Machinery and Equipment Manufacturing	26.3	64.7	5.05
计算机、通信和其他电子设备制造业	Computers, Telecommunication and Other Electronic Equipments Manufacturing	33.9	68.3	3.44
仪器仪表制造业	Equipments and Instruments Manufacturing	10.0	45.9	11.43
其他制造业	Other Manufacturing	37.5	75.1	5.51
废弃资源综合利用业	Comprehensive Utilization of Waste Resources	44.0	58.4	0.93
金属制品、机械和设备修理业	Metal products, Machinery and Equipment Repair	25.0	80.7	2.63
电力、热力、燃气及水生产和供应业	Production and Supply of Electricity, Heat, Gas and Water	28.2	73.0	3.67
电力、热力生产和供应业	Production and Supply of Electricity and Heat	24.7	72.9	4.30
燃气生产和供应业	Production and Supply of Gas	37.8	78.9	0.20
水的生产和供应业	Production and Supply of Water	44.7	51.6	0.04

10-9 国有控股工业企业主要效益指标(2020年)

MAIN BENEFIT INDICATORS OF STATE-HOLDING INDUSTRIAL ENTERPRISES(2020)

单位：%　　　　(%)

指 标	Item	亏损面 Range of Deficits	资产负债率 Ratio of Debts to Assets	营业收入利润率 Ratio of Profits to Business Revenue
总 计	**Total**	**31.8**	**75.1**	**5.01**
按工业行业大类分	Grouped by Sector			
采矿业	Mining	38.1	77.1	7.18
煤炭开采和洗选业	Coal Mining and Dressing	38.2	77.6	7.11
石油和天然气开采业	Petroleum and Natural Gas Extraction	46.2	60.5	17.31
黑色金属矿采选业	Ferrous Metals Mining and Dressing	33.3	35.3	1.50
有色金属矿采选业	Nonferrous Metals Mining and Dressing	25.0	61.3	10.80
非金属矿采选业	Nonmetal Minerals Mining and Dressing		96.3	0.51
开采专业及辅助性活动	Mining Professional and Auxiliary Activities		94.7	0.70
其他采矿业	Other Mining Industry			
制造业	Manufacturing	27.7	69.7	3.31
农副食品加工业	Farm Products Processing		77.9	4.25
食品制造业	Food Manufacturing	33.3	37.7	2.75
酒、饮料和精制茶制造业	Wine, Beverages and Refined Tea Manufacturing	40.0	37.1	23.41
烟草制品业	Tobacoo Products Manufacturing		22.1	11.83
纺织业	Textile Industry		59.8	0.37
纺织服装、服饰业	Textile, Wearing Apparel and Accessories		66.3	4.22
皮革、毛皮、羽毛及其制品和制鞋业	Leather, Fur, Feather and its products and Footwear			
木材加工和木、竹、藤、棕、草制品业	Timber Processing, Bamboo, Cane, Palm Fiber and Straw Products			
家具制造业	Furniture Manufacturing			
造纸和纸制品业	Paper Making and Paper Products			
印刷和记录媒介复制业	Printing and Record Medium Reproduction	25.0	65.0	-0.25
文教、工美、体育和娱乐用品制造业	Culture, Education, Art and Crafts, Sport and Entertainment Products			

10-9 续表 continued

单位：%　　(%)

指　标	Item	亏损面 Range of Deficits	资产负债率 Ratio of Debts to Assets	营业收入利润率 Ratio of Profits to Business Revenue
石油、煤炭及其他燃料加工业	Petroleum, Coal and Other Fuels Processing	26.1	70.7	4.56
化学原料和化学制品制造业	Raw Chemical Materials and Chemical Products	49.0	91.3	–7.18
医药制造业	Medical and Pharmaceutical Products	28.6	62.7	2.91
化学纤维制造业	Chemical Fiber		76.8	0.01
橡胶和塑料制品业	Rubber and Plastic Products	27.3	76.4	0.53
非金属矿物制品业	Nonmetal Mineral Products	27.3	64.2	9.69
黑色金属冶炼和压延加工业	Smelting and Pressing of Ferrous Metals	40.0	60.7	4.23
有色金属冶炼和压延加工业	Smelting and Pressing of Non-ferrous Metals	62.5	76.4	–1.52
金属制品业	Metal Prodcuts	28.6	61.9	1.31
通用设备制造业	Ordinary Machinery Manufacturing	8.7	65.8	2.99
专用设备制造业	Special Purpose Equipment Manufacturing	7.9	70.0	3.13
汽车制造业	Automobile Manufacturing	40.0	77.2	3.43
铁路、船舶、航空航天和其他运输设备制造业	Railroad, Marine, Aviation and Other Transport Equipments Manufacturing	11.8	51.8	8.25
电气机械和器材制造业	Electrical Machinery and Equipment Manufacturing	44.4	72.8	6.81
计算机、通信和其他电子设备制造业	Computers, Telecommunication and Other Electronic Equipments Manufacturing	40.0	78.7	3.12
仪器仪表制造业	Equipments and Instruments Manufacturing	14.3	49.5	6.81
其他制造业	Other Manufacturing	50.0	75.1	5.50
废弃资源综合利用业	Comprehensive Utilization of Waste Resources			
金属制品、机械和设备修理业	Metal Products, Machinery and Equipment Repair	25.0	87.3	1.45
电力、热力、燃气及水生产和供应业	Production and Supply of Electricity, Heat, Gas and Water	27.9	73.4	2.96
电力、热力生产和供应业	Production and Supply of Electricity and Heat	22.3	73.0	3.57
燃气生产和供应业	Production and Supply of Gas	38.7	81.4	–0.36
水的生产和供应业	Production and Supply of Water	53.6	50.2	–4.50

10-10 外商投资和港澳台投资工业企业主要效益指标(2020年)
MAIN BENEFIT INDICATORS OF INDUSTRIAL ENTERPRISES WITH HONG KONG, MACAO, TAIWAN AND FOREIGN FUNDS(2020)

单位：% (%)

指　标	Item	亏损面 Range of Deficits	资产负债率 Ratio of Debts to Assets	营业收入利润率 Ratio of Profits to Business Revenue
总　计	**Total**	**21.1**	**61.6**	**7.27**
采矿业	Mining	15.4	45.9	29.41
煤炭开采和洗选业	Coal Mining and Dressing	10.0	46.5	26.79
石油和天然气开采业	Petroleum and Natural Gas Extraction	33.3	42.5	54.91
黑色金属矿采选业	Ferrous Metals Mining and Dressing			
有色金属矿采选业	Nonferrous Metals Mining and Dressing			
非金属矿采选业	Nonmetal Minerals Mining and Dressing			
开采专业及辅助性活动	Mining Professional and Auxiliary Activities			
其他采矿业	Other Mining Industry			
制造业	Manufacturing	21.5	65.6	4.15
农副食品加工业	Farm Products Processing	33.3	95.4	1.47
食品制造业	Food Manufacturing	14.3	60.2	8.20
酒、饮料和精制茶制造业	Wine, Beverages and Refined Tea Manufacturing	16.7	42.5	8.07
烟草制品业	Tobacoo Products Manufacturing			
纺织业	Textile Industry			
纺织服装、服饰业	Textile, Wearing Apparel and Accessories			
皮革、毛皮、羽毛及其制品和制鞋业	Leather, Fur, Feather and Related Products and Footwear			
木材加工和木、竹、藤、棕、草制品业	Timber Processing, Bamboo, Cane, Palm Fiber and Straw Products			
家具制造业	Furniture Manufacturing			
造纸和纸制品业	Paper Making and Paper Products			
印刷和记录媒介复制业	Printing and Record Medium Reproduction			
文教、工美、体育和娱乐用品制造业	Culture, Education, Art and Crafts, Sport and Entertainment Products			

10-10 续表 continued

单位：%　　　　(%)

指　　标	Item	亏损面 Range of Deficits	资产负债率 Ratio of Debts to Assets	营业收入利润率 Ratio of Profits to Business Revenue
石油、煤炭及其他燃料加工业	Petroleum, Coal and Other Fuels Processing	10.0	69.9	8.27
化学原料和化学制品制造业	Raw Chemical Materials and Chemical Products	35.7	76.5	-0.31
医药制造业	Medical and Pharmaceutical Products		25.4	12.98
化学纤维制造业	Chemical Fiber Manufacturing			
橡胶和塑料制品业	Rubber and Plastic Products			
非金属矿物制品业	Nonmetal Mineral Products		73.6	17.24
黑色金属冶炼和压延加工业	Smelting and Pressing of Ferrous Metals	50.0	75.5	-0.97
有色金属冶炼和压延加工业	Smelting and Pressing of Non-ferrous Metals		44.9	4.15
金属制品业	Metal Prodcuts	28.6	52.0	1.62
通用设备制造业	Ordinary Machinery Manufacturing		58.4	6.05
专用设备制造业	Special Purpose Equipment Manufacturing		47.2	9.82
汽车制造业	Automobile Manufacturing	75.0	81.0	-4.26
铁路、船舶、航空航天和其他运输设备制造业	Railroad, Marine, Aviation and Other Transport Equipment Manufacturing	25.0	53.1	19.50
电气机械和器材制造业	Electrical Machinery and Equipment Manufacturing	66.7	36.3	3.55
计算机、通信和其他电子设备制造业	Computers, Telecommunication and Other Electronic Equipments Manufacturing	16.7	70.5	2.97
仪器仪表制造业	Equipments and Instruments Manufacturing			
其他制造业	Other Manufacturing			
废弃资源综合利用业	Comprehensive Utilization of Waste Resources		6.5	30.97
金属制品、机械和设备修理业	Metal products, Machinery and Equipment Repair		67.5	6.97
电力、热力、燃气及水生产和供应业	Production and Supply of Electricity, Heat, Gas and Water	22.0	59.4	11.11
电力、热力生产和供应业	Production and Supply of Electricity and Heat	13.8	58.8	12.16
燃气生产和供应业	Production and Supply of Gas	44.4	64.1	0.20
水的生产和供应业	Production and Supply of Water	33.3	60.5	26.65

10-11　大中型工业企业主要效益指标(2020年)

MAIN BENEFIT INDICATORS OF LARGE AND MEDIUM-SIZED INDUSTRIAL ENTERPRISES(2020)

单位：%　　(%)

指　标	Item	亏损面 Range of Deficits	资产负债率 Ratio of Debts to Assets	营业收入利润率 Ratio of Profits to Business Revenue
总　计	**Total**	**31.5**	**72.7**	**5.49**
按工业行业大类分	Grouped by Sector			
采矿业	Mining	32.3	74.6	9.15
煤炭开采和洗选业	Coal Mining and Dressing	32.9	75.2	8.94
石油和天然气开采业	Petroleum and Natural Gas Extraction		47.5	36.36
黑色金属矿采选业	Ferrous Metals Mining and Dressing	11.1	47.2	7.54
有色金属矿采选业	Nonferrous Metals Mining and Dressing	33.3	56.0	17.82
非金属矿采选业	Nonmetal Minerals Mining and Dressing			
开采专业及辅助性活动	Mining Professional and Auxiliary Activities		94.7	0.70
其他采矿业	Other Mining Industry			
制造业	Manufacturing	28.8	69.4	4.08
农副食品加工业	Farm Products Processing	75.0	80.0	-1.71
食品制造业	Food Manufacturing	22.2	47.3	7.87
酒、饮料和精制茶制造业	Wine, Beverages and Refined Tea Manufacturing	33.3	37.1	21.93
烟草制品业	Tobacoo Products Manufacturing		22.1	11.83
纺织业	Textile Industry		60.8	0.53
纺织服装、服饰业	Textile,Wearing Apparel and Accessories		67.9	6.53
皮革、毛皮、羽毛及其制品和制鞋业	Leather, Fur, Feather and its products and Footwear			
木材加工和木、竹、藤、棕、草制品业	Timber Processing, Bamboo, Cane, Palm Fiber and Straw Products			
家具制造业	Furniture Manufacturing			
造纸和纸制品业	Paper Making and Paper Products	50.0	44.2	2.43
印刷和记录媒介复制业	Printing and Record Medium Reproduction	25.0	63.1	3.01
文教、工美、体育和娱乐用品制造业	Culture, Education, Art and Crafts, Sport and Entertainment Products		56.7	1.66

10-11 续表 continued

单位：% (%)

指　标	Item	亏损面 Range of Deficits	资产负债率 Ratio of Debts to Assets	营业收入利润率 Ratio of Profits to Business Revenue
石油、煤炭及其他燃料加工业	Petroleum, Coal and Other Fuels Processing	15.5	74.3	7.28
化学原料和化学制品制造业	Raw Chemical Materials and Chemical Products	45.8	83.2	-3.01
医药制造业	Medical and Pharmaceutical Products	11.5	46.4	4.77
化学纤维制造业	Chemical Fiber Manufacturing		76.8	0.01
橡胶和塑料制品业	Rubber and Plastic Products		74.2	20.62
非金属矿物制品业	Nonmetal Mineral Products	37.5	75.8	7.93
黑色金属冶炼和压延加工业	Smelting and Pressing of Ferrous Metals	44.8	66.3	3.32
有色金属冶炼和压延加工业	Smelting and Pressing of Non-ferrous Metals	50.0	72.6	-0.53
金属制品业	Metal Prodcuts	24.4	59.7	3.07
通用设备制造业	Ordinary Machinery Manufacturing		66.9	4.70
专用设备制造业	Special Purpose Equipment Manufacturing	7.4	69.3	3.95
汽车制造业	Automobile Manufacturing	18.8	58.2	3.12
铁路、船舶、航空航天和其他运输设备制造业	Railroad, Marine, Aviation and Other Transport Equipments Manufacturing	12.5	52.1	8.43
电气机械和器材制造业	Electrical Machinery and Equipment Manufacturing	38.5	65.6	6.77
计算机、通信和其他电子设备制造业	Computers, Telecommunication and Other Electronic Equipments Manufacturing	21.4	69.0	3.52
仪器仪表制造业	Equipments and Instruments Manufacturing		31.2	18.00
其他制造业	Other Manufacturing	40.0	74.8	5.62
废弃资源综合利用业	Comprehensive Utilization of Waste Resources			
金属制品、机械和设备修理业	Metal products, Machinery and Equipment Repair	33.3	91.5	2.56
电力、热力、燃气及水生产和供应业	Production and Supply of Electricity, Heat, Gas and Water	42.2	71.2	1.53
电力、热力生产和供应业	Production and Supply of Electricity and Heat	36.1	70.1	1.90
燃气生产和供应业	Production and Supply of Gas	47.1	81.0	0.02
水的生产和供应业	Production and Supply of Water	66.7	49.4	-11.18

主要统计指标解释

工业　指从事自然资源的开采，对采掘品和农产品进行加工和再加工的物质生产部门。具体包括：(1)对自然资源的开采，如采矿、晒盐等（但不包括禽兽捕猎和水产捕捞）；(2)对农副产品的加工、再加工，如粮油加工、食品加工、缫丝、纺织、制革等；(3)对采掘品的加工、再加工，如炼铁、炼钢、化工生产、石油加工、机器制造、木材加工等，以及电力、燃气及水的生产和供应等；(4)对工业品的修理、翻新，如机器设备的修理等。

工业统计调查单位为工业法人单位。

工业法人单位指从事工业生产经营活动的法人单位。工业法人单位应同时具备以下条件：①依法成立，有自己的名称、组织机构和场所，能够独立承担民事责任；②独立拥有（或授权）使用资产，承担负债，有权与其他单位签订合同；③具有包括资产负债表在内的帐户，或者能够根据需要编制帐户。

企业（单位）登记注册类型　是以在工商行政管理机关登记注册的各类企业为划分对象，以工商行政管理部门对企业登记注册的类型为依据，将企业登记注册类型分为内资企业、港澳台商投资企业和外商投资企业三大类。内资企业包括国有企业、集体企业、股份合作企业、联营企业、有限责任公司、股份有限公司、私营企业和其他企业；港澳台商投资企业和外商投资企业分别包括合资经营企业、合作经营企业、独资经营企业和股份有限公司等。对不在工商行政管理部门进行登记注册的行政机关、事业单位和社会团体，主要按其经费来源和管理方式进行划分。

国有企业　指企业全部资产归国家所有，并按《中华人民共和国企业法人登记管理条例》规定登记注册的非公司制的经济组织。不包括有限责任公司中的国有独资公司。

集体企业　指企业资产归集体所有，并按《中华人民共和国企业法人登记管理条例》规定登记注册的经济组织。

股份合作企业　指以合作制为基础，由企业职工共同出资入股，吸收一定比例的社会资产投资组建，实行自主经营，自负盈亏，共同劳动，民主管理，按劳分配与按股分红相结合的一种集体经济组织。

联营企业　指两个及两个以上相同或不同所有制性质的企业法人或事业单位法人，按自愿、平等、互利的原则，共同投资组成的经济组织。联营企业包括国有联营企业、集体联营企业、国有与集体联营企业和其他联营企业。

有限责任公司　指根据《中华人民共和国公司登记管理条例》规定登记注册，由两个以上、五十个以下的股东共同出资，每个股东以其所认缴的出资额对公司承担有限责任，公司以其全部资产对其债务承担责任的经济组织。有限责任公司包括国有独资公司以及其他有限责任公司。

股份有限公司　指根据《中华人民共和国公司登记管理条例》规定登记注册，其全部注册资本由等额股份构成并通过发行股票筹集资本，股东以其认购的股份对公司承担有限责任，公司以其全部资产对其债务承担责任的经济组织。

私营企业　指由自然人投资设立或由自然人控股，以雇佣劳动为基础的营利性经济组织。包括按照《公司法》、《合伙企业法》、《私营企业暂行条例》规定登记注册的私营有限责任公司、私营股份有限公司、私营合伙企业和私营独资企业。

其他企业　指上述企业之外的其他内资经济组织。

合资经营企业（港或澳、台资）　指港澳台地区投资者与内地企业依照《中华人民共和国中外合资经营企业法》及有关法律的规定，按合同规定的比例投资设立、分享利润和分担风险的企业。

合作经营企业（港或澳、台资）　指港澳台地区投资者与内地企业依照《中华人民共和国中外合作经营企业法》及有关法律的规定，依照合作合同的约定进行投资或提供条件设立、分配利润和分担风险的企业。

港澳台商独资经营企业　指依照《中华人民共和国外资企业法》及有关法律的规定，在内地由港澳台地区投资者全额投资设立的企业。

港澳台商投资股份有限公司　指根据国家有关规定，经原外经贸部依法批准设立，其中港、澳、台商的股本占公司注册资本的比例达25%以上的股份有限公司。凡其中港、澳、台商的股本占公司注册资本的比例小于25%的，属于内资企业中的股份有限公司。

其他港澳台商投资企业 指在中国境内参照《外国企业或个人在中国境内设立合伙企业管理办法》和《外商投资合伙企业登记管理规定》，依法设立的港、澳、台商投资合伙企业等。

中外合资经营企业 指外国企业或外国人与中国内地企业依照《中华人民共和国中外合资经营企业法》及有关法律的规定，按合同规定的比例投资设立、分享利润和分担风险的企业。

中外合作经营企业 指外国企业或外国人与中国内地企业依照《中华人民共和国中外合作经营企业法》及有关法律的规定，依照合作合同的约定进行投资或提供条件设立、分配利润和分担风险的企业。

外资企业 指依照《中华人民共和国外资企业法》及有关法律的规定，在中国内地由外国投资者全额投资设立的企业。

外商投资股份有限公司 指根据国家有关规定，经原外经贸部依法批准设立，其中外资的股本占公司注册资本的比例达25% 以上的股份有限公司。凡其中外资股本占公司注册资本的比例小于25%的，属于内资企业中的股份有限公司。

其他外商投资企业 指在中国境内依照《外国企业或个人在中国境内设立合伙企业管理办法》和《外商投资合伙企业登记管理规定》，依法设立的外商投资合伙企业等。

国有控股企业 即原来的国有及国有控股企业，根据企业实收资本中国有经济成分的出资人的实际投资情况，或国有经济成分的出资人对企业资产的实际控制、支配程度进行分类。以下情况为国有控股：(1)在企业的全部实收资本中，国有经济成分的出资人拥有的实收资本（股本）所占企业全部实收资本（股本）的比例大于 50%的国有绝对控股。(2)在企业的全部实收资本中，国有经济成分的出资人拥有的实收资本（股本）所占比例虽未大于 50%，但相对大于其他任何一方经济成分的出资人所占比例的国有相对控股；或者虽不大于其他经济成分，但根据协议规定拥有企业实际控制权的国有协议控股。(3)投资双方各占 50%，且未明确由谁绝对控股的企业，若其中一方为国有经济成分的，一律按国有控股处理。

轻工业 主要提供生活消费品和制作手工工具的工业。按其所使用的原料不同，可分为两大类：(1)以农产品为原料的轻工业，是指直接或间接以农产品为基本原料的轻工业。主要包括食品制造、饮料制造、烟草加工、纺织、缝纫、皮革和毛皮制作、造纸以及印刷等工业；(2)以非农产品为原料的轻工业，是指以工业品为原料的轻工业。主要包括文教体育用品、化学药品制造、合成纤维制造、日用化学制品、日用玻璃制品、日用金属制品、手工工具制造、医疗器械制造、文化和办公用机械制造等工业。

重工业 指为国民经济各部门提供物质技术基础的主要生产资料的工业。按其生产性质和产品用途，可以分为下列三类：(1)采掘工业，是指对自然资源的开采，包括石油开采、煤炭开采、金属矿开采、非金属矿开采和木材采伐等工业；(2)原材料工业，指向国民经济各部门提供基本材料、动力和燃料的工业。包括金属冶炼及加工、炼焦及焦炭、化学、化工原料、水泥、人造板以及电力、石油和煤炭加工等工业；(3)加工工业，是指对工业原材料进行再加工制造的工业。包括装备国民经济各部门的机械设备制造工业、金属结构、水泥制品等工业，以及为农业提供的生产资料如化肥、农药等工业。

根据上述划分原则，修理业中以重工业产品为修理作业对象的划为重工业，反之划为轻工业。从 2003 年起轻、重工业内部不再细划分。

资产总计 指企业过去的交易或者事项形成的、由企业拥有或者控制的、预期会给企业带来经济利益的资源。资产一般按流动性（资产的变现或耗用时间长短）分为流动资产和非流动资产。其中流动资产可分为货币资金、交易性金融资产、应收票据、应收账款、预付款项、其他应收款、存货等；非流动资产可分为长期股权投资、固定资产、无形资产及其他非流动资产等。

流动资产合计 资产满足以下条件之一应归为流动资产：(1)预计在一个正常营业周期中变现、出售或耗用，主要包括存货、应收账款等；(2)主要为交易目的而持有；(3)预计在资产负债表日起一年内（含一年）变现；(4)自资产负债日起一年内，交换其他资产或清偿负债的能力不受限制的现金或现金等价物。包括货币资金、应收票据、应收账款、存货等项目。

负债合计 指企业过去的交易或者事项形成的，预期会导致经济利益流出企业的现时义务。负债一般按偿还期长短分为流动负债和非流动负债。

所有者权益合计 指企业资产扣除负债后由所有者享有的剩余权益。公司的所有者权益又称股东权益。包括实收资本、资本公积、盈余公积、未分配利润等。

营业收入 指企业从事销售商品、提供劳务和让渡资产使用权等生产经营活动形成的经济利益流入。

营业成本 指企业从事销售商品、提供劳务和让渡资产使用权等生产经营活动发生的实际成本。

税金及附加 指企业因从事生产经营活动按税法规定应缴纳的消费税、城市维护建设税、资源税、环境保护税、教育费附加及房产税、土地使用税、车船使用税、印花税等相关税费。

销售费用 指企业在销售商品和材料、提供劳务的过程中发生的各种费用，包括保险费、包装费、展览费和广告费、商品维修费、预计产品质量保证损失、运输费、装卸费等以及为销售本企业商品而专设的销售机构（含销售网点、售后服务网点等）的职工薪酬、业务费、折旧费等经营费用。

管理费用 指企业为组织和管理企业生产经营所发生的费用，包括企业在筹建期间内发生的开办费、董事会和行政管理部门在企业经营管理中发生的，或者应当由企业统一负担的公司经费等。

财务费用 指企业为筹集生产经营所需资金等而发生的筹资费用，包括企业生产经营期间发生的利息支出（减利息收入）、汇兑损失（减汇兑收益）以及相关的手续费等。

利润总额 指企业在一定会计期间的经营成果，是生产经营过程中各种收入扣除各种耗费后的盈余，反映企业在报告期内实现的盈亏总额。利润总额为营业利润加上营业外收入，减去营业外支出后的金额。

应交增值税 指按照税法规定，以销售货物、服务、无形资产、不动产或提供加工、修理修配劳务的增值额和货物进口金额为计税依据而课征的一种流转税。

平均用工人数 指报告期企业平均实际拥有的、参与本企业生产经营活动的人员数。

亏损面 指亏损企业单位数占全部工业企业单位数的比重。计算公式为：

亏损面=亏损企业单位数/全部工业企业单位数×100%

资产负债率 又称举债经营比率，反映企业利用债权人提供资金进行经营活动的能力，也是衡量企业负债水平及经营风险程度的重要指标。计算公式：

资产负债率=负债总额/资产总额×100%

营业收入利润率 指企业实现的利润与同期营业收入的比率。该指标既可考核企业利润计划的完成情况，又可比较各企业之间或不同时期的经营管理水平。计算公式：

营业收入利润率=利润总额/营业收入×100%

Explanatory Notes on Main Statistical Indicators

Industry refers to the material production sector which is engaged in the extraction of natural resources and processing and reprocessing of minerals and agricultural products, including (1) extraction of natural resources, such as mining, salt production (but not including hunting and fishing); (2) processing and reprocessing of farm and sideline products, such as grain and oil processing, food processing, silk reeling, spinning and weaving and leather making; (3) processing and reprocessing of mineral products, such as steel making, iron smelting, chemicals manufacturing, petroleum processing, machine building, timber processing, and production and supply of electricity, gas and water; (4) repairing and renovating of industrial products such as the machinery.

In industrial surveys, the units of enquiry are industrial corporate units.

Industrial corporate units refer to corporate units engaging in industrial production and operation activities, which meet the following requirements: (1) They are established legally, having their own names, organizations, location, and are able to take civil liability independently; (2) They possess (or are authorized to use) assets independently, assume liabilities and are entitled to sign contracts with other units; (3) They have accounts including the balance sheets or can compile the accounts according to the need.

Registration Status of Enterprises (Units) Enterprises are classified into 3 categories, namely domestic-funded enterprises, enterprises with investment from Hong Kong, Macao and Taiwan, and enterprises with foreign investment, according to the registration status of an enterprise in industrial and commercial administration agencies. Domestic-funded enterprises include State-owned enterprises, collective-owned enterprises, cooperative enterprises, joint ownership enterprises, limited liability corporations, share-holding corporations Ltd., private enterprises and other enterprises. Included in the enterprises with investment from Hong Kong, Macao and Taiwan and enterprises with foreign investment are joint-venture enterprises, cooperative enterprises, sole investment enterprises and share-holding corporations Ltd. For government agencies, institutions and social organizations which are not registered in industrial and commercial administration agencies, they are classified mainly by their sources of funding and manner of management.

State-owned Enterprises refer to non-corporation economic units where the entire assets are owned by the State and which have been registered in accordance with the *Regulation of the People's Republic of China on the Management of Registration of Corporate Enterprises*. Not included from this category are solely State-funded corporations in the limited liability corporations.

Collective-owned Enterprises refer to economic units where the assets are owned collectively and which have been registered in accordance with the *Regulation of the People's Republic of China on the Management of Registration of Corporate Enterprises*.

Share-holding Cooperative Enterprises refer to a form of collective economic units (enterprises) where capitals come mainly from employees as their shares, with certain proportion of capital from the outside, where production is organized on the basis of independent operation, independent accounting for profits and losses, joint work, democratic management, and a distribution system that integrates remuneration according to work with dividend according to capital share.

Joint Ownership Enterprises refer to economic units established by two or more corporate enterprises or corporate institutions of the same or different ownership, through joint investment on the basis of voluntary participation, equality, and mutual benefits. They include State joint ownership enterprises; collective joint ownership enterprises; joint State-collective enterprises; and other joint ownership enterprises.

Limited Liability Corporations refer to economic units established with investment from 2-50 investors and registered in accordance with the *Regulation of the People's Republic of China on the Management of Registration of Corporations*, each investor bearing limited liability to the corporation depending on its share of investment, and the corporation bearing liability to its debt to the maximum of its total assets. Limited liability corporations include solely State-funded limited liability corporations and other limited liability corporations.

Share-holding Corporations Ltd. refer to economic units registered in accordance with the *Regulation of the People's Republic of China on the Management of Registration of Corporations*, with total registered capital divided into equal shares and raised through issuing stocks. Each investor bears limited liability to the corporation depending on the holding of shares, and the corporation bears liability to its debt to the maximum of its total assets.

Private Enterprises refer to profit-making economic units invested and established by natural persons, or controlled by natural persons using employed labour. Included in this category are private limited liability corporations, private share-holding corporations Ltd., private partnership enterprises and private-funded enterprises registered in accordance with the *Company Law*, the *Law on Partnership Business* and *Interim Regulations on Private Enterprises*.

Other Domestic-funded Enterprises refer to domestic-funded economic units other than those mentioned above.

Joint Venture Enterprises (Funded by Hong Kong, Macao or Taiwan) are enterprises established by investors from Hong Kong, Macao and Taiwan with enterprises in the mainland of China in accordance with the *Law of the People's Republic of China on Sino-foreign Equity Joint Ventures* and other relevant laws, where the establishment of the investment and the sharing of profits and risks are stipulated under joint venture contracts.

Cooperative Enterprises (Funded by Hong Kong, Macao or Taiwan) established by investors from Hong Kong, Macao and Taiwan with enterprises in the mainland of China in accordance with the *Law of the People's Republic of China on Sino-foreign Contractual Joint Venture* and other relevant laws, where the investment or provision of facilities and the sharing of profits and risks are stipulated under cooperative contracts.

Enterprises with Sole Investment from Hong Kong, Macao and Taiwan refer to enterprises established in the mainland of China with exclusive investment from investors from Hong Kong, Macao and Taiwan in accordance with the *Law of the People's Republic of China on Wholly Foreign-owned Enterprises* and other relevant laws.

Share-holding Corporations Ltd. with Investment from Hong Kong, Macao and Taiwan refer to share-holding corporations Ltd. established with the approval from the former Ministry of Foreign Trade and Economic Relations in line with relevant State regulations, where the share of investment from Hong Kong, Macao or Taiwan businessmen exceeds 25% of the total registered capital of the corporation. In case the share of investment from Hong Kong, Macao or Taiwan is less than 25% of the total registered capital, the enterprise is to be classified as domestic-funded share-holding corporation Ltd.

Other Enterprises with Funds from Hong Kong, Macao and Taiwan refer to partnership enterprises with investments from Hong Kong, Macao and Taiwan established within the territory of China in accordance with *Administrative Measures on the Establishment of Partnership Enterprises in China by Foreign Enterprises or Foreign Individuals* and *Regulations for the Administration of the Registration of Foreign-invested Partnership Enterprises*.

Joint Venture Enterprises with Foreign Investment refer to enterprises jointly established by foreign enterprises or foreigners with enterprises in the mainland of China in accordance with the *Law of the People's Republic of China on Sino-foreign Equity Joint Ventures* and other relevant laws, where the sharing of investment, profits and risks is stipulated under contract.

Cooperative Enterprises with Foreign Investment refer to enterprises jointly established by foreign enterprises or foreigners with enterprises in the mainland of China in accordance with the *Law of the People's Republic of China on Sino-foreign Contractual Joint Venture* and other relevant laws, where the investment or provision of facilities and the sharing of profits and risks are stipulated under cooperative contracts.

Enterprises with Sole Foreign Investment refer to enterprises established in the mainland of China with exclusive investment from foreign investors in accordance with the *Law of the People's Republic of China on Wholly Foreign-owned Enterprises* and other relevant laws.

Share-holding Corporations Ltd. with Foreign Investment refer to share-holding corporations Ltd. established with the approval from the former Ministry of Foreign Trade and Economic Relations in line with relevant State regulations, where the share of investment from foreign investors exceeds 25% of the total registered capital of the corporation. In case the share of foreign investment is less than 25% of the total registered capital, the enterprise is to be classified as domestic-funded share-holding corporation Ltd.

Other Enterprises with Foreign Funds refer to partnership enterprises established within the territory of China in accordance with *Administrative Measures on the Establishment of Partnership Enterprises in China by Foreign Enterprises or Foreign Individuals* and *Regulations for the Administration of the Registration of Foreign-invested Partnership Enterprises*.

State-holding Enterprises cover the original state-owned enterprises and state-holding enterprises. They are classified according to the actual investment made by the contributor of state-owned part in the paid-in capital of the enterprises, or the degree of control or dominance of the contributor on the assets of the enterprises. The following cases are regarded as state-holding: (1) Absolute state-holding in which the contributors of state-owned parts possess more than 50% of all the paid-in capital (stocks) of the enterprises; (2) Relative state-holding in which the contributors of state-owned parts possess no more than 50% of the paid-in capital (stocks) of the enterprises, but more than that of any other contributors; or agreed state-holding in which the contributors of state-owned parts possess no more than other contributors but have actual control over the enterprises according to agreements; (3) In the case both contributors possess 50% and it is not clear which one is in absolute holding position, the enterprise is regarded as state-holding enterprise if one of the contributor has state-owned elements.

Light Industry refers to the industry that produces consumer goods and hand tools. It consists of two categories depending on the raw materials used:

(1)Industries using farm products as raw materials. These are branches of light industry which directly or indirectly use farm products as basic raw materials, including the manufacture of food and beverages, tobacco processing, textile, clothing, fur and leather manufacturing, paper making, printing, etc. (2)Industries using non-farm products as raw materials. These are branches of light industry which use manufactured goods as raw materials, including the manufacture of cultural, educational articles and sports goods chemicals synthetic fiber chemical products for daily use glass products for daily use metal products for daily use hand tools medical apparatus and instruments and the manufacture of cultural and clerical machinery.

Heavy Industry refers to the industry which produces capital goods and provides various sectors of the national economy with necessary material and technical basis. It consists of the following three branches according to the purpose of production or the use of products: (1)Mining and Quarrying Industry refers to the industry that extracts natural resources including extraction of petroleum coal metal and non-metal ores and logging. (2)Raw Materials Industry refers to the industry that provides various sectors of the national economy with raw materials fuels and power. It includes smelting and processing of metals, coking and coke, chemistry, chemical materials and building materials such as cement, plywood and power, petroleum refining and coal dressing. (3)Manufacturing Industry refers to the industry that processes raw materials. It includes machine building industry, metal structure industry, cement products industry, which equips sectors of the national economy, and chemical fertilizers industry and pesticides industry, which supplies productive materials for agriculture.

According to the above principle of classification the repairing trades which are engaged primarily in repairing products of heavy industry are classified into heavy industry while those engaged in repairing products of light industry are classified into light industry. It is not divided further in the interior of light industry and heavy industry from 2003.

Total Assets refer to all resources that are owned or controlled by enterprises through previous trades or transactions with expectation of making economic profits. Classified by the degree of liquidity, total assets include current assets and non-current assets. Current assets can be classified into monetary capital, trading financial assets, notes receivable, accounts receivable, advanced payments, other receivables and inventories. Non-current assets can be divided into long-term equity investment, fixed assets, intangible assets and other non-current assets.

Total Current Assets refer to the assets that meet one of the following requirements: (1) expected to be cashed, sold or used in a normal operation cycle, mainly including inventory and accounts receivable; (2) be owned for trading purpose mainly; (3) expected to be cashed in one year (including one year) from the day of the Balance Sheet; (4) unlimited cash or cash equivalents that can be exchanged with other assets or being capable of settling debts during one year since the day of the Balance Sheet. Included are monetary capital, notes receivable, accounts receivable and inventories.

Total Liabilities refer to payable liabilities of enterprises that accumulated from previous trades or transactions with expectation of economic profits leaking out. In terms of payment, it can be divided into liquid liabilities and long-term liabilities.

Total Creditors' Equity refers to the residual interest in the assets of an enterprise after deducting all its liabilities. Creditors' equity of a company is also known as shareholders' equity. Included are paid-in capital, capital reserve, surplus reserve, undistributed profits, etc.

Business Revenue refers to the economic benefits enterprises gained in the production and operating activities such as selling products, providing services and alienating the right to use assets.

Business Cost refers to the actual cost occurred in the production and operating activities of enterprises such as selling products, providing services and alienating the right to use assets.

Taxes and Extra Charges refer to the relevant taxes and fees that enterprises should bear in the production and operating activities according to the tax law, including consumption tax, city maintenance and construction tax, resources tax, environmental protection tax, extra charge of education, real estate tax, land use tax, vehicle and vessel use tax, stamp tax, etc.

Costs of Sales refers to the cost during the sale of goods and materials, providing labour services, including insurance, packing, exhibition fees and advertising fees, merchandise maintenance costs, expected product quality guarantee loss, transportation fees, handling fees, and operating expenses for the sales of the company's products such as employee compensation, business expenses, depreciation costs for dedicated sales offices (including sales outlets, after-sales service outlets, etc.).

Administrative Expenses refers to the expenses for the organization and management of enterprise operating, including the start-up costs during the construction of enterprises, funds occurred during enterprises operating by board of directors and executive management in the enterprise management, or burden by enterprises.

Financial Expenses refers to cost of raising fund for enterprises to raise funds for production and operation, including interest payments (a reduction in interest income), exchange loss (less exchange gains) and related fees during the period of production.

Total Profits refers to the operation results in a certain accounting period, and it is the balance of various incomes minus various spending in the course of operation, reflecting the total profits and losses of enterprises in reference period. It is balance of business profits plus non-business income, minus non-business expense.

Value Added Taxes Payable refers to the turnover taxes which is imposed on the added value of selling goods, services, intangible assets, real estate, or providing processing and repairing, and on imported value of import goods according to the tax laws.

Average Employees refers to the number of persons engaged in the enterprise production and operation activities in the reporting period, which are actually owned by the enterprise.

Range of Deficits refers to the proportion of loss-making enterprises in the number of all industrial enterprises. The formula is as follows:

Range of Deficits = Number of loss-making enterprises / Number of All Industrial Enterprises ×100%

Ratio of Debts to Assets is also called leverage ratio. It reflects both the capability and the operation risk of the enterprises in making use of the capital from the creditors. It is calculated as follows:

Ratio of Debts to Assets = Total Debts / Total Assets ×100%

Ratio of Profits to Business Revenue refers to the profits to the business revenue in the same period. This indicator can evaluate accomplishment of profits plan of enterprises, as well as compare management level of different enterprises or different periods. The formula is as follows:

Ratio of Profits to Business Revenue = Total Profits / Business Revenue ×100%

11 建筑业

CONSTRUCTION

资料整理人员

张利云　陈烨松　许婷瑜

建筑业

CONSTRUCTION

建筑业施工企业个数	Number of Construction Enterprises	3357	个 (unit)
建筑业总产值	Gross Output Value of Construction	5113.6	亿元 (100 million yuan)
建筑业竣工产值	Completed Output Value of Costruction	1852.9	亿元 (100 million yuan)
建筑业房屋竣工面积	Floor Space of Buildingsof Construction Completed	4945	万平方米 (10 000 sq.m)

建筑业总产值构成 (%)

Composition of Total Output Value of Construction (%)

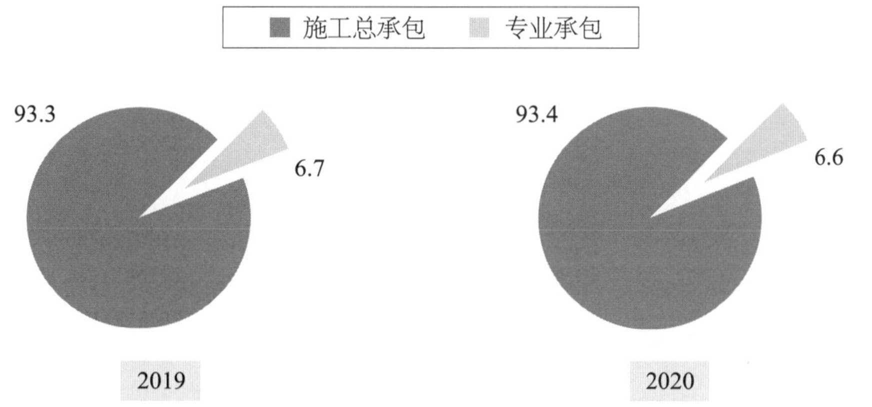

建筑业总产值（亿元）

Total Output Value of Construction (100 million yuan)

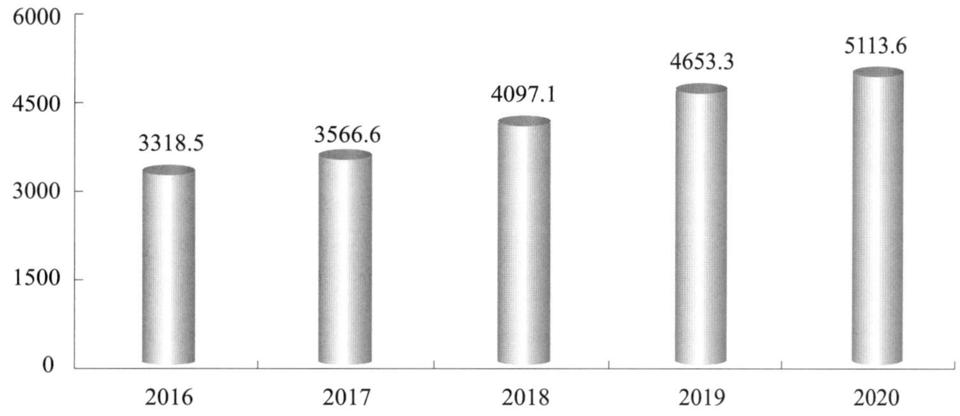

11-1 建筑施工企业主要经济指标
MAJOR ECONOMIC INDICATORS OF CONSTRUCTION ENTERPRISES

指 标	Item	2019	2020
施工企业个数 (个)	Number of Construction Enterprises (unit)	2999	3357
从事建筑业活动的平均人数 (万人)	Average Number of Employees Engaged in Construction Activities (10 000 persons)	113	121
建筑业企业期末人数 (万人)	Number of Employees at The End of Period (10 000 persons)	81	87
固定资产原价 (万元)	Original Value of Fixed Assets (10 000 yuan)	5376830	5584311
自有机械设备总台数 (台)	Number of Machinery and Equipment Owned (set)	194751	209405
自有机械设备净值 (万元)	Net Value of Machinery and Equipment Owned (10 000 yuan)	1229249	1283306
自有机械设备总功率 (万千瓦)	Total Power of Machinery and Equipment Owned (10 000 kw)	682	686
建筑业总产值 (万元)	Output Value of Construction (10 000 yuan)	46532791	51136434
竣工产值 (万元)	Output Value of Buildings Completed (10 000 yuan)	16753240	18529215
累计折旧 (万元)	Accumulated Depreciation (10 000 yuan)	2800000	2943215
本年折旧 (万元)	Depreciation in This Year (10 000 yuan)	464417	456850
施工面积 (万平方米)	Floor Space of Buildings under Construction (10 000 sq.m)	16990	19966
竣工面积 (万平方米)	Floor Space of Buildings Completed (10 000 sq.m)	3836	4945
营业利润 (万元)	Profits of Business (10 000 yuan)	958873	1176904
管理费用 (万元)	Costs of Administration (10 000 yuan)	1751356	1868087
利润总额 (万元)	Total Profits (10 000 yuan)	1000544	1192641
按总产值计算的劳动生产率 (元/人)	Labor Productivity in Terms of Total Output Value (yuan/person)	411623	421446
实收资本 (万元)	Capitals Hold (10 000 yuan)	10556253	11821437
资产总计 (万元)	Total Assets (10 000 yuan)	68772551	74969739
负债合计 (万元)	Total Liabilities (10 000 yuan)	51791179	56021043
所有者权益合计 (万元)	Total Creditors Equity (10 000 yuan)	16981371	18948696
竣工率(按产值计算) (%)	Rate of Completed (by Output Value) (%)	36.0	36.2
技术装备率 (元/人)	Value of Machines per Laborer (yuan/person)	15201	14700
动力装备率 (千瓦/人)	Power of Machines per Laborer (kw/person)	8.4	7.9
资产负债率 (%)	Ratio of Debts to Assets (%)	75.3	74.7
产值利润率 (%)	Ratio of Profit to Gross Output Value (%)	2.2	2.3

11-2 建筑业企业总产值和竣工产值(2020年)

GROSS OUTPUT VALUE AND COMPLETED VALUE OF CONSTRUCTION ENTERPRISES(2020)

单位：万元 (10 000 yuan)

指 标	Item	建筑业总产值 Total Output Value	#建筑工程 Construction	#安装工程 Installation	竣工产值 Output Value of Buildings Completed
总 计	**Total**	**51136434**	**44079291**	**5155883**	**18529215**
#国有及国有控股	State Owned and State Controlling Share	29217676	25843157	2389627	8953477
按登记注册类型分	**Grouped by Registered Kind**				
内资企业	Civil Funded Enterprises	51130293	44073150	5155883	18522889
国有企业	State-owned Enterprises	678301	589584	35086	309810
集体企业	Collective-owned Enterprises	287776	236686	46026	142787
股份合作企业	Share Cooperative Enterprises				
联营企业	Joint Ownership Enterprises				
有限责任公司	Limited Responsibility Corporations	32859560	28831376	2968467	10492418
国有独资公司	Company Exclusively with Investment from State	6321250	5842081	342233	2309753
其他有限责任公司	Other Limited Responsibility Company	26538310	22989295	2626234	8182665
股份有限公司	Share-holding Limited Corporations	648873	572191	17794	39472
私营企业	Private-owned Enterprises	16655783	13843314	2088509	7538403
私营独资企业	Enterprise Exclusively with Investment from Private	3242	3242		2443
私营合伙企业	Private Partnership Enterprises				
私营有限责任公司	Private Limited Responsibility Corporations	14767353	12392639	1673630	7173283
私营股份有限公司	Private Share-holding Limited Corporations	1885188	1447433	414879	362677
其他企业	Other Enterprises				
港、澳、台商投资企业	Enterprises Funded by Hong Kong, Macao and Taiwan	8	8		
外商投资企业	Foreign Funded Enterprises	6133	6133		6326
按国民经济行业分	**Grouped by Economic Sector**				
房屋和土木工程建筑业	Housing and Civil Engineering Construction	46795250	41684197	3710946	16656066
房屋工程建筑	Housing	24068515	21725192	1742594	9983930
土木工程建筑	Civil Engineering	22726735	19959005	1968353	6672136
建筑安装业	Building Installation	2737041	1146803	1290257	976620
建筑装饰业	Building Fiting and Decoration	625811	476214	78315	323613
其他建筑业	Other Construction	978332	772077	76364	572916
按隶属关系分	**Grouped by Subordination**				
中 央	Central Enterprises	14592353	13089699	1179955	3604383
地 方	Local Enterprises	13609569	11836808	1436196	4761832
其 他	Others	22934512	19152784	2539732	10163000
按企业资质等级分	**Grouped by Qualification Criteria**				
施工总承包	Overall Contract	47773627	41796513	4361268	17119904
专业承包	Specialized Contract	3362807	2282778	794616	1409311

11-3 按主要用途分的房屋建筑竣工面积(2020年)

单位：平方米

指 标	Item	总 计 Total	住宅房屋 Residential Buildings
总 计	**Total**	**49448075**	**29798180**
#国有及国有控股	State Owned and State Controlling Share	26951877	14053093
按登记注册类型分	**Grouped by Registered Kind**		
内资企业	Civil Funded Enterprises	49448075	29798180
国有企业	State-owned Enterprises	821708	510555
集体企业	Collective-owned Enterprises	463376	391303
股份合作企业	Share Cooperative Enterprises		
联营企业	Joint Ownership Enterprises		
有限责任公司	Limited Responsibility Corporations	30081430	16597776
国有独资公司	Company Exclusively with Investment from State	4596326	2909677
其他有限责任公司	Other Limited Responsibility Company	25485104	13688099
股份有限公司	Share-holding Limited Corporations	95220	95220
私营企业	Private-owned Enterprises	17986341	12203326
私营独资企业	Enterprise Exclusively with Investment from Private		
私营合伙企业	Private Partnership Enterprises		
私营有限责任公司	Private Limited Responsibility Corporations	16575067	11783538
私营股份有限公司	Private Share-holding Limited Corporations	1411274	419788
其他企业	Other Enterprises		
港、澳、台商投资企业	Enterprises Funded by Hong Kong, Macao and Taiwan		
外商投资企业	Foreign Funded Enterprises		
按国民经济行业分	**Grouped by Economic Sector**		
房屋和土木工程建筑业	Housing and Civil Engineering Construction	48558395	29691243
房屋工程建筑	Housing	45922103	28033209
土木工程建筑	Civil Engineering	2636292	1658034
建筑安装业	Building Installation	619114	16810
建筑装饰业	Building Fiting and Decoration	152601	8194
其他建筑业	Other Construction	117965	81933
按隶属关系分	**Grouped by Subordination**		
中 央	Central Enterprises	13971927	5547994
地 方	Local Enterprises	12808467	8643664
其 他	Others	22667681	15606522
按企业资质等级分	**Grouped by Qualification Criteria**		
施工总承包	Overall Contract	48193998	29593150
专业承包	Specialized Contract	1254077	205030

FLOOR SPACE OF BUILDINGS COMPLETED BY MAJOR USE(2020)

(sq.m)

商业及服务用房屋 Commercial and Service Buildings	办公用房 Oiffices	科研、教育、医疗用房屋 Scientific Research, Education and Healthcare Buildings	文化、体育、娱乐用房屋 Culture, Sports and Entertaninment Buildings	厂房及建筑物 Factory Buildings	仓 库 Warehouses	其他未列明的房屋建筑物 Other Unlisted Buildings
4913522	**1966629**	**3630942**	**1181959**	**3794253**	**279725**	**3882865**
2389525	1165465	2945540	1059404	1899391	184443	3255016
4913522	1966629	3630942	1181959	3794253	279725	3882865
5303	60102	32803	4247	44604	5010	159084
	13491	7109		47036		4437
2596648	1326041	3234215	1069214	1945835	182466	3129235
115839	89036	987291	81825	284849	37614	90195
2480809	1237005	2246924	987389	1660986	144852	3039040
2311571	566995	356815	108498	1756778	92249	590109
1539690	541305	297792	108498	1621996	92139	590109
771881	25690	59023		134782	110	
4836777	1942860	3593964	1173359	3199409	279315	3841468
4817668	1903455	3571174	1145647	2383231	269286	3798433
19109	39405	22790	27712	816178	10029	43035
44550	13377	34727	8600	496340	410	4300
30500	10264	2251		80928		20464
1695	128			17576		16633
2072945	479238	1409790	736062	1007113	10029	2708756
273316	658917	1543674	319509	668195	160568	540624
2567261	828474	677478	126388	2118945	109128	633485
4693059	1928709	3583421	1168459	3118055	259880	3849265
220463	37920	47521	13500	676198	19845	33600

11-4 按主要用途分的房屋建筑竣工价值(2020年)

单位：万元

指　标	Item	总 计 Total	住宅房屋 Residential Buildings
总　计	**Total**	**8041759**	**5062337**
#国有及国有控股	State Owned and State Controlling Share	4056561	2175190
按登记注册类型分	**Grouped by Registered Kind**		
内资企业	Civil Funded Enterprises	8041759	5062337
国有企业	State-owned Enterprises	123339	82345
集体企业	Collective-owned Enterprises	70243	56677
股份合作企业	Share Cooperative Enterprises		
联营企业	Joint Ownership Enterprises		
有限责任公司	Limited Responsibility Corporations	4626463	2606566
国有独资公司	Company Exclusively with Investment from State	1252639	629544
其他有限责任公司	Other Limited Responsibility Company	3373824	1977022
股份有限公司	Share-holding Limited Corporations	14001	14001
私营企业	Private-owned Enterprises	3207712	2302748
私营独资企业	Enterprise Exclusively with Investment from Private		
私营合伙企业	Private Partnership Enterprises		
私营有限责任公司	Private Limited Responsibility Corporations	2984588	2235028
私营股份有限公司	Private Share-holding Limited Corporations	223124	67720
其他企业	Other Enterprises		
港、澳、台商投资企业	Enterprises Funded by Hong Kong, Macao and Taiwan		
外商投资企业	Foreign Funded Enterprises		
按国民经济行业分	**Grouped by Economic Sector**		
房屋和土木工程建筑业	Housing and Civil Engineering Construction	7973782	5060296
房屋工程建筑	Housing	7241772	4749434
土木工程建筑	Civil Engineering	732010	310862
建筑安装业	Building Installation	44693	874
建筑装饰业	Builing Fiting and Decoration	21078	463
其他建筑业	Other Construction	2206	704
按隶属关系分	**Grouped by Subordination**		
中　央	Central Enterprises	1411097	726097
地　方	Local Enterprises	2641941	1525122
其　他	Others	3988720	2811118
按企业资质等级分	**Grouped by Qualification Criteria**		
施工总承包	Overall Contract	7955818	5056764
专业承包	Specialized Contract	85940	5573

VALUE OF BUILDINGS COMPLETED BY MAJOR USE(2020)

(10 000 yuan)

商业及服务用房屋 Commercial and Service Buildings	办公用房 Oiffices	科研、教育、医疗用房屋 Scientific Research, Education and Healthcare Buildings	文化、体育、娱乐用房屋 Culture, Sports and Entertaninment Buildings	厂房及建筑物 Factory Buildings	仓 库 Warehouses	其他未列明的房屋建筑物 Other Unlisted Buildings
546297	**343082**	**576177**	**229959**	**792041**	**31096**	**460771**
145311	184615	442994	208734	539216	19396	341106
546297	343082	576177	229959	792041	31096	460771
940	8344	4734	884	6696	423	18974
	3966	1247		6883		1470
172776	223742	511657	213001	549010	19938	329773
41844	20937	188424	47587	291250	2281	30774
130932	202806	323234	165414	257761	17657	298999
372581	107030	58539	16073	229452	10735	110555
259729	101699	43773	16073	207010	10721	110555
112852	5331	14766		22442	14	
543771	340607	575533	229732	742964	31051	449827
540286	331078	571054	223165	358393	29651	438711
3485	9529	4480	6566	384571	1400	11117
1172	757	625	227	40395	45	599
1267	1704	19		8252		9373
87	13			430		971
60461	45916	112251	58106	150035	1400	256832
72569	145126	311650	148120	338606	15974	84775
413268	152040	152276	23733	303399	13722	119165
537533	337711	574593	228514	735192	30473	455039
8764	5371	1584	1445	56849	623	5732

11-5 建筑业企业房屋建筑面积(2020年)

FLOOR SPACE OF BUILDINGS CONSTRUCTED BY CONSTRUCTION ENTERPRISES(2020)

单位: 平方米 (sq.m)

指标	Item	房屋建筑施工面积 Floor Space of Buildings under Construction	#本年新开工面积 Newly Started This Year
总计	**Total**	**199657954**	**70100580**
#国有及国有控股	State Owned and State Controlling Share	119118784	36247986
按登记注册类型分	**Grouped by Registered Kind**		
内资企业	Civil Funded Enterprises	199657954	70100580
国有企业	State-owned Enterprises	3844313	1375402
集体企业	Collective-owned Enterprises	1844396	682228
股份合作企业	Share Cooperative Enterprises		
联营企业	Joint Ownership Enterprises		
有限责任公司	Limited Responsibility Corporations	135973389	42096267
国有独资公司	Company Exclusively with Investment from State	24093030	8361360
其他有限责任公司	Other Limited Responsibility Company	111880359	33734907
股份有限公司	Share-holding Limited Corporations	967964	358188
私营企业	Private-owned Enterprises	57027892	25588495
私营独资企业	Enterprise Exclusively with Investment from Private		
私营合伙企业	Private Partnership Enterprises		
私营有限责任公司	Private Limited Responsibility Corporations	47062469	20563855
私营股份有限公司	Private Share-holding Limited Corporations	9965423	5024640
其他企业	Other Enterprises		
港、澳、台商投资企业	Enterprises Funded by Hong Kong, Macao and Taiwan		
外商投资企业	Foreign Funded Enterprises		
按国民经济行业分	**Grouped by Economic Sector**		
房屋和土木工程建筑业	Housing and Civil Engineering Construction	197186130	69069480
房屋工程建筑	Housing	189044630	65897845
土木工程建筑	Civil Engineering	8141500	3171635
建筑安装业	Building Installation	1381888	681749
建筑装饰业	Building Fiting and Decoration	497646	234400
其他建筑业	Other Construction	592290	114951
按隶属关系分	**Grouped by Subordination**		
中 央	Central Enterprises	37226064	12195039
地 方	Local Enterprises	86254645	25607554
其 他	Others	76177245	32297987
按企业资质等级分	**Grouped by Qualification Criteria**		
施工总承包	Overall Contract	196879814	68607978
专业承包	Specialized Contract	2778140	1492602

11-6 建筑业企业机械设备情况(2020年)
MACHINERY AND EQUIPMENT OF CONSTRUCTION ENTERPRISES(2020)

指 标	Item	自有机械设备年末总台数(台) Number of Machinery and Equipment Owned(unit)	自有机械设备年末总功率(千瓦) Total Power of Machinery and Equipment Owned(kw)	自有机械设备净值(万元) Net Value of Machinery and Equipment Owned (10 000 yuan)
总 计	**Total**	**209405**	**6860629**	**1283306**
#国有及国有控股	State Owned and State Controlling Share	80217	3818949	667770
按登记注册类型分	**Grouped by Registered Kind**			
内资企业	Civil Funded Enterprises	209398	6860435	1283232
国有企业	State-owned Enterprises	11958	261338	27606
集体企业	Collective-owned Enterprises	5413	89007	13234
股份合作企业	Share Cooperative Enterprises			
联营企业	Joint Ownership Enterprises			
有限责任公司	Limited Responsibility Corporations	82139	3900149	718219
国有独资公司	Company Exclusively with Investment from State	11705	336910	79612
其他有限责任公司	Other Limited Responsibility Company	70434	3563239	638607
股份有限公司	Share-holding Limited Corporations	1729	33617	6571
私营企业	Private-owned Enterprises	108159	2576324	517602
私营独资企业	Enterprise Exclusively with Investment from Private	2	16	6
私营合伙企业	Private Partnership Enterprises			
私营有限责任公司	Private Limited Responsibility Corporations	104930	2476109	499069
私营股份有限公司	Private Share-holding Limited Corporations	3227	100199	18526
其他企业	Other Enterprises			
港、澳、台商投资企业	Enterprises Funded by Hong Kong, Macao and Taiwan			
外商投资企业	Foreign Funded Enterprises	7	194	75
按国民经济行业分	**Grouped by Economic Sector**			
房屋和土木工程建筑业	Housing and Civil Engineering Construction	175186	6471478	1187617
房屋工程建筑	Housing	100054	2346580	422350
土木工程建筑	Civil Engineering	75132	4124898	765267
建筑安装业	Building Installation	12492	218230	57791
建筑装饰业	Building Fiting and Decoration	15243	80800	10104
其他建筑业	Other Construction	6484	90121	27794
按隶属关系分	**Grouped by Subordination**			
中 央	Central Enterprises	34731	2733701	470286
地 方	Local Enterprises	39022	947984	163363
其 他	Others	135652	3178944	649658
按企业资质等级分	**Grouped by Qualification Criteria**			
施工总承包	Overall Contract	177462	6487728	1174105
专业承包	Specialized Contract	31943	372901	109201

11-7 建筑业企业劳动生产率(2020年)
LABOR PRODUCTIVITY OF CONSTRUCTION ENTERPRISES(2020)

指 标	Item	企业个数(个) Number of Enterprises (unit)	从事建筑业活动的平均人数(人) Average Number of Employees (person)	按总产值计算的劳动生产率(元/人) Labor Productivity in Terms of Total Output Value (yuan/person)	人均竣工产值(元/人) Per Capita Output Value of Buildings Completed (yuan/person)
总 计	**Total**	**3357**	**1213358**	**421446**	**152710**
#国有及国有控股	State Owned and State Controlling Share	296	614153	475739	145786
按登记注册类型分	**Grouped by Registered Kind**				
内资企业	Civil Funded Enterprises	3354	1213283	421421	152668
国有企业	State-owned Enterprises	66	22990	295042	134759
集体企业	Collective-owned Enterprises	52	11450	251333	124704
股份合作企业	Share Cooperative Enterprises				
联营企业	Joint Ownership Enterprises				
有限责任公司	Limited Responsibility Corporations	499	717730	457826	146189
国有独资公司	Company Exclusively with Investment from State	59	95659	660811	241457
其他有限责任公司	Other Limited Responsibility Company	440	622071	426612	131539
股份有限公司	Share-holding Limited Corporations	21	14219	456342	27760
私营企业	Private-owned Enterprises	2716	446894	372701	168684
私营独资企业	Enterprise Exclusively with Investment from Private	5	393	82505	62163
私营合伙企业	Private Partnership Enterprises				
私营有限责任公司	Private Limited Responsibility Corporations	2652	387066	381520	185325
私营股份有限公司	Private Share-holding Limited Corporations	59	59435	317185	61021
其他企业	Other Enterprises				
港、澳、台商投资企业	Enterprises Funded by Hong Kong, Macao and Taiwan	1	19	4337	
外商投资企业	Foreign Funded Enterprises	2	56	1095142	1129643
按国民经济行业分	**Grouped by Economic Sector**				
房屋和土木工程建筑业	Housing and Civil Engineering Construction	2252	1100625	425170	151333
房屋工程建筑	Housing	1265	605671	397386	164841
土木工程建筑	Civil Engineering	987	494954	459169	134803
建筑安装业	Building Installation	541	65138	420191	149931
建筑装饰业	Building Fiting and Decoration	400	21512	290913	150434
其他建筑业	Other Construction	164	26083	375084	219651
按隶属关系分	**Grouped by Subordination**				
中 央	Central Enterprises	50	341423	427398	105569
地 方	Local Enterprises	253	250175	544002	190340
其 他	Others	3054	621760	368864	163455
按企业资质等级分	**Grouped by Qualification Criteria**				
施工总承包	Overall Contract	2073	1120387	426403	152803
专业承包	Specialized Contract	1284	92971	361705	151586

11-8 建筑业企业资本金及资产(2020年)
CAPITAL AND ASSETS OF CONSTRUCTION ENTERPRISES(2020)

单位：万元 (10 000 yuan)

指 标	Item	实收资本 Capitals Hold	资产总计 Total Assets	#流动资产合计 Total Circulating Assets	#固定资产原价 Original Value of Fixed Assets
总 计	**Total**	**11821437**	**74969739**	**56859722**	**5584311**
#国有及国有控股	State Owned and State Controlling Share	6047927	53564867	38745411	3040310
按登记注册类型分	**Grouped by Registered Kind**				
内资企业	Civil Funded Enterprises	11819518	74958931	56849336	5580653
国有企业	State-owned Enterprises	185440	1448117	1300899	155283
集体企业	Collective-owned Enterprises	62086	514062	470100	49652
股份合作企业	Share Cooperative Enterprises				
联营企业	Joint Ownership Enterprises				
有限责任公司	Limited Responsibility Corporations	6315876	54741725	39693604	3230456
国有独资公司	Company Exclusively with Investment from State	1287999	13163762	7872506	425914
其他有限责任公司	Other Limited Responsibility Company	5027877	41577963	31821098	2804543
股份有限公司	Share-holding Limited Corporations	47694	510660	481365	7064
私营企业	Private-owned Enterprises	5208423	17744367	14903367	2138198
私营独资企业	Enterprise Exclusively with Investment from Private	1949	2890	2738	184
私营合伙企业	Private Partnership Enterprises				
私营有限责任公司	Private Limited Responsibility Corporations	5030873	16994063	14255480	2086788
私营股份有限公司	Private Share-holding Limited Corporations	175602	747414	645150	51226
其他企业	Other Enterprises				
港、澳、台商投资企业	Enterprises Funded by Hong Kong, Macao and Taiwan	1799	3391	3342	354
外商投资企业	Foreign Funded Enterprises	120	7417	7044	3305
按国民经济行业分	**Grouped by Economic Sector**				
房屋和土木工程建筑业	Housing and Civil Engineering Construction	10348106	69224502	52094338	4975762
房屋工程建筑	Housing	4940482	28106292	21648010	1703262
土木工程建筑	Civil Engineering	5407623	41118210	30446328	3272500
建筑安装业	Building Installation	892523	3676728	2964749	368943
建筑装饰业	Building Fiting and Decoration	334080	893991	789194	77635
其他建筑业	Other Construction	246729	1174518	1011441	161971
按隶属关系分	**Grouped by Subordination**				
中 央	Central Enterprises	2326546	23381553	18991361	1889761
地 方	Local Enterprises	3424069	27576792	17444267	981672
其 他	Others	6070822	24011393	20424094	2712878
按企业资质等级分	**Grouped by Qualification Criteria**				
施工总承包	Overall Contract	10270198	69616791	52229777	4942916
专业承包	Specialized Contract	1551239	5352948	4629945	641395

11-9 建筑业企业负债及所有者权益(2020年)
LIABILITIES AND CREDITORS' EQUITY OF CONSTRUCTION ENTERPRISES(2020)

单位：万元 (10 000 yuan)

指 标	Item	负债合计 Total Liabilities	#流动负债 Liquid Liabilities	#非流动负债合计 Illiquid Liabilities	所有者权益合计 Total Creditors' Equity
总 计	**Total**	**56021043**	**50776332**	**5083157**	**18948696**
#国有及国有控股	State Owned and State Controlling Share	42351124	37543335	4785583	11213743
按登记注册类型分	**Grouped by Registered Kind**				
内资企业	Civil Funded Enterprises	56013066	50768468	5083045	18945865
国有企业	State-owned Enterprises	1232462	1165991	46058	215656
集体企业	Collective-owned Enterprises	436448	433572	68	77614
股份合作企业	Share Cooperative Enterprises				
联营企业	Joint Ownership Enterprises				
有限责任公司	Limited Responsibility Corporations	43111126	38293502	4812366	11630599
国有独资公司	Company Exclusively with Investment from State	10386414	8419793	1966447	2777348
其他有限责任公司	Other Limited Responsibility Company	32724712	29873709	2845919	8853251
股份有限公司	Share-holding Limited Corporations	257784	250810	6974	252876
私营企业	Private-owned Enterprises	10975246	10624593	217579	6769121
私营独资企业	Enterprise Exclusively with Investment from Private	716	716		2173
私营合伙企业	Private Partnership Enterprises				
私营有限责任公司	Private Limited Responsibility Corporations	10440095	10090131	216890	6553968
私营股份有限公司	Private Share-holding Limited Corporations	534435	533746	689	212979
其他企业	Other Enterprises				
港、澳、台商投资企业	Enterprises Funded by Hong Kong, Macao and Taiwan	2266	2153	113	1125
外商投资企业	Foreign Funded Enterprises	5711	5711		1706
按国民经济行业分	**Grouped by Economic Sector**				
房屋和土木工程建筑业	Housing and Civil Engineering Construction	52193397	47229497	4830135	17031105
房屋工程建筑	Housing	20187881	17988064	2118478	7918411
土木工程建筑	Civil Engineering	32005516	29241433	2711657	9112694
建筑安装业	Building Installation	2527377	2279946	230359	1149351
建筑装饰业	Building Fiting and Decoration	515073	506684	3792	378918
其他建筑业	Other Construction	785196	760204	18871	389323
按隶属关系分	**Grouped by Subordination**				
中 央	Central Enterprises	19674169	19097051	577072	3707385
地 方	Local Enterprises	20559607	16407717	4145647	7017185
其 他	Others	15787267	15271564	360438	8224126
按企业资质等级分	**Grouped by Qualification Criteria**				
施工总承包	Overall Contract	52739042	47618855	4992994	16877749
专业承包	Specialized Contract	3282001	3157477	90164	2070947

11-10 建筑业企业收入及成本情况(2020年)
REVENUE AND COST OF CONSTRUCTION ENTERPRISES(2020)

单位：万元 (10 000 yuan)

指 标	Item	营业收入 Revenue of Business	#主营业务收入 Revenue of Major Business	主营业务成本 Cost of Major Business
总 计	**Total**	**53051571**	**52355143**	**48232901**
#国有及国有控股	State Owned and State Controlling Share	31693817	31421501	29061098
按登记注册类型分	**Grouped by Registered Kind**			
内资企业	Civil Funded Enterprises	53044848	52348425	48227041
国有企业	State-owned Enterprises	823273	810022	791032
集体企业	Collective-owned Enterprises	359221	354246	337194
股份合作企业	Share Cooperative Enterprises			
联营企业	Joint Ownership Enterprises			
有限责任公司	Limited Responsibility Corporations	33443056	33107508	30542697
国有独资公司	Company Exclusively with Investment	5424878	5290464	4772865
其他有限责任公司	Other Limited Responsibility Company	28018179	27817044	25769832
股份有限公司	Share-holding Limited Corporations	102425	102323	86127
私营企业	Private-owned Enterprises	18316873	17974326	16469992
私营独资企业	Enterprise Exclusively with Investment from Private	621	621	532
私营合伙企业	Private Partnership Enterprises			
私营有限责任公司	Private Limited Responsibility Corporations	17767680	17435078	15992590
私营股份有限公司	Private Share-holding Limited Corporations	548573	538628	476870
其他企业	Other Enterprises			
港、澳、台商投资企业	Enterprises Funded by Hong Kong, Macao and Taiwan	8	8	
外商投资企业	Foreign Funded Enterprises	6716	6710	5860
按国民经济行业分	**Grouped by Economic Sector**			
房屋和土木工程建筑业	Housing and Civil Engineering Construction	48407156	47786967	44157210
房屋工程建筑	Housing	23693992	23355066	21426531
土木工程建筑	Civil Engineering	24713164	24431901	22730679
建筑安装业	Building Installation	2969298	2914872	2615341
建筑装饰业	Building Fiting and Decoration	695456	687471	623870
其他建筑业	Other Construction	979662	965833	836480
按隶属关系分	**Grouped by Subordination**			
中 央	Central Enterprises	16645644	16547193	15660499
地 方	Local Enterprises	13532794	13420110	12101468
其 他	Others	22873134	22387841	20470934
按企业资质等级分	**Grouped by Qualification Criteria**			
施工总承包	Overall Contract	49355738	48765149	45072501
专业承包	Specialized Contract	3695833	3589994	3160401

11-11 建筑业企业费用情况(2020年)
EXPENSES OF CONSTRUCTION ENTERPRISES(2020)

单位：万元 (10 000 yuan)

指　标	Item	销售费用 Sales Expenses	管理费用 Administrative Expenses	财务费用 Financial Expenses
总　计	**Total**	**89184**	**1868087**	**394809**
#国有及国有控股	State Owned and State Controlling Share	14041	933119	312349
按登记注册类型分	**Grouped by Registered Kind**			
内资企业	Civil Funded Enterprises	89184	1867750	394796
国有企业	State-owned Enterprises	2648	38860	7416
集体企业	Collective-owned Enterprises	737	10651	175
股份合作企业	Share Cooperative Enterprises			
联营企业	Joint Ownership Enterprises			
有限责任公司	Limited Responsibility Corporations	15829	1046055	315455
国有独资公司	Company Exclusively with Investment	965	190914	175680
其他有限责任公司	Other Limited Responsibility Company	14864	855141	139775
股份有限公司	Share-holding Limited Corporations	105	2761	-382
私营企业	Private-owned Enterprises	69864	769423	72132
私营独资企业	Enterprise Exclusively with Investment from Private		70	
私营合伙企业	Private Partnership Enterprises			
私营有限责任公司	Private Limited Responsibility Corporations	69120	746706	66953
私营股份有限公司	Private Share-holding Limited Corporations	744	22647	5179
其他企业	Other Enterprises			
港、澳、台商投资企业	Enterprises Funded by Hong Kong, Macao and Taiwan		65	8
外商投资企业	Foreign Funded Enterprises		272	6
按国民经济行业分	**Grouped by Economic Sector**			
房屋和土木工程建筑业	Housing and Civil Engineering Construction	65578	1590736	367346
房屋工程建筑	Housing	29898	900223	143522
土木工程建筑	Civil Engineering	35680	690513	223823
建筑安装业	Building Installation	14234	171075	18725
建筑装饰业	Building Fiting and Decoration	2963	42994	5748
其他建筑业	Other Construction	6409	63282	2992
按隶属关系分	**Grouped by Subordination**			
中　央	Central Enterprises	6086	272789	31482
地　方	Local Enterprises	7276	611678	257115
其　他	Others	75821	983620	106212
按企业资质等级分	**Grouped by Qualification Criteria**			
施工总承包	Overall Contract	61708	1600607	378827
专业承包	Specialized Contract	27476	267480	15982

11-12 建筑业企业薪酬及利润情况(2020年)
REMUNERATION AND PROFITS OF CONSTRUCTION ENTERPRISES(2020)

单位：万元　　(10 000 yuan)

指 标	Item	应付职工薪酬 Remuneration Payable	营业利润 Business Profits	其他业务利润 Profits of Other Business
总 计	**Total**	**3461372**	**1176904**	**68102**
#国有及国有控股	State Owned and State Controlling Share	1776388	767057	53588
按登记注册类型分	**Grouped by Registered Kind**			
内资企业	Civil Funded Enterprises	3461091	1176608	68102
国有企业	State-owned Enterprises	105875	-45331	2212
集体企业	Collective-owned Enterprises	34656	6306	474
股份合作企业	Share Cooperative Enterprises			
联营企业	Joint Ownership Enterprises			
有限责任公司	Limited Responsibility Corporations	1873627	873253	53558
国有独资公司	Company Exclusively with Investment from State	282694	143694	19219
其他有限责任公司	Other Limited Responsibility Company	1590933	729559	34339
股份有限公司	Share-holding Limited Corporations	4200	7995	
私营企业	Private-owned Enterprises	1442732	334386	11859
私营独资企业	Enterprise Exclusively with Investment from Private	38	16	
私营合伙企业	Private Partnership Enterprises			
私营有限责任公司	Private Limited Responsibility Corporations	1411251	320048	11666
私营股份有限公司	Private Share-holding Limited Corporations	31443	14322	193
其他企业	Other Enterprises			
港、澳、台商投资企业	Enterprises Funded by Hong Kong, Macao and Taiwan	35	-67	
外商投资企业	Foreign Funded Enterprises	246	363	
按国民经济行业分	**Grouped by Economic Sector**			
房屋和土木工程建筑业	Housing and Civil Engineering Construction	3079358	1061317	59903
房屋工程建筑	Housing	1543342	549024	30084
土木工程建筑	Civil Engineering	1536017	512293	29819
建筑安装业	Building Installation	259057	75981	7004
建筑装饰业	Building Fiting and Decoration	56805	11007	280
其他建筑业	Other Construction	66151	28599	916
按隶属关系分	**Grouped by Subordination**			
中 央	Central Enterprises	786086	274219	5445
地 方	Local Enterprises	769325	464791	46882
其 他	Others	1905960	437894	15775
按企业资质等级分	**Grouped by Qualification Criteria**			
施工总承包	Overall Contract	3132756	1061198	64305
专业承包	Specialized Contract	328616	115706	3797

11-13 建筑业企业利润及税金情况(2020年)
PROFITS AND TAXES OF CONSTRUCTION ENTERPRISES(2020)

单位：万元 (10 000 yuan)

指　标	Item	利润总额 Total Profits	主营业务税金及附加 Taxes and Extra Charges of Major Business	应交增值税 Value-added Taxes Payable
总　计	**Total**	**1192641**	**186047**	**1096176**
#国有及国有控股	State Owned and State Controlling Share	783140	87360	518324
按登记注册类型分	**Grouped by Registered Kind**			
内资企业	Civil Funded Enterprises	1192375	186030	1096008
国有企业	State-owned Enterprises	-42932	5696	24896
集体企业	Collective-owned Enterprises	5826	2177	9132
股份合作企业	Share Cooperative Enterprises			
联营企业	Joint Ownership Enterprises			
有限责任公司	Limited Responsibility Corporations	890441	92324	554847
国有独资公司	Company Exclusively with Investment from State	145604	18532	160799
其他有限责任公司	Other Limited Responsibility Company	744837	73792	394048
股份有限公司	Share-holding Limited Corporations	8085	263	1306
私营企业	Private-owned Enterprises	330955	85570	505827
私营独资企业	Enterprise Exclusively with Investment from Private	15	5	47
私营合伙企业	Private Partnership Enterprises			
私营有限责任公司	Private Limited Responsibility Corporations	316589	83311	495612
私营股份有限公司	Private Share-holding Limited Corporations	14351	2255	10169
其他企业	Other Enterprises			
港、澳、台商投资企业	Enterprises Funded by Hong Kong, Macao and Taiwan	-67	2	
外商投资企业	Foreign Funded Enterprises	333	15	167
按国民经济行业分	**Grouped by Economic Sector**			
房屋和土木工程建筑业	Housing and Civil Engineering Construction	1074247	167895	992862
房屋工程建筑	Housing	545705	94844	574068
土木工程建筑	Civil Engineering	528541	73052	418794
建筑安装业	Building Installation	76970	11468	66448
建筑装饰业	Building Fiting and Decoration	11646	2529	13308
其他建筑业	Other Construction	29779	4154	23558
按隶属关系分	**Grouped by Subordination**			
中　央	Central Enterprises	286622	30634	102408
地　方	Local Enterprises	469618	50644	375580
其　他	Others	436401	104769	618188
按企业资质等级分	**Grouped by Qualification Criteria**			
施工总承包	Overall Contract	1072747	172228	1023557
专业承包	Specialized Contract	119894	13818	72619

主要统计指标解释

签订的合同额 指建筑业企业在报告期直接同建设单位签订的各种国内工程合同的总价款和以前年度同建设单位签订的各种国内工程合同的未完工程跨入本年度继续施工工程合同的总价款余额。

本年新签合同额 指建筑业企业在报告期内同建设单位直接新签订的各种国内工程合同的总价款，不包括与其他建筑业企业新签的分包合同额。

建筑业总产值 指以货币表现的建筑业企业在一定时期内生产的建筑业产品和服务的总和。建筑业总产值包括建筑工程产值、安装工程产值和其他产值三部分内容。

竣工产值 一般是以单位工程为对象，当该工程按照设计所规定的工程内容全部完成，达到了设计规定的交工条件，经有关部门检查验收鉴定合格的单位工程价值，即为竣工产值。竣工产值包括范围应是报告期内竣工单位工程从开工到竣工的全部自行完成的价值，竣工产值不包括附属辅助企业或内部核算的其他单位为外单位生产和服务的价值。

房屋施工面积 指报告期内施工的全部房屋建筑面积。包括本期新开工的房屋建筑面积、上期跨入本期继续施工的房屋建筑面积、上期停缓建在本期恢复施工的房屋建筑面积、本期竣工的房屋建筑面积以及本期施工后又停缓建的房屋建筑面积。

房屋竣工面积 指报告期内房屋建筑按照设计要求已全部完工，达到住人和使用条件，经验收鉴定合格或达到竣工验收标准，可正式移交使用的各栋房屋建筑面积的总和。

房屋竣工价值 指在报告期内按规定已经上报竣工的房屋本身的建造价值。一般按房屋设计和预算规定的内容计算。一般按结算价格（或中标价）计算。

资产总计 指企业过去的交易或者事项形成的、由企业拥有或者控制的、预期会给企业带来经济利益的资源。资产一般按流动性分为流动资产和非流动资产。

负债合计 指企业过去的交易或者事项形成的，预期会导致经济利益流出企业的现时义务。负债一般按偿还期长短分为流动负债和非流动负债。

所有者权益合计 指企业资产扣除负债后由所有者享有的剩余权益。公司的所有者权益又称股东权益。包括实收资本、资本公积、盈余公积、未分配利润等。

主营业务收入 指企业经营主要业务所实现的收入。

销售费用 指企业从事施工生产活动过程中发生的各项费用，包括应由企业负担的运输费、装卸费、包装费、保险费、维修费、展览费、差旅费、广告费和其他经费。

营业利润 指企业从事生产经营活动所取得的利润。

利润总额 指企业在一定会计期间的经营成果，是生产经营过程中各种收入扣除各种耗费后的盈余，反映企业在报告期内实现的亏盈总额。利润总额为营业利润加上营业外收入，减去营业外支出后的金额。

应付职工薪酬 指企业为获得职工提供的服务或解除劳动关系而给予的各种形式的报酬或补偿。包括职工工资、奖金、津贴和补贴，职工福利费，医疗保险费、养老保险费、失业保险费、工伤保险费和生育保险费等社会保险费，住房公积金，工会经费和职工教育经费，带薪缺勤，利润分享计划，非货币性福利，辞退福利和其他为获得职工提供的服务而给予的报酬或补偿。

应交增值税 指按照税法规定，以销售货物、服务、无形资产、不动产或提供加工、修理修配劳务的增值额和货物进口金额为计税依据而课征的一种流转税。

Explanatory Notes on Main Statistical Indicators

Contract Amount Signed refers to the total contract amount for domestic projects that construction enterprises signed directly with the constructed units in the reference period and the remaining sum of contract amount for domestic projects that construction enterprises signed in the previous years, with construction project are in process and extending to continue in current year.

Contract Amount Newly Signed This Year refers to total amount of domestic project contracts that construction enterprises newly signed directly with constructed units in the reference period, excluding subcontracts that construction enterprises newly signed with other construction enterprises.

Gross Output Value of Construction refers to total of construction products and services, expressed in money terms, completed by construction enterprises during a given period of time. It includes three parts: output value of construction projects, output value of installation projects and output value of others.

Output Value of Buildings Completed refers to the value of unit project that is completed in accordance with the requirements of the design, up to the standard for handing in, and has been checked and accepted by concerned departments as qualified one. It includes entire value of the completed project from start to completing in the reference period. If a project is under construction in two years, the output value of building completed should include completed value last year. Some large projects, such as large factory building, senior hotel, pipelines, roads, railways, which can be constructed by span, layer or fragment and can be put into use separately by contract, can calculate their output value separately. It excludes the value of products and services which affiliated enterprises or other inner accounting units provide to outer units.

Floor Space of Buildings under Construction refers to total floor space of buildings under construction during the reference period, including newly started buildings, buildings started earlier and continued during the reference period, and buildings suspended earlier but restarted during the reference period, buildings completed during the reference period, and buildings under construction and then suspended during the reference period.

Floor Space of Buildings Completed refers to the floor space of buildings that are completed in the reference period in accordance with the requirement of the design, up to the standard for being resided in and put into use, and have been checked and accepted by concerned departments as qualified ones or up to the standard of buildings completed and can be handed over fore putting into use.

Value of Buildings Completed refers to the constructing value of buildings which have reported completing in accordance with the requirement in reference period. Generally, it calculates by stipulated items in design and budget. It can report in term of settling value or value of attaining contract.

Total Assets refer to all resources that are owned or controlled by enterprises through previous trades or transactions with expectation of making economic profits. Classified by the degree of liquidity, total assets include current assets and non-current assets.

Total Liabilities refer to payable liabilities of enterprises that accumulated from previous trades or transactions with expectation of economic profits leaking out. In terms of payment, it can be divided into liquid liabilities and long-term liabilities.

Total Creditors' Equity refers to the residual interest in the assets of an enterprise after deducting all its liabilities. Creditors' equity of a company is also known as shareholders' equity. Included are paid-in capital, capital reserve, surplus reserve, undistributed profits, etc.

Revenue of Major Business refers to the revenue enterprises achieved from the major business.

Sales Expenses refer to kinds of costs through constructing activities, which include costs of transport, loading and unloading, packing, insurance, maintaining, showing, business trip, advertisement and others.

Profits of Business refer to profits realized through the business of enterprises.

Total Profits refers to the operation results in a certain accounting period, and it is the balance of various incomes minus various spending in the course of operation, reflecting the total profits and losses of enterprises in reference period. It is balance of business profits plus non-business income, minus non-business expense.

Remuneration Payable of Staff and Workers refers to all kinds of payments and compensation that enterprises pay staff and workers for getting services or terminating labor relations. It includes wages, bonus, allowances, subsides, welfare fees, health insurance premiums, endowment insurance premiums, unemployment insurance premiums, employment injury insurance premiums, birth insurance premiums, housing provident funds, labor union expenditures, educational expenditures, paid absence, profit-sharing plan, non-monetary welfare, termination benefits, etc.

Value Added Taxes Payable refers to the turnover taxes which is imposed on the added value of selling goods, services, intangible assets, real estate, or providing processing and repairing, and on imported value of import goods according to the tax laws.

12 房地产

REAL ESTATE

资料整理人员

郝志军

REAL ESTATE 房地产

房地产开发投资	Investment in Real Estate Development	1830.4	亿元 (100 million yuan)
# 住　宅	Residential Buildings	1431.8	亿元 (100 million yuan)
房屋施工面积	Floor Space of Buildings under Construction	21937.8	万平方米 (10 000 sq.m)
# 住　宅	Residential Buildings	16419.9	万平方米 (10 000 sq.m)
房屋竣工面积	Floor Space of Buildings Completed	1481.2	万平方米 (10 000 sq.m)
# 住　宅	Residential Buildings	1131.7	万平方米 (10 000 sq.m)

房地产开发投资构成 (%)

Composition of Investment in Real Estate Development (%)

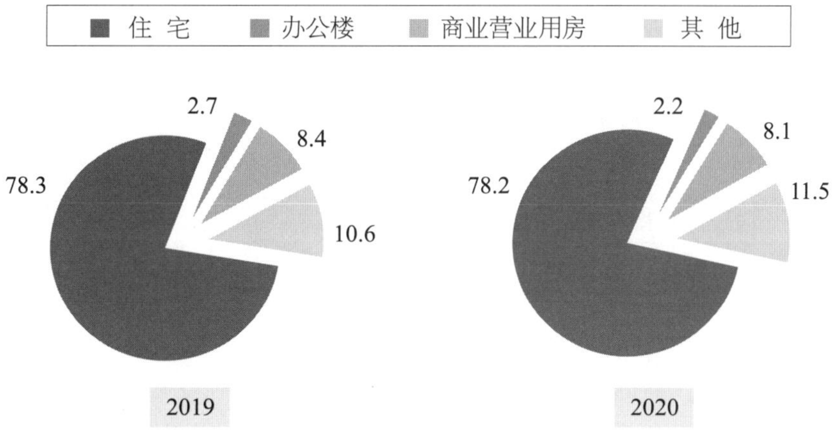

房地产开发投资（亿元）

Investment in Real Estate Development (100 million yuan)

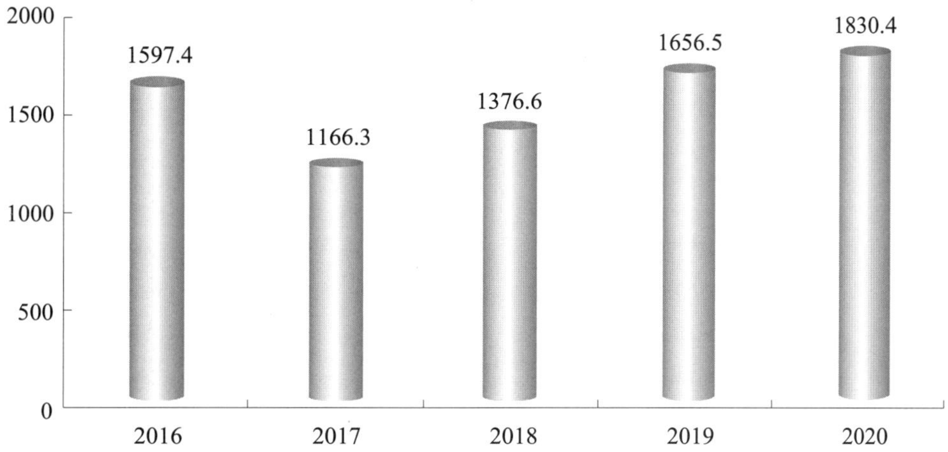

12-1 房地产开发企业主要指标
MAJOR INDICATORS OF REAL ESTATE DEVELOPMENT ENTERPRISES

单位：万元　　(10 000 yuan)

指　标	Item	2019	2020
一、企业个数(个)	**Number of Enterprises (unit)**	**2389**	**2551**
二、本年完成投资	**Investment Completed This Year**	**16565005**	**18303640**
按工程用途分	Grouped by Use of Projects		
住　宅	Residential Buildings	12964760	14318037
办公楼	Office Buildings	452789	402935
商业营业用房	Buildings for Business Operation	1384146	1486123
其　他	Other Expenses	1763310	2096545
三、本年新增固定资产	**Newly Increased Fixed Assets This Year**	**9593261**	**4210324**
四、本年购置土地面积(平方米)	**Land Area Purchased This Year (sq.m)**	**5663619**	**6025303**
五、本年实际到位资金	**Actual Funds in Place This Year**	**21594238**	**22653032**
#国内贷款	Domestic Loans	1475901	1080147
自筹资金	Self-raised Fund	9762385	9989721
定金及预收款	Deposit and Pre Payment	6404649	7599918
个人按揭贷款	Individual Mortgage Loans	2712848	3222349
其他到位资金	Others	1238455	720897
六、房屋建筑面积(平方米)	**Floor Space of Buildings (sq.m)**		
房屋施工面积	Floor Space of Buildings Under Construction	195485452	219378324
#住　宅	Residential Buildings	143237617	164198994
本年新开工面积	Floor Space of Buildings Newly Started Construction This Year	48790890	57956490
#住　宅	Residential Buildings	37716996	44683783
房屋竣工面积	Floor Space of Buildings Completed	27392161	14811801
#住　宅	Residential Buildings	19852854	11316715
七、商品房销售(平方米)	**Selling of Commercial Buildings (sq.m)**		
商品房销售面积	Floor Space of Commercial Buildings Sold	23661143	26852924
#住　宅	Residential Buildings	21693266	25494948
商品房销售额(万元)	Sales of Commercial Buildings (10 000 yuan)	16317570	18859422
#住　宅	Residential Buildings	14523970	17533580
八、经营状况	**Operation Condition**		
资产总计	Total Assets	136762122	155993908
营业收入	Business Revenue	13265106	14992571
#主营业务收入	Revenue of Major Business	12272443	14506654
营业利润	Business Profits	710538	1110261
利润总额	Total Profits	652792	810666
九、从业人员平均人数(人)	**Average Number of Employees (person)**	**52009**	**54135**

12-2 房地产开发企业完成投资
COMPLETED INVESTMENT OF REAL ESTATE ENTERPRISES

单位：万元 (10 000 yuan)

年 份 Year	本年完成投资 Investement Completed This Year	住 宅 Residential Buildings	办公楼 Office Buildings	商业营业用房 Buildings for Business Operation	其 他 Others
1990	28486	24635	342	2108	1401
1991	32642	27132			5510
1992	51869	41963	1473	1451	6982
1993	129685	102732		2362	24591
1994	116512	87606	2964	6169	19773
1995	150866	101914	12353	13841	22758
1996	147893	107111	6442	7471	26869
1997	181736	151687	6258	6990	16801
1998	278653	199862	9774	21609	47408
1999	350458	270496	7771	30307	41884
2000	394556	272280	19201	48178	54897
2001	466464	288916	17639	67861	92048
2002	674331	369041	46104	88518	170668
2003	950740	473991	53641	211630	211478
2004	1449898	846989	110917	353485	138507
2005	1779937	1168931	107448	274199	229359
2006	2086231	1558224	83778	238224	206005
2007	2589251	1902509	51973	245495	389274
2008	3279807	2287311	81888	389808	520800
2009	4772748	3778904	106264	437877	449703
2010	5922376	4574340	125367	604588	618081
2011	7901982	6153199	172888	736434	839461
2012	10104513	7356137	227958	1392518	1127900
2013	13086275	9588469	484284	1825554	1187968
2014	14035549	10106901	692123	1913124	1323401
2015	14948719	10983176	855037	1712127	1398379
2016	15973532	11410813	751536	2172920	1638263
2017	11662833	8463841	356003	1477912	1365077
2018	13765808	10337564	367745	1531545	1528954
2019	16565005	12964760	452789	1384146	1763310
2020	18303640	14318037	402935	1486123	2096545

12-3 房地产开发企业施工、销售和待售情况(2020年)

指 标	Item	合 计 Total	住 宅 Residential Buildings
房屋施工面积（平方米）	Floor Space of Buildings under Construction (sq.m)	219378324	164198994
#本年新开工面积	Buildings Newly Started Construction This Year	57956490	44683783
房屋竣工面积（平方米）	Floor Space of Buildings Completed (sq.m)	14811801	11316715
#不可销售面积	Buildings Unable to be Sold	932233	340402
住宅竣工套数（套）	Sets of Residential Buildings Completed (set)		97800
房屋竣工价值（万元）	Value of Buildings Completed (10 000 yuan)	3873970	2986572
房屋出租面积（平方米）	Floor Space of Buildings Leased (sq.m)	91975	76403
商品房销售面积(平方米)	Floor Space of Commercial Residential Buildings Sold (sq.m)	26852924	25494948
现 房	Completed Buildings	2431082	2155381
期 房	Forward Delivery Buildings	24421842	23339567
商品房销售额（万元）	Sales of Commercial Buildings (10 000 yuan)	18859422	17533580
现 房	Completed Buildings	1125371	942236
期 房	Forward Delivery Buildings	17734051	16591344
商品住宅销售套数(套)	Sets of Commercial Residential Buildings Sold (set)		213622
现 房	Completed Buildings		17985
期 房	Forward Delivery Buildings		195637
待售面积 （平方米）	Floor Space for Sale (sq.m)	7854015	4644617
#待售1-3年面积	Floor Space for Sale in 1-3 Years	2730291	1732028
待售3年以上面积	Floor Space for Sale More Than 3 Years	2400399	1304452

BUILDINGS UNDER CONSTRUCTION, SELLING AND FOR SALE OF REAL ESTATE DEVELOPMENT ENTERPRISES(2020)

#90平方米及以下住房 90 sq.m and Below	#144平方米以上住房 Above 144 sq.m	办公楼 Office Buildings	商业营业用房 Buildings for Business Operation	其 他 Others
22787807	28543582	5014421	18259297	31905612
4078340	6280354	832439	3533868	8906400
1955706	1862727	194887	854417	2445782
30791	22470	3199	25536	563096
23781	10690			
543277	519915	75807	264903	546688
76403		3815	7207	4550
1661559	4320937	231953	570974	555049
237624	520154	16291	150531	108879
1423935	3800783	215662	420443	446170
1202093	3955641	212698	776662	336482
96286	265215	11077	131423	40635
1105807	3690426	201621	645239	295847
21671	24640			
3047	2936			
18624	21704			
895162	1123178	241631	1679335	1288432
356623	475418	92227	512227	393809
237465	415131	84711	653449	357787

12-4 房地产开发企业投资完成情况(2020年)

单位：万元

指 标	Item	企业个数 (个) Number of Enterprises (unit)
总 计	**Total**	**2551**
按登记注册类型	**Grouped by Type of Registration Status**	
内 资	Domestic-Funded Enterprises	2536
国 有	State-owned Enterprises	31
集 体	Collective-owned Enterprises	3
股份合作	Share Cooperative Enterprises	
国有联营	State Joint Ownership Enterprises	
集体联营	Collective Joint Ownership Enterprises	
国有与集体联营	Joint State-collective Enterprises	
其他联营	Other Joint Ownership Enterprises	
国有独资公司	State-funded Corporations	60
其他有限责任公司	Other Limited Liability Corporations	473
股份有限公司	Share Corporations Ltd.	3
私营独资	Private-funded Enterprises	3
私营合伙	Private Partnership Enterprises	
私营有限责任公司	Private Limited Liability Corporations	1953
私营股份有限公司	Private Share-holding Corporations Ltd.	10
其 他	Others	
港澳台投资	Enterprises with Investment from Hong Kong, Macao and Taiwan	7
合资经营	Joint-venture Enterprises	3
合作经营	Cooperative Enterprises	1
独 资	Enterprises with Sole Investment	3
股份有限	Share Corporations Ltd.	
其 他	Others	
外商投资	Enterprises with Foreign Investment	8
合资经营	Joint-Venture Enterprises	3
合作经营	Cooperative Enterprises	
外 资	Enterprises with Sole Foreign Investment	5
股份有限	Share Corporations Ltd.	
其 他	Others	
按控股情况分	**Grouped by Share Holding**	
国有控股	State Holding Enterprises	207
集体控股	Collective-owned Holding Enterprises	21
私人控股	Private Holding Enterprises	2242
港澳台商控股	Hong Kong, Macao and Taiwan Holding Enterprises	4
外商控股	Foreign Holding Enterprises	7
其 他	Others	70

COMPLETED INVESTMENT OF REAL ESTATE DEVELOPMENT ENTERPRISES(2020)

(10 000 yuan)

计划总投资 Total Planned Investment	自开始建设 累计完成投资 Accumulative Investment Completed Since Starting of Construction	本年完成投资 Investment Completed This Year		
			建筑工程 Construction	安装工程 Installation
146541773	**78442811**	**18303640**	**11571157**	**1045707**
144827748	77727106	18226654	11506707	1040742
2184349	1045687	108190	102421	284
29907	4290	1500	600	110
5565261	2682792	883375	485068	39597
74403328	36441949	8319700	4662804	375465
3848	2834			
58310	8664	8664	6469	243
61786317	37004643	8826510	6219567	622020
796428	536247	78715	29778	3023
1262479	461823	37641	34185	2247
918207	228203	4309	2452	648
344272	233620	33332	31733	1599
451546	253882	39345	30265	2718
451546	253882	39345	30265	2718
27477997	15467298	2663211	1540879	104963
1614351	1343841	198605	131780	22316
101494175	54353370	13394943	8689549	869424
1065272	402939	33332	31733	1599
451546	253882	39345	30265	2718
14438432	6621481	1974204	1146951	44687

12-4 续表1

单位：万元

指　标	Item	设备工器具购置 Purchase of Equipment and Instruments
总　计	**Total**	**210475**
按登记注册类型	**Grouped by Type of Registration Status**	
内　资	Domestic-Funded Enterprises	208618
国　有	State-owned Enterprises	80
集　体	Collective-owned Enterprises	40
股份合作	Share Cooperative Enterprises	
国有联营	State Joint Ownership Enterprises	
集体联营	Collective Joint Ownership Enterprises	
国有与集体联营	Joint State-collective Enterprises	
其他联营	Other Joint Ownership Enterprises	
国有独资公司	State-funded Corporations	1124
其他有限责任公司	Other Limited Liability Corporations	104515
股份有限公司	Share Corporations Ltd.	
私营独资	Private-funded Enterprises	241
私营合伙	Private Partnership Enterprises	
私营有限责任公司	Private Limited Liability Corporations	102109
私营股份有限公司	Private Share-holding Corporations Ltd.	509
其　他	Others	
港澳台投资	Enterprises with Investment from Hong Kong, Macao and Taiwan	
合资经营	Joint-venture Enterprises	
合作经营	Cooperative Enterprises	
独　资	Enterprises with Sole Investment	
股份有限	Share Corporations Ltd.	
其　他	Others	
外商投资	Enterprises with Foreign Investment	1857
合资经营	Joint-Venture Enterprises	
合作经营	Cooperative Enterprises	
外　资	Enterprises with Sole Foreign Investment	1857
股份有限	Share Corporations Ltd.	
其　他	Others	
按控股情况分	**Grouped by Share Holding**	
国有控股	State Holding Enterprises	25750
集体控股	Collective-owned Holding Enterprises	11531
私人控股	Private Holding Enterprises	159856
港澳台商控股	Hong Kong, Macao and Taiwan Holding Enterprises	
外商控股	Foreign Holding Enterprises	1857
其　他	Others	11481

continued

(10 000 yuan)

其他费用 Other Expenses	#旧建筑物购置费 Purchase of old Building	#土地购置费 Purchase of Land	住宅 Residential Buildings	#90平方米及以下住房 90 sq.m and Below
5476301	**25941**	**3767918**	**14318037**	**2060769**
5470587	25941	3763138	14251071	2051608
5405		573	84039	6565
750		600	1320	
357586	1008	172679	543366	168462
3176916	5898	2103210	6582067	1100369
1711		1703	6186	1325
1882814	19035	1467273	6959389	765510
45405		17100	74704	9377
1209		967	35235	104
1209		967	2860	104
			32375	
4505		3813	31731	9057
4505		3813	31731	9057
991619	1008	381613	1926996	593937
32978		22381	152264	38199
3676114	24933	2817433	10605312	1187922
			32375	
4505		3813	31731	9057
771085		542678	1569359	231654

12-4 续表2

单位：万元

指 标	Item	#144平方米以上住房 Above 144 sq.m
总 计	**Total**	**2837451**
按登记注册类型	**Grouped by Type of Registration Status**	
内 资	Domestic-Funded Enterprises	2804024
国 有	State-owned Enterprises	434
集 体	Collective-owned Enterprises	420
股份合作	Share Cooperative Enterprises	
国有联营	State Joint Ownership Enterprises	
集体联营	Collective Joint Ownership Enterprises	
国有与集体联营	Joint State-collective Enterprises	
其他联营	Other Joint Ownership Enterprises	
国有独资公司	State-funded Corporations	27162
其他有限责任公司	Other Limited Liability Corporations	1761994
股份有限公司	Share Corporations Ltd.	
私营独资	Private-funded Enterprises	541
私营合伙	Private Partnership Enterprises	
私营有限责任公司	Private Limited Liability Corporations	999409
私营股份有限公司	Private Share-holding Corporations Ltd.	14064
其 他	Others	
港澳台投资	Enterprises with Investment from Hong Kong, Macao and Taiwan	28863
合资经营	Joint-venture Enterprises	439
合作经营	Cooperative Enterprises	
独 资	Enterprises with Sole Investment	28424
股份有限	Share Corporations Ltd.	
其 他	Others	
外商投资	Enterprises with Foreign Investment	4564
合资经营	Joint-Venture Enterprises	
合作经营	Cooperative Enterprises	
外 资	Enterprises with Sole Foreign Investment	4564
股份有限	Share Corporations Ltd.	
其 他	Others	
按控股情况分	**Grouped by Share Holding**	
国有控股	State Holding Enterprises	269596
集体控股	Collective-owned Holding Enterprises	30063
私人控股	Private Holding Enterprises	2149174
港澳台商控股	Hong Kong, Macao and Taiwan Holding Enterprises	28424
外商控股	Foreign Holding Enterprises	4564
其 他	Others	355630

continued

(10 000 yuan)

办公楼 Office Buildings	商业营业用房 Buildings for Business Operation	其 他 Others	本年新增固定资产 Newly Increased Fixed Assets This Year
402935	**1486123**	**2096545**	**4210324**
402922	1479959	2092702	4195339
60	5495	18596	86366
		180	
29847	46252	263910	371383
237853	544072	955708	1149148
	702	1776	1604
135162	880759	851200	2459617
	2679	1332	127221
13	1662	731	14985
13	1194	242	
	468	489	14985
	4502	3112	
	4502	3112	
131451	136333	468431	643964
163	18610	27568	173146
242252	1224938	1322441	3177179
	468	489	14985
	4502	3112	
29069	101272	274504	201050

12-5 房地产开发企业资金来源情况(2020年)

单位：万元

指　标	Item	上年末结余资金 Remaining Funds at The End of Last Year
总　计	**Total**	**6929325**
按登记注册类型	**Grouped by Type of Registration Status**	
内　资	Domestic-Funded Enterprises	6897321
国　有	State-owned Enterprises	24941
集　体	Collective-owned Enterprises	50
股份合作	Share Cooperative Enterprises	
国有联营	State Joint Ownership Enterprises	
集体联营	Collective Joint Ownership Enterprises	
国有与集体联营	Joint State-collective Enterprises	
其他联营	Other Joint Ownership Enterprises	
国有独资公司	State-funded Corporations	538871
其他有限责任公司	Other Limited Liability Corporations	3945139
股份有限公司	Share Corporations Ltd.	6
私营独资	Private-funded Enterprises	800
私营合伙	Private Partnership Enterprises	
私营有限责任公司	Private Limited Liability Corporations	2381097
私营股份有限公司	Private Share-holding Corporations Ltd.	6417
其　他	Others	
港澳台投资	Enterprises with Investment from Hong Kong, Macao and Taiwan	2543
合资经营	Joint-venture Enterprises	107
合作经营	Cooperative Enterprises	
独　资	Enterprises with Sole Investment	2436
股份有限	Share Corporations Ltd.	
其　他	Others	
外商投资	Enterprises with Foreign Investment	29461
合资经营	Joint-Venture Enterprises	
合作经营	Cooperative Enterprises	
外　资	Enterprises with Sole Foreign Investment	29461
股份有限	Share Corporations Ltd.	
其　他	Others	
按控股情况分	**Grouped by Share Holding**	
国有控股	State Holding Enterprises	1453851
集体控股	Collective-owned Holding Enterprises	64125
私人控股	Private Holding Enterprises	4333693
港澳台商控股	Hong Kong, Macao and Taiwan Holding Enterprises	2436
外商控股	Foreign Holding Enterprises	29461
其　他	Others	1045759

SOURCE OF FUNDS FOR REAL ESTATE DEVELOPMENT ENTERPRISES(2020)

(10 000 yuan)

本年实际到位资金 Actual Funds in Place This Year	#国内贷款 Domestic Loans	#自筹资金 Self-raised Funds	#定金及预付款 Deposit and Pre Payment	#个人按揭贷款 Individual Mortgage	#其他到位资金 Others
22653032	**1080147**	**9989721**	**7599918**	**3222349**	**720897**
22538930	1072247	9951668	7548279	3205839	720897
364054		273543	30448		60063
10000	1000	3000	1800	4200	
677053	82244	246671	150826	85204	112108
10605830	713309	4256132	3794730	1594167	207492
448			448		
8180		6550	541	399	690
10788886	275694	5085793	3565486	1521869	340044
84479		79979	4000		500
40688		20591	8406	11691	
2163		2163			
38525		18428	8406	11691	
73414	7900	17462	43233	4819	
73414	7900	17462	43233	4819	
2921567	127875	1327001	954043	239600	273048
208116	1000	53356	90576	63184	
16909203	744372	7755558	5562910	2431749	374614
38525		18428	8406	11691	
73414	7900	17462	43233	4819	
2502207	199000	817916	940750	471306	73235

12-6 房地产开发企业土地购置、开发和待售情况(2020年)

单位：平方米

指 标	Item	待开发土地面积 Land Area Pending Development
总 计	**Total**	**7504424**
按登记注册类型	**Grouped by Type of Registration Status**	
内 资	Domestic-Funded Enterprises	7504424
国 有	State-owned Enterprises	
集 体	Collective-owned Enterprises	
股份合作	Share Cooperative Enterprises	
国有联营	State Joint Ownership Enterprises	
集体联营	Collective Joint Ownership Enterprises	
国有与集体联营	Joint State-collective Enterprises	
其他联营	Other Joint Ownership Enterprises	
国有独资公司	State-funded Corporations	571633
其他有限责任公司	Other Limited Liability Corporations	2770252
股份有限公司	Share Corporations Ltd.	
私营独资	Private-funded Enterprises	79880
私营合伙	Private Partnership Enterprises	
私营有限责任公司	Private Limited Liability Corporations	4082659
私营股份有限公司	Private Share-holding Corporations Ltd.	
其 他	Others	
港澳台投资	Enterprises with Investment from Hong Kong, Macao and Taiwan	
合资经营	Joint-venture Enterprises	
合作经营	Cooperative Enterprises	
独 资	Enterprises with Sole Investment	
股份有限	Share Corporations Ltd.	
其 他	Others	
外商投资	Enterprises with Foreign Investment	
合资经营	Joint-Venture Enterprises	
合作经营	Cooperative Enterprises	
外 资	Enterprises with Sole Foreign Investment	
股份有限	Share Corporations Ltd.	
其 他	Others	
按控股情况分	**Grouped by Share Holding**	
国有控股	State Holding Enterprises	1310343
集体控股	Collective-owned Holding Enterprises	
私人控股	Private Holding Enterprises	5858502
港澳台商控股	Hong Kong, Macao and Taiwan Holding Enterprises	
外商控股	Foreign Holding Enterprises	
其 他	Others	335579

LAND PURCHASING, DEVELOPING AND FOR SALE OF REAL ESTATE DEVELOPMENT ENTERPRISES(2020)

(sq.m)

本年购置土地面积 Land Area Purchased This Year	本年土地成交价款(万元) Deal Value of Land This Year (10 000 yuan)	待售面积 Land Area for Sale	#待售面积(一年至三年) Land Area for Sale in 1–3 Years	#待售面积(三年以上) Land Area for Sale More Than Three Years
6025303	**2003017**	**7854015**	**2730291**	**2400399**
6025303	2003017	7847478	2730291	2393862
328984	196753	54043	13503	11755
80378	17597	23262	4142	19120
2345231	964729	1227269	507362	316188
		8005		
79880	7241	3811	3811	
3190830	816697	6438371	2201473	2046799
		92717		
		6537		6537
		6537		6537
1033295	662563	487737	362141	75211
18471	2082	139732	81261	3801
4533722	1223672	6984219	2283912	2136827
		6537		6537
439815	114700	235790	2977	178023

12-7　房地产开发企业施工和销售情况(2020年)

单位：平方米

指　标	Item	房屋施工面积 Floor Space of Buildings under Construction	住　宅 Residential Buildings
总　计	**Total**	**219378324**	**164198994**
按登记注册类型	**Grouped by Type of Registration Status**		
内　资	Domestic-Funded Enterprises	217219507	163116589
国　有	State-owned Enterprises	3009406	2592893
集　体	Collective-owned Enterprises	13800	9800
股份合作	Share Cooperative Enterprises		
国有联营	State Joint Ownership Enterprises		
集体联营	Collective Joint Ownership Enterprises		
国有与集体联营	Joint State-collective Enterprises		
其他联营	Other Joint Ownership Enterprises		
国有独资公司	State-funded Corporations	7958079	5865236
其他有限责任公司	Other Limited Liability Corporations	81543248	62027150
股份有限公司	Share Corporations Ltd.	3618	
私营独资	Private-funded Enterprises	105069	88421
私营合伙	Private Partnership Enterprises		
私营有限责任公司	Private Limited Liability Corporations	122701765	91122980
私营股份有限公司	Private Share-holding Corporations Ltd.	1884522	1410109
其　他	Others		
港澳台投资	Enterprises with Investment from Hong Kong, Macao and Taiwan	1780236	821127
合资经营	Joint-venture Enterprises	1362729	478567
合作经营	Cooperative Enterprises		
独　资	Enterprises with Sole Investment	417507	342560
股份有限	Share Corporations Ltd.		
其　他	Others		
外商投资	Enterprises with Foreign Investment	378581	261278
合资经营	Joint-Venture Enterprises		
合作经营	Cooperative Enterprises		
外　资	Enterprises with Sole Foreign Investment	378581	261278
股份有限	Share Corporations Ltd.		
其　他	Others		
按控股情况分	**Grouped by Share Holding**		
国有控股	State Holding Enterprises	34183554	25686265
集体控股	Collective-owned Holding Enterprises	1937338	1607087
私人控股	Private Holding Enterprises	164998344	122844734
港澳台商控股	Hong Kong, Macao and Taiwan Holding Enterprises	1519507	689260
外商控股	Foreign Holding Enterprises	378581	261278
其　他	Others	16361000	13110370

CONSTRUCTION AND SALES OF REAL ESTATE DEVELOPMENT ENTERPRISES(2020)

(sq.m)

#90平方米及以下住房 90 sq.m and Below	#144平方米以上住房 Above 144 sq.m	办公楼 Office Buildings	商业营业用房 Buildings for Business Operation	其　他 Others
22787807	**28543582**	**5014421**	**18259297**	**31905612**
22682422	27811177	4624250	18034071	31444597
884856	50913	911	69366	346236
6500	3300		3500	500
864465	322191	348423	360792	1383628
8439094	14409971	1571198	5636732	12308168
			1113	2505
6929	2160		9611	7037
12256286	12719590	2703718	11718510	17156557
224292	303052		234447	239966
98640	656735	390171	178933	390005
98640	351044	390171	156126	337865
	305691		22807	52140
6745	75670		46293	71010
6745	75670		46293	71010
4940518	3704028	881920	2130322	5485047
347710	368561	661	110814	218776
15955953	20589647	3564006	15053112	23536492
	652391	389700	73407	367140
6745	75670		46293	71010
1536881	3153285	178134	845349	2227147

12-7 续表1

单位：平方米

指　标	Item	本年新开工面积 Floor Space of Builings Newly Started Construction	住　宅 Residential Buildings
总　计	**Total**	**57956490**	**44683783**
按登记注册类型	**Grouped by Type of Registration Status**		
内　资	Domestic-Funded Enterprises	57688142	44487856
国　有	State-owned Enterprises	323314	272889
集　体	Collective-owned Enterprises	4300	3800
股份合作	Share Cooperative Enterprises		
国有联营	State Joint Ownership Enterprises		
集体联营	Collective Joint Ownership Enterprises		
国有与集体联营	Joint State-collective Enterprises		
其他联营	Other Joint Ownership Enterprises		
国有独资公司	State-funded Corporations	2453619	1791753
其他有限责任公司	Other Limited Liability Corporations	20531663	15553837
股份有限公司	Share Corporations Ltd.		
私营独资	Private-funded Enterprises	105069	88421
私营合伙	Private Partnership Enterprises		
私营有限责任公司	Private Limited Liability Corporations	34029180	26542166
私营股份有限公司	Private Share-holding Corporations Ltd.	240997	234990
其　他	Others		
港澳台投资	Enterprises with Investment from Hong Kong, Macao and Taiwan	51560	33540
合资经营	Joint-venture Enterprises	51560	33540
合作经营	Cooperative Enterprises		
独　资	Enterprises with Sole Investment		
股份有限	Share Corporations Ltd.		
其　他	Others		
外商投资	Enterprises with Foreign Investment	216788	162387
合资经营	Joint-Venture Enterprises		
合作经营	Cooperative Enterprises		
外　资	Enterprises with Sole Foreign Investment	216788	162387
股份有限	Share Corporations Ltd.		
其　他	Others		
按控股情况分	**Grouped by Share Holding**		
国有控股	State Holding Enterprises	5906385	4487078
集体控股	Collective-owned Holding Enterprises	448558	416004
私人控股	Private Holding Enterprises	46878331	36490923
港澳台商控股	Hong Kong, Macao and Taiwan Holding Enterprises		
外商控股	Foreign Holding Enterprises	216788	162387
其　他	Others	4506428	3127391

continued

(sq.m)

#90平方米及以下住房 90 sq.m and Below	#144平方米以上住房 Above 144 sq.m	办公楼 Office Buildings	商业营业用房 Buildings for Business Operation	其　他 Others
4078340	**6280354**	**832439**	**3533868**	**8906400**
4078027	6235802	831968	3510093	8858225
53287	2400		13324	37101
3150	650			500
275823	96517	22043	190591	449232
1321285	3025839	288535	1176248	3513043
6929	2160		9611	7037
2375353	3043581	521390	2117044	4848580
42200	64655		3275	2732
313	4344	471	1671	15878
313	4344	471	1671	15878
	40208		22104	32297
	40208		22104	32297
592058	644383	98752	280492	1040063
168593	58712	661	11980	19913
3182551	4992677	599330	2952104	6835974
	40208		22104	32297
135138	544374	133696	267188	978153

12-7 续表2

单位：平方米

指 标	Item	房屋竣工面积 Floor Space of Buildings Completed	住宅 Residential Buildings
总计	**Total**	**14811801**	**11316715**
按登记注册类型	**Grouped by Type of Registration Status**		
内资	Domestic-Funded Enterprises	14765650	11279496
国有	State-owned Enterprises	368141	354517
集体	Collective-owned Enterprises		
股份合作	Share Cooperative Enterprises		
国有联营	State Joint Ownership Enterprises		
集体联营	Collective Joint Ownership Enterprises		
国有与集体联营	Joint State-collective Enterprises		
其他联营	Other Joint Ownership Enterprises		
国有独资公司	State-funded Corporations	1550024	1198774
其他有限责任公司	Other Limited Liability Corporations	3295088	2601087
股份有限公司	Share Corporations Ltd.		
私营独资	Private-funded Enterprises	14362	10167
私营合伙	Private Partnership Enterprises		
私营有限责任公司	Private Limited Liability Corporations	8866386	6698539
私营股份有限公司	Private Share-holding Corporations Ltd.	671649	416412
其他	Others		
港澳台投资	Enterprises with Investment from Hong Kong, Macao and Taiwan	46151	37219
合资经营	Joint-venture Enterprises		
合作经营	Cooperative Enterprises		
独资	Enterprises with Sole Investment	46151	37219
股份有限	Share Corporations Ltd.		
其他	Others		
外商投资	Enterprises with Foreign Investment		
合资经营	Joint-Venture Enterprises		
合作经营	Cooperative Enterprises		
外资	Enterprises with Sole Foreign Investment		
股份有限	Share Corporations Ltd.		
其他	Others		
按控股情况分	**Grouped by Share Holding**		
国有控股	State Holding Enterprises	2699847	2121874
集体控股	Collective-owned Holding Enterprises	338795	306312
私人控股	Private Holding Enterprises	11117098	8308102
港澳台商控股	Hong Kong, Macao and Taiwan Holding Enterprises	46151	37219
外商控股	Foreign Holding Enterprises		
其他	Others	609910	543208

continued

(sq.m)

#90平方米及以下住房 90 sq.m and Below	#144平方米以上住房 Above 144 sq.m	办公楼 Office Buildings	商业营业用房 Buildings for Business Operation	其　他 Others
1955706	**1862727**	**194887**	**854417**	**2445782**
1955706	1862377	194887	850051	2441216
25270				13624
223063	105342	33289	61159	256802
252907	881306	19709	83417	590875
1889			2556	1639
1452577	875729	141889	661747	1364211
			41172	214065
	350		4366	4566
	350		4366	4566
274270	235685	52998	87140	437835
9152	146684		11168	21315
1568931	1273529	141889	736060	1931047
	350		4366	4566
103353	206479		15683	51019

12-7 续表3

单位：万元

指 标	Item	房屋竣工价 值 Value of Buildings Completed	住 宅 Residential Buildings
总 计	**Total**	**3873970**	**2986572**
按登记注册类型	**Grouped by Type of Registration Status**		
内 资	Domestic-Funded Enterprises	3858985	2974487
国 有	State-owned Enterprises	86366	82279
集 体	Collective-owned Enterprises		
股份合作	Share Cooperative Enterprises		
国有联营	State Joint Ownership Enterprises		
集体联营	Collective Joint Ownership Enterprises		
国有与集体联营	Joint State-collective Enterprises		
其他联营	Other Joint Ownership Enterprises		
国有独资公司	State-funded Corporations	354285	280274
其他有限责任公司	Other Limited Liability Corporations	895985	741600
股份有限公司	Share Corporations Ltd.		
私营独资	Private-funded Enterprises	1500	780
私营合伙	Private Partnership Enterprises		
私营有限责任公司	Private Limited Liability Corporations	2393628	1790853
私营股份有限公司	Private Share-holding Corporations Ltd.	127221	78701
其 他	Others		
港澳台投资	Enterprises with Investment from Hong Kong, Macao and Taiwan	14985	12085
合资经营	Joint-venture Enterprises		
合作经营	Cooperative Enterprises		
独 资	Enterprises with Sole Investment	14985	12085
股份有限	Share Corporations Ltd.		
其 他	Others		
外商投资	Enterprises with Foreign Investment		
合资经营	Joint-Venture Enterprises		
合作经营	Cooperative Enterprises		
外 资	Enterprises with Sole Foreign Investment		
股份有限	Share Corporations Ltd.		
其 他	Others		
按控股情况分	**Grouped by Share Holding**		
国有控股	State Holding Enterprises	620347	493850
集体控股	Collective-owned Holding Enterprises	95048	85568
私人控股	Private Holding Enterprises	2942540	2209820
港澳台商控股	Hong Kong, Macao and Taiwan Holding Enterprises	14985	12085
外商控股	Foreign Holding Enterprises		
其 他	Others	201050	185249

continued

(10 000 yuan)

#90平方米及以下住房 90 sq.m and Below	#144平方米以上住房 Above 144 sq.m	办公楼 Office Buildings	商业营业用房 Buildings for Business Operation	其　他 Others
543277	**519915**	**75807**	**264903**	**546688**
543277	519801	75807	263485	545206
3652				4087
80760	3550	22134	19091	32786
91215	216961	5064	32724	116597
530			400	320
367120	299290	48609	203489	350677
			7781	40739
	114		1418	1482
	114		1418	1482
90133	38084	27198	25973	73326
2622	32961		5123	4357
405632	414601	48609	228918	455193
	114		1418	1482
44890	34155		3471	12330

12-7 续表4

单位：平方米

指　标	Item	商品房销售面积 Floor Space of Commercial Buildings Sold	住　宅 Residential Buildings
总　计	**Total**	**26852924**	**25494948**
按登记注册类型	**Grouped by Type of Registration Status**		
内　资	Domestic-Funded Enterprises	26781640	25430192
国　有	State-owned Enterprises	128189	126752
集　体	Collective-owned Enterprises		
股份合作	Share Cooperative Enterprises		
国有联营	State Joint Ownership Enterprises		
集体联营	Collective Joint Ownership Enterprises		
国有与集体联营	Joint State-collective Enterprises		
其他联营	Other Joint Ownership Enterprises		
国有独资公司	State-funded Corporations	440738	427071
其他有限责任公司	Other Limited Liability Corporations	10212350	9421131
股份有限公司	Share Corporations Ltd.	3500	3500
私营独资	Private-funded Enterprises	3814	3814
私营合伙	Private Partnership Enterprises		
私营有限责任公司	Private Limited Liability Corporations	15865889	15321142
私营股份有限公司	Private Share-holding Corporations Ltd.	127160	126782
其　他	Others		
港澳台投资	Enterprises with Investment from Hong Kong, Macao and Taiwan	18594	13341
合资经营	Joint-venture Enterprises		
合作经营	Cooperative Enterprises		
独　资	Enterprises with Sole Investment	18594	13341
股份有限	Share Corporations Ltd.		
其　他	Others		
外商投资	Enterprises with Foreign Investment	52690	51415
合资经营	Joint-Venture Enterprises		
合作经营	Cooperative Enterprises		
外　资	Enterprises with Sole Foreign Investment	52690	51415
股份有限	Share Corporations Ltd.		
其　他	Others		
按控股情况分	**Grouped by Share Holding**		
国有控股	State Holding Enterprises	2134631	1917707
集体控股	Collective-owned Holding Enterprises	328521	301742
私人控股	Private Holding Enterprises	22038597	21027245
港澳台商控股	Hong Kong,, Macao and Taiwan Holding Enterprises	18594	13341
外商控股	Foreign Holding Enterprises	52690	51415
其　他	Others	2279891	2183498

continued

(sq.m)

#90平方米及以下住房 90 sq.m and Below	#144平方米以上住房 Above 144 sq.m	办公楼 Office Buildings	商业营业用房 Buildings for Business Operation	其 他 Others
1661559	**4320937**	**231953**	**570974**	**555049**
1661476	4296962	231953	566036	553459
18253	7754		1437	
41121	5146	3736	5659	4272
660447	2315606	113486	256363	421370
3500				
931433	1955308	114731	302199	127817
6722	13148		378	
	13341		3663	1590
	13341		3663	1590
83	10634		1275	
83	10634		1275	
161995	350904	45158	43621	128145
5673	44873		7560	19219
1295835	3327025	181284	466908	363160
	13341		3663	1590
83	10634		1275	
197973	574160	5511	47947	42935

12-7 续表5

单位：万元

指 标	Item	商品房销售额 Sales of Commercial Buildings	住 宅 Residential Buildings
总 计	**Total**	**18859422**	**17533580**
按登记注册类型	**Grouped by Type of Registration Status**		
内 资	Domestic-Funded Enterprises	18798309	17478166
国 有	State-owned Enterprises	96473	93818
集 体	Collective-owned Enterprises		
股份合作	Share Cooperative Enterprises		
国有联营	State Joint Ownership Enterprises		
集体联营	Collective Joint Ownership Enterprises		
国有与集体联营	Joint State-collective Enterprises		
其他联营	Other Joint Ownership Enterprises		
国有独资公司	State-funded Corporations	349179	322772
其他有限责任公司	Other Limited Liability Corporations	9504150	8713878
股份有限公司	Share Corporations Ltd.	900	900
私营独资	Private-funded Enterprises	1230	1230
私营合伙	Private Partnership Enterprises		
私营有限责任公司	Private Limited Liability Corporations	8765025	8264365
私营股份有限公司	Private Share-holding Corporations Ltd.	81352	81203
其 他	Others		
港澳台投资	Enterprises with Investment from Hong Kong, Macao and Taiwan	19331	14887
合资经营	Joint-venture Enterprises		
合作经营	Cooperative Enterprises		
独 资	Enterprises with Sole Investment	19331	14887
股份有限	Share Corporations Ltd.		
其 他	Others		
外商投资	Enterprises with Foreign Investment	41782	40527
合资经营	Joint-Venture Enterprises		
合作经营	Cooperative Enterprises		
外 资	Enterprises with Sole Foreign Investment	41782	40527
股份有限	Share Corporations Ltd.		
其 他	Others		
按控股情况分	**Grouped by Share Holding**		
国有控股	State Holding Enterprises	1639078	1436407
集体控股	Collective-owned Holding Enterprises	200220	178543
私人控股	Private Holding Enterprises	14669229	13725650
港澳台商控股	Hong Kong, Macao and Taiwan Holding Enterprises	19331	14887
外商控股	Foreign Holding Enterprises	41782	40527
其 他	Others	2289782	2137566

continued

(10 000 yuan)

#90平方米及以下住房 90 sq.m and Below	#144平方米以上住房 Above 144 sq.m	办公楼 Office Buildings	商业营业用房 Buildings for Business Operation	其 他 Others
1202093	**3955641**	**212698**	**776662**	**336482**
1201994	3928572	212698	772247	335198
13053	4570		2655	
36551	5676	8430	10906	7071
630985	2606225	100241	419736	270295
900				
517772	1294089	104027	338801	57832
2733	18012		149	
	14887		3160	1284
	14887		3160	1284
99	12182		1255	
99	12182		1255	
188855	246250	50750	72259	79662
2593	30671		12069	9608
829735	2981369	157474	578411	207694
	14887		3160	1284
99	12182		1255	
180811	670282	4474	109508	38234

12-8 房地产开发企业财务状况(2020年)

单位：万元

指　标	Item	固定资产原　价 Original Value of Fixed Assets
总　计	**Total**	**2594551**
按登记注册类型	**Grouped by Type of Registration Status**	
内　资	Domestic-Funded Enterprises	2518996
国　有	State-owned Enterprises	23083
集　体	Collective-owned Enterprises	904
股份合作	Share Cooperative Enterprises	
国有联营	State Joint Ownership Enterprises	
集体联营	Collective Joint Ownership Enterprises	
国有与集体联营	Joint State-collective Enterprises	
其他联营	Other Joint Ownership Enterprises	
国有独资公司	State-funded Corporations	707825
其他有限责任公司	Other Limited Liability Corporations	669991
股份有限公司	Share Corporations Ltd.	138
私营独资	Private-funded Enterprises	57
私营合伙	Private Partnership Enterprises	
私营有限责任公司	Private Limited Liability Corporations	1112524
私营股份有限公司	Private Share-holding Corporations Ltd.	4474
其　他	Others	
港澳台投资	Enterprises with Investment from Hong Kong, Macao and Taiwan	1768
合资经营	Joint-venture Enterprises	1082
合作经营	Cooperative Enterprises	169
独　资	Enterprises with Sole Investment	517
股份有限	Share Corporations Ltd.	
其　他	Others	
外商投资	Enterprises with Foreign Investment	73787
合资经营	Joint-Venture Enterprises	1177
合作经营	Cooperative Enterprises	
外　资	Enterprises with Sole Foreign Investment	72610
股份有限	Share Corporations Ltd.	
其　他	Others	
按控股情况分	**Grouped by Share Holding**	
国有控股	State Holding Enterprises	917480
集体控股	Collective-owned Holding Enterprises	8251
私人控股	Private Holding Enterprises	1446962
港澳台商控股	Hongkong, Macao and Taiwan Holding Enterprises	650
外商控股	Foreign Holding Enterprises	98196
其　他	Others	123011

FINANCIAL CONDITION OF REAL ESTATE DEVELOPMENT ENTERPRISES(2020)

(10 000 yuan)

累计折旧 Accumulative Depreciation	#本年折旧 Depreciation of This Year	资产总计 Total Assets	负债合计 Total Liabilities	所有者权益合计 Total Creditors' Equity	#实收资本 Paid-in Capital
627914	**101057**	**155993908**	**139996079**	**15997829**	**12430897**
603888	97230	153973090	138359847	15613243	12125452
6838	934	2586724	2360780	225944	53069
89	76	57906	56848	1058	1295
45681	5026	14491804	10824579	3667225	2052709
169073	28452	69775856	62065255	7710601	4715906
86	13	329406	294775	34631	3003
10	8	17190	14782	2408	2550
378991	62566	66050964	62051538	3999426	5273909
3120	157	663240	691289	–28050	23010
1351	64	603257	353486	249771	226789
829	20	186680	74312	112369	111000
158	1	8324	9528	–1204	2100
364	42	408253	269646	138607	113689
22675	3763	1417562	1282747	134815	78657
1118	30	88534	64448	24086	5166
21557	3733	1329028	1218299	110729	73491
94347	11689	35008080	28589111	6418969	3554066
3055	369	1376881	1151459	225422	94711
476303	76727	102504332	94384929	8119403	7866131
490	44	571846	333362	238484	213689
29987	4930	1585205	1452041	133164	83223
23732	7298	14947564	14085178	862386	619078

12-8 续表1

单位：万元

指　标	Item	营业收入 Business Revenue
总　计	**Total**	**14992571**
按登记注册类型	**Grouped by Type of Registration Status**	
内　资	Domestic-Funded Enterprises	14844076
国　有	State-owned Enterprises	13861
集　体	Collective-owned Enterprises	2380
股份合作	Share Cooperative Enterprises	
国有联营	State Joint Ownership Enterprises	
集体联营	Collective Joint Ownership Enterprises	
国有与集体联营	Joint State-collective Enterprises	
其他联营	Other Joint Ownership Enterprises	
国有独资公司	State-funded Corporations	653206
其他有限责任公司	Other Limited Liability Corporations	8170370
股份有限公司	Share Corporations Ltd.	1316
私营独资	Private-funded Enterprises	2750
私营合伙	Private Partnership Enterprises	
私营有限责任公司	Private Limited Liability Corporations	5976035
私营股份有限公司	Private Share-holding Corporations Ltd.	24159
其　他	Others	
港澳台投资	Enterprises with Investment from Hong Kong, Macao and Taiwan	39273
合资经营	Joint-venture Enterprises	533
合作经营	Cooperative Enterprises	
独　资	Enterprises with Sole Investment	38740
股份有限	Share Corporations Ltd.	
其　他	Others	
外商投资	Enterprises with Foreign Investment	109222
合资经营	Joint-Venture Enterprises	598
合作经营	Cooperative Enterprises	
外　资	Enterprises with Sole Foreign Investment	108624
股份有限	Share Corporations Ltd.	
其　他	Others	
按控股情况分	**Grouped by Share Holding**	
国有控股	State Holding Enterprises	2935525
集体控股	Collective-owned Holding Enterprises	267803
私人控股	Private Holding Enterprises	10097085
港澳台商控股	Hong Kong, Macao and Taiwan Holding Enterprises	38740
外商控股	Foreign Holding Enterprises	109105
其　他	Others	1544314

continued

(10 000 yuan)

#主营业务收入 Revenue of Major Business	土地转让收入 Land Transferred Revenue	商品房屋销售收入 Sales Revenue of Commercial Buildings	自持物业收入 Revenue from Self-owned Real Estate	房屋出租收入 Revenue from Buildings Leasing	其他收入 Other Revenue
14506654	**84630**	**13400675**	**122925**	**89152**	**898423**
14359860	84515	13259266	119328	85554	896751
13557		11779	535	535	1243
2380		2380			
647889		478278	4736	4736	164875
7913873	24125	7230560	67668	37779	591522
335		77	258	258	
2750		2750			
5754916	60390	5509406	46009	42123	139111
24159		24036	123	123	
38636	115	38404	116	116	
533	115	302	116	116	
38103		38103			
108158		103005	3481	3481	1673
118		118			
108041		102887	3481	3481	1673
2710941		1911068	52140	24966	747734
266202		265325	732	732	145
9841588	60505	9572357	62053	57148	146673
38103		38103			
108041		102887	3481	3481	1673
1541779	24125	1510935	4520	2825	2200

12-8 续表2

单位：万元

指　标	Item	营业成本 Business Costs
总　计	**Total**	**11658480**
按登记注册类型	**Grouped by Type of Registration Status**	
内　资	Domestic-Funded Enterprises	11536967
国　有	State-owned Enterprises	7016
集　体	Collective-owned Enterprises	2205
股份合作	Share Cooperative Enterprises	
国有联营	State Joint Ownership Enterprises	
集体联营	Collective Joint Ownership Enterprises	
国有与集体联营	Joint State-collective Enterprises	
其他联营	Other Joint Ownership Enterprises	
国有独资公司	State-funded Corporations	509183
其他有限责任公司	Other Limited Liability Corporations	6122811
股份有限公司	Share Corporations Ltd.	937
私营独资	Private-funded Enterprises	2692
私营合伙	Private Partnership Enterprises	
私营有限责任公司	Private Limited Liability Corporations	4884267
私营股份有限公司	Private Share-holding Corporations Ltd.	7856
其　他	Others	
港澳台投资	Enterprises with Investment from Hong Kong, Macao and Taiwan	35549
合资经营	Joint-venture Enterprises	405
合作经营	Cooperative Enterprises	
独　资	Enterprises with Sole Investment	35144
股份有限	Share Corporations Ltd.	
其　他	Others	
外商投资	Enterprises with Foreign Investment	85964
合资经营	Joint-Venture Enterprises	413
合作经营	Cooperative Enterprises	
外　资	Enterprises with Sole Foreign Investment	85551
股份有限	Share Corporations Ltd.	
其　他	Others	
按控股情况分	**Grouped by Share Holding**	
国有控股	State Holding Enterprises	2341010
集体控股	Collective-owned Holding Enterprises	197793
私人控股	Private Holding Enterprises	7841235
港澳台商控股	Hong Kong, Macao and Taiwan Holding Enterprises	35144
外商控股	Foreign Holding Enterprises	85911
其　他	Others	1157387

continued

(10 000 yuan)

#主营业务成　本 Costs of Major Business	税金及附加 Tax and Extra Charges	营业利润 Business Profits	利润总额 Total Profits	所得税费用 Income Taxes Expenses	从业人员期末人数(人) Employees at The End of Period (person)
11300804	**602223**	**1110261**	**810666**	**442627**	**54709**
11181239	590814	1120918	821222	444272	54335
6998	1163	–7092	–6065	388	850
2205	149	–123	–122	18	284
503514	18193	108779	109843	21843	2015
5919110	350252	868193	866338	292023	15019
25	69	–323	–182	10	68
2692	96	–300	–413		27
4739901	220662	156584	–143358	129989	35838
6793	231	–4802	–4820		234
33695	2092	–1789	–1707	–62	115
405	17	–147	–1176		31
		–40	–53		10
33290	2075	–1602	–478	–62	74
85870	9316	–8867	–8849	–1583	259
413	1	–196	–196		60
85457	9315	–8671	–8653	–1583	199
2178455	96774	325525	328837	104063	6895
194324	7020	52754	52471	12482	597
7655614	425592	570711	262918	267952	44242
33290	2075	–1532	–408	–62	74
85817	9831	–7247	–7523	–1583	229
1153305	60932	170050	174371	59775	2672

主要统计指标解释

房地产开发投资 指各种登记注册类型的房地产开发法人单位统一开发的住宅、厂房、仓库、饭店、宾馆、度假村、写字楼、办公楼等房屋建筑物，配套的服务设施，土地开发工程（如道路、给水、排水、供电、供热、通讯、平整场地等基础设施工程）和土地购置的投资；不包括单纯的土地开发和交易活动。

本年实际到位资金 指房地产开发企业实际拨入的，用于房地产开发的各种货币资金。包括国内贷款、利用外资、自筹资金、定金及预付款、个人按揭贷款和其他资金。

本年土地购置面积 指在本年内通过各种方式获得土地使用权的土地面积。

本年土地成交价款 指进行土地使用权交易活动的最终金额。在土地一级市场，是指土地最后的划拨款、"招拍挂"价格和出让价；在土地二级市场是指土地转让、出租、抵押等最后确定的合同价格。土地成交价款与土地购置面积同口径，可以计算土地的平均购置价格。

房屋新开工面积 指报告期内新开工建设的房屋建筑面积，以单位工程为核算对象，即整栋房屋的全部建筑面积，不能分割计算。不包括在上期开工跨入报告期继续施工的房屋建筑面积和上期停缓建而在本期恢复施工的房屋建筑面积。房屋的开工应以房屋正式开始破土刨槽（地基处理或打永久桩）的日期为准。

房屋竣工面积 指报告期内房屋建筑按照设计要求已全部完工，达到住人和使用条件，经验收鉴定合格或达到竣工验收标准，可正式移交使用的各栋房屋建筑面积的总和。

房屋竣工价值 指报告期内按规定已经上报竣工的房屋本身的建造价值。一般按房屋设计和预算规定的内容计算。包括竣工房屋本身的基础、结构、屋面、装修以及水、电、卫等附属工程的建筑价值；也包括作为房屋建筑组成部分而列入房屋建筑工程预算内的设备（如电梯、通风设备等）的购置和安装费用。不包括厂房内的工艺设备、工艺管线的购置和安装，工艺设备基础的建造；室外的水、暖、电、卫、道路工程、挡土墙等环境工程的费用；办公和生活用家具的购置等费用；购置土地的费用；迁移补偿费和场地平整的费用及城市建设配套投资。

房屋竣工价值不仅包括该竣工房屋在报告期内完成的价值，也包括跨年施工的房屋在本期以前完成的价值。未竣工而转让给其他单位的房屋建筑工程，出让单位不计算竣工价值，待接受单位继续施工并符合竣工条件后，由接受单位计算其竣工价值，包括出让单位在出让前所完成的价值。房屋竣工价值一般按结算价格（或中标价）计算。

商品房销售面积 指报告期内出售商品房屋的合同总面积（即双方签署的正式买卖合同中所确定的建筑面积）。商品房销售面积由现房销售面积和期房销售面积两部分组成。

商品房销售额 指报告期内出售商品房屋的合同总价款（即双方签署的正式买卖合同中所确定的合同总价）。该指标与商品房销售面积同口径，由现房销售额和期房销售额两部分组成。

待售面积 指报告期末已竣工的可供销售或出租的商品房屋建筑面积中，尚未销售或出租的商品房屋建筑面积，包括以前年度竣工和本期竣工的房屋面积，但不包括报告期已竣工的拆迁还建、统建代建、公共配套建筑、房地产公司自用及周转房等不可销售或出租的房屋面积。按照商品房待售时间的长短可以划分为待售一年以下、待售一到三年（含一年）和待售三年以上（含三年）。

Explanatory Notes on Main Statistical Indicators

Investment in Real Estate Development refers to investment by real estate development corporation units of various types of ownership in the construction of buildings, such as residential buildings, factory buildings, warehouses, hotels, guesthouses, holiday villages, office buildings, complementary service facilities, land development projects and land purchase, such as roads, water supply, water drainage, power supply, heating supply, telecommunications, land leveling and other infrastructural projects. It does not include activities in pure land transactions.

Actual Funds in Place This Year refers to all kinds of monetary funds real estate enterprises actually invested for real estate development, including domestic loans, foreign investment, self-raising fund, down payment and advance payment, personal mortgage loans and other funds.

Land Area Purchased This Year refers to the land area which has been got the land use right by all means.

Value of Land Transaction This Year refers to the final value of land use right in the land transaction. It refers to the final appropriations of land, remising price and transfer price in primary land market, while it refers to the contract price of land transfer, lease and mortgage in the secondary land market. Value of land transaction has the same coverage with land area purchased, which can be used to calculate the average price of land purchased.

Floor Space of Buildings Newly Started This Year refers to the total floor space area of the buildings started in the year by real estate development companies. It excludes the buildings started in previous years and continued in the year, and the buildings suspended in previous years but restarted in the year. The start of a construction is defined by the date of ground breaking or pile driving.

Floor Space of Buildings Completed refers to the floor space of all buildings completed in the reference period, which has been appraised, accepted or reached the designed standards and transferred to owner units.

Value of Buildings Completed refers to construction value of completed buildings which has been reported in the reference period. It is usually calculated by the contents of building design and budget, including the construction value of completed buildings' backbone, structure, roof, decoration and appurtenant works such as water, electricity and sanitation. The purchasing and installation charges of budgetary facilities, such as elevators and ventilating devices, as a part of the composition of buildings, are also included in the value of completed buildings. The costs of purchasing and installation of plant processing equipments and pipelines and basic construction, costs of environmental projects outdoors, such as water, heating, electricity, sanitation, road projects and retaining walls, costs of purchasing of office and life furniture, costs of land purchasing, costs of residence moving and site formation and costs of supporting investment of urban construction are not included in the value of completed buildings.

Value of buildings completed includes not only value of buildings completed in the reference period, but also includes the previous value of buildings extended the previous period to the current period. The building value of construction projects, which uncompleted and transferred to other units, cannot be calculated by the transferred units. It should be calculated by the receiving units after the projects are completed and reached the relevant standards. Value of buildings completed is usually calculated at the settlement price or the bidding price.

Floor Space of Commercial Buildings Sold refers to total contracted area of commercialized buildings sold, i.e. area of floor space as designated in the formal contracts signed by both sides, during the reference time. It consists of floor space of completed buildings sold and forward delivery buildings sold.

Sales of Commercial Buildings refers to the total contracted value, i.e. value of commercialized buildings as designated in the contract signed by both sides, during the reference period. This indicator has the same coverage with the area of commercialized buildings sold, and it consists of sales of completed buildings and sales of forward delivery buildings.

Floor Space for Sale refers to the floor space of commercial buildings hasn't been sold or leased which is marketable or rentable in the reference period. It includes floor space of building which has been completed in the previous and current period, excluding floor space of completed buildings, such as relocation building, buildings built for employees by the government agencies and institutions units, auxiliary facilities of public buildings, buildings of real estate enterprises for self use, temporary houses, which cannot be sold or rent. Floor space for sale can be divided into floor space for sale less than a year, floor space for sale in 1-3 years, floor space for sale more than 3years according to the sales time.

13

批发和零售业

WHOLESALE AND RETAIL TRADE

资料整理人员

雷士伟　张艳芳　邓　娜　郭俊凯　尹　伊

批发和零售业

WHOLESALE AND RETAIL TRADE

社会消费品零售总额	Total Retail Sales of Consumer Goods	6746.3	亿元 (100 million yuan)
城　镇	Town	5570.0	亿元 (100 million yuan)
乡　村	Village	1176.3	亿元 (100 million yuan)

社会消费品零售总额构成 (%)

Composition of Total Retail Sales of Consumer Goods (%)

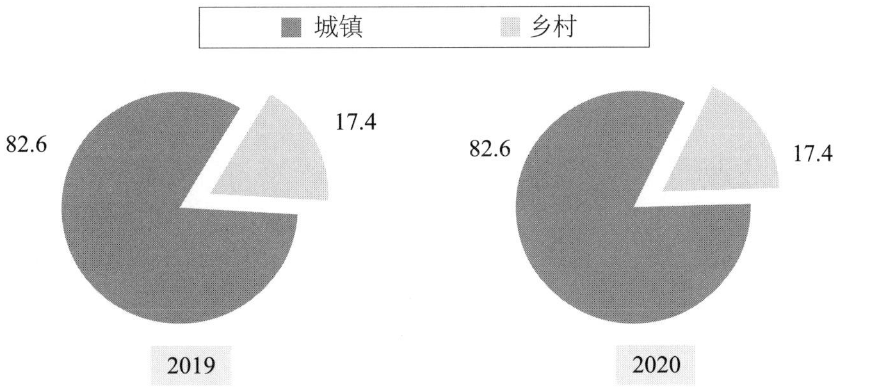

社会消费品零售总额 (亿元)

Total Retail Sales of Consumer Goods (100 million yuan)

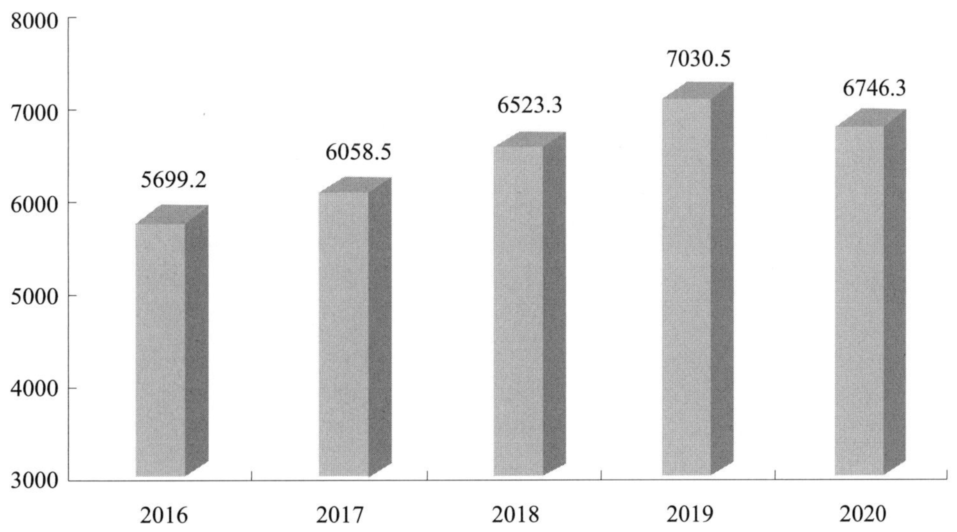

13-1 主要年份社会消费品零售总额

TOTAL RETAIL SALES OF CONSUMER GOODS IN MAJOR YEARS

单位：万元 (10 000 yuan)

年 份 Year	社会消费品零售总额 Total Retail Sales of Consumer Goods	市 City	县 County	县以下 Below County
1952	57436	19536	37900	
1957	119600	52278	67322	
1962	146532	59686	86846	
1965	153257	57252	96005	
1970	190949	63853	127096	
1975	265190	108543	133713	22934
1978	323837	121772	113985	88080
1980	426597	163154	122191	141252
1985	894413	394784	278646	220983
1990	1580415	848543	413831	318041
1995	3700291	2097078	847914	755299
2000	6927050	4064919	1458760	1403372
2001	7448622	4473751	1486665	1488206
2002	8224337	4949494	1631444	1643399
2003	9481701	6127870	1757629	1596201
2004	11488364	7541053	2056225	1891086
2005	13227915	8518777	2473620	2235518
2006	15255403	9916013	2822249	2517141
2007	18126034	11818174	3335190	2972670
2008	22353311	14574359	4135363	3643589
2009	25786488	16043280	5321536	4421671
2010	30270955	24356011	5914944	
2011	35373104	28894590	6478514	
2012	40605496	33178694	7426802	
2013	46039562	37557812	8481750	
2014	50912784	41509151	9403633	
2015	53451365	43561024	9890341	
2016	56992471	46474433	10518039	
2017	60585324	49424218	11161106	
2018	65232605	52949234	12283371	
2019	70304842	58073157	12231685	
2020	67463422	55700211	11763211	

注：2010年起分区域划分为城镇和乡村。
Note: Regions are divided into town and village since 2010.

13-2 社会消费品零售总额
TOTAL RETAIL SALES OF CONSUMER GOODS

单位：亿元　　(100 million yuan)

指　标	Item	2019	2020
社会消费品零售总额	**Total Retail Sales of Consumer Goods**	**7030.5**	**6746.3**
#网上零售额	Online Retail Sales	563.6	684.1
#实物商品网上零售额	Online Retail Sales in Goods	304.0	430.2
按销售地区分	By Selling Region		
城　镇	Town	5807.3	5570.0
#城　区	Urban Area	3946.8	3856.6
乡　村	Village	1223.2	1176.3
按消费形态分	By Consumption Pattern		
商品零售	Retail Sales	6388.0	6172.9
餐饮收入	Catering Income	642.5	573.4

13-3 限额以上连锁批发零售业经营情况(2020年)
MANAGEMENT OF CHAIN ENTERPRISES ABOVE DESIGNATED SIZE IN WHOLESALE AND RETAIL TRADE(2020)

指　标	Item	合 计 Total	直营店 Regular Chain	加盟店 Franchise Chain
一、门店总数 (个)	Number of Stores (uint)	5814	3420	2394
二、年末零售业营业面积 (平方米)	Business Area of Retail at Year-end (sq.m)	2441674	2208316	233358
三、年末从业人员 (人)	Employees at Year-end (person)	36812	26138	10674
四、商品购进总额 (万元)	Total Purchases Value (10 000 yuan)	3049547	2711177	338370
#统一配送商品购进额	Value of Unified Distribution	1764270	1551895	212375
#自有配送中心配送商品购进额	Disrtibuted by Owned Distribution Center	1081543	874561	206982
非自有配送中心配送商品购进额	Distributed by Other Distribution Center	2673	2673	
五、商品销售总额 (万元)	Total Sales Value (10 000 yuan)	4249649	3898616	351033
#零售额	Retail Sales	3390195	3039163	351033

13-4 限额以上批发和零售业法人企业经营情况(2020年)

单位：万元

指 标	Item	法 人 企业数 (个) Number of Corporation Enterprises (unit)
总 计	**Total**	**4491**
一、批发业	**Wholesale Trade**	**2053**
1.按登记注册类型分	Grouped by Registered Kind	
内资企业	Civil Funded Enterprises	2045
国有企业	State-owned Enterprises	37
集体企业	Collective-owned Enterprises	10
有限责任公司	Limited Responsibility Corporations	379
国有独资公司	Company Exclusively with Investment from State	77
其他有限责任公司	Other Limited Responsibility Company	302
股份有限公司	Share-holding Limited Corporations	14
私营企业	Private-owned Enterprises	1603
私营独资企业	Enterprise Exclusively with Investment from Private	11
私营合伙企业	Private Partnership Enterprises	1
私营有限责任公司	Private Limited Responsibility Corporations	1567
私营股份有限公司	Private Share-holding Limited Corporations	24
其他企业	Others	2
港、澳、台商投资企业	Enterprises Funded by Hong Kong, Macao and Taiwan	5
合资经营企业(港或澳、台资)	Joint Venture Enterprises	3
港、澳、台商独资经营企业	Solely Owned Entersprises	2
外商投资企业	Foreign Funded Enterprises	3
中外合资经营企业	Joint Venture Enterprises	3
2.按批发行业小类分	Grouped by Wholesale Trade	
农、林、牧、渔产品批发	Wholesale of Agricultural, Forestry, Animal Husbandry and Fishery Products	42
食品、饮料及烟草制品批发	Wholesale of Food, Beverage and Tobaccos	178
#米、面制品及食用油批发	Rice, Flour and Edible Oil	27
烟草制品批发	Tobacoo Products Manufacturing	15
纺织、服装及家庭用品批发	Wholesale of Textiles, Garments and Family Articles	37
#服装批发	Wholesale of Garments	12
文化、体育用品及器材批发	Wholesale of Culture, Sports Articles and Equipments	30
医药及医疗器材批发	Wholesale of Medicines and Medical Appliances	185
#西药批发	Wholesale of Western Medicine	88
中药批发	Wholesale of Chinese Traditional Medicine	32

MANAGEMENT OF CORPORATION ENTERPRISES ABOVE DESIGNATED SIZE IN WHOLESALE AND RETAIL TRADE(2020)

(10 000 yuan)

从业人员期末人数(人) Number of Employees at The End of Period (person)	商品购进额 Total Purchases Value	#进口 Imports	商品销售额 Total Sales Value	#通过公共网络实现的商品销售额 by Public Network	#通过非自营平台实现的商品销售额 by Non-self-operating Platform
223460	**124092133**	**1208203**	**134304698**	**3554291**	**274150**
88358	**107297987**	**958513**	**113727418**	**2320024**	**26487**
86941	105874390	357288	112254949	2320024	26487
8350	3833859		5028505	1866124	7659
1969	26974		598063	708	708
38660	69929788	205947	72059376	226650	
7222	16599663	693	16782820	179042	
31438	53330125	205254	55276556	47608	
2571	4110883		4487638	37107	
35333	27968512	151341	30077824	189435	18120
172	72849		76991		
72	53002		61681		
34232	27685276	151341	29759521	175598	18085
857	157385		179632	13837	35
58	4374		3544		
888	1378734	580507	1422885		
282	1326710	580507	1347371		
606	52023		75514		
529	44863	20719	49584		
529	44863	20719	49584		
3021	372676		464372		
15880	5446540		7338120	1898036	8437
1044	329815		375058	1112	
6768	2816632		3961595	1866274	7659
2306	1633555		1656741	9304	
1445	107272		118468	480	
1196	731917		770363	4879	1188
15349	4904508	15348	5538376	87452	3426
9952	3727154	15022	4093290	40317	3426
3197	519075		686299	43343	

13-4 续表1

单位：万元

指 标	Item	法 人 企业数 (个) Number of Corporation Enterprises (unit)
矿产品、建材及化工产品批发	Wholesale of Mineral Products, Building and Chemical Products	1238
#煤炭及制品批发	Coal and Related Products	717
石油及制品批发	Petroleum and Related Products	65
金属及金属矿批发	Metals and Metals Materials	259
建材批发	Building Materials	95
化肥批发	Chemical Fertilizer	22
机械设备、五金产品及电子产品批发	Wholesale of Machinery, Hardwaresand Electronic Products	292
#汽车及零配件批发	Motor Vehicles and Parts	130
计算机、软件及辅助设备批发	Computer, Sofeware and Accessories	19
贸易经纪与代理	Trade Brokerage and Agency	5
其他批发业	Other Wholesales	46
3.按控股情况分	Grouped by Share Holding	
国有控股	State Holding Enterprises	304
集体控股	Collective-owned Holding Enterprises	24
私人控股	Private Holding Enterprises	1687
港澳台商控股	Hong Kong, Macao and Taiwan Holding Enterprises	4
其 他	Others	34
4.按经营形式分	Grouped by Management Form	
独立门店	Independent Stores	1309
连锁总店(总部)	Chain Headquarters	5
连锁直营店	Direct Chain Stores	1
其 他	Others	738
5.按单位规模分	Grouped by Enterprise Size	
大 型	Large-size	59
中 型	Medium-size	538
小 型	Small-size	1064
微 型	Micro-size	392
二、零售业	**Retail Trade**	**2438**
1.按登记注册类型分组	Grouped by Registered Kind	
内资企业	Civil Funded Enterprises	2416
国有企业	State-owned Enterprises	25
集体企业	Collective-owned Enterprises	39
股份合作企业	Share Cooperative Enterprises	1
联营企业	Joint Owned Enterprises	

continued

(10 000 yuan)

从业人员期末人数(人) Number of Employees at The End of Period (person)	商品购进额 Total Purchases Value	#进口 Imports	商品销售额 Total Sales Value	#通过公共网络实现的商品销售额 by Public Network	#通过非自营平台实现的商品销售额 by Non-self-operating Platform
40253	89787981	856933	93155991	295373	9211
30283	48223351	150532	50865492	73484	9211
2106	2752359		2892786		
4199	20711258	696814	20986178	17411	
1674	12975968	6572	13108667	198457	
447	3917963	66	3937263		
8855	3872624	21644	4218462	23538	4225
2743	2357959		2511684		
667	176621		179183	107	107
24	76129	64589	77459		
1474	472058		507534	1442	
38519	69059697	786405	72043923	2102782	7659
4463	1296397		1889107	714	708
40858	33576532	172109	36027757	216528	18120
829	67526		94357		
3689	3297835		3672275		
49818	60075265	732416	63149961	1117087	14637
1042	2654858		2735846		
8	11299		11410		
37490	44556565	226097	47830202	1202938	11850
30737	24068822		27233237	1895792	
39974	58243507	879743	60176880	291326	3426
15883	17841329	65140	18928162	130192	23061
1764	7144329	13630	7389139	2714	
135102	**16794147**	**249690**	**20577280**	**1234267**	**247663**
130417	15780650	221486	18961929	1220275	246435
2037	203254		627045	7	
903	88928		102696	680	
243	16708		16869		

13-4 续表2

单位：万元

指 标	Item	法 人 企业数 (个) Number of Corporation Enterprises (unit)
有限责任公司	Limited Responsibility Corporations	298
国有独资公司	Company Exclusively with Investment from State	34
其他有限责任公司	Other Limited Responsibility Company	264
股份有限公司	Share-holding Limited Corporations	19
私营企业	Private-owned Enterprises	2027
私营独资企业	Enterprise Exclusively with Investment from Private	170
私营合伙企业	Private Partnership Enterprises	14
私营有限责任公司	Private Limited Responsibility Corporations	1804
私营股份有限公司	Private Share-holding Limited Corporations	39
其他企业	Others	7
港、澳、台商投资企业	Enterprises Funded by Hong Kong, Macao and Taiwan	9
合资经营企业(港或澳、台资)	Joint Venture Enterprises	2
港、澳、台商独资经营企业	Solely Owned Enterspprises	7
外商投资企业	Foreign Funded Enterprises	13
中外合资经营企业	Joint Venture Enterprises	3
外资企业	Enterprises with Sole Foreign Investment	7
外商投资股份有限公司	Share-holding Limited Corporations	3
2.按零售行业小类分	Grouped by Wholesale Trade	
综合零售	General Retail Sales Trade	373
百货零售	Daily Goods	166
超级市场零售	Supermarkets	193
便利店零售	Covenience Stores	5
其他综合零售	Others	9
食品、饮料及烟草制品专门零售	Retail of Food, Beverage and Tobaccos	165
纺织、服装及日用品专门零售	Retail of Textiles, Garments and Daily Articles	128
#服装零售	Garments	94
文化、体育用品及器材专门零售	Retail of Culture, Sports Articles and Equipments	79
#图书、报刊零售	Books and Mangzines	35
医药及医疗器材专门零售	Retail of Medicines and Medical Appliances	163
#西药零售	Western Medicines	146
中药零售	Traditional Chinese Medicines	13
汽车、摩托车、零配件和燃料及其他动力销售	Retail of Motor Vehicles, Motorcycles, Feuls, Parts and Others	1074
#汽车新车零售	New Motor Vehicles	722
汽车旧车零售	Used Motor Vehicles	8
家用电器及电子产品专门零售	Retail of Household Electronic Equipments and Products	267
#日用家电零售	Household Appliance	136
计算机、软件及辅助设备零售	Computer, Software and Auxiliary Equipments	55
通信设备零售	Communication Equipments	61

continued

(10 000 yuan)

从业人员期末人数(人) Number of Employees at The End of Period (person)	商品购进额 Total Purchases Value	#进口 Imports	商品销售额 Total Sales Value	#通过公共网络实现的商品销售额 by Public Network	#通过非自营平台实现的商品销售额 by Non-self-operating Platform
28656	3481412	100175	4500298	669297	198563
2883	197285		232690	205	
25773	3284127	100175	4267607	669092	198563
4121	899305		1087170	267	51
94148	11054100	121311	12589908	512991	47817
3422	269850	1	293921	1440	
218	11714		13018		
83081	9992332	121310	11242213	445174	46963
7427	780204		1040757	66377	854
309	36943		37943	37033	5
1260	230113	28132	263519	9776	
190	94883	28132	102137		
1070	135230		161382	9776	
3425	783384	72	1351832	4216	1228
160	14256	72	16016	1261	
1864	751548		725908	2955	1228
1401	17580		609908		
39563	2849950		3454404	68904	5511
14953	1322063		1767778	34302	4583
24100	1458317		1609838	33879	327
261	32274		41613	723	600
249	37296		35176		
5608	686188		751041	89265	5407
10265	599263	4784	973584	13161	1500
8014	413247	482	762578	157	
3677	266370	17	330309	9235	1863
2323	179567		191671	1025	1025
20936	719402	1	1080195	23574	1364
20126	666396	1	1020259	16326	1364
717	36854		40714		
42493	9563908	244889	11449468	79644	18728
26604	7006791	244889	7373266	61204	14393
133	62200		66576	17000	4335
5673	996989		1287876	347609	680
3347	570257		794178	332772	
889	111002		125640	5679	
1015	244033		289479	5008	

13-4 续表3

单位：万元

指　标	Item	法　人企业数(个) Number of Corporation Enterprises (unit)
五金、家具及室内装饰材料专门零售	Retail of Hardwares, Furniture and Room Decorative Building	78
货摊、无店铺及其他零售业	Retail of Stall, Non-store and Others	111
3.按控股情况分	Grouped by Share Holding	
国有控股	State Holding Enterprises	149
集体控股	Collective-owned Holding Enterprises	62
私人控股	Private Holding Enterprises	2155
港澳台商控股	Hong Kong, Macao and Taiwan Holding Enterprises	9
外商控股	Foreign Holding Enterprises	12
其　他	Others	51
4.按经营形式分	Grouped by Management Form	
独立门店	Independent Stores	2099
连锁总店	Chain Headquarters	93
连锁直营店	Direct Chain Stores	31
连锁加盟店	Franchise Chain Stores	10
其　他	Others	205
5.按单位规模分	Grouped by Enterprise Size	
大　型	Large-size	48
中　型	Medium-size	569
小　型	Small-size	1234
微　型	Micro-size	587
6.按零售业态分	Grouped by Retail Format	
有店铺零售	Store-based	2301
食杂店	Grocery Store	14
便利店	Convenient Store	31
折扣店	Discount Store	1
超　市	Supermarket	219
大型超市	Hypermarket	47
仓储会员店	Warehouse Club	5
百货店	Department Store	137
专业店	Specialized Shop	1085
专卖店	Exclusive Shop	640
家居建材商店	Home Center	26
购物中心	Shopping Center	62
厂家直销中心	Factory Outlet Center	34
无店铺零售	Non-store	137
#网上商店	Online	74

continued

(10 000 yuan)

从业人员期末人数(人) Number of Employees at The End of Period (person)	商品购进额 Total Purchases Value	#进口 Imports	商品销售额 Total Sales Value	#通过公共网络实现的商品销售额 by Public Network	#通过非自营平台实现的商品销售额 by Non-self-operating Platform
2248	271942		368222	5696	1955
4639	840136		882181	597179	210656
20213	1995990	9464	2961546	16283	100
3053	355910	4563	401272	17287	334
104254	12942972	198130	15033285	1177385	245302
1295	237266	28204	271647	9776	
3367	775486		1342941	4216	1228
2920	486524	9329	566590	9320	698
97170	12141393	248646	15092472	355331	35428
20259	1958859		2459378	312876	2358
9165	1168619		1269059	66581	351
502	57322		61873	632	632
8006	1467954	1044	1694497	498847	208894
37810	3610068		5550699	373433	2210
64102	7518529	194106	8723393	313228	21078
30102	4486699	42248	5040203	285252	18390
3088	1178852	13336	1262985	262355	205986
130950	15958045	249673	19690490	621253	34881
223	19194		21181		
2481	707771		757574	10267	600
6	5411		5467		
12335	603148		655901	13582	49
13760	1086435		1260429	22022	1228
219	11054		11578		
13942	979694		1337284	8469	3634
51331	5700086	66530	7873641	409326	13083
25091	5824701	182937	6136295	116282	15794
1662	148212		228693	2766	281
7559	631167	206	964421	23769	
2341	241172		438027	14770	212
4152	836102	17	886791	613014	212782
2523	607445		622698	584304	211332

13-4 续表4

单位：万元

指　标	Item	批发额 Wholesale Value
总　计	**Total**	**113411327**
一、批发业	**Wholesale Trade**	**112053833**
1.按登记注册类型分	Grouped by Registered Kind	
内资企业	Civil Funded Enterprises	110581364
国有企业	State-owned Enterprises	5026460
集体企业	Collective-owned Enterprises	597356
有限责任公司	Limited Responsibility Corporations	71558221
国有独资公司	Company Exclusively with Investment from State	16763323
其他有限责任公司	Other Limited Responsibility Company	54794898
股份有限公司	Share-holding Limited Corporations	4342621
私营企业	Private-owned Enterprises	29053969
私营独资企业	Enterprise Exclusively with Investment from Private	74950
私营合伙企业	Private Partnership Enterprises	54127
私营有限责任公司	Private Limited Responsibility Corporations	28762696
私营股份有限公司	Private Share-holding Limited Corporations	162197
其他企业	Others	2738
港、澳、台商投资企业	Enterprises Funded by Hong Kong, Macao and Taiwan	1422885
合资经营企业(港或澳、台资)	Joint Venture Enterprises	1347371
港、澳、台商独资经营企业	Solely Owned Entersprises	75514
外商投资企业	Foreign Funded Enterprises	49584
中外合资经营企业	Joint Venture Enterprises	49584
2.按批发行业小类分	Grouped by Wholesale Trade	
农、林、牧、渔产品批发	Wholesale of Agricultural, Forestry, Animal Husbandry and Fishery Products	459395
食品、饮料及烟草制品批发	Wholesale of Food, Beverage and Tobaccos	7068993
#米、面制品及食用油批发	Rice, Flour and Edible Oil	344616
烟草制品批发	Tobacoo Products Manufacturing	3957595
纺织、服装及家庭用品批发	Wholesale of Textiles, Garments and Family Articles	1324874
#服装批发	Wholesale of Garments	116560
文化、体育用品及器材批发	Wholesale of Culture, Sports Articles and Equipments	758010
医药及医疗器材批发	Wholesale of Medicines and Medical Appliances	5358119
#西药批发	Wholesale of Western Medicine	3944508
中药批发	Wholesale of Chinese Traditional Medicine	674989

continued

(10 000 yuan)

#出　口 Exports	零售额 Retail Value	#通过公共网络实现的商品零售额 by Public Network	#通过非自营平台实现的商品零售额 by Non-self -operating Platform	期末商品库存额 Total Value of Storing at the End of Period	服务营业额 Turnover of Services	年末零售营业面积(平方米) Retail Operating Area at Year-end (sq.m)
231045	**20703965**	**1237381**	**242615**	**6081574**	**322582**	**10721226**
228625	**1519999**	**51769**	**2835**	**4031733**	**47083**	**1608152**
228625	1519999	51769	2835	3880171	43751	1607652
	2045			239964		10298
	708	708		3372		500
49343	491832			1811758	12247	765667
1771	19497			105232	5680	210800
47572	472335			1706526	6566	554867
	145017	37105		104300	951	107791
179282	879591	13957	2835	1719943	30554	723096
	2041			3785		17143
	7554			741		2960
179282	852561	6709	2835	1700271	29815	675533
	17435	7248		15145	740	27460
	806			834		300
				144402	3332	500
				124441	3332	500
				19961		
				7161		
				7161		
2572	4977			176237		40410
324	267440	28906		877355	4268	223748
	30442	1112		78855	1575	72648
	4001			195295		6941
9719	331864	850		95445		129331
	1908	480		37513		2994
55909	12353	1188	1188	91994		10044
1126	180257	102		477499	6996	226572
1122	148782			357798	5960	184977
	11309			53443	20	13832

13-4 续表5

单位：万元

指　标	Item	批发额 Wholesale Value
矿产品、建材及化工产品批发	Wholesale of Mineral Products, Building and Chemical Products	92594889
#煤炭及制品批发	Coal and Related Products	50521955
石油及制品批发	Petroleum and Related Products	2799565
金属及金属矿批发	Metals and Metals Materials	20900743
建材批发	Building Materials	13091458
化肥批发	Chemical Fertilizer	3935011
机械设备、五金产品及电子产品批发	Wholesale of Machinery, Hardwaresand Electronic Products	3907987
#汽车及零配件批发	Motor Vehicles and Parts	2342354
计算机、软件及辅助设备批发	Computer, Sofeware and Accessories	167029
贸易经纪与代理	Trade Brokerage and Agency	77459
其他批发业	Other Wholesales	504108
3.按控股情况分	Grouped by Share Holding	
国有控股	State Holding Enterprises	71707722
集体控股	Collective-owned Holding Enterprises	1886320
私人控股	Private Holding Enterprises	34714113
港澳台商控股	Hong Kong, Macao and Taiwan Holding Enterprises	94357
其　他	Others	3651323
4.按经营形式分	Grouped by Management Form	
独立门店	Independent Stores	62117623
连锁总店(总部)	Chain Headquarters	2731980
连锁直营店	Direct Chain Stores	11410
其　他	Others	47192820
5.按单位规模分	Grouped by Enterprise Size	
大　型	Large-size	26976221
中　型	Medium-size	59735570
小　型	Small-size	18466406
微　型	Micro-size	6875637
二、零售业	**Retail Trade**	**1357494**
1.按登记注册类型分组	Grouped by Registered Kind	
内资企业	Civil Funded Enterprises	1156076
国有企业	State-owned Enterprises	
集体企业	Collective-owned Enterprises	1324
股份合作企业	Share Cooperative Enterprises	
联营企业	Joint Owned Enterprises	

continued

(10 000 yuan)

#出　口 Exports	零售额 Retail Value	#通过公共网络实现的商品零售额 by Public Network	#通过非自营平台实现的商品零售额 by Non-self-operating Platform	期末商品库存额 Total Value of Storing at the End of Period	服务营业额 Turnover of Services	年末零售营业面积(平方米) Retail Operating Area at Year-end (sq.m)
48948	423345	12779		1941772	22971	822960
6430	221380	10763		1039301	15851	435486
	93221			115423	2139	238546
20664	73056			618269	3352	67107
2823	13989			103598	1290	31802
332	2253			31074		1285
30512	296337	7944	1647	350608	12741	137050
	169330			124213	5398	56170
	12154			26604	522	3587
77450				98		80
2066	3426			20726	107	17957
48499	328639	10019		1754999	14502	430542
	2788	712		122215		1305
180126	1169311	41038	2835	2016992	32581	1003045
				36568		500
	19261			100959		172760
80823	960926	33639	1188	2374088	32074	1062898
	3866			281903		4925
				346		30
147802	555207	18131	1647	1375396	15009	540299
	257017	27081		1076948	7793	133810
75511	441310	13669		2021175	25293	854321
142781	406031	10852	2835	737972	13489	555129
10333	415642	167		195639	509	64892
2421	**19183967**	**1185612**	**239780**	**2049841**	**275499**	**9113074**
2421	17770033	1171635	238552	1977020	233466	8755469
	591946	7		12934		114300
	101372	680		7356		67299
	16869					

13-4 续表6

单位：万元

指　标	Item	批发额 Wholesale Value
有限责任公司	Limited Responsibility Corporations	209874
国有独资公司	Company Exclusively with Investment from State	434
其他有限责任公司	Other Limited Responsibility Company	209440
股份有限公司	Share-holding Limited Corporations	178182
私营企业	Private-owned Enterprises	766696
私营独资企业	Enterprise Exclusively with Investment from Private	12640
私营合伙企业	Private Partnership Enterprises	265
私营有限责任公司	Private Limited Responsibility Corporations	633369
私营股份有限公司	Private Share-holding Limited Corporations	120422
其他企业	Others	
港、澳、台商投资企业	Enterprises Funded by Hong Kong, Macao and Taiwan	16
合资经营企业(港或澳、台资)	Joint Venture Enterprises	
港、澳、台商独资经营企业	Solely Owned Entersprises	16
外商投资企业	Foreign Funded Enterprises	201402
中外合资经营企业	Joint Venture Enterprises	
外资企业	Enterprises with Sole Foreign Investment	89552
外商投资股份有限公司	Share-holding Limited Corporations	111850
2.按零售行业小类分	Grouped by Wholesale Trade	
综合零售	General Retail Sales Trade	18495
百货零售	Daily Goods	6470
超级市场零售	Supermarkets	4039
便利店零售	Covenience Stores	
其他综合零售	Others	7986
食品、饮料及烟草制品专门零售	Retail of Food, Beverage and Tobaccos	85967
纺织、服装及日用品专门零售	Retail of Textiles, Garments and Daily Articles	47630
#服装零售	Garments	23413
文化、体育用品及器材专门零售	Retail of Culture, Sports Articles and Equipments	6795
#图书、报刊零售	Books and Mangzines	1112
医药及医疗器材专门零售	Retail of Medicines and Medical Appliances	36511
#西药零售	Western Medicines	27811
中药零售	Traditional Chinese Medicines	1452
汽车、摩托车、零配件和燃料及其他动力销售	Retail of Motor Vehicles, Motorcycles, Feuls, Parts and Others	824841
#汽车新车零售	New Motor Vehicles	250655
汽车旧车零售	Used Motor Vehicles	23929
家用电器及电子产品专门零售	Retail of Household Electronic Equipments and Products	125392
#日用家电零售	Household Appliance	31820
计算机、软件及辅助设备零售	Computer, Software and Auxiliary Equipments	30529
通信设备零售	Communication Equipments	58462

continued

(10 000 yuan)

#出　口 Exports	零售额 Retail Value	#通过公共网络实现的商品零售额 by Public Network	#通过非自营平台实现的商品零售额 by Non-self-operating Platform	期末商品库存额 Total Value of Storing at the End of Period	服务营业额 Turnover of Services	年末零售营业面积(平方米) Retail Operating Area at Year-end (sq.m)
	4290424	660242	194743	371016	38715	1900865
	232256	205		32968	60	78742
	4058168	660037	194743	338048	38655	1822123
	908988	267	51	36759	1109	692286
2421	11822492	473407	43753	1548809	193362	5947087
	281281	1440		29889	481	246112
	12753			1211		21568
2420	10608123	416372	43621	1466593	192421	5312758
	920335	55595	132	51115	461	366649
	37943	37033	5	147	280	33632
	263503	9761		19473	1591	108428
	102137			7181		11010
	161366	9761		12292	1591	97418
	1150430	4216	1228	53348	40442	249177
	16016	1261		910	363	16562
	636356	2955	1228	31888	16532	82055
	498059			20551	23547	150560
	3435909	65412	5511	398453	79867	2834465
	1761308	30810	4583	267187	78339	1667523
	1605799	33879	327	126599	1528	1123371
	41613	723	600	2470		33704
	27190			2197		9867
2420	665073	84918	1765	92472	12058	207053
	925954	9861	1500	151782	4724	811928
	739165	157		121565	1774	752507
	323514	7699	1863	90058	1200	83198
	190559	1025	1025	33386	1187	55385
	1043684	16326	1364	194233	1275	542082
	992448	16326	1364	182135	1275	522386
	39262			11217		17946
	10589452	79122	18728	948099	165732	3751300
	7122551	60682	14393	791860	120080	1944580
	42648	17000	4335	2191	5746	14479
	1162484	336558	680	129518	8806	428791
	762359	325190		82774	1176	330419
	95111	5679		13868	4658	8704
	231018	5008		24842	2825	30096

13-4 续表7

单位：万元

指 标	Item	批发额 Wholesale Value
五金、家具及室内装饰材料专门零售	Retail of Hardwares, Furniture and Room Decorative Building	71989
货摊、无店铺及其他零售业	Retail of Stall, Non-store and Others	139874
3.按控股情况分	Grouped by Share Holding	
国有控股	State Holding Enterprises	293926
集体控股	Collective-owned Holding Enterprises	1671
私人控股	Private Holding Enterprises	842344
港澳台商控股	Hongkong, Macao and Taiwan Holding Enterprises	16
外商控股	Foreign Holding Enterprises	201402
其 他	Others	18135
4.按经营形式分	Grouped by Management Form	
独立门店	Independent Stores	906173
连锁总店	Chain Headquarters	77909
连锁直营店	Direct Chain Stores	75332
连锁加盟店	Franchise Chain Stores	770
其 他	Others	297310
5.按单位规模分	Grouped by Enterprise Size	
大 型	Large-size	428021
中 型	Medium-size	324878
小 型	Small-size	407646
微 型	Micro-size	196950
6.按零售业态分	Grouped by Retail Format	
有店铺零售	Store-based	1268920
食杂店	Grocery Store	10397
便利店	Convenient Store	85896
折扣店	Discount Store	5467
超 市	Supermarket	15929
大型超市	Hypermarket	63
仓储会员店	Warehouse Club	7140
百货店	Department Store	9270
专业店	Specialized Shop	696005
专卖店	Exclusive Shop	354472
家居建材商店	Home Center	5193
购物中心	Shopping Center	463
厂家直销中心	Factory Outlet Center	78625
无店铺零售	Non-store	88573
#网上商店	Online	41404

continued

(10 000 yuan)

#出　口 Exports	零售额 Retail Value	#通过公共网络实现的商品零售额 by Public Network	#通过非自营平台实现的商品零售额 by Non-self-operating Platform	期末商品库存额 Total Value of Storing at the End of Period	服务营业额 Turnover of Services	年末零售营业面积(平方米) Retail Operating Area at Year-end (sq.m)
	295588	3238	1714	23849	396	361839
	742308	582478	206656	21377	1441	92418
	2632521	16283	100	182495	6765	1372687
	399601	16953		36145	3029	251363
2421	14190221	1129080	237753	1702191	217908	6856390
	271631	9761		19681	1955	109243
	1141539	4216	1228	53136	40078	248352
	548455	9320	698	56193	5765	275039
2421	14150479	332651	32991	1692586	244965	7025486
	2381469	301951	2024	174129	2237	1296976
	1193727	66581	351	54977	18241	364455
	61104	632	632	9156	851	28099
	1397187	483796	203782	118993	9205	398058
	5087580	366142	2210	315254	47523	2081768
2377	8398515	304557	20744	987464	105858	3909576
44	4632557	264481	17193	620927	109623	2704250
	1065315	250431	199633	126196	12495	417480
2421	18385749	591368	31828	2006881	273118	9017762
	10784			2804	969	4783
	671678	10267	600	35815	15472	274907
				62		120
	639972	13582	49	84940	1607	479249
	1260366	22022	1228	92510	1143	817574
	4438			4125	267	7860
	1328014	4977	3634	231165	14065	1448999
	7141832	390565	10768	718122	80957	3269077
	5781807	114479	15460	710734	93318	1432771
	223500	308	41	6467	25	316646
	963958	23769		89335	65266	825890
2420	359401	11400	49	30802	31	139886
	798217	594244	207952	42960	2381	95312
	581294	574431	206651	20234	1441	43146

13-5 限额以上批发和零售业法人企业财务状况(2020年)

单位：万元

指 标	Item	年初存货 Beginning Inventory
总 计	**Total**	**5469690**
一、批发业	**Wholesale Trade**	**3651110**
1.按登记注册类型分	Grouped by Registered Kind	
内资企业	Civil Funded Enterprises	3475901
国有企业	State-owned Enterprises	231648
集体企业	Collective-owned Enterprises	32017
有限责任公司	Limited Responsibility Corporations	1530034
国有独资公司	Company Exclusively with Investment from State	87078
其他有限责任公司	Other Limited Responsibility Company	1442956
股份有限公司	Share-holding Limited Corporations	123649
私营企业	Private-owned Enterprises	1557756
私营独资企业	Enterprise Exclusively with Investment from Private	4716
私营合伙企业	Private Partnership Enterprises	1010
私营有限责任公司	Private Limited Responsibility Corporations	1534741
私营股份有限公司	Private Share-holding Limited Corporations	17290
其他企业	Others	798
港、澳、台商投资企业	Enterprises Funded by Hong Kong, Macao and Taiwan	164346
合资经营企业(港或澳、台资)	Joint Venture Enterprises	144416
港、澳、台商独资经营企业	Solely Owned Entersprises	19930
外商投资企业	Foreign Funded Enterprises	10863
中外合资经营企业	Joint Venture Enterprises	10863
2.按批发行业小类分	Grouped by Wholesale Trade	
农、林、牧、渔产品批发	Wholesale of Agricultural, Forestry, Animal Husbandry and Fishery Products	172759
食品、饮料及烟草制品批发	Wholesale of Food, Beverage and Tobaccos	750106
#米、面制品及食用油批发	Rice, Flour and Edible Oil	64286
烟草制品批发	Tobacoo Products Manufacturing	175150
纺织、服装及家庭用品批发	Wholesale of Textiles, Garments and Family Articles	92284
#服装批发	Wholesale of Garments	39540
文化、体育用品及器材批发	Wholesale of Culture, Sports Articles and Equipments	90144
医药及医疗器材批发	Wholesale of Medicines and Medical Appliances	399641
#西药批发	Wholesale of Western Medicine	295508
中药批发	Wholesale of Chinese Traditional Medicine	52185

FINANCIAL CONDITION OF CORPORATION ENTERPRISES IN WHOLESALE AND RETAIL TRADE ABOVE DESIGNATED SIZE(2020)

(10 000 yuan)

流动资产合计 Total Circulating Assets	#应收帐款 Accounts Receivable	#存货 Inventory	固定资产原价 Original Value of Fixed Assets	累计折旧 Accumulated Depreciation	#本年折旧 Depreciation This Year	资产总计 Total Assets
54037687	**8632909**	**5847910**	**7101348**	**2885891**	**719761**	**71627273**
46204402	**7507184**	**3798081**	**4207400**	**1710563**	**536882**	**59894561**
45852590	7458869	3650590	4164614	1693374	534138	59461241
1610664	236674	224990	421804	238695	22619	2463177
229048	33339	33894	83818	50412	1996	294419
29682653	3974224	1716251	2580089	993297	417746	38055829
7774319	517989	179906	1312181	488544	354725	10690984
21908334	3456236	1536346	1267908	504753	63022	27364845
3712475	422882	96755	116898	34688	4112	5612881
10616351	2791583	1578531	960775	376182	87626	13032337
32720	21464	3947	2718	1859	269	39923
6415	2619	741	1794	1171	56	7055
10464686	2719750	1554540	941386	367383	86089	12854246
112529	47750	19302	14878	5770	1213	131112
1399	168	169	1230	100	39	2597
311728	33000	141153	33207	15706	2453	386775
282618	28504	122530	7692	6027	148	340009
29110	4496	18623	25515	9679	2305	46766
40084	15314	6338	9579	1483	291	46545
40084	15314	6338	9579	1483	291	46545
428832	72669	179343	88870	30639	3503	574804
2773234	192802	810070	528751	286088	26321	3218755
134356	17377	77492	41956	16018	3867	170338
1089643	2541	176572	384119	222414	18256	1295132
570938	254532	88012	8751	4394	918	618004
61671	14551	33002	5161	2941	613	76561
394796	68071	87888	48169	26020	2088	535996
3355734	1623155	441066	153512	67328	17555	3626261
2395671	1116864	336999	112526	45106	10391	2606114
385753	138994	41307	24487	10164	2830	414994

13-5 续表1

单位：万元

指　标	Item	年初存货 Beginning Inventory
矿产品、建材及化工产品批发	Wholesale of Mineral Products, Building and Chemical Products	1840239
#煤炭及制品批发	Coal and Related Products	1003003
石油及制品批发	Petroleum and Related Products	120800
金属及金属矿批发	Metals and Metals Materials	553050
建材批发	Building Materials	87479
化肥批发	Chemical Fertilizer	33176
机械设备、五金产品及电子产品批发	Wholesale of Machinery, Hardwaresand Electronic Products	297611
#汽车及零配件批发	Motor Vehicles and Parts	92275
计算机、软件及辅助设备批发	Computer, Sofeware and Accessories	7734
贸易经纪与代理	Trade Brokerage and Agency	190
其他批发业	Other Wholesales	8137
3.按控股情况分	Grouped by Share Holding	
国有控股	State Holding Enterprises	1638228
集体控股	Collective-owned Holding Enterprises	66810
私人控股	Private Holding Enterprises	1792734
港澳台商控股	Hong Kong, Macao and Taiwan Holding Enterprises	36722
其　他	Others	116616
4.按经营形式分	Grouped by Management Form	
独立门店	Independent Stores	2170020
连锁总店(总部)	Chain Headquarters	219602
连锁直营店	Direct Chain Stores	293
其　他	Others	1261195
5.按单位规模分	Grouped by Enterprise Size	
大　型	Large-size	932071
中　型	Medium-size	1916503
小　型	Small-size	605308
微　型	Micro-size	197228
二、零售业	**Retail Trade**	**1818579**
1.按登记注册类型分组	Grouped by Registered Kind	
内资企业	Civil Funded Enterprises	1720449
国有企业	State-owned Enterprises	35505
集体企业	Collective-owned Enterprises	13455
股份合作企业	Share Cooperative Enterprises	11093
联营企业	Joint Owned Enterprises	

continued

(10 000 yuan)

流动资产合计 Total Circulating Assets	#应收帐款 Accounts Receivable	#存货 Inventory	固定资产原价 Original Value of Fixed Assets	累计折旧 Accumulated Depreciation	#本年折旧 Depreciation This Year	资产总计 Total Assets
36468878	4333404	1841244	3106850	1196761	471445	48535180
30428243	2883750	979627	2581905	991857	431820	40722852
538977	174324	111908	148684	61579	11169	1324855
3296922	526615	594902	229389	82236	11139	3988226
1320085	502165	86449	80981	37344	11443	1407710
369738	106640	31038	19151	5753	1106	394990
2067663	936935	338888	214125	78407	10441	2568164
933172	548070	120251	40321	13746	4120	1005045
75878	28484	25828	2081	1372	380	76886
14341	4667	98	503	83	25	18074
129985	20950	11472	57870	20845	4587	199323
30311956	3494638	1750924	2646144	1097731	424359	39310227
1379308	336488	76356	271184	120259	8315	1987189
13380211	3405605	1837449	1077078	423443	95520	16300885
48465	6442	33319	33172	15682	2452	74026
1084462	264010	100033	179822	53450	6236	2222235
24722612	3857972	2226017	1732122	767884	121534	31073545
933331	26997	256101	79280	35062	4843	1055186
569	153	346	48	25	16	592
20547890	3622062	1315617	2395952	907591	410489	27765239
20594263	1959579	1013585	2058477	862722	386240	27393890
18081002	3554039	1893406	1604310	634390	112532	23944191
5419868	1386257	697524	462330	172251	33433	6288498
2109268	607309	193567	82284	41200	4677	2267982
7833285	**1125726**	**2049829**	**2893947**	**1175328**	**182879**	**11732713**
7570535	1104487	1956019	2520350	1004631	162831	11084328
50379	8133	33863	184503	78333	6182	214608
29040	4367	8269	22398	11207	1211	45004
13258	3259	9697	4002	2307	2307	15322

13-5 续表2

单位：万元

指　标	Item	年初存货 Beginning Inventory
有限责任公司	Limited Responsibility Corporations	334830
国有独资公司	Company Exclusively with Investment from State	37096
其他有限责任公司	Other Limited Responsibility Company	297734
股份有限公司	Share-holding Limited Corporations	51124
私营企业	Private-owned Enterprises	1274198
私营独资企业	Enterprise Exclusively with Investment from Private	22249
私营合伙企业	Private Partnership Enterprises	1553
私营有限责任公司	Private Limited Responsibility Corporations	1217712
私营股份有限公司	Private Share-holding Limited Corporations	32683
其他企业	Others	245
港、澳、台商投资企业	Enterprises Funded by Hong Kong, Macao and Taiwan	21300
合资经营企业(港或澳、台资)	Joint Venture Enterprises	7931
港、澳、台商独资经营企业	Solely Owned Entersprises	13369
外商投资企业	Foreign Funded Enterprises	76830
中外合资经营企业	Joint Venture Enterprises	1179
外资企业	Enterprises with Sole Foreign Investment	41515
外商投资股份有限公司	Share-holding Limited Corporations	34136
2.按零售行业小类分	Grouped by Wholesale Trade	
综合零售	General Retail Sales Trade	219797
百货零售	Daily Goods	69743
超级市场零售	Supermarkets	145147
便利店零售	Covenience Stores	2656
其他综合零售	Others	2251
食品、饮料及烟草制品专门零售	Retail of Food, Beverage and Tobaccos	90450
纺织、服装及日用品专门零售	Retail of Textiles, Garments and Daily Articles	117367
#服装零售	Garments	83240
文化、体育用品及器材专门零售	Retail of Culture, Sports Articles and Equipments	101070
#图书、报刊零售	Books and Mangzines	41607
医药及医疗器材专门零售	Retail of Medicines and Medical Appliances	147530
#西药零售	Western Medicines	136089
中药零售	Traditional Chinese Medicines	9820
汽车、摩托车、零配件和燃料及其他动力销售	Retail of Motor Vehicles, Motorcycles, Feuls, Parts and Others	983752
#汽车新车零售	New Motor Vehicles	771558
汽车旧车零售	Used Motor Vehicles	2721
家用电器及电子产品专门零售	Retail of Household Electronic Equipments and Products	114508
#日用家电零售	Household Appliance	74739
计算机、软件及辅助设备零售	Computer, Software and Auxiliary Equipments	12431
通信设备零售	Communication Equipments	19847

continued

(10 000 yuan)

流动资产合计 Total Circulating Assets	#应收帐款 Accounts Receivable	#存货 Inventory	固定资产原价 Original Value of Fixed Assets	累计折旧 Accumulated Depreciation	#本年折旧 Depreciation This Year	资产总计 Total Assets
1620112	268076	344717	612291	244323	43866	2592322
131946	21307	23949	67868	27983	5824	202149
1488167	246769	320769	544422	216340	38042	2390173
251879	5027	54967	338591	140976	16127	681196
5598183	814732	1504220	1352065	526756	92704	7520624
104791	23572	25236	32908	12986	2709	131147
6132	1081	1839	3298	653	74	9010
5204305	771974	1256797	1130216	455192	82117	6837715
282956	18105	220348	185644	57925	7804	542752
7684	893	287	6500	730	435	15252
87610	19744	18340	33206	23415	1864	103991
16808	892	6437	12227	6647	1051	24248
70802	18853	11904	20979	16768	813	79743
175140	1494	75470	340391	147283	18184	544394
3668	143	915	6616	3477	232	8779
122214	1297	27519	129032	57383	4865	277500
49258	54	47035	204744	86423	13088	258115
2160303	191428	383019	593866	237331	30671	3054972
967825	121611	53754	282186	107534	17648	1434429
1173672	68140	324523	306513	128267	12668	1596943
13575	1060	2563	1026	438	206	15041
5232	617	2178	4142	1092	150	8559
394475	64743	112153	88439	30139	5374	582544
456383	56233	127151	126596	48908	6935	586006
385758	38821	102115	114891	44416	6135	496307
248369	41336	78010	119612	52692	8379	382214
147653	31305	20941	83978	36192	6657	226932
464241	104868	171846	39732	21255	6672	605455
430657	92535	159285	38137	20320	6478	568979
22021	3080	11677	1107	637	155	23410
3194120	359941	989150	1652677	711213	111400	5199469
2537817	244868	766727	531116	245345	52707	3132051
17880	1354	4706	3038	1300	529	20107
463230	102494	133241	46250	17254	2594	501249
273634	39374	86691	34656	10454	1520	302336
77566	35394	13994	3462	2196	509	79887
72623	18082	23565	2600	1766	215	74322

13-5 续表3

单位：万元

指　标	Item	年初存货 Beginning Inventory
五金、家具及室内装饰材料专门零售	Retail of Hardwares, Furniture and Room Decorative Building	23310
货摊、无店铺及其他零售业	Retail of Stall, Non-store and Others	20796
3.按控股情况分	Grouped by Share Holding	
国有控股	State Holding Enterprises	206004
集体控股	Collective-owned Holding Enterprises	55570
私人控股	Private Holding Enterprises	1406678
港澳台商控股	Hong Kong, Macao and Taiwan Holding Enterprises	21501
外商控股	Foreign Holding Enterprises	76630
其　他	Others	52196
4.按经营形式分	Grouped by Management Form	
独立门店	Independent Stores	1458680
连锁总店	Chain Headquarters	191294
连锁直营店	Direct Chain Stores	45261
连锁加盟店	Franchise Chain Stores	6567
其　他	Others	116777
5.按单位规模分	Grouped by Enterprise Size	
大　型	Large-size	297378
中　型	Medium-size	798270
小　型	Small-size	574874
微　型	Micro-size	148058
6.按零售业态分	Grouped by Retail Format	
有店铺零售	Store-based	1783846
食杂店	Grocery Store	2098
便利店	Convenient Store	43822
折扣店	Discount Store	
超　市	Supermarket	95992
大型超市	Hypermarket	87785
仓储会员店	Warehouse Club	3811
百货店	Department Store	75075
专业店	Specialized Shop	734583
专卖店	Exclusive Shop	648943
家居建材商店	Home Center	5829
购物中心	Shopping Center	43741
厂家直销中心	Factory Outlet Center	42167
无店铺零售	Non-store	34733
#网上商店	Online	15127

continued

(10 000 yuan)

流动资产合　计 Total Circulating Assets	#应收帐款 Accounts Receivable	#存　货 Inventory	固定资产原　价 Original Value of Fixed Assets	累计折旧 Accumulated Depreciation	#本年折旧 Depreciation This Year	资产总计 Total Assets
154003	90803	19901	33978	8355	1578	218958
298161	113880	35358	192796	48181	9276	601846
656443	118421	215171	855644	353002	48599	1864221
133088	47257	48422	60551	28927	5043	224476
6506382	922630	1637174	1513486	590995	104494	8631409
88538	19769	18549	32720	21872	1685	107597
173755	1438	75257	337422	146459	18062	539242
275079	16210	55256	94125	34073	4998	365768
6001218	862010	1475915	2178074	881348	151145	8783470
995825	104684	210815	300058	147193	15395	1514379
302540	26278	222161	195280	66992	4674	575279
20132	1440	8649	3590	1001	190	24096
513570	131314	132290	216945	78795	11476	835489
1597038	104103	499103	1060866	442713	52575	3198126
3389536	511224	815495	1216693	495368	74998	5003783
2250569	338939	584161	555361	203056	51145	2830870
596142	171460	151070	61028	34191	4160	699934
7546469	1005895	1998703	2860894	1162837	180568	11324663
8359	3360	2810	5191	872	392	15584
6170	6746	25527	135475	60123	8745	181762
350	3	62	1	1	1	350
256055	42387	86028	96611	39003	5741	356751
1018205	41365	268167	208745	94477	9444	1344234
29604	4011	4456	6262	2770	347	33278
797929	108850	54196	313678	117704	16195	1202024
2743327	478715	784234	1336278	528246	87795	4512714
2080862	214273	682683	490572	218273	40443	2573638
67831	45902	4980	18821	4054	646	111014
414143	36610	47164	111323	39445	6216	598222
123634	23674	38396	137938	57868	4603	395091
286816	119830	51127	33053	12491	2311	408050
139286	60190	23175	13779	3692	924	165148

13-5 续表4

单位：万元

指 标	Item	流动负债合计 Total Liquid Liabilities
总 计	**Total**	**48591177**
一、批发业	**Wholesale Trade**	**40059141**
1.按登记注册类型分	Grouped by Registered Kind	
内资企业	Civil Funded Enterprises	39850777
国有企业	State-owned Enterprises	870044
集体企业	Collective-owned Enterprises	196266
有限责任公司	Limited Responsibility Corporations	26213916
国有独资公司	Company Exclusively with Investment from State	7121310
其他有限责任公司	Other Limited Responsibility Company	19092605
股份有限公司	Share-holding Limited Corporations	2903983
私营企业	Private-owned Enterprises	9665858
私营独资企业	Enterprise Exclusively with Investment from Private	36157
私营合伙企业	Private Partnership Enterprises	-2493
私营有限责任公司	Private Limited Responsibility Corporations	9562793
私营股份有限公司	Private Share-holding Limited Corporations	69401
其他企业	Others	711
港、澳、台商投资企业	Enterprises Funded by Hong Kong, Macao and Taiwan	184293
合资经营企业(港或澳、台资)	Joint Venture Enterprises	174541
港、澳、台商独资经营企业	Solely Owned Entersprises	9752
外商投资企业	Foreign Funded Enterprises	24071
中外合资经营企业	Joint Venture Enterprises	24071
2.按批发行业小类分	Grouped by Wholesale Trade	
农、林、牧、渔产品批发	Wholesale of Agricultural, Forestry, Animal Husbandry and Fishery Products	291097
食品、饮料及烟草制品批发	Wholesale of Food, Beverage and Tobaccos	1447648
#米、面制品及食用油批发	Rice, Flour and Edible Oil	109219
烟草制品批发	Tobacoo Products Manufacturing	266225
纺织、服装及家庭用品批发	Wholesale of Textiles, Garments and Family Articles	566273
#服装批发	Wholesale of Garments	87807
文化、体育用品及器材批发	Wholesale of Culture, Sports Articles and Equipments	316130
医药及医疗器材批发	Wholesale of Medicines and Medical Appliances	2725942
#西药批发	Wholesale of Western Medicine	1953975
中药批发	Wholesale of Chinese Traditional Medicine	331438

continued

(10 000 yuan)

负债合计 Total Liabilities	所有者权益合计 Total Creditors' Equity	#实收资本 Capital Hold	#个人资本 Individual	营业收入 Business Revenue	主营业务收入 Revenue of Major Business	营业成本 Business Costs	税金及附加 Taxes and Extra Charges	其他业务利润 Profits of Other Business
55126164	**16499597**	**9791744**	**1600795**	**119465275**	**118196147**	**113329696**	**660852**	**248002**
44927984	**14952193**	**7298500**	**1075668**	**102008938**	**101211116**	**97259661**	**617642**	**99096**
44718694	14728162	7104917	1069371	100702515	99907840	95987276	615377	96746
874971	1588206	195595		4459946	4446066	3422742	480593	1678
212892	81528	33219		593733	593098	530271	1304	2202
29673764	8380488	4094498	233774	64717106	64185461	62932734	93102	49717
8434740	2256205	1102039	189339	15305506	15151136	14957900	41296	7847
21239024	6124283	2992460	44435	49411601	49034325	47974834	51807	41870
3860423	1752458	736968	37280	3934482	3929098	3680020	5348	4175
10095934	2923596	2044351	798313	26993763	26750633	25418425	35025	38974
36157	3767	3488	1806	67996	67412	65796	110	253
–2493	9548	15	15	60642	60642	53271	119	
9987529	2853911	2004957	782101	26698742	26457871	25149037	34523	38602
74741	56371	35892	14392	166383	164707	150322	273	119
711	1887	285	5	3485	3485	3083	5	
185218	201557	183533	6296	1262374	1259227	1235931	2170	2342
174541	165469	158889	6296	1195544	1192400	1176991	2103	2372
10678	36088	24644		66830	66826	58940	67	–29
24071	22474	10050		44049	44049	36454	96	8
24071	22474	10050		44049	44049	36454	96	8
302423	272381	96338	37609	448488	445521	372821	454	1299
1493290	1725288	237922	29502	6541362	6531430	4905307	489267	8626
122882	47456	33975	7200	354127	353782	333737	217	249
266415	1028717	14154	52	3515512	3513889	2491662	479514	1006
614508	8814	38273	8110	1489472	1484751	1451492	820	–510
87807	–11245	13395	2450	106464	106460	93965	191	–29
317351	218646	50659	11736	702184	699944	659388	759	797
2848733	774570	489349	73959	4969473	4945816	4478573	11550	15840
2072182	530973	351106	39675	3686830	3670500	3417182	7315	14420
333168	81826	56240	14369	606943	601458	469586	2225	449

13-5 续表5

单位：万元

指　标	Item	流动负债合　计 Total Liquid Liabilities
矿产品、建材及化工产品批发	Wholesale of Mineral Products, Building and Chemical Products	32742925
#煤炭及制品批发	Coal and Related Products	27325595
石油及制品批发	Petroleum and Related Products	609049
金属及金属矿批发	Metals and Metals Materials	2803856
建材批发	Building Materials	1221685
化肥批发	Chemical Fertilizer	314214
机械设备、五金产品及电子产品批发	Wholesale of Machinery, Hardwaresand Electronic Products	1868112
#汽车及零配件批发	Motor Vehicles and Parts	890020
计算机、软件及辅助设备批发	Computer, Sofeware and Accessories	47952
贸易经纪与代理	Trade Brokerage and Agency	3755
其他批发业	Other Wholesales	97260
3.按控股情况分	Grouped by Share Holding	
国有控股	State Holding Enterprises	25672564
集体控股	Collective-owned Holding Enterprises	1207996
私人控股	Private Holding Enterprises	12076691
港澳台商控股	Hong Kong, Macao and Taiwan Holding Enterprises	27790
其　他	Others	1074101
4.按经营形式分	Grouped by Management Form	
独立门店	Independent Stores	21781275
连锁总店(总部)	Chain Headquarters	894999
连锁直营店	Direct Chain Stores	338
其　他	Others	17382529
5.按单位规模分	Grouped by Enterprise Size	
大　型	Large-size	17466914
中　型	Medium-size	16383272
小　型	Small-size	4593319
微　型	Micro-size	1615636
二、零售业	**Retail Trade**	**8532037**
1.按登记注册类型分组	Grouped by Registered Kind	
内资企业	Civil Funded Enterprises	7724341
国有企业	State-owned Enterprises	244202
集体企业	Collective-owned Enterprises	13958
股份合作企业	Share Cooperative Enterprises	
联营企业	Joint Owned Enterprises	

continued

(10 000 yuan)

负债合计 Total Liabilities	所有者权益合计 Total Creditors' Equity	#实收资本 Capital Hold	#个人资本 Individual	营业收入 Business Revenue	主营业务收入 Revenue of Major Business	营业成本 Business Costs	税金及附加 Taxes and Extra Charges	其他业务利润 Profits of Other Business
37271202	11247919	6018442	822928	83504509	82811107	81280629	107771	57195
31509094	9207758	4424716	497397	45830675	45213244	44131267	77572	47501
742859	581995	236975	17282	2555808	2543999	2492256	2960	1155
2916401	1062825	972771	200535	18639991	18590978	18410512	16474	7108
1234675	172434	181123	56649	11702758	11692500	11619417	7579	1266
317764	77226	61734	9891	3548971	3544231	3527665	1494	150
1957327	610332	292895	79241	3823760	3775213	3601408	5630	14753
911087	93958	84281	29997	2277261	2247191	2202261	2158	5069
49282	27604	20260	4340	162139	160650	150600	179	851
3755	14319	13500	1000	73628	73606	72415	85	
119398	79925	61123	11582	456062	443729	437629	1307	1097
29541075	9762487	3930211	205206	64499826	63987312	61862069	569065	52481
1430410	556778	181450	14	1809198	1794463	1682170	2855	2474
12828057	3459968	2523897	829629	32333355	32077935	30539132	40553	40649
28716	45310	33533	6296	83493	83489	74760	87	-29
1099726	1127650	629409	34523	3283066	3267917	3101531	5082	3522
23862775	7202290	3919716	455973	56376567	55932073	53913726	252282	43998
934956	120229	68327	60000	2454975	2429625	2327771	43851	2176
338	253	500	500	10098	10098	9946	2	
20129914	7629421	3309957	559195	43167298	42839320	41008218	321507	52922
20259250	7134640	2354356	207225	24724211	24328434	22249737	539377	27575
17875573	6068619	3348938	367721	53730247	53517135	52234280	51420	61268
4964796	1323073	1131635	362487	16995793	16900144	16290576	21378	7931
1828365	425861	463570	138235	6558687	6465403	6485069	5468	2322
10198181	**1547404**	**2493245**	**525127**	**17456338**	**16985032**	**16070035**	**43210**	**148906**
9323543	1773656	2456664	525127	16182289	15742202	14750625	40659	143150
268686	-53929	2584		449788	435924	440903	812	178
23359	17161	3299	396	81897	77840	72511	942	487
14548				15386		15386	81	

13-5 续表6

单位：万元

指　标	Item	流动负债合　计 Total Liquid Liabilities
有限责任公司	Limited Responsibility Corporations	1825633
国有独资公司	Company Exclusively with Investment from State	101475
其他有限责任公司	Other Limited Responsibility Company	1724158
股份有限公司	Share-holding Limited Corporations	486083
私营企业	Private-owned Enterprises	5153703
私营独资企业	Enterprise Exclusively with Investment from Private	94809
私营合伙企业	Private Partnership Enterprises	6556
私营有限责任公司	Private Limited Responsibility Corporations	4764234
私营股份有限公司	Private Share-holding Limited Corporations	288104
其他企业	Others	764
港、澳、台商投资企业	Enterprises Funded by Hong Kong, Macao and Taiwan	51069
合资经营企业(港或澳、台资)	Joint Venture Enterprises	11571
港、澳、台商独资经营企业	Solely Owned Entersprises	39498
外商投资企业	Foreign Funded Enterprises	756626
中外合资经营企业	Joint Venture Enterprises	21257
外资企业	Enterprises with Sole Foreign Investment	391105
外商投资股份有限公司	Share-holding Limited Corporations	344264
2.按零售行业小类分	Grouped by Wholesale Trade	
综合零售	General Retail Sales Trade	1893403
百货零售	Daily Goods	921658
超级市场零售	Supermarkets	938482
便利店零售	Covenience Stores	28350
其他综合零售	Others	4912
食品、饮料及烟草制品专门零售	Retail of Food, Beverage and Tobaccos	306422
纺织、服装及日用品专门零售	Retail of Textiles, Garments and Daily Articles	377448
#服装零售	Garments	327669
文化、体育用品及器材专门零售	Retail of Culture, Sports Articles and Equipments	170399
#图书、报刊零售	Books and Mangzines	103175
医药及医疗器材专门零售	Retail of Medicines and Medical Appliances	411157
#西药零售	Western Medicines	381656
中药零售	Traditional Chinese Medicines	17987
汽车、摩托车、零配件和燃料及其他动力销售	Retail of Motor Vehicles, Motorcycles, Feuls, Parts and Others	4517185
#汽车新车零售	New Motor Vehicles	2505479
汽车旧车零售	Used Motor Vehicles	18355
家用电器及电子产品专门零售	Retail of Household Electronic Equipments and Products	364528
#日用家电零售	Household Appliance	245508
计算机、软件及辅助设备零售	Computer, Software and Auxiliary Equipments	35507
通信设备零售	Communication Equipments	48439

continued

(10 000 yuan)

负债合计 Total Liabilities	所有者权益合计 Total Creditors' Equity	#实收资本 Capital Hold	#个人资本 Individual	营业收入 Business Revenue	主营业务收入 Revenue of Major Business	营业成本 Business Costs	税金及附加 Taxes and Extra Charges	其他业务利润 Profits of Other Business
2036143	557194	450251	20745	3809824	3715977	3363197	10935	42478
121801	80348	44490	299	219189	214984	178914	729	2214
1914342	476846	405761	20446	3590636	3500994	3184283	10206	40264
696911	15052	40713	1053	894901	838531	879086	1984	1677
6282522	1224300	1957795	502017	10892784	10636233	9942687	25902	98331
101972	28841	25240	16444	258262	254969	231478	725	1631
6579	2430	2097	1820	11598	11598	9989	12	
5485296	1338951	1895453	474583	9693518	9491571	8787832	23762	96645
688674	-145922	35005	9171	929406	878096	913389	1403	55
1373	13878	2022	917	37710	37697	36856	3	
67178	36813	19813		236235	228683	195429	1214	4544
11656	12592	10000		90349	87213	82201	549	1251
55522	24221	9813		145886	141470	113228	665	3294
807460	-263066	16768		1037814	1014147	1123980	1337	1212
23067	-14288	8616		14753	14563	13492	55	182
408152	-130652	8152		512619	495712	564967	589	1030
376241	-118126			510442	503872	545521	693	
2814872	255322	385007	68715	2713185	2575237	2309838	10505	48147
1246934	187075	252060	23182	1257939	1223599	1079328	7239	19985
1533506	79079	129668	44163	1386218	1283398	1168613	3144	27477
28350	-13309	1010	100	36293	35599	31185	36	684
6082	2477	2269	1271	32735	32642	30713	86	
363705	215019	128235	14880	687771	668805	608152	1238	3237
460817	116722	80206	11811	791147	771937	644977	3536	11468
406658	81182	58419	10709	597869	581361	486885	2956	10297
178900	203276	100368	20615	312762	306251	234267	2718	4420
110302	116591	61794	1152	187823	181494	129746	795	4315
460695	143337	101113	23248	974578	958785	792408	2172	8913
431193	136363	95973	21699	920205	904419	744737	2062	8672
17989	5421	4340	749	36691	36685	31485	64	152
4948267	265337	1418644	257426	9966974	9726200	9648315	19417	55104
2615564	500266	1171676	175227	6653126	6531633	6280348	13151	50918
18463	1644	8762	7587	55927	55727	54774	51	81
387208	112788	110789	50985	974121	965269	900012	1507	2397
260331	40978	53897	19430	522799	518499	483644	828	2063
39418	40243	32266	22387	117922	115338	103739	317	177
51586	22736	16435	8088	263427	261688	249549	256	156

13-5 续表7

单位：万元

指　标	Item	流动负债合　计 Total Liquid Liabilities
五金、家具及室内装饰材料专门零售	Retail of Hardwares, Furniture and Room Decorative Building	137488
货摊、无店铺及其他零售业	Retail of Stall, Non-store and Others	354007
3.按控股情况分	Grouped by Share Holding	
国有控股	State Holding Enterprises	1268636
集体控股	Collective-owned Holding Enterprises	145832
私人控股	Private Holding Enterprises	5996109
港澳台商控股	Hong Kong, Macao and Taiwan Holding Enterprises	50873
外商控股	Foreign Holding Enterprises	755176
其　他	Others	315410
4.按经营形式分	Grouped by Management Form	
独立门店	Independent Stores	6567760
连锁总店	Chain Headquarters	1125377
连锁直营店	Direct Chain Stores	181986
连锁加盟店	Franchise Chain Stores	16889
其　他	Others	640025
5.按单位规模分	Grouped by Enterprise Size	
大　型	Large-size	2771507
中　型	Medium-size	3297317
小　型	Small-size	2093613
微　型	Micro-size	369599
6.按零售业态分	Grouped by Retail Format	
有店铺零售	Store-based	8226728
食杂店	Grocery Store	9357
便利店	Convenient Store	212652
折扣店	Discount Store	258
超　市	Supermarket	219509
大型超市	Hypermarket	771153
仓储会员店	Warehouse Club	32537
百货店	Department Store	738824
专业店	Specialized Shop	3362047
专卖店	Exclusive Shop	2023233
家居建材商店	Home Center	76562
购物中心	Shopping Center	429438
厂家直销中心	Factory Outlet Center	351158
无店铺零售	Non-store	305309
#网上商店	Online	131040

continued

(10 000 yuan)

负债合计 Total Liabilities	所有者权益合计 Total Creditors' Equity	#实收资本 Capital Hold	#个人资本 Individual	营业收入 Business Revenue	主营业务收入 Revenue of Major Business	营业成本 Business Costs	税金及附加 Taxes and Extra Charges	其他业务利润 Profits of Other Business
159172	59163	33580	13641	225151	222849	201279	744	457
424545	176439	135304	63807	810650	789698	730786	1374	14765
1605665	289472	245433	5822	2512207	2408238	2290939	6741	16610
195821	24364	24180	1125	311614	288524	281933	1637	2010
7199937	1417610	2132633	517300	12857847	12557733	11723542	31210	122764
67069	40528	21429		244404	236661	203107	1252	4544
805923	-266681	13152		1029487	1006011	1116198	1295	1212
323765	42111	56419	880	500779	487866	454316	1075	1767
7401732	1383110	2203810	457832	12945147	12650517	11919062	34735	116177
1490472	35561	103398	22822	1993429	1910808	1814526	3794	14172
587832	-12616	33018	1661	979960	909249	891424	1883	3175
18099	5997	6892	777	55105	54369	48477	82	795
700045	135352	146127	42035	1482697	1460089	1396546	2717	14587
3479332	-250439	206649	48003	4419889	4239531	4215972	9209	33058
3941548	1061460	993420	172360	7467937	7280702	6723311	21609	82803
2227642	593520	1180644	250763	4442230	4382714	4094051	9887	20544
549658	142862	112533	54001	1126282	1082085	1036701	2506	12502
9870581	1467281	2415902	498522	16655532	16189721	15343940	42298	136123
9987	5598	2794	2080	19347	18487	17326	67	13
240808	-28526	28823	4019	527097	504931	506460	871	173
258	93	100	100	4838	4838	4788	4	
262263	96622	75145	37693	593382	565374	499637	1413	12670
1354729	2582	91621	10733	1104214	1024674	936174	2170	13646
32537	741	7486	6486	11385	11383	10371	20	267
1016485	184235	211460	14179	930284	896173	794151	5933	24914
3846790	636484	840087	224266	6818679	6623343	6431402	16061	29608
2106540	465310	1042575	169434	5488419	5404543	5136254	10653	46786
90989	20025	22582	8297	99417	99254	84686	552	348
501613	96609	66194	18833	694268	675616	582990	3631	7662
407583	-12492	27035	2402	364200	361105	339702	922	35
327599	80123	77342	26605	800806	795311	726095	913	12784
133374	31538	27813	11909	556309	553678	502686	594	12356

13-5 续表8

单位：万元

指　标	Item	销售费用 Costs of Sales
总　计	**Total**	**2797699**
一、批发业	**Wholesale Trade**	**1747789**
1.按登记注册类型分	Grouped by Registered Kind	
内资企业	Civil Funded Enterprises	1726971
国有企业	State-owned Enterprises	57595
集体企业	Collective-owned Enterprises	46603
有限责任公司	Limited Responsibility Corporations	690921
国有独资公司	Company Exclusively with Investment from State	94435
其他有限责任公司	Other Limited Responsibility Company	596486
股份有限公司	Share-holding Limited Corporations	61997
私营企业	Private-owned Enterprises	869783
私营独资企业	Enterprise Exclusively with Investment from Private	1498
私营合伙企业	Private Partnership Enterprises	515
私营有限责任公司	Private Limited Responsibility Corporations	859743
私营股份有限公司	Private Share-holding Limited Corporations	8026
其他企业	Others	73
港、澳、台商投资企业	Enterprises Funded by Hong Kong, Macao and Taiwan	14025
合资经营企业(港或澳、台资)	Joint Venture Enterprises	9892
港、澳、台商独资经营企业	Solely Owned Entersprises	4133
外商投资企业	Foreign Funded Enterprises	6794
中外合资经营企业	Joint Venture Enterprises	6794
2.按批发行业小类分	Grouped by Wholesale Trade	
农、林、牧、渔产品批发	Wholesale of Agricultural, Forestry, Animal Husbandry and Fishery Products	22190
食品、饮料及烟草制品批发	Wholesale of Food, Beverage and Tobaccos	362844
#米、面制品及食用油批发	Rice, Flour and Edible Oil	16295
烟草制品批发	Tobacoo Products Manufacturing	50946
纺织、服装及家庭用品批发	Wholesale of Textiles, Garments and Family Articles	26943
#服装批发	Wholesale of Garments	14656
文化、体育用品及器材批发	Wholesale of Culture, Sports Articles and Equipments	20969
医药及医疗器材批发	Wholesale of Medicines and Medical Appliances	263137
#西药批发	Wholesale of Western Medicine	116193
中药批发	Wholesale of Chinese Traditional Medicine	111966

continued

(10 000 yuan)

管理费用 Costs of Administration	财务费用 Costs of Finance	#利息收入 Interest revenues	#利息费用 Interest Expenses	营业利润 Business Profits	利润总额 Total Profits	所得税费用 Income Tax Expenses	应付职工薪酬(本年贷方累计发生额) Remuneration Payable (Accumulated Credit Balance of The Year)	应交增值税 Added Taxes Payable
1641775	**440557**	**178945**	**493688**	**960315**	**944294**	**282565**	**1328112**	**870658**
1070248	**299947**	**170261**	**421372**	**1383475**	**1356424**	**248881**	**756261**	**772480**
1064824	304804	169994	421363	1371868	1344860	244333	748016	754327
151310	-28556	46335	14686	371698	372332	80986	131820	130358
13960	2520	248	1872	1381	2154	515	8442	3058
534002	178600	113163	279731	428543	406254	114281	389561	421083
163491	62774	82496	133791	65018	81110	10262	73240	45274
370511	115826	30667	145939	363525	325144	104019	316321	375809
40836	17349	7223	22933	271406	268770	1114	38490	21089
324536	134882	3025	102141	298706	295214	47428	179491	178735
459	281	409	657	-147	-151	3	697	1020
733				6004	6035	2132	287	1039
318667	133022	2592	100254	291505	287675	45111	174824	175294
4677	1579	23	1230	1343	1655	183	3683	1381
180	9			135	135	9	214	4
3505	-4558	153	10	12162	12113	3595	6344	17558
2111	-4416			10112	10118	2722	2674	16951
1394	-142	153	10	2050	1995	873	3670	606
1919	-299	114		-554	-548	953	1900	596
1919	-299	114		-554	-548	953	1900	596
12034	2088	1184	2663	41017	43768	365	7899	391
199538	-12740	39773	21578	629920	633811	136291	217032	204955
6501	1101	774	1209	-677	2442	105	5027	1254
141607	-33056	34041	392	384925	384075	81036	123795	126112
10406	5029	725	5824	-2481	-2351	527	11823	2318
4288	28	-102	117	-3763	-3768	15	6863	621
12728	1319	1556	1550	17864	17908	4525	9549	2376
103903	34582	7820	40099	96180	98639	24768	91336	76819
65764	26189	6089	31296	64870	68441	17898	49954	49140
13807	4245	737	4606	4790	4226	1179	27579	13591

13-5 续表9

单位：万元

指　标	Item	销售费用 Costs of Sales
矿产品、建材及化工产品批发	Wholesale of Mineral Products, Building and Chemical Products	951669
#煤炭及制品批发	Coal and Related Products	755726
石油及制品批发	Petroleum and Related Products	31784
金属及金属矿批发	Metals and Metals Materials	87512
建材批发	Building Materials	35390
化肥批发	Chemical Fertilizer	7674
机械设备、五金产品及电子产品批发	Wholesale of Machinery, Hardwaresand Electronic Products	92071
#汽车及零配件批发	Motor Vehicles and Parts	29090
计算机、软件及辅助设备批发	Computer, Sofeware and Accessories	4968
贸易经纪与代理	Trade Brokerage and Agency	488
其他批发业	Other Wholesales	7479
3.按控股情况分	Grouped by Share Holding	
国有控股	State Holding Enterprises	574112
集体控股	Collective-owned Holding Enterprises	67748
私人控股	Private Holding Enterprises	968516
港澳台商控股	Hongkong, Macao and Taiwan Holding Enterprises	5740
其　他	Others	131673
4.按经营形式分	Grouped by Management Form	
独立门店	Independent Stores	1019995
连锁总店(总部)	Chain Headquarters	9424
连锁直营店	Direct Chain Stores	41
其　他	Others	718329
5.按单位规模分	Grouped by Enterprise Size	
大　型	Large-size	612438
中　型	Medium-size	760665
小　型	Small-size	307680
微　型	Micro-size	67007
二、零售业	**Retail Trade**	**1049910**
1.按登记注册类型分组	Grouped by Registered Kind	
内资企业	Civil Funded Enterprises	949437
国有企业	State-owned Enterprises	32287
集体企业	Collective-owned Enterprises	3999
股份合作企业	Share Cooperative Enterprises	904
联营企业	Joint Owned Enterprises	

continued

(10 000 yuan)

管理费用 Costs of Administration	财务费用 Costs of Finance	#利息收入 Interest revenues	#利息费用 Interest Expenses	营业利润 Business Profits	利润总额 Total Profits	所得税费用 Income Tax Expenses	应付职工薪酬 (本年贷方累计发生额) Remuneration Payable (Accumulated Credit Balance of The Year)	应交增值税 Added Taxes Payable
655213	240475	105937	327595	566281	535341	74859	363142	457566
541152	180869	92856	277375	491400	517161	57296	284067	381361
18754	4857	916	5394	–552	–814	2905	23659	11809
52248	32899	8965	28423	10502	–51039	10089	32507	36157
22285	9963	712	5305	10502	8876	1724	10247	16927
4010	5625	496	4539	3209	4754	1053	3637	3376
63818	27985	13247	20926	36185	28545	6600	48885	26700
17800	19652	12594	16964	6634	5863	1210	15196	5699
5569	372	28	103	911	1158	247	4427	1963
204	210		35	229	316	19	175	112
12405	1000	19	1102	–1722	448	927	6421	1243
627159	121535	155167	281760	924845	966166	187438	481947	540934
43920	12199	8003	14556	–28765	–90235	1284	23822	6839
372962	153216	5549	114855	371582	364834	55465	214951	199083
1789	257	153	10	471	427	873	4864	716
24419	12740	1388	10192	115343	115232	3821	30678	24908
536017	167017	116621	244596	613948	605311	128830	399749	334329
19293	10131	4744	13440	49505	49463	10423	17852	17632
48	128	143	271	–68	–68		28	8
514890	122672	48753	163066	720091	701719	109627	338632	420510
500502	55431	124044	186123	1086334	1104226	158634	382390	299048
385975	159872	47115	161448	142258	89095	53694	286096	371868
154551	67523	–1667	60602	166655	170058	32961	76443	92450
29219	17121	769	13200	–11772	–6954	3592	11331	9114
571527	**140610**	**8684**	**72315**	**–423160**	**–412130**	**33684**	**571852**	**98179**
544372	135544	8465	71000	–242099	–229623	30684	542605	93074
14337	1259	28	68	–61770	–63975	124	12252	2309
7323	292	14	95	–1153	–1439	17	3110	1015
981	176			–1248	–1245			21

13-5 续表10

单位：万元

指 标	Item	销售费用 Costs of Sales	管理费用 Costs of Administration
有限责任公司	Limited Responsibility Corporations	253222	129235
国有独资公司	Company Exclusively with Investment from State	26557	7930
其他有限责任公司	Other Limited Responsibility Company	226665	121305
股份有限公司	Share-holding Limited Corporations	78437	12159
私营企业	Private-owned Enterprises	580350	379937
私营独资企业	Enterprise Exclusively with Investment from Private	9967	11784
私营合伙企业	Private Partnership Enterprises	659	455
私营有限责任公司	Private Limited Responsibility Corporations	489404	349156
私营股份有限公司	Private Share-holding Limited Corporations	80320	18542
其他企业	Others	238	399
港、澳、台商投资企业	Enterprises Funded by Hong Kong, Macao and Taiwan	21282	10638
合资经营企业(港或澳、台资)	Joint Venture Enterprises	3808	1259
港、澳、台商独资经营企业	Solely Owned Enterspprises	17474	9379
外商投资企业	Foreign Funded Enterprises	79191	16517
中外合资经营企业	Joint Venture Enterprises	2129	766
外资企业	Enterprises with Sole Foreign Investment	39203	8311
外商投资股份有限公司	Share-holding Limited Corporations	37859	7440
2.按零售行业小类分	Grouped by Wholesale Trade		
综合零售	General Retail Sales Trade	243843	132597
百货零售	Daily Goods	94026	73713
超级市场零售	Supermarkets	143069	57892
便利店零售	Covenience Stores	5683	369
其他综合零售	Others	1065	624
食品、饮料及烟草制品专门零售	Retail of Food, Beverage and Tobaccos	42864	27124
纺织、服装及日用品专门零售	Retail of Textiles, Garments and Daily Articles	76280	52601
#服装零售	Garments	53267	44447
文化、体育用品及器材专门零售	Retail of Culture, Sports Articles and Equipments	47896	12829
#图书、报刊零售	Books and Mangzines	36917	7019
医药及医疗器材专门零售	Retail of Medicines and Medical Appliances	128986	69093
#西药零售	Western Medicines	125288	66110
中药零售	Traditional Chinese Medicines	3467	2186
汽车、摩托车、零配件和燃料及其他动力销售	Retail of Motor Vehicles, Motorcycles, Feuls, Parts and Others	431499	213487
#汽车新车零售	New Motor Vehicles	194124	140082
汽车旧车零售	Used Motor Vehicles	795	743
家用电器及电子产品专门零售	Retail of Household Electronic Equipments and Products	45126	26710
#日用家电零售	Household Appliance	32386	12312
计算机、软件及辅助设备零售	Computer, Software and Auxiliary Equipments	3071	6092
通信设备零售	Communication Equipments	5896	5065

continued

(10 000 yuan)

财务费用 Costs of Finance	#利息收入 Interest revenues	#利息费用 Interest Expenses	营业利润 Business Profits	利润总额 Total Profits	所得税费用 Income Tax Expenses	应付职工薪酬(本年贷方累计发生额) Remuneration Payable (Accumulated Credit Balance of The Year)	应交增值税 Added Taxes Payable
25303	2628	14186	14037	17942	13387	149533	37776
803	281	570	5738	6561	1791	13030	3296
24500	2348	13616	8299	11381	11597	136503	34480
7067	40	1764	−83726	−88099	4	27477	1656
101439	5755	54886	−108433	−92994	17152	349355	50294
1091	−60	492	4088	3884	514	8909	1602
28		19	53	49	1	621	87
92503	5766	52103	−19982	−5614	16148	294364	75107
7817	49	2272	−92591	−91312	489	45461	−26502
8		1	195	188		880	4
203	113	59	7859	8328	2545	6671	2584
−43	94	8	2575	2905	927	2322	1263
246	19	51	5284	5422	1618	4350	1321
4863	106	1257	−188920	−190836	455	22575	2521
815	11	800	−2322	−2100		760	26
2372	95	73	−103936	−104702	455	12250	2047
1676		384	−82662	−84033		9566	448
48779	39	22056	−22534	−19295	7097	131937	22847
29792	473	17360	−13366	−12785	5006	43386	15414
18498	−432	4577	−8090	−5556	2082	83834	6326
258			−1095	−1090	5	1374	964
230	−2	119	17	136	5	3343	143
−163	3256	2134	11947	15054	4633	23219	10046
4939	488	1680	10641	11029	4303	38881	12761
4446	144	1597	8168	8329	2628	28073	6420
1640	201	429	8832	9787	2357	23643	1766
−88	160		8499	8567	2014	19861	−56
2726	1748	2886	13105	14190	3590	75622	13099
2484	1738	2769	13266	14402	3564	72881	11511
168	12	117	−509	−562	−4	2361	1329
68641	2582	35497	−439878	−443111	9784	226419	23120
47623	2250	24641	−25461	−17902	7187	130350	42344
120		19	−555	−365		574	151
5164	67	1711	−7296	−4809	456	22273	6253
2918	26	667	−10133	−8535	130	12808	3173
246	35	96	2709	3133	234	4076	1799
830	26	197	1643	1853	84	3818	636

13-5 续表11

单位：万元

指　标	Item	销售费用 Costs of Sales
五金、家具及室内装饰材料专门零售	Retail of Hardwares, Furniture and Room Decorative Building	8790
货摊、无店铺及其他零售业	Retail of Stall, Non-store and Others	24626
3.按控股情况分	Grouped by Share Holding	
国有控股	State Holding Enterprises	243853
集体控股	Collective-owned Holding Enterprises	12329
私人控股	Private Holding Enterprises	676834
港澳台商控股	Hongkong, Macao and Taiwan Holding Enterprises	21344
外商控股	Foreign Holding Enterprises	78685
其　他	Others	16865
4.按经营形式分	Grouped by Management Form	
独立门店	Independent Stores	671376
连锁总店	Chain Headquarters	205668
连锁直营店	Direct Chain Stores	101636
连锁加盟店	Franchise Chain Stores	3663
其　他	Others	67567
5.按单位规模分	Grouped by Enterprise Size	
大　型	Large-size	429537
中　型	Medium-size	415758
小　型	Small-size	177488
微　型	Micro-size	27127
6.按零售业态分	Grouped by Retail Format	
有店铺零售	Store-based	1023920
食杂店	Grocery Store	138
便利店	Convenient Store	40638
折扣店	Discount Store	
超　市	Supermarket	62696
大型超市	Hypermarket	125557
仓储会员店	Warehouse Club	748
百货店	Department Store	53785
专业店	Specialized Shop	469266
专卖店	Exclusive Shop	191492
家居建材商店	Home Center	6613
购物中心	Shopping Center	49004
厂家直销中心	Factory Outlet Center	23984
无店铺零售	Non-store	25990
#网上商店	Online	17027

continued

(10 000 yuan)

管理费用 Costs of Administration	财务费用 Costs of Finance	#利息收入 Interest revenues	#利息费用 Interest Expenses	营业利润 Business Profits	利润总额 Total Profits	所得税费用 Income Tax Expenses	应付职工薪酬(本年贷方累计发生额) Remuneration Payable (Accumulated Credit Balance of The Year)	应交增值税 Added Taxes Payable
8468	2406	35	1352	3087	3236	216	7759	3583
28618	6479	268	4571	-1063	1788	1248	22100	4706
68913	10879	2238	7892	-124906	-130269	7600	116851	9931
17494	1495	60	478	-4808	-5353	47	9534	1851
433953	118008	6318	60434	-112502	-95021	20825	401825	75254
10859	220	117	78	8012	8485	2545	6861	2573
16163	4849	98	1238	-188549	-190468	455	22240	2518
24145	5158	-147	2197	-407	497	2212	14542	6053
451077	114093	6195	62142	-238700	-228639	26051	395918	69786
62941	12882	2080	5495	-102896	-102343	5139	84530	15350
17840	7272	41	823	-39256	-39908	288	52520	2919
1550	127	9	76	1268	1357	23	1633	1150
38118	6236	359	3779	-43576	-42598	2183	37251	8973
132200	30780	1240	5007	-386698	-390461	6035	184300	-13155
257206	73930	5316	49430	-18896	-10288	20845	265985	65308
155708	31941	1940	15895	-31863	-26238	3603	109470	34385
26413	3959	188	1983	14296	14858	3201	12096	11641
546584	135767	8415	70025	-420735	-412945	33296	554516	92060
1326	46		38	442	464	10	766	18
10589	2008	109	724	-33359	-34276	896	13256	3181
44	3						29	4
25898	3316	100	1864	1826	2176	1635	37661	3881
32790	15197	-380	2807	-7636	-5562	1094	65007	4386
727	23	1	19	-240	-225	1	626	164
73001	23520	265	15499	-12656	-11749	2221	33724	12327
216987	41606	5565	22217	-324020	-323061	12301	240553	25067
123842	37420	1973	23227	-14859	-10406	9510	119261	36133
4918	1269	34	331	1064	1129	109	5488	2495
42447	9997	272	2748	6621	6816	5294	24737	6853
14013	1364	476	551	-37918	-38250	226	13408	-2447
24943	4843	269	2291	-2425	814	388	17336	6118
17040	2366	151	567	-2633	-439	97	10329	3082

13-6 限额以上批发零售业商品销售类值(2020年)

SALES VALUE OF ENTERPRISES ABOVE DESIGNATED SIZE IN WHOLESALE AND RETAIL TRADE BY CATEGORY OF COMMODITIES(2020)

单位：万元 (10 000 yuan)

指 标	Item	销售额 Sales Value	批发额 Wholesale	零售额 Retail
总 计	**Total**	**122322865**	**102075846**	**20247019**
一、批发业	**Wholesale Trade**	**102002119**	**100803002**	**1199117**
1.粮油、食品类	Grain, Oil and Food	1319427	1088966	230461
2.饮料类	Beverages	151594	124195	27399
3.烟酒类	Tobacco and Liquor	5941670	5832366	109304
4.服装、鞋帽、针纺织品类	Clothing, Shoes and Hats, Textiles	134552	126291	8261
5.化妆品类	Cosmetics	6101	3627	2474
6.金银珠宝类	Gold, Silver and Jewellery	248795	243656	5139
7.日用品类	Articles for Daily Use	48086	33451	14635
8.五金、电料类	Hardware and Electrical Materials	106767	72598	34169
9.体育、娱乐用品类	Sports and Recreation Articles	54816	54586	230
10.书报杂志类	Newspapers and Magazines	198365	195705	2660
11.电子出版物及音像制品类	Electronic Publications and Audiovisual Products	13155	13155	
12.家用电器和音像器材类	Household Appliances and Audiovisual Equipments	1343595	1029180	314415
13.中西药品类	Traditional Chinese and Western Medicine	4538296	4344197	194099
#西 药	Western Medicine	3468017	3316718	151299
中草药及中成药类	Traditional Chinese Medicine	405352	385483	19869
14.文化办公用品类	Culture and Office Articles	386128	361924	24203
#计算机及其配套产品	Computer and Corollarty Equipment	151040	137647	13393
15.家具类	Furnitures			
16.通讯器材类	Communication Equipment	118569	107725	10844
17.煤炭及制品类	Coal and Related Products	41396956	41365273	31684
18.木材及制品类	Timber and Related Products	22815	22815	
19石油及制品类	Petroleum and Related Products	2103016	2014831	88185
20.化工材料及制品类	Chemical Materials and Related Products	4326595	4326595	
#化肥类	Chemical Fertilizer	1255975	1255975	
21.金属材料类	Metal Materials	29708214	29708214	
22.建筑及装潢材料类	Building and Decoration Materials	577637	559523	18115
23.机电产品及设备类	Mechanical and Electrical Products and Equipments	1937277	1929623	7655
#农机类	Farm Machineries	23252	23252	
24.汽车类	Automobiles	1809250	1794597	14653
#新能源汽车	New Energy Vehicles	292000	289934	2067
25.种子饲料类	Seeds and Forages	172569	172569	
26.其他类	Others	5337874	5277340	60535

13-6 续表 continued

单位：万元 (10 000 yuan)

指　标	Item	销售额 Sales Value	批发额 Wholesale	零售额 Retail
二、零售业	**Retail Trade**	**20320746**	**1272844**	**19047902**
1.粮油、食品类	Grain, Oil and Food	1959757	23764	1935992
2.饮料类	Beverages	218266	6551	211714
3.烟酒类	Tobacco and Liquor	671096	51673	619423
4.服装、鞋帽、针纺织品类	Clothing, Shoes and Hats, Textiles	1814010	10278	1803732
5.化妆品类	Cosmetics	259026	9	259016
6.金银珠宝类	Gold, Silver and Jewellery	293074		293074
7.日用品类	Articles for Daily Use	386370	11589	374781
8.五金、电料类	Hardware and Electrical Materials	142858	21544	121314
9.体育、娱乐用品类	Sports and Recreation Articles	33248	1916	31332
10.书报杂志类	Newspapers and Magazines	197777	790	196988
11.电子出版物及音像制品类	Electronic Publications and Audiovisual Products	6341		6341
12.家用电器和音像器材类	Household Appliances and Audiovisual Equipments	1165024	42935	1122089
13.中西药品类	Traditional Chinese and Western Medicine	923652	19900	903752
#西　药	Western Medicine	585501	11852	573648
中草药及中成药类	Traditional Chinese Medicine	120496	1386	119110
14.文化办公用品类	Culture and Office Articles	118951	17330	101621
#计算机及其配套产品	Computer and Corollarty Equipment	61507	15855	45652
15.家具类	Furnitures	247462	983	246479
16.通讯器材类	Communication Equipment	216481	19502	196979
17.煤炭及制品类	Coal and Related Products	94660	54348	40312
18.木材及制品类	Timber and Related Products			
19.石油及制品类	Petroleum and Related Products	3690682	521556	3169126
20.化工材料及制品类	Chemical Materials and Related Products	51963	51963	
#化肥类	Chemical Fertilizer	51487	51487	
21.金属材料类	Metal Materials	6243	6243	
22.建筑及装潢材料类	Building and Decoration Materials	220092	7080	213013
23.机电产品及设备类	Mechanical and Electrical Products and Equipments	94553	58924	35629
#农机类	Farm Machineries	279	279	
24.汽车类	Automobiles	6829913	236192	6593721
#新能源汽车	New Energy Vehicles	196698	30506	166192
25.种子饲料类	Seeds and Forages			
26.其他类	Others	679248	107774	571475

13-7 亿元以上商品交易市场基本情况(2020年)

BASIC STATISTICS ON COMMODITY EXCHANGE MARKETS OF TRANSACTION VOLUME OVER 100 MILLION YUAN(2020)

市　场	Market	市场数量(个) Number of Markets (unit)	年末出租摊位数(个) Number of Stalls at Year-end (unit)	营业面积(平方米) Area of Bussiness (sq.m)	成交额(万元) Volume of Transaction (10 000 yuan)
总　计	**Total**	**30**	**23638**	**2473319**	**6840642**
一、按市场类别分组	Grouped by Market Category				
1.综合市场	Comprehensive Markets	12	16016	1705687	5652662
综合贸易市场	Comprehensive Commercial Markets	12	16016	1705687	5652662
生产资料综合市场	Productive Materials Comprehensive Markets	1	100	23000	11219
工业消费品综合市场	Industrial Consumable Comprehensive Markets	1	203	59720	10397
农产品综合市场	Farm Products Comprehensive Markets	7	3155	392347	1313521
其他综合市场	Others	3	12558	1230620	4317525
2.专业市场	Special Markets	18	7622	767632	1187980
农产品市场	Farm Products Comprehensive Markets	5	2253	247080	633704
蔬菜市场	Vegetables Markets	3	1869	206200	586304
干鲜果品市场	Dried and Fresh Melons and Fruits Markets	2	384	40880	47400
食品、饮料及烟酒市场	Food, Beverages, Tobacco and Liquor Markets	1	101	3000	11630
纺织、服装、鞋帽市场	Textiles, Clothing, Shoes and Hats Markets	9	4184	339554	437572
服装市场	Clothing Markets	8	3924	310554	428772
鞋帽市场	Shoes and Hats Markets	1	260	29000	8800
家具、五金及装饰材料市场	Furniture, Hardware and Decoration Materials	3	1084	177998	105074
家具市场	Markets Furniture Markets	1	511	134192	44537
装饰材料市场	Decoration Materials Markets	2	573	43806	60537
二、按经营方式分组	Grouped by Business Style				
1.以批发为主	Wholesale mainly	25	21812	2076321	6450638
2.以零售为主	Retail mainly	5	1826	396998	390004
三、按经营环境分组	Grouped by Business Environment				
1.露天式	Open-air Markets	4	1445	236800	195651
2.封闭式	Enclosed Markets	21	18491	2019899	6441918
3.其　他	Others	5	3702	216620	203073

13-8 亿元以上商品交易市场按摊位分类成交情况(2020年)

CLASSIFICATION OF COMMODITY EXCAHNGE MARKETS OF TRANSACTION VOLUME OVER 100 MILLION YUAN(2020)

类　别	Classification	年末出租摊位数(个) Number of Stalls at Year-end (unit)	成交额(万元) Volume of Transaction (10 000 yuan)
总　计	**Total**	**23638**	**6840642**
1.粮油、食品类	Grain, Oil and Food	5911	2567194
#粮油类	Grain and Oil	665	312339
肉禽蛋类	Meat, Poultry and Eggs	390	146814
水产品类	Aquatic Products	248	43570
蔬菜类	Vegetables	2544	960684
干鲜果品类	Dried and Fresh Fruits	1402	471478
2.饮料类	Beverages	191	15324
3.烟酒类	Tobacco and Liquor	327	339877
4.服装、鞋帽、针纺织品类	Clothing, Shoes, Hats and Textiles	9650	1095520
服装类	Clothing	6111	818219
鞋帽类	Footwear and Hats	1887	167311
针纺织品类	Knitwear and Textiles	1652	109990
5.化妆品类	Cosmetics	222	1746
6.金银珠宝类	Gold, Silver and Jewellery	2	36
7.日用品类	Articles for Daily Use	1506	561526
8.五金、电料类	Hardware and Electrical Materials	590	262604
9.体育、娱乐用品类	Sports and Recreational Articles	9	398
10.电子出版物及音像制品类	Electronic Publication and Audiovisual Products	4	66
11.家用电器和音像器材类	Household Appliances and Audiovisual Equipments	40	2786
#能效等级为1和2级的商品	EEI of Level Ⅰ and Ⅱ	12	1219
#智能家用电器和音像器材	Intelligent Products	18	987
12.中西药品类	Traditional Chinese and Western Medicine	1	6
13.文化办公用品类	Cultural and Official Articles	23	2364
14.家具类	Furniture	1138	57811
15.通讯器材类	Communication Equipments	5	9
16.化工材料及制品类	Raw Chemical Materials and Related Products	4	242
17.金属材料类	Metal Materials	123	655680
18.建筑及装潢材料类	Building and Decoration Materials	1808	746779
19.汽车类	Automobiles	32	455623
20.其他类	Others	2052	75051

13-9 城市商业综合体基本情况(2020年)

项　目	Item	商户数(个) Commercial Tenants (unit)	法 人 Corporations
自营、联营部分的经营情况	**Operation of Self-support and Pool**		
合　计	**Total**	**1238**	**831**
一、零售业	**Retail Trade**	**1136**	**821**
1.百货零售	Reatail of General Merchandise	15	4
2.超级市场零售	Supermarket Retail	3	2
3.食品、饮料及烟草制品零售	Retail of Food, Beverage and Tobaccos	30	1
4.服装鞋帽针纺织品零售	Retail of Clothing, Shoes, Hats and Textiles	985	751
5.化妆品零售	Retail of Cosmetics	68	37
6.日用品零售	Retail of Daily Articles	3	1
7.家用电器及电子产品零售	Retail of Household Electronic Equipments and Products	8	4
8.其　他	Others	24	21
二、餐饮业	**Catering Services**	**62**	**3**
三、服务业	**Services**	**40**	**7**
1.电影放映	Motion Picture Projection	4	2
2.教育培训	Education and Training	1	
3.室内娱乐活动	Indoor Recreation	11	2
4.理发及美容服务	Hairdressing and Beauty Services	14	
5.健身休闲活动	Fitness and Leisure Activities	2	2
6.其　他	Others	8	1

BASIC STATISTICS ON URBAN COMMERCIAL COMPLEXES(2020)

		商户从业人员期末人数(人) Employees at The Year-end (person)	商户商品销售额(商户营业额)(万元) Sales Value (Business Volume) (10 000 yuan)	营业面积(平方米) Operating Area (sq.m)
分支机构 Branches	个体户 Individuals			
17	**390**	**6526**	**286681**	**217182**
11	**304**	**5873**	**276659**	**175218**
4	7	186	3754	17215
	1	490	19271	16346
	29	305	6063	4148
2	232	4472	233393	120234
2	29	255	5681	10042
2		17	416	743
1	3	34	2539	2719
	3	114	5542	3771
5	**54**	**370**	**5450**	**12779**
1	**32**	**283**	**4572**	**29185**
	2	67	1962	9736
	1	1	20	92
	9	130	2128	17541
	14	62	345	950
			3	29
1	6	23	114	837

13-9 续表

项　目	Item	商户数(个) Commercial Tenants (unit)	法 人 Corporations
租赁部分的经营情况	**Operation of Lease**		
合　计	**Total**	**4755**	**1183**
一、零售业	**Retail Trade**	**2943**	**713**
1.百货零售	Reatail of General Merchandise	190	62
2.超级市场零售	Supermarket Retail	19	11
3.食品、饮料及烟草制品零售	Retail of Food, Beverage and Tobaccos	136	14
4.服装鞋帽针纺织品零售	Retail of Clothing, Shoes, Hats and Textiles	1925	439
5.化妆品零售	Retail of Cosmetics	181	43
6.日用品零售	Retail of Daily Articles	58	9
7.家用电器及电子产品零售	Retail of Household Electronic Equipments and Products	139	61
8.其　他	Others	295	74
二、餐饮业	**Catering Services**	**1224**	**300**
三、服务业	**Services**	**588**	**170**
1.电影放映	Motion Picture Projection	23	16
2.教育培训	Education and Training	131	48
3.室内娱乐活动	Indoor Recreation	132	38
4.理发及美容服务	Hairdressing and Beauty Services	127	17
5.健身休闲活动	Fitness and Leisure Activities	37	14
6.其　他	Others	138	37

continued

分支机构 Branches	个体户 Individuals	商户从业人员期末人数(人) Employees at The Year-end (person)	租金总额(万元) Total Rental (10 000 yuan)	商户商品销售额(商户营业额)(万元) Sales Value (Business Volume) (10 000 yuan)	营业面积(平方米) Operating Area (sq.m)
297	**3275**	**29787**	**100011**	**971591**	**1201049**
201	**2029**	**14289**	**65374**	**720621**	**657652**
4	124	1412	6658	106367	127453
7	1	1804	6255	130161	155081
4	118	593	1284	12284	10506
121	1365	7369	36378	287764	283151
12	126	746	2850	23805	19159
7	42	315	1302	11878	8589
16	62	639	3395	59598	25593
30	191	1411	7252	88764	28120
64	**860**	**10811**	**22783**	**187406**	**218385**
32	**386**	**4687**	**11854**	**63564**	**325012**
5	2	433	2434	10505	100578
3	80	1171	1972	8142	52794
3	91	950	3133	15897	91843
6	104	839	1477	9208	11512
10	13	446	1329	7277	33831
5	96	848	1509	12535	34454

13-10 私营企业基本情况(2020年)

BASIC STATISTICS ON PRIVATE-OWNED ENTERPRISES(2020)

单位：户 (household)

指　标	Item	年末实有户数 Real Number of Enterprises at Year-end	#本年登记 Registered This Year	注册资金(万元) Registered Capital (10 000 yuan)
总　计	**Total**	**715663**	**155488**	**394212883**
农、林、牧、渔业	Farming, Forestry, Animal Husbandry and Fishery	32684	6854	16425126
采矿业	Mining	5260	364	6993118
制造业	Manufacturing	49991	6300	39993041
电力、热力、燃气及水生产和供应业	Production and Supply of Electricity, Heat, Gas and Water	4658	647	8761309
建筑业	Construction	69173	20245	45409353
交通运输、仓储和邮政业	Transport, Storage and Post	24838	4360	10331672
信息传输、软件和信息技术服务业	Information Transmission, Software and Information Technology Services	26341	5302	9883844
批发和零售业	Wholesale and Retail Trade	267622	53254	109694625
住宿和餐饮业	Hotels and Catering Services	13436	3059	5017876
金融业	Financial Industry	5774	456	30865216
房地产业	Real Estate	24086	5095	21962919
租赁和商务服务业	Lease and Business Affairs Services	77346	15800	38914967
科学研究和技术服务业	Scientific Reseach and Technical Services	58522	20393	31315394
水利、环境和公共设施管理业	Water, Environmental Protection and Public Facility Management	4696	1425	3310999
居民服务、修理和其他服务业	Resident Services, Repair and Other Services	23086	4797	6910937
教　育	Education	5143	1533	673775
卫生和社会工作	Health Care and Social Work	3817	1173	1529763
文化、体育和娱乐业	Culture, Sports and Recreation	17920	4404	5047178
其他行业	Others	1270	27	1171769

13-11 个体工商业基本情况(2020年)
BASIC STATISTICS ON INDIVIDUAL BUSINESS(2020)

单位：户 (household)

指 标	Item	年末实有户数 Real Number of Households at Year-end	#本年登记 Registered This Year	注册资金(万元) Registered Capital (10 000 yuan)
总 计	**Total**	**1948069**	**296059**	**17276825**
农、林、牧、渔业	Farming, Forestry, Animal Husbandry and Fishery	41016	14096	1190530
采矿业	Mining	604	31	26075
制造业	Manufacturing	75899	8622	850428
电力、热力、燃气及水生产和供应业	Production and Supply of Electricity, Heat, Gas and Water	823	31	9581
建筑业	Construction	11377	3277	196937
交通运输、仓储和邮政业	Transport, Storage and Post	153501	21702	2095927
信息传输、软件和信息技术服务业	Information Transmission, Software and Information Technology Services	7636	1127	40878
批发和零售业	Wholesale and Retail Trade	1083411	139132	7182708
住宿和餐饮业	Hotels and Catering Services	302179	63452	3722867
金融业	Financial Industry	496	48	8219
房地产业	Real Estate	683	162	5191
租赁和商务服务业	Lease and Business Affairs Services	23587	5683	293076
科学研究和技术服务业	Scientific Reseach and Technical Services	2333	701	19508
水利、环境和公共设施管理业	Water, Environmental Protection and Public Facility Management	2634	118	12879
居民服务、修理和其他服务业	Resident Services, Repair and Other Services	219007	34024	1406327
教 育	Education	946	146	9208
卫生和社会工作	Health Care and Social Work	9355	1300	62046
文化、体育和娱乐业	Culture, Sports and Recreation	12441	2396	143242
其他行业	Others	141	11	1199

主要统计指标解释

批发业 指向其他批发或零售单位（含个体经营者）及其他企事业单位、机关团体等批量销售生活用品、生产资料的活动，以及从事进出口贸易和贸易经纪与代理的活动。

零售业 指百货商店、超级市场、专门零售商店、品牌专卖店、售货摊等主要面向最终消费者（如居民等）的销售活动，以互联网、邮政、电话、售货机等方式的销售活动，还包括在同一地点，后面加工生产，前面销售的店铺（如面包房）。

批发和零售业法人企业 指具备如下条件的批发零售贸易企业：(1)依法成立，有自己的名称、组织机构和场所，能够承担民事责任；(2)独立拥有和使用资产，承担负债，有权与其他单位签订合同；(3)独立核算盈亏，并能够编制包括资产负债表在内的全部会计帐户。

限额以上批发企业 年主营业务收入 2000 万元及以上的批发企业。

限额以上零售企业 年主营业务收入 500 万元及以上的零售企业。

社会消费品零售总额 指企业（单位、个体户）通过交易直接售给个人、社会集团非生产、非经营用的实物商品金额，以及提供餐饮服务所取得的收入金额。个人包括城乡居民和入境人员，社会集团包括机关、社会团体、部队、学校、企事业单位、居委会或村委会等。

批发和零售业零售额 指批发和零售业企业、产业活动单位和个体户售给城乡居民用于生活消费和社会集团用于公共消费的商品金额。

门店总数 指该连锁企业所拥有的全部门店（包括直营店和加盟店）数量。其中，总店（如果总公司有门店的话）作为一个直营店处理。此外，有的地区分出控股店，控股店按直营店统计。

连锁总店（总部） 负责连锁企业资源（商号、商誉、经营模式、服务标准、管理模式等）的开发、配置、控制或使用等功能的企业核心管理机构。连锁经营是指经营同类商品或服务，使用统一商号的若干店铺，在同一总店（总部）的管理下，采取统一采购或特许经营等方式实现规模效益的组织形式，包括直营连锁、特许连锁和自愿连锁三种形式。

直营店 由连锁企业总部投资开设，按连锁经营管理模式，由总店（总部）统一管理，按照总店（总部）的指示和服务规范要求，承担日常销售业务的店铺。

加盟店 在特许连锁中，被特许人获得特许人授权后，使用其商标、商号、经营模式、专利和专有技术等经营资源建立的，按照总店（总部）的指示和服务规范要求，承担日常销售业务的店铺，也包括自愿连锁的成员店。

零售业态 指零售企业（单位）为满足不同的消费需求进行相应的要素组合而形成的不同经营形态；分类原则是，零售业态按零售店铺的结构特点，根据其经营方式、商品结构、服务功能，以及选址、商圈、规模、店堂设施、目标顾客和有无固定营业场所进行分类。

零售业态从总体上可以分为有店铺零售业态和无店铺零售业态两类。按照零售业态分类原则分为食杂店、便利店、折扣店、超市、大型超市、仓储会员店、百货店、专业店、专卖店、家居建材商店、购物中心、厂家直销中心、电视购物、邮购、网上商店、自动售货亭、电话购物等 17 种零售业态。

商品购进额 指从本企业以外的单位和个人购进（包括从国外直接进口）作为转卖或加工后转卖的商品金额（含增值税）。本指标反映批发和零售业从国内外市场上购进商品的总价。

商品销售额 指对本单位以外的单位和个人出售的商品金额（包括售给本单位消费用的商品，含增值税），在批发零售业中本指标反映在国内市场上销售商品以及出口商品的总量。

期末商品库存额 对于批发和零售业法人单位和个体经营户，是指报告期末取得所有权的全部商品金额（含增值税）；对于批发和零售业产业活动单位，是指报告期末实际在库且归属法人具有所有权的全部商品金额（含增值税）。该指标反映批发和零售业商品库存情况，以及对市场商品供应的保证程度。

服务营业额 指批发和零售业单位在经营活动中，因提供服务取得的收入（含增值税），包括贸易经济代理服务、拍卖服务、汽车维修和装饰服务、各种商务服务和商品代理、互联网交易平台服务、场地和商品租赁、充电服务等。

城市商业综合体 指以区域为中心、以购物中心为主导，融合了商业零售、餐饮、休闲养生、娱乐、文化、教育等多项城市主要功能活动，面向各类生活消费人群、提供综合性服务的大型建筑综合体。城市商业综合体除具备以上特征外，还应同时满足以下几个条件：(1)由企业有计划地管理运营，有统一的名称，如**中心、**广场、**城等。(2)涵盖超市、百货、专业店、专卖店等商品零售业态，正餐、快餐等餐饮业态，以及文化、娱乐、健身、培训等两项及以上主要服务业态。(3)营业面积不少于 1 万平方米且独立开展经营活动的商户不少于 50 个。(4)具备专门的停车场所，专供在城市商业综合体内进行消费的顾客使用。

亿元以上商品交易市场 指年成交额在亿元及以上的商品交易市场。商品交易市场是指经有关部门和组织批准设立，有固定场所、设施，有经营管理部门和监管人员，若干市场经营者入内，常年或实际开业三个月以上，集中、公开、独立地进行生活消费品、生产资料等现货商品交易以及提供相关服务的交易场所，包括各类消费品市场、生产资料市场等。

Explanatory Notes on Main Statistical Indicators

Wholesale Trade refers to the activities of wholesaler selling commodities in bulk for daily use and capital goods to other wholesale and retail enterprises, institutions and government offices, including the activities of wholesaler engaged in import and export and acting as a trade agent.

Retail Trade refers to the activities of department store, supermarket, franchised store, brand store, retail stall and on-the-spot-making-selling store selling commodities to the final consumers (citizens) by any means including internet, post, telephone, sales machine.

Wholesale and Retail Corporation Enterprises refer to the wholesale and retail trade enterprises satisfy the conditions as follow: (1) They are established legally, having their own names, organizations, location, able to take civil liability; (2) They possess and use their assets independently, assume liabilities, and are entitled to sign contracts with other units; (3) They are financially independent and compile their own balance sheets.

Wholesale Enterprises above Designated Size refer to wholesale enterprises whose annual revenue of major business amounts to 20 million yuan and over.

Retail Trade Enterprises above Designated Size refer to retail enterprises whose annual revenue of major business amounts to 5 million yuan and over.

Total Retail Sales of Consumer Goods refer to the amount obtained by enterprises (units, self-employed individuals) through direct sales of non-production and non-business physical commodity to individuals, social institutions, and revenue from providing catering services. Individuals include rural and urban households, population from abroad, and social institutions include government agencies, social organizations, military units, schools, institutions, neighborhood (village) committees.

Total Retail Sales of Wholesale and Retail Trade refer to the amount obtained by wholesale and retail enterprises, active units and self-employed individuals through sales to residents and social groups for mass consumption.

Total Number of Stores refers to the total number of stores owned by the chain enterprises, including direct stores and franchises. The headquarter (if there has one) is counted as a direct store. In addition, there are some holding stores in some regions, and these stores are also counted as direct stores.

Chain Head Stores (Headquarters) refer to the core leading stores responsible for development, allocation, administration and utilization of resources (name of stores, brand of stores, operation model, service standard, management way, etc.) of chain stores. Chain stores refer to the stores engaged in providing homogeneous commodities or services, with the central leadership of head stores (headquarters) and guided by common policies, conduct centralized purchase and efficiency through standardized operation. The chain stores include direct chain stores, franchise chain stores and voluntary chain stores.

Direct Chain stores refer to stores that are invested and set up by the headquarters of chain enterprises. They are under the unified management of the head stores (headquarters) according to the chain operation management mode, and undertake the daily sales business according to the instructions and service specification requirements of the head stores (headquarters).

Franchise Chain Stores In the franchise chain, the franchisee, after being authorized by the franchisor, uses its trademark, trade name, business model, patent and proprietary technology and other business resources to undertake daily sales business in accordance with the instructions and service specification requirements of the head stores (headquarters). The member stores of voluntary chain are also included.

Retail Trade Format refers to the different business forms which combined by corresponding factors to satisfy different consumption needs. It is classified according to retail stores' structure characters, such as business form, commodities' structure, service function, address, business circle, scale, store facilities, target customers and whether having a fixed business place.

Retail trade format can be divided into store-based and non-store retail. It can be classified into 17 forms as the following: grocery store, convenient store, discount store, supermarket, hypermarket, warehouse club, department store, specialized shop, exclusive shop, home centre, shopping centre, factory outlet centre, TV shopping, mail shopping, web shop, vending machine and telephone shopping.

Value of Commodities Purchases refers to the value of commodities purchasing by enterprises from other units or individuals with value-added tax, including direct import form abroad, for the purpose of re-selling, either with or without further processing of the commodities purchased. It reflects the total commodities value that wholesale and retail trade purchased from the domestic and abroad market.

Value of Commodities Sales refers to the value of commodities sold by the units to other units or individuals with value-added tax, including goods sold for self consumption. It reflects the total commodities amount sold and exported in domestic market in

Wholesale and retail trade.

Total Value of Storing at The End of Period refers to total possessed commodities value including value-added tax for the wholesale and retail corporation units and individuals at the end of report period. And it refers to the total commodities value at the end of report period, including value-added tax, which are in stock and belong to the corporation units for the wholesale and retail active units. It reflects the goods stock of the wholesale and retail trade and the guarantee degree of goods supply to the market.

Turnover of Services refers to the income (including value-added taxes) obtained by wholesale and retail enterprises in business activities due to the provision of services, including trade brokerage services, auction services, automobile maintenance and decoration services, various business services and commodity agency, internet trading platform services, venue and commodity leasing ,charging services, etc.

Urban Commercial Complexes refers to a large-scale building complex which is based on the regional center, and is mainly shopping center. It integrates many major urban functional activities such as commercial retail, catering, leisure and health care, entertainment, culture, education, etc., and provides comprehensive services for all kinds of consumer groups. In addition to the above characteristics, the urban commercial complex should also meet the following conditions: (1) It should be managed and operated by the enterprises in a planned way, and have a unified name, such as ** center, ** square, and ** city. (2) It covers supermarkets, department stores, specialized stores, exclusive stores and other commodity retail formats, catering formats such as dinner and fast food, and two or more major service formats such as culture, entertainment, fitness and training. (3) The business area is not less than 10000 square meters, and there are no less than 50 independent businesses. (4) There is a special parking space for customers to consume in the urban commercial complex.

Commodities Trading Market over 100 Million Yuan refers to the commodity market with an annual transaction at and above 100 million yuan. Commodities trading market refers market that is approved by related government departments, which has fixed sites, facilities, managers and administration offices, traders, and has operated for more than three months. It is a place where the commodities including the articles for daily consumption, productive materials, goods transactions and services are traded in a centralized, independent and open way. And it includes consumer market, materials market and etc.

14

住宿、餐饮业和旅游

HOTELS, CATERING SERVICES AND TOURISM

资料整理人员

雷士伟　邓　娜　郭俊凯

HOTELS, CATERING SERVICES AND TOURISM 住宿、餐饮业和旅游

住宿、餐饮业营业额	Business Volume of Hotels and Catering Services	1041610	万元 (10 000 yuan)
接待国内游客人数	Domestic Tourists	33252	万人次 (10 000 person-times)
接待入境过夜游客人数	Inbound Overnight Tourists	1.7	万人次 (10 000 person-times)
旅游总收入	Total Income of Tourism	2920.1	亿元 (100 million yuan)
旅游外汇收入	Foreign Exchange Earnings from Tourism	605	万美元 (USD 10 000)

旅游总收入（亿元）
Total Income of Tourism (100 million yuan)

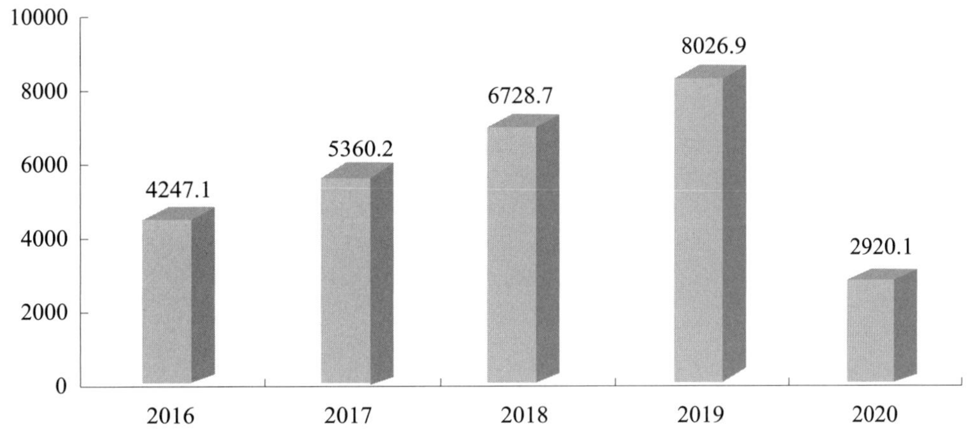

接待国内游客人数（万人次）
Domestic Tourists (10 000 person-times)

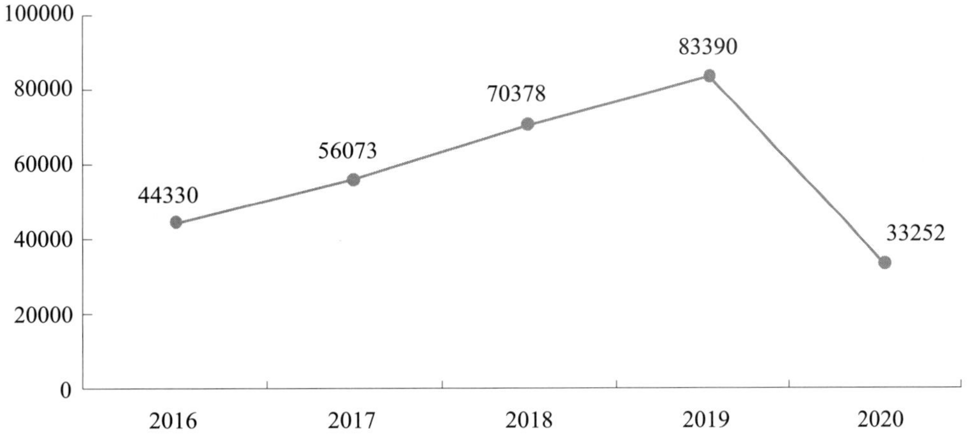

14-1 限额以上住宿和餐饮业法人企业经营情况(2020年)

单位：万元

指 标	Item	法人企业数(个) Number of Corporation Enterprises (unit)
总 计	**Total**	**1047**
一、住宿业	**Hotels**	**445**
1.按登记注册类型分	Grouped by Registered Kind	
内资企业	Civil Funded Enterprises	445
国有企业	State-owned Enterprises	37
集体企业	Collective-owned Enterprises	7
有限责任公司	Limited Responsibility Corporations	54
国有独资公司	Company Exclusively with Investment from State	6
其他有限责任公司	Other Limited Responsibility Corporations	48
股份有限公司	Share-holding Limited Corporations	1
私营企业	Private-owned Enterprises	346
私营独资企业	Enterprise Exclusively with Investment from Private	25
私营合伙企业	Private Partnership Enterprises	2
私营有限责任公司	Private Limited Responsibility Corporations	317
私营股份有限公司	Private Share-holding Limited Corporations	2
2.按住宿行业小类分组	Grouped by Hotels	
旅游饭店	Tourist Hotels	197
一般旅馆	Ordinary Hotels	237
经济型连锁酒店	Economical Chain Hotels	33
其他一般旅馆	Others	204
露营地服务	Campsite Services	1
民宿服务	Homestay Hotels	1
其他住宿业	Others	9
3.按控股情况分	Grouped by Share Holding	
国有控股	State Holding Enterprises	66
集体控股	Collective-owned Holding Enterprises	9
私人控股	Private Holding Enterprises	364
其 他	Others	6
4.按经营形式分	Grouped by Management Form	
独立门店	Independent Stores	371
连锁总店(总部)	Chain Headquarters	1
连锁直营店	Direct Chain Stores	5
连锁加盟店	Franchise Chain Stores	36
其 他	Others	32
5.按单位规模分	Grouped by Enterprise Size	
大 型	Large-size	2
中 型	Medium-size	38
小 型	Small-size	369
微 型	Micro-size	36
6.按星级分	Grouped by Stars	
五 星	Five Star	13
四 星	Four Star	45
三 星	Three Star	61
二 星	Two Star	18
其 他	Others	308

MANAGEMENT OF HOTELS AND CATERING CORPORATION ENTERPRISES ABOVE DESIGNATED SIZE(2020)

(10 000 yuan)

从业人员期末人数(人) Number of Employees at The End of Period (person)	营业额 Business Volume	客房收入 Revenue of Guest Room	#通过公共网络实现的客房收入 by Public Network	通过非自营平台实现的客房收入 by Non-self-operating Platform
78443	**1041610**	**283018**	**28788**	**8983**
33645	**402657**	**211465**	**22887**	**7945**
33645	402657	211465	22887	7945
6228	66015	26118	1205	816
109	1501	876	39	
7683	90262	40097	1632	314
1366	14412	4422	351	74
6317	75851	35675	1281	241
73	507	348		
19552	244372	144026	20011	6814
1037	10561	6712	188	31
35	461	349		
18230	231645	136227	19707	6783
250	1705	739	115	
20330	242061	113989	10932	2218
12464	151355	91614	10956	5727
984	16345	13097	2291	1685
11480	135010	78518	8664	4042
83	957	564		
30	485	370		
738	7800	4928	999	
11007	119442	47394	1805	890
379	3769	2067	42	
21210	264320	155690	20799	6814
1049	15126	6314	241	241
29829	351333	175389	15711	5779
28	225	225		
243	5006	4848	394	3
864	17358	16448	5043	2099
2681	28735	14555	1739	64
1103	16234	5705	457	457
11923	150839	57704	6390	1781
20369	230944	144065	15629	5637
250	4640	3991	411	70
3362	47183	18883	1232	792
5177	64033	25223	1124	13
5958	55640	22879	1566	477
634	5320	3661	406	317
18514	230481	140818	18558	6346

14-1 续表1

单位：万元

指 标	Item	法人企业数(个) Number of Corporation Enterprises (unit)
二、餐饮业	**Catering**	**602**
1.按登记注册类型分	Grouped by Registered Kind	
内资企业	Civil Funded Enterprises	599
国有企业	State-owned Enterprises	17
集体企业	Collective-owned Enterprises	3
股份合作企业	Share Cooperative Enterprises	1
有限责任公司	Limited Responsibility Corporations	64
国有独资公司	Company Exclusively with Investment from State	2
其他有限责任公司	Other Limited Responsibility Company	62
股份有限公司	Share-holding Limited Corporations	1
私营企业	Private-owned Enterprises	513
私营独资企业	Enterprise Exclusively with Investment from Private	56
私营合伙企业	Private Partnership Enterprises	1
私营有限责任公司	Private Limited Responsibility Corporations	447
私营股份有限公司	Private Share-holding Limited Corporations	9
港、澳、台商投资企业	Enterprises Funded by Hong Kong, Macao and Taiwan	1
港、澳、台商独资经营企业	Solely Owned Enperprises	1
外商投资企业	Foreign Funded Enterprises	2
外资企业	Enterprises Funded by Foreign Invetments	2
2.按餐饮行业小类分组	Grouped by Catering Services	
正餐服务	Dinner	584
快餐服务	Fast Food	11
饮料及冷饮服务	Beverages and Cold Drinks	3
餐饮配送及外卖送餐服务	Catering Delivery and Takeout Delivery	1
其他餐饮业	Others	3
3.按控股情况分	Grouped by Share Holding	
国有控股	State Holding Enterprises	30
集体控股	Collective-owned Holding Enterprises	4
私人控股	Private Holding Enterprises	554
港澳台商控股	Hong Kong, Macao and Taiwan Holding Enterprises	1
外商控股	Foreign Holding Enterprises	2
其 他	Others	11
4.按经营形式分	Grouped by Management Form	
独立门店	Independent Stores	528
连锁总店(总部)	Chain Headquarters	9
连锁直营店	Direct Chain Stores	7
连锁加盟店	Franchise Chain Stores	3
其 他	Others	55
5.按单位规模分	Grouped by Enterprise Size	
大 型	Large-size	5
中 型	Medium-size	44
小 型	Small-size	486
微 型	Micro-size	67

continued

(10 000 yuan)

从业人员期末人数(人) Number of Employees at The End of Period (person)	营业额 Business Volume	客房收入 Revenue of Guest Room	#通过公共网络实现的客房收入 by Public Network	通过非自营平台实现的客房收入 by Non-self-operating Platform
44798	**638953**	**71553**	**5901**	**1038**
39386	545925	71553	5901	1038
1101	8409	3240	55	
195	2368	1146	66	
42	368	100		
6609	89361	8531	586	
210	2343	835	42	
6399	87018	7696	544	
	119			
31439	445300	58536	5194	1038
1797	20062	4534	101	
15	168			
28953	413838	52025	4997	1026
674	11232	1977	96	12
1179	28037			
1179	28037			
4233	64992			
4233	64992			
38333	526187	71134	5686	834
6263	108187	419	215	204
87	2671			
26	405			
89	1503			
4681	41749	8479	265	
321	3000	1322	66	
33692	491010	60870	5530	1038
1179	28037			
4233	64992			
692	10167	882	40	
31408	416911	65320	5725	1038
7306	114497			
392	8555			
234	2565	327		
5458	96424	5907	176	
8546	138447	185	5	
11332	164571	19651	3069	573
24447	319219	50412	2802	465
473	16716	1305	26	

14-1 续表2

单位：万元

指　标	Item	餐费收入 Revenue of Dining	#通过公共网络实现的餐费收入 by Public Network
总　计	**Total**	**674803**	**31529**
一、住宿业	**Hotels**	**143188**	**2967**
1.按登记注册类型分	Grouped by Registered Kind		
内资企业	Civil Funded Enterprises	143188	2967
国有企业	State-owned Enterprises	31397	30
集体企业	Collective-owned Enterprises	614	
有限责任公司	Limited Responsibility Corporations	32110	348
国有独资公司	Company Exclusively with Investment from State	6363	196
其他有限责任公司	Other Limited Responsibility Corporations	25747	152
股份有限公司	Share-holding Limited Corporations	159	
私营企业	Private-owned Enterprises	78909	2590
私营独资企业	Enterprise Exclusively with Investment from Private	3737	57
私营合伙企业	Private Partnership Enterprises		
私营有限责任公司	Private Limited Responsibility Corporations	74816	2531
私营股份有限公司	Private Share-holding Limited Corporations	356	1
2.按住宿行业小类分组	Grouped by Hotels		
旅游饭店	Tourist Hotels	98426	1837
一般旅馆	Ordinary Hotels	41744	1019
经济型连锁酒店	Economical Chain Hotels	2100	81
其他一般旅馆	Others	39644	938
民宿服务	Homestay Hotels	76	
露营地服务	Campsite Services	343	
其他住宿业	Others	2600	111
3.按控股情况分	Grouped by Share Holding		
国有控股	State Holding Enterprises	48372	240
集体控股	Collective-owned Holding Enterprises	1446	
私人控股	Private Holding Enterprises	85794	2590
其　他	Others	7577	137
4.按经营形式分	Grouped by Management Form		
独立门店	Independent Stores	130791	2615
连锁总店(总部)	Chain Headquarters		
连锁直营店	Direct Chain Stores	59	
连锁加盟店	Franchise Chain Stores	270	99
其　他	Others	12069	253
5.按单位规模分	Grouped by Enterprise Size		
大　型	Large-size	9380	
中　型	Medium-size	70571	1646
小　型	Small-size	62863	1321
微　型	Micro-size	375	
6.按星级分	Grouped by Stars		
五　星	Five Star	23277	108
四　星	Four Star	25843	282
三　星	Three Star	22900	567
二　星	Two Star	1412	3
其　他	Others	69756	2007

continued

(10 000 yuan)

#通过非自营平台实现的餐费收入 by Non-self-operating Platform	商品销售额收　　入 Revenue of Sales of Commodities	其他收入 Other Revenue	#外卖送餐服务收入 Takeout Delivery	客房数（间） Rooms (unit)	床位数（个） Beds (unit)	餐位数（位） Tables (unit)	年末餐饮营业面积（平方米） Operating Area of Catering Services at Year-end(sq.m)
2574	**8645**	**75145**	**1678**	**84693**	**137046**	**473886**	**2890034**
529	**3992**	**44012**	**226**	**54302**	**89767**	**127296**	**1356149**
529	3992	44012	226	54302	89767	127296	1356149
18	208	8292	18	5020	8984	16061	102207
		11		321	508	429	1082
137	688	17367	197	9546	14956	22089	253241
	84	3543	197	967	1578	3477	19222
137	604	13824		8579	13378	18612	234019
				79	100	200	4000
374	3096	18342	11	39336	65219	88517	995619
	83	30		2177	4071	5928	44020
		111		169	267		5800
374	2973	17630	11	36703	60314	81521	937931
	40	571		287	567	1068	7868
83	2158	27488	207	28053	47234	75548	726603
446	1782	16214	18	25145	40667	47051	563172
7	232	916		3371	5012	1861	51533
438	1551	15298	18	21774	35655	45190	511639
	40			73	135	68	5000
	12	38		32	59	200	1124
	1	272		999	1672	4429	60250
18	514	23162	215	10740	17641	31076	218608
		257		664	1199	649	20637
374	3411	19425	11	41953	69334	93044	1089139
137	67	1168		945	1593	2527	27765
518	3478	41676	226	45406	76149	115163	1140580
				145	218		
	73	26		1175	1790	88	1079
9	141	498		3649	5299	1115	71288
1	300	1812		3927	6311	10930	143202
	126	1024		635	979	2850	2750
425	1078	21486	225	9815	15913	32536	319515
104	2658	21358		42369	70304	90843	1015619
	131	144		1483	2571	1067	18265
18	187	4836		3112	5011	7359	134693
	366	12601	18	7305	12147	22828	202571
37	941	8919	197	6975	12590	23057	203082
	36	211		1342	2370	3257	28740
474	2462	17446	11	35568	57649	70795	787063

14-1 续表3

单位：万元

指　标	Item	餐费收入 Revenue of Dining	#通过公共网络实现的餐费收入 by Public Network
二、餐饮业	**Catering**	**531614**	**28562**
1.按登记注册类型分	Grouped by Registered Kind		
内资企业	Civil Funded Enterprises	439726	11049
国有企业	State-owned Enterprises	4846	23
集体企业	Collective-owned Enterprises	1086	
股份合作企业	Share Cooperative Enterprises	208	
有限责任公司	Limited Responsibility Corporations	60039	344
国有独资公司	Company Exclusively with Investment from State	1391	1
其他有限责任公司	Other Limited Responsibility Company	58648	343
股份有限公司	Share-holding Limited Corporations	119	
私营企业	Private-owned Enterprises	373429	10682
私营独资企业	Enterprise Exclusively with Investment from Private	15083	315
私营合伙企业	Private Partnership Enterprises	168	
私营有限责任公司	Private Limited Responsibility Corporations	349605	10241
私营股份有限公司	Private Share-holding Limited Corporations	8572	126
港、澳、台商投资企业	Enterprises Funded by Hong Kong, Macao and Taiwan	26897	17513
港、澳、台商独资经营企业	Solely Owned Enterprises	26897	17513
外商投资企业	Foreign Funded Enterprises	64992	
外资企业	Enterprises Funded by Foreign Invetments	64992	
2.按餐饮行业小类分组	Grouped by Catering Services		
正餐服务	Dinner	421024	10622
快餐服务	Fast Food	106098	17621
饮料及冷饮服务	Beverages and Cold Drinks	2671	
餐饮配送及外卖送餐服务	Catering Delivery and Takeout Delivery	318	318
其他餐饮业	Others	1503	
3.按控股情况分	Grouped by Share Holding		
国有控股	State Holding Enterprises	15865	24
集体控股	Collective-owned Holding Enterprises	1241	
私人控股	Private Holding Enterprises	414531	10866
港澳台商控股	Hong Kong, Macao and Taiwan Holding Enterprises	26897	17513
外商控股	Foreign Holding Enterprises	64992	
其　他	Others	8089	159
4.按经营形式分	Grouped by Management Form		
独立门店	Independent Stores	335179	5563
连锁总店(总部)	Chain Headquarters	111136	19282
连锁直营店	Direct Chain Stores	8481	2141
连锁加盟店	Franchise Chain Stores	2238	
其　他	Others	74579	1577
5.按单位规模分	Grouped by Enterprise Size		
大　型	Large-size	122634	18695
中　型	Medium-size	137022	2551
小　型	Small-size	257111	6890
微　型	Micro-size	14848	426

continued

(10 000 yuan)

#通过非自营平台实现的餐费收入 by Non-self-operating Platform	商品销售额收入 Revenue of Sales of Commodities	其他收入 Other Revenue	#外卖送餐服务收入 Takeout Delivery	客房数(间) Rooms (unit)	床位数(个) Beds (unit)	餐位数(位) Tables (unit)	年末餐饮营业面积(平方米) Operating Area of Catering Services at Year-end(sq.m)
2046	**4652**	**31133**	**1452**	**30391**	**47279**	**346590**	**1533885**
2046	4652	29993	312	30391	47279	329842	1482751
	19	305		1119	2149	6180	46351
		136		250	406	705	5876
		60		24	51	300	2000
	882	19909	8	2735	4518	26958	173412
		117		225	344	468	5000
	882	19792	8	2510	4174	26490	168412
2046	3751	9584	305	26263	40155	295699	1255112
	101	344	2	1716	3026	30477	80117
						400	900
2046	3650	8557	302	23936	36086	258232	1131769
		682		611	1043	6590	42326
		1140	1140			5352	15302
		1140	1140			5352	15302
						11396	35832
						11396	35832
1956	4601	29427	215	29191	45079	314870	1463418
90	51	1619	1150	1200	2200	23600	63747
						25	1210
		86	86				
						8095	5510
	37	17368		2329	4094	13107	102004
		437		347	576	939	6876
2046	4549	11060	312	27506	42214	313191	1353161
		1140	1140			5352	15302
						11396	35832
	66	1129		209	395	2605	20710
1731	4441	11971	286	21145	36464	260187	1327470
	9	3353	1140			26932	77176
315	48	26	13			1609	10074
				100	200	476	2126
	155	15783	13	9146	10615	57386	117039
		15629	1140	64	114	23728	71548
848	1904	5994	17	3548	5570	50232	258829
1192	2724	8971	293	26170	40653	257612	1157969
5	25	539	2	609	942	15018	45539

14-2 限额以上住宿和餐饮业法人企业主要财务状况(2020年)

单位：万元

指 标	Item	年初存货 Beginning Inventory
总 计	**Total**	**82981**
一、住宿业	**Hotels**	**36397**
1.按登记注册类型分	Grouped by Registered Kind	
内资企业	Civil Funded Enterprises	36397
国有企业	State-owned Enterprises	4211
集体企业	Collective-owned Enterprises	145
有限责任公司	Limited Responsibility Corporations	7294
国有独资公司	Company Exclusively with Investment from State	608
其他有限责任公司	Other Limited Responsibility Corporations	6687
股份有限公司	Share-holding Limited Corporations	759
私营企业	Private-owned Enterprises	23988
私营独资企业	Enterprise Exclusively with Investment from Private	991
私营合伙企业	Private Partnership Enterprises	2
私营有限责任公司	Private Limited Responsibility Corporations	22612
私营股份有限公司	Private Share-holding Limited Corporations	382
2.按住宿行业小类分组	Grouped by Hotels	
旅游饭店	Tourist Hotels	23481
一般旅馆	Ordinary Hotels	12267
经济型连锁酒店	Economical Chain Hotels	647
其他一般旅馆	Others	11620
民宿服务	Homestay Hotels	
露营地服务	Campsite Services	87
其他住宿业	Others	562
3.按控股情况分	Grouped by Share Holding	
国有控股	State Holding Enterprises	8761
集体控股	Collective-owned Holding Enterprises	886
私人控股	Private Holding Enterprises	26000
其 他	Others	750
4.按经营形式分	Grouped by Management Form	
独立门店	Independent Stores	33756
连锁总店(总部)	Chain Headquarters	
连锁直营店	Direct Chain Stores	71
连锁加盟店	Franchise Chain Stores	428
其 他	Others	2142
5.按单位规模分	Grouped by Enterprise Size	
大 型	Large-size	1436
中 型	Medium-size	7899
小 型	Small-size	26139
微 型	Micro-size	923
6.按星级分	Grouped by Stars	
五 星	Five Star	3244
四 星	Four Star	6381
三 星	Three Star	6461
二 星	Two Star	516
其 他	Others	19795

FINANCIAL CONDITION OF HOTELS AND CATERING CORPORATION ENTERPRISES ABOVE DESIGNATED SIZE(2020)

(10 000 yuan)

流动资产合计 Total Circulating Assets	#应收帐款 Accounts Receivable	#存货 Inventory	固定资产原价 Original Value of Fixed Assets	累计折旧 Accumulated Depreciation	#本年折旧 Depreciation This Year	资产总计 Total Assets
1248714	**146770**	**79492**	**1921600**	**862367**	**115796**	**2971227**
681081	**62264**	**38261**	**1331244**	**613105**	**80212**	**1798466**
681081	62264	38261	1331244	613105	80212	1798466
77390	7062	3802	283101	142501	9719	264278
2988	2205	29	14347	5133	160	12792
147587	12086	8231	418968	179943	21111	454164
10726	2088	694	79059	24513	1990	80399
136860	9998	7537	339908	155430	19122	373765
1197	193	759	4319	1018	1018	5291
451920	40718	25440	610510	284510	48204	1061941
11947	2340	957	13960	6643	1849	24068
338	82	4	90	62	62	922
433466	37780	24096	567204	269304	45079	1007847
6169	516	383	29256	8501	1214	29104
410977	34869	23241	1069478	501108	61943	1192643
254960	25730	14467	252085	108778	17492	580048
16689	996	842	16251	5603	858	65556
238271	24734	13624	235834	103175	16635	514492
67	15	26	61	6	6	123
8498			466	65	35	11224
6580	1650	527	9154	3148	737	14428
116468	12678	8752	628237	291542	20562	533760
7049	3168	992	21272	6482	484	33028
502964	45439	27633	652765	299301	51491	1159907
54601	979	884	28970	15780	7676	71771
596225	55539	35244	1269740	584290	76380	1645142
188	6		161	137	137	212
2327	297	27	5497	1570	274	12057
13704	989	426	10695	5272	982	23460
68637	5433	2564	45151	21836	2440	117594
32835	365	1423	143359	72320	4398	119629
220044	10835	7510	449098	190887	20744	611282
417359	48148	28490	712140	338164	53345	1036487
10844	2917	838	26648	11735	1726	31068
87460	5506	3080	288478	132766	21545	318952
120509	10861	7235	309002	166577	13085	378354
79346	9926	6972	198460	93180	13540	227887
13873	1081	336	21137	9504	751	26285
379893	34891	20638	514167	211078	31292	846988

14-2 续表1

单位：万元

指 标	Item	年初存货 Beginning Inventory
二、餐饮业	**Catering**	**46584**
1.按登记注册类型分	Grouped by Registered Kind	
内资企业	Civil Funded Enterprises	45532
国有企业	State-owned Enterprises	935
集体企业	Collective-owned Enterprises	463
股份合作企业	Share Cooperative Enterprises	2
有限责任公司	Limited Responsibility Corporations	8327
国有独资公司	Company Exclusively with Investment from State	277
其他有限责任公司	Other Limited Responsibility Company	8050
股份有限公司	Share-holding Limited Corporations	3
私营企业	Private-owned Enterprises	35802
私营独资企业	Enterprise Exclusively with Investment from Private	1629
私营合伙企业	Private Partnership Enterprises	7
私营有限责任公司	Private Limited Responsibility Corporations	33331
私营股份有限公司	Private Share-holding Limited Corporations	835
港、澳、台商投资企业	Enterprises Funded by Hong Kong, Macao and Taiwan	369
港、澳、台商独资经营企业	Solely Owned Enterprises	369
外商投资企业	Foreign Funded Enterprises	683
外资企业	Enterprises Funded by Foreign Invetments	683
2.按餐饮行业小类分组	Grouped by Catering Services	
正餐服务	Dinner	44979
快餐服务	Fast Food	1519
饮料及冷饮服务	Beverages and Cold Drinks	29
餐饮配送及外卖送餐服务	Catering Delivery and Takeout Delivery	
其他餐饮业	Others	58
3.按控股情况分	Grouped by Share Holding	
国有控股	State Holding Enterprises	2759
集体控股	Collective-owned Holding Enterprises	468
私人控股	Private Holding Enterprises	42184
港澳台商控股	Hong Kong, Macao and Taiwan Holding Enterprises	369
外商控股	Foreign Holding Enterprises	683
其 他	Others	121
4.按经营形式分	Grouped by Management Form	
独立门店	Independent Stores	36346
连锁总店(总部)	Chain Headquarters	7339
连锁直营店	Direct Chain Stores	245
连锁加盟店	Franchise Chain Stores	50
其 他	Others	2605
5.按单位规模分	Grouped by Enterprise Size	
大 型	Large-size	6320
中 型	Medium-size	10335
小 型	Small-size	28362
微 型	Micro-size	1568

continued

(10 000 yuan)

流动资产合计 Total Circulating Assets	#应收帐款 Accounts Receivable	#存货 Inventory	固定资产原价 Original Value of Fixed Assets	累计折旧 Accumulated Depreciation	#本年折旧 Depreciation This Year	资产总计 Total Assets
567633	**84506**	**41231**	**590356**	**249262**	**35584**	**1172761**
562265	84420	40166	566364	239485	34070	1119645
7221	1188	801	17584	8084	2712	31735
2278	1384	331	7294	2119	149	7683
86	11	12	171	108	17	223
100375	26208	4121	183814	60532	7054	276261
4836	202	225	10096	7827	224	7569
95539	26006	3896	173718	52705	6830	268693
23	3	2				23
452283	55627	34898	357501	168642	24139	803720
12922	2433	1659	19180	8189	1207	29497
20	8	4	156	50	5	111
419967	52184	31753	324808	156936	22313	743257
19374	1003	1483	13357	3467	613	30855
2260	56	392	11615	3659	942	30157
2260	56	392	11615	3659	942	30157
3108	30	673	12377	6118	572	22959
3108	30	673	12377	6118	572	22959
542323	80178	39499	561570	237536	33736	1092970
23428	4149	1660	28371	11520	1794	77215
425	22	11	152	76	36	975
6						6
1451	157	62	263	131	17	1595
41043	21900	2369	132309	32776	6892	184487
2441	1394	318	7941	2694	166	8195
513387	60312	37247	422271	202054	26839	918869
2260	56	392	11615	3659	942	30157
3108	30	673	12377	6118	572	22959
5394	815	233	3843	1960	173	8094
483300	57600	35911	523231	218835	27409	1004058
24829	13489	2403	27919	11491	1953	78443
1778	57	249	827	555	106	4364
1201	11	88	423	85	68	1826
56525	13349	2580	37956	18296	6049	84071
20238	6439	1612	26701	10676	1682	70972
105261	25086	9738	152580	64409	8172	255380
390085	49670	28002	386077	158393	24808	779675
52049	3311	1879	24999	15785	921	66734

14-2 续表2

单位：万元

指　标	Item	流动负债合　计 Liquid Liabilities
总　计	**Total**	**2293206**
一、住宿业	**Hotels**	**1328649**
1.按登记注册类型分	Grouped by Registered Kind	
内资企业	Civil Funded Enterprises	1328649
国有企业	State-owned Enterprises	116613
集体企业	Collective-owned Enterprises	2909
有限责任公司	Limited Responsibility Corporations	327157
国有独资公司	Company Exclusively with Investment from State	66162
其他有限责任公司	Other Limited Responsibility Corporations	260995
股份有限公司	Share-holding Limited Corporations	7907
私营企业	Private-owned Enterprises	874064
私营独资企业	Enterprise Exclusively with Investment from Private	18677
私营合伙企业	Private Partnership Enterprises	1164
私营有限责任公司	Private Limited Responsibility Corporations	830354
私营股份有限公司	Private Share-holding Limited Corporations	23869
2.按住宿行业小类分组	Grouped by Hotels	
旅游饭店	Tourist Hotels	949175
一般旅馆	Ordinary Hotels	364045
经济型连锁酒店	Economical Chain Hotels	40658
其他一般旅馆	Others	323386
民宿服务	Homestay Hotels	13
露营地服务	Campsite Services	2500
其他住宿业	Others	12917
3.按控股情况分	Grouped by Share Holding	
国有控股	State Holding Enterprises	274725
集体控股	Collective-owned Holding Enterprises	20728
私人控股	Private Holding Enterprises	935129
其　他	Others	98068
4.按经营形式分	Grouped by Management Form	
独立门店	Independent Stores	1210919
连锁总店(总部)	Chain Headquarters	213
连锁直营店	Direct Chain Stores	10116
连锁加盟店	Franchise Chain Stores	12141
其　他	Others	95261
5.按单位规模分	Grouped by Enterprise Size	
大　型	Large-size	97076
中　型	Medium-size	392130
小　型	Small-size	829195
微　型	Micro-size	10248
6.按星级分	Grouped by Stars	
五　星	Five Star	156458
四　星	Four Star	266974
三　星	Three Star	205924
二　星	Two Star	23672
其　他	Others	675621

continued

(10 000 yuan)

负债合计 Total Liabilities	所有者权益 Creditors' Equity	#实收资本 Capital Hold	#个人资本 Individual
2820476	**145755**	**905927**	**203155**
1668071	**127483**	**565509**	**88623**
1668071	127483	565509	88623
176906	87294	100154	
8317	-641	260	
414819	39345	169925	771
99700	-19302	7243	
315119	58646	162681	771
7907	-2616	1563	1407
1060123	4101	293608	86446
23999	-9	6879	2984
1164	-242	204	204
1010212	-4	275925	83258
24748	4356	10600	
1225390	-29082	356095	41588
422805	150667	207478	46476
50955	14601	15813	10782
371850	136066	191665	35694
13	110	100	
6450	4775		
13414	1014	1837	560
409290	124392	190863	230
32117	-4205	1260	
1125411	36779	354163	88369
101254	-29483	19223	25
1526420	115810	507346	73907
213		3	
10663	1395	3620	3110
12633	10827	13360	8001
118142	-548	41181	3605
121772	-2143	13085	
563552	47730	222040	9100
959212	77275	320915	76251
23535	4621	9469	3273
237665	75373	136636	3356
343782	33177	124472	28251
249521	-21634	66673	7569
24228	1965	3694	2170
812875	38601	234035	47277

14-2 续表3

单位：万元

指　标	Item	流动负债合　计 Liquid Liabilities
二、餐饮业	**Catering**	**964557**
1.按登记注册类型分	Grouped by Registered Kind	
内资企业	Civil Funded Enterprises	932762
国有企业	State-owned Enterprises	13353
集体企业	Collective-owned Enterprises	6374
股份合作企业	Share Cooperative Enterprises	25
有限责任公司	Limited Responsibility Corporations	262862
国有独资公司	Company Exclusively with Investment from State	2136
其他有限责任公司	Other Limited Responsibility Company	260726
股份有限公司	Share-holding Limited Corporations	
私营企业	Private-owned Enterprises	650148
私营独资企业	Enterprise Exclusively with Investment from Private	20073
私营合伙企业	Private Partnership Enterprises	
私营有限责任公司	Private Limited Responsibility Corporations	606425
私营股份有限公司	Private Share-holding Limited Corporations	23649
港、澳、台商投资企业	Enterprises Funded by Hong Kong, Macao and Taiwan	17626
港、澳、台商独资经营企业	Solely Owned Enterprises	17626
外商投资企业	Foreign Funded Enterprises	14169
外资企业	Enterprises Funded by Foreign Invetments	14169
2.按餐饮行业小类分组	Grouped by Catering Services	
正餐服务	Dinner	918400
快餐服务	Fast Food	45143
饮料及冷饮服务	Beverages and Cold Drinks	340
餐饮配送及外卖送餐服务	Catering Delivery and Takeout Delivery	1
其他餐饮业	Others	674
3.按控股情况分	Grouped by Share Holding	
国有控股	State Holding Enterprises	165392
集体控股	Collective-owned Holding Enterprises	8926
私人控股	Private Holding Enterprises	744328
港澳台商控股	Hong Kong, Macao and Taiwan Holding Enterprises	17626
外商控股	Foreign Holding Enterprises	14169
其　他	Others	14116
4.按经营形式分	Grouped by Management Form	
独立门店	Independent Stores	860502
连锁总店(总部)	Chain Headquarters	54215
连锁直营店	Direct Chain Stores	2227
连锁加盟店	Franchise Chain Stores	1473
其　他	Others	46139
5.按单位规模分	Grouped by Enterprise Size	
大　型	Large-size	43224
中　型	Medium-size	272991
小　型	Small-size	627876
微　型	Micro-size	20465

continued

(10 000 yuan)

负债合计 Total Liabilities	所有者权益 Creditors' Equity	#实收资本 Capital Hold	#个人资本 Individual
1152405	**18272**	**340418**	**114532**
1113291	4270	333670	114532
25991	5744	8052	
6374	1309	2375	
25	198	100	100
294612	-13540	91782	2168
2136	5433	6000	
292476	-18972	85782	2168
71			
786217	10559	231360	112264
26057	3795	9974	2805
1	110	62	62
735212	746	203374	106347
24947	5908	17950	3050
23593	6564	5000	
23593	6564	5000	
15521	7438	1749	
15521	7438	1749	
1098976	-8090	324604	111497
52412	24804	14922	2429
340	635	162	
1	6		
677	918	730	606
180843	3644	31601	1132
8931	-735	3175	
909330	7406	298344	113000
23593	6564	5000	
15521	7438	1749	
14187	-6045	550	400
1022455	-14318	311703	110641
64347	14097	9163	293
2373	1991	850	668
1473	352	729	
61757	16150	17975	2931
50544	20428	9760	293
299147	-43766	55826	14341
718422	61239	265454	98855
84292	-19629	9378	1043

14-2 续表4

单位：万元

指　标	Item	营业收入 Business Revenue
总　计	**Total**	**1030822**
一、住宿业	**Hotels**	**409277**
1.按登记注册类型分	Grouped by Registered Kind	
内资企业	Civil Funded Enterprises	409277
国有企业	State-owned Enterprises	71849
集体企业	Collective-owned Enterprises	1214
有限责任公司	Limited Responsibility Corporations	90290
国有独资公司	Company Exclusively with Investment from State	15660
其他有限责任公司	Other Limited Responsibility Corporations	74631
股份有限公司	Share-holding Limited Corporations	508
私营企业	Private-owned Enterprises	245417
私营独资企业	Enterprise Exclusively with Investment from Private	10312
私营合伙企业	Private Partnership Enterprises	449
私营有限责任公司	Private Limited Responsibility Corporations	233010
私营股份有限公司	Private Share-holding Limited Corporations	1647
2.按住宿行业小类分组	Grouped by Hotels	
旅游饭店	Tourist Hotels	255715
一般旅馆	Ordinary Hotels	144352
经济型连锁酒店	Economical Chain Hotels	15828
其他一般旅馆	Others	128524
民宿服务	Homestay Hotels	485
露营地服务	Campsite Services	941
其他住宿业	Others	7783
3.按控股情况分	Grouped by Share Holding	
国有控股	State Holding Enterprises	126190
集体控股	Collective-owned Holding Enterprises	3832
私人控股	Private Holding Enterprises	264825
其　他	Others	14431
4.按经营形式分	Grouped by Management Form	
独立门店	Independent Stores	359129
连锁总店(总部)	Chain Headquarters	225
连锁直营店	Direct Chain Stores	4975
连锁加盟店	Franchise Chain Stores	16938
其　他	Others	28009
5.按单位规模分	Grouped by Enterprise Size	
大　型	Large-size	30754
中　型	Medium-size	149911
小　型	Small-size	224307
微　型	Micro-size	4305
6.按星级分	Grouped by Stars	
五　星	Five Star	50918
四　星	Four Star	64206
三　星	Three Star	55518
二　星	Two Star	5273
其　他	Others	233364

continued

(10 000 yuan)

#主营业务收入 Revenue in Major Business	营业成本 Business Costs	税金及附加 Taxes and Extra Charges	其他业务利润 Profits of Other Business	销售费用 Costs of Sales
1008798	**512468**	**11518**	**20276**	**347201**
394895	**172941**	**8036**	**12721**	**142524**
394895	172941	8036	12721	142524
69923	21478	1975	7664	25167
1099	554	8		433
84069	50285	2189	651	36366
12980	7268	1098		8623
71090	43016	1091	651	27743
507	214			
239296	100410	3864	4406	80558
10177	6469	73	200	2976
449	442	1		10
227025	93010	3789	4206	75741
1647	489			1831
247808	110535	6200	11284	88136
137877	59320	1673	1437	50293
15104	5961	255	138	4863
122773	53358	1417	1299	45430
485	360			60
941	231	1		120
7783	2496	163		3916
120698	55814	3914	8285	49403
1892	2682	14		851
258632	106213	3945	4406	88427
13672	8232	163	30	3843
345211	150480	7608	12597	126400
225	161			
4914	4731	9		401
16715	7033	39	1	4857
27829	10537	381	123	10866
30754	5050	2361	424	1128
147487	57684	2239	9548	64974
213808	107213	3416	2749	74710
2846	2994	21		1712
49780	13860	1441	1452	14866
60368	30122	1875	645	21943
54087	28591	1190	280	21791
5043	2011	30	83	2602
225616	98357	3500	10261	81322

14-2 续表5

单位：万元

指　标	Item	营业收入 Business Revenue
二、餐饮业	**Catering**	**621545**
1.按登记注册类型分	Grouped by Registered Kind	
内资企业	Civil Funded Enterprises	530181
国有企业	State-owned Enterprises	7530
集体企业	Collective-owned Enterprises	1959
股份合作企业	Share Cooperative Enterprises	362
有限责任公司	Limited Responsibility Corporations	86462
国有独资公司	Company Exclusively with Investment from State	2236
其他有限责任公司	Other Limited Responsibility Company	84226
股份有限公司	Share-holding Limited Corporations	119
私营企业	Private-owned Enterprises	433751
私营独资企业	Enterprise Exclusively with Investment from Private	19577
私营合伙企业	Private Partnership Enterprises	166
私营有限责任公司	Private Limited Responsibility Corporations	403044
私营股份有限公司	Private Share-holding Limited Corporations	10965
港、澳、台商投资企业	Enterprises Funded by Hong Kong, Macao and Taiwan	26372
港、澳、台商独资经营企业	Solely Owned Enterprises	26372
外商投资企业	Foreign Funded Enterprises	64992
外资企业	Enterprises Funded by Foreign Invetments	64992
2.按餐饮行业小类分组	Grouped by Catering Services	
正餐服务	Dinner	511121
快餐服务	Fast Food	105997
饮料及冷饮服务	Beverages and Cold Drinks	2520
餐饮配送及外卖送餐服务	Catering Delivery and Takeout Delivery	405
其他餐饮业	Others	1503
3.按控股情况分	Grouped by Share Holding	
国有控股	State Holding Enterprises	40180
集体控股	Collective-owned Holding Enterprises	2587
私人控股	Private Holding Enterprises	477315
港澳台商控股	Hong Kong, Macao and Taiwan Holding Enterprises	26372
外商控股	Foreign Holding Enterprises	64992
其　他	Others	10099
4.按经营形式分	Grouped by Management Form	
独立门店	Independent Stores	403531
连锁总店(总部)	Chain Headquarters	112641
连锁直营店	Direct Chain Stores	8044
连锁加盟店	Franchise Chain Stores	2709
其　他	Others	94620
5.按单位规模分	Grouped by Enterprise Size	
大　型	Large-size	136514
中　型	Medium-size	159528
小　型	Small-size	309673
微　型	Micro-size	15830

continued

(10 000 yuan)

#主营业务收　入 Revenue in Major Business	营业成本 Business Costs	税　金及附加 Taxes and Extra Charges	其　他业务利润 Profits of Other Business	销售费用 Costs of Sales
613904	**339526**	**3482**	**7555**	**204677**
522540	295164	3423	7555	170587
7486	4160	53	520	1917
1959	522	31		1013
362	157	6		155
84299	49263	1508	4133	30818
2236	1005	77		721
82063	48258	1431	4133	30096
119	91	3		3
428316	240971	1821	2902	136681
18921	10335	153	6	5183
166	123	1		1
398264	224153	1503	2896	129555
10965	6361	165		1942
26372	8677	24		15637
26372	8677	24		15637
64992	35686	36		18454
64992	35686	36		18454
503521	284409	3399	6372	164857
105955	52959	78	1183	38161
2520	732	4		1333
405	300			
1503	1128	1		327
39940	29065	979	668	7810
2587	992	32		1208
470732	260276	2323	6868	157701
26372	8677	24		15637
64992	35686	36		18454
9280	4831	89	20	3868
396639	212383	3103	7543	138558
112525	58418	74		42029
8043	2549	7		4129
2704	1331	5		1015
93993	64845	294	12	18946
136514	78843	92		42539
158934	84615	1049	3411	59407
305400	164302	2195	4140	100016
13056	11766	146	4	2716

14-2 续表6

单位：万元

指　标	Item	管理费用 Costs of Administration
总　计	**Total**	**249040**
一、住宿业	**Hotels**	**150819**
1.按登记注册类型分	Grouped by Registered Kind	
内资企业	Civil Funded Enterprises	150819
国有企业	State-owned Enterprises	40485
集体企业	Collective-owned Enterprises	647
有限责任公司	Limited Responsibility Corporations	32682
国有独资公司	Company Exclusively with Investment from State	4129
其他有限责任公司	Other Limited Responsibility Corporations	28553
股份有限公司	Share-holding Limited Corporations	823
私营企业	Private-owned Enterprises	76183
私营独资企业	Enterprise Exclusively with Investment from Private	3376
私营合伙企业	Private Partnership Enterprises	18
私营有限责任公司	Private Limited Responsibility Corporations	72240
私营股份有限公司	Private Share-holding Limited Corporations	549
2.按住宿行业小类分组	Grouped by Hotels	
旅游饭店	Tourist Hotels	94400
一般旅馆	Ordinary Hotels	54114
经济型连锁酒店	Economical Chain Hotels	4921
其他一般旅馆	Others	49192
民宿服务	Homestay Hotels	55
露营地服务	Campsite Services	429
其他住宿业	Others	1822
3.按控股情况分	Grouped by Share Holding	
国有控股	State Holding Enterprises	58382
集体控股	Collective-owned Holding Enterprises	867
私人控股	Private Holding Enterprises	85356
其　他	Others	6214
4.按经营形式分	Grouped by Management Form	
独立门店	Independent Stores	134023
连锁总店(总部)	Chain Headquarters	60
连锁直营店	Direct Chain Stores	565
连锁加盟店	Franchise Chain Stores	5667
其　他	Others	10505
5.按单位规模分	Grouped by Enterprise Size	
大　型	Large-size	18296
中　型	Medium-size	49876
小　型	Small-size	81449
微　型	Micro-size	1198
6.按星级分	Grouped by Stars	
五　星	Five Star	28535
四　星	Four Star	25807
三　星	Three Star	15088
二　星	Two Star	2036
其　他	Others	79352

continued

(10 000 yuan)

财务费用 Costs of Finance	#利息收入 Interest Revenues	#利息费用 Interest Expenses	营业利润 Business Profits	利润总额 Total Profits	所得税费用 Income Tax Expenses	应付职工薪酬 (本年贷方累计发生额) Remuneration Payable (Accumulated Credit Balance of The Year)	应交增值税 Value-added Taxes Payable
37852	**716**	**24152**	**-123820**	**-101597**	**2971**	**261772**	**6436**
19846	**315**	**10126**	**-81411**	**-67019**	**698**	**120802**	**3218**
19846	315	10126	-81411	-67019	698	120802	3218
60	44	54	-16369	-8390	204	27575	1073
18			419	414		199	10
3847	146	696	-34166	-30919	267	33735	3
-34	35	-31	-5386	-3200		8471	235
3882	112	727	-28780	-27719	267	25264	-232
134			-664	-664		162	21
15787	125	9376	-29793	-26633	228	59132	2111
126	-11	110	-905	-795	-5	2565	133
	1		-24	-18		81	2
14716	135	9265	-26696	-23670	232	55713	1988
946			-2169	-2151	1	773	-12
15421	87	7559	-58285	-48511	101	79202	2336
4143	228	2292	-22400	-18084	592	39992	853
287	6	232	-1348	-1335	9	3074	121
3856	222	2059	-21052	-16749	583	36918	732
			10	10	1	54	
261		259	-100	150		31	-31
22	-1	16	-636	-584	4	1523	61
1585	163	671	-41028	-30360	232	49907	263
95		71	-773	-766		876	12
16297	126	9384	-33805	-30542	249	64427	2690
1870	25		-5805	-5351	216	5593	254
17317	258	8162	-73372	-59576	674	109188	3135
3			2	5		6	1
40		38	-1043	-1029	6	660	-491
188	6	163	-997	-593	11	2571	174
2299	50	1763	-6000	-5826	7	8378	399
-4	9	6	4346	4388	110	9586	1144
7650	151	3567	-31943	-22998	400	48606	1497
12146	150	6509	-52208	-46807	184	61869	515
54	5	45	-1605	-1601	3	742	62
3243	9	405	-8228	-5773	154	18653	455
5423	6	4580	-20802	-18450	-46	18830	845
3327	69	1215	-14184	-11511	21	22902	489
300	12	37	-1705	-1353	-2	1635	2
7554	219	3889	-36492	-29931	570	58781	1427

14-2 续表7

单位：万元

指　标	Item	管理费用 Costs of Administration
二、餐饮业	**Catering**	**98220**
1.按登记注册类型分	Grouped by Registered Kind	
内资企业	Civil Funded Enterprises	91759
国有企业	State-owned Enterprises	3665
集体企业	Collective-owned Enterprises	506
股份合作企业	Share Cooperative Enterprises	25
有限责任公司	Limited Responsibility Corporations	15138
国有独资公司	Company Exclusively with Investment from State	1316
其他有限责任公司	Other Limited Responsibility Company	13822
股份有限公司	Share-holding Limited Corporations	27
私营企业	Private-owned Enterprises	72399
私营独资企业	Enterprise Exclusively with Investment from Private	3711
私营合伙企业	Private Partnership Enterprises	4
私营有限责任公司	Private Limited Responsibility Corporations	66316
私营股份有限公司	Private Share-holding Limited Corporations	2368
港、澳、台商投资企业	Enterprises Funded by Hong Kong, Macao and Taiwan	1087
港、澳、台商独资经营企业	Solely Owned Enterprises	1087
外商投资企业	Foreign Funded Enterprises	5375
外资企业	Enterprises Funded by Foreign Invetments	5375
2.按餐饮行业小类分组	Grouped by Catering Services	
正餐服务	Dinner	90048
快餐服务	Fast Food	7892
饮料及冷饮服务	Beverages and Cold Drinks	98
餐饮配送及外卖送餐服务	Catering Delivery and Takeout Delivery	102
其他餐饮业	Others	81
3.按控股情况分	Grouped by Share Holding	
国有控股	State Holding Enterprises	12025
集体控股	Collective-owned Holding Enterprises	560
私人控股	Private Holding Enterprises	78172
港澳台商控股	Hong Kong, Macao and Taiwan Holding Enterprises	1087
外商控股	Foreign Holding Enterprises	5375
其　他	Others	1003
4.按经营形式分	Grouped by Management Form	
独立门店	Independent Stores	78445
连锁总店(总部)	Chain Headquarters	8388
连锁直营店	Direct Chain Stores	270
连锁加盟店	Franchise Chain Stores	510
其　他	Others	10608
5.按单位规模分	Grouped by Enterprise Size	
大　型	Large-size	8834
中　型	Medium-size	22901
小　型	Small-size	59671
微　型	Micro-size	6815

continued

(10 000 yuan)

财务费用 Costs of Finance	#利息收入 Interest Revenues	#利息费用 Interest Expenses	营业利润 Business Profits	利润总额 Total Profits	所得税费用 Income Tax Expenses	应付职工薪酬(本年贷方累计发生额) Remuneration Payable (Accumulated Credit Balance of The Year)	应交增值税 Value-added Taxes Payable
18006	**402**	**14027**	**-42409**	**-34578**	**2273**	**140970**	**3218**
17328	402	14027	-47592	-39438	1071	119326	3167
51		7	-2246	-416	2	3500	95
1			-114	-73	1	553	82
			18	23	1	123	6
6450	333	6031	-16154	-15035	289	22451	735
-3	9		-863	-872		1315	8
6453	323	6031	-15291	-14163	289	21136	727
			-5	-5			
10825	69	7989	-29091	-23932	778	92699	2250
279	6	124	-649	-615	26	4397	97
1			36	34		39	1
10167	58	7508	-28222	-23343	750	86314	2117
378	5	357	-256	-8	3	1948	35
669			211	54	-17	11481	51
669			211	54	-17	11481	51
9			4973	4806	1219	10164	
9			4973	4806	1219	10164	
17228	397	13924	-48422	-40528	889	116352	3146
776	5	102	5599	5445	1338	23756	66
			393	460	45	445	3
			2	2		73	
1			19	44	1	345	2
4052	299	4278	-13397	-11225	6	14864	387
1			-205	-158	1	604	99
13006	101	9714	-33747	-27880	963	101148	2616
669			211	54	-17	11481	51
9			4973	4806	1219	10164	
270	1	35	-242	-174	102	2711	65
16953	397	13872	-45334	-39088	644	97223	2311
758	2	39	2444	2939	1206	26989	214
11	1		1012	1219	180	1722	1
1			-153	-178		452	
282	2	116	-377	530	244	14584	692
752	2	40	4925	5389	1259	29459	213
5895	72	5304	-13645	-11052	321	37252	905
9312	324	6757	-25544	-21486	674	72676	2003
2047	3	1926	-8145	-7429	19	1583	97

14-3 限额以上连锁住宿餐饮业经营情况(2020年)

MANAGEMENT OF CHAIN ENTERPRISES ABOVE DESIGNATED SIZE IN HOTELS AND CATERING SERVICES(2020)

指 标	Item	合 计 Total	直营店 Regular Chain	加盟店 Franchise Chain
一、门店总数 (个)	Number of Stores (uint)	169	165	4
二、年末餐饮业营业面积 (平方米)	Business Area of Catering at Year-end (sq.m)	56452	55752	700
三、年末从业人员 (人)	Employees at Year-end (person)	5589	5528	61
四、年末经营餐饮业务餐位数 (位)	Number of Catering Tables at Year-end (uint)	17051	16952	99
五、商品购进总额 (万元)	Total Purchases Value (10 000 yuan)	41493	41196	297
#统一配送商品购进额	Value of Unified Distribution	35923	35923	
自有配送中心配送商品购进额	Disrtibuted by Owned Distribution Center	35557	35557	
非自有配送中心配送商品购进额	Distributed by Other Distribution Center	366	366	
六、营业收入 (万元)	Business Revenue (10 000 yuan)	94072	93267	805
餐费收入	Revenue of Dining	92932	92127	805

14-4 主要年份旅游接待人数

NUMBER OF TOURISTS IN MAJOR YEARS

年 份 Year	接待国内游客人数(万人次) Domestic Tourists (10 000 person-times)	接待入境过夜游客人数(人次) Inbound Overnight Tourists (person-time)	外国人 Foreigners	华 侨 Overseas Chinese	港澳台同胞 Compatriots from Hong Kong, Macao and Taiwan	#台湾同胞 Compatriots from Taiwan
1985	360	34327	26066	1523	6738	2628
1990	465	46777	26983	908	18886	10786
1995	977	71199	51513	1106	18580	10035
2000	2905	165282	116578		48704	21460
2005	6545	421458	253986		167472	64970
2010	12497	1302856	820935		481921	178480
2011	14975	1553208	982522		570686	213088
2012	19434	1891758	1204155		687603	261330
2013	24605	2126372	1350399		775973	296177
2014	29951	564770	361272		203498	82258
2015	36007	593772	380390		213382	86425
2016	44330	629836	404221		225615	91981
2017	56073	670023	434686		235337	96628
2018	70378	713466	465950		247516	103753
2019	83390	762230	498047		264183	106216
2020	33252	16529	10012		6517	2268

注：2014年起，海外旅游相关指标采用新口径，后同。

Note: Oversea tourism and related indicators have adopted a new coverage since 2014. The same applies to the following.

14-5 主要年份旅游收入

TOTAL INCOME OF TOURISM IN MAJOR YEARS

单位：亿元 (100 million yuan)

年 份 Year	旅游总收入 Total Income of Tourism	国内旅游收入 Revenue from Domestic Tourism	旅游外汇收入(万美元) Foreign Exchange Earnings from Tourism (USD 10 000)	国内旅游人均花费(元) Per Capita Expenditure of Domestic Tourists (yuan)
1985	0.48	0.36	146	10
1990	2.80	2.22	458	48
1995	16.71	15.00	2062	154
2000	81.35	77.21	4991	266
2005	291.99	281.91	11622	447
2010	1083.46	1052.26	46460	861
2011	1342.59	1305.10	56720	879
2012	1813.01	1766.28	72024	903
2013	2305.44	2253.65	82268	966
2014	2846.51	2829.29	28073	855
2015	3447.50	3428.91	29710	884
2016	4247.12	4227.97	31738	963
2017	5360.21	5338.61	35014	907
2018	6728.70	6699.46	37798	947
2019	8026.92	7999.35	40995	959
2020	2920.08	2919.71	605	878

14-6 旅游外汇收入(2020年)

FOREIGN EXCHANGE EARNINGS FROM INTERNATIONAL TOURISM(2020)

单位：万美元 (USD 10 000)

项 目	Item	合 计 Total	外国人 Foreigners	香港同胞 Hong Kong Compatriots	澳门同胞 Macao Compatriots	台湾同胞 Taiwan Compatriots
总 计	**Total**	**605.1**	**393.7**	**82.1**	**38.1**	**91.3**
1.长途交通	Long Distance Transportation	167.9	109.1	22.7	10.5	25.5
飞 机	Airplane	78.9	51.3	10.7	5.0	12.0
火 车	Railway	54.6	35.5	7.4	3.4	8.3
汽 车	Highway	34.4	22.4	4.7	2.2	5.2
2.住 宿	Accommodation	95.9	62.3	13.0	6.0	14.6
3.餐 饮	Catering	92.8	60.3	12.6	5.8	14.1
4.景区游览	Visiting	103.4	67.5	14.1	6.5	15.3
5.娱 乐	Recreation	48.8	31.7	6.6	3.1	7.4
6.购 物	Shopping	61.4	40.0	8.5	3.9	9.0
7.市内交通	Urban Transportation	13.4	8.7	1.8	0.8	2.0
8.邮电通讯	Post and Communication	13.7	8.9	1.9	0.9	2.1
9.其 他	Others	7.9	5.1	1.1	0.5	1.2

14-7 旅游四星级以上饭店(2020年)
TOURIST HOTELS ABOVE FOUR STAR GRADE(2020)

名 称	Name	地 址	Address
五星级	**5 Star**		
山西国贸大饭店	Shanxi World Trade Hotel	太原市府西街69号	No.69, Fuxi St., Taiyuan
万狮京华大酒店	Grand Metropark Wanshi Hotel	太原平阳路126号	No.126, Pingyang Rd., Taiyuan
晋祠国宾馆	Jinci Hotel	太原晋祠路中段669号	No.669, Middle Section of Jinci Rd., Taiyuan
丽华大酒店	Lihua Grand Hotel	太原长风街1号	No.1, Changfeng St., Taiyuan
金地豪生大酒店	Howard Johnson Jindi Plaza	大同市平城街88号	No.88, Pingcheng St., Datong
宏源国际饭店	Hongyuan International Hotel	灵石高速路口	Lingshi Highway Intersection
万豪美悦国际酒店	Wanhaomeiyue International Hotel	榆次迎宾西街中段	West Yingbin St., Yuci
阳泉煤业(集团)有限责任公司药林宾馆	Yaolin Hotel of Yangquan Coal Industry (Group) Co., Ltd.	阳泉平定县张庄镇南后峪村	South Houyu Vil., Zhangzhuang Town, Pingding County, Yangquan
益东国际酒店	Yidong International Hotel	长治市西一环路	Weat First Ring Rd., Changzhi
东明国际大酒店	Dongming International Hotel	长治市紫金东街369号	No.369, East Ziji St., Changzhi
万通源大酒店	Wantongyuan Hotel	朔州市开发北路68号	No.68, North Kaifa Rd., Shuozhou
阳城环城凯斯顿酒店	Huancheng Caston Hotel	阳城县南环路	South Ring Rd., Yangcheng
东兴帝豪酒店	Royal Dongxing Hotel	孝义市崇文大街181号	No.181, Chongwen St., Xiaoyi
海纳温泉国际酒店	Haina Wenquan International Hotel	运城永济河东大道南段	South Hedong Av., Yongji, Yuncheng
阳城美韵花园大酒店	Yangcheng Meiyun Garden Hotel	阳城县新阳西街	West Xinyang St., Yangcheng
四星级	**4 Star**		
山西大酒店	Shanxi Grand Hotel	太原新建南路5号	No.5, South Xinjian Rd., Taiyuan
山西愉园大酒店	Shanxi Yuyuan Hotel	太原开化寺街148号	No.148, Kaihuasi St.,Taiyuan
三晋国际饭店	Sanjin International Hotel	太原迎泽大街30号	No.30, Yingze St., Taiyuan
黄河京都大酒店	Yellow River Jingdu Hotel	太原平阳路17号	No.17, Pinyang Rd., Taiyuan
山西鑫阳光大酒店	Shanxi Xinyangguang Hotel	太原北大街47号	No.47, North St., Taiyuan
山西晋协宾馆	Shanxi Jinxie Hotel	太原东缉虎营35号	No.35, Dongjihuying, Taiyuan

14-7 续表1 continued

名 称	Name	地 址	Address
西山大厦	Xishan Hotel	太原西矿街318号	No.318, Xikuang St., Taiyuan
太原铁道大厦	Taiyuan Railway Hotel	太原迎泽南街19号	No.19, South Yingze St., Taiyuan
云水国际大酒店	Yunshui International Hotel	太原平阳路48号北段22号	No.48, Pingyang Rd., Taiyuan Taiyuan
山西滨河饭店	Shanxi Binhe Hotel	太原市府西街103号	No.103, Fuxi St., Taiyuan
泰瑞国际商务酒店	Tairui International Commercial Hotel	太原长风街7号	No.7, Chengfeng St., Taiyuan
宏安国际酒店	Hongan International Hotel	大同迎宾西路28号	No.28, West Yingbin Rd., Datong
大同宾馆	Datong Hotel	大同迎宾西路37号	No.37, West Yingbin Rd., Datong
悦龙休闲商务酒店	Yuelong Leisure and Commercial Hotel	大同市操场城街5号	No.5, Caochang Cheng St., Datong
大同国宾大酒店	Datong Presidential Hotel	大同御河西路898号	No.898, West Yuhe Rd., Datong
花园大饭店	Huayuan Hotel	大同大南街59号	No.59, Danan St., Datong
浩海国际酒店	Haohai International Hotel	大同新建南路46号	No.46, South Xinjian Rd., Datong
雁北宾馆	Yanbei Hotel	大同御河北路甲1号	No. Jia1, North Yuhe Rd., Datong
晨光国际酒店	Chenguang International Hotel	大同迎宾东路68号	No.68, West Yingbin Rd., Datong
北冰洋大酒店	Beibingyang Hotel	阳泉北大街80号	No.80, North St., Yangquan
山西泉美国际大酒店	Shanxi quanmei International Hotel	阳泉市南大西街15号楼	No.15 Building, South West Street, Yangquan
祥禾大酒店	Xianghe Grand Hotel	阳泉市开发区烟台路1号	No.1 Yantai Rd., Development Zone, Yangquan
财苑大厦	Caiyuan Hotel	长治市长兴中路305号	No.305, Changxing Middle Rd., Changzhi
晋城大酒店	Jincheng Grand Hotel	晋城凤台西街88号	No.88, West Fengtai St., Jincheng
太平洋大酒店	Pacific Ocean Hotel	晋城凤台西街59号	No.59, West Fengtai St., Jincheng
颐宾大酒店	Yibin Hotel	晋城前西街58号	No.58, Qianxi St., Jincheng
晋城高都大酒店	Jincheng Gaodu Grand Hotel	晋城新市东街8号	No.8, East Xinshi St., Jincheng
晋城阳光大酒店	Jincheng Sunshine Hotel	晋城市泽州路76号	No.76, Zezhou Rd., Jincheng
棋源山庄	Qiyuan Mountain Village	晋城陵川县棋子山风景区	Qizishan Scenic Spot, Lingchuan, Jincheng
兰花大酒店	Lanhua Hotel	晋城凤台东街2288号	No.2288, East Fengtai St., Jincheng
泽州大酒店	Zezhou Hotel	晋城市凤台西街2839号	No.2839, West Feitai St., Jincheng

14-7 续表2 continued

名　称	Name	地　址	Address
皇城相府贵宾楼	Xiangfu Grand Hotel	晋城市阳城北留皇城村	Huangcheng Vil., Beiliu, Yangcheng, Jincheng
万通源平鲁宾馆	Wantongyuan Pinglu Hotel	朔州市平鲁区胜利南路	South Shengli Rd., Pinglu District, Shuozhou
平朔宾馆	Pingshuo Hotel	朔州平朔生活区	Living District , Pingshuo, Shuozhou
圣厚源大酒店	Shenghouyuan Hotel	朔州开发北路安泰街2号	No.2, Antai St., North Kaifa Rd., Shuozhou
玉龙国际酒店	Yulong International Hotel	右玉县新建大街北侧	North of Xinjian St., Youyu
颐景国际大酒店	Yijing International Hotel	晋中市榆次区西顺城街71号	No.71, Xishuncheng St., Yuci District, Youyu
平遥峰岩大酒店	Pingyao Fengyan Hotel	晋中市平遥县曙光路峰岩广场	Fengyan Square, Shuguang Rd., Pingyao, Jinzhong
介休市正达海悦酒店	Jiexiu Zhengdahaiyue Hotel	晋中市介休市北坛东路25号	No.25, East Beitan Rd., Jiexiu, Jinzhong
介休市锦源大酒店	Jiexiu Jinyuan Hotel	晋中市介休市区北坛中路	Middle Beitan Rd., Jiexiu, Jinzhong
天都大酒店	Tiandu Hotel	河津市振兴东路	East Zhenxing Rd., Hejin
芮城惠阳大酒店	Ruicheng Huiyang Hotel	芮城县洞宾东街8号	No.8, East Dongbin St., Ruicheng
五台山银海山庄	Wutai Mountain Yinhai Village	忻州五台山台怀镇	Taihuai Town, Wutai Mountain, Xinzhou
原平市宾馆	Yuanping Hotel	忻州原平前进西街57号	No.57, West Qianjin St., Yuanping, Xinzhou
花卉山庄	Huahui Mountain Village	忻州五台山大车沟	Dachegou, Wutai Mountain, Xinzhou
繁峙县嘉盛伦大酒店	Fanshi Jiashenglun Hotel	忻州市繁峙县向阳北路	North Xiangyang Rd., Fanshi, Xinzhou
金鼎大酒店	Jinding Grand Hotel	忻州市定襄县晋昌大街	Jinchang St., Dingxiang, Xinzhou
侯马华翔大酒店	Houma Huaxiang Hotel	临汾市侯马市火车站南侧	South of Houma Railway Station, Linfen
金海湾大酒店	Jinhaiwan Hotel	临汾市向阳西路西段	West Section of West Xiangyang Rd., Linfen
思麦尔国际酒店	Smir International Hotel	临汾市鼓楼东大街40号	No.40, East Gulou Dong St., Linfen
山西丁陶国际大酒店	Shanxi Dingtao International Hotel	临汾市襄汾县兴农路公园南侧	South of XingnongRd. Park, Xiangfen, Linfen
华强大酒店	Huaqiang Grand Hotel	侯马市呈王东路69号	No.69, East Chengwang Rd., Houma
吕梁国际宾馆	Lvliang International Hotel	离石区滨河南东路2号	No.2, South Binhe Rd. , Lishi District
贾家庄裕和花园酒店	Jiajiazhuang Yuhe Garden Hotel	吕梁市汾阳县贾家庄腾飞路	Tengfei Rd., Jiajia Vil., Fenyang, Lvliang
东兴酒店	Dongxing Hotel	孝义市府前街55号	No.55, Fuqian St., Xiaoyi

主要统计指标解释

住宿业 指为旅行者提供短期留宿场所的活动，有些单位只提供住宿，也有些单位提供住宿、饮食、商务、娱乐一体的服务。

餐饮业 指通过即时制作加工、商业销售和服务性劳动等，向消费者提供食品和消费场所及设施的服务。

限额以上住宿企业 年主营业务收入 200 万元及以上的住宿企业。

限额以上餐饮企业 年主营业务收入 200 万元及以上的餐饮企业。

住宿业单位星级评定情况 星级等级指根据《旅游饭店星级的划分与评定》(GB/T14308-2010)标准，经过有关旅游管理权威部门评定(验收)后授予的“星级”称号填写，分为一星级到五星级 5 个标准。

营业额 指住宿和餐饮业单位在经营活动中因提供服务或销售商品等取得的全部收入(含增值税)，收入主要来源于提供客房、餐费服务、商品销售和其他服务，如商务服务。不包括多产业法人企业附营的其他行业产业活动单位的餐费收入、商品销售收入等各项收入。

客房收入 指住宿和餐饮业单位在经营活动中因提供住宿服务取得的收入(含增值税)。不包括多产业法人企业附营的其他行业产业活动单位的客房收入。

餐费收入 指本单位为顾客提供就餐服务取得的收入(含增值税)。包括：经烹饪、调制加工后出售的各种食品，如主食、炒菜、凉拌菜等的收入。不包括多产业法人企业附营的其他行业产业活动单位的餐费收入。

商品销售额 指对本单位以外的单位和个人出售的商品金额(包括售给本单位消费用的商品，含增值税)。在住宿和餐饮业中，本指标反映住宿和餐饮业单位出售商品的销售总额(含增值税)，不包括法人企业附营的其他行业产业活动单位的商品销售额。

其他收入 指提供客房、餐饮服务、商品销售以外的其他服务获得的收入(含增值税)，如商品服务、健身娱乐等。

入境过夜游客 指在中国(大陆)的旅游住宿单位内至少停留一夜的外国人、港澳台同胞。

国内游客 指报告期内在中国(大陆)观光游览、度假、探亲访友、就医疗养、购物、参加会议或从事经济、文化、体育、宗教活动的中国(大陆)居民，其出游的目的不是通过所从事的活动谋取报酬。

旅游外汇收入 入境游客在中国(大陆)境内旅行、游览过程中用于交通、参观游览、住宿餐饮、购物、娱乐等全部花费。

国内旅游收入 指国内游客在国内旅行、游览过程中用于交通、参观游览、住宿餐饮、购物、娱乐等全部花费。

Explanatory Notes on Main Statistical Indicators

Hotel Services refer to the accommodation services provided to visitors. Some units may provide only accommodation while others provide a combination of accommodation, meals, business services and recreational facilities.

Catering Services refer to the activities of providing foods, serving locations and facilities to customers through instant processing, commercial sales and service-type labor.

Hotel Enterprises above Designated Size refer to hotel enterprises whose annual revenue of major business amounts to 2 million yuan and over.

Catering Enterprises above Designated Size refer to catering enterprises whose annual revenue of major business amounts to 2 million yuan and over.

Star Rating of Hotels refers to hotels rated with stars as evaluated (accepted) by the relevant tourism authorities according to GB/T14308-2010 standard. Hotels can be divided into five standards from one-star to five-star.

Business Revenue refers to total revenue (including value-added tax) of hotels and catering services received from providing services or selling commodities through business activities, income comes mainly from providing hotels, catering services, selling of commodities and other services, such as commodity services. It does not include revenue such as meal fees, selling of commodities of other industrial units affiliated with multi industrial legal entities.

Room Revenue refers to business revenue (including value-added tax) hotel and catering enterprises got by providing lodging services. It does not include the revenue get from other industrial active units which belonging to the multi-industry enterprises.

Dinning Revenue refers to revenue (including value-added tax) hotel and catering enterprises got by providing customers catering services, including selling of cooked or prepared foods, such as staple food, cooked dishes, or cold dishes. It does not include the revenue get from other industrial units affiliated with multi industrial legal entities.

Commodity Sales refer to value of commodities sold by the units to other units and individuals (including goods sold for self -consumption, including the value-added tax). It reflects the total commodities value sold by hotel and catering units (including the value-added tax). It does not include the sales value get from other industrial units affiliated with multi industrial legal entities.

Other Revenue refers to other revenue (including value-added tax) hotel and catering enterprises got by providing other services, such as commodities service, fitness and entertainment.

Inbound Overnight Tourists refer to foreigners and compatriots from Hong Kong, Macao and Taiwan who come to China (the mainland) and stay in the tourist accommodation units for at least one night.

Domestic Tourists refer to residents of China (the mainland) who travel within China (the mainland) for sightseeing, vacation, visiting relatives, medical treatment, shopping, attending conference, or engaging in economic, cultural, sports and religious activities. And the purpose of their travelling isn’t for profits.

Foreign Exchange Earnings from Tourism refer to the total expenditures of inbound tourists during their stay in the mainland of China on transportation, sightseeing, accommodation, food, shopping and entertainment.

Revenue from Domestic Tourism refers to the total expenditures of domestic tourists during their stay in the mainland of China on transportation, sightseeing, accommodation, food, shopping and entertainment.

15

交通运输、邮电通信业

TRANSPORTATION, POST AND TELECOMMUNICATION SERVICES

资料整理人员

阮并晶

TRANSPORTATION, POST AND TELECOMMUNICATION SERVICES 交通运输、邮电通信业

铁路营业里程	Length of Railways in Operation	6247	公里 (km)
公路通车里程	Length of Highways	144323	公里 (km)
货物周转量	Turnover Volume of Freight Traffic	5711.8	亿吨公里 (100 million ton-km)
旅客周转量	Turnover Volume of Passenger Traffic	226.2	亿人公里 (100 million person-km)
邮政行业业务总量	Business Volume of Post Services	150.7	亿元 (100 million yuan)
电信业务总量	Business Volume of Telecommunication Services	3091.7	亿元 (100 million yuan)

民用汽车拥有量（万辆）
Number of Civil Motor Vihicles (10 000 units)

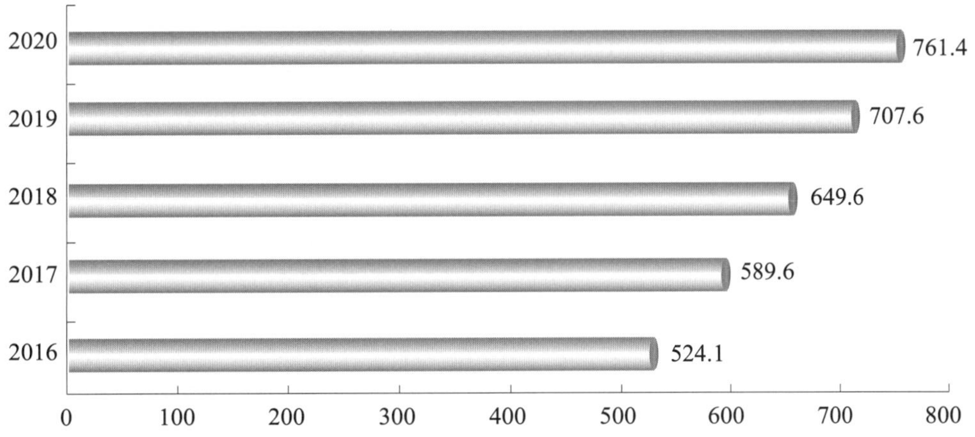

公路通车里程（公里）
Length of Highways (km)

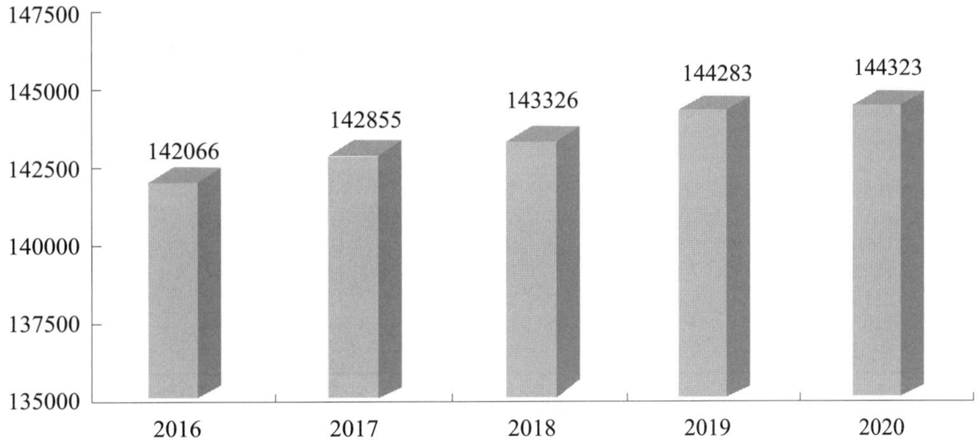

15-1 主要年份运输线路长度
LENGTH OF TRANSPORT ROUTES IN MAJOR YEARS

单位：公里 (km)

年 份 Year	铁路营业里程 Length of Railways in Operation	公路通车里程 Length of Highways	#高速公路 Expressways	每百平方公里平均里程 Average Length Per Square Kilometre 铁 路 Railways	公 路 Highways
1978	2057	31868		1.3	20.3
1980	2129	27261		1.4	17.4
1985	2169	28762		1.4	18.4
1990	2330	30784		1.5	19.6
1995	2435	33644		1.6	21.5
2000	2511	55408	518	1.6	35.4
2005	3514	111227	1686	2.2	71.0
2010	3752	131644	3003	2.4	84.0
2011	3774	134808	4005	2.4	86.0
2012	3775	137771	5011	2.4	87.9
2013	3786	139434	5011	2.4	89.1
2014	4980	140436	5011	3.2	89.9
2015	5086	140960	5028	3.2	90.0
2016	5293	142066	5265	3.4	90.7
2017	5317	142855	5335	3.4	91.2
2018	5428	143326	5605	3.5	91.7
2019	5890	144283	5711	3.8	92.1
2020	6247	144323	5745	4.0	92.1

注：2005年起公路线路里程包括村道里程数；2006年起铁路营业里程包括国铁、合资和地方铁路。

Note：Length of highways and all-weather highways has included length of roads between villages since 2005. Length of railways has included length of national railways，joint-venture railways and local railways since 2006.

15-2 主要年份货运量
FREIGHT TRAFFIC IN MAJOR YEARS

单位：万吨 (10 000 tons)

年 份 Year	合 计 Total	铁 路 Railways	#中央铁路 National Railways	公 路 Highways	水 运 Water Transport	民 航 Civil Aviation
1978	15620	9166	9166	6443	11	0.09
1980	18080	11067	11067	7004	9	0.15
1985	29181	16110	16092	13071		0.35
1990	50111	23332	23082	26706	72	0.55
1995	65962	26095	25718	39776	90	0.67
2000	86624	28779	28469	57813	31	0.60
2005	125367	49067	47697	76201	95	3.80
2010	124677	63836	60808	60819	18	4.49
2011	134441	69194	65695	65201	41	4.53
2012	144622	71437	68294	73150	30	4.84
2013	156048	73181	69894	82834	28	5.00
2014	164924	76411	75059	88491	17	5.07
2015	161772	70509	68268	91240	17	5.04
2016	167082	64861	62563	102200	16	5.49
2017	189521	74616	72285	114880	20	5.50
2018	211503	85260	82943	126213	23	6.15
2019	219312	91321	88448	127961	24	6.74
2020	190238	92002	88087	98206	24	5.85

注：(1)2000年以前汽车货运量为交通系统内口径，2000年及以后为全社会口径。
(2)2008-2012年，2013年至今，公路运输量相关指标为五年一次专项调查数据，下同。

Notes：(1)The freight traffic of automobile is calculated by the coverage of traffic system before 2000, and refferred to total society from 2000.
(2)Traffic volume of highways and relative data from 2008 to 2012, from 2013 to now are obtained from two special surveys, which are conducted once every 5 years. The same applies to the following.

15-3 主要年份货物周转量
TURNOVER VOLUME OF FREIGHT TRAFFIC IN MAJOR YEARS

单位：万吨公里 (10 000 ton-km)

年 份 Year	合 计 Total	铁 路 Railways	#中央铁路 National Railways	公 路 Highways	水 运 Water Transport
1978	1896350	1784790	1784790	111483	77
1980	2253618	2096450	2096450	157126	42
1985	3609795	3086917	3086584	522878	
1990	5948295	4795516	4784200	1152520	259
1995	7179630	5363846	5346060	1815463	321
2000	8679954	5979696	5958000	2700206	52
2005	13625549	9697012	9599369	3927715	822
2010	23324205	13624714	13436905	9698896	595
2011	30827489	20355804	20153949	10471189	496
2012	33458466	21435390	21231815	12022480	596
2013	35923686	23137331	23117075	12785747	608
2014	37108069	23475689	23453328	13631956	423
2015	34385474	20637317	20478663	13747614	543
2016	35654565	21133151	20965576	14520591	823
2017	41850327	24262711	24096950	17586569	1047
2018	44894386	25815610	25651515	19077478	1298
2019	46904687	27747481	27541490	19155877	1328
2020	57117630	29267489	29047234	27849561	580

注：2011年起，铁路为全行业数据，包括国家铁路(含控股)、非控股合资铁路及地方铁路。

Note: Volume of railways is calculated by the whole industry coverage from 2011, which includes national railways, non-shareholding joint venture railways and local railways.

15-4 主要年份旅客运输量和周转量
PASSENGER TRAFFIC AND TURNOVER VOLUME IN MAJOR YEARS

年 份 Year	客运量 (万人) Passenger Traffic (10 000 persons)	#铁 路 Railways	#公 路 Highways	旅客周转量 (万人公里) Passenger Kilometers (10 000 person-km)	#铁 路 Railways	#公 路 Highways
1978	4498	2124	2375	387366	270950	116416
1980	5865	2523	3342	497897	356420	141477
1985	10564	3391	7173	931783	621351	310432
1990	15960	3226	12728	1260441	668100	587953
1995	21337	3308	17956	1750989	806580	861061
2000	31818	2953	28821	2245807	833600	1358962
2005	40209	3433	36456	3295406	1056422	1809406
2010	39059	5746	32606	3715683	1558206	2157019
2011	39932	6219	32865	4158078	1957808	2199108
2012	40839	6208	33662	4229773	1923652	2306121
2013	34781	6294	28487	3864404	1898201	1966203
2014	34040	6949	27091	3843762	2023842	1819920
2015	30676	7393	22085	3799506	2154182	1645324
2016	27619	7530	18702	3604561	2193137	1411424
2017	26749	7664	17333	3737555	2232856	1503565
2018	25679	7958	15717	3939476	2342289	1596434
2019	24342	8153	14009	3955728	2366931	1588193
2020	13757	4890	7460	2262321	1356669	905652

注：2009年起旅客周转量不包括民航数据。

Note: Passenger turnover volume doesn't include civil aviation data from 2009.

15-5 主要年份民用汽车拥有量
NUMBER OF CIVIL MOTOR VEHICLES IN MAJOR YEARS

单位：辆 (unit)

年 份 Year	民用汽车总 数 Total	#载货汽车 Trucks	#载客汽车 Passenger Vehicles	#个 人 Individual	#载 货 Trucks	#载 客 Passenger Vehicles	每百公里公路平均汽车数 Average Number of Motor Vehicles Per 100 km
1978	45634	34383	8341				143.2
1980	70730	47872	10329				259.5
1985	129286	102033	20968	23664	21525	1884	449.5
1990	232665	174618	46390	46540	36084	10450	755.8
1995	332886	210157	106924	94987	54806	40131	989.4
2000	550148	278235	253481	235078	98837	135909	992.9
2005	1074350	379599	677746	587721	155570	430314	965.9
2010	2478905	558169	1899271	1865984	319589	1541432	1883.0
2011	2953253	612696	2316189	2301975	364040	1931590	2190.7
2012	3275805	567788	2708017	2697177	362482	2334695	2377.7
2013	3758528	582913	3175615	3180579	385930	2794649	2695.6
2014	4219470	591108	3628362	3661596	400345	3261251	3004.6
2015	4665842	571789	4094053	4137927	393407	3744520	3310.0
2016	5240814	595149	4645665	4720486	406394	4314092	3689.0
2017	5896070	639361	5256709	5327549	413659	4913890	4127.3
2018	6495704	702534	5793170	5873204	443827	5429377	4532.1
2019	7076377	763988	6312389	6396485	472023	5924462	4904.5
2020	7613865	833675	6780190	6862334	486928	6375406	5275.6

注：民用汽车总数和个人汽车数不包括三轮汽车和低速货车。
Note: Number of civil motor vehicles and number of private cars exclude tricars and lower-speed cars.

15-6 民用汽车拥有量(2020年)
NUMBER OF CIVIL MOTOR VEHICLES(2020)

单位：辆 (unit)

指 标	Item	合 计 Total	#营 运 Business	#非营运 Non-business	#个 人 Individual
一、民用汽车	Civil Motor Vehicles	7683832	696438	6970081	6911609
1.载客汽车	Passenger Vehicles	6780190	87366	6675511	6375406
#大 型	Large	36571	26254	9211	625
中 型	Medium	11636	3029	7952	2154
小 型	Small	6611044	57572	6537920	6255029
微 型	Mini	120939	511	120428	117598
#轿 车	Cars	4721158	56751	4649556	4509550
2.载货汽车	Trucks	833675	573959	259716	486928
#重 型	Heavy	331150	326082	5068	95260
中 型	Medium	10929	8587	2342	4487
轻 型	Light	491152	239142	252010	386778
微 型	Mini	444	148	296	403
#普通载货汽车	Ordinary	319381	110239	209142	266264
3.其他汽车	Others	69967	35113	34854	49275
二、拖拉机	Tractors	391922			
三、摩托车	Motorcycles	429911	32934	396977	399402
四、载货挂车	Trailers	227926	227132	794	64078
五、其他类型车	Other Kinds of Vehicles	21	1	20	1

注：民用汽车拥有量包括三轮汽车和低速货车。
Note: Number of civil motor vehicles include tricars and lower-speed cars.

15-7 民用航空航线(2020年)
CIVIL AVIATION ROUTES(2020)

太原-北京	Taiyuan-Beijing	太原-珠海	Taiyuan-Zhuhai
太原-上海	Taiyuan-Shanghai	太原-南昌	Taiyuan-Nanchang
太原-广州	Taiyuan-Guangzhou	太原-桂林	Taiyuan-Guilin
太原-深圳	Taiyuan-Shenzhen	太原-温州	Taiyuan-Wenzhou
太原-西宁	Taiyuan-Xining	太原-合肥	Taiyuan-Hefei
太原-成都	Taiyuan-Chengdu	太原-丽江	Taiyuan-Lijiang
太原-青岛	Taiyuan-Qingdao	太原-徐州	Taiyuan-Xuzhou
太原-无锡	Taiyuan-Wuxi	太原-南昌-深圳	Taiyuan-Nanchang-Shenzhen
太原-南京	Taiyuan-Nanjing	太原-遵义-深圳	Taiyuan-Zunyi-Shenzhen
太原-厦门	Taiyuan-Xiamen	太原-恩施-深圳	Taiyuan-Enshi-Shenzhen
太原-长沙	Taiyuan-Changsha	太原-南京-泉州	Taiyuan-Nanjing-Quanzhou
太原-福州	Taiyuan-Fuzhou	太原-武汉-泉州	Taiyuan-Wuhan-Quanzhou
太原-杭州	Taiyuan-Hangzhou	太原-武汉-福州	Taiyuan-Wuhan-Fuzhou
太原-三亚	Taiyuan-Sanya	太原-武汉-厦门	Taiyuan-Wuhan-Xiamen
太原-昆明	Taiyuan-Kunming	太原-合肥-厦门	Taiyuan-Hefei-Xiamen
太原-海口	Taiyuan-Haikou	太原-长治-厦门	Taiyuan-Changzhi-Xiamen
太原-重庆	Taiyuan-Chongqing	太原-杭州-厦门	Taiyuan-Hangzhou-Xiamen
太原-天津	Taiyuan-Tianjin	太原-长沙-厦门	Taiyuan-Changsha-Xiamen
太原-琼海	Taiyuan-Qionghai	太原-长沙-珠海	Taiyuan-Changsha-Zhuhai
太原-大同	Taiyuan-Datong	太原-长沙-福州	Taiyuan-Changsha-Fuzhou
太原-宁波	Taiyuan-Ningbo	太原-南通-福州	Taiyuan-Nantong-Fuzhou
太原-兰州	Taiyuan-Lanzhou	太原-盐城-杭州	Taiyuan-Yancheng-Hangzhou
太原-大连	Taiyuan-Dalian	太原-杭州-三亚	Taiyuan-Hangzhou-Sanya
太原-贵阳	Taiyuan-Guiyang	太原-合肥-昆明	Taiyuan-Hefei-Kunming
太原-哈尔滨	Taiyuan-Harbin	太原-合肥-海口	Taiyuan-Hefei-Haikou
太原-海拉尔	Taiyuan-Hailar	太原-贵阳-海口	Taiyuan-Guiyang-Haikou

15-7 续表1 continued

太原-桂林-海口	Taiyuan-Guilin-Haikou	重庆-太原-北京	Chongqing-Taiyuan-Beijing
太原-长治-重庆	Taiyuan-Changzhi-Chongqing	上海-太原-呼和浩特	Shanghai-Taiyuan-Hohhot
太原-长治-南宁	Taiyuan-Changzhi-Nanning	西宁-太原-深圳	Xining-Taiyuan-Shenzhen
太原-南京-三亚	Taiyuan-Nanjing-Sanya	深圳-太原-呼和浩特	Shenzhen-Taiyuan-Hohhot
太原-长沙-台州	Taiyuan-Changsha-Taizhou	成都-太原-大连	Chengdu-Taiyuan-Dalian
太原-长沙-海口	Taiyuan-Changsha-Haikou	成都-太原-日照	Chengdu-Taiyuan-Rizhao
太原-宜宾-贵阳	Taiyuan-Yibin-Guiyang	成都-太原-大同	Chengdu-Taiyuan-Datong
太原-桂林-三亚	Taiyuan-Guilin-Sanya	乌鲁木齐-太原-青岛	Urumqi-Taiyuan-Qingdao
太原-鄂尔多斯-银川	Taiyuan-Erdos-Yinchuan	青岛-太原-兰州	Qingdao-Taiyuan-Lanzhou
太原-合肥-深圳	Taiyuan-Hefei-Shenzhen	南京-太原-乌鲁木齐	Nanjing-Taiyuan-Urumqi
太原-绵阳-南宁	Taiyuan-Mianyang-Nanning	长沙-太原-沈阳	Changsha-Taiyuan-Shenyang
太原-南昌-珠海	Taiyuan-Nanchang-Zhuhai	哈尔滨-太原-三亚	Harbin-Taiyuan-Sanya
太原-南昌-桂林	Taiyuan-Nanchang-Guilin	昆明-太原-长春	Kunming-Taiyuan-Changchun
太原-吕梁-南宁	Taiyuan-Lvliang-Nanning	昆明-太原-哈尔滨	Kunming-Taiyuan-Harbin
太原-宜昌-珠海	Taiyuan-Yichang-Zhuhai	昆明-太原-大同	Kunming-Taiyuan-Datong
太原-徐州-福州	Taiyuan-Xuzhou-Fuzhou	昆明-太原-呼和浩特	Kunming-Taiyuan-Hohhot
太原-南昌-厦门	Taiyuan-Nanchang-Xiamen	昆明-太原-大连	Kunming-Taiyuan-Dalian
太原-张家界-惠州	Taiyuan-Zhangjiajie-Huizhou	昆明-太原-沈阳	Kunming-Taiyuan-Shenyang
太原-南昌-广州	Taiyuan-Nanchang-Guangzhou	大连-太原-海口	Dalian-Taiyuan-Haikou
太原-济宁-宁波	Taiyuan-Jining-Ningbo	重庆-太原-沈阳	Chongqing-Taiyuan-Shenyang
太原-淮安-宁波	Taiyuan-Huai'an-Ningbo	重庆-太原-长春	Chongqing-Taiyuan-Changchun
太原-长沙-昆明	Taiyuan-Changsha-Kunming	大连-太原-银川	Dalian-Taiyuan-Yinchuan
太原-长治-海口	Taiyuan-Changzhi-Haikou	南宁-太原-大连	Nanning-Taiyuan-Dalian
太原-合肥-三亚	Taiyuan-Hefei-Sanya	哈尔滨-太原-南宁	Harbin-Taiyuan-Nanning
北京-太原-昆明	Beijing-Taiyuan-Kunming	贵阳-太原-哈尔滨	Guiyang-Taiyuan-Harbin
温州-太原-北京	Wenzhou-Taiyuan-Beijing	济南-太原-包头	Jinan-Taiyuan-Baotou

15-7 续表2 continued

榆林-太原-天津	Yulin-Taiyuan-Tianjin	南京-太原-呼和浩特	Nanjing-Taiyuan-Hohhot
南京-太原-呼和浩特	Nanjing-Taiyuan-Hohhot	杭州-太原-兰州	Hangzhou-Taiyuan-Lanzhou
南京-太原-兰州	Nanjing-Taiyuan-Lanzhou	成都-太原-营口	Chengdu-Taiyuan-Yingkou
南京-太原-银川	Nanjing-Taiyuan-Yinchuan	沈阳-太原-合肥	Shenyang-Taiyuan-Hefei
长沙-太原-大连	Changsha-Taiyuan-Dalian	包头-太原-桂林	Baotou-Taiyuan-Guilin
哈尔滨-太原-桂林	Harbin-Taiyuan-Guilin	沈阳-太原-琼海	Shenyang-Taiyuan-Qionghai
南京-太原-西宁	Nanjing-Taiyuan-Xining	北京首都-长治	Beijing Capital-Changzhi
天津-太原-西宁	Tianjin-Taiyuan-Xining	北京南苑-长治	Beijing Nanyuan-Changzhi
大连-太原-西宁	Dalian-Taiyuan-Xining	上海浦东-长治	Shanghai Pudong-Changzhi
乌鲁木齐-太原-烟台	Urumqi-Taiyuan-Yantai	广州-长治	Guangzhou-Changzhi
青岛-太原-绵阳	Qingdao-Taiyuan-Mianyang	广州-武汉-长治	Guangzhou-Wuhan-Changzhi
福州-太原-银川	Fuzhou-Taiyuan-Yinchuan	成都-长治	Chengdu-Changzhi
桂林-太原-沈阳	Guilin-Taiyuan-Shenyang	海口-长治-天津	Haikou-Changzhi-Tianjin
南昌-太原-银川	Nanchang-Taiyuan-Yinchuan	西安-长治-大连	Xi'an-Changzhi-Dalian
丽江-太原-哈尔滨	Lijiang-Taiyuan-Harbin	昆明-长治-沈阳	Kunming-Changzhi-Shenyang
海口-太原-乌海	Haikou-Taiyuan-Wuhai	昆明-长治-天津	Kunming-Changzhi-Tianjin
呼和浩特-太原-济南	Hohhot-Taiyuan-Jinan	天津-长治-桂林	Tianjin-Changzhi-Guilin
兰州-太原-烟台	Lanzhou-Taiyuan-Yantai	太原-长治-海口	Taiyuan-Changzhi-Haikou
无锡-太原-呼和浩特	Wuxi-Taiyuan-Hohhot	大同-北京	Datong-Beijing
长春-太原-兰州	Changchun-Taiyuan-Lanzhou	大同-上海	Datong-Shanghai
乌鲁木齐-太原-宁波	Urumqi-Taiyuan-Ningbo	银川-大同-北京南苑	Yinchuan-Datong-Beijing Nanyuan
合肥-太原-包头	Hefei-Taiyuan-Baotou	哈尔滨-大同-厦门	Harbin-Datong-Xiamen
南昌-太原-长春	Nanchang-Taiyuan-Changchun	西安-大同-沈阳	Xi'an-Datong-Shenyang
南宁-太原-满洲里	Nanning-Taiyuan-Manzhouli	天津-大同-呼和浩特	Tianjin-Datong-Hohhot
南宁-太原-海拉尔	Nanning-Taiyuan-Hailar	大同-武汉-广州	Datong-Wuhan-Guangzhou
宁波-太原-呼和浩特	Ningbo-Taiyuan-Hohhot	大同-大连	Datong-Dalian

15-7 续表3 continued

天津-大同-海口	Tianjin-Datong-Haikou	运城-昆明	Yuncheng-Kunming
大同-暹粒	Datong-Siem Reap	大连-运城-贵阳	Dalian-Yuncheng-Guiyang
大同-岘港	Datong-Da Nang	大连-运城-海口	Dalian-Yuncheng-Haikou
大同-曼谷	Datong-Bangkok	哈尔滨-运城-三亚	Harbin-Yuncheng-Sanya
大同-金边	Datong-Phnom Penh	天津-运城-桂林	Tianjin-Yuncheng-Guilin
吕梁-北京	Lvliang-Beijing	三亚-运城-哈尔滨	Sanya-Yuncheng-Harbin
吕梁-呼和浩特	Lvliang-Hohhot	运城-长沙-海口	Yuncheng-Changsha-Haikou
吕梁-长沙	Lvliang-Changsha	运城-成都	Yuncheng-Chengdu
吕梁-青岛	Lvliang-Qingdao	运城-上海	Yuncheng-Shanghai
吕梁-南京	Lvliang-Nanjing	天津-运城-香港	Tianjin-Yuncheng-Hong Kong
吕梁-西安	Lvliang-Xi'an	南京-运城-芭提雅	Nanjing-Yuncheng-Pattaya
吕梁-广州	Lvliang-Guangzhou	临汾-武汉	Linfen-Wuhan
吕梁-杭州	Lvliang-Hangzhou	临汾-北京	Linfen-Beijing
上海浦东-吕梁-兰州	Shanghai Pudong-Lvliang-Lanzhou	临汾-长春	Linfen-Changchun
重庆-吕梁-天津	Chongqi-Lvliang-Tianjin	呼和浩特-临汾-成都	Hohhot-Linfen-Chengdu
上海浦东-五台山-银川	Shanghai Pudong-Wutaishan-Yinchuan	临汾-昆明	Linfen-Kunming
		临汾-广州	Linfen-Guangzhou
广州/深圳-郑州-五台山	Guangzhou/Shenzhen-Zhengzhou-Wutaishan	上海-临汾-银川	Shanghai-Linfen-Yinchuan
		青岛-临汾-昆明	Qingdao-Linfen-Kunming
海口-桂林-五台山	Haikou-Guilin-Wutaishan	天津-临汾-海口	Tianjin-Linfen-Haikou
厦门-南京-五台山	Xiamen-Nanjing-Wutaishan	海口-桂林-临汾	Haikou-Guilin-Linfen
三亚-五台山-哈尔滨	Sanya-Wutaishan-Harbin	重庆-临汾-天津	Chongqing-Linfen-Tianjin
深圳-五台山-哈尔滨	Shenzhen-Wutaishan-Harbin	太原-海口-悉尼	Taiyuan-Haikou-Sydney
昆明-五台山-哈尔滨	Kunming-Wutaishan-Harbin	太原-成都-圣彼得堡	Taiyuan-Chengdu-Saint Petersburg
重庆-五台山-天津	Chongqi-Wutaishan-Tianjin		
济南-五台山-兰州	Jinan-Wutaishan-Lanzhou	太原-浦东-芝加哥	Taiyuan-Pudong-Chicago
运城-北京	Yuncheng-Beijing	太原-昆明-芭提雅	Taiyuan-Kunming-Pattaya
运城-广州	Yuncheng-Guangzhou	太原-昆明-合艾	Taiyuan-Kunming-Hat Yai
运城-珠海	Yuncheng-Zhuhai	大同-香港	Datong-Hong Kong
重庆-运城-沈阳	Chongqing-Yuncheng-Shenyang	南京-五台山-曼谷	Nanjing-Wutaishan-Bangkok

15-8 国家铁路分货类运输量(2020年)
NATIONAL RAILWAY FREIGHT TRAFFIC BY CATEGORY OF CARGO(2020)

指 标	Item	货运量(万吨) Volume of Freight Traffic (10 000 tons)	货物周转量(万吨公里) Turnover Volume of Freight Traffic (10 000 ton-km)	平均运程(公里) Average Transport Mileage (km)
合 计	**Total**	**97741.3**	**41526960.8**	**425**
#煤 炭	Coal	75388.0	35877809.9	476
石 油	Petroleum	556.9	133825.1	240
焦 炭	Cake	3210.2	1004034.1	313
金属矿石	Metal Ore	6178.0	1510174.4	244
钢铁及有色金属	Steel and Nonferrous Metal	3200.7	717036.6	224
非金属矿石	Nonmetal Ores	948.9	203715.1	215
磷矿石	Phosphate Rock	4.4	800.5	182
矿建材料	Mine Construction Materials	2446.0	174962.4	72
水 泥	Cement	0.2	98.1	485
木 材	Timber	4.6	1263.5	274
粮 食	Grain	315.1	153927.7	488
零 担	Sporadic Freight Transport	0.02	17.1	830
集装箱	Container Transport	4469.6	1439588.4	322

注：本表为太原铁路局数据。
Note：Data in the table is supplied by Taiyuan Railway Bureau.

15-9　地方铁路营运概况(2020年)
BASIC STATISTICS ON LOCAL RAILWAYS(2020)

线路名称 Name of Railway Lines	起迄地址 The Beginning and The End	线路长度(公里) Length of Railways (km)		机 车(台) Locomotives (unit)		
		延展里程 Length of Extention	正线里程 Length of the Truck Lines	合 计 Total	电 气 Electrical	内 燃 Diesel
总　计　Total		**453**	**342**	**39**	**17**	**22**
一、合资铁路		332	248	32	17	15
Joint Venture Railways						
武沁铁路公司	武乡-左权；沁县-沁源	147	118	8		8
Wuqin Railway Company	Wuxiang-Zuoquan;Qinxian-Qinyuan					
孝柳有限责任公司	孝西-穆村	185	116	24	17	7
Xiaoliu Railway Co., Ltd.	Xiaoxi-Mucun					
小河头集运站	Xiaohetou Container Freight Station		14			
二、地方铁路		121	94	7		7
Local Railways						
宁静铁路	宁武-静乐	121	94	7		7
Ningjing Railway	Ningwu-Jingle					

线路名称 Name of Railway Lines	货物运输 Freight Traffic		财务状况 Financial Situation			
	货运量(万吨) Freight Traffic (10 000 tons)	货物周转量(万吨公里) Turnover of Freight Traffic (10 000 ton-kms)	运输收入(万元) Transportation Revenue (10 000 yuan)	运输支出(万元) Transportation Expend (10 000 yuan)	实现利润(万元) Profits (10 000 yuan)	上缴税金(万元) Taxes (10 000 yuan)
总　计　Total	**3915**	**220255**	**241826**	**207402**	**24855**	**17428**
一、合资铁路	3433	210127	230934	198462	24811	17289
Joint Venture Railways						
武沁铁路公司	662	38358	25128	21185	1785	1427
Wuqin Railway Company						
孝柳有限责任公司	2275	171769	205806	177277	23026	15862
Xiaoliu Railway Co., Ltd.						
小河头集运站	496					
Xiaohetou Container Freight Station						
二、地方铁路	482	10128	10892	8940	44	139
Local Railways						
宁静铁路	482	10128	10892	8940	44	139
Ningjing Railway						

15-10 邮电业务基本情况(2020年)

BASIC CONDITIONS OF POST AND TELECOMMUNICATION SERVICES(2020)

指　标	Item	2020
邮政行业业务总量 (亿元)	**Business Volume of Post Services (100 million yuan)**	**150.7**
函　件 (万件)	Number of Letters (10 000 pcs)	839
包　裹 (万件)	Number of Parcels (10 000 pcs)	11
汇　兑 (万笔)	Number of Postal Money Orders (10 000 pcs)	19
机要邮件 (万件)	Number of Confidential Letters (10 000 pcs)	54
快　递 (万件)	Express Mail Services (10 000 pcs)	53584
订销报纸期发数 (万份)	Newspapers Circulation (10 000 copies)	215
订销报纸累计数 (万份)	Accumulative Total of Newspapers Circulation (10 000 copies)	56870
订销杂志期发数 (万份)	Magazines Circulation (10 000 copies)	107
订销杂志累计数 (万份)	Accumulative Total of Magazines Circulation (10 000 copies)	1728
电信业务总量 (亿元)	**Business Volume of Telecommunication Services (100 million yuan)**	**3091.7**
固定电话用户 (万户)	Number of Fixed Telephone Subscribers (10 000 subscribers)	244.4
移动电话用户 (万户)	Number of Mobile Telephone Subscribers (10 000 subscribers)	4022.8
#3G移动电话用户	3G Mobile Phone Subscribers	72.1
4G移动电话用户	4G Mobile Phone Subscribers	3318.0
移动互联网接入流量(万GB)	Flow Accessed to Mobile Internet (10 000 GB)	365455

15-11 主要年份邮电通信网

NETWORK OF POST AND TELECOMMUNICATION IN MAJOR YEARS

年 份 Year	邮政支局所 (处) Number of Branch Post Offices (unit)	#在农村 In Rural Area	邮路长度 (公里) Length of Postal Routes (km)	#航 空 Air Mail Routes	#汽 车 Highway Routes
1978	1675	1444	143907		17672
1980	1629	1380	141596		17902
1985	1890	1591	146024		21454
1990	1813	1456	146251		20320
1995	1888	1454	157202		30700
2000	1730	1239	203725		45488
2005	1603	1045	181703		48016
2010	1306	759	184998		58698
2011	1526	853	213310		81394
2012	1516	738	169908		82490
2013	1483	773	150648		58770
2014	1518	1072	87520		68938
2015	1582	1158	86946		74542
2016	1636	1194	93323		83107
2017	1637	1191	104080		103414
2018	1639	1190	108802		108582
2019	1645	1182	115074	56217	58857
2020	1649	1189	139456	75182	64274

注：2014年邮政实施网运改革，邮路长度采用新口径；2019年起，邮路长度指单程长度，包含航空邮路和汽车邮路。

Note: Length of postal routes has adopted a new coverage since 2014 because of the post reform of network operation. And from 2019, it refers to the single length, which includes air mail routes and highway routes.

15-12 邮政邮路
POSTAL ROUTES

单位：公里 (km)

指　标	Item	2019	2020
邮路条数(条)	Number of Postal Routes (route)	836	922
#汽　车	Highway Postal Routes	836	922
邮路长度	Length of Postal Routes	115074	139456
#汽　车	Automobile Postal Routes	58857	64274
农村邮路条数(条)	Number of Rural Postal Routes (route)	223	284
农村邮路长度	Length of Rural Postal Routes	13173	14652
城市投递路线条数(条)	Number of Rural Delivery Routes (route)	2977	2834
城市投递路线长度	Length of Rural Delivery Routes	55502	52301
农村投递路线条数(条)	Number of Rural Delivery Routes (route)	2047	2056
#摩托车	Motorcycles	1846	1817
自行车	Bicycles	22	21
农村投递线路长度	Length of Rural Delivery Routes	107925	101563
#摩托车	Motorcycles	95396	87970
自行车	Bicycles	553	533

15-13 邮政局所、房屋、服务点
NUMBER OF POSTAL OFFICES, BUILDINGS AND SERVICE PLACES

单位：处 (unit)

指　标	Item	2019	2020
邮政支局所	Number of Branch Post Offices	1645	1645
#设在农村的	In Rural Area	1182	1189
#电子化支局	Electrical Branch Offices	1645	1645
#邮政支局	Nmber of Branch Post Offices	436	450
#自办邮政所	Number of Post Offices Operated by Post Department	553	1010
代办邮政所	Number of Postal Agencies	656	185
邮政信筒信箱 (个)	Post Boxes (unit)	1726	1720

主要统计指标解释

铁路营业里程 又称营业长度，指投入客货运输营业或临时营业的线路长度。

公路里程 指报告期末公路的实际长度。统计范围：包括城间、城乡间、乡（村）间能行驶汽车的公共道路，公路通过城镇街道的里程，公路桥梁长度、隧道长度、渡口宽度。不包括城市街道里程，断头路里程，农（林）业生产用道路里程，工（矿）企业等内部道路里程。统计原则：按已竣工验收或交付使用的实际里程计算；两条或多条公路共同经由同一路段的重复里程，只计算一次。

货（客）运量 指在一定时期内，各种运输工具实际运送的货物重量（旅客数量）。货运按吨计算，客运按人计算。货物不论运输距离长短、货物类别，均按实际重量统计。旅客不论行程远近或票价多少，均按一人一次客运量统计；半价票、儿童票也按一人统计。

货物（旅客）周转量 指在一定时期内，由各种运输工具运送的货物（旅客）数量与其相应运输距离的乘积之总和。该指标可以反映运输业生产的总成果，也是编制和检查运输生产计划，计算运输效率、劳动生产率以及核算运输单位成本的主要基础资料。计算货物周转量通常按发出站与到达站之间的最短距离，也就是计费距离计算。计算公式为：

货物（旅客）周转量=∑（货物（旅客）运输量×运输距离）

民用汽车拥有量 指报告期末，在公安交通管理部门按照《机动车注册登记工作规范》，已注册登记领有民用车辆牌照的全部汽车数量。汽车拥有量统计的主要分类：根据汽车结构分为载客汽车、载货汽车及其他汽车；根据汽车所有者不同分为个人(私人)汽车、单位汽车；根据汽车的使用性质分为营运汽车、非营运汽车；根据汽车大小规格不同，载客汽车分为大型、中型、小型和微型，载货汽车分为重型、中型、轻型和微型。

邮政、电信业务总量 指以货币形式表示的邮政、电信通信企业为社会提供各类邮政、电信通信服务的总数量。计算方法为各类业务的实物量分别乘以相应的不变单价，求出各类业务的货币量加总求得。没有不变单价的业务按其业务收入直接相加。

移动电话用户 指在电信运营企业营业网点办理开户登记手续，通过移动电话交换机进入移动电话网，占用移动电话号码的各类电话用户。包括各类签约用户、智能网预付费用户、无线上网卡用户。

固定电话用户 指在电信企业营业网点办理开户登记手续并已接入固定电话网上的全部电话用户。包括普通电话用户、无线市话用户、公用电话用户、窄带综合业务数字网（N-ISDN）用户、智能网专用接入终端用户等。

邮路 各邮政局所之间，邮政局所与车站、码头、机场、转运站、邮件处理中心、报刊社之间，邮区中心局与邮政局所及各邮区中心局之间由自办或委办人员按固定班期规定路线交换邮件（包括机要文件，下同）、报刊的路线。包括农村地区运邮兼投递的路线，不包括城市、农村地区纯投递路线。按运输方式可分为航空邮路、铁路邮路、汽车邮路、水路邮路和其他邮路等。

邮路长度 邮路由起点到终点的长度。单程长度统计法的计算方法是直线算单程，环型算全程；直环混合中直线部分算单程，环型部分算全程；Y 型三段相加算单程。

Explanatory Notes on Main Statistical Indicators

Length of Railways in Operation refers to the total length of the trunk line for passenger and freight transportation in full operation or temporary operation.

Length of Highways refers to the actual length of highways at the end of reference period. It covers public roads running vehicles among cities, city and rural areas, township (villages), highways passing through streets at small cities and towns, length of bridges and tunnels, width of ferry piers. It does not include the length of streets in cities, dead end highways, the length of streets built for agricultural (forest) production and inside factories (mines). It can only be calculated with the actual mileage having been completed, checked and accepted or put into operation. If two or more highways go the same section of the way, the length of the section is only calculated for once.

Freight (Passenger) Traffic refers to the weight of freight (number of passenger) transported with various means within a specific period of time. Freight transport is calculated in tons and passenger traffic is calculated in terms of number of persons. Freight transport is calculated in terms of the actual weight of the goods and takes no account of the type of freight and distance of travel. Passenger traffic is calculated by the principle that one person can be counted only once in one trip and takes no account of the travelling distance and ticket price. The passengers who travel with a half price ticket or a child's ticket is also calculated as one person.

Freight Ton-kilometers (Passenger-kilometers) refers to the sum of the product of the volume of transported cargo (passengers) multiplied by the transport distance. It is an important indicator to reflect the achievement of the transportation industry. This is an important indicator to show the total results of the transport industry; to prepare and examine the transport plan; and to serve as the main basic data for calculating the efficiency, labour productivity and unit cost of transport. Normally, the shortest distance between the departure station and the destination station (i.e., the payable distance) is the basis in calculating the freight ton-kilometres. The formula is as follows:

Freight ton-kilometers (passenger-kilometers) = $\sum$ freight (passenger) traffic $\times$ distance of transportation

Possession of Civil Motor Vehicles refer to the total numbers of vehicles that are registered and received vehicles license tags according to the *Work Standard for Motor Vehicles Registration* formulated by the Transport Management Office under the department of public security at the end of the reference period. They are divided into categories. According to the structure of motor vehicles, they are divided into passenger vehicles, trucks and others; according to ownership into private vehicles and vehicles for the unit's use; according to kind of usage into working vehicles and non-working vehicles; and according to size of vehicles into large passenger vehicles, medium-sized passenger vehicles, small passenger vehicles and mini passenger vehicles, heavy trucks, light-heavy trucks, light trucks and mini-trucks.

Business Volume of Post and Telecommunications refers to the total amount of postal and telecommunication services, expressed in value terms, provided by the post and telecommunications departments for society. Business volume of post and telecommunications is the sum of each service in kind multiplying with its correspondent unit price (constant price). Business without constant price add their business revenue directly.

Mobile Telephone Subscribers refer to persons who have gone through registration procedures in the operation points of enterprises engaged in telecommunications and are hence connected with the mobile telephone communication network through the mobile telephone switchboards and occupy mobile phone numbers. Included are various types of subscriber, prepaid users for intelligent network and wireless network card users.

Local Telephone Subscribers refer to all subscribers who have gone through registration procedures in the operation points of enterprises engaged in telecommunications and are hence connected to the local telecommunications service provider through fixed line network. Included are general subscribers, wireless local telephone subscribers, public telephones subscribers, N-ISDN subscribers and intelligent network terminal subscribers.

Postal Routes refer routes that self-run clerks or clients change mails, newspapers and magazines by fixed schedule and regular routes between post offices, post offices and stations, docks, airports, transfer stations, mail processing centers, newspaper agencies. It includes posting and delivering routes in rural areas, while excludes routes that only delivers in urban and rural areas. It can be divided into airway postal routes, railway postal routes, automobile postal routes, waterway postal routes and other postal routes according to transport means.

Length of Post Routes refers length of postal routes from the start point to the end point. The single length is calculated by the following method, that is, straight line route is calculated as single way, circle route as entire way, straight line and circle mixed route is calculated separately, and Y type route is calculated as the sum of three single lines.

16

教育、科技

EDUCATION, SCIENCE AND
TECHNOLOGY

资料整理人员

徐永库　刘铁生　吴丹宁　王俊鹏

普通高等学校数	Regular Institutions of Higher Education	85	所 (unit)
普通高等学校专任教师数	Full-time Teachers of Higher Education	4.4	万人 (10 000 persons)
普通高等学校在校学生数	Students Enrollment of Higher Education	84.2	万人 (10 000 persons)
普通高等学校毕业生数	Graduates of Higher Education	21.9	万人 (10 000 persons)
科学研究机构	Scientific Research Institutions	94	个 (unit)

研究生在校学生数（人）
Number of Postgraduate Enrollment (person)

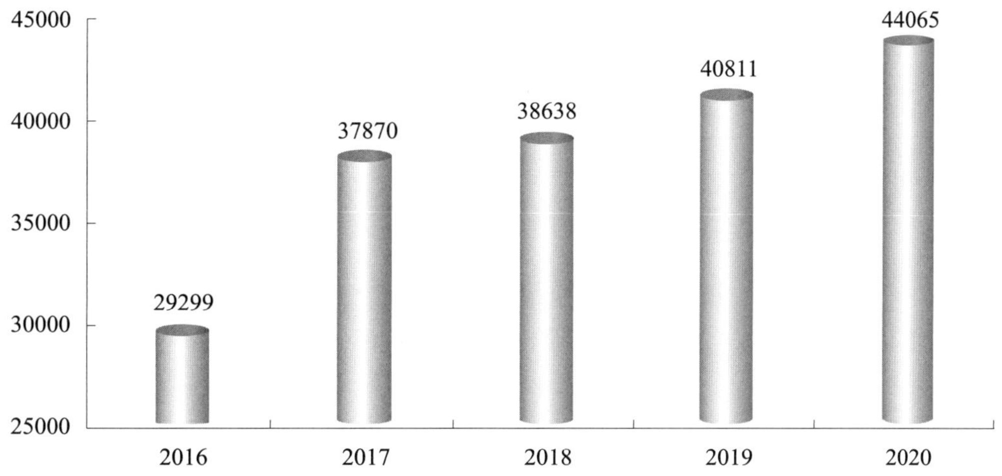

全社会R&D经费内部支出（亿元）
Total Internal Expenditures on R&D (100 million yuan)

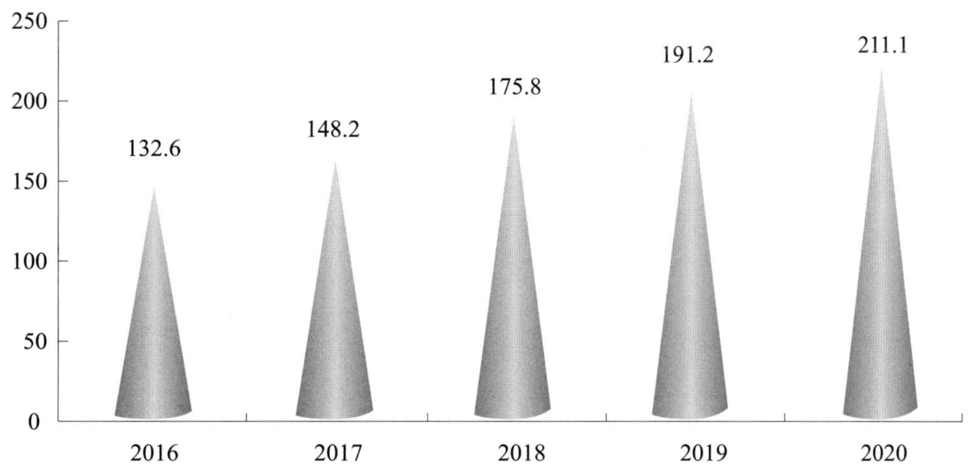

16-1 主要年份各类学校数
SCHOOLS BY LEVEL IN MAJOR YEARS

单位：所 (unit)

年份 Year	普通高等学校 Regular Instiutions of Higher Education	中等职业教育 Secondary Vocational Education	#普通中专 Regular Specialized Secondary Schools	#职业中学 Vocational Schools	#技工学校 Skilled Workers Schools	普通中学 Regular Secondary Schools	普通小学 Regular Primary Schools	特殊教育学校 Special Education Schools
1978	16	731	73	87	50	14062	33393	12
1980	16	3628	90	342	60	9895	37746	12
1985	22	746	113	408	70	4749	42394	12
1990	26	793	125	380	97	3944	42195	13
1995	26	791	129	377	110	3401	40795	63
2000	24	787	127	339	134	3346	37451	39
2005	59	629	73	309	106	3279	24339	40
2010	65	584	92	259	110	2747	12776	45
2011	66	573	93	249	111	2611	10936	51
2012	67	556	90	246	100	2534	10042	53
2013	70	507	92	234	62	2495	8946	56
2014	71	543	92	233	99	2418	6885	62
2015	79	542	92	233	98	2400	6403	64
2016	80	544	92	235	98	2353	6043	69
2017	80	535	92	238	86	2340	5646	73
2018	83	442	89	229	84	2299	5445	76
2019	82	429	88	230	86	2284	5312	80
2020	85	427	88	227	87	2227	5153	85

注：2015年起，普通高等学校数含独立学院。

Note: Independent colleges has been included in regular institutions of higher education since 2015.

16-2 主要年份各类学校专任教师数
NUMBER OF FULL-TIME TEACHERS BY LEVEL OF SCHOOL IN MAJOR YEARS

单位：人 (person)

年份 Year	普通高等学校 Regular Instiutions of Higher Education	中等职业教育 Secondary Vocational Education	#普通中专 Regular Specialized Secondary Schools	#职业中学 Vocational Schools	#技工学校 Skilled Workers Schools	普通中学 Regular Secondary Schools	普通小学 Regular Primary Schools
1978	4244	5933	3246	330	938	103772	132785
1980	5077	7915	3991	1090	1386	104075	148255
1985	7417	14322	6176	4512	1931	92619	157251
1990	8963	22440	8295	6976	4165	108774	163693
1995	9140	24729	9161	8632	4446	113216	171860
2000	10466	26916	9823	10343	3655	127582	180362
2005	27862	25005	5687	11132	5500	159803	192271
2010	36492	26578	7437	12461	3542	172793	190538
2011	37527	28004	7877	13030	3888	175443	188820
2012	38124	29295	7903	13597	4365	176319	184326
2013	40764	28871	7943	13806	3652	177344	180548
2014	40317	30744	7793	13671	5803	176853	176840
2015	40406	32652	7830	13997	7485	175053	172957
2016	41301	32877	7853	14199	7583	173503	171535
2017	40971	30534	7691	14150	5338	172224	169057
2018	41910	28865	7615	14010	5491	172249	168018
2019	42798	28868	7316	14440	5620	173428	167801
2020	43642	23572	7176	14959	5863	172916	168284

注：小学专任教师包含九年一贯制学校和十二年一贯制学校。

Note: Primary full-time teachers include teachers who work in 9-year system or 12-year system schools.

16-3 主要年份各类学校在校学生数
STUDENTS ENROLMENT BY LEVEL OF SCHOOL IN MAJOR YEARS

单位：万人 (10 000 persons)

年 份 Year	普通高等学校(人) Regular Institutions of Higher Education (person)	中等职业教育 Secondary Vocational Education	#普通中专 Regular Specialized Secondary Schools	#职业中学 Vocational Schools	#技工学校 Skilled Workers Schools	普通中学 Regular Secondary Schools	#高 中 Senior	普通小学 Regular Primary Schools
1978	20940	4.73	2.90	0.64	1.19	194.28	58.45	377.36
1980	33104	8.38	4.61	2.12	1.65	179.55	31.06	384.16
1985	41946	14.58	5.14	7.58	1.86	156.97	22.87	335.20
1990	51309	21.47	8.68	8.78	4.01	145.08	22.31	297.40
1995	67420	26.40	10.74	10.51	5.15	150.97	19.04	327.04
2000	125674	37.19	19.65	13.62	3.92	199.75	33.72	343.60
2005	407036	46.58	20.15	17.04	9.39	261.15	71.37	350.26
2010	562924	56.51	20.73	24.65	11.13	253.67	82.29	291.06
2011	594469	61.94	18.33	22.32	11.08	249.55	85.27	277.19
2012	637330	60.00	17.85	21.45	11.68	235.74	85.50	261.76
2013	676817	50.46	16.38	19.40	6.82	213.99	84.85	229.64
2014	713218	51.03	15.37	18.39	11.10	204.68	82.78	224.50
2015	740245	43.59	13.99	17.91	10.62	192.06	79.37	226.95
2016	756287	43.82	12.12	17.83	10.03	184.65	75.38	227.09
2017	762974	42.95	11.55	17.73	10.02	180.21	71.97	228.12
2018	765580	39.25	9.99	16.90	9.05	181.69	67.93	228.50
2019	802005	38.41	9.36	17.05	8.75	180.20	66.01	229.33
2020	841986	39.12	10.70	18.46	8.99	177.01	65.45	235.28

注：中等职业教育学生数包含普通中专学校、成人中专学校、职业高中学校、技工学校、中等职业教育其他机构、附设中职班学生数，下表同。

Note: Students enrolment of secondary vocational education includes students of regular specialized secondary schools, adult specialized secondary schools, vocational senior schools, skilled workers schools, other institutions and attached classes of secondary vocational education. The same applies to the following.

16-4 主要年份各类学校招生数
NEW STUDENTS ENROLMENT BY LEVEL OF SCHOOL IN MAJOR YEARS

单位：人 (person)

年 份 Year	普通高等学校 Regular Institutions of Higher Education	中等职业教育 Secondary Vocational Education	#普通中专 Regular Specialized Secondary Schools	#职业中学 Vocational Schools	#技工学校 Skilled Workers Schools	普通中学 Regular Secondary Schools	#高 中 Senior	普通小学 Regular Primary Schools	特殊教育学校 Special Education Schools
1978	10744	29699	15531	5708	8460	884918	275642	879737	376
1980	8287	97500	18990	11696	8096	539613	65803	664927	234
1985	14107	95883	20864	37437	9122	529347	75238	548667	390
1990	15710	103887	28615	38566	14606	482926	78749	557803	503
1995	20926	116548	35898	46721	18817	552978	69774	642867	1110
2000	48041	157521	67975	52476	13823	726669	137662	631942	856
2005	127514	187674	75240	65842	40000	887403	263159	548755	743
2010	184399	274149	71680	134823	37303	852635	280984	451390	1088
2011	184602	217326	66613	87893	41030	795844	286680	440802	1339
2012	208122	214892	74147	87237	42475	755080	292630	440460	906
2013	215296	164653	64007	73583	21710	701819	288826	394203	729
2014	214394	170977	56337	71877	39134	634452	255585	347419	824
2015	222685	156124	46966	68497	37247	583570	248426	376640	913
2016	219954	145033	42662	65749	34020	620287	244539	383579	1153
2017	221360	141457	35438	62193	31765	597077	227416	379249	1441
2018	223904	126946	32314	56376	26475	600486	207013	400913	1353
2019	253357	136764	34010	62421	29819	602496	224654	398696	2226
2020	263597	145010	36771	70081	35163	562744	221156	410415	1725

16-5 主要年份各类学校毕业生数
GRADUATES BY LEVEL OF SCHOOL IN MAJOR YEARS

单位：人 (person)

年份 Year	普通高等学校 Regular Institution of Higher Education	普通中专 Regular Specialized Secondary Schools	职业中学 Vocational Schools	技工学校 Skilled Workers Schools	普通中学(万人) Regular Secondary Schools (10 000 persons)	#高中 Senior	普通小学(万人) Regular Primary Schools (10 000 persons)	特殊教育学校 Special Education Schools
1978	4523	11766	760	3813	75.26	19.11	62.09	145
1980		13563	4884	10649	84.83	28.31	59.05	104
1985	8499	16773	16941	6383	39.09	5.49	64.68	105
1990	15103	26768	31770	11708	47.63	7.27	51.31	475
1995	20312	31474	38238	15542	43.17	7.08	55.36	617
2000	19785	42356	48364	17652	56.18	7.86	64.09	604
2005	88344	54904	47546	18000	82.95	19.69	63.56	483
2010	165545	75255	87159	53002	83.48	25.94	57.35	895
2011	152680	77950	88946	40296	82.54	27.01	52.78	805
2012	162571	73455	90805	32335	86.39	28.53	54.73	882
2013	173259	69722	82314	25379	82.76	28.61	47.73	877
2014	174060	64534	77453	38239	72.22	27.35	38.81	616
2015	191273	63509	61759	37876	71.12	28.36	34.11	616
2016	199259	54538	70396	38454	69.54	28.44	38.03	738
2017	210429	38280	59706	29688	64.16	26.03	37.50	990
2018	216596	37817	60048	32742	58.61	24.76	40.15	992
2019	211772	36869	58666	29524	61.96	24.44	38.66	1123
2020	218806	36151	60771	27883	59.75	22.71	34.78	1186

16-6 普通本科分形式、分学科学生数(2020年)
STUDENTS OF REGULAR UNDERGRADUATE COURSES BY FORM AND BY FIELD OF STUDY(2020)

单位：人 (person)

项目	Item	毕业生数 Number of Graduates	招生数 Number of New Students Enrolment	在校学生数 Number of Students Enrolment
总计	**Total**	**129035**	**142122**	**527382**
#女	Female	73826	78448	296115
按形式分	By Form			
高中起点	Senior as Starting Point	113345	123838	485338
专科起点	Junior College as Starting Point	11591	16380	30015
第二学士学位	Second Bachelor's Degree		132	132
按学科分	By Field of Study			
哲学	Philosophy	46	60	252
经济学	Economics	5163	4729	20242
法学	Law	4762	5082	19145
教育学	Education	6971	7758	27772
文学	Literature	9605	10583	37793
#外语	Foreign Language	4041	4392	16556
历史学	History	1342	1588	5721
理学	Science	11608	11764	45018
工学	Engineering	42247	51946	185279
农学	Agriculture	2141	2795	9346
医学	Medicine	10957	11408	47026
管理学	Administration	22036	19484	78602
艺术学	Art Theory	12157	13039	49300
总计中：师范生	Of the Total：Teacher-training	19151	22295	76900

16-7 主要年份研究生数

NUMBER OF POSTGRADUATES IN MAJOR YEARS

单位：人 (person)

年 份 Year	培养研究生的单位数(个) Institutions of Foster Postgraduates (unit)	招生数 New Students Enrolment	毕业生数 Graduates	在校学生数 Students Enrolment
1978	4	151		151
1980	6	15		218
1985	8	399	84	670
1990	9	219	288	688
1995	12	524	263	1336
2000	12	1190	466	2633
2005	12	4929	2069	12059
2010	12	8074	5929	23555
2011	12	8745	7330	24790
2012	12	9212	7771	26098
2013	13	9384	7754	27473
2014	14	9141	8492	27962
2015	14	9769	8795	28668
2016	14	10078	9118	29299
2017	15	12143	8983	37870
2018	15	12731	9593	38638
2019	16	14128	9978	40811
2020	16	17709	11850	45612

注：2017年起，在校研究生数包含在职人员申请硕士学位在校研究生数。
Note: Inservice personnels applying for master degree have been included in the enrolment since 2017.

16-8 研究生数(2020年)

NUMBER OF POSTGRADUATES(2020)

单位：人 (person)

项 目	Item	招生数 New Students Enrolment	#攻读硕士学位 Master Degree	毕 业 生 数 Graduates	#攻读硕士学位 Master Degree	在 校 学生数 Students Enrolment	#攻读硕士学位 Master Degree
总 计	**Total**	**17709**	**16884**	**11850**	**11296**	**44065**	**40711**
全日制	Full-time	16063	15238	10675	10121	39325	35972
非全日制	Part-time	1646	1646	1175	1175	4740	4739
一、中央部门	**Central Departments**	**57**	**57**	**43**	**43**	**148**	**148**
全日制	Full-time	57	57	43	43	148	148
非全日制	Part-time						
二、地方部门	**Local Departments**	**17652**	**16827**	**11807**	**11253**	**43917**	**40563**
全日制	Full-time	16006	15181	10632	10078	39177	35824
非全日制	Part-time	1646	1646	1175	1175	4740	4739

注：本表在校研究生数不含在职人员申请硕士学位人数。
Note: The students enrollment does not include inservice personnels applying for master degree in this table.

16-9 高等教育学校学生数(2020年)

单位：人

指　标	Item	毕业生数 Graduates
研究生	Postgraduates	11850
博　士	Doctor Degree	554
硕　士	Master Degree	11296
普通本科、专科生	Students of Regular Undergraduate Course and Specialized Subject	218806
本　科	Students of Regular Undergraduate Course	129035
专　科	Students of Specialized Subject	89771
成人本科、专科生	Adult Education Students of Regular Undergraduate Course and Specialized Subject	22476
函授本科	Correspondence Education of Regular Undergraduate Course	9273
业余本科	Spare Time Education of Regular Undergraduate Course	4782
脱产本科	Released from Work for Education of Regular Undergraduate Course	211
函授专科	Correspondence Education of Specialized Subject	5668
业余专科	Spare Time Education of Specialized Subject	1497
脱产专科	Released from Work for Education of Specialized Subject	1045
网络本科、专科生	Net Education Students of Regular Undergraduate Course and Specialized Subject	
本　科	Students of Regular Undergraduate Course	
专　科	Students of Specialized Subject	
在职人员攻读硕士学位	Persons Admitted to Master Degree Programme	
自考助学班	Guidance Class for Students Learning Themselves and Examination	1737
研究生课程进修班	Class for Advanced Studies of Postgraduate Course	
普通预科生	Students for Preparatory Course	
进修及培训	Advanced Study and Training	72506
留学生	Student Studing Abroad	532

NUMBER OF STUDENTS IN HIGHER EDUCATION INSTITUTIONS(2020)

(person)

#授予学位数 Award Degree	招生数 New Students Enrolment	在校生数 Students Enrolment
11916	17709	44065
544	825	3354
11372	16884	40711
127623	263597	841986
127623	142122	527382
	121475	314604
1462	45347	114899
	27711	63759
	4345	19939
		1
	11495	24639
	753	3506
	1043	3055
577		1547
		177
118	642	1590

16-10 普通高校分类别专任教师数(2020年)

FULL-TIME TEACHERS OF HIGHER EDUCATION INSTITUTIONS BY TYPE(2020)

单位：人 (person)

类 别	Type	专任教师 Full-time Teachers	正高级 Senior	副高级 Sub-senior	中 级 Middle	初 级 Junior	无职称 No Rank
总 计	**Total**	**43642**	**3176**	**12126**	**17962**	**6697**	**3681**
#女	Female	26563	1481	6899	11174	4485	2524
分类型:	By Type						
本科院校	Regular Undergraduate Course	30553	2956	9012	12678	3731	2176
专科院校	Specialized Subject	13089	220	3114	5284	2966	1505
分性质类别:	By Nature						
综合大学	Synthesize Universitys	10836	697	3097	4846	1708	488
理工院校	Science and Engineering Institutes	13936	1163	3666	5851	1987	1269
农业院校	Agriculture Institutes	1338	179	443	546	150	20
林业院校	Forestry Institutes	202	5	50	87	51	9
医药院校	Medical Institutes	3826	398	1073	1603	572	180
师范院校	Teacher-Training Institutes	6438	379	1914	2269	850	1026
语文院校	Chinese Institutes	968	44	302	401	202	19
财经院校	Finance and Economic Institutes	5089	274	1290	1923	960	642
政法院校	Politics and Law Institutes	419	18	145	188	60	8
体育院校	Sports Institutes	139	3	45	69	22	
艺术院校	Art Institutes	451	16	101	179	135	20
分举办者:	By Owner						
1.地方公办	Departments of Local Government	37065	2716	10576	15713	5079	2981
教育部门	Education Departments	27276	2438	7979	11474	3240	2145
其他部门	Other Departments	9371	278	2515	4013	1750	815
地方企业	Local Enterprises	418		82	226	89	21
2.民 办	Run by Private Institutions	6577	460	1550	2249	1618	700

16-11 普通高校分科专任教师数(2020年)

FULL-TIME TEACHERS OF HIGHER EDUCATION INSTITUTIONS BY FIELD OF STUDY(2020)

单位：人 (person)

类别	Type	专任教师 Full-time Teachers	正高级 Senior	副高级 Sub-senior	中级 Middle	初级 Junior	无职称 No Rank
总计	**Total**	**43642**	**3176**	**12126**	**17962**	**6697**	**3681**
#女	Female	26563	1481	6899	11174	4485	2524
总计中：哲学	Of the Total: Philosophy	1343	94	362	527	165	195
经济学	Economics	1700	120	489	601	272	218
法学	Law	2073	99	478	869	342	285
教育学	Education	4365	175	1231	1806	763	390
文学	Literature	5758	178	1417	2652	1110	401
历史学	History	602	53	186	237	61	65
理学	Science	5570	567	1999	2067	482	455
工学	Engineering	10917	988	3091	4765	1321	752
农学	Agriculture	1077	159	407	390	72	49
医学	Medicine	3211	402	957	1225	481	146
管理学	Administration	3368	204	813	1440	590	321
艺术学	Artistics	3658	137	696	1383	1038	404

16-12 中等职业教育分科类学生情况(2020年)

STUDENTS IN SECONDARY VOCATIONAL EDUCATION BY FIELD OF STUDY(2020)

单位：人 (person)

类别	Type	毕业生数 Number of Graduates	#获得职业资格证书 Having Occupation Credentials	招生数 Number of New Students Enrolment	#招收应届初中毕业生数 Fresh Graduates from Junior Schools	在校学生数 Number of Students Enrolment
总计	**Total**	**100866**	**81645**	**109847**	**97833**	**301205**
#女	Female	45986	35640	50879	46141	137447
农林牧渔类	Farming, Forestry, Husbandry and Fishing	5570	2726	3959	2136	10867
资源环境类	Resource and Environment	729	557	554	389	1294
能源与新能源类	Engery and New Energy	63	59	144	144	197
土木水利类	Civil and Hydraulic Engineering	3222	3028	2860	2253	7763
加工制造类	Processing and Manufacture	9353	8175	8797	7964	24120
石油化工类	Petroleum Chemical	423	396	492	467	1269
轻纺食品类	Textile and Food	592	558	245	226	776
交通运输类	Transportation	6622	6107	6772	6244	17638
信息技术类	Information Technology	25401	22390	29097	27072	81097
医药卫生类	Medicine and Hygiene	8338	6259	9176	7669	24417
休闲保健类	Recreation and Health Care	702	687	782	734	2368
财经商贸类	Economics, Finance and Business	8052	6504	8776	7904	24081
旅游服务类	Tourism Service	4182	3733	4845	4576	14439
文化艺术类	Culture and Art	16517	13858	23028	21580	60056
体育与健身	Sports and Fitness	1891	1824	2599	1745	8425
教育类	Education	5189	1821	3257	3206	10391
司法服务类	Judicial Service	1033	813	830	559	2425
公共管理与服务类	Public Administration and Service	2718	1881	3160	2534	8519
其他	Others	269	269	474	431	1063

注：本表不含技工学校数。
Note: The coverage doesn't include skilled workers schools in this table.

16-13 普通中学学校数、班数(2020年)

NUMBER OF REGULAR SECONDARY SCHOOLS AND CLASSES(2020)

项 目	Item	学校数(所) Number of Schools (unit)	初级中学 Junior	高级中学 Senior	完全中学 Junior And Senior	九年一贯制学校 9 Year Educa-tion	十二年一贯制学校 12 Year Educa-tion	班数(班) Classes (class)	初中 Junior	高中 Senior
总 计	**Total**	**2227**	**1142**	**244**	**220**	**567**	**54**	**40193**	**26123**	**14070**
教育部门	Education Departments	1814	1047	183	158	423	3	30681	19480	11201
民 办	Run by Private Institutions	402	92	61	62	138	49	9473	6604	2869
地方企业	Local Enterprises	2				2				
其他部门	Other Departments	9	3			4	2	39	39	
城 区	Urban Areas	643	251	84	156	118	34	17649	10703	6946
教育部门	Education Departments	470	215	60	117	75	3	12766	7298	5468
民 办	Run by Private Institutions	167	33	24	39	41	30	4854	3376	1478
地方企业	Local Enterprises									
其他部门	Other Departments	6	3			2	1	29	29	
镇 区	Township	937	548	140	48	186	15	17936	11601	6335
教育部门	Education Departments	785	513	111	36	125		14853	9509	5344
民 办	Run by Private Institutions	149	35	29	12	59	14	3077	2086	991
地方企业	Local Enterprises	2				2				
其他部门	Other Departments	1					1	6	6	
乡 村	Rural Areas	647	343	20	16	263	5	4608	3819	789
教育部门	Education Departments	559	319	12	5	223		3062	2673	389
民 办	Run by Private Institutions	86	24	8	11	38	5	1542	1142	400
地方企业	Local Enterprises									
其他部门	Other Departments	2				2		4	4	

16-14 普通中学学生数(2020年)
STUDENTS OF REGULAR SECONDARY SCHOOLS(2020)

单位：人 (person)

项 目	Item	毕业生数 Number of Graduates	#高中 Senior	招生数 Number of New Students Enrolment	#高中 Senior	在校学生数 Number of Students Enrolment	#高中 Senior
总 计	**Total**	**597471**	**227103**	**562744**	**221156**	**1770093**	**654491**
#女	Female	296989	118883	277059	112580	872903	337181
教育部门	Education Departments	459379	180261	434443	181273	1356315	532302
民 办	Run by Private Institutions	137735	46842	127993	39883	412816	122189
地方企业	Local Enterprises						
其他部门	Other Departments	357		308		962	
城 区	Urban Areas	261664	110772	262028	110314	800649	323085
教育部门	Education Departments	192481	86315	192097	88259	583032	258998
民 办	Run by Private Institutions	68909	24457	69681	22055	216858	64087
地方企业	Local Enterprises						
其他部门	Other Departments	274		250		759	
镇 区	Township	275270	103582	248238	99206	797967	295500
教育部门	Education Departments	227149	87288	210155	87005	667274	255323
民 办	Run by Private Institutions	48059	16294	38037	12201	130540	40177
地方企业	Local Enterprises						
其他部门	Other Departments	62		46		153	
乡 村	Rural Areas	60537	12749	52478	11636	171477	35906
教育部门	Education Departments	39749	6658	32191	6009	106009	17981
民 办	Run by Private Institutions	20767	6091	20275	5627	65418	17925
地方企业	Local Enterprises						
其他部门	Other Departments	21		12		50	

16-15 中学学校教职工数(2020年)
TEACHERS AND STAFF OF SECONDARY SCHOOLS(2020)

单位：人 (person)

项 目	Item	教职工数 Total	#专任教师 Full-time Teachers	#行政人员 Admini-strative Personnel	#教辅人员 Teaching Assistants	代课教师 Substitute Teachers	兼任教师 Part-time Teachers
总 计	**Total**	**227354**	**192452**	**6510**	**12821**	**4857**	**900**
#女	Female	151548	133571	2335	7047	3541	540
#少数民族	Minority Nationality	332	304	8	7	7	
教育部门	Education Departments	168289	150914	3486	10098	4851	164
民 办	Run by Private Institutions	58801	41310	2999	2720		736
地方企业	Local Enterprises	7	7				
其他部门	Other Departments	257	221	25	3	6	
城 区	Urban Areas	95871	80071	3511	4857	1858	311
教育部门	Education Departments	65424	59000	1839	3255	1858	38
民 办	Run by Private Institutions	30304	20952	1651	1602		273
地方企业	Local Enterprises						
其他部门	Other Departments	143	119	21			
镇 区	Township	99746	86748	2176	5445	2406	513
教育部门	Education Departments	80915	73090	1248	4784	2400	115
民 办	Run by Private Institutions	18768	13598	927	660		398
地方企业	Local Enterprises	7	7				
其他部门	Other Departments	56	53	1	1	6	
乡 村	Rural Areas	31737	25633	823	2519	593	76
教育部门	Education Departments	21950	18824	399	2059	593	11
民 办	Run by Private Institutions	9729	6760	421	458		65
地方企业	Local Enterprises						
其他部门	Other Departments	58	49	3	2		

注：本表包括初级中学、九年一贯制学校、职业初中、完全中学、高级中学、十二年一贯制学校。

Note: Teachers and staff who work in junior schools, 9 year education schools, vocational junior schools, senior schools and 12 year education schools are included in the table.

16-16 职业高中分科类学生数(2020年)
STUDENTS OF VOCATIONAL HIGH SCHOOLS BY FIELD OF STUDY(2020)

单位：人 (person)

学科分类	Subject	毕业生数 Number of Graduates	招生数 Number of New Students Enrolment	在校学生数 Number of Students Enrolment
总　计	**Total**	**60771**	**70081**	**184559**
农林牧渔类	Farming,Forestry,Husbandry and Fishing	1815	1681	4104
资源环境类	Resource and Environment	635	457	1114
能源与新能源类	Engery and New Energy	16	102	148
土木水利类	Civil and Hydraulic Engineering	1117	1100	2998
加工制造类	Processing and Manufacture	6183	6101	16066
石油化工类	Petrochemical Industry	354	474	1233
轻纺食品类	Textile and Food	579	234	711
交通运输类	Transportation	4148	4248	11290
信息技术类	Information Technology	21121	23882	65223
医药卫生类	Medicine and Public Health	1896	1584	4293
休闲保健类	Recreation and Health Care	324	458	1365
财经商贸类	Economics,Finance and Business	4761	5054	13190
旅游服务类	Tourism Service	2718	3112	8891
文化艺术类	Culture and Art	11758	17481	43771
体育与健身	Sports and Fitness	382	498	1131
教育类	Education	326	346	963
司法服务类	Judicial Service	341	194	608
公共管理与服务类	Public Administration and Service	2028	2601	6397
其　他	Others	269	474	1063

16-17 职业高中分课程专任教师数
FULL-TIME TEACHERS OF VOCATIONAL HIGH SCHOOLS BY COURSE OF STUDY

单位：人 (person)

项　目	Item	2019	2020
总　计	**Total**	**14440**	**14959**
#女	Female	9030	9398
文化基础课	Cultural Basic	8440	8670
专业课	Specialized	5595	5898
农林牧渔类	Farming, Forestry, Husbandry and Fishing	115	130
资源环境类	Resource and Environment	49	55
能源与新能源类	Engery and New Energy	39	44
土木水利类	Civil and Hydraulic Engineering	111	116
加工制造类	Processing and Manufacture	552	521
石油化工类	Petrochemical Industry	86	82
轻纺食品类	Textile and Food	30	37
交通运输类	Transportation	316	299
信息技术类	Information Technology	1264	1340
医药卫生类	Medicine and Public Health	201	181
休闲保健类	Recreation and Health Care	21	28
财经商贸类	Economics, Finance and Business	447	444
旅游服务类	Tourism Service	297	306
文化艺术类	Culture and Art	1107	1296
体育与健身	Sports and Fitness	265	273
教育类	Education	258	294
司法服务类	Judicial Service	38	46
公共管理与服务类	Public Administration and Service	131	171
其　他	Others	268	235
实习指导课	Practical Courses	405	391

16-18 普通小学学生情况(2020年)
BASIC STATISTICS ON REGULAR PRIMARY SCHOOLS(2020)

单位：人 (person)

项 目	Item	学校数(所) Number of Schools (unit)	毕业生数 Number of Graduates	招生数 Number of New Students Enrolment	在校学生数 Number of Students Enrolment	预计毕业生数 Expected Number of Graduates
总 计	**Total**	**5153**	**347823**	**410415**	**2352802**	**375679**
#女	Female		166067	198808	1133770	181065
教育部门	Education Departments	4939	308650	365328	2082586	329835
民 办	Run by Private Institutions	205	38332	44018	264728	44983
地方企业	Local Enterprises	2	94	92	554	109
其他部门	Other Departments	7	747	977	4934	752
城 区	Urban Areas	948	143336	198351	1050285	155905
教育部门	Education Departments	848	125637	172278	910375	134633
民 办	Run by Private Institutions	94	17053	25206	135608	20624
地方企业	Local Enterprises					
其他部门	Other Departments	6	646	867	4302	648
镇 区	Township	1424	136525	160008	937213	150548
教育部门	Education Departments	1358	122335	145863	844898	134439
民 办	Run by Private Institutions	65	14034	13986	91387	15935
地方企业	Local Enterprises	1	83	80	489	98
其他部门	Other Departments		73	79	439	76
乡 村	Rural Areas	2781	67962	52056	365304	69226
教育部门	Education Departments	2733	60678	47187	327313	60763
民 办	Run by Private Institutions	46	7245	4826	37733	8424
地方企业	Local Enterprises	1	11	12	65	11
其他部门	Other Departments	1	28	31	193	28

16-19 普通小学学校教职工数(2020年)
TEACHERS AND STAFF OF REGULAR PRIMARY SCHOOLS(2020)

单位：人 (person)

项目	Item	教职工数 Total	#专任教师 Full-time Teachers	#行政人员 Adminis-trative Personnel	代课教师 Substitute Teachers	兼任教师 Part-time Teachers
总计	**Total**	**166931**	**148748**	**3344**	**9527**	**453**
#女	Female	129921	120329	1250	8573	341
#少数民族	Minority Nationality	204	191	7	49	2
教育部门	Education Departments	152374	139047	2632	9522	267
民办	Run by Private Institutions	14239	9403	700		186
地方企业	Local Enterprises	59	55		5	
其他部门	Other Departments	259	243	12		
城区	Urban Areas	57022	51122	1393	3809	120
教育部门	Education Departments	48312	45387	961	3809	61
民办	Run by Private Institutions	8476	5513	422		59
地方企业	Local Enterprises					
其他部门	Other Departments	234	222	10		
镇区	Township	62019	56583	979	2526	85
教育部门	Education Departments	57896	53773	793	2521	65
民办	Run by Private Institutions	4087	2774	186		20
地方企业	Local Enterprises	36	36		5	
其他部门	Other Departments					
乡村	Rural Areas	47890	41043	972	3192	248
教育部门	Education Departments	46166	39887	878	3192	141
民办	Run by Private Institutions	1676	1116	92		107
地方企业	Local Enterprises	23	19			
其他部门	Other Departments	25	21	2		

注：本表为小学、教学点数。
Note：The coverage includes primary schools and their relavent teaching schools in this table.

16-20 小学学龄人口入学率(2020年)
RATE OF SCHOOL-AGED CHILDREN ENROLLMENT(2020)

单位：人　　(person)

项　目	Item	校内外学龄人口数 Total School-age Children in and out of School	在校学龄人口数 Total School-age Children in School	适龄人口入学率 (%) Rate of Enrolment
总　计	**Total**	**2329289**	**2328540**	**99.97**
#女　童	Female Children	1122899	1122728	99.98
城　区	Urban Areas	1036341	1036112	99.98
镇　区	Township	929119	929386	100.03
乡　村	Rural Areas	363829	363042	99.78

16-21 主要年份幼儿园基本情况
BASIC STATISTICS ON KINDERGARTENS IN MAJOR YEARS

单位：人　　(person)

年　份 Year	幼儿园数(所) Number of Kindergartens (unit)	在园幼儿数 Number of Student Enrolment	教职工数 Number of Staff and Teachers	#专任教师 Full-time Teachers	平均每一教师负担幼儿数 Student-Teacher Ratio
1978	5997	305783	13243	6473	47
1980	7461	408471	17363	10390	39
1985	7731	592600	26855	20714	29
1990	7849	816087	38074	28922	28
1995	8477	1026401	45760	37483	27
2000	10856	1025982	51694	42565	24
2005	4619	641470	32666	21711	30
2010	4352	710297	42782	28509	25
2011	4908	820608	51472	33294	25
2012	5489	914797	58666	38194	24
2013	5882	951431	63684	41317	23
2014	6183	968237	68785	44475	22
2015	6450	982943	74823	48285	20
2016	6708	990985	79984	51110	19
2017	6937	1027546	86508	54796	19
2018	6973	987853	90319	56742	17
2019	7089	996978	99034	60555	17
2020	7165	997800	106798	65339	15

16-22 幼儿园基本情况(2020年)
BASIC STATISTICS ON KINDERGARTENS(2020)

单位：人 (person)

项目	Item	园数(所) Number of Kindergartens (unit)	班数(个) Number of Classes (unit)	在园幼儿数 Number of Students Enrolment	教职工数 Number of Staff and Teachers	#专任教师 Full-time Teachers	平均每一教师负担幼儿数 Student-Teacher Ratio
总　计	**Total**	**7165**	**43777**	**997800**	**106798**	**65339**	**16**
#女	Female			483986	99489	64444	
教育部门	Education Departments	2433	18554	432247	27154	19062	23
其他部门	Other Departments	61	427	12732	1452	868	15
地方企业	Local Enterprises	123	950	27351	4491	2536	11
事业单位	Institutional Units	18	168	4938	743	371	14
部　队	Troops	6	21	448	147	71	7
集　体	Run by Collectives	1502	4814	91112	8268	5211	18
民　办	Run by Private Institutions	3022	18843	428972	64543	37220	12
城　区	Urban Areas	2177	15720	392385	56151	32518	13
教育部门	Education Departments	330	3465	110234	9640	6642	17
其他部门	Other Departments	29	276	9498	1159	647	15
地方企业	Local Enterprises	103	805	23257	3757	2079	12
事业单位	Institutional Units	16	153	4563	708	342	14
部　队	Troops	5	16	390	123	57	7
集　体	Run by Collectives	221	977	23633	2896	1699	14
民　办	Run by Private Institutions	1473	10028	220810	37868	21052	11
镇　区	Township	2181	15577	416030	36896	24603	17
教育部门	Education Departments	745	7074	210737	12275	9145	24
其他部门	Other Departments	18	110	3004	258	194	16
地方企业	Local Enterprises	14	99	2913	495	311	10
事业单位	Institutional Units	2	15	375	35	29	13
部　队	Troops						
集　体	Run by Collectives	355	1519	34934	2532	1767	20
民　办	Run by Private Institutions	1047	6760	164067	21301	13157	13
乡　村	Rural Areas	2807	12480	189385	13751	8218	24
教育部门	Education Departments	1358	8015	111276	5239	3275	34
其他部门	Other Departments	14	41	230	35	27	9
地方企业	Local Enterprises	6	46	1181	239	146	9
事业单位	Institutional Units						
部　队	Troops	1	5	58	24	14	5
集　体	Run by Collectives	926	2318	32545	2840	1745	19
民　办	Run by Private Institutions	502	2055	44095	5374	3011	15

16–23 特殊教育基本情况(2020年)

BASIC STATISTICS ON SPECIAL EDUCATION(2020)

单位：人 (person)

类 别	Type	班数(个) Number of Classes (unit)	毕业生数 Number of Graduates	招生数 Number of New Students Enrolment	在校学生数 Number of Students Enrolment	教职工数 Number of Staff and Teachers	#专任教师 Full-time Teachers
总 计	**Total**	**1029**	**2939**	**3667**	**20126**	**2402**	**2043**
#女	Female		1145	1472	7882	1762	1573
视力残疾	Vision Deformity	40	167	154	796		
听力残疾	Hearing Deformity	144	564	428	2524		
智力残疾	Intelligence Deformity	674	1083	1712	9508		
其他残疾	Others	171	1125	1373	7298		
特殊教育学校	Special Education School	989	1166	1685	9258		
视力残疾	Vision Deformity	40	65	59	225		
听力残疾	Hearing Deformity	142	332	197	1294		
智力残疾	Intelligence Deformity	642	620	1086	6083		
其他残疾	Others	165	149	343	1656		
小学附设特教班	Class Attached Primary School	39	20	38	173		
视力残疾	Vision Deformity						
听力残疾	Hearing Deformity	2	7	7	15		
智力残疾	Intelligence Deformity	32	12	28	138		
其他残疾	Others	5	1	3	20		
小学随班就读	Learning with Other Children in Primary School		707	639	5299		
视力残疾	Vision Deformity		47	29	320		
听力残疾	Hearing Deformity		113	102	811		
智力残疾	Intelligence Deformity		192	193	1514		
其他残疾	Others		355	315	2654		
初中附设特教班	CLass Attached Junior Secondary School	1		2	6		
视力残疾	Vision Deformity						
听力残疾	Hearing Deformity						
智力残疾	Intelligence Deformity			2	4		
其他残疾	Others	1			2		
初中随班就读	Learning with Other Students in Junior Secondary School		669	755	2551		
视力残疾	Vision Deformity		49	54	205		
听力残疾	Hearing Deformity		103	108	334		
智力残疾	Intelligence Deformity		104	169	484		
其他残疾	Others		413	424	1528		

注：(1)总计中毕业生数、招生数、在校生数包括送教上门小学生数和送教上门初中学生数，表中未列出。

(2)其他残疾包括言语残疾、肢体残疾、精神残疾和多重残疾。

Notes:(1)Door–to–door primary school students and junior secondary school students are included in total graduates, entrants and enrolments but are not shown in this chart.

(2)Other disabilities include speech disability, physical disability, mental disability and multiple disability.

16–24 科学研究机构及人员(2020年)
INSTITUTIONS AND PERSONNELS OF SCIENTIFIC RESEARCH(2020)

项 目	Item	机 构(个) Institutions (unit)	职工人数(人) Employees (person)	从事科技活动人员(人) Personnels (person)	#大学本科及以上学历 Bachelor Degree and Above
总 计	**Total**	**94**	**8254**	**5430**	**4319**
按机构服务的国民经济行业分	**Grouped by Served Sector**				
农、林、牧、渔业	Farming, Forestry, Animal Husbandry and Fishery	23	384	337	232
采矿业	Mining	6	1769	951	645
制造业	Manufacturing	5	209	200	174
科学研究和技术服务业	Scientific Reseach and Technical Services	33	4210	2724	2218
水利、环境和公共设施管理业	Water, Environmental Protection and Public Facility Management	6	206	194	156
教 育	Education	2	194	186	177
卫生和社会工作	Health Care and Social Work	10	567	409	337
文化、体育和娱乐业	Culture, Sports and Recreation	4	247	196	165
公共管理、社会保障和社会组织	Public Management, Social Security and Social Organization	5	468	233	215
按机构所属学科分	**Grouped by Subject**				
自然科学领域	Natural Science	13	1942	979	778
农业科学领域	Agricultural Science	23	404	359	232
医学科学领域	Medical Science	15	868	705	618
工程科学与技术领域	Engineering Science and Technology	27	4111	2581	1944
社会、人文科学领域	Social Science and Humanities	16	929	806	747

16-25 主要年份公有经济企事业单位专业技术人员数
PROFESSIONAL AND TECHNICAL PERSONNELS OF PUBLIC ENTERPRISES AND INSTITUTIONS IN MAJOR YEARS

单位：人 (person)

年 份 Year	工程技术人员 Engineering	农业技术人员 Agriculture	卫生技术人员 Health Care	科学研究人员 Scientific Research
1952	4764	448	7196	105
1957	20010	3131	19883	379
1962	25777	5111	33155	1417
1965	28591	5498	37877	2174
1975	34998	5778	42016	3391
1978	51127	13671	46557	5906
1980	54683	10825	41755	5602
1985	112064	12641	63502	5837
1990	152920	14608	77013	5218
1995	167114	11808	82407	4789
2000	121751	17074	83886	3681
2001	125134	17549	86843	3463
2002	126244	17705	89348	3442
2003	124547	18596	90826	3794
2004	121807	20011	97924	4637
2005	127236	20191	100160	4118
2006	133263	20456	112702	4006
2007	137329	20280	113775	3903
2008	145019	20507	116453	4007
2009	146990	20840	119458	3958
2010	148829	23269	119979	3652
2011	153618	23823	122011	3613
2012	162442	25613	126525	4930
2013	167161	25931	123205	4077
2014	177869	25313	124146	4442
2015	183053	23736	123148	4597
2016	192515	22836	126100	4500
2017	192731	22509	123226	4716
2018	194462	20775	120265	4239
2019	196425	17898	120712	4798
2020	187495	17541	113088	4475

16-26 省科学技术协会及所属学会工作情况(2020年)
PROVINCIAL SCIENCE AND TECHNOLOGY ASSOCIATION AND ITS BRANCHES(2020)

项　目	Item	省科协 Provincial Associations	省级学会 Provincial Learned Societies	地(市)科协 Prefectural (civic) Associations
一、机构与从业人员	**Organization and Personnel**			
机　构 (个)	Organization (unit)	1		11
从业人员 (人)	Personnel (person)	571		216
二、学术交流	**Academic Exchange**			
学术会议 (次)	Academic Meetings (time)	11	158	9
参加人员 (人次)	Participants (person-time)	1641	63730	1558
交流论文 (篇)	Papers Presented (piece)	524	2558	44
#国内学术会议 (次)	Domestic Academic Meetings (time)	11	155	8
参加人员 (人次)	Participants (person-time)	1641	62902	1058
交流论文 (篇)	Papers Presented (piece)	524	2253	36
国际学术会议 (次)	International Academic Meetings (time)		3	1
参加人员 (人次)	Participants (person-time)		628	500
交流论文 (篇)	Papers Presented (piece)		270	8
三、科学普及	**Science Universal**			
举办科普宣讲活动 (次)	Science Universal Lectures (time)	70	235	293
宣讲活动受众人数 (人次)	Participants (person-time)	5094580	1416151	1920825
四、科技培训	**Science and Technology Training**			
举办实用技术培训 (次)	Practical Techniques Training (time)	34	2824	72
培训人数 (人次)	Persons Trained (person-time)	770	284094	7186
五、青少年科技活动	**Science and Technology Activity for Teenagers**			
举办青少年科普宣讲活动 (次)	Science Universal Lectures to teenagers (time)	218	19	135
青少年科技竞赛 (次)	Teenagers Participating in Science and Technology Competitions (time)	3	11	17
参加人数 (人次)	Number of Participants (person-time)	2952	11973	174020

16-27 全社会R&D经费内部支出
TOTAL INTERNAL EXPENDITURES ON R&D

单位：万元 (10 000 yuan)

项 目	Item	2019	2020
总 计	**Total**	**1912215**	**2110549**
按活动类型分	**Grouped by Activities**		
基础研究	Basic Research	104432	114182
应用研究	Applied Research	194753	242986
试验发展	Experimental Development	1613030	1753380
按执行部门分	**Grouped by Executive Departments**		
企 业	Enterprises	1566717	1761782
科研机构	Research Institutions	165436	137732
高等院校	Higher Education	159874	176834
其 他	Others	20188	34201
按支出用途分	**Grouped by Object of Expenditure**		
日常性支出	General Expenses	1695841	1930550
#人员劳务费	Personnel Service Charges	425714	503956
资产性支出	Assets Expenses	205765	179999
#仪器和设备	Instruments and Equipments	172374	151238
按资金来源分	**Grouped by Sources of Funds**		
#政府资金	Government Appropriation Funds	314127	270401
企业资金	Self-raised Funds by Enterprises	1549281	1799356

16-28 规模以上工业企业研究与试验发展(R&D)活动基本情况
BASIC STATISTICS ON R&D ACTIVITIES OF INDUSTRIAL ENTERPRISES ABOVE DESIGNATED SIZE

指　标	Item	2019	2020
一、企业基本情况	**Statistics on Industrial Enterprises**		
有R&D活动企业数 (个)	Number of Enterprises Having R&D Activities (unit)	530	855
有R&D活动企业所占比重 (%)	Percentage of Enterprises Having R&D Activities to Total Number of Enterprises (%)	11.1	15.6
二、R&D活动情况	**Statistics on R&D Activities**		
R&D人员全时当量 (万人年)	Full-time Equivalent of R&D Personnel (10 000 man-years)	2.7	3.3
R&D经费支出 (亿元)	Expenditure on R&D (100 million yuan)	138.1	156.2
R&D经费支出与营业收入之比(%)	Percentage of Expenditure on R&D to Business Revenue (%)	0.6	0.7
三、企业办研发机构情况	**Statistics on Enterprise Research Institutions**		
机构数 (个)	Number of Institutions (unit)	486	1092
机构人员数 (万人)	Personnel (10 000 persons)	3.1	5.3
机构经费支出 (亿元)	Expenditure (100 million yuan)	82.9	138.5
四、新产品开发及生产情况	**Statistics on New Products Development and Production**		
新产品开发项目数 (个)	Number of New Products (unit)	4778	6539
新产品开发经费支出 (亿元)	Expenditure on New Products Development (100 million yuan)	140.3	148.1
新产品销售收入 (亿元)	Sales Revenue of New Products (100 million yuan)	1989.3	2311.1
#新产品出口	Export	395.7	237.5
五、专利情况 (件)	**Statistics on Patents (piece)**		
有效发明专利数	Number of Inventions in Force	8619	10218
六、技术获取和技术改造情况 (亿元)	**Statistics on Technology Acquisition and Technology Reconstruction (100 million yuan)**		
引进国外技术经费支出	Expenditure for Acquisition of Foreign Technology	2.0	1.7
引进技术消化吸收经费支出	Expenditure for Assimilation of Technology	0.5	0.3
购买国内技术经费支出	Expenditure for Purchase of Domestic Technology	1.9	1.0
技术改造经费支出	Expenditure for Technical Renovation	64.7	85.8

16-29 按登记注册类型分规模以上工业企业研究与试验发展(R&D)活动及专利情况(2020年)

STATISTICS ON R&D ACTIVITIES AND PATENTS OF INDUSTRIAL ENTERPRISES ABOVE DESIGNATED SIZE BY REGISTRATION STATUS(2020)

登记注册类型	Status of Registration	R&D人员全时当量(人年) Full-time Equivalent of R&D Personnel (man-year)	R&D 经费(万元) Expenditure on R&D (10 000 yuan)	有效发明专利数(件) Number of Inventions in Force (piece)
合　计	**Total**	**32547**	**1561790**	**10218**
#大中型工业企业	Large and Medium-sized Industrial Enterprises	27685	1368262	7492
内资企业	**Domestic Funded Enterprises**	**29652**	**1473505**	**10001**
国有企业	State-owned Enterprises	942	23939	1266
集体企业	Collective-owned Enterprises	29	6418	17
股份合作企业	Cooperative Enterprises	6	18	7
联营企业	Joint Ownership Enterprises			
国有联营企业	State Joint Ownership Enterprises			
有限责任公司	Limited Liability Corporations	15179	635799	4158
国有独资公司	State Sole Funded Corporations	1429	87452	766
股份有限公司	Share-holding Corporations Ltd.	5643	383046	1812
私营企业	Private Enterprises	7853	424285	2741
其他企业	Other Enterprises			
港、澳、台商投资企业	**Enterprises with Funds from Hong Kong, Macao and Taiwan**	**56**	**3568**	**73**
合资经营企业	Joint-venture Enterprises	12	920	54
合作经营企业	Cooperative Enterprises			
独资经营企业	Enterprises with Sole Fund	39	2568	13
投资股份有限公司	Share-holding Corporations Ltd.	5	80	6
外商投资企业	**Foreign Funded Enterprises**	**2838**	**84717**	**144**
中外合资经营企业	Joint-venture Enterprises	319	19960	103
中外合作经营企业	Cooperation Enterprises	9	3933	
外资企业	Enterprises with Sole Fund	2457	57493	32
外商投资股份有限公司	Share-holding Corporations Ltd.	54	3331	9

16-30 按行业分规模以上工业企业研究与试验发展(R&D)活动及专利情况(2020年)

STATISTICS ON R&D ACTIVITIES AND PATENTS OF INDUSTRIAL ENTERPRISES ABOVE DESIGNATED SIZE BY INDUSTRIAL SECTOR(2020)

行业	Sector	R&D人员全时当量(人年) Full-time Equivalent of R&D Personnel (man-year)	R&D经费(万元) Expenditure on R&D (10 000 yuan)	有效发明专利数(件) Number of Inventions in Force (piece)
总计	**Total**	**32547**	**1561790**	**10218**
煤炭开采和洗选业	Mining and Washing of Coal	6166	285169	511
石油和天然气开采业	Extraction of Petroleum and Natural Gas	9	2537	37
黑色金属矿采选业	Mining and Processing of Ferrous Metal Ores	37	5117	5
有色金属矿采选业	Mining and Processing of Non-ferrous Metal Ores	8	523	5
非金属矿采选业	Mining and Processing of Non-metal Ores	11	251	6
农副食品加工业	Processing of Food from Agricultural Products	120	3136	56
食品制造业	Manufacture of Foods	295	5852	112
酒、饮料和精制茶制造业	Manufacture of Liquor, Beverages and Refined Tea	216	5074	70
烟草制品业	Manufacture of Tobacco	2	248	
纺织业	Manufacture of Textile	148	1208	9
纺织服装、服饰业	Manufacture of Textile, Wearing Apparel and Accessories	18	1159	91
皮革、毛皮、羽毛及其制品和制鞋业	Manufacture of Leather, Fur, Feather and Related Products and Footwear	2	23	
木材加工和木、竹、藤、棕、草制品业	Processing of Timber, Manufacture of Wood, Bamboo, Rattan, Palm and Straw Products			
家具制造业	Manufacture of Furniture	4	9	9
造纸及纸制品业	Manufacture of Paper and Paper Products	44	3890	11
印刷和记录媒介复制业	Printing and Reproduction of Recording Media	3	414	11
文教、工美、体育和娱乐用品制造业	Manufacture of Articles for Culture, Education, Arts and Crafts, Sport and Entertainment Activities	56	868	7
石油加工、炼焦及核燃料加工业	Processing of Petroleum, Coking and Processing of Nuclear Fuel	731	52273	92

16-30 续表 continued

行　　业	Sector	R&D人员全时当量(人年) Full-time Equivalent of R&D Personnel (man-year)	R&D经费(万元) Expenditure on R&D (10 000 yuan)	有效发明专利数(件) Number of Inventions in Force (piece)
化学原料及化学制品制造业	Manufacture of Raw Chemical Materials and Chemical Products	2704	95430	654
医药制造业	Manufacture of Medicines	1391	43337	533
化学纤维制造业	Manufacture of Chemical Fibre			3
橡胶和塑料制品业	Manufacture of Rubber and Plastics Products	190	6171	78
非金属矿物制品业	Manufacture of Non-metallic Mineral Products	1079	50345	750
黑色金属冶炼和压延加工业	Smelting and Pressing of Ferrous Metals	4759	489349	875
有色金属冶炼和压延加工业	Smelting and Pressing of Non-ferrous Metals	759	59084	229
金属制品业	Manufacture of Metal Products	1272	29481	668
通用设备制造业	Manufacture of General Purpose Machinery	614	27843	255
专用设备制造业	Manufacture of Special Purpose Machinery	1600	66718	1377
汽车制造业	Manufacture of Automobiles	1254	41462	376
铁路、船舶、航空航天和其他运输设备制造业	Manufacture of Railway, Ship, Aerospace and Other Transport Equipments	1775	49970	542
电气机械和器材制造业	Manufacture of Electrical Machinery and Apparatus	1085	59174	536
计算机、通信和其他电子设备制造业	Manufacture of Computers, Communication and Other Electronic Equipment	4146	96761	420
仪器仪表制造业	Instruments and Meters	238	5922	163
其他制造业	Other Manufacturing	1183	50137	651
废弃资源综合利用	Utilization of Waste Resources	40	839	
金属制品、机械和设备修理业	Repair Service of Metal Products, Machinery and Equipment	48	1247	6
电力、热力生产和供应业	Production and Supply of Electric Power and Heat Power	512	19801	1061
燃气生产和供应业	Production and Supply of Gas	12	726	7
水的生产和供应业	Production and Supply of Water	14	243	2

16-31 按登记注册类型分规模以上工业企业新产品开发及生产情况(2020年)

NEW PRODUCTS DEVELOPMENT AND PRODUCTION OF INDUSTRIAL ENTERPRISES ABOVE DESIGNATED SIZE BY REGISTRATION STATUS(2020)

登记注册类型	Status of Registration	新产品开发项目数(项) New Products (unit)	新产品开发经费支出(万元) Expenditure on New Products Development (10 000 yuan)	新产品销售收入(万元) Sales Revenue of New Products (10 000 yuan)	#出口 Exports
合　计	**Total**	**6539**	**1480910**	**23111205**	**2375323**
#大中型工业企业	Large and Medium-sized Industrial Enterprises	3756	1199363	20619551	2242226
内资企业	**Domestic Funded Enterprises**	**6310**	**1396364**	**21613904**	**1910006**
国有企业	State-owned Enterprises	185	33860	61297	
集体企业	Collective-owned Enterprises	7	853	4185	2479
股份合作企业	Cooperative Enterprises	4	93	2385	
联营企业	Joint Ownership Enterprises				
国有联营企业	State Joint Ownership Enterprises				
有限责任公司	Limited Liability Corporations	2724	631361	9185984	1029959
国有独资公司	State Sole Funded Corporations	293	118782	872128	24201
股份有限公司	Share-holding Corporations Ltd.	819	397521	6359300	683508
私营企业	Private Enterprises	2571	332676	6000752	194060
其他企业	Other Enterprises				
港、澳、台商投资企业	**Enterprises with Funds from Hong Kong, Macao and Taiwan**	**30**	**2688**	**68552**	**442**
合资经营企业	Joint-venture Enterprises	7	657	106	
合作经营企业	Cooperative Enterprises				
独资经营企业	Enterprises with Sole Fund	18	1797	43087	
投资股份有限公司	Share-holding Corporations Ltd.	5	234	25360	442
外商投资企业	**Foreign Funded Enterprises**	**199**	**81858**	**1428749**	**464875**
中外合资经营企业	Joint-venture Enterprises	112	17938	279502	7919
中外合作经营企业	Cooperation Enterprises	4	9214		
外资企业	Enterprises with Sole Fund	77	51375	1054311	402483
外商投资股份有限公司	Share-holding Corporations Ltd.	6	3331	94936	54473

16-32 按行业分规模以上工业企业新产品开发及生产情况(2020年)

NEW PRODUCTS DEVELOPMENT AND PRODUCTION OF INDUSTRIAL ENTERPRISES ABOVE DESIGNATED SIZE BY INDUSTRIAL SECTOR(2020)

行业	Sector	新产品开发项目数(项) New Products (unit)	新产品开发经费支出(万元) Expenditure on New Products Development (10 000 yuan)	新产品销售收入(万元) Sales Revenue of New Products (10 000 yuan)	#出口 Exports
总计	**Total**	**6539**	**1480910**	**23111205**	**2375323**
煤炭开采和洗选业	Mining and Washing of Coal	580	184272	2583485	27320
石油和天然气开采业	Extraction of Petroleum and Natural Gas	16	8209	67958	
黑色金属矿采选业	Mining and Processing of Ferrous Metal Ores	8	2149	28223	
有色金属矿采选业	Mining and Processing of Non-Ferrous Metal Ores	14	1272	56111	
非金属矿采选业	Mining and Processing of Non-metal Ores	10	721	39	
农副食品加工业	Processing of Food from Agricultural Products	42	5975	87072	1606
食品制造业	Manufacture of Foods	109	9565	65220	8
酒、饮料和精制茶制造业	Manufacture of Liquor, Beverages and Refined Tea	81	51509	94954	
烟草制品业	Manufacture of Tobacco	3	264	2693	
纺织业	Manufacture of Textile	25	2575	21723	
纺织服装、服饰业	Manufacture of Textile, Wearing Apparel and Accessories	5	955	14267	
皮革、毛皮、羽毛及其制品和制鞋业	Manufacture of Leather, Fur, Feather and Related Products and Footwear	1	23	525	
木材加工和木、竹、藤、棕、草制品业	Processing of Timber, Manufacture of Wood, Bamboo, Rattan, Palm and Straw Products			41	

16-32 续表1 continued

行　业	Sector	新产品开发项目数(项) New Products (unit)	新产品开发经费支出(万元) Expenditure on New Products Development (10 000 yuan)	新产品销售收入(万元) Sales Revenue of New Products (10 000 yuan)	#出口 Exports
家具制造业	Manufacture of Furniture	1	9	20343	
造纸和纸制品业	Manufacture of Paper and Paper Products	18	2852	88780	107
印刷和记录媒介复制业	Printing and Reproduction of Recording Media	14	690	18374	1616
文教、工美、体育和娱乐用品制造业	Manufacture of Articles for Culture, Education, Arts and Crafts, Sport and Entertainment Activities	8	1132	12079	184
石油加工、炼焦及核燃料加工业	Processing of Petroleum, Coking and Processing of Nuclear Fuel	91	22057	866784	2059
化学原料及化学制品制造业	Manufacture of Raw Chemical Materials and Chemical Products	468	86274	956340	17695
医药制造业	Manufacture of Medicines	649	64693	964953	118492
化学纤维制造业	Manufacture of Chemical Fibres	2	182	2990	
橡胶和塑料制品业	Manufacture of Rubber and Plastics Products	96	9435	174547	91052
非金属矿物制品业	Manufacture of Non-metallic Mineral Products	362	53133	703178	53286
黑色金属冶炼和压延加工业	Smelting and Pressing of Ferrous Metals	263	329642	7558386	619027
有色金属冶炼和压延加工业	Smelting and Pressing of Non-ferrous Metals	139	52469	1393197	15138
金属制品业	Manufacture of Metal Products	427	55814	530348	39527
通用设备制造业	Manufacture of General Purpose Machinery	333	41913	408796	7290

16-32 续表2 continued

行 业	Sector	新产品开发项目数(项) New Products (unit)	新产品开发经费支出(万元) Expenditure on New Products Development (10 000 yuan)	新产品销售收入(万元) Sales Revenue of New Products (10 000 yuan)	#出口 Exports
专用设备制造业	Manufacture of Special Purpose Machinery	756	106624	899822	27607
汽车制造业	Manufacture of Automobiles	227	60655	926596	38245
铁路、船舶、航空航天和其他运输设备制造业	Manufacture of Railway, Ship, Aerospace and Other Transport Equipments	489	80433	911369	104999
电气机械和器材制造业	Manufacture of Electrical Machinery and Apparatus	500	68198	1081730	98345
计算机、通信和其他电子设备制造业	Manufacture of Computers, Communication and Other Electronic Equipment	289	93286	1978378	1092467
仪器仪表制造业	Manufacture of Measuring Instruments and Machinery	207	12239	90880	
其他制造业	Other Manufacture	122	52231	473510	19250
废弃资源综合利用	Utilization of Waste Resources	4	839		
金属制品、机械和设备修理业	Repair Service of Metal Products, Machinery and Equipment	28	1969	13388	
电力、热力生产和供应业	Production and Supply of Electric Power and Heat Power	129	14858	11774	
燃气生产和供应业	Production and Supply of Gas	5	418		
水的生产和供应业	Production and Supply of Water	18	1376	2355	

主要统计指标解释

普通高等学校　指按照国家规定的审批程序批准举办，通过全国统一招生考试招收高级中等学校毕业生和具有同等学历者，实施高等教育，培养高等专门人材的学校。包括大学、专门学院、专科学院和短期职业大学。

成人高等学校　指按照国家规定的审批程序批准举办，招收在职高中毕业或同等学历者，利用多种形式对成人实施高等教育，培训相当普通高等学校专科或本科毕业水平的专门人才的学校。包括广播电视大学、职工高等学校、农民高等学校、干部管理学院、教育学院、独立函授学院以及普通高等学校举办的函授、夜大等。

小学学龄儿童入学率　指调查范围内已入小学学习的学龄儿童数占全部小学学龄儿童总数（包括弱智儿童在内，但不包括盲聋哑儿童）的比重。计算公式是：

$$\text{小学学龄儿童入学率}=\frac{\text{已入学的小学学龄儿童数}}{\text{校内外小学学龄儿童总数}}\times 100\%$$

工程技术人员　指在国民经济各行业从事工程技术工作的自然科学技术的专业人员。包括：高级工程师、工程师、助理工程师、技术员和未评定职称的技术人员。

农业技术人员　指在国民经济各行业从事农业技术工作的自然科学技术的专业人员。包括：高级农艺师、农艺师、助理农艺师、技术员和未评定职称的技术人员。

卫生技术人员　指在国民经济各行业从事卫生医务工作的自然科学技术的专业人员。包括：正副主任医师、主治医师、医师、医（护）士和未评定职称的技术人员。

科学研究人员　指在国民经济各行业从事科学技术活动的自然科学技术的专业人员。包括：正副研究员、助理研究员、实习研究员、技术员和未评定职称的技术人员。

R&D 人员全时当量　是国际上通用的、用于比较科技人力投入的指标。指 R&D 全时人员（全年从事 R&D 活动累积工作时间占全部工作时间的 90%及以上人员）工作量与非全时人员按实际工作时间折算的工作量之和。例如：有两个 R&D 全时人员和三个 R&D 非全时人员(工作时间分别为 0.2 年、0.3 年和 0.7 年)，则 R&D 人员全时当量为 1+1+0.2+0.3+0.7=3.2 人年。

Explanatory Notes on Main Statistical Indicators

Regular Institutions of Higher Education refer to educational establishments set up according to the government evaluation and approval procedures, enrolling graduates from senior secondary schools and providing higher education courses and training for senior professionals. They include full-time universities, colleges, institutions of higher professional education, institutions of higher vocational education and others.

Institutions of Higher Education for Adults refer to educational establishments, set up in line with relevant rules approved by the government, enrolling staff and workers with senior secondary school or equivalent education, and providing higher education courses in many forms of correspondence, spare time, or full time for adults. Professionals thus trained receive a qualification equivalent to graduates studying regular courses at regular universities, colleges and professional colleges. Institutions of higher learning for adults include schools of higher education for staff and workers, schools of higher education for peasants, colleges for management cadres, pedagogical colleges, independent correspondence colleges, Radio and TV universities and other educational establishments.

Enrollment Rate of Primary School-age Children refers to the proportion of school age children enrolled at schools to the total number of school age children both in and outside schools (including retarded children, but excluding blind, deaf and mute children). The formula is:

$$\text{Enrollment Rate of Primary School-age Children}=\frac{\text{Total Primary School - age Children at School}}{\text{Total Primary School - age Children}}\times 100\%$$

Engineering Personnel refer to the persons who are engaged in engineering science and technology in different sectors of the national economy, including senior engineers, engineers, assistant engineers, technicians and technical personal without professional titles.

Agricultural Personnel refer to the persons who are working on the science of agriculture in different sectors of the national economy, including senior agronomists, agronomists, assistant agronomists, technicians and technical personnel without professional titles.

Public Health Personnel refer to those personnel engaged in medical and health work in different sectors of the national economy, including director doctors and their deputies, doctors in charge, doctors, paramedics, nurses and technical personnel without professional title.

Scientific Research Personnel refers to the persons who are engaged in scientific and technical activities in different sectors of the national economy, including research fellows and their deputies, assistant research fellows, research trainees, technicians and technical personnel without professional titles.

Full-time Equivalent of R&D Personnel is an international indicator to compare R&D manpower input. It refers to the sum of the workload of full-time persons, whose work time on R&D isn't less than 90% on the whole work time, and the converted workload of part-time persons according to the actual working time. For instance, if there are 2 full-time persons and 3 part-time persons whose working time are respectively 0.2 year, 0.3 year, and 0.7 year, the full-time equivalent are 1+1+0.2+0.3+0.7=3.2 person-years.

17 文化、体育、卫生、环保

CULTURE, SPORTS, PUBLIC HEALTH AND ENVIRONMENTAL PROTECTION

资料整理人员

刘铁生　王俊鹏　樊梅洁　吕　洁

CULTURE, SPORTS, PUBLIC HEALTH AND ENVIRONMENTAL PROTECTION 文化、体育、卫生、环保

文化馆数	Number of Cultural Centers	130	个 (unit)
公共图书馆数	Number of Public Libraries	128	个 (unit)
图书出版总印数	Number of Books Published	11033	万册 (10 000 copies)
医院数	Number of Hospitals	1419	个 (unit)
废水排放量	Waste Water Discharged	15859	万吨 (10 000 tons)

卫生技术人员构成 (%)
Composition of Medical Technical Personnels (%)

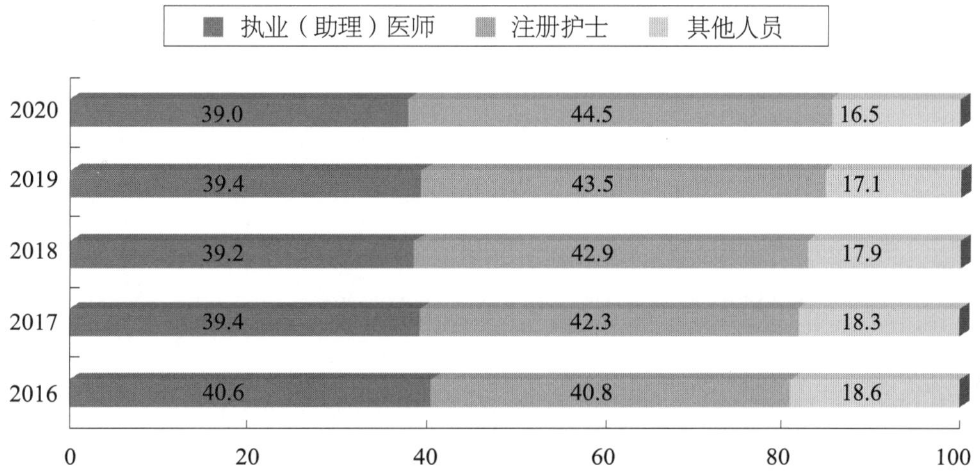

报纸总印数（万份）
Total Printed Copies of Newspapers (10 000 copies)

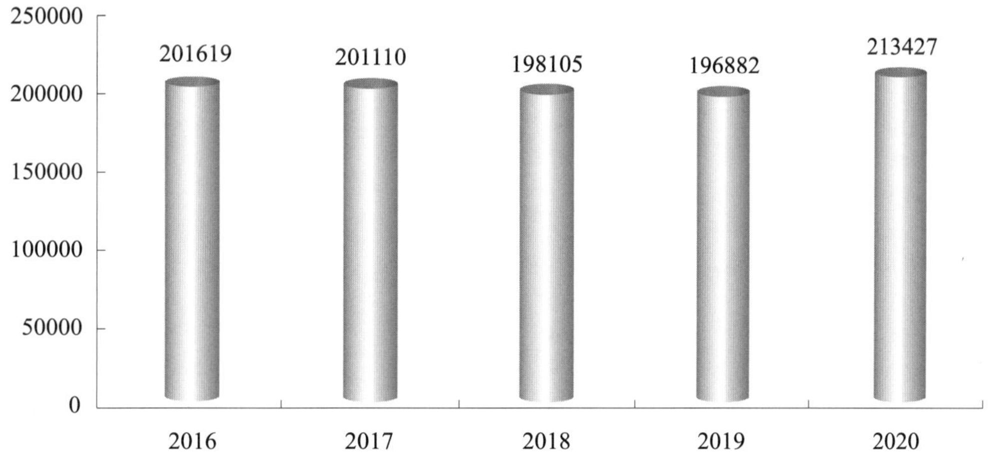

17-1 主要年份广播、电视台(站)数

NUMBER OF RADIO AND TELEVISION STATIONS IN MAJOR YEARS

单位：个 (unit)

年 份 Year	无 线 Radio Broadcast		电视广播 Telecast		人口覆盖率(%) Population Coverage Rate (%)	
	广播电台 Broadcasting Stations	中、短波转播发射台 Transmission and Relaying Stations of Medium and Short Wave	电视台 Television Stations	100W以上(含100W)调频、电视发射台 Transmission Stations above 100W (100W included)	广 播 Radio	电 视 TV
1980	1	10	1	11	44.5	46.6
1985	3	12	6	16	43.0	60.0
1990	14	20	25	36	51.0	78.0
1995	53	21	31	46	68.0	84.1
2000	8	17	12	53	90.0	95.2
2005	10	15	12	309	91.8	95.8
2010	7	15	8	151	93.3	97.5
2011	4	15	6	148	93.6	97.7
2012	2	15	4	148	95.4	98.1
2013	1	15	3	145	96.8	98.5
2014	1	15	2	178	98.0	99.0
2015		13	2	192	98.5	99.3
2016		13	2	190	98.6	99.4
2017		15	2	174	98.8	99.6
2018		15	2	170	98.8	99.6
2019		17		169	98.9	99.6
2020		16		154	99.2	99.7

注：2006年以前电视台和转播台为1000瓦以上口径。
Note：Coverage of TV transmission stations and relaying stations before 2006 is above 1000w.

17-2 文化艺术机构和人员数(2020年)

INSTITUTIONS AND PERSONNELS OF CULTURE AND ART(2020)

类 别	Type	机构数(个) Institutions (unit)	文化部门 Cultural Institutions	其他部门 Other Institutions	从业人员(人) Personnels (person)	文化部门 Cultural Institutions	其他部门 Other Institutions
总 计	**Total**	**7002**	**2292**	**4710**	**58754**	**22572**	**36182**
艺术业	Art Performance Troupes	827	139	688	24879	7144	17735
艺术表演场馆	Art Performance Venues	167	73	94	3321	1046	2275
图书馆业	Libraries	128	128		1765	1765	
群众文化服务业	Mass Culture Services	1541	1541		4491	4491	
艺术展览机构	Art Exibition Institutions	44	43	1	284	280	4
艺术教育业	Art Education	16	16		1345	1345	
文化市场经营机构	Business Institutions of Culture Market	3902		3902	15736		15736
文艺科研	Art Research	34	34		1252	1252	
文化行政主管部门	Administrative Department for Culture	129	129		2695	2695	
其 他	Others	214	189	25	2986	2554	432

注：文化市场经营机构不含非公有制艺术表演团体及艺术表演场馆。
Note: Business institutions of culture market don't include non-public ownership art troupes and art performance venues.

17-3 主要年份广播剧、电视剧、电影故事片制作情况
PRODUCTION OF RADIO PLAYS, TELEVISION PLAYS AND FEATURE FILMS IN MAJOR YEARS

年 份 Year	广播剧 Radio Plays		电视剧 TV Plays		电影故事片(部) Feature Films (unit)
	部 Unit	时长 Hour	部 Unit	集数 Part	
1985	13	50	18	39	2
1987	12	16	13	46	1
1988	9	37	14	111	2
1989	6	9	24	102	1
1990	5	14	28	122	
1995			12	80	1
2000	5	8	3	42	
2005	7	353	19	371	18
2010	25	1133	2	32	6
2011			2	67	8
2012			1	50	18
2013			7	199	12
2014		4819	8	211	11
2015		5593	7	221	15
2016		6624	9	314	26
2017		9047	13	206	24
2018		11198	5	145	
2019		18579	5	44	
2020		12543	1	40	

注：2014年起，广播剧类广播节目统计口径由集数改为时长。
Note:The coverage of radio plays has changed into length of play from the part of play since 2014.

17-4 主要年份国有文化艺术、文物单位数
INSTITUTION NUMBER OF STATE-OWNED CULTURE, ART AND CULTURAL RELICS IN MAJOR YEARS

单位：个 (unit)

年 份 Year	国有艺术表演团体 State-owned Art Troupes	文化馆 Cultural Centers	公共图书馆 Public Libraries	博物馆 Museums
1978	147	124	61	15
1980	162	126	72	19
1985	175	129	103	56
1990	169	130	111	67
1995	162	130	119	67
2000	159	130	121	76
2005	156	131	122	86
2010	167	131	126	89
2011	162	131	126	89
2012	163	131	126	92
2013	155	131	127	98
2014	163	131	126	99
2015	157	131	126	131
2016	150	131	127	140
2017	149	131	128	140
2018	152	130	128	152
2019	151	130	128	158
2020	140	130	128	159

注：2015年起，博物馆包含民办博物馆、行业博物馆。
Note: Museums include non-state-owned museums and industrial museums from 2015.

17-5 国有艺术表演团体演出情况(2020年)
PERFORMANCE OF STATE-OWNED ART TROUPES(2020)

单位：千场 (1 000 shows)

类 别	Type	国内演出场次 Number of Performances in Domestic	#到农村演出场次 Shows in Rural Areas	国内演出观众人次(千人次) Number of Spectators (1 000 person-times)
总 计	**Total**	**20.8**	**16.5**	**17925**
按登记注册类型分	**By Status of Registration**			
国有经营剧团	State-owned	11.2	8.6	8943
集体经营剧团	Collective-owned	7.0	6.1	6903
其 他	Others	2.6	1.8	2079
按剧种分	**By Type of Art**			
话剧、儿童剧、滑稽剧类	Drama, Children's Play and Comedy	0.2		48
#儿童剧	Children's Play Troupes			
歌舞、音乐类	Song and Dance	2.1	1.0	1965
京剧、昆曲类	Peking Opera and Kunqu Opera	0.1		30
#京 剧	Peking Opera	0.1		30
地方戏曲类	Local Opera	16.8	14.9	15121
杂技、魔术、马戏类	Acrobatics, Magic and Circus	0.1		81
曲艺类	Folk Arts	0.3	0.1	167
综艺性艺术表演团体	Comprehensive Art Performance	1.2	0.5	514

17-6 国有艺术表演团体收入和支出(2020年)
REVENUE AND EXPENDITURE OF STATE-OWNED ART TROUPES(2020)

单位：千元 (1 000 yuan)

类 别	Type	剧团(个) Number of Art Troupes (unit)	#国家经费补贴剧团 Government Subsidies	总收入 Total Revenue	#演出收入 Revenue from Performances	总支出 Total Expenditures
总 计	**Total**	**140**	**123**	**622976**	**121367**	**626136**
按登记注册类型分	**By Status of Registration**					
国有经营剧团	State-owned	87	79	517239	82996	521058
集体经营剧团	Collective-owned	39	32	65419	22663	63397
其 他	Others	14	12	40318	15708	41681
按剧种分	**By Type of Art**					
话剧、儿童剧、滑稽剧类	Drama, Children Play and Comedy	3	3	31720	4430	30329
#儿童剧	Children's Play	1	1	2806		2417
歌舞、音乐类	Song and Dance	22	17	175452	36821	179805
京剧、昆曲类	Peking Opera and Kunqu Opera	1	1	18178	3093	19676
#京 剧	Peking Opera	1	1	18178	3093	19676
地方戏曲类	Local Opera	105	93	351525	68528	348760
杂技、魔术、马戏类	Acrobatics, Magic and Circus	1	1	5540	2291	5683
曲艺类	Folk Arts	2	2	7656	3428	6875
综艺性艺术表演团体	Comprehensive Art Performance	6	6	32905	2776	35008

17-7 文化馆(站)业务活动及经费

ACTIVITIES AND FUNDS OF MASS ART CENTERS AND CULTURAL CENTERS

项　目	Item	2019	2020
单位数 (个)	Number of Units (unit)	1540	1541
举办展览 (个)	Number of Exhibtions (unit)	3778	3584
举办培训班 (次)	Training Courses (time)	19573	14223
组织文艺活动次数 (次)	Art Performances (time)	27172	39817
总支出 (千元)	Total Expenditures (1 000 yuan)	426636	384236
#商品和服务支出	Expenditures on Goods and Services	54739	57154

17-8 公共图书馆业务活动及经费(2020年)

ACTIVITIES AND FUNDS OF PUBLIC LIBRARIES(2020)

项　目	Item	总计 Total	省级公共图书馆 Public Libraries at Provincial Level	地市级公共图书馆 Public Libraries at Prefecture Level	县级公共图书馆 Public Libraries at County Level
总藏量(千册)	Total Collections (1 000 volumes)	21529	3291	6095	12142
书架单层总长度(千米)	Total Length of Bookshelves (1 000 m)	275	37	98	140
实际持证读者数(千个)	Actual Number of Readers with Library Cards (1 000 units)	1913	452	1032	428
总流通人次(千人次)	Total Number of Circulation Books (1 000 person-times)	9892	686	3382	5824
#书刊文献外借人次	Borrowing from Libraries	4035	263	1586	2185
为读者服务举办各种活动次数(次)	Number of Service Activities Provided for Readers (time)	3906	234	755	2917
参加人数(千人次)	Number of Readers Involved (1 000 person-times)	2500	108	1426	967
电子阅览室终端数(个)	Number of Terminal in Electrical Reading Room (unit)	4543	267	959	3317
总支出 (千元)	Total Expenditures (1 000 yuan)	434404	76176	152652	205576
#新增藏量及数字资源购置费	Purchase Expenses of New Collections and Digital Resources	57489	5510	38825	13154
本年新增藏量(含电子图书) (千册)	New Collections (including Electronic Books) of The Year (1 000 volumes)	3052	328	1821	904
实际使用公用房屋建筑面积(千平方米)	Actual Usage Floor Space of Public Buildings (1 000 sq.m)	568	75	197	296
#书　库	Stock Rooms	83	11	21	51
阅览室座席(千个)	Seating Capacity of Reading Rooms (1 000 seats)	42	3	13	25

17-9 出版发行、文物、图书馆、群众文化事业机构和人员数(2020年)

INSTITUTIONS AND PERSONNELS OF PUBLISHING, CULTURAL RELICS, LIBRARY AND MASS CULTURE(2020)

项 目	Item	机构数 (个) Number of Institutions (unit)	人数 (人) Number of Personnels (person)
出版发行业	Publishing Undertakings		
#出版社	Publishing Houses	7	644
国有书店	State-owned Book Stores	491	3688
文物业	Cultural Relics Undertakings	426	8948
博物馆	Museums	159	4786
文物机构	Cultural Relics Institutions	267	4162
图书馆业	Public Libraries Undertakings	128	1765
群众文化服务业	Mass Cultural Service	1541	4491
文化馆	Cultural Centers	130	1754
文化站	Cultural Stations	1411	2737
#乡镇文化站	Cultural Stations of Townships and Towns	1194	2271

17-10 博物馆、文物机构业务活动及经费(2020年)

ACTIVITIES AND FUNDS OF MUSEUMS AND CULTURAL RELICS INSTITUTIONS(2020)

项 目	Item	总计 Total	文物保护管理机构 Protection and Management Institutions	博物馆 Museums	文物科研机构 Research Instituton of Relics	其他文物机构 Other Institutions
藏 品 (件)	Number of Collections (piece)	1834054	156044	1445779	84849	147382
#一级品	Grade One	4433	392	3717	240	84
业务活动	Operation Activities					
陈列、展览 (个)	Number of Displays and Exhibitions (unit)	482	20	462		
参观人数 (千人次)	Number of Visitors (1 000 person-times)	21322	6755	13105	1462	
本年收入合计 (万元)	Total Revenue (10 000 yuan)	368412	35826	93834	42145	196607
本年支出合计 (万元)	Total Expenditures (10 000 yuan)	369972	37475	95672	46170	190655
#经营支出	Expenditures on Goods and Services	8993	2127	1188	9	5669
项目支出	Project Expenses	266449	20959	63864	42553	139073

17-11 主要年份图书、期刊和报纸总印数
TOTAL PRINTED COPIES OF BOOKS, MAGAZINES AND NEWSPAPERS IN MAJOR YEARS

年份 Year	图书 Books		期刊 Magazines		报纸 Newspapers	
	种数(种) Number of Kinds (kind)	总印数(万册) Total Printed Copies (10 000 copies)	种数(种) Number of Kinds (kind)	总印数(万份) Total Printed Copies (10 000 copies)	种数(种) Number of Kinds (kind)	总印数(万份) Total Printed Copies (10 000 copies)
1978	290	6422	16	598	14	17869
1980	361	9055	33	1905	10	17590
1985	550	9991	110	7981	72	55174
1990	989	12166	129	2815	39	54361
1991	1381	14079	130	3086	42	46872
1992	1782	14163	139	3589	49	70047
1993	2261	13058	151	4001	55	73240
1994	2108	12300	158	3948	56	62568
1995	1728	13919	164	3586	59	59254
1996	1783	14654	160	3119	59	58363
1997	1741	15109	158	3199	59	66262
1998	1639	14016	157	2792	56	71954
1999	2214	15487	152	2816	57	69108
2000	1894	10105	165	2659	59	62815
2001	2177	11800	187	3030	66	101712
2002	2505	13264	195	4290	65	140950
2003	2004	11098	198	4208	67	160553
2004	1950	11398	202	4641	60	195992
2005	1683	10081	200	5914	60	329713
2006	1813	9337	199	4441	60	206067
2007	1979	11764	199	5434	60	210541
2008	2586	10535	199	3950	77	163296
2009	2629	11187	200	3402	77	183273
2010	3032	13183	200	4000	77	206698
2011	3401	13887	200	3428	77	202664
2012	4002	14789	198	3733	77	208938
2013	4025	13452	198	3384	77	219694
2014	3458	12866	200	2930	60	214620
2015	3832	12439	200	2573	60	203549
2016	3513	9860	201	2421	60	201619
2017	3517	10899	201	2217	60	201110
2018	3304	10174	201	2259	60	198105
2019	3380	11185	201	2250	60	196882
2020	3154	11033	201	1996	60	213427

注：本表2008年至2013年报纸相关数据包含高校校报。
Note：Newspaper data from 2008 to 2013 include college newspaper.

17-12 体育局系统从业人员数(2020年)
EMPLOYEES OF SPORTS BUREAU(2020)

单位：人 (person)

类 别	Type	合 计 Total	行政机关职工合计 Staff and Workers of Administrative Agencies	运动项目管理部门 Administrative Departments of Sports Programmes	职业运动技术学院 Professional Sports Technique College	体育运动学 校 Physical Education and Sports Schools
总 计	**Total**	**3749**	**862**	**1015**	**190**	**826**
公务员	Civil Servants	492	492			
教练员	Coaches	703	56	126	26	247
运动员	Athletes	691		674		
科研人员	Scientific and Technical Personnel	38				
医务人员	Medical Personnel	10			3	5
文化教师	Teachers	552	2		112	305
管理人员	Administrative Personnel	681	118	190	41	116
工勤人员	Logistics Personnel	153	21	12	4	48
其他人员	Others	429	173	13	4	105

类 别	Type	业余体校 Sparetime Sports Schools	体 育场 馆 Stadiums and Gymnasiums	训 练基 地 Training Bases	科研所 Scientific Research Institutes	其 他 Others
总 计	**Total**	**601**	**197**	**8**	**50**	
公务员	Civil Servants					
教练员	Coaches	235	7	6		
运动员	Athletes	17				
科研人员	Scientific and Technical Personnel	1			37	
医务人员	Medical Personnel	2				
文化教师	Teachers	133				
管理人员	Administrative Personnel	90	113	2	11	
工勤人员	Logistics Personnel	39	29			
其他人员	Others	84	48		2	

17-13 体育场地数
NUMBER OF SPORTS VENUES

单位：个 (unit)

项 目	Item	2019	2020
体育公园	**Sports Parks**		
体育公园	Sports Parks	85	87
大型体育场馆	**Large-scale Stadiums**		
体育场	Stadiums	6	6
体育馆	Gymnasiums	44	45
游泳馆	Natatoriums	4	5
田径场地	**Athletic Fields**		
标 准	Standard Fields	1211	1229
其 它	Others	3962	4000
游泳场地	**Swimming Venues**		
室 内	Indoor Venues	352	359
室 外	Outdoor Venues	82	82
球类运动场地	**Ball Fields**		
足球场地	Football Fields	2157	2466
篮球场地	Basketball Courts	26672	27080
排球场地	Volleyball Courts	594	601
乒乓球场地	Table Tennis Courts	15092	15574
羽毛球场地	Badminton Courts	6039	6298
其它球类	Others	6274	6462
冰雪场地	**Skating and Skiing Ground**		
滑冰场地	Skating Ground	14	15
滑雪场地	Skiing Ground	47	49
全民健身场地	**National Fitness Sites**		
健身房	Gymnasiums	2623	2763
全民健身路径	National Fitness Paths	34459	35230
健身步道	Fitness Trails	2008	2233

注：(1) 本表体育场地指可供居民开展运动训练、比赛和健身等的各类体育场地，统计范围为除军队和铁路系统外的体育场地法人单位。

(2) 本表体育场为固定座席数量大于等于20000座的体育场，固定座席数量小于20000座（不含20000座）的体育场统计在田径场地内；体育馆为固定座席数量大于等于3000座的体育馆；游泳馆为固定座席数量大于等于1500座的游泳馆，固定座席数量小于1500座（不含1500座）的游泳馆统计在游泳场地内。

Notes: (1) Sports venues in the table refer to all kinds of sports venues for residents to carry out sports training, competition and fitness, and the coverage includes sports venues of legal entities except military and railway systems.

(2) In the table, the stadiums refer to stadiums with fixed seats more than or equal to 20,000, and the stadiums with fixed seats less than 20,000 (excluding 20,000) are counted in the athletic field. The gymnasiums refer to gymnasiums with fixed seats more than or equal to 3000. The natatoriums refer to natatoriums with fixed seats more than or equal to 1500, and the natatoriums with fixed seats less than 1500 are counted in the swimming venues.

17–14　分项目等级运动员发展人数(2020年)

CERTIFIED ATHLETES BY TYPE OF SPORTS(2020)

单位：人　　　　(person)

运动项目	Item	人数合计 Number of Persons	国际级运动健将 Master of Sports in International Level	#女 Female	一级 First Grade	#女 Female	二级 Second Grade	#女 Female
总　计	**Total**	**1156**			**249**	**108**	**907**	**337**
田　径	Track and Field	136			1		135	24
游　泳	Swimming	74			12	6	62	26
水　球	Water Polo	11			11	11		
跳　水	Diving							
体　操	Gymnastics	8					8	3
艺术体操	Artistic Gymnastics	28			3	3	25	25
蹦　床	Trampoline	2					2	1
举　重	Weightlifting	14			2	1	12	1
拳　击	Boxing	26			1		25	
国际式摔跤	International Wrestling	59			8	1	51	10
中国式摔跤	Chinese-style Wrestling	15			5		10	3
柔　道	Judo	34			2	1	32	14
跆拳道	Kickboxing	43			21	10	22	9
自行车	Cycle Racing	19			10	5	9	4
击　剑	Fencing	7			1		6	1
射　击	Shooting	23			8	5	15	7
射　箭	Sport Archery	5			2		3	
足　球	Football							
篮　球	Basketball	150			19	4	131	53
排　球	Volleyball	103			47	26	56	27
乒乓球	Table Tennis	46			20	9	26	9
羽毛球	Badminton	57			27	7	30	9
网　球	Tennis	34			1		33	18
手　球	Handball	11			1		10	6
曲棍球	Field Hockey							
棒　球	Baseball							
健美操	Bodybuilding Gymnastics							
街　舞	Hip Hop							
软式网球	Soft Tennis							
武　术	Wushu	192					192	82
蹼　泳	Fin Swimming							
摩托艇	Motorboat							
围　棋	Weiqi	1					1	1
国际象棋	International Chess							
中国象棋	Chinese Chess							
橄榄球	Rugby Football	29			18	7	11	4
航空模型	Model Airplane							
其　他	Others	29			29	12		

17-15 主要年份运动员打破纪录情况
RECORDS BROKEN BY ATHLETES IN MAJOR YEARS

年份 Year	打破世界纪录 World Records Chalked Up			打破全国纪录 National Records Chalked Up			打破省纪录 Provincial Records Chalked Up		
	项数(项) Number of Events (item)	次数(次) Number of Times (time)	人数(人) Number of Persons (person)	项数(项) Number of Events (item)	次数(次) Number of Times (time)	人数(人) Number of Persons (person)	项数(项) Number of Events (item)	次数(次) Number of Times (time)	人数(人) Number of Persons (person)
1978				15	21	10	118	260	95
1980				11	31	4	123	233	132
1985				2	2	2	48	64	35
1990	1	1	1	7	10	7	106	152	62
1995				2	2	5	60	89	84
2000				3	4	6	70	78	57
2005				2	2	2	17	17	25
2010				2	2	2	5	8	8
2011							3	3	3
2012				1	1	1	11	11	3
2013							13	13	18
2014							4	5	4
2015							12	18	12
2016							8	8	7
2017							15	15	18
2018							14	14	22
2019	2	2	1	1	1	1	34	44	31
2020							12	12	18

17-16 体育彩票、福利彩票发行情况
ISSUE OF SPORTS LOTTERY AND WELFARE LOTTERY

单位：万元 (10 000 yuan)

项 目	Item	2019	2020
体育电脑彩票销售点 (个)	Computer Sale Place of Sports Lottery Ticket (unit)	2788	3124
体育彩票销售收入	Sale Revenue of Sports Lottery Ticket	310802	244068
#用于兑奖金额	Value of Exchanging Awards	226027	161729
福利彩票销售点(个)	Sale Place of Welfare Lottery Ticket (unit)	3578	3690
福利彩票销售收入	Sale Revenue of Welfare Lottery Ticket	332313	287096

17-17 主要年份卫生机构数
HEALTH CARE INSTITUTIONS IN MAJOR YEARS

单位：个 (unit)

年 份 Year	总 计 Total	#医 院 Hospitals	#门诊部(所) Outpatient Departments	#疾病预防控制中心 Centers for Disease Control and Prevention	#妇幼保健院(所、站) Maternity and Child Care Centers	#医学科学研究机构 Research Institutes of Medical Science
1978	4995	2302	2345	136	128	3
1980	5190	2346	2432	137	129	12
1985	5834	2468	2910	135	123	19
1990	6108	2573	3020	141	123	23
1995	5922	2590	2790	153	131	22
2000	3273	716	92	148	136	23
2005	3009	885	52	157	131	10
2010	11889	1201	106	147	133	6
2011	12004	1216	291	147	132	7
2012	11907	1215	317	135	132	7
2013	12040	1219	297	134	132	7
2014	12528	1234	284	134	133	7
2015	12903	1274	312	134	132	7
2016	13178	1393	355	136	134	7
2017	13549	1388	391	135	135	7
2018	13740	1368	406	135	134	6
2019	14048	1398	493	134	131	5
2020	14343	1419	561	132	129	4

注：2011年起，卫生机构数不包括村卫生室数，后同。
Note: Rural clinics aren't included in health care institutions from 2011. The same applies to the following.

17-18 主要年份卫生机构床位数
NUMBER OF BEDS IN HEALTH CARE INSTITUTIONS IN MAJOR YEARS

单位：张 (unit)

年 份 Year	总 计 Total	医 院 Hospitals	其他卫生机 构 Other Institutions	平均每千人口拥有医院床位数 Number of Hospital Beds Per 1000 Population
1978	65426	63293	2133	2.69
1980	71702	69141	2561	2.89
1985	87768	82076	5692	3.34
1990	105324	98142	7182	3.45
1995	110422	101936	8486	3.37
2000	111880	77300	34580	2.38
2005	107968	81150	26818	2.42
2010	155973	108333	47640	3.09
2011	158459	111335	47124	3.11
2012	165294	119856	45438	3.32
2013	172620	128294	44326	3.54
2014	177442	133957	43485	3.67
2015	183209	140257	42952	3.83
2016	189778	147096	42682	4.00
2017	197527	154184	43343	4.16
2018	208298	163584	44714	4.40
2019	218120	174807	43313	4.69
2020	223650	181312	42338	5.19

17-19 主要年份卫生技术人员数

NUMBER OF MEDICAL TECHNICAL PERSONNELS IN MAJOR YEARS

单位：人 (person)

年 份 Year	卫生技术人员 Medical Technical Personnels	#执业(助理)医师 Licensed Assistant Doctors	#注册护士 Registered Nurses	平均每千人口拥有卫生技术人员数 Number of Medical Technical Personnel Per 1000 Population
1978	76475	35157	10775	3.16
1980	87815	40479	11561	3.54
1985	109596	48557	16488	4.17
1990	128465	60185	27956	4.52
1995	142239	68658	34907	5.68
2000	136224	64900	37057	4.19
2005	130955	58617	38117	3.90
2010	190917	85376	62251	5.45
2011	189283	82547	64793	5.27
2012	199601	87319	70337	5.54
2013	203385	88182	74849	5.62
2014	209491	89852	79055	5.63
2015	213995	90216	83344	5.84
2016	225770	91748	92139	6.13
2017	227939	89824	96317	6.16
2018	240655	94314	103335	6.47
2019	249278	98230	108345	6.68
2020	260536	101667	115851	7.46

17-20 卫生机构分类人员数

NUMBER OF PERSONNELS IN HEALTH CARE INSTITUTIONS BY CATEGORY

单位：人 (person)

人员分类	Type of Personnel	2019	2020
一、各类人员总计	**Total Personnel**	**299082**	**312150**
卫生技术人员	Medical Technical Personnel	249278	260536
其他技术人员	Other Technical Personnel	13287	13676
管理人员	Managerial Personnel	15252	15997
工勤人员	Logistics Workers	21265	21941
二、卫生技术人员	**Medical Technical Personnel**	**249278**	**260536**
执业(助理)医师	Licensed Assistant Doctors	98230	101667
#执业医师	Licensed Doctors	86914	89926
注册护士	Registered Nurses	108345	115851
药师(士)	Pharmacists	10872	11044
技师(士)	Technicians	13406	14126
其 他	Others	18425	17848

17-21 卫生机构、床位、人员数(2020年)
INSTITUTIONS, BEDS AND PERSONNELS IN HEALTH CARE INSTITUTIONS(2020)

类别	Type	机构数(个) Institutions (unit)	床位数(张) Beds (unit)	人员合计(人) Personnel (person)	#卫生技术人员 Medical Technical Personnel
总计	**Total**	**14343**	**223650**	**312158**	**260536**
一、医院合计	**Total Number of Hospitals**	**1419**	**181312**	**216395**	**180098**
综合医院	General Hospitals	672	118846	149039	125046
中医医院	Hospitals of Chinese Medicine	217	20443	22403	18789
中西医结合医院	Hospitals for Chinese and Western Medicine	35	3761	3490	3002
民族医院	Nationality Hospitals				
专科医院	Special Hospitals	487	37522	40970	32930
口腔医院	Stomatological Hospitals	51	600	2255	1744
眼科医院	Ophthalmology Hospitals	40	2103	3102	2229
耳鼻喉科医院	Otolaryngology Hospitals	6	286	294	217
肿瘤医院	Tumor Hospitals	4	3551	3909	3384
心血管病医院	Cardiovascular Hospitals	13	2066	2472	2120
血液病医院	Hematological Hospitals	1	60	43	39
妇产(科)医院	Maternity Hospitals	37	1812	2669	2073
儿童医院	Children Hospitals	5	2147	4477	3798
精神病医院	Mental Hospitals	45	7810	4332	3230
传染病院	Hospitals for Infections Diseases	7	2058	2513	2039
皮肤病医院	Dermatology Hospitals	11	305	289	242
结核病医院	Tuberculosis Hospitals	3	988	863	717
职业病医院	Occupational Disease Hospital	3	579	911	736
骨科医院	Orthopaedics Hospitals	59	2968	2994	2492
康复医院	Recovered Hospitals	24	1697	1261	970
整形外科医院	Plastics Hospitals	1	20	31	27
美容医院	Cosmetic Hospitals	10	204	419	286
其他专科医院	Other Specialized Hospitals	167	8268	8136	6587
护理院	Nursing Hospitals	8	740	493	331
二、社区卫生服务中心(站)	**Community Medical Service Centers and Stations**	**1012**	**4074**	**14242**	**12388**
#社区卫生服务中心	Community Medical Service Centers	234	3517	7591	6451
三、卫生院合计	**Total Number of Health Centers**	**1573**	**33205**	**28668**	**23181**
街道卫生院	Urban Health Centers	264	2654	2300	1822
乡镇卫生院	Township Health Centers	1309	30551	26368	21359
中心卫生院	Central Health Centers	417	13047	10490	8610
乡卫生院	Other Township Health Centers	892	17504	15878	12749

注：卫生机构床位数为实有数。
Note: The number of beds in health care institutions is an actual data.

17-21 续表 continued

类 别	Type	机构数(个) Institutions (unit)	床位数(张) Beds (unit)	人员合计(人) Personnel (person)	#卫生技术人员 Medical Technical Personnel
四、门诊部合计	**Total Number of Clinics**	**561**	**129**	**6543**	**5768**
综合门诊部	General Clinics	129	53	2142	1803
中医门诊部	Chinese Medicine Clinics	64	24	581	488
中西医结合门诊部	Chinese and Western Medicine Clinics	12		104	101
专科门诊部	Special Clinics	356	52	3716	3376
五、诊所、卫生所、医务室	**Clinics, Health Centers and Infirmaries**	**9282**	**6**	**22363**	**21365**
#诊 所	Clinics	8550	6	19951	19161
卫生所、医务室	Health Centres and Infirmaries	730		2407	2199
六、采供血机构	**Selection and Supplyment Blood Institutions**	**23**		**1328**	**1002**
七、妇幼保健院(所、站)	**Maternity and Child Care Centers**	**129**	**3896**	**10866**	**8335**
1.省 属	Belong to Province	1			
省辖市(地区)属	Belong to City(prefecture) of Province	11	1334	3747	3059
地辖市属	Belong to City of Prefecture	33	677	2404	1796
县 属	Belong to County	79	1857	4584	3389
其 他	Others	5	28	131	91
2.妇幼保健院	Maternity and Child Care Hospitals	92	3656	9501	7373
妇幼保健所	Maternity and Child Care Institutes	6		141	110
妇幼保健站	Maternity and Child Care Stations	31	240	1224	852
生殖保健中心	Reproduction Care Centers				
八、疾病预防控制中心(防疫站)	**Diseases Prevention and Control Center**	**132**		**4822**	**3379**
省 属	Belong to Province	1		224	180
省辖市(地区)属	Belong to City (prefecture) of Province	10		851	613
地辖市属	Belong to City of Prefecture	36		1266	892
县 属	Belong to County	74		1969	1300
其 他	Others	11		512	394
九、卫生监督所	**Sanitation Supervision Stations**	**127**		**3721**	**3011**
省 属	Belong to Province	1			
省辖市(地区)属	Belong to City (prefecture) of Province	11		456	329
地辖市属	Belong to City of Prefecture	35		1079	871
县 属	Belong to County	80		2186	1811
其 他	Others				
十、医学科学研究机构	**Research Institutes of Medical Sciences**	**4**		**124**	**104**
十一、医学在职培训机构	**Medical In-service Training Institutes**	**3**		**15**	**11**
十二、健康教育所(站、中心)	**Care Education Institutes**	**10**		**94**	**46**
十三、其他卫生机构	**Other Medical Institues**	**68**	**1028**	**2977**	**1848**

17-22 医疗机构医疗服务量情况(2020年)
SERVICES QUANTITY IN HEALTH CARE INSTITUTIONS(2020)

类　别	Item	总诊疗人次(万人次) Total Diagnosis and Treatment (10 000 person-times)	出院人数(万人) Discharged Patients (10 000 persons)
总　计	**Total**	**12306.58**	**426.17**
#医　院	Hospital	6254.18	383.29
#综合医院	General Hospitals	4495.91	280.19
中医医院	Hospitals of Chinese Medicine	785.48	36.11
专科医院	Special Hospitals	904.67	60.83
卫生院	Commune Hospitals	1489.92	29.90
#乡镇卫生院	Town and Township Hospitals	1370.06	28.26
门诊部	Clinics	175.16	0.31
妇幼保健院(所、站)	Maternity and Child Care Centers	391.03	9.48
专科疾病防治院(所、站)	Special Disease Prevention Institutions	7.23	0.51

17-23 公证工作和调解
STATISTICS ON NOTARIZATION AND MEDIATION

项　目		Item	2019	2020
公证工作		**Notarization**		
公证处	(个)	Number of Notarization Offices(unit)	115	112
公证员(含公证员助理)	(人)	Notaries (Assistant Notaries) (person)	751	808
办理国内公证	(件)	Handle Civil Affair Notarization (case)	296432	257440
办理涉外及涉港澳台公证	(件)	Handle Foreign Nationals Notarization (case)	41718	23444
调解工作		**Mediation**		
专职人民调解员	(人)	Full-time People's Mediators (person)	7896	6213
人民调解委员会	(个)	Number of People Mediation Committees (unit)	31237	28343
调解人员	(人)	Number of Mediators (person)	98013	90942
调解各类纠纷	(件)	Mediation Various Quarrels (case)	144593	121309

17-24 律师工作
STATISTICS ON LAWYERS

项 目	Item	2019	2020
律师事务所 (个)	Number of Law Offices (unit)	812	832
律师工作人员(注册) (人)	Number of Lawyers (person)	10229	10592
#专职律师	Full-time Lawyers	8373	8278
兼职律师	Part-time Lawyers	446	460
聘请常年法律顾问的单位 (个)	Number of Units with Permanent Legal Advisors (unit)	9985	10331
民事诉讼代理 (件)	Agent of Civil Cases (case)	63588	75484
行政诉讼代理 (件)	Agent of Administrative Action (case)	2564	2864
刑事辨护及代理 (件)	Agent and Defender of Criminal Cases (case)	21517	26076
非诉讼法律事务 (件)	Agent of Non-Litigious Legal Affairs (case)	9249	9538
咨询和代书 (件)	Agent of Legal Advisory Services (case)	52292	54719

17-25 主要年份婚姻登记数
MARRIAGE REGISTRATION IN MAJOR YEARS

单位：对 (couple)

年 份 Year	登记结婚数 Permitting Marriage Registration	#恢复结婚 Resuming Marriage	初婚数 (人) First Marriage (person)	再婚数 (人) Remarriage (person)	男 Male	女 Female	登记离婚数 Permitting Divorce Registration
1985	236206	1787	453433	18979	9400	9579	7615
1990	220581	1115	422721	18441	8770	9671	7471
1995	179300	1090	343561	15039	7566	7473	7100
2000	164639	981	313195	16083	8407	7676	7612
2005	189741	1222	354147	25563	12163	13400	17398
2010	360581	4481	675719	45443	24033	21410	26473
2011	339607	3330	633629	45585	21910	23675	31260
2012	362827	4102	677046	48608	22845	25763	35585
2013	384006	4725	710324	57688	26399	31289	41939
2014	350711	5216	637477	63945	29134	34811	47894
2015	346789	8992	623132	70446	31818	38628	54166
2016	300121	6943	530845	69397	31423	37974	58962
2017	287723	8884	502961	72485	32439	40046	65091
2018	278154	9410	475647	81403	45090	36313	70873
2019	254897	10262	426325	83761	46666	37095	73647
2020	215727	9420	356612	74980	32999	41981	66890

17-26 妇联组织情况
WOMEN'S FEDERATION ORGANIZATION

单位：个 (unit)

项　目	Item	2019	2020
地市妇联数	Number of Women's Federation of Prefecture and City	11	11
县(市)妇联数	Number of Women's Federation of County and City	117	113
乡妇联数	Number of Women's Federation of Township	1194	1192
街妇联数	Number of Women's Federation for Subdistrict Office	213	233
基层妇代会数	Number of Women's Federation of Basic Level	27905	24654
城市 (社区妇联)	Urban Areas (Women's Federation of Community)	2550	2558
农村妇联数	Rural Areas	25355	22096
非公有经济组织中妇女组织	Women's Federation in Non-Public Ownership Economic Organization	5807	5251
直属机关妇工委	Women's Council in Department Directly under Governments	4136	4151
高等院校妇女组织	Women's Orgaization in University	38	44
省级所属	Provincial Level	19	20
市级所属	City Level	19	19
民办高校	University Run by Private Insititutions		
民主党派妇委会数	Number of Women's Federation in Democratic Party	20	20

17-27 全省工业企业“三废”排放与治理情况
DISCHARGE AND TREATMENT OF WASTE WATER, WASTE GAS AND SOLID WASTES BY INDUSTRIAL ENTERPRISES

项　目	Item	2019	2020
废　水	**Waste Water**		
废水排放量 (万吨)	Waste Water Discharged (10 000 tons)	14394	15859
化学需氧量排放量 (吨)	COD Discharged (ton)	9585	4803
氨氮排放量 (吨)	Ammonia Nitrogen Discharged (ton)	497	187
废　气	**Waste Gas**		
废气排放量 (亿标立方米)	Waste Gas Emission (100 million cu.m)		152588
二氧化硫排放量 (吨)	Sulphur Dioxide Emission (ton)	197156	122494
氮氧化物排放量 (吨)	Nitrogen Dioxide Emission (ton)	325859	320324
固体废物	**Solid Wastes**		
一般工业固体废物产生量 (万吨)	Common Industrial Solid Wastes Generated (10 000 tons)	52037	42635
一般工业固体废物综合利用量 (万吨)	Common Industrial Solid Wastes Integrated Use (10 000 tons)	18440	17150
一般工业固体废物处置量 (万吨)	Common Industrial Solid Wastes Disposed (10 000 tons)	27402	19546
危险废物产生量 (万吨)	Hazardous Wastes Generated (10 000 tons)	360.7	214.0
危险废物综合利用处置量 (万吨)	Hazardous Wastes Integrated Use and Disposed (10 000 tons)	352.9	225.4
污染治理	**Pollution Treatment**		
当年污染治理施工项目总数 (个)	Number of Projects for Pollution Treatment in the Year (unit)	405	200
污染治理项目本年完成投资额 (万元)	Investment of the Project for Pollution Treatment in the Year (10 000 yuan)	426034.3	284909.8
治理废水	Treatment of Waste Water	60466.4	12301.2
治理废气	Treatment of Waste Gas	254245.5	203094.8
治理固体废物	Treatment of Solid Wastes	19664.4	7895.4
治理噪声	Noise Abatement	260.0	177.6
治理其他	Others	91397.9	61440.9

注：根据第二次全国污染源普查成果，对2019年数据进行了更新，与以前年份不可比；2020年为初步统计数。

Note: Data of 2019, which have been updated according to the results of the Second National Pollution Sources Census, are not comparable with the previous years. Data of 2020 are preliminary statistics.

主要统计指标解释

艺术表演团体 指从事戏曲、音乐、舞蹈、杂技等专业艺术表演，有独立帐户，实行单独核算的团体。不包括半工半艺、半农半艺的业余团体。

文化馆 指专门从事群众文化活动的群众文化场馆。不包括临时抽调人员组成、没有编制的农村和街道文化工作队、服务站等。

文化市场经营机构 指经文化市场行政部门审批或已申报登记并领取相关许可证的、从事文化经营和文化服务活动的机构。

图书馆 指各类图书馆的管理与服务（对文献和信息的搜集、整理、存储、利用和管理，向社会公众开放并提供科学、文化等各种知识普及教育）。包括公共图书馆和各类机构内部举办的或单独举办的图书馆的管理与服务。不包括部队系统以及文化馆（文化中心、群众艺术馆）、文化站内设的图书室。

文化艺术研究机构 指有明确的研究方向和任务，有一定水平的学术带头人和一定数量、质量的研究人员，有开展工作的基本条件，主要进行文化艺术研究（含科技）的机构。

博物馆 指为了研究、教育、欣赏的目的，收藏、保护、展示人类活动和自然环境的见证物，向公众开放，非营利性、永久性社会服务机构，包括以博物馆（院）、纪念馆（舍）、美术（艺术）馆、科技馆、陈列馆等专有名称开展活动的单位。

艺术表演观众人数 指售票、包场演出或民族地区免费演出艺术表演观众人次数。不包括彩排审查和内部观摩演出的观看人次数。

工业废水排放量 指调查年度经过企业厂区所有排放口排到企业外部的工业废水量。包括生产废水、外排的直接冷却水、废气治理设施废水、超标排放的矿井地下水和与工业废水混排的厂区生活污水，不包括独立外排的间接冷却水(清浊不分流的间接冷却水应计算在内)。

一般工业固体废物产生量 指当年全年调查对象实际产生的一般工业固体废物的量。一般工业固体废物指企业在工业生产过程中产生且不属于危险废物的工业固体废物。

一般工业固体废物综合利用量 指调查年度企业通过回收、加工、循环、交换等方式，从固体废物中提取或者使其转化为可以利用的资源、能源和其他原材料的固体废物量（包括当年利用的往年工业固体废物累计贮存量）。如用作农业肥料、生产建筑材料、筑路、用作充填回填材料等。

一般工业固体废物处置量 指调查年度企业将工业固体废物焚烧和用其他改变工业固体废物的物理、化学、生物特性的方法，达到减少或者消除其危险成分的活动，或者将工业固体废物最终置于符合生态环境保护规定要求的填埋场的活动中，所消纳固体废物的量（包括当年处置的往年工业固体废物累计贮存量）。

危险废物产生量 指调查年度调查对象实际产生的危险废物的量，包括利用处置危险废物过程中二次产生的危险废物的量。

危险废物综合利用处置量 指调查年度调查对象从危险废物中提取物质作为原材料或者燃料的活动中消纳危险废物的量，以及将危险废物焚烧和用其他改变危险废物物理、化学、生物特性的方法，达到减少或者消除其危险成分的活动，或者将危险废物最终置于符合环境保护规定要求的填埋场的活动中，所消纳危险废物的量。包括本单位自行处置利用的本单位产生和接收外单位危险废物量。

Explanatory Notes on Main Statistical Indicators

Art Performance Troupes refer to the troupes which are engaged in drama, music, dance, acrobatics or other art performance, have independent accounts with banks and have self-supporting accounting system. Amateur troupes which are engaged partly in industrial or agricultural activities and partly in art performance are not included.

Culture Centers refer to mass cultural centers which specialize in mass cultural activities. They do not include rural and street cultural teams or service stations that comprise of temporary transferred staff or personnel who do not have a personnel quota.

Business Institutions of Cultural Market refer to the institutions dealing in culture and cultural services, which registered and permitted with the relative certificate by cultural market administration.

Libraries refer to management and services of all kinds of libraries, that is, collect, collate, store and manage literature and information, supply various popular knowledge and education of science and culture openly. They include management and service that are carried out internally and singly by public libraries and all kinds of agencies, but don't include library rooms of army and culture centers or stations.

Culture and Art Research Institutions refer to institutions that mainly do research on culture and art. These institutions own academic leaders to a certain degree and research personnel to a certain quantity and quality, have the basic condition to carry out work under definite research direction and task.

Museums refer to social service agencies which collect, protect, exhibit the evidence of human's activities and natural environment in an open, non-profit and permanent way. They include museum, memorial hall, art gallery, science museum, exhibition hall and so on.

Number of Spectators at Art Performance refers to the number of attendants at commercial shows completely booked shows or free shows given in minority national areas and does not include the number of spectators at rehearsals for examination and internal shows for study.

Industrial Waste Water Discharged refers to the volume of industrial waste water discharged through all outlets to the outside of industrial enterprises over the year, including production wastewater, direct-cooling water, wastewater from waste gas treatment facilities, underground water from mines that does not meet the standard and the domestic sewage mixed up with industrial waste water, excluding indirect-cooling water discharged separately.

Common Industrial Solid Wastes Generated refers to the amount of common industrial solid wastes the surveyed units actual generated in the survey year. The common industrial solid wastes refers to the industrial solid wastes, which are not hazardous wastes, generated by the enterprises in the process of industrial production.

Common Industrial Solid Wastes Integrated Use refers to amount of solid wastes from which useable materials can be extracted or converted into usable resources, energy or other materials through reclamation, processing, recycling and exchange (including utilizing in the year the stocks of industrial solid wastes of the previous year) generated by enterprises in the survey year, e.g. being used as agricultural fertilizers, building materials, paving materials, filling and backfilling materials.

Common Industrial Solid Wastes Disposed refers to the amount of industrial solid wastes disposed, which covers the amount of previous years, through incineration or other methods to change its physical, chemical and biological properties to reduce or eliminate the hazardous landfilled in the sites following the requirements for environmental protection by surveyed enterprises in the survey year.

Hazardous Wastes Generated refers to the amount of actual hazardous wastes generated by surveyed units in the survey year, which is covered secondary generation during the process of disposal and reuse of hazardous wastes.

Hazardous Wastes Integrated Used and Disposed refers to the amount of hazardous wastes that are used to extract materials for raw materials or fuel in the survey year, and the amount of hazardous wastes which are incineration or specially disposed using other methods to change its physical, chemical and biological properties and thus to reduce or eliminate the hazards, or placed ultimately in the sites following the requirements for environmental protection in the survey year. It includes the hazardous wastes generated from the surveyed units and received from other units.

18

城市概况

GENERAL SURVEY OF CITIES

资料整理人员

白鹏洲　李艳旭　马金兰　李悦榕　杨　敏
李　蓉

18-1 地级城市主要经济指标(2020年)

MAJOR ECONOMIC INDICATORS OF CITIES AT PREFECTURE LEVEL(2020)

指 标	Item	太原市区 Taiyuan Urban District	大同市区 Datong Urban District	阳泉市区 Yangquan Urban District
年末总户数 (万户)	Households at Year-end (10 000 households)	93.31	70.25	25.87
常住人口 (万人)	Resident Population (10 000 persons)	454.34	202.87	73.09
年出生人数 (人)	Birth Population of the Year (person)	37933	13548	
年死亡人数 (人)	Death Population (person)	17057	12484	
行政区域土地面积 (平方公里)	Area of Administrative Region (sq.km)	1500		654
地区生产总值 (亿元)	Gross Domestic Product (100 million yuan)	3805	1023	496
第一产业	Primary Industry	9	20	2
第二产业	Secondary Industry	1299	384	207
第三产业	Tertiary Industry	2497	619	288
工业经济指标	Economic Industrial Indicators			
工业企业数 (个)	Number of Industrial Enterprises (unit)	434	233	96
内资企业	Domestic Funded Enterprises	416	221	91
港澳台商投资企业	Enterprises Funded by Hong Kong, Macao and Taiwan	2	4	2
外商投资企业	Foreign Funded Enterprises	16	8	3
流动资产合计 (万元)	Total Current Assets (10 000 yuan)	28608433	27459732	11876375
固定资产净额 (万元)	Net Value of Fixed Assets (10 000 yuan)	12525233	6413182	3481614
营业收入 (万元)	Business Revenue (10 000 yuan)	30296906	11441523	3654773
税金及附加 (万元)	Tax and Extra Charges (10 000 yuan)	464667	236801	148109
应交增值税 (万元)	Value Added Taxes Payable (10 000 yuan)	482993	274301	159651
利润总额 (万元)	Total Profits (10 000 yuan)	832264	108237	-11811
固定资产投资 (不含农户)(万元)	Investment in Fixed Assets (Excluding Rural Household) (10 000 yuan)	13010477	4444203	1340681
#房地产开发投资	Investment in Real Estate	7002330	1656907	134501
#住 宅	Residential Buildings	5232451	1360340	97310
商品房销售面积 (万平方米)	Floor Space of Commercial Houses Sold (10 000 sq.m)	684.99	218.32	35.10
商品房销售额 (万元)	Sales of Commercial Houses (10 000 yuan)	7675616	1437904	203608
社会消费品零售总额 (万元)	Total Retail Sales of Consumer Goods (10 000 yuan)	13963338	5290582	1834208
一般公共预算收入 (万元)	General Public Budget Revenue (10 000 yuan)	933899	1154008	443275
一般公共预算支出 (万元)	General Public Budget Expenditure (10 000 yuan)	1908186	2326593	945222
在岗职工平均人数 (万人)	Average Number of Fully Employed Staff and Workers (10 000 persons)		28.80	15.47
在岗职工工资总额 (万元)	Total Wages of Full Employed Staff and Workers (10 000 yuan)		2174572	1061735
住户存款余额 (万元)	Balance of Residents Savings Deposits (10 000 yuan)	53994920	19194104	7267926

18-1 续表

指　标	Item	长治市区 Changzhi Urban District	晋城市区 Jincheng Urban District
年末总户数 (万户)	Households at Year-end (10 000 households)	53.17	14.49
常住人口　(万人)	Resident Population (10 000 persons)	168.77	57.48
年出生人数　(人)	Birth Population of the Year (person)	17643	6043
年死亡人数　(人)	Death Population (person)	10252	1914
行政区域土地面积 (平方公里)	Area of Administrative Region (sq.km)	2631	143
地区生产总值 (亿元)	Gross Domestic Product (100 million yuan)	958	353
第一产业	Primary Industry	20	1
第二产业	Secondary Industry	470	101
第三产业	Tertiary Industry	468	251
工业经济指标	Economic Industrial Indicators		
工业企业数 (个)	Number of Industrial Enterprises (unit)	273	53
内资企业	Domestic Funded Enterprises	264	47
港澳台商投资企业	Enterprises Funded by Hong Kong, Macao and Taiwan	6	1
外商投资企业	Foreign Funded Enterprises	3	5
流动资产合计 (万元)	Total Current Assets (10 000 yuan)	10503954	2430603
固定资产净额 (万元)	Net Value of Fixed Assets (10 000 yuan)	6328390	2042756
营业收入　(万元)	Business Revenue (10 000 yuan)	11841101	2485730
税金及附加　(万元)	Tax and Extra Charges (10 000 yuan)	256383	18068
应交增值税　(万元)	Value Added Taxes Payable (10 000 yuan)	359014	35431
利润总额　(万元)	Total Profits (10 000 yuan)	907730	227497
固定资产投资 (不含农户)(万元)	Investment in Fixed Assets (Excluding Rural Household) (10 000 yuan)	3990383	1292682
#房地产开发投资	Investment in Real Estate	1115189	643733
#住　宅	Residential Buildings	830770	416326
商品房销售面积 (万平方米)	Floor Space of Commercial Houses Sold (10 000 sq.m)	221.23	68.50
商品房销售额　(万元)	Sales of Commercial Houses (10 000 yuan)	1302310	430599
社会消费品零售总额 (万元)	Total Retail Sales of Consumer Goods (10 000 yuan)	4186563	2835252
一般公共预算收入　(万元)	General Public Budget Revenue (10 000 yuan)	981029	570880
一般公共预算支出　(万元)	General Public Budget Expenditure (10 000 yuan)	2010666	1030346
在岗职工平均人数　(万人)	Average Number of Fully Employed Staff and Workers (10 000 persons)	25.30	
在岗职工工资总额　(万元)	Total Wages of Full Employed Staff and Workers (10 000 yuan)	1754679	
住户存款余额　(万元)	Balance of Residents Savings Deposits (10 000 yuan)	13850948	8744968

continued

朔州市区 Shuozhou Urban District	晋中市区 Jinzhong Urban District	运城市区 Yuncheng Urban District	忻州市区 Xinzhou Urban District	临汾市区 Linfen Urban District	吕梁市区 Lvliang Urban District
26.26	22.91	24.15	23.25	26.61	10.94
71.33	90.59	92.86	57.71	95.93	45.67
7790	9883	8516	5356	10182	3454
7833	4920	4859	6097	5870	1466
4095	1318	1205	1982	1307	1339
559	301	305	169	346	155
13	15	20	10	9	2
225	79	73	45	68	68
321	206	212	114	269	85
108	198	66	42	70	34
106	187	65	41	68	33
1	4	1		1	
1	7		1	1	1
3618147	2155684	593749	938166	841941	1825239
9349476	1826793	324528	522280	1401691	1253047
5624689	2740958	943988	749404	1397968	1524328
286636	20076	5744	4056	36983	71265
330652	55971	17017	18422	48772	76737
366938	-22505	11782	77893	77049	136946
1315704	3151309	1560883	611013	1056921	430251
149226	1172193	825826	123825	607127	96998
147683	817286	648704	98425	506625	67072
31.60	155.90	164.46	38.40	124.86	10.29
137249	1204775	944122	238891	830882	81126
1032036	1974761	2081427	1326332	2604936	680464
582507	146082	126951	63798	187948	160732
1030034	447006	352082	273228	457254	271488
	9.52	9.90			5.15
	787301	677275			381179
7408511	8294773	5742457	5009705	7937065	3329293

18-2 地级城市公共服务及公用事业(2020年)

指 标	Item	太原市区 Taiyuan Urban District
中等职业教育学校数 (所)	Secondary Vocational Education Schools (unit)	75
普通中学学校数 (所)	Regular Secondary Schools (unit)	159
普通小学学校数 (所)	Regular Primary Schools (unit)	292
中等职业教育专任教师数 (人)	Full-Time Teachers of Secondary Vocational Education (person)	6158
普通中学专任教师数 (人)	Full-Time Teachers of Regular Secondary Schools (person)	15482
普通小学专任教师数 (人)	Full-Time Teachers of Regular Primary Schools (person)	16166
中等职业教育在校学生数 (人)	Students Enrollment of Secondary Vocational Education (person)	98575
普通中学在校学生数 (万人)	Students Enrollment of Regular Secondary Schools (10 000 persons)	16.30
普通小学在校学生数 (万人)	Students Enrollment of Regular Primary Schools (10 000 persons)	28.77
医院数 (个)	Number of Hospitals (unit)	148
医院床位数 (张)	Number of Hospital Beds (unit)	38314
执业(助理)医师数 (人)	Number of Licensed Assistant Doctors (person)	23351
注册护士数 (人)	Number of Registered Nurses (person)	29218
公共供水综合生产能力 (万立方米/日)	Comprehensive Production Capacity of Public Water Supply (10 000 cu.m/day)	
年末排水管道长度 (公里)	Lenth of Drainage Pipelines at Year End (km)	3567
年末实有城市道路面积 (万平方米)	Actual Area of City Roads at the Year End (10 000 sq.m)	6725
年末实有公共汽(电)车营运车辆数 (辆)	Number of Public Buses (Trolly Buses) under Operation at Year-end (unit)	3725
年末实有出租汽车运营车数 (辆)	Number of Taxis under Operation at Year-end (unit)	8292
公共汽(电)车客运总量 (万人次)	Number of Passengers Carried by Public Buses (Trolly Buses) (10 000 person-times)	21151
绿地面积 (公顷)	Green Area (ha)	14004
#公园绿地面积	Green Area of Parks	4716
建成区绿化覆盖率 (%)	Green Coverage Rate of Completed Areas (%)	46.59

PUBLIC SERVICES AND FACILITIES IN CITIES AT PREFECTURE LEVEL(2020)

大同市区 Datong Urban District	阳泉市区 Yangquan Urban District	长治市区 Changzhi Urban District	晋城市区 Jincheng Urban District	朔州市区 Shuozhou Urban District
20	11	26	6	9
108	42	98	33	37
171	61	221	57	49
1426	645	1901	839	442
9369	3005	8644	2921	4960
9202	2474	5864	1972	2895
13168	4922	25974	19279	6081
8.94	3.14	9.54	3.13	4.41
12.16	3.81	11.97	3.90	5.86
111	40	65	41	49
17829	5261	10838	5607	4174
8536	3013	6447	2818	1999
8822	3767	5641	3366	2325
64.65	34.82	20.88	13.00	15.70
1438	228	690	373	651
2532	283	1531	849	
1246	805	874	522	213
4811	1885	2048	1453	1323
19161	13037	5890	3995	712
6078	2514	4409	2088	3059
2231	707	1384	879	701
42.44	43.89	46.59	44.64	

18-2 续表

指　标	Item	晋中市区 Jinzhong Urban District
中等职业教育学校数 (所)	Secondary Vocational Education Schools (unit)	7
普通中学学校数　(所)	Regular Secondary Schools (unit)	51
普通小学学校数　(所)	Regular Primary Schools (unit)	100
中等职业教育专任教师数 (人)	Full-Time Teachers of Secondary Vocational Education (person)	771
普通中学专任教师数　(人)	Full-Time Teachers of Regular Secondary Schools (person)	3801
普通小学专任教师数　(人)	Full-Time Teachers of Regular Primary Schools (person)	2789
中等职业教育在校学生数 (人)	Students Enrollment of Secondary Vocational Education (person)	11131
普通中学在校学生数　(万人)	Students Enrollment of Regular Secondary Schools (10 000 persons)	3.60
普通小学在校学生数　(万人)	Students Enrollment of Regular Primary Schools (10 000 persons)	5.60
医院数　(个)	Number of Hospitals (unit)	23
医院床位数　(张)	Number of Hospital Beds (unit)	4160
执业(助理)医师数　(人)	Number of Licensed Assistant Doctors (person)	2424
注册护士数　(人)	Number of Registered Nurses (person)	3040
公共供水综合生产能力 (万立方米/日)	Comprehensive Production Capacity of Public Water Supply (10 000 cu.m/day)	12.90
年末排水管道长度 (公里)	Lenth of Drainage Pipelines at Year End (km)	1145
年末实有城市道路面积 (万平方米)	Actual Area of City Roads at the Year End (10 000 sq.m)	
年末实有公共汽(电)车营运车辆数 (辆)	Number of Public Buses (Trolly Buses) under Operation at Year-end (unit)	626
年末实有出租汽车运营车数 (辆)	Number of Taxis under Operation at Year-end (unit)	1330
公共汽(电)车客运总量　(万人次)	Number of Passengers Carried by Public Buses (Trolly Buses) (10 000 person-times)	2031
绿地面积 (公顷)	Green Area (ha)	7020
#公园绿地面积	Green Area of Parks	996
建成区绿化覆盖率 (%)	Green Coverage Rate of Completed Areas (%)	42.32

continued

运城市区 Yuncheng Urban District	忻州市区 Xinzhou Urban District	临汾市区 Linfen Urban District	吕梁市区 Lvliang Urban District
24	10	18	11
56	34	59	23
80	86	126	49
1209	344	832	800
4818	4005	5919	2507
4343	2894	4399	2182
21854	6504	12287	5214
6.42	4.50	6.45	3.30
7.83	3.94	7.08	5.10
116	35	64	22
9582	3233	8311	2416
4837	1763	4589	1318
5788	1907	5429	1667
12.75	13.44	8.90	8.50
523	764	420	414
668	801	724	433
720	230	423	465
1801	704	1862	453
7739	1018	1899	790
2571	1445	2106	1316
627	498	740	445
42.95	43.41	41.72	41.13

主要统计指标解释

公共供水综合生产能力 指年末按供水设施取水、净化、送水、出厂输水干管等环节设计能力计算的综合生产能力。包括在原设计能力的基础上，经挖、革、改增加的生产能力。计算时，以四个环节中最薄弱的环节为主确定能力。

年末实有城市道路面积 指道路实际铺装面积和与道路相通的广场、桥梁、隧道的铺装面积（统计时，将人行道面积单独统计）。人行道面积按道路两侧面积相加计算，包括步行街和广场，不含人车混行的道路。

年末实有公共汽（电）车营运车辆数 指年末实际运营的公共汽车、公共电车的数量。

全年公共汽（电）车客运总量 指一年内公共汽车、公共电车总共搭载的人次。

绿地面积 指报告期末用作园林和绿化的各种绿地面积。包括公园绿地、生产绿地、防护绿地、附属绿地和其他绿地的面积。

Explanatory Notes on Main Statistical Indicators

Comprehensive Production Capacity of Public Water Supply refers to the designed overall production capacity of water facilities at the end of the year, covering the four segments of water collection, purification, conveyance, and outflow through trunk pipelines. Increased capacity through transformation and innovation projects is included as well. The capacity is determined mainly on the weakest of the above-mentioned four segments.

Actual Area of City Roads at Year-end refers to the actual pavement area of roads and the paving area of squares, bridges and tunnels connected with roads (The sidewalk area is counted separately.). The sidewalk area is counted on both side area of the roads, including pedestrian street and squares, but excluding mixed roads for people and vehicles.

Number of Public Buses (Trolley Buses) under Operation at Year-end refers to the actual number of operational public buses and trolley buses.

Number of Passengers Carried by Buses (Trolley Buses) in the Year refers to the total person-times of passengers carried by buses and trolley buses in the year.

Green Area refers to the total area occupied for green projects at the end of the reference period, including park green land, production green land, protection green land, green land attached to institutions, and other green areas.

19

地市篇

CITIES AT PREFECTURE LEVEL

19-1 国民经济核算主要指标(2020年)

MAJOR INDICATORS OF NATIONAL ECONOMIC ACCOUNTING(2020)

单位：万元 (10 000 yuan)

市 名 City		地区生产总值 Gross Domestic Product	第一产业 Primary Industry	第二产业 Secondary Industry	第三产业 Tertiary Industry	#工业 Industry	#批发和零售业 Wholesale and Retail Trade	#交通运输、仓储和邮政业 Transportation, Storage and Post	人均地区生产总值(元) Per Capita GDP(yuan)
全 省	**Total**	**176519300**	**9466800**	**76754400**	**90298100**	**67339200**	**13331700**	**10681800**	**50528**
太原市	Taiyuan	41532510	322364	15041892	26168254	10715305	4023616	1931562	78734
大同市	Datong	13699125	704240	5067396	7927489	4337321	1097013	1302372	43982
阳泉市	Yangquan	7422446	104670	3344379	3973397	2887120	593825	390609	56245
长治市	Changzhi	17116354	616556	8985050	7514748	8472878	1105902	798487	53778
晋城市	Jincheng	14257166	565267	7629340	6062559	7157631	776517	872926	64955
朔州市	Shuozhou	11004929	640584	4404054	5960291	4164000	985853	915829	68889
晋中市	Jinzhong	14687660	1109261	6680039	6898360	5965622	979653	1227287	43485
运城市	Yuncheng	16436485	2679317	5609688	8147480	4684345	1379847	1009121	34383
忻州市	Xinzhou	10345625	842244	4485043	5018338	4161779	502430	613014	38290
临汾市	Linfen	15051595	1133846	6455871	7461878	5927828	1093907	888476	37762
吕梁市	Lvliang	15380390	748449	9161744	5470197	8865369	793237	732117	45153

19-2 国民经济核算主要指标指数(2020年)

INDICES OF MAJOR INDICATORS OF NATIONAL ECONOMIC ACCOUNTING(2020)

上年=100 (last year=100)

市 名 City		地区生产总值 Gross Domestic Product	第一产业 Primary Industry	第二产业 Secondary Industry	第三产业 Tertiay Industry	#工业 Industry	#批发和零售业 Wholesale and Retail Trade	#交通运输、仓储和邮政业 Transportation, Storage and Post
全 省	**Total**	**103.6**	**103.6**	**105.5**	**102.1**	**105.3**	**98.2**	**102.3**
太原市	Taiyuan	102.6	103.7	103.0	102.3	103.3	99.3	101.1
大同市	Datong	104.3	101.4	107.0	102.8	107.3	102.0	103.5
阳泉市	Yangquan	103.6	103.5	105.7	101.7	105.9	95.6	102.1
长治市	Changzhi	105.1	106.1	106.1	103.9	106.0	99.4	102.4
晋城市	Jincheng	106.1	106.2	107.1	104.9	107.2	102.4	102.0
朔州市	Shuozhou	104.1	104.2	107.6	101.5	107.6	103.0	103.4
晋中市	Jinzhong	101.5	104.3	105.7	97.8	105.2	89.6	100.9
运城市	Yuncheng	105.2	104.1	107.5	104.1	107.1	110.5	103.2
忻州市	Xinzhou	104.0	103.6	106.4	102.3	106.9	102.8	102.9
临汾市	Linfen	103.7	104.0	106.2	101.7	106.4	101.7	102.4
吕梁市	Lvliang	102.7	103.7	104.7	100.1	104.7	98.4	101.5

19–3 基本单位数(2020年)
NUMBER OF BASIC UNITS (2020)

单位：个 (unit)

市名 City	法人单位数 Corporation Units			产业活动单位数 Active Units	
	合计 Total	单产业法人 Single Industry	多产业法人 Multi–industry	合计 Total	#多产业法人所属产业活动单位 Units Belong to Multi–industry Corporation
全 省 Total	**772765**	**752959**	**19806**	**860144**	**107185**
太原市 Taiyuan	206167	201276	4891	221378	20102
大同市 Datong	44950	43670	1280	51252	7582
阳泉市 Yangquan	23112	22071	1041	26935	4864
长治市 Changzhi	61358	59559	1799	69742	10183
晋城市 Jincheng	50028	48433	1595	56678	8245
朔州市 Shuozhou	35720	34891	829	39857	4966
晋中市 Jinzhong	68679	66714	1965	77704	10990
运城市 Yuncheng	95223	93056	2167	106250	13194
忻州市 Xinzhou	51306	50131	1175	57408	7277
临汾市 Linfen	72404	70623	1781	81827	11204
吕梁市 Lvliang	63818	62535	1283	71113	8578

注：(1)本表根据有关部门行政登记资料，采用电话、互联网查询等方式更新维护单位信息，后表同；
(2)本表不含注册未经营的单位数据，后表同。

Notes: (1)Data in this table is based on the administrative registration data of relevant departments, and is updated and maintained by telephone and internet inquiries. The same applies to the following.
(2)The units which have been registered but haven't been in operation are not included in the table. The same applies to the following.

19–4 按登记注册类型分基本单位数(2020年)
NUMBER OF BASIC UNITS BY REGISTRATION STATUS(2020)

单位：个 (unit)

市名 City	法人单位数 Corporation Units				产业活动单位数 Active Units			
	合计 Total	内资单位 Civil Funded	港澳台商投资单位 Funded by Hong Kong, Macao and Taiwan	外商投资单位 Foreign Funded	合计 Total	内资单位 Civil Funded	港澳台商投资单位 Funded by Hong Kong, Macao and Taiwan	外商投资单位 Foreign Funded
全 省 Total	**772765**	**771965**	**304**	**496**	**860144**	**855684**	**1735**	**2725**
太原市 Taiyuan	206167	205867	102	198	221378	220351	411	616
大同市 Datong	44950	44898	19	33	51252	51014	93	145
阳泉市 Yangquan	23112	23090	11	11	26935	26783	66	86
长治市 Changzhi	61358	61307	19	32	69742	69409	85	248
晋城市 Jincheng	50028	49983	13	32	56678	56364	109	205
朔州市 Shuozhou	35720	35697	12	11	39857	39706	39	112
晋中市 Jinzhong	68679	68589	35	55	77704	77286	195	223
运城市 Yuncheng	95223	95154	24	45	106250	105578	298	374
忻州市 Xinzhou	51306	51270	15	21	57408	57143	86	179
临汾市 Linfen	72404	72349	27	28	81827	81323	206	298
吕梁市 Lvliang	63818	63761	27	30	71113	70727	147	239

19-5 按产业分基本单位数(2020年)
NUMBER OF BASIC UNITS BY INDUSTRY(2020)

市名 City		法人单位 Corporation Units			
		单位数(个) Number of Units (unit)	第一产业 Primary Industry	第二产业 Secondary Industry	第三产业 Tertiary Industry
全省	**Total**	**772765**	**97184**	**112411**	**563170**
太原市	Taiyuan	206167	4387	26157	175623
大同市	Datong	44950	6989	6230	31731
阳泉市	Yangquan	23112	2419	3935	16758
长治市	Changzhi	61358	9961	9223	42174
晋城市	Jincheng	50028	5791	7297	36940
朔州市	Shuozhou	35720	7389	5033	23298
晋中市	Jinzhong	68679	10055	13192	45432
运城市	Yuncheng	95223	15268	14892	65063
忻州市	Xinzhou	51306	12643	7322	31341
临汾市	Linfen	72404	10307	10346	51751
吕梁市	Lvliang	63818	11975	8784	43059

市名 City		产业活动单位 Active Units			
		单位数(个) Number of Units (unit)	第一产业 Primary Industry	第二产业 Secondary Industry	第三产业 Tertiary Industry
全省	**Total**	**860144**	**97542**	**118658**	**643944**
太原市	Taiyuan	221378	4412	27387	189579
大同市	Datong	51252	7020	6627	37605
阳泉市	Yangquan	26935	2434	4271	20230
长治市	Changzhi	69742	9994	9882	49866
晋城市	Jincheng	56678	5839	7824	43015
朔州市	Shuozhou	39857	7423	5293	27141
晋中市	Jinzhong	77704	10089	13854	53761
运城市	Yuncheng	106250	15316	15474	75460
忻州市	Xinzhou	57408	12674	7746	36988
临汾市	Linfen	81827	10352	11072	60403
吕梁市	Lvliang	71113	11989	9228	49896

19-6 按行业分法人单位数(2020年)
NUMBER OF CORPORATION UNITS BY SECTOR(2020)

单位：个 (unit)

市名 City	合计 Total	农、林、牧、渔业 Farming, Forestry, Animal Husbandry and Fishery	采矿业 Ming	制造业 Manufacturing	电力、热力、燃气及水生产和供应业 Production and Supply of Electricity, Heat, Gas and Water
全省 Total	**772765**	**104786**	**6643**	**43690**	**5907**
太原市 Taiyuan	206167	4630	394	6868	498
大同市 Datong	44950	7340	453	2967	649
阳泉市 Yangquan	23112	2557	270	1828	282
长治市 Changzhi	61358	10670	528	3098	936
晋城市 Jincheng	50028	6403	456	2276	409
朔州市 Shuozhou	35720	7900	385	1915	362
晋中市 Jinzhong	68679	10987	833	5792	420
运城市 Yuncheng	95223	16249	434	7449	435
忻州市 Xinzhou	51306	13551	979	3513	504
临汾市 Linfen	72404	11299	838	3034	1008
吕梁市 Lvliang	63818	13200	1073	4950	404

市名 City	建筑业 Construction	批发和零售业 Wholesale and Retail Trade	交通运输、仓储和邮政业 Transport, Storage and Post	住宿和餐饮业 Hotels and Catering Services	信息传输、软件和信息技术服务业 Information Transmi-ssion, Software and Information Technology Services
全省 Total	**58195**	**221278**	**21188**	**12368**	**36222**
太原市 Taiyuan	18972	67296	3713	5193	20863
大同市 Datong	2427	12501	1279	739	1041
阳泉市 Yangquan	1625	6892	708	298	621
长治市 Changzhi	4842	17303	1538	878	1363
晋城市 Jincheng	4321	16647	1037	610	1441
朔州市 Shuozhou	2489	10206	1040	385	758
晋中市 Jinzhong	6328	16825	2350	1117	1996
运城市 Yuncheng	6734	25292	2892	1225	4001
忻州市 Xinzhou	2397	9902	1867	496	827
临汾市 Linfen	5575	21151	2370	850	1946
吕梁市 Lvliang	2485	17263	2394	577	1365

19-6 续表 continued

单位：个 (unit)

市　名 City	金融业 Financial Industry	房地产业 Real Estate	租赁和商务服务业 Lease and Business Affairs Services	科学研究和技术服务业 Scientific Research, and Technical Services	水利、环境和公共设施管理业 Water, Environmental Protection and Public Facility Management
全　省 Total	**2824**	**24282**	**72254**	**34791**	**7121**
太原市 Taiyuan	1044	8139	32835	14046	1212
大同市 Datong	176	1403	3191	1618	490
阳泉市 Yangquan	132	720	1691	1043	183
长治市 Changzhi	171	1967	3606	1955	616
晋城市 Jincheng	150	1283	4388	1639	627
朔州市 Shuozhou	120	854	2219	947	304
晋中市 Jinzhong	224	2162	4730	2671	752
运城市 Yuncheng	246	2669	6643	5201	790
忻州市 Xinzhou	175	1208	3450	1291	731
临汾市 Linfen	187	2184	5655	2371	694
吕梁市 Lvliang	199	1693	3846	2009	722

市　名 City	居民服务、修理和其他服务业 Resident Services, Repair and Other Services	教　育 Education	卫　生和社会工作 Health Care and Social Work	文化、体育和娱乐业 Culture, Sports and Recreation	公共管理、社会保障和社会组织 Public Management, Social Security and Social Organization
全　省 Total	**16018**	**19778**	**8445**	**17997**	**58978**
太原市 Taiyuan	5581	3344	1458	4944	5137
大同市 Datong	805	1438	735	1022	4676
阳泉市 Yangquan	445	627	309	511	2370
长治市 Changzhi	1144	1581	670	1469	7023
晋城市 Jincheng	1334	1031	497	1408	4071
朔州市 Shuozhou	592	823	465	578	3378
晋中市 Jinzhong	1301	2075	872	1839	5405
运城市 Yuncheng	1659	3382	1110	2262	6550
忻州市 Xinzhou	687	1280	672	851	6925
临汾市 Linfen	1456	2164	1006	1959	6657
吕梁市 Lvliang	1014	2033	651	1154	6786

19-7 常住人口数(2011-2020年)
NUMBER OF RESIDENT POPULATION(2011-2020)

单位：人 (person)

市名 City	2011				
	常住人口 Resident Population	按性别分 by Sex		按城乡分 by Residence	
		男性 Male	女性 Famle	城镇人口 Urban	乡村人口 Rural
全省 Total	**35623746**	**18278884**	**17344862**	**17738809**	**17884937**
太原市 Taiyuan	4329717	2211088	2118629	3612871	716846
大同市 Datong	3291348	1678138	1613210	1870802	1420546
阳泉市 Yangquan	1361806	703306	658500	834992	526814
长治市 Changzhi	3316105	1707158	1608947	1444332	1871773
晋城市 Jincheng	2266735	1140766	1125969	1190603	1076132
朔州市 Shuozhou	1702376	888975	813401	817906	884470
晋中市 Jinzhong	3261145	1697551	1563594	1497419	1763726
运城市 Yuncheng	5090113	2589217	2500896	1984382	3105731
忻州市 Xinzhou	3030457	1568888	1461569	1205203	1825254
临汾市 Linfen	4280772	2185237	2095535	1813556	2467216
吕梁市 Lvliang	3693172	1908560	1784612	1466743	2226429

市名 City	2012				
	常住人口 Resident Population	按性别分 by Sex		按城乡分 by Residence	
		男性 Male	女性 Famle	城镇人口 Urban	乡村人口 Rural
全省 Total	**35482112**	**18188580**	**17293532**	**18211157**	**17270955**
太原市 Taiyuan	4442979	2248604	2194375	3738784	704195
大同市 Datong	3260673	1667118	1593555	1907693	1352980
阳泉市 Yangquan	1353109	691727	661382	845944	507165
长治市 Changzhi	3292993	1689480	1603513	1487209	1805784
晋城市 Jincheng	2251875	1132192	1119683	1211457	1040418
朔州市 Shuozhou	1686774	872693	814081	833914	852860
晋中市 Jinzhong	3272007	1684697	1587310	1558218	1713789
运城市 Yuncheng	5037510	2576047	2461463	2032696	3004814
忻州市 Xinzhou	2990082	1549705	1440377	1236446	1753636
临汾市 Linfen	4239523	2186528	2052995	1855083	2384440
吕梁市 Lvliang	3654587	1889789	1764798	1503713	2150874

注：本表2011-2019年数据根据第七次全国人口普查数据修订，2020年数据根据第七次全国人口普查数据推算。

Note: The data in this table from 2011 to 2019 are revised according to the Seventh National Census, and the data of 2020 are estimated according to the census.

19-7 续表1 continued

单位：人 (person)

市 名 City		2013 常住人口 Resident Population	按性别分 by Sex 男 性 Male	女 性 Famle	按城乡分 by Residence 城镇人口 Urban	乡村人口 Rural
全 省	**Total**	**35349845**	**18166767**	**17183078**	**18694730**	**16655115**
太原市	Taiyuan	4543673	2313462	2230211	3858200	685473
大同市	Datong	3235087	1649211	1585876	1952698	1282389
阳泉市	Yangquan	1345305	687185	658120	855868	489437
长治市	Changzhi	3272745	1685290	1587455	1529353	1743392
晋城市	Jincheng	2237744	1121488	1116256	1229066	1008678
朔州市	Shuozhou	1674342	881558	792784	853258	821084
晋中市	Jinzhong	3286480	1694745	1591735	1622206	1664274
运城市	Yuncheng	4989365	2561937	2427428	2075276	2914089
忻州市	Xinzhou	2950357	1523663	1426694	1269004	1681353
临汾市	Linfen	4199106	2160937	2038169	1900319	2298787
吕梁市	Lvliang	3615641	1887291	1728350	1549482	2066159

市 名 City		2014 常住人口 Resident Population	按性别分 by Sex 男 性 Male	女 性 Famle	按城乡分 by Residence 城镇人口 Urban	乡村人口 Rural
全 省	**Total**	**35284943**	**18116326**	**17168617**	**19161453**	**16123490**
太原市	Taiyuan	4613931	2341817	2272114	3943882	670049
大同市	Datong	3221852	1645311	1576541	2003062	1218790
阳泉市	Yangquan	1342485	691667	650818	869716	472769
长治市	Changzhi	3259970	1671809	1588161	1573176	1686794
晋城市	Jincheng	2231134	1121381	1109753	1251051	980083
朔州市	Shuozhou	1663394	874120	789274	874246	789148
晋中市	Jinzhong	3321625	1712961	1608664	1694208	1627417
运城市	Yuncheng	4965352	2544907	2420445	2126195	2839157
忻州市	Xinzhou	2914561	1507408	1407153	1300118	1614443
临汾市	Linfen	4165278	2131657	2033621	1933495	2231783
吕梁市	Lvliang	3585361	1873288	1712073	1592304	1993057

19-7 续表2 continued

单位：人 (person)

市名 City		2015 常住人口 Resident Population	按性别分 by Sex 男性 Male	女性 Famle	按城乡分 by Residence 城镇人口 Urban	乡村人口 Rural
全 省	**Total**	**35186172**	**18044380**	**17141792**	**19660240**	**15525932**
太原市	Taiyuan	4719546	2411740	2307806	4063732	655814
大同市	Datong	3201546	1628773	1572773	2052190	1149356
阳泉市	Yangquan	1336109	691314	644795	882398	453711
长治市	Changzhi	3241480	1659247	1582233	1617957	1623523
晋城市	Jincheng	2220174	1122547	1097627	1273131	947043
朔州市	Shuozhou	1651106	861482	789624	895370	755736
晋中市	Jinzhong	3327128	1730760	1596368	1749841	1577287
运城市	Yuncheng	4924868	2507122	2417746	2175469	2749399
忻州市	Xinzhou	2878720	1484563	1394157	1334499	1544221
临汾市	Linfen	4132508	2105471	2027037	1976948	2155560
吕梁市	Lvliang	3552987	1841361	1711626	1638705	1914282

市名 City		2016 常住人口 Resident Population	按性别分 by Sex 男性 Male	女性 Famle	按城乡分 by Residence 城镇人口 Urban	乡村人口 Rural
全 省	**Total**	**35144843**	**18003339**	**17141504**	**20129173**	**15015670**
太原市	Taiyuan	4851715	2476655	2375060	4204538	647177
大同市	Datong	3183275	1622348	1560927	2094649	1088626
阳泉市	Yangquan	1331285	679434	651851	893647	437638
长治市	Changzhi	3225185	1645149	1580036	1652569	1572616
晋城市	Jincheng	2212068	1117073	1094995	1294453	917615
朔州市	Shuozhou	1641779	850432	791347	916996	724783
晋中市	Jinzhong	3337078	1722258	1614820	1804358	1532720
运城市	Yuncheng	4888196	2496300	2391896	2211810	2676386
忻州市	Xinzhou	2845563	1468035	1377528	1362979	1482584
临汾市	Linfen	4103716	2103677	2000039	2011460	2092256
吕梁市	Lvliang	3524983	1821978	1703005	1681714	1843269

19-7 续表3 continued

单位：人 (person)

市 名 City	2017				
	常住人口 Resident Population	按性别分 by Sex		按城乡分 by Residence	
		男 性 Male	女 性 Famle	城镇人口 Urban	乡村人口 Rural
全 省 Total	**35104642**	**17968940**	**17135702**	**20569530**	**14535112**
太原市 Taiyuan	4983601	2541388	2442213	4346276	637325
大同市 Datong	3161054	1607044	1554010	2134659	1026395
阳泉市 Yangquan	1325762	683629	642133	903241	422521
长治市 Changzhi	3212605	1642683	1569922	1686859	1525746
晋城市 Jincheng	2201806	1114404	1087402	1313474	888332
朔州市 Shuozhou	1632176	849573	782603	936655	695521
晋中市 Jinzhong	3347796	1728196	1619600	1858026	1489770
运城市 Yuncheng	4855329	2472261	2383068	2245378	2609951
忻州市 Xinzhou	2810949	1449214	1361735	1388144	1422805
临汾市 Linfen	4076342	2070070	2006272	2040217	2036125
吕梁市 Lvliang	3497222	1810478	1686744	1716601	1780621

市 名 City	2018				
	常住人口 Resident Population	按性别分 by Sex		按城乡分 by Residence	
		男 性 Male	女 性 Famle	城镇人口 Urban	乡村人口 Rural
全 省 Total	**35024748**	**17865626**	**17159122**	**20964026**	**14060722**
太原市 Taiyuan	5114953	2600211	2514742	4487146	627807
大同市 Datong	3140291	1596681	1543610	2171668	968623
阳泉市 Yangquan	1322657	671981	650676	914352	408305
长治市 Changzhi	3198149	1629678	1568471	1717294	1480855
晋城市 Jincheng	2196874	1103279	1093595	1332579	864295
朔州市 Shuozhou	1615052	838644	776408	950135	664917
晋中市 Jinzhong	3358313	1721978	1636335	1908529	1449784
运城市 Yuncheng	4817531	2439306	2378225	2276620	2540911
忻州市 Xinzhou	2764276	1429944	1334332	1403251	1361025
临汾市 Linfen	4033039	2043870	1989169	2059874	1973165
吕梁市 Lvliang	3463613	1790054	1673559	1742578	1721035

19-7 续表4 continued

单位：人 (person)

市 名 City		2019 常住人口 Resident Population	按性别分 by Sex 男 性 Male	按性别分 by Sex 女 性 Famle	按城乡分 by Residence 城镇人口 Urban	按城乡分 by Residence 乡村人口 Rural
全 省	**Total**	**34968781**	**17795652**	**17173129**	**21434080**	**13534701**
太原市	Taiyuan	5231756	2661234	2570522	4630192	601564
大同市	Datong	3128332	1582054	1546278	2222578	905754
阳泉市	Yangquan	1321405	673790	647615	927626	393779
长治市	Changzhi	3185674	1612268	1573406	1757820	1427854
晋城市	Jincheng	2195468	1101396	1094072	1355134	840334
朔州市	Shuozhou	1603543	833182	770361	968539	635004
晋中市	Jinzhong	3375001	1722763	1652238	1974206	1400795
运城市	Yuncheng	4789135	2418744	2370391	2311712	2477423
忻州市	Xinzhou	2720293	1405250	1315043	1424073	1296220
临汾市	Linfen	4000132	2020480	1979652	2086711	1913421
吕梁市	Lvliang	3418042	1764491	1653551	1775489	1642553

市 名 City		2020 常住人口 Resident Population	按性别分 by Sex 男 性 Male	按性别分 by Sex 女 性 Famle	按城乡分 by Residence 城镇人口 Urban	按城乡分 by Residence 乡村人口 Rural
全 省	**Total**	**34904977**	**17799756**	**17105221**	**21827805**	**13077172**
太原市	Taiyuan	5318522	2729423	2589099	4736415	582107
大同市	Datong	3101042	1569535	1531507	2253995	847047
阳泉市	Yangquan	1317925	676099	641826	938693	379232
长治市	Changzhi	3179926	1617862	1562064	1795548	1384378
晋城市	Jincheng	2194360	1110737	1083623	1376195	818165
朔州市	Shuozhou	1591424	824965	766459	984058	607366
晋中市	Jinzhong	3380397	1720187	1660210	2028072	1352325
运城市	Yuncheng	4771582	2408770	2362812	2350724	2420858
忻州市	Xinzhou	2683541	1381374	1302167	1443076	1240465
临汾市	Linfen	3971750	1999536	1972214	2111584	1860166
吕梁市	Lvliang	3394508	1761268	1633240	1809445	1585063

19-8 就业人员数(2020年)
NUMBER OF EMPLOYEES(2020)

单位：万人 (10 000 persons)

		就业人员 Employees	第一产业 Primary Industry	第二产业 Secondary Industry	第三产业 Tertiary Industry	城镇 Urban	乡村 Rural
全省	**Total**	**1738**	**424**	**438**	**876**	**1002**	**736**
太原市	Taiyuan	261	26	62	173	219	42
大同市	Datong	136	30	33	73	92	44
阳泉市	Yangquan	64	11	20	33	42	22
长治市	Changzhi	164	45	46	73	86	78
晋城市	Jincheng	130	30	38	62	76	54
朔州市	Shuozhou	76	19	20	37	44	32
晋中市	Jinzhong	169	46	42	81	94	75
运城市	Yuncheng	242	79	48	115	107	135
忻州市	Xinzhou	138	42	32	64	68	70
临汾市	Linfen	203	58	44	101	98	105
吕梁市	Lvliang	155	38	53	64	75	80

		就业人员构成(%) Composition	第一产业 Primary Industry	第二产业 Secondary Industry	第三产业 Tertiary Industry	城镇 Urban	乡村 Rural
全省	**Total**	**100.0**	**24.4**	**25.2**	**50.4**	**57.7**	**42.3**
太原市	Taiyuan	100.0	9.8	23.9	66.3	83.9	16.1
大同市	Datong	100.0	22.6	24.2	53.2	67.8	32.2
阳泉市	Yangquan	100.0	17.3	30.8	51.9	66.1	33.9
长治市	Changzhi	100.0	27.5	27.9	44.6	52.3	47.7
晋城市	Jincheng	100.0	23.2	29.1	47.6	58.8	41.2
朔州市	Shuozhou	100.0	24.7	26.3	49.0	58.4	41.6
晋中市	Jinzhong	100.0	27.0	25.0	48.0	55.7	44.3
运城市	Yuncheng	100.0	32.6	20.0	47.4	44.1	55.9
忻州市	Xinzhou	100.0	30.7	23.2	46.1	49.5	50.5
临汾市	Linfen	100.0	28.6	21.7	49.7	48.2	51.8
吕梁市	Lvliang	100.0	24.3	34.0	41.7	48.2	51.8

19-9 城镇非私营单位就业人员和工资(2020年)
NUMBER AND WAGE OF EMPLOYEES IN URBAN NON-PRIVATE UNITS(2020)

市 名 City		就业人员 (人) Number of Employees (person)	工资总额 (万元) Total Wage (10 000 yuan)	平均工资 (元) Average Wage (yuan)	#在岗职工 Fully Employed
全　省	**Total**	**4425978**	**32992795**	**74739**	**77364**
太原市	Taiyuan	1013630	8807328	86541	88650
大同市	Datong	378037	2755903	72934	75145
阳泉市	Yangquan	221554	1422129	64478	68077
长治市	Changzhi	469064	3261561	70063	71306
晋城市	Jincheng	356404	2549755	71796	73443
朔州市	Shuozhou	183386	1322907	72212	76128
晋中市	Jinzhong	361602	2517939	69921	72757
运城市	Yuncheng	381593	2339603	61316	65317
忻州市	Xinzhou	250353	1669082	67292	69414
临汾市	Linfen	360378	2405670	67091	69650
吕梁市	Lvliang	353527	2529939	72266	75569

注：全省数据包含铁路单位数据。
Note: The data of railway units are included in the provincial data.

19-10 原保险保费收入(2020年)
PREMIUM OF PRIMARY INSURANCE(2020)

单位：万元　　(10 000 yuan)

市 名 City		合 计 Total	财产险 Property Insurance	意外险 Accident Insurance	健康险 Health Insurace	寿 险 Life Insurance
全　省	**Total**	**9327739**	**2378561**	**209610**	**1569447**	**5170120**
太原市	Taiyuan	2640638	724963	77012	391897	1446766
大同市	Datong	736337	208183	14141	113518	400495
阳泉市	Yangquan	338168	79760	7059	57179	194170
长治市	Changzhi	733247	172785	14064	119834	426565
晋城市	Jincheng	543952	142765	9799	99533	291856
朔州市	Shuozhou	275235	95955	5950	47656	125674
晋中市	Jinzhong	813078	204537	15024	108618	484899
运城市	Yuncheng	1198066	268450	25258	247216	657142
忻州市	Xinzhou	466884	127081	11015	80569	248220
临汾市	Linfen	968754	205501	16616	190180	556458
吕梁市	Lvliang	612438	148577	13660	113117	337084

19-11 财政收支情况(2020年)

FINANCIAL REVENUE AND EXPENDITURE(2020)

单位: 万元 (10 000 yuan)

市名 City		一般公共预算收入 General Public Budget Revenue	#国内增值税 Value-added Taxes	#企业所得税 Enterprises Income Taxes	#个人所得税 Individual Income Taxes
地区合计	**Total**	**16472522**	**3152953**	**1531495**	**266770**
太原市	Taiyuan	3784351	570873	318614	97928
大同市	Datong	1350424	240089	189508	18465
阳泉市	Yangquan	569293	92375	29873	8364
长治市	Changzhi	1663524	359487	175948	21767
晋城市	Jincheng	1452546	263805	122047	12258
朔州市	Shuozhou	895302	200021	92291	9264
晋中市	Jinzhong	1687121	286555	96252	25877
运城市	Yuncheng	900269	183438	75408	13934
忻州市	Xinzhou	944240	175821	88344	12077
临汾市	Linfen	1352894	274973	125778	21390
吕梁市	Lvliang	1872558	505516	217432	25446

市名 City		一般公共预算支出 General Public Budget Expenditure	#一般公共服务 Public Services	#教育 Education	#社会保障和就业 Social Security and Employment
地区合计	**Total**	**41916392**	**3895780**	**5981895**	**5957510**
太原市	Taiyuan	6473448	638221	915507	865345
大同市	Datong	3881752	311790	547670	715083
阳泉市	Yangquan	1546127	149004	211198	203033
长治市	Changzhi	3960786	379128	553370	523811
晋城市	Jincheng	2840023	265201	396119	326563
朔州市	Shuozhou	1982824	198606	287790	281204
晋中市	Jinzhong	4001461	306873	587806	517889
运城市	Yuncheng	4176614	391872	688774	684020
忻州市	Xinzhou	4048335	383421	497989	630727
临汾市	Linfen	4393625	433785	591770	682929
吕梁市	Lvliang	4611397	437879	703902	526906

19-12 金融机构本外币各项存款和贷款余额(2020年)
BALANCE OF DEPOSITS AND LOANS IN FINANCIAL INSTITUTIONS(2020)

单位：亿元 (100 million yuan)

市 名 City		各项存款 Balance of Deposits	#非金融企业存款 Non-financial Enterprises Deposits	#广义政府存款 Broad Government Deposits	各项贷款 Balance of Loans	#企(事)业单位贷款 Loans to Non-financial Enterprises, Government Departments and Orgnizations	#票据融资 Bill Finance
全 省	**Total**	**42497.08**	**11135.91**	**5459.12**	**30640.85**	**24330.41**	**2514.71**
太原市	Taiyuan	14587.57	5805.19	2571.13	15079.90	12688.87	973.95
大同市	Datong	3500.10	731.08	247.85	1832.67	1460.92	252.83
阳泉市	Yangquan	1877.65	559.17	181.23	1174.78	1046.88	36.46
长治市	Changzhi	3318.40	870.96	294.14	2012.42	1623.17	198.84
晋城市	Jincheng	2759.46	816.20	390.94	1711.81	1374.30	188.56
朔州市	Shuozhou	1867.42	268.65	209.85	1014.10	785.44	83.82
晋中市	Jinzhong	3305.42	479.19	310.05	2143.43	1509.80	208.15
运城市	Yuncheng	2847.07	383.14	293.89	1450.65	783.40	74.31
忻州市	Xinzhou	2595.66	290.50	273.86	1139.94	838.82	53.91
临汾市	Linfen	3051.46	450.08	367.35	1811.25	1289.77	215.06
吕梁市	Lvliang	2786.86	481.76	318.83	1269.89	929.04	228.81

19-13 万元地区生产总值能耗降低率
DECREASE RATE OF ENERGY CONSUMPTION PER 10 000 YUAN OF GDP

单位：% (%)

市 名 City		2016	2017	2018	2019	2020
全 省	**Total**	**-4.22**	**-3.37**	**-3.23**	**-2.72**	**-2.88**
太原市	Taiyuan	-5.42	-3.96	-3.64	-3.05	-2.85
大同市	Datong	-3.54	-2.27	-0.01	-4.64	-5.45
阳泉市	Yangquan	-3.23	-3.21	-3.32	-3.89	-5.20
长治市	Changzhi	-3.61	-3.93	-3.90	2.77	-6.24
晋城市	Jincheng	-1.45	-3.21	-3.63	6.28	-5.21
朔州市	Shuozhou	-5.52	-4.60	-3.71	-1.60	-0.81
晋中市	Jinzhong	-3.35	0.23	-3.32	-3.75	-3.33
运城市	Yuncheng	-3.22	1.71	2.49	-4.60	-0.29
忻州市	Xinzhou	-4.33	-3.81	-3.40	-3.49	-2.05
临汾市	Linfen	-5.34	-4.86	2.38	-4.06	-2.61
吕梁市	Lvliang	-3.21	-3.20	5.47	-2.69	-4.27

注：本表正数表示上升，负数表示下降。
Note: The positive numbers means the energy consumption per 10 000 yuan of GDP is going up, while the negative ones means going down.

19-14 按登记注册类型和构成分固定资产投资增长速度(2020年)

GROWTH RATE OF INVESTMENT IN FIXED ASSETS BY TYPE OF REGISTRATION STATUS AND COMPOSITION(2020)

单位：% (%)

市名	City	本年完成投资 Investment Completed This Year	内资 Domestic-Funded Enterprises	港、澳、台商投资 Enterprises with Investment from Hong Kong, Macao and Taiwan	外商投资 Enterprises with Foreign Investment
全省	**Total**	**10.6**	**10.9**	**-28.0**	**8.3**
太原市	Taiyuan	11.3	11.0	43.6	50.7
大同市	Datong	10.4	11.8	-95.6	105.4
阳泉市	Yangquan	10.0	10.1	-26.4	121.7
长治市	Changzhi	8.3	9.7	44.6	-36.1
晋城市	Jincheng	10.5	11.1	-65.3	13.6
朔州市	Shuozhou	10.6	9.4		51.7
晋中市	Jinzhong	9.4	11.2	-78.7	-76.6
运城市	Yuncheng	11.0	10.6	485.8	98.6
忻州市	Xinzhou	10.4	9.1	1469.9	345.7
临汾市	Linfen	9.8	10.2	108.7	-54.1
吕梁市	Lvliang	9.7	9.6	-55.2	79.8

市名	City	建筑安装工程 Construction and Installation	设备工器具购置 Purchase of Equipment and Instruments	其他 Others
全省	**Total**	**13.4**	**3.6**	**4.2**
太原市	Taiyuan	14.7	17.9	1.4
大同市	Datong	3.5	37.6	21.1
阳泉市	Yangquan	22.4	-13.3	-12.8
长治市	Changzhi	12.0	-15.9	28.3
晋城市	Jincheng	25.2	-18.4	-20.9
朔州市	Shuozhou	16.7	-4.5	4.1
晋中市	Jinzhong	7.0	14.7	17.6
运城市	Yuncheng	14.5	-3.8	15.3
忻州市	Xinzhou	10.9	60.7	-54.9
临汾市	Linfen	19.7	-32.7	19.9
吕梁市	Lvliang	9.7	-0.8	23.7

19-15 按建设性质分固定资产投资增长速度(2020年)

GROWTH RATE OF INVESTMENT IN FIXED ASSETS BY TYPE OF CONSTRUCTION(2020)

单位：% (%)

市 名 City		本年完成投资 Investment Completed This Year	新 建 New Construction	扩 建 Expansion	改建和技术改造 Reconstruction and Technical Reformation	其 他 Others
全 省	**Total**	**10.6**	**9.9**	**9.9**	**7.5**	**40.9**
太原市	Taiyuan	11.3	14.2	-19.0	5.0	133.2
大同市	Datong	10.4	10.6	-26.0	-10.0	8.3
阳泉市	Yangquan	10.0	6.5	58.2	56.6	-22.2
长治市	Changzhi	8.3	11.5	-11.9	-10.4	-33.1
晋城市	Jincheng	10.5	5.7	3.7	-7.7	39.5
朔州市	Shuozhou	10.6	7.6	36.8	-16.4	5.0
晋中市	Jinzhong	9.4	-2.5	31.4	91.3	67.1
运城市	Yuncheng	11.0	11.1	-31.1	38.1	49.4
忻州市	Xinzhou	10.4	13.9	-13.4	-4.7	19.2
临汾市	Linfen	9.8	26.9	11.8	-12.3	-7.0
吕梁市	Lvliang	9.7	0.6	124.4	-3.6	13.4

注：本表新建项目投资中不含房地产投资。
Note: New construction investment in this table does not include real estate investment.

19-16 固定资产投资建设项目情况(2020年)

CONSTRUCTION PROJECTS OF INVESTMENT IN FIXED ASSETS(2020)

市 名 City		施工项目(个) Projects Under Construction(unit)	#本年新开工 Newly Started This Year	本年投产项目(个) Number of Projects Completed and Put into Use This Year(unit)
全 省	**Total**	**11688**	**6264**	**4303**
太原市	Taiyuan	1032	346	202
大同市	Datong	856	525	469
阳泉市	Yangquan	518	258	114
长治市	Changzhi	1330	833	663
晋城市	Jincheng	1202	616	400
朔州市	Shuozhou	554	310	131
晋中市	Jinzhong	1470	722	473
运城市	Yuncheng	1611	1054	798
忻州市	Xinzhou	1152	600	390
临汾市	Linfen	1019	574	375
吕梁市	Lvliang	906	409	285

19-17 进出口贸易总额
TOTAL VALUE OF IMPORTS AND EXPORTS

单位：万元 (10 000 yuan)

市名 City		2019 进出口总额 Total	2019 出口总额 Exports	2019 进口总额 Imports	2020 进出口总额 Total	2020 出口总额 Exports	2020 进口总额 Imports
全省	**Total**	**14468887**	**8068699**	**6400188**	**15058240**	**8770086**	**6288155**
太原市	Taiyuan	11195625	6517172	4678453	12114678	7247126	4867552
大同市	Datong	516589	346889	169700	433449	363632	69818
阳泉市	Yangquan	103038	52474	50564	150488	59115	91373
长治市	Changzhi	122320	54857	67463	88825	65173	23652
晋城市	Jincheng	729042	103645	625397	643192	98195	544997
朔州市	Shuozhou	80980	36530	44450	78345	33725	44621
晋中市	Jinzhong	207016	171430	35586	200152	169231	30921
运城市	Yuncheng	735803	279385	456419	594891	245171	349720
忻州市	Xinzhou	176205	146866	29339	188696	115694	73002
临汾市	Linfen	151416	142232	9184	181542	172704	8837
吕梁市	Lvliang	450852	217219	233633	383983	200320	183662

19-18 利用外商直接投资额
UTILIZATION OF FOREIGN DIRECT INVESTMENT

单位：万美元 (USD 10 000)

市名 City		2019 合同金额 Contract Value	2019 实际使用金额 Actual Value	2020 合同金额 Contract Value	2020 实际使用金额 Actual Value
全省	**Total**	**244613**	**135904**	**153431**	**169058**
太原市	Taiyuan	20151	9717	64399	10199
大同市	Datong	5593	7003	18661	4926
阳泉市	Yangquan	404	1936	1043	4782
长治市	Changzhi	250	40790	11848	41262
晋城市	Jincheng	2029	30889	1215	31710
朔州市	Shuozhou	182236	4896	22854	10610
晋中市	Jinzhong	1820	20831	3589	24397
运城市	Yuncheng	11347	1776	337	3391
忻州市	Xinzhou	2247	3007	19650	5944
临汾市	Linfen	3467	922	1289	1066
吕梁市	Lvliang	15069	14139	8546	30770

19-19 农林牧渔业总产值(2020年)
GROSS OUTPUT VALUE OF FARMING, FORESTRY, ANIMAL HUSBANDRY AND FISHERY(2020)

按当年价格计算 (at current price)

市名 City		农林牧渔业总产值(万元) Total (10 000 yuan)	农业 Farming	林业 Forestry	牧业 Animal Husbandry	渔业 Fishery	农林牧渔专业及辅助性活动 Specializing and Supportive Activities for Agriculture, Forestry, Animal Husbandry and Fishery
全省	**Total**	**19358404**	**10759446**	**1370806**	**6063202**	**66174**	**1098776**
太原市	Taiyuan	672356	345695	111988	168746	3927	42000
大同市	Datong	1443138	609432	81857	675012	1310	75528
阳泉市	Yangquan	230403	101471	17376	98876	749	11931
长治市	Changzhi	1286454	654816	113026	441383	7124	70105
晋城市	Jincheng	1086483	447984	43807	537859	2400	54433
朔州市	Shuozhou	1397200	700987	60155	553738	968	81352
晋中市	Jinzhong	2163589	1076119	243301	725351	7128	111690
运城市	Yuncheng	5415909	4103589	100050	825419	30584	356267
忻州市	Xinzhou	1707128	877913	140602	585101	8423	95090
临汾市	Linfen	2306382	1486692	108702	580313	10295	120380
吕梁市	Lvliang	1597405	583426	252770	679294	1914	80000

19-20 主要农作物播种面积(2020年)
SOWN AREAS OF MAJOR FARM CROPS(2020)

单位：公顷 (ha)

市名 City		农作物总播种面积 Total Sown Area	#粮食 Grain	#小麦 Wheat	#玉米 Corn	#油料 Oil-bearing Crops	#蔬菜 Vegetables	#瓜果类 Melons
全省	**Total**	**3541513**	**3130018**	**535879**	**1742220**	**88317**	**188982**	**15838**
太原市	Taiyuan	82264	63497	68	31906	865	12266	172
大同市	Datong	319473	278436		138336	13204	19622	1658
阳泉市	Yangquan	56849	54803		46075	137	1286	18
长治市	Changzhi	290989	254473	4064	214670	3257	18580	499
晋城市	Jincheng	175923	160417	41824	84457	3752	6201	75
朔州市	Shuozhou	334060	272911		157017	22264	13208	2836
晋中市	Jinzhong	286473	251187	6617	209014	3284	26181	1000
运城市	Yuncheng	636658	535700	280465	232586	16351	46262	4718
忻州市	Xinzhou	470768	428344	279	207601	11840	19172	2454
临汾市	Linfen	537505	500112	200651	251398	7443	17458	1811
吕梁市	Lvliang	350550	330138	1912	169159	5920	8747	599

19-21 主要农作物产量(2020年)
OUTPUT OF MAJOR FARM CROPS(2020)

单位：吨 (ton)

市 名 City		粮 食 Grain	#小 麦 Wheat	#玉 米 Corn	油 料 Oil-bearing Crops	蔬 菜 Vegetables	#设施蔬菜 Greenhouse Vegetables	瓜果类 Melons
全 省	Total	**14242698**	**2364953**	**9799465**	**143146**	**8611947**	**2545600**	**517906**
太原市	Taiyuan	245320	354	157067	1506	665436	224563	4277
大同市	Datong	1236635		924503	16505	576850	211314	48974
阳泉市	Yangquan	230973		211388	149	58605	11187	308
长治市	Changzhi	1212260	18018	1076445	4861	793009	209174	10565
晋城市	Jincheng	663720	166655	385069	7060	338661	79686	2649
朔州市	Shuozhou	1242544		1027141	21294	607139	71185	71740
晋中市	Jinzhong	1503906	25934	1368689	6496	1834678	513315	41193
运城市	Yuncheng	2820495	1326234	1418493	38680	2132052	814318	196307
忻州市	Xinzhou	1948152	1591	1338659	24619	505344	38557	81595
临汾市	Linfen	2126777	820713	1161360	15563	893250	349328	48625
吕梁市	Lvliang	1011916	5453	730651	6412	206925	22973	11674

19-22 水果、林业及渔业生产情况(2020年)
PRODUCTION OF FRUITS, FORESTRY AND FISHERY(2020)

市 名 City		年末果园面积(公顷) Area of Orchards (ha)	#苹 果 Apples	#桃 Peaches	#梨 Pears	全年水果产量(吨) Annual Output of Fruits (ton)
全 省	Total	**381055**	**144257**	**50133**	**46741**	**8579836**
太原市	Taiyuan	8315	1618	745	1647	76600
大同市	Datong	8684	816	44	201	14697
阳泉市	Yangquan	1554	973	72	229	12725
长治市	Changzhi	4345	1200	342	933	24208
晋城市	Jincheng	4901	1289	245	2001	72168
朔州市	Shuozhou	1137	75	2	9	1039
晋中市	Jinzhong	26023	10488	354	10842	422043
运城市	Yuncheng	198609	88098	46237	13402	6654881
忻州市	Xinzhou	16041	1821	183	3558	72662
临汾市	Linfen	61000	37095	1832	9802	977221
吕梁市	Lvliang	50445	784	77	4115	251592

19-22 续表 continued

市 名 City		#苹 果 Apples	#桃 Peaches	#梨 Pears	当年造林面积(公顷) Afforestation Area (ha)	水产养殖面积(公顷) Aquaculture Area (ha)	水产品总产量(吨) Total Aquatic Products (ton)
全　省	**Total**	**4366313**	**1575551**	**977267**	**272071**	**12870**	**46799**
太原市	Taiyuan	8901	2688	23701	10260	1319	2805
大同市	Datong	1563	247	703	22387	1042	967
阳泉市	Yangquan	8840	633	582	3054	54	531
长治市	Changzhi	10598	1467	7370	12159	2886	5277
晋城市	Jincheng	26440	3943	24226	1268	503	1579
朔州市	Shuozhou	346	19	23	13212	299	642
晋中市	Jinzhong	167461	3807	217611	8214	1239	3960
运城市	Yuncheng	3377441	1510054	533589	7120	2351	21846
忻州市	Xinzhou	10767	1001	20477	42852	937	2507
临汾市	Linfen	750323	51155	70105	26688	1007	5715
吕梁市	Lvliang	3634	539	78882	43102	1233	970

注：本表造林面积不包括省属九大林局数据；渔业数据不包括省属水库的数据。

Note：Coverage of afforestation area in this table doesn't include nine provincal forestry administration data. Fishery data doesn't include data of provincial reservoirs.

19-23 畜牧业生产情况(2020年)

NUMBER OF LIVESTOCK AND LIVESTOCK PRODUCTS(2020)

市 名 City		大牲畜年末存栏(头) Large Animals (head)	#牛 Cattle	猪年末存栏(头) Hogs (head)	羊年末存栏(只) Sheep and Goats (head)	家禽年末存栏(只) Poultry (head)
全　省	**Total**	**1296198**	**1174339**	**5694091**	**9701304**	**133476648**
太原市	Taiyuan	43148	40931	130201	302828	2981992
大同市	Datong	220376	180473	505185	1701251	5418313
阳泉市	Yangquan	9412	7233	99255	68780	2682628
长治市	Changzhi	42889	37803	416468	573483	17700059
晋城市	Jincheng	10484	10071	767688	325738	10691971
朔州市	Shuozhou	244822	230488	267893	1511215	2663671
晋中市	Jinzhong	144236	140976	687762	998135	20756199
运城市	Yuncheng	51805	49880	1128480	714488	31755832
忻州市	Xinzhou	215356	174709	432926	2026941	6678440
临汾市	Linfen	84044	81176	719224	779718	15146938
吕梁市	Lvliang	229626	220599	539009	698727	17000605

19-23 续表 continued

市名 City		肉类总产量(吨) Output of Meat (ton)	#猪肉 Pork	#牛肉 Beef	#羊肉 Mutton	#禽肉 Poultry
全省	**Total**	**1026520**	**627965**	**73659**	**85848**	**228908**
太原市	Taiyuan	24922	14919	1811	2838	5293
大同市	Datong	91493	60603	10225	13373	5030
阳泉市	Yangquan	15479	11411	395	531	2998
长治市	Changzhi	92575	50464	4055	3359	34286
晋城市	Jincheng	114581	86032	847	2222	25213
朔州市	Shuozhou	52533	20817	6879	22249	1939
晋中市	Jinzhong	158042	87367	15529	9338	45023
运城市	Yuncheng	154035	112269	2893	4238	33898
忻州市	Xinzhou	84172	47528	8577	19209	6027
临汾市	Linfen	111767	77165	5567	3864	23915
吕梁市	Lvliang	126920	59389	16881	4627	45286

市名 City		禽蛋产量(吨) Poultry Eggs (ton)	奶类产量(吨) Milk (ton)	#牛奶 Milk	山羊毛产量(吨) Output of Wool (ton)	#山羊绒 Cashmere
全省	**Total**	**1092774**	**1173598**	**1170122**	**3860**	**1424**
太原市	Taiyuan	30933	64778	64535	37	9
大同市	Datong	62308	283570	283510	795	230
阳泉市	Yangquan	35646	3396	3396	16	2
长治市	Changzhi	118255	13393	13260	106	34
晋城市	Jincheng	87504	335	335	121	32
朔州市	Shuozhou	28852	505887	505887	159	48
晋中市	Jinzhong	146113	148583	147555	125	35
运城市	Yuncheng	275175	30229	30059	88	11
忻州市	Xinzhou	76308	52539	52534	1692	705
临汾市	Linfen	111851	41005	39191	205	53
吕梁市	Lvliang	119830	29883	29859	517	265

19-24 农业生产条件(2020年)
CONDITIONS OF AGRICULTURAL PRODUCTION(2020)

市名 City		农业机械总动力(万千瓦) Total Power of Agricultural Machinery (10 000 kw)	大中型农用拖拉机(台) Large and Medium Tractors for Agriculture (unit)	小型农用拖拉机(台) Mini-tractors for Agriculture (unit)	联合收割机(台) Combine Harvesters (unit)
全 省	**Total**	**1595.26**	**113170**	**278752**	**34950**
太原市	Taiyuan	51.17	2948	4933	826
大同市	Datong	115.33	9325	14287	2203
阳泉市	Yangquan	36.41	1724	7889	419
长治市	Changzhi	129.47	10755	22488	3183
晋城市	Jincheng	63.50	4565	34696	1295
朔州市	Shuozhou	148.58	9648	12255	2759
晋中市	Jinzhong	185.96	11487	47670	3715
运城市	Yuncheng	316.62	19746	60753	8744
忻州市	Xinzhou	184.86	17635	29576	3772
临汾市	Linfen	225.16	17800	35896	6394
吕梁市	Lvliang	138.21	7537	8309	1640

市名 City		年末有效灌溉面积(千公顷) Effective Irrigated Area at Year-end (1000 ha)	灌溉机电井数量(眼) Electromechanical Well for Irrigation (unit)	农村用电量(万千瓦小时) Electricity Consumption in Rural Areas (10 000 kwh)	农用化肥施用量(折纯量,吨) Agricultural Consumption of Chemical Fertilizers (ton)
全 省	**Total**	**1517.38**	**97585**	**1092287**	**1074111**
太原市	Taiyuan	44.50	2899	57071	22396
大同市	Datong	150.99	8943	44002	78596
阳泉市	Yangquan	8.97	136	59081	14519
长治市	Changzhi	97.18	9428	95046	108657
晋城市	Jincheng	48.41	673	80629	60698
朔州市	Shuozhou	154.65	8821	26595	70468
晋中市	Jinzhong	168.63	12689	125028	95731
运城市	Yuncheng	437.93	25566	308028	263347
忻州市	Xinzhou	145.18	8267	72955	140378
临汾市	Linfen	151.81	14031	112635	155951
吕梁市	Lvliang	109.13	6132	111218	63368

19-25 规模以上主要工业产品产量(2020年)

OUTPUT OF MAJOR INDUSTRIAL PRODUCTS OF ENTERPRISES ABOVE DESIGNATED SIZE(2020)

市名 City	原煤(万吨) Coal (10 000 tons)	发电量(亿千瓦小时) Electricity (100 million kwh)	生铁(万吨) Pig Iron (10 000 tons)	粗钢(万吨) Crude Steel (10 000 tons)	钢材(万吨) Steel Products (10 000 tons)	焦炭(万吨) Coke (10 000 tons)
全省 Total	**106306.8**	**3366.9**	**6089.1**	**6637.8**	**6181.4**	**10493.7**
太原市 Taiyuan	4133.4	324.1	963.6	1285.8	1234.1	1039.3
大同市 Datong	13213.8	480.7	105.6	135.2		
阳泉市 Yangquan	5657.3	160.2				83.9
长治市 Changzhi	13921.4	317.4	636.6	735.8	632.2	1751.2
晋城市 Jincheng	11908.6	262.2	514.0	528.7	514.0	115.5
朔州市 Shuozhou	18259.0	449.3				
晋中市 Jinzhong	9204.7	245.8	278.5	282.7	210.6	1329.7
运城市 Yuncheng	1112.4	224.8	1681.6	1862.4	1759.9	1399.0
忻州市 Xinzhou	8038.4	387.2	54.6	60.9	60.0	282.3
临汾市 Linfen	6723.4	243.0	1368.9	1351.2	1423.5	1819.3
吕梁市 Lvliang	14134.4	272.2	485.7	395.1	347.2	2673.5

市名 City	水泥(万吨) Cement (10 000 tons)	平板玻璃(万重量箱) Plate Glass (10 000-weightcases)	硫酸(万吨) Sulfuric Acid (10 000 tons)	化学肥料(万吨) Chemical Fertilizer (10 000 tons)	工业锅炉(蒸发量吨) Industrial Boiler (Evaporate Capacity ton)	变压器(万千伏安) Transformer (10 000 kva)
全省 Total	**5364.6**	**2252.2**	**44.4**	**393.6**	**4187**	**1459.8**
太原市 Taiyuan	712.8				129	40.0
大同市 Datong	479.7					205.2
阳泉市 Yangquan	398.1				30	858.5
长治市 Changzhi	558.9	1057.9		23.9		
晋城市 Jincheng	331.9		5.7	236.7		
朔州市 Shuozhou	451.7					
晋中市 Jinzhong	300.1			30.2	648	
运城市 Yuncheng	480.9		38.8	90.5		186.1
忻州市 Xinzhou	349.9				3380	170.0
临汾市 Linfen	611.6			5.7		
吕梁市 Lvliang	689.1	1194.3		6.7		

19–25 续表 continued

市 名 City	泵(台) Pump (unit)	纱(吨) Yarn (ton)	布(万米) Cloth (10 000 m)	食 醋 (吨) Vinegar (ton)	白 酒 (千升) Alcoholic Drink (kiloliter)	啤 酒 (千升) Beer (kiloliter)	机制纸及纸板(吨) Machine-made Paper and Paperboard (ton)
全 省 Total	**164651**	**22040**	**917.2**	**491368**	**179311**	**178201**	**696392**
太原市 Taiyuan				374865	16154	134944	9982
大同市 Datong					2788		
阳泉市 Yangquan							
长治市 Changzhi				2092	858		39632
晋城市 Jincheng		4072	762.0	10586			
朔州市 Shuozhou					1193	28785	
晋中市 Jinzhong	8091			82534	9802	14472	373676
运城市 Yuncheng	156560	17968					273103
忻州市 Xinzhou							
临汾市 Linfen			155.2				
吕梁市 Lvliang				21291	148516		

市 名 City	电子计算机整机(台) Electronic Computers (set)	手 机(万台) Mobile Phones (10 000 units)	化学药品原药(吨) Chemical Medicine (ton)	太阳能电池 (千瓦) Solar Cell (kw)	新能源汽车 (辆) New Energy Motor Vehicles (set)	非常规天然气 (亿立方米) Unconventional Gas (100 million cu.m)
全 省 Total	**131103**	**2261.4**	**38494**	**6854112**	**21565**	**85.2**
太原市 Taiyuan	131103	2261.4	172			1.1
大同市 Datong			30531			
阳泉市 Yangquan						13.5
长治市 Changzhi			923	5882231	30	
晋城市 Jincheng						49.6
朔州市 Shuozhou			5755			
晋中市 Jinzhong			3	405474	18882	4.4
运城市 Yuncheng			535		2653	
忻州市 Xinzhou				4461		5.3
临汾市 Linfen						7.4
吕梁市 Lvliang			575	561946		3.9

注：本表2019年及以前年份非常规天然气只包含煤层气，2020年包含煤层气和致密砂岩气。

Note: Unconventional gas in the table includes both coalbed methane and shale gas in 2020, while it just includes coalbed methane before 2020.

19-26 工业企业主要指标(2020年)

MAIN INDICATORS OF INDUSTRIAL ENTERPRISES(2020)

单位：亿元 (100 million yuan)

市名 City		单位数(个) Number of Enterprises (unit)	#亏损企业 Loss-making Enterprises	资产总计 Total Assets	流动资产合计 Total Current Assets
全　省	**Total**	**5480**	**1554**	**49185.0**	**21183.4**
省直报	Direct Report	3		1006.3	69.7
太原市	Taiyuan	630	120	7177.5	3396.4
大同市	Datong	366	106	5416.7	2983.5
阳泉市	Yangquan	222	73	3250.3	1371.5
长治市	Changzhi	500	147	6712.0	3222.0
晋城市	Jincheng	426	131	4971.8	2205.9
朔州市	Shuozhou	350	118	2841.4	802.7
晋中市	Jinzhong	807	265	3620.7	1304.1
运城市	Yuncheng	608	154	2707.7	1324.3
忻州市	Xinzhou	478	99	2299.2	874.3
临汾市	Linfen	502	161	3702.6	1432.7
吕梁市	Lvliang	588	180	5479.2	2196.3

市名 City		负债合计 Total Liabilities	所有者权益合计 Total Creditors' Equity	营业收入 Business Revenue	营业成本 Business Cost
全　省	**Total**	**35853.0**	**13330.0**	**22021.0**	**18017.8**
省直报	Direct Report	629.8	376.5	1044.3	1007.2
太原市	Taiyuan	5130.8	2050.1	3790.0	3306.5
大同市	Datong	4611.7	804.8	1406.3	1060.7
阳泉市	Yangquan	2696.4	553.2	573.7	452.9
长治市	Changzhi	4770.6	1940.1	2470.9	1966.4
晋城市	Jincheng	3252.4	1710.4	1857.7	1451.7
朔州市	Shuozhou	1879.6	961.7	1081.1	753.3
晋中市	Jinzhong	2855.9	762.2	2156.9	1873.1
运城市	Yuncheng	1864.9	840.7	2143.1	1841.1
忻州市	Xinzhou	1605.6	694.4	910.2	695.9
临汾市	Linfen	2671.9	1044.6	2080.9	1719.8
吕梁市	Lvliang	3883.4	1591.4	2506.0	1889.3

19-26 续表 continued

单位：亿元 (100 million yuan)

市 名 City		税金及附加 Tax and Extra Charges	销售费用 Costs of Sales	管理费用 Costs of Administration	财务费用 Costs of Finance	利润总额 Total Profits
全 省	**Total**	**484.4**	**618.9**	**982.6**	**743.9**	**1086.3**
省直报	Direct Report	2.0		18.2	10.8	7.5
太原市	Taiyuan	55.5	71.8	137.4	89.9	109.9
大同市	Datong	31.9	102.6	90.3	95.0	38.1
阳泉市	Yangquan	20.7	8.9	52.2	55.9	-4.9
长治市	Changzhi	69.1	44.4	124.7	87.0	169.5
晋城市	Jincheng	46.8	32.5	113.6	72.1	149.6
朔州市	Shuozhou	44.7	111.1	54.4	46.7	68.6
晋中市	Jinzhong	40.4	77.5	82.3	61.3	14.2
运城市	Yuncheng	15.1	44.6	54.8	42.4	109.0
忻州市	Xinzhou	26.2	20.5	46.8	33.2	83.8
临汾市	Linfen	38.2	36.3	82.0	61.9	136.5
吕梁市	Lvliang	93.8	68.7	125.9	87.7	204.4

市 名 City		亏损企业亏损总额 Total Loss of Loss-making Enterprises	应交增值税 Value Added Taxes Payable	平均用工人数(万人) Average Employees (10 000 persons)	资产负债率(%) Ratio of Debts to Assets (%)	营业收入利润率(%) Ratio of Profits to Business Revenue (%)
全 省	**Total**	**494.1**	**633.4**	**192.06**	**72.9**	**4.93**
省直报	Direct Report		16.8	3.28	62.6	0.71
太原市	Taiyuan	58.8	60.7	31.04	71.5	2.90
大同市	Datong	83.1	36.0	15.66	85.1	2.71
阳泉市	Yangquan	47.0	24.1	9.88	83.0	-0.85
长治市	Changzhi	51.8	87.5	23.52	71.1	6.86
晋城市	Jincheng	38.6	66.3	22.52	65.4	8.05
朔州市	Shuozhou	24.0	51.4	9.06	66.2	6.34
晋中市	Jinzhong	69.1	58.7	19.69	78.9	0.66
运城市	Yuncheng	26.7	41.4	14.86	68.9	5.09
忻州市	Xinzhou	19.2	35.8	7.82	69.8	9.21
临汾市	Linfen	28.1	55.4	14.39	72.2	6.56
吕梁市	Lvliang	47.7	99.3	20.33	70.9	8.16

19-27 国有控股工业企业主要指标(2020年)

MAIN INDICATORS OF STATE-HOLDING INDUSTRIAL ENTERPRISES(2020)

单位：亿元 (100 million yuan)

市 名 City		单位数(个) Number of Enterprises (unit)	#亏损企业 Loss-making Enterprises	资产总计 Total Assets	流动资产合计 Total Current Assets
全 省	**Total**	**1170**	**372**	**32925.3**	**12390.1**
省直报	Direct Report	3		1006.3	69.7
太原市	Taiyuan	158	49	5079.6	1890.1
大同市	Datong	105	27	4829.2	2696.2
阳泉市	Yangquan	68	30	2936.5	1208.8
长治市	Changzhi	121	37	4565.0	2178.3
晋城市	Jincheng	154	58	3996.1	1625.2
朔州市	Shuozhou	84	23	2261.6	534.4
晋中市	Jinzhong	120	46	1553.3	323.8
运城市	Yuncheng	75	25	958.1	400.4
忻州市	Xinzhou	94	26	1545.9	463.8
临汾市	Linfen	113	33	2024.4	578.5
吕梁市	Lvliang	75	18	2169.3	421.1

市 名 City		负债合计 Total Liabilities	所有者权益合计 Total Creditors' Equity	营业收入 Business Revenue	营业成本 Business Cost
全 省	**Total**	**24712.1**	**8222.7**	**10325.3**	**8021.7**
省直报	Direct Report	629.8	376.5	1044.3	1007.2
太原市	Taiyuan	3662.2	1416.7	2054.7	1727.8
大同市	Datong	4235.2	593.9	1087.2	807.9
阳泉市	Yangquan	2449.5	487.0	425.1	338.5
长治市	Changzhi	3354.9	1210.2	1284.6	997.9
晋城市	Jincheng	2755.6	1238.0	1066.4	801.8
朔州市	Shuozhou	1502.7	758.8	693.7	430.9
晋中市	Jinzhong	1251.5	301.9	554.5	445.4
运城市	Yuncheng	787.9	170.3	450.5	358.6
忻州市	Xinzhou	1101.4	444.4	428.3	298.6
临汾市	Linfen	1500.8	536.4	541.0	368.4
吕梁市	Lvliang	1480.6	688.7	695.0	438.7

19-27 续表 continued

单位：亿元 (100 million yuan)

市 名 City		税金及附加 Tax and Extra Charges	销售费用 Costs of Sales	管理费用 Costs of Administration	财务费用 Costs of Finance	利润总额 Total Profits
全 省	**Total**	**355.8**	**301.7**	**620.5**	**556.7**	**517.6**
省直报	Direct Report	2.0		18.2	10.8	7.5
太原市	Taiyuan	47.6	41.8	96.5	84.4	55.4
大同市	Datong	29.7	75.0	75.9	87.7	28.6
阳泉市	Yangquan	17.7	2.8	43.8	48.8	-14.5
长治市	Changzhi	50.5	14.2	76.9	59.3	84.5
晋城市	Jincheng	38.9	18.4	94.0	67.3	87.2
朔州市	Shuozhou	34.9	96.2	38.7	40.0	50.5
晋中市	Jinzhong	21.9	10.5	36.5	32.7	3.4
运城市	Yuncheng	8.2	7.8	16.8	22.0	23.9
忻州市	Xinzhou	21.4	6.1	29.3	24.9	46.5
临汾市	Linfen	27.0	10.9	45.6	39.9	64.2
吕梁市	Lvliang	56.1	18.2	48.2	39.0	80.3

市 名 City		亏损企业亏损总额 Total Loss of Loss-making Enterprises	应交增值税 Value Added Taxes Payable	平均用工人数（万人）Average Employees (10 000 persons)	资产负债率(%) Ratio of Debts to Assets (%)	营业收入利润率(%) Ratio of Profits to Business Revenue (%)
全 省	**Total**	**347.6**	**379.6**	**103.45**	**75.1**	**5.01**
省直报	Direct Report		16.8	3.28	62.6	0.71
太原市	Taiyuan	49.0	40.5	16.02	72.1	2.70
大同市	Datong	72.2	29.7	12.39	87.7	2.63
阳泉市	Yangquan	44.1	18.6	7.69	83.4	-3.41
长治市	Changzhi	35.1	58.1	13.59	73.5	6.58
晋城市	Jincheng	34.4	45.3	13.86	69.0	8.18
朔州市	Shuozhou	15.8	38.7	4.82	66.5	7.29
晋中市	Jinzhong	37.4	23.3	7.92	80.6	0.62
运城市	Yuncheng	20.8	15.7	4.64	82.2	5.30
忻州市	Xinzhou	11.0	21.8	3.98	71.3	10.86
临汾市	Linfen	14.7	30.1	7.61	74.1	11.87
吕梁市	Lvliang	13.1	41.0	7.64	68.3	11.55

19-28 外商投资和港澳台投资工业企业主要指标(2020年)

MAIN INDICATORS OF INDUSTRIAL ENTERPRISES WITH HONG KONG, MACAO, TAIWAN AND FOREIGN FUNDS(2020)

单位：亿元 (100 million yuan)

市 名 City		单位数(个) Number of Enterprises (unit)	#亏损企业 Loss-making Enterprises	资产总计 Total Assets	流动资产合 计 Total Current Assets
全 省	**Total**	**147**	**31**	**2755.1**	**1633.1**
太原市	Taiyuan	22	2	1001.2	889.5
大同市	Datong	22	3	164.3	58.7
阳泉市	Yangquan	8		49.6	17.5
长治市	Changzhi	11	3	356.9	86.7
晋城市	Jincheng	18	4	492.7	284.5
朔州市	Shuozhou	3	1	27.2	6.3
晋中市	Jinzhong	17	5	59.2	17.8
运城市	Yuncheng	13	3	51.2	25.3
忻州市	Xinzhou	6	1	22.5	5.8
临汾市	Linfen	12	4	67.2	19.8
吕梁市	Lvliang	15	5	463.1	221.3

市 名 City		负债合计 Total Liabilities	所有者权益合计 Total Creditors' Equity	营业收入 Business Revenue	营业成本 Business Cost
全 省	**Total**	**1697.1**	**1057.2**	**1770.1**	**1551.9**
太原市	Taiyuan	746.0	254.5	983.8	943.5
大同市	Datong	106.8	57.4	49.2	33.2
阳泉市	Yangquan	40.8	8.8	20.6	16.4
长治市	Changzhi	218.2	138.7	102.9	72.1
晋城市	Jincheng	183.5	309.2	289.9	225.3
朔州市	Shuozhou	13.7	13.6	9.3	7.8
晋中市	Jinzhong	61.3	-2.1	33.8	25.0
运城市	Yuncheng	34.1	17.1	34.6	27.1
忻州市	Xinzhou	11.5	11.0	4.6	2.8
临汾市	Linfen	44.5	22.7	30.1	26.1
吕梁市	Lvliang	236.9	226.3	211.4	172.6

19-28 续表 continued

单位：亿元 (100 million yuan)

市 名 City		税金及附加 Tax and Extra Charges	销售费用 Costs of Sales	管理费用 Costs of Administration	财务费用 Costs of Finance	利润总额 Total Profits
全 省	**Total**	**18.2**	**22.7**	**35.4**	**13.8**	**128.7**
太原市	Taiyuan	2.1	6.8	10.8	-3.0	22.8
大同市	Datong	0.3	1.8	3.1	3.0	7.2
阳泉市	Yangquan	0.8	0.8	0.9	1.1	2.5
长治市	Changzhi	4.3	2.3	4.4	4.9	14.7
晋城市	Jincheng	5.0	0.9	6.1	-0.8	53.8
朔州市	Shuozhou	0.1	0.1	0.2	0.5	0.8
晋中市	Jinzhong	0.5	3.5	1.8	2.2	0.6
运城市	Yuncheng	0.2	1.2	0.7	0.5	4.6
忻州市	Xinzhou	0.0	0.1	0.2	0.3	1.1
临汾市	Linfen	0.3	0.8	0.9	1.3	0.7
吕梁市	Lvliang	4.6	4.3	6.3	3.8	19.8

市 名 City		亏损企业亏损总额 Total Loss of Loss-making Enterprises	应交增值税 Value Added Taxes Payable	平均用工人数(万人) Average Employees (10 000 persons)	资产负债率(%) Ratio of Debts to Assets (%)	营业收入利润率(%) Ratio of Profits to Business Revenue (%)
全 省	**Total**	**7.6**	**32.2**	**15.08**	**61.6**	**7.27**
太原市	Taiyuan		6.5	7.61	74.5	2.32
大同市	Datong	1.9	1.0	0.36	65.0	14.65
阳泉市	Yangquan		0.8	0.21	82.2	12.13
长治市	Changzhi	0.3	5.2	0.69	61.2	14.28
晋城市	Jincheng	1.0	7.9	4.22	37.2	18.56
朔州市	Shuozhou	0.1	0.3	0.04	50.1	8.95
晋中市	Jinzhong	0.9	1.6	0.31	103.5	1.84
运城市	Yuncheng	0.4	0.1	0.21	66.5	13.39
忻州市	Xinzhou	0.1		0.02	51.2	24.31
临汾市	Linfen	0.7	1.0	0.18	66.3	2.29
吕梁市	Lvliang	2.2	7.8	1.25	51.1	9.35

19-29 大中型工业企业主要指标(2020年)

MAIN INDICATORS OF LARGE AND MEDIUM-SIZED INDUSTRIAL ENTERPRISES(2020)

单位：亿元 (100 million yuan)

市名 City		单位数(个) Number of Enterprises (unit)	#亏损企业 Loss-making Enterprises	资产总计 Total Assets	流动资产合计 Total Current Assets
全省	**Total**	**1195**	**376**	**40130.1**	**17220.6**
省直报	Direct Report	2		1006.3	69.7
太原市	Taiyuan	114	30	6196.1	2857.3
大同市	Datong	80	28	4700.3	2700.8
阳泉市	Yangquan	58	29	2979.4	1243.1
长治市	Changzhi	154	44	5647.3	2822.5
晋城市	Jincheng	145	51	4417.2	1990.9
朔州市	Shuozhou	83	34	2006.6	517.6
晋中市	Jinzhong	143	52	2431.9	747.7
运城市	Yuncheng	93	26	1956.9	952.5
忻州市	Xinzhou	60	12	1375.3	484.7
临汾市	Linfen	117	30	2932.8	1137.5
吕梁市	Lvliang	146	40	4480.3	1696.4

市名 City		负债合计 Total Liabilities	所有者权益合计 Total Creditors' Equity	营业收入 Business Revenue	营业成本 Business Cost
全省	**Total**	**29153.9**	**10976.2**	**16574.8**	**13329.3**
省直报	Direct Report	629.8	376.5	1044.3	1007.2
太原市	Taiyuan	4473.0	1723.1	3094.7	2713.1
大同市	Datong	4056.7	643.7	1167.5	876.4
阳泉市	Yangquan	2488.7	490.7	450.2	350.9
长治市	Changzhi	3979.4	1667.9	1920.0	1473.9
晋城市	Jincheng	2845.4	1571.8	1458.5	1119.6
朔州市	Shuozhou	1267.4	739.1	719.5	455.1
晋中市	Jinzhong	1905.6	526.3	1187.0	999.9
运城市	Yuncheng	1341.8	615.1	1644.6	1406.3
忻州市	Xinzhou	979.4	395.9	473.9	343.0
临汾市	Linfen	2069.1	863.7	1580.9	1278.6
吕梁市	Lvliang	3117.8	1362.5	1833.8	1305.3

19-29 续表 continued

单位：亿元 (100 million yuan)

市 名 City		税金及附加 Tax and Extra Charges	销售费用 Costs of Sales	管理费用 Costs of Administration	财务费用 Costs of Finance	利润总额 Total Profits
全 省	**Total**	**438.5**	**433.2**	**796.3**	**601.6**	**910.7**
省直报	Direct Report	2.0		18.2	10.8	7.5
太原市	Taiyuan	51.1	52.7	106.9	79.0	74.2
大同市	Datong	30.3	90.1	79.1	79.0	26.0
阳泉市	Yangquan	19.7	4.0	47.7	50.8	-10.7
长治市	Changzhi	66.7	26.7	109.2	73.8	161.0
晋城市	Jincheng	44.8	22.7	99.2	64.1	135.8
朔州市	Shuozhou	40.9	99.0	45.5	30.8	45.4
晋中市	Jinzhong	32.6	33.9	53.8	42.4	14.1
运城市	Yuncheng	12.7	29.9	38.9	28.3	95.4
忻州市	Xinzhou	18.5	8.6	30.1	20.4	50.9
临汾市	Linfen	33.5	19.8	64.5	49.5	125.7
吕梁市	Lvliang	85.7	46.0	103.2	72.7	185.5

市 名 City		亏损企业亏损总额 Total Loss of Loss-making Enterprises	应交增值税 Value Added Taxes Payable	平均用工人数(万人) Average Employees (10 000 persons)	资产负债率(%) Ratio of Debts to Assets (%)	营业收入利润率(%) Ratio of Profits to Business Revenue (%)
全 省	**Total**	**370.2**	**521.5**	**156.77**	**72.7**	**5.49**
省直报	Direct Report		16.8	3.28	62.6	0.71
太原市	Taiyuan	51.4	45.6	26.66	72.2	2.40
大同市	Datong	70.9	32.1	13.38	86.3	2.22
阳泉市	Yangquan	45.3	20.9	8.62	83.5	-2.38
长治市	Changzhi	39.3	79.9	20.39	70.5	8.38
晋城市	Jincheng	28.8	58.1	19.93	64.4	9.31
朔州市	Shuozhou	17.8	41.9	6.83	63.2	6.30
晋中市	Jinzhong	43.6	38.9	13.66	78.4	1.19
运城市	Yuncheng	16.0	32.5	10.87	68.6	5.80
忻州市	Xinzhou	10.5	20.0	4.79	71.2	10.75
临汾市	Linfen	17.8	46.4	11.50	70.6	7.95
吕梁市	Lvliang	28.8	88.5	16.87	69.6	10.11

19-30 建筑业企业总产值和竣工产值(2020年)
GROSS OUTPUT VALUE AND COMPLETED VALUE OF CONSTRUCTION ENTERPRISES(2020)

单位：万元 (10 000 yuan)

市名 City	总产值 Gross Output Value	#建筑工程 Construction	#安装工程 Installation	竣工产值 Completed Value
全省 Total	**51136434**	**44079291**	**5155883**	**18529215**
太原市 Taiyuan	34119305	29118560	3868926	11655006
大同市 Datong	2350846	2070175	207834	1209287
阳泉市 Yangquan	1197406	935485	76788	342763
长治市 Changzhi	2747031	2429321	166470	1176367
晋城市 Jincheng	1012712	901229	70780	762710
朔州市 Shuozhou	750023	605916	88138	364127
晋中市 Jinzhong	3433584	3081285	255999	585449
运城市 Yuncheng	2088489	1873022	178435	826622
忻州市 Xinzhou	1076473	861850	141775	574913
临汾市 Linfen	1325401	1262089	46347	331661
吕梁市 Lvliang	1035166	940359	54392	700310

19-31 按主要用途分的房屋建筑竣工面积(2020年)
FLOOR SPACE OF BUILDINGS COMPLETED BY MAJOR USE(2020)

单位：平方米 (sq.m)

市名 City	总计 Total	#住宅房屋 Residential Buildings	#商业及服务用房屋 Commercial and Service Buildings	#办公用房 Oiffice Buildings	#科研、教育、医疗用房屋 Scientific Research, Education and Healthcare Buildings
全省 Total	**49448075**	**29798180**	**4913522**	**1966629**	**3630942**
太原市 Taiyuan	31595513	17120902	3450753	1343833	3247903
大同市 Datong	3429678	3007516	133554	2071	4309
阳泉市 Yangquan	520532	484593		2597	4841
长治市 Changzhi	3492927	2616311	67735	265530	59053
晋城市 Jincheng	1465924	1227401	41244	2832	12001
朔州市 Shuozhou	483898	385860	5390	22954	33955
晋中市 Jinzhong	1431233	562326	61139	62301	17411
运城市 Yuncheng	2866467	1952297	256362	139638	117849
忻州市 Xinzhou	1859588	1536195	88333	44516	51426
临汾市 Linfen	527300	329761	39796	29325	38580
吕梁市 Lvliang	1775015	575018	769216	51032	43614

19-32 按主要用途分的房屋建筑竣工价值(2020年)
VALUE OF BUILDINGS COMPLETED BY MAJOR USE(2020)

单位：万元 (10 000 yuan)

市名 City	总计 Total	#住宅房屋 Residential Buildings	#商业及服务用房屋 Commercial and Service Buildings	#办公用房 Oiffice Buildings	#科研、教育、医疗用房屋 Scientific Research, Education and Healthcare Buildings
全　省　Total	**8041759**	**5062337**	**546297**	**343082**	**576177**
太原市　Taiyuan	4889601	2953288	299495	224392	516250
大同市　Datong	604947	518613	16657	476	337
阳泉市　Yangquan	51843	42671		524	1279
长治市　Changzhi	727743	370814	14479	52464	9624
晋城市　Jincheng	287875	247652	6314	903	1854
朔州市　Shuozhou	75212	59599	320	3580	5966
晋中市　Jinzhong	253573	128373	22554	13399	4501
运城市　Yuncheng	509209	354854	49722	24519	16818
忻州市　Xinzhou	275582	229543	10906	8198	6185
临汾市　Linfen	79340	54206	6956	6191	6344
吕梁市　Lvliang	286834	102723	118894	8439	7019

19-33 建筑业企业房屋建筑施工面积和竣工面积(2020年)
FLOOR SPACE OF BUILDINGS CONSTRUCTED AND COMPLETED BY CONSTRUCTION ENTERPRISES(2020)

单位：平方米 (sq.m)

市名 City	房屋建筑施工面积 Floor Space of Buildings Under Construction	#本年新开工面积 Floor Space Started This Year	房屋建筑竣工面积 Floor Space of Buildings Completed
全　省　Total	**199657954**	**70100580**	**49448075**
太原市　Taiyuan	127834098	42006208	31595513
大同市　Datong	10845066	4365059	3429678
阳泉市　Yangquan	2917264	217005	520532
长治市　Changzhi	21733742	7046709	3492927
晋城市　Jincheng	5642040	2372981	1465924
朔州市　Shuozhou	1152033	429619	483898
晋中市　Jinzhong	10071288	3987222	1431233
运城市　Yuncheng	10519911	4764312	2866467
忻州市　Xinzhou	3333693	1883276	1859588
临汾市　Linfen	3047116	1867887	527300
吕梁市　Lvliang	2561703	1160302	1775015

19-34 建筑业企业机械设备情况(2020年)
MACHINERY AND EQUIPMENT OF CONSTRUCTION ENTERPRISES(2020)

市 名 City	自有机械设备 年末总台数(台) Number of Machinery and Equipment Owned (unit)	自有机械设备 年末总功率(千瓦) Total Power of Machinery and Equipment Owned (kw)	自有机械设备 净值(万元) Net Value of Machinery and Equipment Owned (10 000 yuan)
全 省 Total	**209405**	**6860629**	**1283306**
太原市 Taiyuan	84704	3785320	654919
大同市 Datong	7429	656893	40250
阳泉市 Yangquan	6187	171995	21120
长治市 Changzhi	7394	322394	57569
晋城市 Jincheng	17629	201324	94642
朔州市 Shuozhou	4092	135837	43109
晋中市 Jinzhong	21871	561924	115010
运城市 Yuncheng	15391	310742	92236
忻州市 Xinzhou	22186	175788	54297
临汾市 Linfen	10893	220567	55419
吕梁市 Lvliang	11629	317845	54735

19-35 建筑业企业劳动生产率(2020年)
LABOR PRODUCTIVITY OF CONSTRUCTION ENTERPRISES(2020)

单位：元/人 (yuan/person)

市 名 City	企 业 个 数 (个) Number of Enterprises(unit)	从事建筑业活动 的平均人数(人) Average Number of Employees Engaged in Construction Activities (person)	按总产值计算 的劳动生产率 Labor Productivity in Terms of Total Output Value	人 均 竣工产值 Per Capita Output Value of Completed
全 省 Total	**3357**	**1213358**	**421446**	**152710**
太原市 Taiyuan	1502	804773	423962	144824
大同市 Datong	228	55461	423874	218043
阳泉市 Yangquan	121	27807	430613	123265
长治市 Changzhi	265	59701	460131	197043
晋城市 Jincheng	171	29873	339006	255318
朔州市 Shuozhou	141	23693	316559	153685
晋中市 Jinzhong	229	56469	608048	103676
运城市 Yuncheng	242	66304	314987	124672
忻州市 Xinzhou	142	30139	357169	190754
临汾市 Linfen	194	35281	375670	94005
吕梁市 Lvliang	122	23857	433904	293545

19-36 建筑业企业负债及所有者权益(2020年)
LIABILITIES AND CREDITORS' EQUITY OF CONSTRUCTION ENTERPRISES(2020)

单位：万元 (10 000 yuan)

市 名 City	负债合计 Total Liabilities	#流动负债合计 Liquid Liabilities	#非流动负债合计 Illiquid Liabilities	所有者权益合计 Total Creditors' Equity
全 省 Total	**56021043**	**50776332**	**5083157**	**18948696**
太原市 Taiyuan	41387597	36764474	4579830	12767999
大同市 Datong	2147795	2090235	56407	625491
阳泉市 Yangquan	1823471	1783570	23464	515716
长治市 Changzhi	2310448	2090859	212839	1284655
晋城市 Jincheng	1458307	1349420	107927	538442
朔州市 Shuozhou	696300	671217	14251	406386
晋中市 Jinzhong	2241074	2211482	16361	891142
运城市 Yuncheng	1142819	1103371	29503	595227
忻州市 Xinzhou	716604	683244	4616	342173
临汾市 Linfen	1098680	1089382	7143	561783
吕梁市 Lvliang	997949	939078	30818	419682

19-37 建筑业企业收入及成本情况(2020年)
REVENUE AND COST OF CONSTRUCTION ENTERPRISES(2020)

单位：万元 (10 000 yuan)

市 名 City	营业收入 Revenue of Business	#主营业务收入 Revenue of Major Business	主营业务成本 Cost of Major Business
全 省 Total	**53051571**	**52355143**	**48232901**
太原市 Taiyuan	36501004	36187648	33549588
大同市 Datong	2236991	2225558	1864383
阳泉市 Yangquan	1209919	1197064	1095506
长治市 Changzhi	2888434	2872164	2599118
晋城市 Jincheng	1073209	1058325	960128
朔州市 Shuozhou	908346	840459	765856
晋中市 Jinzhong	2884582	2861648	2647548
运城市 Yuncheng	2041181	1956448	1832633
忻州市 Xinzhou	1006948	902346	848193
临汾市 Linfen	1130256	1108864	995608
吕梁市 Lvliang	1170701	1144620	1074339

19-38 建筑业企业资产(2020年)
ASSETS OF CONSTRUCTION ENTERPRISES(2020)

单位：万元 (10 000 yuan)

市 名 City	资产总计 Total Assets	#流动资产合计 Total Circulating Assets	#固定资产原价 Original Value of Fixed Assets
全 省 Total	**74969739**	**56859722**	**5584311**
太原市 Taiyuan	54155596	39126189	3196664
大同市 Datong	2773285	2386949	213593
阳泉市 Yangquan	2339187	2093517	183072
长治市 Changzhi	3595103	2908368	271511
晋城市 Jincheng	1996749	1707717	186716
朔州市 Shuozhou	1102686	949287	181466
晋中市 Jinzhong	3132216	2698912	428194
运城市 Yuncheng	1738047	1457157	277979
忻州市 Xinzhou	1058776	911361	178304
临汾市 Linfen	1660463	1406477	244440
吕梁市 Lvliang	1417630	1213788	222372

市 名 City	累计折旧 Accumulated Depreciation	#本年折旧 Depreciation This Year	实收资本 Capitals Hold
全 省 Total	**2943215**	**456850**	**11821437**
太原市 Taiyuan	1827424	308286	7691427
大同市 Datong	106381	11817	457193
阳泉市 Yangquan	93165	9832	402248
长治市 Changzhi	113890	16093	732520
晋城市 Jincheng	93108	8452	363902
朔州市 Shuozhou	80120	10019	272354
晋中市 Jinzhong	217049	34544	539806
运城市 Yuncheng	121202	14977	395169
忻州市 Xinzhou	83573	9774	246891
临汾市 Linfen	117506	12150	410765
吕梁市 Lvliang	89798	20907	309163

19-39 建筑业企业费用情况(2020年)
EXPENSES OF CONSTRUCTION ENTERPRISES(2020)

单位：万元 (10 000 yuan)

市 名 City	销售费用 Sales Expenses	管理费用 Administrative Expenses	财务费用 Financial Expenses
全 省 Total	**89184**	**1868087**	**394809**
太原市 Taiyuan	38296	1222553	300311
大同市 Datong	8165	92272	10721
阳泉市 Yangquan	641	42719	19737
长治市 Changzhi	7664	128432	21586
晋城市 Jincheng	5845	61112	8461
朔州市 Shuozhou	5870	45326	2009
晋中市 Jinzhong	4793	71444	15127
运城市 Yuncheng	4154	72890	5641
忻州市 Xinzhou	5784	31933	3006
临汾市 Linfen	2491	57007	5419
吕梁市 Lvliang	5481	42399	2791

19-40 建筑业企业薪酬及利润情况(2020年)
REMUNERTION AND PROFITS OF CONSTRUCTION ENTERPRISES(2020)

单位：万元 (10 000 yuan)

市 名 City	应付职工薪酬 Remuneration Payable	营业利润 Business Profits	其他业务利润 Profits of Other Business
全 省 Total	**3461372**	**1176904**	**68102**
太原市 Taiyuan	1788320	817338	51377
大同市 Datong	293518	44088	2355
阳泉市 Yangquan	108776	34900	1335
长治市 Changzhi	195942	71726	1738
晋城市 Jincheng	159579	20017	1336
朔州市 Shuozhou	107434	19231	487
晋中市 Jinzhong	204265	64982	950
运城市 Yuncheng	270195	45067	1320
忻州市 Xinzhou	110547	10932	160
临汾市 Linfen	123178	23702	1277
吕梁市 Lvliang	99619	24922	5769

19-41 建筑业企业利润及税金情况(2020年)

PROFITS AND TAXES OF CONSTRUCTION ENTERPRISES(2020)

单位：万元 (10 000 yuan)

市 名 City		利润总额 Total Profits	主营业务税金及附加 Taxes and Extra Charges of Major Business	应交增值税 Value-added Taxes Payable
全 省	**Total**	**1192641**	**186047**	**1096176**
太原市	Taiyuan	826906	107363	637361
大同市	Datong	46941	9546	78581
阳泉市	Yangquan	34094	8725	61897
长治市	Changzhi	73232	14036	75455
晋城市	Jincheng	18242	6073	25589
朔州市	Shuozhou	18166	6703	30386
晋中市	Jinzhong	68827	9588	29562
运城市	Yuncheng	45383	7074	57348
忻州市	Xinzhou	11080	6498	33314
临汾市	Linfen	23525	4520	25775
吕梁市	Lvliang	26244	5920	40907

19-42 房地产开发投资(2020年)

INVESTMENT IN REAL ESTATE DEVELOPMENT(2020)

单位：万元 (10 000 yuan)

市 名 City		本年完成投资 Investment Completed This Yesr	#住 宅 Residential Buildings	建筑工程 Construction Projects	安装工程 Installation Projects	设备工器具购置 Purchase of Equipment and Instruments	其他费用 Others Expenses
全 省	**Total**	**18303640**	**14318037**	**11571157**	**1045707**	**210475**	**5476301**
太原市	Taiyuan	7153162	5646111	4050050	255480	67445	2780187
大同市	Datong	1842823	1443551	1030453	147592	44473	620305
阳泉市	Yangquan	269604	207695	204512	34718	4403	25971
长治市	Changzhi	1670518	1285645	1126018	88058	22418	434024
晋城市	Jincheng	1131211	801565	769561	71850	7435	282365
朔州市	Shuozhou	393475	343199	286138	41819	2889	62629
晋中市	Jinzhong	2226733	1625503	1410848	150173	30184	635528
运城市	Yuncheng	1628963	1334572	1195210	143058	20912	269783
忻州市	Xinzhou	332546	275067	231593	40235	6284	54434
临汾市	Linfen	1121482	930087	830070	58278	1641	231493
吕梁市	Lvliang	533123	425042	436704	14446	2391	79582

19-43 房地产开发房屋销售额(2020年)
SALES OF BUILDINGS IN REAL ESTATE DEVELOPMENT(2020)

单位：万元 (10 000 yuan)

市名 City		商品房销售额 Sales of Commercial Buildings	住宅 Residential Buildings	90平方米及以下住房 90 sq.m and Below	90-144平方米住房 90-144 sq.m
全省	**Total**	**18859422**	**17533580**	**1202093**	**12375846**
太原市	Taiyuan	8417204	7593444	629042	4663224
大同市	Datong	1541911	1462879	98570	990907
阳泉市	Yangquan	276655	267042	11302	192389
长治市	Changzhi	1703969	1622824	65246	1312426
晋城市	Jincheng	788943	758653	39426	670053
朔州市	Shuozhou	304343	295357	5668	254585
晋中市	Jinzhong	2039632	1949025	203092	1539013
运城市	Yuncheng	1546560	1503691	31604	1224622
忻州市	Xinzhou	431329	401392	28561	283553
临汾市	Linfen	1446763	1324770	63594	1030377
吕梁市	Lvliang	362113	354503	25988	214697

市名 City		144平方米及以上住房 Above 144 sq.m	办公楼 Office Buildings	商业营业用房 Buildings for Business Operation	其他 Other Buildings
全省	**Total**	**3955641**	**212698**	**776662**	**336482**
太原市	Taiyuan	2301178	171374	367251	285135
大同市	Datong	373402		66523	12509
阳泉市	Yangquan	63351		9022	591
长治市	Changzhi	245152	12062	62361	6722
晋城市	Jincheng	49174	780	28847	663
朔州市	Shuozhou	35104		6844	2142
晋中市	Jinzhong	206920	8866	68082	13659
运城市	Yuncheng	247465	9106	30972	2791
忻州市	Xinzhou	89278	830	19639	9468
临汾市	Linfen	230799	9680	111263	1050
吕梁市	Lvliang	113818		5858	1752

19-44　房地产开发房屋销售面积(2020年)

FLOOR SPACE OF BUILDINGS SOLD IN REAL ESTATE DEVELOPMENT(2020)

单位：平方米　　(sq.m)

市名 City		商品房销售面积 Floor Space of Commercial Buildings Sold	住宅 Residential Buildings	90平方米及以下住房 90 sq.m and Below	90-144平方米住房 90-144 sq.m
全　省	**Total**	**26852924**	**25494948**	**1661559**	**19512452**
太原市	Taiyuan	7845980	7044083	592903	4676532
大同市	Datong	2447060	2350546	202550	1690884
阳泉市	Yangquan	523050	512533	26988	374380
长治市	Changzhi	3203033	3107672	114152	2601307
晋城市	Jincheng	1319492	1293918	66420	1149876
朔州市	Shuozhou	772441	749554	16858	648048
晋中市	Jinzhong	3253213	3166707	295439	2589412
运城市	Yuncheng	3318757	3248018	75310	2740826
忻州市	Xinzhou	818509	780610	79617	553468
临汾市	Linfen	2585279	2483405	130154	1974399
吕梁市	Lvliang	766110	757902	61168	513320

市名 City		144平方米以上住房 Above 144 sq.m	办公楼 Office Buildings	商业营业用房 Buildings for Business Operation	其他 Other Buildings
全　省	**Total**	**4320937**	**231953**	**570974**	**555049**
太原市	Taiyuan	1774648	177223	210896	413778
大同市	Datong	457112		69458	27056
阳泉市	Yangquan	111165		7735	2782
长治市	Changzhi	392213	9935	51693	33733
晋城市	Jincheng	77622	1084	23582	908
朔州市	Shuozhou	84648		10386	12501
晋中市	Jinzhong	281856	12721	44949	28836
运城市	Yuncheng	431882	15730	36785	18224
忻州市	Xinzhou	147525	444	25304	12151
临汾市	Linfen	378852	14816	84609	2449
吕梁市	Lvliang	183414		5577	2631

19-45 房地产开发施工、竣工面积及价值(2020年)

FLOOR SPACE AND VALUE OF BUILDINGS UNDER CONSTRUCTION AND COMPLETED IN REAL ESTATE DEVELOPMENT(2020)

单位：平方米　　(sq.m)

市 名 City		房屋施工面积 Floor Space of Buildings Under Construction	#住宅 Residential Buildings	房屋竣工面积 Floor Space of Buildings Completed	#住宅 Residential Buildings	房屋竣工价值(万元) Value of Buildings Completed (10 000 yuan)	#住宅 Residential Buildings
全　省	**Total**	**219378324**	**164198994**	**14811801**	**11316715**	**3873970**	**2986572**
太原市	Taiyuan	77543085	56604452	3421431	2593266	865107	666271
大同市	Datong	22527578	16626603	1773172	1137943	484229	327754
阳泉市	Yangquan	4105815	3150092	130236	115683	28294	24529
长治市	Changzhi	17352674	13290130	2227029	1710773	582648	448854
晋城市	Jincheng	10792089	8004028	861994	687653	219139	171763
朔州市	Shuozhou	4715455	3937793	577840	513303	139628	123861
晋中市	Jinzhong	21715910	16175496	1623659	1185121	481460	365029
运城市	Yuncheng	22454748	17658178	2007343	1746480	551242	478770
忻州市	Xinzhou	8901697	6646417	959830	755055	231019	182059
临汾市	Linfen	19053197	14337473	280917	222844	64934	52355
吕梁市	Lvliang	10216076	7768332	948350	648594	226270	145327

19-46 社会消费品零售总额(2020年)

TOTAL RETAIL SALES OF CONSUMER GOODS(2020)

单位：万元　　(10 000 yuan)

市 名 City		社会消费品零售总额 Total Retail Sales of Consumer Goods	城镇 Town	乡村 Village
全　省	**Total**	**67463422**	**55700211**	**11763211**
太原市	Taiyuan	16551131	15745176	805954
大同市	Datong	6553610	5035885	1517724
阳泉市	Yangquan	2903953	2458673	445280
长治市	Changzhi	5790391	4696644	1093747
晋城市	Jincheng	4689113	4002075	687038
朔州市	Shuozhou	2985075	2109403	875672
晋中市	Jinzhong	5933832	4612723	1321109
运城市	Yuncheng	7108351	5441253	1667097
忻州市	Xinzhou	3816343	2621849	1194494
临汾市	Linfen	6565876	5441395	1124481
吕梁市	Lvliang	4565748	3535134	1030615

19-47 旅游事业发展情况(2020年)
DEVELOPMENT OF TOURISM(2020)

市 名 City	接待入境过夜游客人数(人次) Inbound Overnight Tourists (person-time)	旅游外汇收入(万美元) Foreign Exchange Earnings from Tourism (USD 10 000)	接待国内游客人数(万人次) Domestic Tourists (10 000 person-times)	国内旅游收入(亿元) Revenue from Domestic Tourism (100 million yuan)
全 省 Total	**16529**	**605**	**33252**	**2919.71**
太原市 Taiyuan	5434	107	3594	354.61
大同市 Datong	1468	65	3329	290.79
阳泉市 Yangquan	47	5	1363	120.65
长治市 Changzhi	689	56	3291	271.22
晋城市 Jincheng	284	10	3265	289.26
朔州市 Shuozhou	167	5	2039	138.61
晋中市 Jinzhong	4785	233	4473	407.74
运城市 Yuncheng	1942	49	2634	231.79
忻州市 Xinzhou	1127	50	3227	281.00
临汾市 Linfen	256	13	3400	301.20
吕梁市 Lvliang	330	13	2639	232.84

19-48 公路通车里程(2020年)
LENGTH OF HIGHWAYS(2020)

单位：公里 (km)

市 名 City	公路通车里程 Length of Highways	在通车里程中 In Length of Highways					
		国道 State Class	省道 Province Class	县公路 County Class	乡公路 Township Class	专用公路 Special Purpose	村道 Village Class
全 省 Total	**144323**	**11399**	**6898**	**20383**	**47620**	**362**	**57661**
太原市 Taiyuan	7243	625	259	991	1698	94	3577
大同市 Datong	12715	755	764	2188	5274		3733
阳泉市 Yangquan	5717	418	321	764	885		3328
长治市 Changzhi	12169	992	692	1732	3853	48	4852
晋城市 Jincheng	9652	505	620	1126	3559	20	3821
朔州市 Shuozhou	10255	858	410	1373	3829	17	3767
晋中市 Jinzhong	16141	1279	709	2313	6227	17	5598
运城市 Yuncheng	16096	1236	708	2721	6135	65	5231
忻州市 Xinzhou	17448	1793	855	2286	6221	74	6218
临汾市 Linfen	19326	1653	718	2420	5549	27	8958
吕梁市 Lvliang	17562	1285	842	2469	4390		8577

19-49 公路等级里程(2020年)
LENGTH OF HIGHWAYS BY CLASS(2020)

单位：公里 (km)

市名	City	等级里程 Expressway and Class I to IV Expressways	高速 Express -way	一级 First Class	二级 Second Class
全　省	**Total**	**143226**	**5745**	**2877**	**16011**
太原市	Taiyuan	7217	293	246	941
大同市	Datong	12694	562	140	1224
阳泉市	Yangquan	5717	282	148	457
长治市	Changzhi	12156	382	139	1438
晋城市	Jincheng	9518	429	158	738
朔州市	Shuozhou	10202	453	217	1063
晋中市	Jinzhong	16115	653	560	2288
运城市	Yuncheng	16096	603	374	1941
忻州市	Xinzhou	17331	891	55	1836
临汾市	Linfen	19082	663	473	1956
吕梁市	Lvliang	17098	534	368	2129

市名	City	三级 Third Class	四级 Fourth Class	等外里程 Highway Below class IV	等级里程占总里程的百分比 Percentage to Total Length of Highways(%)
全　省	**Total**	**20624**	**97968**	**1097**	**99.2**
太原市	Taiyuan	1308	4430	26	99.6
大同市	Datong	2482	8285	20	99.8
阳泉市	Yangquan	617	4212		100.0
长治市	Changzhi	1904	8292	13	99.9
晋城市	Jincheng	1610	6583	134	98.6
朔州市	Shuozhou	1576	6893	53	99.5
晋中市	Jinzhong	1487	11127	26	99.8
运城市	Yuncheng	2140	11038		100.0
忻州市	Xinzhou	2073	12477	117	99.3
临汾市	Linfen	3265	12724	244	98.7
吕梁市	Lvliang	2162	11906	463	97.4

19-50 公路路面里程(2020年)

LENGTH OF PAVED HIGHWAYS(2020)

单位：公里 (km)

市名 City		有铺装路面里程 Length of Paved Highways	占总里程(%) Percentage to Highways	简易铺装路面里程 Length of Simply Paved Highways	占总里程(%) Percentage to Highways	未铺装路面里程 Length of Non-paved Highways
全 省	**Total**	**124572**	**86.3**	**11579**	**8.0**	**8171**
太原市	Taiyuan	6721	92.8	321	4.4	201
大同市	Datong	11833	93.1	143	1.1	738
阳泉市	Yangquan	5628	98.5	53	0.9	36
长治市	Changzhi	11284	92.7	858	7.1	27
晋城市	Jincheng	9173	95.0	350	3.6	128
朔州市	Shuozhou	8388	81.8	769	7.5	1098
晋中市	Jinzhong	12786	79.2	1364	8.4	1992
运城市	Yuncheng	13070	81.2	2960	18.4	66
忻州市	Xinzhou	15725	90.1	852	4.9	871
临汾市	Linfen	15041	77.8	2319	12.0	1966
吕梁市	Lvliang	14923	85.0	1591	9.1	1047

19-51 公路绿化里程(2020年)

LENGTH OF AFFOREST HIGHWAYS(2020)

单位：公里 (km)

市名 City		绿化里程 Length of Afforest Highways	占总里程(%) Percentage	在绿化里程中 In Length of Afforest Highways					
				国道 State Class	省道 Province Class	县公路 County Class	乡公路 Township Class	专用公路 Special Purpose	村道 Village Class
全 省	**Total**	**66544**	**46.11**	**8575**	**4943**	**14988**	**21924**	**229**	**15884**
太原市	Taiyuan	2911	40.19	413	173	977	844	82	422
大同市	Datong	4404	34.64	486	592	1360	1494		472
阳泉市	Yangquan	3972	69.47	313	192	721	823		1923
长治市	Changzhi	6635	54.52	729	539	1087	2137	46	2097
晋城市	Jincheng	2924	30.30	353	452	492	908	12	708
朔州市	Shuozhou	4252	41.46	671	295	933	1451	8	893
晋中市	Jinzhong	9393	58.19	1042	547	2000	3536	13	2253
运城市	Yuncheng	15024	93.34	1036	610	2521	5904	21	4932
忻州市	Xinzhou	4712	27.01	1355	524	1335	1347	30	121
临汾市	Linfen	7972	41.25	1178	506	2314	2552	16	1406
吕梁市	Lvliang	4345	24.74	1000	513	1248	929		655

19–52 镇(乡)村通公路、通油路情况(2020年)
TRAFFIC CONNECTION OF TOWNS, TOWNSHIPS AND VILLAGES(2020)

单位：个 (unit)

市名 City		行政村总数 Number of Administration Villages	通硬化路 Connect with Hardened Pavement	#通油路 Connect with Asphalt Highways	不通公路 Non–connect with Highways
全　省	**Total**	**19884**	**19883**	**19883**	**1**
太原市	Taiyuan	636	636	636	
大同市	Datong	1608	1608	1608	
阳泉市	Yangquan	676	676	676	
长治市	Changzhi	2439	2439	2439	
晋城市	Jincheng	1552	1551	1551	1
朔州市	Shuozhou	1219	1219	1219	
晋中市	Jinzhong	1929	1929	1929	
运城市	Yuncheng	2172	2172	2172	
忻州市	Xinzhou	2702	2702	2702	
临汾市	Linfen	2369	2369	2369	
吕梁市	Lvliang	2582	2582	2582	

市名 City		乡、镇总数 Number of Townships and Towns	#通油路数 Connect With Asphalt Highways	镇通油路数 Number of Towns	乡通油路数 Number of Townships
全　省	**Total**	**1189**	**1189**	**574**	**615**
太原市	Taiyuan	52	52	21	31
大同市	Datong	99	99	33	66
阳泉市	Yangquan	32	32	20	12
长治市	Changzhi	130	130	70	60
晋城市	Jincheng	74	74	48	26
朔州市	Shuozhou	69	69	19	50
晋中市	Jinzhong	118	118	59	59
运城市	Yuncheng	136	136	83	53
忻州市	Xinzhou	180	180	65	115
临汾市	Linfen	151	151	75	76
吕梁市	Lvliang	148	148	81	67

19-53 邮政电信业务基本情况(2020年)

BASIC CONDITIONS OF POST AND TELECOMMUNICATION SERVICES (2020)

单位：万元　　　　(10 000 yuan)

市名 City		邮政行业业务总量 Business Volume of Post Services	电信业务总量 Business Volume of Telecommunication Services	电话用户数(户) Number of Telephone Subscribers (subscriber)	固定 Fixed Telephone	移动 Mobile Telephone
全省	**Total**	**1507208**	**30917001**	**42672541**	**2444140**	**40228401**
太原市	Taiyuan	572011	6669878	10078902	763416	9315486
大同市	Datong	125849	2873561	3443656	167371	3276285
阳泉市	Yangquan	40037	1009168	1651252	97508	1553744
长治市	Changzhi	85315	2509264	4158653	199633	3959020
晋城市	Jincheng	36770	1803219	2469615	161160	2308455
朔州市	Shuozhou	37677	1413343	1718981	87133	1631848
晋中市	Jinzhong	98902	2651054	4108652	242210	3866442
运城市	Yuncheng	221253	3699744	4824439	258781	4565658
忻州市	Xinzhou	76925	2087035	2801069	124963	2676106
临汾市	Linfen	107657	3315656	4127998	189640	3938358
吕梁市	Lvliang	104812	2885080	3289324	152325	3136999

19-54 普通小学基本情况(2020年)

BASIC STATISTICS ON REGULAR PRIMARY SCHOOLS(2020)

单位：人　　　　(person)

市名 City		学校数(所) Number of Schools (unit)	毕业生数 Number of Graduates	招生数 Number of New Students Enrolment	在校学生数 Number of Students Enrolment	专任教师数 Number of Full-time Teachers
全省	**Total**	**5153**	**347823**	**410415**	**2352802**	**168284**
太原市	Taiyuan	445	48213	65392	340782	20243
大同市	Datong	342	31785	30279	188461	15863
阳泉市	Yangquan	236	13219	12596	76707	4944
长治市	Changzhi	493	27340	36643	215317	14607
晋城市	Jincheng	365	16326	19223	111263	8431
朔州市	Shuozhou	165	21466	20984	125512	8399
晋中市	Jinzhong	634	40420	39623	234180	15097
运城市	Yuncheng	745	40071	59807	324994	25561
忻州市	Xinzhou	405	26685	29288	180690	15005
临汾市	Linfen	773	41099	49813	279295	21590
吕梁市	Lvliang	550	41199	46767	275601	18544

19-55 普通中学基本情况(2020年)
BASIC STATISTICS ON REGULAR SECONDARY SCHOOLS(2020)

单位：人 (person)

市 名 City	学校数(所) Number of Schools (unit)			毕业生数 Number of Graduates		
	合 计 Total	初 中 Junior	高 中 Senior	合 计 Total	初 中 Junior	高 中 Senior
全 省 Total	**2227**	**1709**	**518**	**597471**	**370368**	**227103**
太原市 Taiyuan	221	131	90	66571	40539	26032
大同市 Datong	195	145	50	50257	29680	20577
阳泉市 Yangquan	86	69	17	21894	13979	7915
长治市 Changzhi	206	155	51	55794	34367	21427
晋城市 Jincheng	144	115	29	36718	22157	14561
朔州市 Shuozhou	86	60	26	40952	25234	15718
晋中市 Jinzhong	237	192	45	58725	39922	18803
运城市 Yuncheng	287	217	70	82008	49960	32048
忻州市 Xinzhou	225	188	37	47840	29077	18763
临汾市 Linfen	260	199	61	70519	43993	26526
吕梁市 Lvliang	280	238	42	66193	41460	24733

市 名 City	招生数 New Students Enrolment			在校学生数 Number of Students Enrolment		
	合 计 Total	初 中 Junior	高 中 Senior	合 计 Total	初 中 Junior	高 中 Senior
全 省 Total	**562744**	**341588**	**221156**	**1770093**	**1115602**	**654491**
太原市 Taiyuan	70780	44868	25912	205979	130284	75695
大同市 Datong	47902	30069	17833	147099	92137	54962
阳泉市 Yangquan	21414	13042	8372	65065	41062	24003
长治市 Changzhi	47277	26994	20283	161251	100041	61210
晋城市 Jincheng	29481	16164	13317	99022	57870	41152
朔州市 Shuozhou	39935	24999	14936	121590	78061	43529
晋中市 Jinzhong	64675	41835	22840	188337	126420	61917
运城市 Yuncheng	71517	41417	30100	233317	143123	90194
忻州市 Xinzhou	41591	24889	16702	138941	87842	51099
临汾市 Linfen	64561	38380	26181	209194	130967	78227
吕梁市 Lvliang	63611	38931	24680	200298	127795	72503

19-55 续表 continued

单位：人 (person)

市 名 City	专任教师数 Number of Full-time Teachers 合 计 Total	初 中 Junior	高 中 Senior
全 省 Total	**172916**	**108585**	**64331**
太原市 Taiyuan	19865	12155	7710
大同市 Datong	15227	9622	5605
阳泉市 Yangquan	5878	3849	2029
长治市 Changzhi	15054	9361	5693
晋城市 Jincheng	10330	6366	3964
朔州市 Shuozhou	10627	6296	4331
晋中市 Jinzhong	16929	11291	5638
运城市 Yuncheng	24447	14834	9613
忻州市 Xinzhou	14438	9253	5185
临汾市 Linfen	20571	12992	7579
吕梁市 Lvliang	19550	12566	6984

19-56 村卫生室情况(2020年)

MAIN INDICATORS OF RURAL CLINICS (2020)

单位：人 (person)

市 名 City	机构数(个) Institutions (unit)	执业(助理)医师 Licensed (Assistant) Doctors	注册护士 Registered Nurses	乡村医生 Rural Doctors	卫生员 Health Workers
全 省 Total	**27223**	**7105**	**490**	**29404**	**2011**
太原市 Taiyuan	925	648	22	992	74
大同市 Datong	1750	534	14	1862	132
阳泉市 Yangquan	865	266	30	1084	115
长治市 Changzhi	3484	954	32	3010	203
晋城市 Jincheng	2220	391	28	2378	111
朔州市 Shuozhou	1477	182	18	1427	114
晋中市 Jinzhong	2848	695	83	3446	82
运城市 Yuncheng	3543	1068	72	3750	472
忻州市 Xinzhou	3219	418	53	4034	123
临汾市 Linfen	3408	1086	58	3515	293
吕梁市 Lvliang	3484	863	80	3906	292

19-57 卫生机构数(2020年)
HEALTH CARE INSTITUTIONS(2020)

单位：个 (unit)

市 名 City		总 计 Total	#医 院 Hospitals	#疾病预防控制中心 Diseases Prevention and Control Centre	#妇幼保健院(所、站) Maternity and Child Care Centres
全 省	**Total**	**14343**	**1419**	**132**	**129**
太原市	Taiyuan	3100	164	14	10
大同市	Datong	1398	132	12	11
阳泉市	Yangquan	674	48	6	7
长治市	Changzhi	927	103	13	13
晋城市	Jincheng	943	94	7	7
朔州市	Shuozhou	657	82	7	7
晋中市	Jinzhong	962	101	12	12
运城市	Yuncheng	2066	275	14	15
忻州市	Xinzhou	1103	117	15	15
临汾市	Linfen	1374	195	18	18
吕梁市	Lvliang	1139	108	14	14

19-58 卫生机构床位数和人员情况(2020年)
BEDS AND PERSONNELS IN HEALTH CARE INSTITUTIONS(2020)

单位：人 (person)

市 名 City		卫生机构床位数(张) Beds (unit)	卫生技术人员 Medical Technical Personnels	#执业(助理)医师 Licensed (Assistant) Doctors	#注册护士 Registered Nurses
全 省	**Total**	**223650**	**260536**	**101667**	**115851**
太原市	Taiyuan	43166	65869	24850	32120
大同市	Datong	23084	23641	9709	10161
阳泉市	Yangquan	7844	10763	4024	4947
长治市	Changzhi	19610	22624	8799	10056
晋城市	Jincheng	14428	15352	6117	6457
朔州市	Shuozhou	10016	8796	3471	3752
晋中市	Jinzhong	17660	20004	7375	9089
运城市	Yuncheng	33246	32142	12526	13790
忻州市	Xinzhou	14206	15359	6114	6076
临汾市	Linfen	24501	28642	11505	12331
吕梁市	Lvliang	15889	17344	7177	7072

19-59 主要城市空气质量情况 (2020年)

AIR QUALITY IN MAJOR CITIES(2020)

市名 City		空气质量达标天数(天) Days Reach the Standard of Air Quality (day)	细颗粒物($PM_{2.5}$)年平均浓度($\mu g/m^3$) Annual Average Concentration of $PM_{2.5}$	可吸入颗粒物(PM_{10})年平均浓度($\mu g/m^3$) Annual Average Concentration of PM_{10}	二氧化硫年平均浓度($\mu g/m^3$) Annual Average Concentration of SO_2
全　省	**Total**	**263**	**44**	**83**	**19**
太原市	Taiyuan	224	54	95	17
大同市	Datong	315	31	70	29
阳泉市	Yangquan	256	46	78	20
长治市	Changzhi	272	44	77	17
晋城市	Jincheng	243	46	96	13
朔州市	Shuozhou	285	37	87	25
晋中市	Jinzhong	267	42	75	20
运城市	Yuncheng	242	57	90	13
忻州市	Xinzhou	263	44	71	20
临汾市	Linfen	225	52	86	18
吕梁市	Lvliang	303	33	86	18

市名 City		二氧化氮年平均浓度($\mu g/m^3$) Annual Average Concentration of NO_2	一氧化碳日均值第95百分位浓度(mg/m^3) Daily Average 95th Percentile Concentration of CO	臭氧(O_3)日最大8小时第90百分位浓度($\mu g/m^3$) Daily Maximum 8 Hours Average 90th Percentile Concentration of O_3
全　省	**Total**	**35**	**1.9**	**169**
太原市	Taiyuan	45	1.8	186
大同市	Datong	32	2.8	150
阳泉市	Yangquan	41	1.8	176
长治市	Changzhi	31	2.0	170
晋城市	Jincheng	31	2.1	176
朔州市	Shuozhou	32	1.3	150
晋中市	Jinzhong	36	1.6	176
运城市	Yuncheng	26	2.2	164
忻州市	Xinzhou	35	1.7	170
临汾市	Linfen	38	2.5	184
吕梁市	Lvliang	39	1.1	152

19-60 城镇居民家庭生活基本情况(2020年)
BASIC LIVING CONDITIONS OF URBAN HOUSEHOLDS(2020)

单位：元 (yuan)

市名 City	城镇居民人均可支配收入 Per Capita Disposable Income of Urban Households	工资性收入 Wages and Salaries	经营净收入 Net Business Income	财产净收入 Net Property Income	转移净收入 Net Transfer Income
全省 Total	**34793**	**20197**	**2943**	**2384**	**9268**
太原市 Taiyuan	38329	21530	3264	3703	9832
大同市 Datong	33945	17876	5334	1875	8860
阳泉市 Yangquan	35018	19857	2144	1477	11540
长治市 Changzhi	36010	21280	3059	2685	8986
晋城市 Jincheng	36332	24639	3020	2449	6224
朔州市 Shuozhou	36487	22155	5136	2017	7179
晋中市 Jinzhong	36578	20797	5596	2649	7535
运城市 Yuncheng	32728	19667	2981	1898	8182
忻州市 Xinzhou	31920	20872	3450	1860	5738
临汾市 Linfen	34408	21092	5402	1686	6228
吕梁市 Lvliang	30382	20417	3172	1694	5099

市名 City	城镇居民人均生活消费支出 Per Capita Living Expenditure of Urban Households	#食品烟酒 Food, Tobacco and Liquor	#衣着 Clothing	#居住 Residence	#教育文化娱乐 Education, Culture and Recreation
全省 Total	**20332**	**5304**	**1671**	**4452**	**2150**
太原市 Taiyuan	20559	4819	1547	5292	2392
大同市 Datong	15740	4738	1604	2871	1594
阳泉市 Yangquan	21919	5615	1651	3544	2146
长治市 Changzhi	19927	5105	1984	1906	2475
晋城市 Jincheng	22527	4759	2236	5689	2534
朔州市 Shuozhou	18645	4508	1931	3896	2922
晋中市 Jinzhong	17171	4808	1992	3159	1889
运城市 Yuncheng	15859	3963	1506	3431	2019
忻州市 Xinzhou	17290	4098	1661	3812	2752
临汾市 Linfen	16632	4441	1597	3210	1913
吕梁市 Lvliang	17054	3954	1657	3990	2013

19-61 农村居民家庭生活基本情况(2020年)
BASIC LIVING CONDITIONS OF RURAL HOUSEHOLDS(2020)

单位：元 (yuan)

市名 City	农村居民人均可支配收入 Per Capita Disposable Income of Rural Households	工资性收入 Wages and Salaries	经营净收入 Net Business Income	财产净收入 Net Property Income	转移净收入 Net Transfer Income
全省 Total	**13878**	**6347**	**3614**	**205**	**3712**
太原市 Taiyuan	19655	11055	3872	604	4124
大同市 Datong	11610	5004	3401	208	2997
阳泉市 Yangquan	16510	9764	3156	210	3380
长治市 Changzhi	16327	6972	6003	255	3097
晋城市 Jincheng	16054	9827	2758	417	3052
朔州市 Shuozhou	15812	6207	5453	117	4035
晋中市 Jinzhong	15767	8408	4403	622	2334
运城市 Yuncheng	12947	5956	4143	518	2330
忻州市 Xinzhou	9926	4230	3210	550	1936
临汾市 Linfen	13782	5857	5014	149	2762
吕梁市 Lvliang	10656	5987	2228	201	2240

市名 City	农村居民人均生活消费支出 Per Capita Living Expenditure of Rural Households	#食品烟酒 Food, Tobacco and Liquor	#衣着 Clothing	#居住 Residence	#教育文化娱乐 Education, Culture and Recreation
全省 Total	**10290**	**3248**	**721**	**2287**	**967**
太原市 Taiyuan	13969	3745	1098	3406	1377
大同市 Datong	8926	2851	599	1893	869
阳泉市 Yangquan	13154	3567	801	2785	1591
长治市 Changzhi	12042	4260	872	1669	1217
晋城市 Jincheng	11529	2584	797	2704	1251
朔州市 Shuozhou	9654	3065	570	1816	1084
晋中市 Jinzhong	10481	3197	818	2107	901
运城市 Yuncheng	10076	2639	740	2320	979
忻州市 Xinzhou	8390	2978	572	1560	905
临汾市 Linfen	10104	2981	930	2011	909
吕梁市 Lvliang	8006	2526	654	1676	644

19-62 全体居民人均可支配收入

单位：元

年 份 Year	太原市 Taiyuan	大同市 Datong	阳泉市 Yangquan	长治市 Changzhi	晋城市 Jincheng
1978		148	186	99	130
1979		170		112	147
1980		186	234	120	153
1981		205		113	161
1982	415	295		150	197
1983		355		214	262
1984		463		321	316
1985		501	578	376	384
1986		512	676	366	417
1987		572	759	406	460
1988		637	825	484	558
1989		741	1042	560	617
1990	1402	844	1279	613	680
1991		854	1456	670	675
1992		941	1683	740	801
1993		1053	2000	906	1011
1994		1522	2507	1136	1211
1995		1909	3011	1575	1785
1996		2455	3370	1925	2228
1997		2862	3573	2284	2686
1998		2887	3388	2480	2854
1999		2398	3580	2533	2895
2000	5372	2803	3395	2859	3365
2001	5760	2838	3741	3198	3511
2002	6491	3694	4360	3753	3959
2003	7239	4030	4860	4208	4489
2004	8192	4390	5743	4829	5106
2005	9158	5093	6822	5481	5652
2006	10139	5811	7736	6092	6372
2007	11827	6828	9021	7284	7623
2008	13134	8061	10335	8334	8718
2009	13493	8586	11254	9043	9502
2010	14909	9772	12560	10066	11185
2011	17489	11741	15042	12064	13272
2012	19671	13621	16498	13846	15157
2013	21801	14844	17911	15072	16515
2014	23579	16122	19419	16501	17905
2015	25408	17472	20793	17889	19352
2016	27169	18594	21951	19117	20578
2017	28935	19895	23422	20551	22039
2018	31031	21590	25134	22307	23855
2019	33563	23533	27126	24313	25897
2020	35473	24988	28529	25795	27475

PER CAPTIA DISPOSABLE INCOME OF THE PROVINCIAL HOUSEHOLDS

(yuan)

朔州市 Shuozhou	晋中市 Jinzhong	运城市 Yuncheng	忻州市 Xinzhou	临汾市 Linfen	吕梁市 Lvliang
			86	100	
			112		
			105	113	97
			106		101
			163		146
			262		233
		355	354		286
		334	351	510	332
		351	326	555	325
		358	345	596	331
		398	433	658	415
556		452	476	739	437
632	699	513	512	825	498
830		540	506	945	467
893		612	632	1068	550
1022		793	785	1266	670
1441		954	1022	1654	859
1682	1577	1282	1261	2171	1027
2117		1793	1395	2576	1280
2512		2083	1763	2769	1542
2741		2242	1891	2926	1607
2407		2246	1560	3170	1214
3207	2775	2345	1881	2744	1735
2773	2991	2669	1898	2989	1908
3726	3445	3225	2429	3337	2472
4151	3851	3624	2797	3720	2774
4613	4425	4057	3155	4324	3229
5334	5185	4611	3540	5035	3942
5982	5907	5154	4056	5661	4710
7239	6985	6080	4847	6456	5537
8551	8312	6931	5690	7240	6621
9803	9307	7494	6210	7977	7216
11469	10486	8231	7451	9237	7715
13075	12462	9874	8904	10941	9205
14866	14399	11425	10377	12624	10744
16204	15727	12470	11272	13779	11557
17599	17213	13697	12325	15052	12623
18975	18631	14922	13415	16347	13591
20113	19783	16001	14371	17438	14429
21581	21128	17153	15506	18764	15554
23204	22908	18707	16896	20192	16883
25237	24855	20406	18462	22107	18369
26576	26187	21680	19637	23439	19387

19-63 城镇居民人均可支配收入

单位：元

年 份 Year	太原市 Taiyuan	大同市 Datong	阳泉市 Yangquan	长治市 Changzhi	晋城市 Jincheng
1978	313	277	251	348	300
1979	362	301	278	351	303
1980	385	346	308	375	308
1981	418	372	341	386	315
1982	454	401	377	379	321
1983	479	435	418	407	330
1984	601	515	463	486	468
1985	646	624	575	665	508
1986	804	799	711	775	573
1987	933	875	828	828	712
1988	1104	930	902	1040	835
1989	1417	1233	1201	1161	1061
1990	1573	1396	1527	1276	1141
1991	1819	1476	1767	1506	1254
1992	2188	1506	2038	1588	1479
1993	2723	1691	2423	1895	1752
1994	3209	2519	2972	2365	2426
1995	3939	3238	3503	3017	3091
1996	4109	3845	3833	3478	3369
1997	5086	4438	3954	4192	4150
1998	5371	4160	3634	4107	4151
1999	5587	4241	3944	4142	4341
2000	5954	4499	4349	4484	4769
2001	6406	4896	4954	5110	5265
2002	7241	5903	6055	5984	5951
2003	8082	6443	6814	6796	6852
2004	9111	6896	8252	7763	7804
2005	10166	7975	9319	8649	8543
2006	11350	9054	10538	9563	9661
2007	13234	10574	12212	11602	11758
2008	14608	12526	13981	13254	13336
2009	14917	13171	15027	14280	14220
2010	16433	14419	16551	15675	16187
2011	19186	16937	19622	18429	18775
2012	21507	19361	21071	20639	21024
2013	23873	21316	23115	22682	23126
2014	25768	23043	24825	24565	24907
2015	27727	24771	26414	26407	26651
2016	29632	26273	27801	28094	28223
2017	31469	27981	29581	30060	30142
2018	33672	29911	31474	32024	32162
2019	36362	32252	33582	34426	34627
2020	38329	33945	35018	36010	36332

PER CAPTIA DISPOSABLE INCOME OF URBAN HOUSEHOLDS

(yuan)

朔州市 Shuozhou	晋中市 Jinzhong	运城市 Yuncheng	忻州市 Xinzhou	临汾市 Linfen	吕梁市 Lvliang
			286	260	
			318		
			345	377	243
			340		250
			373		297
			376		330
		467	436		390
		605	560	636	448
		727	634	745	477
		804	676	787	538
		946	877	836	651
1272	1016	1170	908	932	757
1364	1093	1259	974	1020	855
1489	1313	1387	1095	1208	951
1762	1357	1596	1278	1364	1144
2236	1668	2265	1541	1610	1336
3032	2099	2305	2193	2153	1804
3606	2550	2753	2407	2780	2038
3977	3015	3277	2462	3178	2225
4412	3116	3903	3067	3277	2587
4395	3288	4016	3160	3423	2706
4611	3405	4256	3498	3810	2993
4977	3961	4453	3696	4227	3774
5112	4491	5035	4075	4802	4682
6139	5309	6105	4821	5304	5706
6835	6046	6921	5469	6017	6394
7483	6930	7608	6131	7131	7153
8417	8015	8569	6724	8213	8095
9386	9164	9470	7746	9312	9186
11155	10832	11271	9022	10576	10679
13178	12996	12616	10572	11919	12697
14514	14578	13266	11459	13102	13707
16349	16319	14032	13958	14880	13901
18891	18947	16279	16041	17442	15857
21734	21464	18452	18213	19783	18203
23886	23589	20408	20016	21820	20005
25725	25652	22226	21735	23610	21485
27500	27525	24049	23452	25498	22903
28989	29149	25636	24987	27085	24180
30989	30927	27302	26536	28873	25704
32849	32947	29104	28341	30692	27323
35100	35187	31241	30375	32895	29181
36487	36578	32728	31920	34408	30382

19-64 城镇居民人均消费支出

单位：元

年 份 Year	太原市 Taiyuan	大同市 Datong	阳泉市 Yangquan	长治市 Changzhi	晋城市 Jincheng
1978	306	275	256	283	230
1979	340	300	277	295	236
1980	374	323	300	325	257
1981	389	383	325	337	299
1982	403	388	352	346	305
1983	418	414	384	366	315
1984	501	461	406	404	369
1985	585	567	540	533	451
1986	723	705	658	629	547
1987	846	752	739	655	671
1988	1070	958	910	868	838
1989	1261	1008	1166	1024	976
1990	1357	1101	1176	1040	1002
1991	1601	1149	1354	1147	1097
1992	1884	1304	1581	1253	1299
1993	2314	1489	1849	1555	1444
1994	2762	2129	2485	1854	1938
1995	3409	2874	2949	2397	2394
1996	3490	3335	2993	3033	2685
1997	4257	3526	3171	3570	2853
1998	4440	3382	3144	3125	2510
1999	4625	3443	3290	2901	2900
2000	5222	3444	3751	3373	3269
2001	5016	3589	3586	3698	3530
2002	5770	4076	3821	4217	4215
2003	6096	4269	4228	4624	4748
2004	6747	4489	5117	5110	5631
2005	7351	5078	6212	5530	5807
2006	8554	5375	6454	6467	6509
2007	10136	5881	7775	7816	7513
2008	9936	6567	8768	8140	9058
2009	10692	6631	8802	8649	9286
2010	10976	6964	10256	8980	10363
2011	11887	8410	11988	10438	12530
2012	12672	9234	12503	11753	14338
2013	13584	9803	12584	12483	14057
2014	14430	10494	12941	13319	14315
2015	15455	11342	13795	14411	16472
2016	16775	11785	15077	15724	17355
2017	18234	12776	13789	16997	18158
2018	19912	13936	17178	18288	20139
2019	21305	15062	21301	19575	21850
2020	20559	15740	21919	19927	22527

PER CAPTIA CONSUMPTION EXPENDITURE OF URBAN HOUSEHOLDS

(yuan)

朔州市 Shuozhou	晋中市 Jinzhong	运城市 Yuncheng	忻州市 Xinzhou	临汾市 Linfen	吕梁市 Lvliang
			245	236	
			293		178
			327	350	211
			343		231
			360		251
			376		291
		421	380		351
		608	530	598	438
		664	679	692	459
		814	659	732	468
		931	833	786	566
1009	796	1103	858	780	659
1173	841	1183	933	795	739
1102	1140	1173	1065	946	828
1299	1056	1278	1155	975	996
1687	1313	1347	1242	1147	1163
2083	1587	1811	1957	1492	1570
2747	1938	2165	2339	1940	1980
3370	2488	2925	2300	2344	2733
3507	2454	3212	2419	2527	2758
3396	2459	2792	2204	2492	2546
3639	2739	3342	2732	2653	2798
4121	3239	3028	2912	3027	3140
3663	3417	3308	2960	3263	3373
4346	3879	4171	3768	3959	4048
4473	4216	4489	3976	4197	4232
4875	4566	4498	4120	4748	4971
5417	5273	4743	4373	5257	6154
5998	5766	5386	4646	5897	6691
7562	6682	5639	5795	6625	6786
9178	7676	7334	7040	7498	8221
9372	8868	6803	8306	7922	8057
9480	9235	6263	8860	8824	8088
10808	10241	7743	9020	11133	9195
12381	10962	8034	9202	11436	9360
13347	11826	8822	9893	10506	10307
13633	12689	9863	10317	10523	12246
14096	13459	11228	11175	12502	12825
14364	14038	11405	12160	13388	13710
15585	15052	12327	13169	14665	14651
17036	16121	13641	14595	15759	15921
18520	17593	15807	16186	16862	17654
18645	17171	15859	17290	16632	17054

19-65 农村居民人均可支配收入

单位：元

年 份 Year	太原市 Taiyuan	大同市 Datong	阳泉市 Yangquan	长治市 Changzhi	晋城市 Jincheng
1978	116	95	132	62	114
1979	147	114	168	74	132
1980	156	112	171	78	138
1981	155	126	191	65	145
1982	259	245	227	109	183
1983	312	316	328	178	254
1984	458	435	478	290	298
1985	526	434	584	318	369
1986	556	351	599	279	397
1987	590	399	605	314	425
1988	660	464	642	361	519
1989	715	444	660	425	553
1990	763	515	684	463	611
1991	776	482	702	479	587
1992	864	598	810	544	695
1993	970	653	941	668	890
1994	1166	886	1224	831	1001
1995	1444	1039	1639	1211	1552
1996	2017	1512	2055	1518	2009
1997	2407	1766	2466	1770	2393
1998	2684	1982	2661	2032	2584
1999	2586	1068	2599	2084	2581
2000	2650	1495	2596	2209	2636
2001	2748	1255	2723	2436	2603
2002	3091	1856	2877	2662	2719
2003	3374	1986	3112	2902	2958
2004	3898	2216	3437	3284	3299
2005	4434	2412	3748	3599	3619
2006	4958	2684	4140	3922	3971
2007	5612	3062	4724	4452	4476
2008	6420	3389	5427	4991	4905
2009	6904	3629	5801	5396	5313
2010	7703	4112	6572	6032	5970
2011	8995	4996	7691	7177	7129
2012	10201	5710	8699	8218	8134
2013	11425	6441	9760	9229	9135
2014	12616	7137	10742	10311	10087
2015	13626	7708	11494	11095	10914
2016	14591	8217	12172	11863	11635
2017	15595	8862	12963	12705	12511
2018	16860	9710	14078	13818	13566
2019	18377	10725	15390	15151	14809
2020	19655	11610	16510	16327	16054

PER CAPTIA DISPOSABLE INCOME OF RURAL HOUSEHOLDS

(yuan)

朔州市 Shuozhou	晋中市 Jinzhong	运城市 Yuncheng	忻州市 Xinzhou	临汾市 Linfen	吕梁市 Lvliang
77	98	101	66	76	83
99	125	119	89	95	86
102	108	117	78	63	82
116	119	128	79	104	85
277	181	239	138	170	130
349	274	265	248	210	222
472	315	343	344	334	274
373	355	303	324	335	318
332	385	306	283	283	305
383	425	303	296	313	303
441	517	329	364	384	383
445	550	360	407	440	392
521	606	417	439	501	448
728	590	428	412	507	398
750	654	480	525	573	465
807	761	586	651	689	572
1098	1016	753	793	809	715
1229	1317	1054	1027	1130	869
1660	1703	1556	1170	1528	1128
2027	2032	1783	1480	1872	1368
2308	2161	1939	1608	2040	1418
1809	2104	1889	1108	2016	894
2229	2208	1966	1210	2201	1152
1490	2276	2011	1098	2328	1122
2317	2437	2168	1416	2476	1377
2535	2626	2334	1625	2681	1499
2813	2968	2604	1789	2995	1776
3103	3339	2827	1939	3351	2006
3427	3678	3075	2104	3628	2483
4185	4246	3420	2539	4103	2804
4780	4826	3839	2859	4439	3233
5181	5252	4156	3061	4802	3464
5974	5879	4741	3487	5351	3937
7108	6996	5690	4185	6158	4801
8097	8032	6458	4834	6983	5429
9149	9100	7285	5491	7862	6140
10137	10100	8125	6104	8755	6754
10816	10877	8718	6550	9376	7193
11478	11525	9365	7025	10005	7644
12305	12297	9992	7588	10742	8232
13423	13394	10916	8302	11630	9034
14717	14720	11997	9183	12809	9963
15812	15767	12947	9926	13782	10656

19-66 农村居民人均消费支出

单位：元

年 份 Year	太原市 Taiyuan	大同市 Datong	阳泉市 Yangquan	长治市 Changzhi	晋城市 Jincheng
1978		90	99		101
1979		98	124		113
1980		99	125		146
1981		108	138		146
1982		196	163		138
1983		287	239		180
1984		328	349		185
1985		319	418		291
1986		287	437		320
1987		299	436		357
1988		344	462		442
1989		338	475		443
1990		367	486		463
1991		389	498		507
1992		458	567		512
1993		564	871		579
1994		643	1055		623
1995		670	1085		1072
1996		821	1393		1096
1997		843	1438		1418
1998		863	1552		1316
1999	1657	945	1255		1252
2000	1657	917	1534		1364
2001	1639	887	1639		1547
2002	2092	898	1928	1441	1672
2003	2278	1052	2129	1494	1893
2004	2621	1124	2636	1791	2101
2005	2847	1411	2684	2176	2375
2006	3140	1476	3494	2607	2588
2007	3601	1758	3753	3124	2982
2008	4137	2058	3933	3756	3383
2009	4288	2085	3894	4077	3651
2010	4578	2721	4047	4670	3853
2011	6944	4118	4998	5636	5289
2012	7730	4640	5342	6651	6044
2013	8743	4993	6294	7323	7609
2014	9444	5454	7468	7996	7973
2015	10124	5961	7994	8524	8194
2016	10929	6292	8968	9025	9297
2017	11546	6814	9541	9611	9278
2018	12365	7623	10553	10398	10318
2019	13228	8381	12030	11339	10834
2020	13969	8926	13154	12042	11529

PER CAPTIA CONSUMPTION EXPENDITURE OF RURAL HOUSEHOLDS

(yuan)

朔州市 Shuozhou	晋中市 Jinzhong	运城市 Yuncheng	忻州市 Xinzhou	临汾市 Linfen	吕梁市 Lvliang
			57		70
			75		72
			69		65
			69		62
			117		68
	192		206		179
	228		292		180
	252		263		240
	283		235	256	269
	328		242	271	281
	375		287	330	326
399	428		346	354	337
459	496		364	390	381
412	507		321	403	318
444	518		404	403	405
471	692		533	511	928
527	792		642	561	981
690	1109		863	613	852
905	1191	1200	995	972	1079
819	1226	1150	1199	990	979
713	1145	1136	1243	904	943
851	1321	1136	946	965	884
807	1252	1171	1010	1051	1013
858	1306	1288	911	1119	1122
963	1535	1378	955	1204	1048
1556	1659	1416	1098	1339	1276
1683	1986	1587	1190	1668	1571
1743	2173	1855	1887	1859	1914
1904	2399	2260	2023	2107	2327
2327	2642	2531	2543	2551	2547
2974	2890	2846	2894	2894	3053
2827	3074	2904	3079	3118	3271
3369	3801	3010	3450	3422	3510
4922	5352	4141	4160	4281	4120
5544	5971	4671	4850	4483	4530
6941	6330	5569	5949	5113	5021
6431	6851	6126	6412	6009	5403
6837	7334	6838	6500	6623	5572
7698	7737	7513	6650	7664	5940
7759	8097	7730	6883	8157	6369
7923	8893	8710	7291	8863	7046
9115	9833	9851	7838	9528	7553
9654	10481	10076	8390	10104	8006

20 县（市、区）篇

COUNTIES, CITIES
AND DISTRICTS AT COUNTY LEVEL

20-1 常住人口数(2011–2020年)

RESIDENT POPULATION(2011–2020)

单位：人 (person)

县(市、区)	Region	2011				
		常住人口 Resident Population	按性别分 By Sex		按城乡分 By Residence	
			男 Male	女 Female	城镇人口 Urban	乡村人口 Rural
太原市	**Taiyuan**					
小店区	Xiaodian	864875	449040	415835	787078	77797
迎泽区	Yingze	592239	284223	308016	572250	19989
杏花岭区	Xinghualing	661353	332331	329022	614627	46726
尖草坪区	Jiancaoping	431031	219446	211585	401440	29591
万柏林区	Wanbailin	772999	406380	366619	752397	20602
晋源区	Jinyuan	232452	117659	114793	154894	77558
清徐县	Qingxu	343911	175678	168233	102330	241581
阳曲县	Yangqu	121078	63349	57729	40567	80511
娄烦县	Loufan	104190	55015	49175	39180	65010
古交市	Gujiao	205589	107967	97622	148108	57481
大同市	**Datong**					
新荣区	Xinrong	119945	62651	57294	31160	88785
平城区	Pingcheng	923151	466529	456622	787168	135983
云冈区	Yungang	711513	361401	350112	580443	131070
云州区	Yunzhou	178446	93698	84748	60743	117703
阳高县	Yanggao	250522	127645	122877	86520	164002
天镇县	Tianzhen	214891	108388	106503	65506	149385
广灵县	Guangling	178756	92229	86527	35660	143096
灵丘县	Lingqiu	230648	121071	109577	52536	178112
浑源县	Hunyuan	331789	168137	163652	107247	224542
左云县	Zuoyun	151687	76389	75298	63819	87868
阳泉市	**Yangquan**					
城　区	Chengqu	234238	117542	116696	229787	4451
矿　区	Kuangqu	258648	132658	125990	258648	
郊　区	Jiaoqu	229592	121898	107694	135643	93949
平定县	Pingding	331680	172069	159611	111146	220534
盂　县	Yuxian	307648	159139	148509	99768	207880
长治市	**Changzhi**					
潞州区	Luzhou	787987	404081	383906	673375	114612
上党区	Shangdang	338463	169270	169193	95260	243203
屯留区	Tunliu	262818	135033	127785	79489	183329
潞城区	Lucheng	226058	115497	110561	108756	117302
襄垣县	Xiangyuan	269373	140030	129343	106475	162898
平顺县	Pingshun	145106	75692	69414	31807	113299
黎城县	Licheng	155343	79822	75521	52086	103257
壶关县	Huguan	284319	142728	141591	62717	221602
长子县	Zhangzi	344944	176379	168565	78798	266146
武乡县	Wuxiang	177720	95267	82453	46785	130935
沁　县	Qinxian	166916	88115	78801	53924	112992
沁源县	Qinyuan	157058	85244	71814	54860	102198

注：本表2011–2019年数据根据第七次全国人口普查数据修订，2020年数据根据第七次全国人口普查数据推算。

Note: The data in this table from 2011 to 2019 are revised according to the Seventh National Population Census, and the data of 2020 are estimated according to the census.

20-1 续表1 continued

单位：人 (person)

县(市、区)	Region	2011 常住人口 Resident Population	按性别分 By Sex 男 Male	女 Female	按城乡分 By Residence 城镇人口 Urban	乡村人口 Rural
晋 城 市	**Jincheng**					
城　区	Chengqu	487556	245569	241987	487556	
沁水县	Qinshui	210750	107825	102925	74386	136364
阳城县	Yangcheng	383327	190991	192336	150969	232358
陵川县	Lingchuan	228519	116297	112222	76128	152391
泽州县	Zezhou	476050	242624	233426	184007	292043
高平市	Gaoping	480533	237460	243073	217557	262976
朔 州 市	**Shuozhou**					
朔城区	Shuocheng	510575	262759	247816	299002	211573
平鲁区	Pinglu	198275	103627	94648	93846	104429
山阴县	Shanyin	234987	122308	112679	105462	129525
应　县	Yingxian	319705	166440	153265	94401	225304
右玉县	Youyu	109791	61049	48742	51856	57935
怀仁市	Huairen	329043	172792	156251	173339	155704
晋 中 市	**Jinzhong**					
榆次区	Yuci	662104	332221	329883	472660	189444
太谷区	Taigu	301029	159154	141875	120629	180400
榆社县	Yushe	132283	69834	62449	41096	91187
左权县	Zuoquan	159522	84687	74835	60321	99201
和顺县	Heshun	141801	74567	67234	57058	84743
昔阳县	Xiyang	223977	118554	105423	62074	161903
寿阳县	Shouyang	209902	113229	96673	65338	144564
祁　县	Qixian	264331	137323	127008	84708	179623
平遥县	Pingyao	497506	258545	238961	177898	319608
灵石县	Lingshi	259935	139720	120215	115308	144627
介休市	Jiexiu	408755	209717	199038	240329	168426
运 城 市	**Yuncheng**					
盐湖区	Yanhu	699523	349716	349807	458904	240619
临猗县	Linyi	563313	288877	274436	186137	377176
万荣县	Wanrong	431137	218609	212528	90535	340602
闻喜县	Wenxi	398814	203321	195493	156611	242203
稷山县	Jishan	343702	175518	168184	103432	240270
新绛县	Xinjiang	327159	166433	160726	111636	215523
绛　县	Jiangxian	275964	139874	136090	122307	153657
垣曲县	Yuanqu	227431	117092	110339	94998	132433
夏　县	Xiaxian	346047	178005	168042	80591	265456
平陆县	Pinglu	252805	130181	122624	60717	192088
芮城县	Ruicheng	389226	196740	192486	155507	233719
永济市	Yongji	439345	222361	216984	180940	258405
河津市	Hejin	395647	202490	193157	182067	213580
忻 州 市	**Xinzhou**					
忻府区	Xinfu	547672	276499	271173	291366	256306
定襄县	Dingxiang	215301	108396	106905	67487	147814
五台县	Wutai	292633	150745	141888	80462	212171
代　县	Daixian	210864	109812	101052	77364	133500

20-1 续表2 continued

单位：人 (person)

县(市、区)	Region	2011				
		常住人口 Resident Population	按性别分 By Sex		按城乡分 By Residence	
			男 Male	女 Female	城镇人口 Urban	乡村人口 Rural
繁峙县	Fanshi	265307	138151	127156	99330	165977
宁武县	Ningwu	158798	84853	73945	68172	90626
静乐县	Jingle	152938	81953	70985	47303	105635
神池县	Shenchi	103423	54826	48597	32174	71249
五寨县	Wuzhai	106996	54460	52536	41527	65469
岢岚县	Kelan	82814	43819	38995	34517	48297
河曲县	Hequ	143121	75909	67212	61412	81709
保德县	Baode	158594	84562	74032	53318	105276
偏关县	Pianguan	108330	56115	52215	44517	63813
原平市	Yuanping	483666	248788	234878	206254	277412
临汾市	**Linfen**					
尧都区	Yaodu	946130	473454	472676	586491	359639
曲沃县	Quwo	234583	119078	115505	74616	159967
翼城县	Yicheng	306648	155094	151554	93093	213555
襄汾县	Xiangfen	441084	228337	212747	142418	298666
洪洞县	Hongtong	722506	366333	356173	247734	474772
古　县	Guxian	90564	47438	43126	30292	60272
安泽县	Anze	81337	43285	38052	27140	54197
浮山县	Fushan	124914	64980	59934	38533	86381
吉　县	Jixian	104581	53639	50942	28590	75991
乡宁县	Xiangning	230655	120880	109775	65663	164992
大宁县	Daning	63210	32665	30545	23930	39280
隰　县	Xixian	102454	53262	49192	38234	64220
永和县	Yonghe	62333	31951	30382	21497	40836
蒲　县	Puxian	106226	55844	50382	41946	64280
汾西县	Fenxi	140547	73137	67410	51718	88829
侯马市	Houma	241463	121475	119988	141444	100019
霍州市	Huozhou	281537	144385	137152	160217	121320
吕梁市	**Lvliang**					
离石区	Lishi	332051	169073	162978	237222	94829
文水县	Wenshui	416293	212553	203740	122521	293772
交城县	Jiaocheng	230247	117495	112752	106583	123664
兴　县	Xingxian	270091	140443	129648	81468	188623
临　县	Linxian	560731	291311	269420	129481	431250
柳林县	Liulin	317153	169479	147674	109956	207197
石楼县	Shilou	110349	57735	52614	40070	70279
岚　县	Lanxian	171603	89062	82541	46227	125376
方山县	Fangshan	140420	74894	65526	37739	102681
中阳县	Zhongyang	141114	75159	65955	80419	60695
交口县	Jiaokou	117485	62303	55182	40128	77357
孝义市	Xiaoyi	469942	236076	233866	274678	195264
汾阳市	Fenyang	415693	212977	202716	160251	255442

20-1 续表3 continued

单位：人 (person)

县(市、区)	Region	2012 常住人口 Resident Population	按性别分 By Sex 男 Male	女 Female	按城乡分 By Residence 城镇人口 Urban	乡村人口 Rural
太 原 市	**Taiyuan**					
小店区	Xiaodian	918754	471552	447202	838591	80163
迎泽区	Yingze	592399	282264	310135	573293	19106
杏花岭区	Xinghualing	676048	338336	337712	628892	47156
尖草坪区	Jiancaoping	445067	222672	222395	415046	30021
万柏林区	Wanbailin	793785	413410	380375	774852	18933
晋源区	Jinyuan	242409	122140	120269	167080	75329
清徐县	Qingxu	343953	173927	170026	107639	236314
阳曲县	Yangqu	121871	63108	58763	43867	78004
娄烦县	Loufan	102611	53785	48826	40187	62424
古交市	Gujiao	206082	107410	98672	149337	56745
大 同 市	**Datong**					
新荣区	Xinrong	116465	61096	55369	32122	84343
平城区	Pingcheng	939584	473719	465865	814710	124874
云冈区	Yungang	706906	358635	348271	580693	126213
云州区	Yunzhou	176870	93049	83821	62461	114409
阳高县	Yanggao	243969	126422	117547	87122	156847
天镇县	Tianzhen	208798	105207	103591	66175	142623
广灵县	Guangling	174743	92309	82434	37931	136812
灵丘县	Lingqiu	227076	119053	108023	55293	171783
浑源县	Hunyuan	319241	163825	155416	107489	211752
左云县	Zuoyun	147021	73803	73218	63697	83324
阳 泉 市	**Yangquan**					
城　区	Chengqu	232952	116992	115960	228596	4356
矿　区	Kuangqu	254729	129752	124977	254729	
郊　区	Jiaoqu	233900	120571	113329	141229	92671
平定县	Pingding	327805	170032	157773	115387	212418
盂　县	Yuxian	303723	154380	149343	106003	197720
长 治 市	**Changzhi**					
潞州区	Luzhou	803777	404651	399126	687429	116348
上党区	Shangdang	334678	168756	165922	101022	233656
屯留区	Tunliu	261805	132696	129109	84418	177387
潞城区	Lucheng	225123	116136	108987	111266	113857
襄垣县	Xiangyuan	268241	140695	127546	110260	157981
平顺县	Pingshun	140253	71813	68440	32489	107764
黎城县	Licheng	152165	78697	73468	53234	98931
壶关县	Huguan	277621	140634	136987	66420	211201
长子县	Zhangzi	337766	173125	164641	81706	256060
武乡县	Wuxiang	173639	91532	82107	47516	126123
沁　县	Qinxian	162329	86900	75429	54696	107633
沁源县	Qinyuan	155596	83845	71751	56753	98843

20-1 续表4 continued

单位：人 (person)

县(市、区)	Region	2012 常住人口 Resident Population	按性别分 By Sex 男 Male	女 Female	按城乡分 By Residence 城镇人口 Urban	乡村人口 Rural
晋城市	**Jincheng**					
城　区	Chengqu	498472	251692	246780	498472	
沁水县	Qinshui	208236	105698	102538	77018	131218
阳城县	Yangcheng	377740	189125	188615	152702	225038
陵川县	Lingchuan	225099	114442	110657	77552	147547
泽州县	Zezhou	467169	235958	231211	185729	281440
高平市	Gaoping	475159	235277	239882	219984	255175
朔州市	**Shuozhou**					
朔城区	Shuocheng	514433	267625	246808	306994	207439
平鲁区	Pinglu	192193	98635	93558	93071	99122
山阴县	Shanyin	230864	118656	112208	106888	123976
应　县	Yingxian	311500	161586	149914	96222	215278
右玉县	Youyu	107263	55384	51879	51812	55451
怀仁市	Huairen	330521	170807	159714	178927	151594
晋中市	**Jinzhong**					
榆次区	Yuci	689046	347012	342034	498155	190891
太谷区	Taigu	303128	159114	144014	127216	175912
榆社县	Yushe	129871	67855	62016	42596	87275
左权县	Zuoquan	157704	80476	77228	62108	95596
和顺县	Heshun	139494	71384	68110	58030	81464
昔阳县	Xiyang	220171	112653	107518	65163	155008
寿阳县	Shouyang	208628	108165	100463	68887	139741
祁　县	Qixian	263171	135607	127564	88806	174365
平遥县	Pingyao	491959	255105	236854	182627	309332
灵石县	Lingshi	258198	136041	122157	118866	139332
介休市	Jiexiu	410637	211285	199352	245764	164873
运城市	**Yuncheng**					
盐湖区	Yanhu	717328	362638	354690	483605	233723
临猗县	Linyi	553060	282426	270634	188047	365013
万荣县	Wanrong	422176	216244	205932	93634	328542
闻喜县	Wenxi	392924	200477	192447	156659	236265
稷山县	Jishan	339793	172917	166876	106362	233431
新绛县	Xinjiang	321418	164113	157305	112791	208627
绛　县	Jiangxian	269800	137681	132119	119791	150009
垣曲县	Yuanqu	223598	116968	106630	97715	125883
夏　县	Xiaxian	338758	173454	165304	82121	256637
平陆县	Pinglu	246985	128871	118114	63320	183665
芮城县	Ruicheng	383069	192841	190228	158836	224233
永济市	Yongji	433166	222028	211138	182070	251096
河津市	Hejin	395435	205389	190046	187745	207690
忻州市	**Xinzhou**					
忻府区	Xinfu	550050	278126	271924	300676	249374
定襄县	Dingxiang	212850	108199	104651	69752	143098
五台县	Wutai	285201	147116	138085	83040	202161
代　县	Daixian	207365	108106	99259	78895	128470

20-1 续表5 continued

单位：人 (person)

县(市、区)	Region	2012				
		常住人口 Resident Population	按性别分 By Sex		按城乡分 By Residence	
			男 Male	女 Female	城镇人口 Urban	乡村人口 Rural
繁峙县	Fanshi	263649	137465	126184	102808	160841
宁武县	Ningwu	155841	82476	73365	69256	86585
静乐县	Jingle	149161	79267	69894	48740	100421
神池县	Shenchi	100271	52521	47750	32823	67448
五寨县	Wuzhai	106206	55204	51002	42995	63211
岢岚县	Kelan	81381	43058	38323	35310	46071
河曲县	Hequ	140915	74934	65981	62644	78271
保德县	Baode	157060	83997	73063	55590	101470
偏关县	Pianguan	104472	54054	50418	44476	59996
原平市	Yuanping	475660	245182	230478	209441	266219
临汾市	**Linfen**					
尧都区	Yaodu	947358	479655	467703	600336	347022
曲沃县	Quwo	231907	119166	112741	77423	154484
翼城县	Yicheng	301286	152655	148631	95795	205491
襄汾县	Xiangfen	438867	233948	204919	145765	293102
洪洞县	Hongtong	710542	368376	342166	249792	460750
古县	Guxian	89202	46654	42548	31704	57498
安泽县	Anze	80614	41697	38917	28222	52392
浮山县	Fushan	121865	63495	58370	39356	82509
吉县	Jixian	102709	53491	49218	29703	73006
乡宁县	Xiangning	227760	117305	110455	68566	159194
大宁县	Daning	61723	32328	29395	24594	37129
隰县	Xixian	101158	52690	48468	39443	61715
永和县	Yonghe	60842	32327	28515	21915	38927
蒲县	Puxian	104928	54093	50835	42689	62239
汾西县	Fenxi	136030	71901	64129	52054	83976
侯马市	Houma	242630	123474	119156	144871	97759
霍州市	Huozhou	280102	143273	136829	162855	117247
吕梁市	**Lvliang**					
离石区	Lishi	344781	178140	166641	246926	97855
文水县	Wenshui	410846	213210	197636	124132	286714
交城县	Jiaocheng	229762	118027	111735	109342	120420
兴县	Xingxian	260189	133311	126878	83071	177118
临县	Linxian	541036	281677	259359	133755	407281
柳林县	Liulin	313354	162638	150716	110268	203086
石楼县	Shilou	108532	55862	52670	41041	67491
岚县	Lanxian	168778	86712	82066	47986	120792
方山县	Fangshan	136812	71393	65419	38994	97818
中阳县	Zhongyang	140707	72661	68046	81509	59198
交口县	Jiaokou	114446	58947	55499	40419	74027
孝义市	Xiaoyi	470687	245284	225403	282081	188606
汾阳市	Fenyang	414657	211927	202730	164189	250468

20-1 续表6 continued

单位：人 (person)

县(市、区)	Region	2013				
		常住人口 Resident Population	按性别分 By Sex		按城乡分 By Residence	
			男 Male	女 Female	城镇人口 Urban	乡村人口 Rural
太原市	**Taiyuan**					
小店区	Xiaodian	969214	507188	462026	888138	81076
迎泽区	Yingze	592603	294895	297708	574735	17868
杏花岭区	Xinghualing	689596	338719	350877	642461	47135
尖草坪区	Jiancaoping	455093	229651	225442	425261	29832
万柏林区	Wanbailin	811468	413621	397847	795116	16352
晋源区	Jinyuan	251325	128220	123105	179408	71917
清徐县	Qingxu	344006	175437	168569	113573	230433
阳曲县	Yangqu	122646	64508	58138	47408	75238
娄烦县	Loufan	101115	52125	48990	41371	59744
古交市	Gujiao	206607	109098	97509	150729	55878
大同市	**Datong**					
新荣区	Xinrong	113134	57496	55638	33048	80086
平城区	Pingcheng	959238	483617	475621	848188	111050
云冈区	Yungang	703571	355377	348194	582407	121164
云州区	Yunzhou	172911	89128	83783	63388	109523
阳高县	Yanggao	237771	123287	114484	87612	150159
天镇县	Tianzhen	202593	103641	98952	66721	135872
广灵县	Guangling	171281	92211	79070	40225	131056
灵丘县	Lingqiu	223964	116315	107649	58395	165569
浑源县	Hunyuan	307817	156310	151507	108907	198910
左云县	Zuoyun	142807	71829	70978	63807	79000
阳泉市	**Yangquan**					
城　区	Chengqu	231641	115324	116317	227356	4285
矿　区	Kuangqu	250799	127168	123631	250799	
郊　区	Jiaoqu	238974	122798	116176	148355	90619
平定县	Pingding	324032	168173	155859	119940	204092
盂　县	Yuxian	299859	153722	146137	109418	190441
长治市	**Changzhi**					
潞州区	Luzhou	813701	413853	399848	696812	116889
上党区	Shangdang	332063	167267	164796	107305	224758
屯留区	Tunliu	260544	131867	128677	89509	171035
潞城区	Lucheng	224056	116108	107948	113965	110091
襄垣县	Xiangyuan	267043	141594	125449	114280	152763
平顺县	Pingshun	136988	69814	67174	33568	103420
黎城县	Licheng	149705	78727	70978	54739	94966
壶关县	Huguan	272218	137462	134756	70482	201736
长子县	Zhangzi	331990	168978	163012	85138	246852
武乡县	Wuxiang	170996	90394	80602	48725	122271
沁　县	Qinxian	158777	85231	73546	55865	102912
沁源县	Qinyuan	154664	83995	70669	58965	95699

20-1 续表7 continued

单位：人 (person)

县(市、区)	Region	2013				
		常住人口 Resident Population	按性别分 By Sex		按城乡分 By Residence	
			男 Male	女 Female	城镇人口 Urban	乡村人口 Rural
晋 城 市	**Jincheng**					
城　区	Chengqu	511024	258658	252366	511024	
沁水县	Qinshui	205661	104808	100853	78771	126890
阳城县	Yangcheng	372219	188053	184166	153442	218777
陵川县	Lingchuan	221416	114457	106959	78270	143146
泽州县	Zezhou	458060	226810	231250	186173	271887
高平市	Gaoping	469364	228702	240662	221386	247978
朔 州 市	**Shuozhou**					
朔城区	Shuocheng	519635	276879	242756	317347	202288
平鲁区	Pinglu	186643	96733	89910	92065	94578
山阴县	Shanyin	227077	120700	106377	107992	119085
应　县	Yingxian	303691	158928	144763	96641	207050
右玉县	Youyu	105023	55225	49798	52076	52947
怀仁市	Huairen	332273	173093	159180	187137	145136
晋 中 市	**Jinzhong**					
榆次区	Yuci	718582	362819	355763	526218	192364
太谷区	Taigu	305492	155440	150052	134781	170711
榆社县	Yushe	127431	60573	66858	43841	83590
左权县	Zuoquan	156010	79399	76611	63932	92078
和顺县	Heshun	137152	71280	65872	58974	78178
昔阳县	Xiyang	216304	114480	101824	66686	149618
寿阳县	Shouyang	207489	111193	96296	71240	136249
祁　县	Qixian	262049	136252	125797	91550	170499
平遥县	Pingyao	486459	258855	227604	189871	296588
灵石县	Lingshi	256594	133828	122766	123870	132724
介休市	Jiexiu	412918	210626	202292	251243	161675
运 城 市	**Yuncheng**					
盐湖区	Yanhu	736467	368534	367933	506938	229529
临猗县	Linyi	542940	277171	265769	189191	353749
万荣县	Wanrong	413695	212727	200968	96480	317215
闻喜县	Wenxi	387306	202635	184671	156179	231127
稷山县	Jishan	336070	171901	164169	108956	227114
新绛县	Xinjiang	316070	161812	154258	113604	202466
绛　县	Jiangxian	264208	135801	128407	117625	146583
垣曲县	Yuanqu	219820	113187	106633	100014	119806
夏　县	Xiaxian	331669	172933	158736	83344	248325
平陆县	Pinglu	241186	126244	114942	65679	175507
芮城县	Ruicheng	377460	190464	186996	161711	215749
永济市	Yongji	427452	220745	206707	182651	244801
河津市	Hejin	395022	207783	187239	192904	202118
忻 州 市	**Xinzhou**					
忻府区	Xinfu	552230	276996	275234	310359	241871
定襄县	Dingxiang	210549	108927	101622	72536	138013
五台县	Wutai	278353	141925	136428	86323	192030
代　县	Daixian	203860	106099	97761	80689	123171

20-1 续表8 continued

单位：人 (person)

县(市、区)	Region	2013 常住人口 Resident Population	按性别分 By Sex 男 Male	女 Female	按城乡分 By Residence 城镇人口 Urban	乡村人口 Rural
繁峙县	Fanshi	261928	134362	127566	106357	155571
宁武县	Ningwu	153166	79358	73808	70187	82979
静乐县	Jingle	145392	77445	67947	50559	94833
神池县	Shenchi	97091	51615	45476	33729	63362
五寨县	Wuzhai	105327	54964	50363	44270	61057
岢岚县	Kelan	79967	41992	37975	35720	44247
河曲县	Hequ	138601	73515	65086	63429	75172
保德县	Baode	155552	82106	73446	58343	97209
偏关县	Pianguan	100693	52313	48380	44134	56559
原平市	Yuanping	467648	242046	225602	212369	255279
临汾市	**Linfen**					
尧都区	Yaodu	948641	481095	467546	617047	331594
曲沃县	Quwo	229284	116912	112372	80490	148794
翼城县	Yicheng	296095	156263	139832	99084	197011
襄汾县	Xiangfen	436646	222583	214063	148737	287909
洪洞县	Hongtong	699086	363552	335534	252098	446988
古　县	Guxian	87835	46207	41628	33069	54766
安泽县	Anze	79810	40595	39215	29169	50641
浮山县	Fushan	118801	60125	58676	40122	78679
吉　县	Jixian	100787	52180	48607	30850	69937
乡宁县	Xiangning	224849	117399	107450	70925	153924
大宁县	Daning	60282	30802	29480	25007	35275
隰　县	Xixian	99860	51813	48047	40260	59600
永和县	Yonghe	59450	32310	27140	22255	37195
蒲　县	Puxian	103699	53023	50676	43355	60344
汾西县	Fenxi	131519	66485	65034	52397	79122
侯马市	Houma	243803	125377	118426	149122	94681
霍州市	Huozhou	278659	144216	134443	166332	112327
吕梁市	**Lvliang**					
离石区	Lishi	356977	184270	172707	256478	100499
文水县	Wenshui	405475	208561	196914	128119	277356
交城县	Jiaocheng	229281	118771	110510	111188	118093
兴　县	Xingxian	250216	131664	118552	85016	165200
临　县	Linxian	521525	272513	249012	139737	381788
柳林县	Liulin	309455	166585	142870	112511	196944
石楼县	Shilou	106659	56266	50393	41388	65271
岚　县	Lanxian	166192	85946	80246	50828	115364
方山县	Fangshan	133101	71492	61609	40577	92524
中阳县	Zhongyang	140292	76669	63623	82247	58045
交口县	Jiaokou	111428	57469	53959	40517	70911
孝义市	Xiaoyi	471427	248140	223287	290462	180965
汾阳市	Fenyang	413613	208945	204668	170414	243199

20-1 续表9 continued

单位：人 (person)

县(市、区)	Region	2014 常住人口 Resident Population	按性别分 By Sex 男 Male	女 Female	按城乡分 By Residence 城镇人口 Urban	乡村人口 Rural
太 原 市	**Taiyuan**					
小店区	Xiaodian	1006185	519129	487056	924659	81526
迎泽区	Yingze	592785	288956	303829	575860	16925
杏花岭区	Xinghualing	698043	341325	356718	651098	46945
尖草坪区	Jiancaoping	462206	236854	225352	432601	29605
万柏林区	Wanbailin	823492	424639	398853	809121	14371
晋源区	Jinyuan	257537	131896	125641	188658	68879
清徐县	Qingxu	344055	175198	168857	117993	226062
阳曲县	Yangqu	123485	64470	59015	50215	73270
娄烦县	Loufan	98997	51586	47411	41788	57209
古交市	Gujiao	207146	107764	99382	151889	55257
大 同 市	**Datong**					
新荣区	Xinrong	109828	57256	52572	33781	76047
平城区	Pingcheng	980308	492665	487643	885193	95115
云冈区	Yungang	702127	355344	346783	584668	117459
云州区	Yunzhou	170230	88420	81810	65378	104852
阳高县	Yanggao	231558	118055	113503	88519	143039
天镇县	Tianzhen	197193	101784	95409	67263	129930
广灵县	Guangling	169154	88994	80160	42782	126372
灵丘县	Lingqiu	222863	118522	104341	61745	161118
浑源县	Hunyuan	298868	152220	146648	109541	189327
左云县	Zuoyun	139723	72051	67672	64192	75531
阳 泉 市	**Yangquan**					
城　区	Chengqu	231051	115514	115537	226800	4251
矿　区	Kuangqu	248166	127291	120875	248166	
郊　区	Jiaoqu	244373	127033	117340	156008	88365
平定县	Pingding	321578	167818	153760	124933	196645
盂　县	Yuxian	297317	154011	143306	113809	183508
长 治 市	**Changzhi**					
潞州区	Luzhou	826141	416900	409241	708043	118098
上党区	Shangdang	330170	166370	163800	113594	216576
屯留区	Tunliu	260043	133470	126573	94694	165349
潞城区	Lucheng	223385	114075	109310	116684	106701
襄垣县	Xiangyuan	266104	138193	127911	118243	147861
平顺县	Pingshun	133861	68410	65451	34556	99305
黎城县	Licheng	147429	75660	71769	56192	91237
壶关县	Huguan	267553	135963	131590	74446	193107
长子县	Zhangzi	326937	168567	158370	88517	238420
武乡县	Wuxiang	168683	89974	78709	49938	118745
沁　县	Qinxian	155600	82610	72990	57006	98594
沁源县	Qinyuan	154064	81617	72447	61263	92801

20-1 续表10 continued

单位：人 (person)

县(市、区)	Region	2014 常住人口 Resident Population	按性别分 By Sex 男 Male	女 Female	按城乡分 By Residence 城镇人口 Urban	乡村人口 Rural
晋 城 市	**Jincheng**					
城　区	Chengqu	519556	260920	258636	519556	
沁水县	Qinshui	204275	104425	99850	81577	122698
阳城县	Yangcheng	369227	185596	183631	156689	212538
陵川县	Lingchuan	219099	112648	106451	79960	139139
泽州县	Zezhou	452078	225268	226810	188853	263225
高平市	Gaoping	466899	232524	234375	224416	242483
朔 州 市	**Shuozhou**					
朔城区	Shuocheng	525753	277388	248365	328223	197530
平鲁区	Pinglu	181050	94648	86402	91174	89876
山阴县	Shanyin	223571	118056	105515	108992	114579
应　县	Yingxian	295751	156078	139673	97238	198513
右玉县	Youyu	102783	53808	48975	52261	50522
怀仁市	Huairen	334486	174142	160344	196358	138128
晋 中 市	**Jinzhong**					
榆次区	Yuci	769028	385783	383245	571906	197122
太谷区	Taigu	307609	159558	148051	141139	166470
榆社县	Yushe	125051	65809	59242	44718	80333
左权县	Zuoquan	154320	79111	75209	65383	88937
和顺县	Heshun	134811	70525	64286	59697	75114
昔阳县	Xiyang	212432	112877	99555	67721	144711
寿阳县	Shouyang	206436	110824	95612	73720	132716
祁　县	Qixian	260934	134617	126317	94924	166010
平遥县	Pingyao	480903	251666	229237	192538	288365
灵石县	Lingshi	254963	133280	121683	126421	128542
介休市	Jiexiu	415138	208911	206227	256041	159097
运 城 市	**Yuncheng**					
盐湖区	Yanhu	762218	381794	380424	533235	228983
临猗县	Linyi	535502	271917	263585	191000	344502
万荣县	Wanrong	407274	209618	197656	99710	307564
闻喜县	Wenxi	383330	198708	184622	156178	227152
稷山县	Jishan	333850	170568	163282	111939	221911
新绛县	Xinjiang	312005	158988	153017	114721	197284
绛　县	Jiangxian	259745	133092	126653	115976	143769
垣曲县	Yuanqu	217298	111415	105883	102715	114583
夏　县	Xiaxian	326302	170698	155604	84882	241420
平陆县	Pinglu	236536	123747	112789	68269	168267
芮城县	Ruicheng	373603	191609	181994	165108	208495
永济市	Yongji	423168	214720	208448	183616	239552
河津市	Hejin	394521	208033	186488	198846	195675
忻 州 市	**Xinzhou**					
忻府区	Xinfu	555632	279863	275769	320921	234711
定襄县	Dingxiang	208319	105659	102660	74865	133454
五台县	Wutai	271924	138306	133618	89241	182683
代　县	Daixian	200605	103630	96975	81815	118790

20-1 续表11 continued

单位：人 (person)

县(市、区)	Region	2014				
		常住人口 Resident Population	按性别分 By Sex		按城乡分 By Residence	
			男 Male	女 Female	城镇人口 Urban	乡村人口 Rural
繁峙县	Fanshi	260578	138260	122318	109891	150687
宁武县	Ningwu	150732	79779	70953	70966	79766
静乐县	Jingle	141627	75484	66143	51960	89667
神池县	Shenchi	94011	50359	43652	34521	59490
五寨县	Wuzhai	104721	53259	51462	45893	58828
岢岚县	Kelan	78495	42064	36431	36179	42316
河曲县	Hequ	136541	71303	65238	64123	72418
保德县	Baode	153917	82405	71512	61024	92893
偏关县	Pianguan	96917	49778	47139	43578	53339
原平市	Yuanping	460542	237259	223283	215141	245401
临汾市	**Linfen**					
尧都区	Yaodu	950061	477930	472131	628447	321614
曲沃县	Quwo	226853	114912	111941	83124	143729
翼城县	Yicheng	291320	149056	142264	101063	190257
襄汾县	Xiangfen	434958	220872	214086	151641	283317
洪洞县	Hongtong	689840	353612	336228	252192	437648
古　县	Guxian	86680	44790	41890	34309	52371
安泽县	Anze	79283	41590	37693	30095	49188
浮山县	Fushan	115949	59464	56485	40574	75375
吉　县	Jixian	98824	52358	46466	31876	66948
乡宁县	Xiangning	222216	116962	105254	73185	149031
大宁县	Daning	58976	31535	27441	25534	33442
隰　县	Xixian	98675	51158	47517	41332	57343
永和县	Yonghe	58132	29858	28274	22394	35738
蒲　县	Puxian	102477	54831	47646	43886	58591
汾西县	Fenxi	127558	66505	61053	52115	75443
侯马市	Houma	245959	124462	121497	152956	93003
霍州市	Huozhou	277517	141762	135755	168772	108745
吕梁市	**Lvliang**					
离石区	Lishi	371404	191739	179665	267736	103668
文水县	Wenshui	400663	206273	194390	133538	267125
交城县	Jiaocheng	228902	119527	109375	112238	116664
兴　县	Xingxian	241471	127000	114471	85773	155698
临　县	Linxian	503281	264267	239014	140326	362955
柳林县	Liulin	306241	162148	144093	116073	190168
石楼县	Shilou	105296	55507	49789	42083	63213
岚　县	Lanxian	163822	86657	77165	52875	110947
方山县	Fangshan	130229	69436	60793	41934	88295
中阳县	Zhongyang	139983	74896	65087	82229	57754
交口县	Jiaokou	109044	56855	52189	41158	67886
孝义市	Xiaoyi	472278	245722	226556	299221	173057
汾阳市	Fenyang	412747	213261	199486	177120	235627

20-1 续表12 continued

单位：人 (person)

县(市、区)	Region	2015				
		常住人口 Resident Population	按性别分 By Sex		按城乡分 By Residence	
			男 Male	女 Female	城镇人口 Urban	乡村人口 Rural
太 原 市	**Taiyuan**					
小店区	Xiaodian	1059020	541326	517694	975938	83082
迎泽区	Yingze	592902	289216	303686	576922	15980
杏花岭区	Xinghualing	710366	358465	351901	663303	47063
尖草坪区	Jiancaoping	473724	244568	229156	444092	29632
万柏林区	Wanbailin	842780	439727	403053	830432	12348
晋源区	Jinyuan	267023	136580	130443	201080	65943
清徐县	Qingxu	344110	176288	167822	122864	221246
阳曲县	Yangqu	124354	65128	59226	53316	71038
娄烦县	Loufan	97522	51269	46253	42563	54959
古交市	Gujiao	207745	109173	98572	153222	54523
大 同 市	**Datong**					
新荣区	Xinrong	106373	55034	51339	34601	71772
平城区	Pingcheng	1000178	504914	495264	922794	77384
云冈区	Yungang	699141	354964	344177	586962	112179
云州区	Yunzhou	166981	87493	79488	67169	99812
阳高县	Yanggao	225079	114077	111002	88989	136090
天镇县	Tianzhen	191151	95790	95361	67809	123342
广灵县	Guangling	166492	86146	80346	45244	121248
灵丘县	Lingqiu	221131	115725	105406	64887	156244
浑源县	Hunyuan	288851	145848	143003	109678	179173
左云县	Zuoyun	136169	68782	67387	64057	72112
阳 泉 市	**Yangquan**					
城 区	Chengqu	229992	115872	114120	225806	4186
矿 区	Kuangqu	244725	125976	118749	244725	
郊 区	Jiaoqu	248917	130139	118778	162530	86387
平定县	Pingding	318437	166527	151910	130497	187940
盂 县	Yuxian	294038	152800	141238	118840	175198
长 治 市	**Changzhi**					
潞州区	Luzhou	837290	420340	416950	718757	118533
上党区	Shangdang	327544	164098	163446	120195	207349
屯留区	Tunliu	259040	133821	125219	100105	158935
潞城区	Lucheng	222453	113934	108519	119534	102919
襄垣县	Xiangyuan	264566	138142	126424	122348	142218
平顺县	Pingshun	130455	66989	63466	35581	94874
黎城县	Licheng	144821	74921	69900	57660	87161
壶关县	Huguan	262397	131593	130804	78600	183797
长子县	Zhangzi	321236	164431	156805	92017	229219
武乡县	Wuxiang	166079	87977	78102	51243	114836
沁 县	Qinxian	152323	79645	72678	58255	94068
沁源县	Qinyuan	153276	83356	69920	63662	89614

20-1 续表13 continued

单位：人 (person)

县(市、区)	Region	2015 常住人口 Resident Population	按性别分 By Sex 男 Male	女 Female	按城乡分 By Residence 城镇人口 Urban	乡村人口 Rural
晋城市	**Jincheng**					
城　区	Chengqu	527145	266089	261056	527145	
沁水县	Qinshui	202447	103717	98730	84357	118090
阳城县	Yangcheng	365540	184804	180736	161173	204367
陵川县	Lingchuan	216330	110437	105893	82108	134222
泽州县	Zezhou	444909	225494	219415	190327	254582
高平市	Gaoping	463803	232006	231797	228021	235782
朔州市	**Shuozhou**					
朔城区	Shuocheng	531858	276262	255596	339947	191911
平鲁区	Pinglu	175266	91959	83307	90270	84996
山阴县	Shanyin	219692	114494	105198	108921	110771
应　县	Yingxian	287432	149658	137774	98689	188743
右玉县	Youyu	100359	52630	47729	52402	47957
怀仁市	Huairen	336499	176479	160020	205141	131358
晋中市	**Jinzhong**					
榆次区	Yuci	790013	396931	393082	595562	194451
太谷区	Taigu	309727	160888	148839	148609	161118
榆社县	Yushe	122672	65114	57558	45868	76804
左权县	Zuoquan	152630	81674	70956	67451	85179
和顺县	Heshun	132490	69876	62614	60299	72191
昔阳县	Xiyang	208561	109832	98729	70185	138376
寿阳县	Shouyang	205335	111927	93408	76408	128927
祁　县	Qixian	259830	135030	124800	98110	161720
平遥县	Pingyao	475348	248791	226557	196215	279133
灵石县	Lingshi	253362	136214	117148	128887	124475
介休市	Jiexiu	417160	214483	202677	262247	154913
运城市	**Yuncheng**					
盐湖区	Yanhu	783805	389692	394113	559625	224180
临猗县	Linyi	526318	267101	259217	192597	333721
万荣县	Wanrong	399701	203219	196482	102920	296781
闻喜县	Wenxi	378160	194239	183921	156060	222100
稷山县	Jishan	330586	168185	162401	114875	215711
新绛县	Xinjiang	307028	156732	150296	115755	191273
绛　县	Jiangxian	254319	128891	125428	113935	140384
垣曲县	Yuanqu	213597	110647	102950	105047	108550
夏　县	Xiaxian	319950	165184	154766	86348	233602
平陆县	Pinglu	231126	118650	112476	70795	160331
芮城县	Ruicheng	368493	187153	181340	168310	200183
永济市	Yongji	417884	211430	206454	184575	233309
河津市	Hejin	393901	205999	187902	204627	189274
忻州市	**Xinzhou**					
忻府区	Xinfu	559135	281876	277259	332404	226731
定襄县	Dingxiang	206167	103662	102505	77355	128812
五台县	Wutai	265579	135959	129620	92524	173055
代　县	Daixian	197393	102402	94991	83160	114233

20-1 续表14 continued

单位：人 (person)

县(市、区)	Region	2015 常住人口 Resident Population	按性别分 By Sex 男 Male	女 Female	按城乡分 By Residence 城镇人口 Urban	乡村人口 Rural
繁峙县	Fanshi	258919	134705	124214	113651	145268
宁武县	Ningwu	148629	78299	70330	71662	76967
静乐县	Jingle	137899	73078	64821	53552	84347
神池县	Shenchi	91009	47672	43337	35299	55710
五寨县	Wuzhai	104142	53159	50983	47509	56633
岢岚县	Kelan	76998	40771	36227	36508	40490
河曲县	Hequ	134407	70220	64187	64621	69786
保德县	Baode	152603	81009	71594	63914	88689
偏关县	Pianguan	93109	48017	45092	43051	50058
原平市	Yuanping	452731	233734	218997	219289	233442
临汾市	**Linfen**					
尧都区	Yaodu	951592	477097	474495	643330	308262
曲沃县	Quwo	224743	114187	110556	85862	138881
翼城县	Yicheng	286621	144065	142556	103967	182654
襄汾县	Xiangfen	433532	217802	215730	154378	279154
洪洞县	Hongtong	680645	344505	336140	254622	426023
古　县	Guxian	85629	45291	40338	35705	49924
安泽县	Anze	78655	41916	36739	31177	47478
浮山县	Fushan	113201	58348	54853	41454	71747
吉　县	Jixian	96894	49760	47134	32981	63913
乡宁县	Xiangning	219738	116133	103605	75649	144089
大宁县	Daning	57607	29768	27839	26057	31550
隰　县	Xixian	97586	50748	46838	42465	55121
永和县	Yonghe	56725	29315	27410	22787	33938
蒲　县	Puxian	101279	55495	45784	44704	56575
汾西县	Fenxi	123709	63944	59765	52238	71471
侯马市	Houma	247907	125309	122598	157452	90455
霍州市	Huozhou	276445	141788	134657	172120	104325
吕梁市	**Lvliang**					
离石区	Lishi	385284	195157	190127	278839	106445
文水县	Wenshui	395793	201503	194290	139849	255944
交城县	Jiaocheng	228504	116873	111631	114454	114050
兴　县	Xingxian	232331	121425	110906	86593	145738
临　县	Linxian	485020	253503	231517	143681	341339
柳林县	Liulin	302247	162285	139962	119647	182600
石楼县	Shilou	104083	54326	49757	43769	60314
岚　县	Lanxian	161349	83500	77849	55142	106207
方山县	Fangshan	127312	67708	59604	43397	83915
中阳县	Zhongyang	139647	74529	65118	82934	56713
交口县	Jiaokou	106476	55870	50606	41615	64861
孝义市	Xiaoyi	473110	245320	227790	306265	166845
汾阳市	Fenyang	411831	209362	202469	182520	229311

20-1 续表15 continued

单位：人 (person)

县(市、区)	Region	2016				
		常住人口 Resident Population	按性别分 By Sex		按城乡分 By Residence	
			男 Male	女 Female	城镇人口 Urban	乡村人口 Rural
太 原 市	**Taiyuan**					
小店区	Xiaodian	1123485	571498	551987	1037818	85667
迎泽区	Yingze	593253	290951	302302	577916	15337
杏花岭区	Xinghualing	728655	366941	361714	680877	47778
尖草坪区	Jiancaoping	488358	251377	236981	458250	30108
万柏林区	Wanbailin	865064	450394	414670	854120	10944
晋源区	Jinyuan	278433	143809	134624	214518	63915
清徐县	Qingxu	344200	176359	167841	127129	217071
阳曲县	Yangqu	125347	65146	60201	56123	69224
娄烦县	Loufan	96352	50650	45702	43228	53124
古交市	Gujiao	208568	109530	99038	154559	54009
大 同 市	**Datong**					
新荣区	Xinrong	102966	53693	49273	35127	67839
平城区	Pingcheng	1020993	511930	509063	959434	61559
云冈区	Yungang	696656	352153	344503	588736	107920
云州区	Yunzhou	163977	83914	80063	68622	95355
阳高县	Yanggao	218708	111907	106801	89119	129589
天镇县	Tianzhen	185195	95032	90163	68079	117116
广灵县	Guangling	163952	87228	76724	47128	116824
灵丘县	Lingqiu	219680	114886	104794	67236	152444
浑源县	Hunyuan	278602	142612	135990	108077	170525
左云县	Zuoyun	132546	68993	63553	63091	69455
阳 泉 市	**Yangquan**					
城 区	Chengqu	229254	114000	115254	225082	4172
矿 区	Kuangqu	241512	121168	120344	241512	
郊 区	Jiaoqu	254061	130192	123869	170753	83308
平定县	Pingding	315436	163104	152332	134694	180742
盂 县	Yuxian	291022	150970	140052	121606	169416
长 治 市	**Changzhi**					
潞州区	Luzhou	850342	431644	418698	730262	120080
上党区	Shangdang	325560	162788	162772	125291	200269
屯留区	Tunliu	257507	134550	122957	104020	153487
潞城区	Lucheng	221645	108352	113293	121505	100140
襄垣县	Xiangyuan	263317	134145	129172	125475	137842
平顺县	Pingshun	126977	64010	62967	35983	90994
黎城县	Licheng	142184	72705	69479	58435	83749
壶关县	Huguan	256683	130760	125923	81229	175454
长子县	Zhangzi	315824	159218	156606	94192	221632
武乡县	Wuxiang	163517	87097	76420	51911	111606
沁 县	Qinxian	149078	80302	68776	58815	90263
沁源县	Qinyuan	152551	79578	72973	65451	87100

20-1 续表16 continued

单位：人 (person)

县(市、区)	Region	2016 常住人口 Resident Population	按性别分 By Sex 男 Male	女 Female	按城乡分 By Residence 城镇人口 Urban	乡村人口 Rural
晋城市	**Jincheng**					
城　区	Chengqu	535631	269814	265817	535631	
沁水县	Qinshui	201079	102791	98288	87035	114044
阳城县	Yangcheng	362243	183084	179159	164704	197539
陵川县	Lingchuan	213982	109249	104733	84144	129838
泽州县	Zezhou	438202	221335	216867	191544	246658
高平市	Gaoping	460931	230800	230131	231395	229536
朔州市	**Shuozhou**					
朔城区	Shuocheng	538293	277888	260405	351033	187260
平鲁区	Pinglu	169994	88582	81412	89462	80532
山阴县	Shanyin	216184	113097	103087	109948	106236
应　县	Yingxian	279815	145646	134169	99829	179986
右玉县	Youyu	98233	50952	47281	52629	45604
怀仁市	Huairen	339260	174267	164993	214095	125165
晋中市	**Jinzhong**					
榆次区	Yuci	811447	407652	403795	618675	192772
太谷区	Taigu	312209	162173	150036	155411	156798
榆社县	Yushe	120599	63445	57154	46958	73641
左权县	Zuoquan	151138	80144	70994	69172	81966
和顺县	Heshun	130544	68951	61593	61086	69458
昔阳县	Xiyang	205281	107348	97933	72039	133242
寿阳县	Shouyang	204433	110588	93845	79133	125300
祁　县	Qixian	258917	133642	125275	101335	157582
平遥县	Pingyao	470558	243465	227093	200400	270158
灵石县	Lingshi	252009	130062	121947	132124	119885
介休市	Jiexiu	419943	214788	205155	268025	151918
运城市	**Yuncheng**					
盐湖区	Yanhu	806634	404327	402307	582797	223837
临猗县	Linyi	518010	263235	254775	193122	324888
万荣县	Wanrong	392000	199422	192578	105372	286628
闻喜县	Wenxi	373377	191972	181405	155019	218358
稷山县	Jishan	327426	167402	160024	117062	210364
新绛县	Xinjiang	302150	154331	147819	115991	186159
绛　县	Jiangxian	248956	126638	122318	111831	137125
垣曲县	Yuanqu	210145	109324	100821	106684	103461
夏　县	Xiaxian	313499	161674	151825	87156	226343
平陆县	Pinglu	225893	116373	109520	72846	153047
芮城县	Ruicheng	363335	185892	177443	170252	193083
永济市	Yongji	413147	209552	203595	184481	228666
河津市	Hejin	393624	206158	187466	209197	184427
忻州市	**Xinzhou**					
忻府区	Xinfu	562665	284708	277957	342544	220121
定襄县	Dingxiang	204160	104627	99533	79251	124909
五台县	Wutai	260059	133606	126453	95257	164802
代　县	Daixian	194134	100491	93643	84097	110037

20-1 续表17 continued

单位：人 (person)

县(市、区)	Region	2016				
		常住人口 Resident Population	按性别分 By Sex		按城乡分 By Residence	
			男 Male	女 Female	城镇人口 Urban	乡村人口 Rural
繁峙县	Fanshi	257413	133328	124085	116722	140691
宁武县	Ningwu	146384	76921	69463	72324	74060
静乐县	Jingle	134491	70411	64080	55211	79280
神池县	Shenchi	88254	45760	42494	36167	52087
五寨县	Wuzhai	103478	53857	49621	48753	54725
岢岚县	Kelan	75720	39827	35893	36859	38861
河曲县	Hequ	132526	68933	63593	65245	67281
保德县	Baode	151223	79009	72214	66758	84465
偏关县	Pianguan	89630	46527	43103	42341	47289
原平市	Yuanping	445426	230030	215396	221450	223976
临 汾 市	**Linfen**					
尧都区	Yaodu	953347	488049	465298	655652	297695
曲沃县	Quwo	222994	114098	108896	88395	134599
翼城县	Yicheng	282673	144072	138601	106249	176424
襄汾县	Xiangfen	432272	221470	210802	156616	275656
洪洞县	Hongtong	672464	342478	329986	255586	416878
古　县	Guxian	84621	43473	41148	36928	47693
安泽县	Anze	78147	40400	37747	32082	46065
浮山县	Fushan	110535	56732	53803	41890	68645
吉　县	Jixian	95085	48507	46578	33912	61173
乡宁县	Xiangning	217369	114139	103230	77753	139616
大宁县	Daning	56513	30094	26419	26541	29972
隰　县	Xixian	96569	50686	45883	43399	53170
永和县	Yonghe	55340	28611	26729	22945	32395
蒲　县	Puxian	100222	51147	49075	45257	54965
汾西县	Fenxi	120017	62619	57398	52165	67852
侯马市	Houma	249997	126940	123057	161394	88603
霍州市	Huozhou	275551	140162	135389	174696	100855
吕 梁 市	**Lvliang**					
离石区	Lishi	399047	205112	193935	289645	109402
文水县	Wenshui	391813	199731	192082	145401	246412
交城县	Jiaocheng	228195	117083	111112	116321	111874
兴　县	Xingxian	223327	116744	106583	86346	136981
临　县	Linxian	468034	243589	224445	145524	322510
柳林县	Liulin	299147	157092	142055	123313	175834
石楼县	Shilou	103041	54022	49019	46100	56941
岚　县	Lanxian	158911	82837	76074	57169	101742
方山县	Fangshan	124703	65123	59580	44509	80194
中阳县	Zhongyang	139400	72936	66464	83622	55778
交口县	Jiaokou	104228	53768	50460	42200	62028
孝义市	Xiaoyi	474012	243000	231012	313837	160175
汾阳市	Fenyang	411125	210941	200184	187727	223398

20-1 续表18 continued

单位：人 (person)

县(市、区)	Region	2017 常住人口 Resident Population	按性别分 By Sex 男 Male	女 Female	按城乡分 By Residence 城镇人口 Urban	乡村人口 Rural
太 原 市	**Taiyuan**					
小店区	Xiaodian	1188581	601744	586837	1100563	88018
迎泽区	Yingze	593502	292557	300945	578812	14690
杏花岭区	Xinghualing	746460	374759	371701	698051	48409
尖草坪区	Jiancaoping	500975	259648	241327	470540	30435
万柏林区	Wanbailin	889324	460467	428857	879851	9473
晋源区	Jinyuan	289713	150375	139338	228365	61348
清徐县	Qingxu	344290	175819	168471	131397	212893
阳曲县	Yangqu	126302	65985	60317	58989	67313
娄烦县	Loufan	95211	50334	44877	43896	51315
古交市	Gujiao	209243	109700	99543	155812	53431
大 同 市	**Datong**					
新荣区	Xinrong	99716	51746	47970	35536	64180
平城区	Pingcheng	1042241	524875	517366	995355	46886
云冈区	Yungang	694705	352052	342653	590718	103987
云州区	Yunzhou	159903	83475	76428	69651	90252
阳高县	Yanggao	212109	107384	104725	88739	123370
天镇县	Tianzhen	178654	90111	88543	67961	110693
广灵县	Guangling	160968	83576	77392	49027	111941
灵丘县	Lingqiu	217627	113971	103656	69656	147971
浑源县	Hunyuan	267002	135240	131762	105987	161015
左云县	Zuoyun	128129	64614	63515	62029	66100
阳 泉 市	**Yangquan**					
城　区	Chengqu	228866	114362	114504	224746	4120
矿　区	Kuangqu	238256	121442	116814	238256	
郊　区	Jiaoqu	259232	137265	121967	176501	82731
平定县	Pingding	311946	161248	150698	139304	172642
盂　县	Yuxian	287462	149312	138150	124434	163028
长 治 市	**Changzhi**					
潞州区	Luzhou	864309	434233	430076	742571	121738
上党区	Shangdang	323941	162430	161511	130435	193506
屯留区	Tunliu	256316	132426	123890	107409	148907
潞城区	Lucheng	220906	113529	107377	123126	97780
襄垣县	Xiangyuan	262054	136072	125982	128550	133504
平顺县	Pingshun	123634	63313	60321	36342	87292
黎城县	Licheng	139735	71653	68082	59212	80523
壶关县	Huguan	251643	126374	125269	83558	168085
长子县	Zhangzi	311064	159063	152001	96414	214650
武乡县	Wuxiang	161012	85283	75729	52610	108402
沁　县	Qinxian	146057	76426	69631	59379	86678
沁源县	Qinyuan	151934	81881	70053	67253	84681

20-1 续表19 continued

单位：人 (person)

县(市、区)	Region	2017 常住人口 Resident Population	按性别分 By Sex 男 Male	女 Female	按城乡分 By Residence 城镇人口 Urban	乡村人口 Rural
晋城市	**Jincheng**					
城　区	Chengqu	546399	277184	269215	546399	
沁水县	Qinshui	199805	103361	96444	89355	110450
阳城县	Yangcheng	357324	180239	177085	166837	190487
陵川县	Lingchuan	210769	108036	102733	85194	125575
泽州县	Zezhou	429714	218137	211577	191862	237852
高平市	Gaoping	457795	227447	230348	233827	223968
朔州市	**Shuozhou**					
朔城区	Shuocheng	544974	281952	263022	361966	183008
平鲁区	Pinglu	164580	86542	78038	88163	76417
山阴县	Shanyin	212517	111068	101449	110294	102223
应　县	Yingxian	271713	141176	130537	99864	171849
右玉县	Youyu	95923	50840	45083	52527	43396
怀仁市	Huairen	342469	177995	164474	223841	118628
晋中市	**Jinzhong**					
榆次区	Yuci	833378	418181	415197	642197	191181
太谷区	Taigu	314869	160952	153917	162491	152378
榆社县	Yushe	118540	62705	55835	48308	70232
左权县	Zuoquan	149681	79549	70132	70767	78914
和顺县	Heshun	128641	67464	61177	61754	66887
昔阳县	Xiyang	201997	105902	96095	73137	128860
寿阳县	Shouyang	203455	109266	94189	81733	121722
祁　县	Qixian	257968	134003	123965	104420	153548
平遥县	Pingyao	465826	242061	223765	204240	261586
灵石县	Lingshi	250700	132990	117710	136020	114680
介休市	Jiexiu	422741	215123	207618	272959	149782
运城市	**Yuncheng**					
盐湖区	Yanhu	831453	416001	415452	606199	225254
临猗县	Linyi	509368	256586	252782	193038	316330
万荣县	Wanrong	384518	196344	188174	107611	276907
闻喜县	Wenxi	368734	188878	179856	153706	215028
稷山县	Jishan	324378	164803	159575	119024	205354
新绛县	Xinjiang	297519	151225	146294	116035	181484
绛　县	Jiangxian	243625	123243	120382	109656	133969
垣曲县	Yuanqu	207301	106979	100322	108299	99002
夏　县	Xiaxian	306750	158846	147904	87641	219109
平陆县	Pinglu	221086	113332	107754	74813	146273
芮城县	Ruicheng	358242	182424	175818	171761	186481
永济市	Yongji	409057	208314	200743	184265	224792
河津市	Hejin	393298	205286	188012	213330	179968
忻州市	**Xinzhou**					
忻府区	Xinfu	566552	284633	281919	352852	213700
定襄县	Dingxiang	201984	102016	99968	81346	120638
五台县	Wutai	253497	129180	124317	96698	156799
代　县	Daixian	190487	98746	91741	84635	105852

20-1 续表20 continued

单位：人 (person)

县(市、区)	Region	2017				
		常住人口 Resident Population	按性别分 By Sex		按城乡分 By Residence	
			男 Male	女 Female	城镇人口 Urban	乡村人口 Rural
繁峙县	Fanshi	256158	133154	123004	119515	136643
宁武县	Ningwu	144237	76311	67926	72858	71379
静乐县	Jingle	130861	69372	61489	56146	74715
神池县	Shenchi	85454	44783	40671	36494	48960
五寨县	Wuzhai	102860	53770	49090	49939	52921
岢岚县	Kelan	74413	39400	35013	37175	37238
河曲县	Hequ	130808	68790	62018	65930	64878
保德县	Baode	149831	79587	70244	69387	80444
偏关县	Pianguan	85878	44363	41515	41442	44436
原平市	Yuanping	437929	225109	212820	223727	214202
临汾市	**Linfen**					
尧都区	Yaodu	955272	474495	480777	666541	288731
曲沃县	Quwo	221593	112215	109378	90739	130854
翼城县	Yicheng	278820	140110	138710	108137	170683
襄汾县	Xiangfen	431232	216744	214488	158343	272889
洪洞县	Hongtong	664447	336461	327986	255609	408838
古　县	Guxian	83487	43873	39614	37940	45547
安泽县	Anze	77557	41304	36253	32835	44722
浮山县	Fushan	107497	55374	52123	41984	65513
吉　县	Jixian	93203	47932	45271	34666	58537
乡宁县	Xiangning	215032	113121	101911	79526	135506
大宁县	Daning	55486	28764	26722	26945	28541
隰　县	Xixian	95615	49805	45810	44207	51408
永和县	Yonghe	54205	28143	26062	23104	31101
蒲　县	Puxian	99181	53786	45395	45659	53522
汾西县	Fenxi	116721	60621	56100	52023	64698
侯马市	Houma	252152	126887	125265	165024	87128
霍州市	Huozhou	274842	140435	134407	176935	97907
吕梁市	**Lvliang**					
离石区	Lishi	412977	209455	203522	300678	112299
文水县	Wenshui	387774	197884	189890	149680	238094
交城县	Jiaocheng	227894	116999	110895	118637	109257
兴　县	Xingxian	214034	112252	101782	85869	128165
临　县	Linxian	451640	236945	214695	145590	306050
柳林县	Liulin	296201	157376	138825	127831	168370
石楼县	Shilou	101718	53595	48123	48520	53198
岚　县	Lanxian	156429	81207	75222	58908	97521
方山县	Fangshan	122094	64836	57258	45511	76583
中阳县	Zhongyang	139159	73878	65281	83771	55388
交口县	Jiaokou	101970	53036	48934	42691	59279
孝义市	Xiaoyi	474922	244504	230418	318099	156823
汾阳市	Fenyang	410410	208511	201899	190816	219594

20-1 续表21 continued

单位：人 (person)

县(市、区)	Region	2018				
		常住人口 Resident Population	按性别分 By Sex		按城乡分 By Residence	
			男 Male	女 Female	城镇人口 Urban	乡村人口 Rural
太 原 市	**Taiyuan**					
小店区	Xiaodian	1254795	637188	617607	1164513	90282
迎泽区	Yingze	593813	294816	298997	579728	14085
杏花岭区	Xinghualing	760976	380507	380469	712084	48892
尖草坪区	Jiancaoping	514077	265851	248226	483310	30767
万柏林区	Wanbailin	915000	464926	450074	907086	7914
晋源区	Jinyuan	301045	156382	144663	242206	58839
清徐县	Qingxu	344341	175099	169242	135274	209067
阳曲县	Yangqu	127151	66313	60838	61662	65489
娄烦县	Loufan	93853	49385	44468	44350	49503
古交市	Gujiao	209902	109744	100158	156933	52969
大 同 市	**Datong**					
新荣区	Xinrong	95346	49843	45503	35464	59882
平城区	Pingcheng	1062376	531878	530498	1028220	34156
云冈区	Yungang	690803	349055	341748	591817	98986
云州区	Yunzhou	157292	81360	75932	70985	86307
阳高县	Yanggao	204239	104566	99673	88063	116176
天镇县	Tianzhen	171836	87484	84352	67481	104355
广灵县	Guangling	159198	83598	75600	51151	108047
灵丘县	Lingqiu	216028	113489	102539	72675	143353
浑源县	Hunyuan	257997	132141	125856	104558	153439
左云县	Zuoyun	125176	63267	61909	61254	63922
阳 泉 市	**Yangquan**					
城　区	Chengqu	227989	113347	114642	224660	3329
矿　区	Kuangqu	235422	118349	117073	235422	
郊　区	Jiaoqu	264474	137580	126894	181324	83150
平定县	Pingding	309734	158726	151008	144869	164865
盂　县	Yuxian	285038	143979	141059	128077	156961
长 治 市	**Changzhi**					
潞州区	Luzhou	878360	444184	434176	754995	123365
上党区	Shangdang	321995	159944	162051	134674	187321
屯留区	Tunliu	255199	131382	123817	110743	144456
潞城区	Lucheng	220181	111207	108974	124699	95482
襄垣县	Xiangyuan	261312	133261	128051	131427	129885
平顺县	Pingshun	120042	61476	58566	36450	83592
黎城县	Licheng	137292	70499	66793	59742	77550
壶关县	Huguan	246578	123066	123512	85501	161077
长子县	Zhangzi	305398	154866	150532	97895	207503
武乡县	Wuxiang	158294	83255	75039	53036	105258
沁　县	Qinxian	142658	75635	67023	59538	83120
沁源县	Qinyuan	150840	80903	69937	68594	82246

20-1 续表22 continued

单位：人 (person)

县(市、区)	Region	2018				
		常住人口 Resident Population	按性别分 By Sex		按城乡分 By Residence	
			男 Male	女 Female	城镇人口 Urban	乡村人口 Rural
晋城市	**Jincheng**					
城　区	Chengqu	557158	280694	276464	557158	
沁水县	Qinshui	198759	102518	96241	91102	107657
阳城县	Yangcheng	354410	176628	177782	169057	185353
陵川县	Lingchuan	208266	105950	102316	86435	121831
泽州县	Zezhou	422378	211874	210504	192194	230184
高平市	Gaoping	455903	225615	230288	236633	219270
朔州市	**Shuozhou**					
朔城区	Shuocheng	549993	281790	268203	371809	178184
平鲁区	Pinglu	158671	84086	74585	86291	72380
山阴县	Shanyin	207523	108402	99121	110138	97385
应　县	Yingxian	262009	136047	125962	99034	162975
右玉县	Youyu	93334	50094	43240	52056	41278
怀仁市	Huairen	343522	178225	165297	230807	112715
晋中市	**Jinzhong**					
榆次区	Yuci	854427	428002	426425	663188	191239
太谷区	Taigu	317489	162196	155293	169053	148436
榆社县	Yushe	116518	60841	55677	49084	67434
左权县	Zuoquan	148091	77029	71062	72244	75847
和顺县	Heshun	126710	65491	61219	62347	64363
昔阳县	Xiyang	198996	104087	94909	75671	123325
寿阳县	Shouyang	202556	108829	93727	84374	118182
祁　县	Qixian	257058	131185	125873	107533	149525
平遥县	Pingyao	461373	238915	222458	208081	253292
灵石县	Lingshi	249488	129166	120322	138606	110882
介休市	Jiexiu	425607	216237	209370	278348	147259
运城市	**Yuncheng**					
盐湖区	Yanhu	856199	428157	428042	629899	226300
临猗县	Linyi	499440	250782	248658	192401	307039
万荣县	Wanrong	376736	190243	186493	109711	267025
闻喜县	Wenxi	364336	186713	177623	152512	211824
稷山县	Jishan	321334	163281	158053	120975	200359
新绛县	Xinjiang	291920	147318	144602	115665	176255
绛　县	Jiangxian	237696	119077	118619	107106	130590
垣曲县	Yuanqu	203703	104572	99131	109413	94290
夏　县	Xiaxian	300344	152633	147711	88172	212172
平陆县	Pinglu	215630	110228	105402	76481	139149
芮城县	Ruicheng	353052	176677	176375	173127	179925
永济市	Yongji	404108	205961	198147	183657	220451
河津市	Hejin	393033	203664	189369	217501	175532
忻州市	**Xinzhou**					
忻府区	Xinfu	569990	287765	282225	362376	207614
定襄县	Dingxiang	198754	100827	97927	82450	116304
五台县	Wutai	246133	127528	118605	97267	148866
代　县	Daixian	186102	96595	89507	84683	101419

20-1 续表23 continued

单位：人 (person)

县(市、区)	Region	2018				
		常住人口 Resident Population	按性别分 By Sex		按城乡分 By Residence	
			男 Male	女 Female	城镇人口 Urban	乡村人口 Rural
繁峙县	Fanshi	253715	132429	121286	121606	132109
宁武县	Ningwu	141259	75687	65572	72989	68270
静乐县	Jingle	126818	67347	59471	56309	70509
神池县	Shenchi	81841	42934	38907	36104	45737
五寨县	Wuzhai	101676	53339	48337	50784	50892
岢岚县	Kelan	72368	38132	34236	37118	35250
河曲县	Hequ	127784	66691	61093	65711	62073
保德县	Baode	147502	78005	69497	71394	76108
偏关县	Pianguan	81356	42162	39194	40133	41223
原平市	Yuanping	428978	220503	208475	224327	204651
临 汾 市	**Linfen**					
尧都区	Yaodu	956523	477113	479410	676864	279659
曲沃县	Quwo	219063	110100	108963	92242	126821
翼城县	Yicheng	272932	136472	136460	108704	164228
襄汾县	Xiangfen	428871	214765	214106	158608	270263
洪洞县	Hongtong	653549	331771	321778	254597	398952
古 县	Guxian	81805	42989	38816	38688	43117
安泽县	Anze	76723	40043	36680	33420	43303
浮山县	Fushan	103670	52154	51516	41425	62245
吉 县	Jixian	90749	46863	43886	34926	55823
乡宁县	Xiangning	211565	110820	100745	80557	131008
大宁县	Daning	53939	28332	25607	27170	26769
隰 县	Xixian	93730	48631	45099	44791	48939
永和县	Yonghe	52562	27530	25032	22971	29591
蒲 县	Puxian	97705	51087	46618	46044	51661
汾西县	Fenxi	112503	58431	54072	51619	60884
侯马市	Houma	253304	128164	125140	168316	84988
霍州市	Huozhou	273846	138605	135241	178932	94914
吕 梁 市	**Lvliang**					
离石区	Lishi	426750	216539	210211	311612	115138
文水县	Wenshui	382589	194391	188198	150904	231685
交城县	Jiaocheng	227466	116745	110721	121873	105593
兴 县	Xingxian	203746	106008	97738	84388	119358
临 县	Linxian	433531	226982	206549	141675	291856
柳林县	Liulin	293053	155818	137235	132016	161037
石楼县	Shilou	99966	52808	47158	49438	50528
岚 县	Lanxian	153719	79738	73981	60717	93002
方山县	Fangshan	118993	62812	56181	45579	73414
中阳县	Zhongyang	138884	73647	65237	85035	53849
交口县	Jiaokou	99678	51995	47683	43011	56667
孝义市	Xiaoyi	475776	245332	230444	321015	154761
汾阳市	Fenyang	409462	207239	202223	195315	214147

20-1 续表24 continued

单位：人 (person)

县(市、区)	Region	2019 常住人口 Resident Population	按性别分 By Sex 男 Male	女 Female	按城乡分 By Residence 城镇人口 Urban	乡村人口 Rural
太原市	**Taiyuan**					
小店区	Xiaodian	1318724	669534	649190	1229249	89475
迎泽区	Yingze	594007	295529	298478	581503	12504
杏花岭区	Xinghualing	771738	386254	385484	723100	48638
尖草坪区	Jiancaoping	525054	271771	253283	494942	30112
万柏林区	Wanbailin	938010	474940	463070	933930	4080
晋源区	Jinyuan	308935	160537	148398	256555	52380
清徐县	Qingxu	344424	176912	167512	141403	203021
阳曲县	Yangqu	128043	67583	60460	65692	62351
娄烦县	Loufan	92417	48789	43628	45353	47064
古交市	Gujiao	210404	109385	101019	158465	51939
大同市	**Datong**					
新荣区	Xinrong	92258	48313	43945	35772	56486
平城区	Pingcheng	1085620	541389	544231	1073683	11937
云冈区	Yungang	687460	344967	342493	592412	95048
云州区	Yunzhou	154711	78215	76496	72128	82583
阳高县	Yanggao	198685	102253	96432	87970	110715
天镇县	Tianzhen	166796	85316	81480	67760	99036
广灵县	Guangling	157105	82892	74213	53204	103901
灵丘县	Lingqiu	214971	111186	103785	75562	139409
浑源县	Hunyuan	248773	125353	123420	103465	145308
左云县	Zuoyun	121953	62170	59783	60622	61331
阳泉市	**Yangquan**					
城　区	Chengqu	226729	112930	113799	224269	2460
矿　区	Kuangqu	233220	117658	115562	233220	
郊　区	Jiaoqu	269960	140206	129754	186907	83053
平定县	Pingding	308232	157872	150360	150238	157994
盂　县	Yuxian	283264	145124	138140	132992	150272
长治市	**Changzhi**					
潞州区	Luzhou	891778	447354	444424	766885	124893
上党区	Shangdang	320377	158529	161848	140810	179567
屯留区	Tunliu	254039	129894	124145	115473	138566
潞城区	Lucheng	219513	111192	108321	127175	92338
襄垣县	Xiangyuan	260357	132581	127776	135320	125037
平顺县	Pingshun	116838	58739	58099	36973	79865
黎城县	Licheng	134876	68136	66740	60701	74175
壶关县	Huguan	241619	120909	120710	88686	152933
长子县	Zhangzi	300348	151413	148935	100661	199687
武乡县	Wuxiang	156095	81848	74247	54126	101969
沁　县	Qinxian	139618	73432	66186	60266	79352
沁源县	Qinyuan	150216	78241	71975	70744	79472

20-1 续表25 continued

单位：人 (person)

县(市、区)	Region	2019 常住人口 Resident Population	按性别分 By Sex 男 Male	女 Female	按城乡分 By Residence 城镇人口 Urban	乡村人口 Rural
晋 城 市	**Jincheng**					
城　区	Chengqu	566695	286292	280403	566695	
沁水县	Qinshui	197572	102451	95121	93530	104042
阳城县	Yangcheng	352160	174428	177732	172033	180127
陵川县	Lingchuan	206534	104779	101755	88185	118349
泽州县	Zezhou	418125	210289	207836	194757	223368
高平市	Gaoping	454382	223157	231225	239934	214448
朔 州 市	**Shuozhou**					
朔城区	Shuocheng	557366	286276	271090	383094	174272
平鲁区	Pinglu	153512	81529	71983	84894	68618
山阴县	Shanyin	203477	106569	96908	110251	93226
应　县	Yingxian	252752	131395	121357	99346	153406
右玉县	Youyu	90650	48126	42524	51635	39015
怀仁市	Huairen	345786	179287	166499	239319	106467
晋 中 市	**Jinzhong**					
榆次区	Yuci	879022	438587	440435	690869	188153
太谷区	Taigu	320708	163887	156821	177579	143129
榆社县	Yushe	114457	59825	54632	50082	64375
左权县	Zuoquan	146626	75388	71238	74289	72337
和顺县	Heshun	124776	63571	61205	63214	61562
昔阳县	Xiyang	195944	101420	94524	77719	118225
寿阳县	Shouyang	201772	106248	95524	87534	114238
祁　县	Qixian	256251	131065	125186	111461	144790
平遥县	Pingyao	457232	234622	222610	213258	243974
灵石县	Lingshi	248418	129862	118556	142255	106163
介休市	Jiexiu	429795	218288	211507	285946	143849
运 城 市	**Yuncheng**					
盐湖区	Yanhu	892376	446692	445684	661343	231033
临猗县	Linyi	490233	247794	242439	191673	298560
万荣县	Wanrong	368574	186039	182535	111459	257115
闻喜县	Wenxi	358945	180951	177994	150684	208261
稷山县	Jishan	318136	159396	158740	122666	195470
新绛县	Xinjiang	286548	145333	141215	115167	171381
绛　县	Jiangxian	231859	116028	115831	104592	127267
垣曲县	Yuanqu	200436	102447	97989	110419	90017
夏　县	Xiaxian	293611	149661	143950	88419	205192
平陆县	Pinglu	209862	107279	102583	77811	132051
芮城县	Ruicheng	347172	174286	172886	173778	173394
永济市	Yongji	398575	199783	198792	182494	216081
河津市	Hejin	392808	203055	189753	221207	171601
忻 州 市	**Xinzhou**					
忻府区	Xinfu	573917	287077	286840	374087	199830
定襄县	Dingxiang	195655	99343	96312	84188	111467
五台县	Wutai	238946	123652	115294	98244	140702
代　县	Daixian	181864	94658	87206	84896	96968

20-1 续表26 continued

单位：人 (person)

县(市、区)	Region	2019 常住人口 Resident Population	按性别分 By Sex 男 Male	女 Female	按城乡分 By Residence 城镇人口 Urban	乡村人口 Rural
繁峙县	Fanshi	251365	131629	119736	124218	127147
宁武县	Ningwu	138395	74225	64170	73333	65062
静乐县	Jingle	122813	65444	57369	56496	66317
神池县	Shenchi	78427	41182	37245	35843	42584
五寨县	Wuzhai	100634	52718	47916	52153	48481
岢岚县	Kelan	70498	37130	33368	37243	33255
河曲县	Hequ	125080	65419	59661	65579	59501
保德县	Baode	145357	76921	68436	73488	71869
偏关县	Pianguan	77114	39840	37274	38987	38127
原平市	Yuanping	420228	216012	204216	225318	194910
临汾市	**Linfen**					
尧都区	Yaodu	957854	471856	485998	686572	271282
曲沃县	Quwo	217339	109236	108103	95064	122275
翼城县	Yicheng	267364	133858	133506	110858	156506
襄汾县	Xiangfen	426965	213524	213441	161271	265694
洪洞县	Hongtong	644150	329203	314947	251825	392325
古县	Guxian	80850	41830	39020	39785	41065
安泽县	Anze	76061	39633	36428	34255	41806
浮山县	Fushan	101494	50773	50721	41962	59532
吉县	Jixian	89121	45936	43185	35764	53357
乡宁县	Xiangning	209061	109810	99251	82410	126651
大宁县	Daning	52810	27206	25604	27603	25207
隰县	Xixian	92472	47581	44891	45392	47080
永和县	Yonghe	51203	26622	24581	23129	28074
蒲县	Puxian	96632	50154	46478	46315	50317
汾西县	Fenxi	108466	56356	52110	51393	57073
侯马市	Houma	254865	128785	126080	171397	83468
霍州市	Huozhou	273425	138117	135308	181716	91709
吕梁市	**Lvliang**					
离石区	Lishi	439878	223775	216103	322303	117575
文水县	Wenshui	376504	191492	185012	151250	225254
交城县	Jiaocheng	226958	115218	111740	125342	101616
兴县	Xingxian	191350	101013	90337	83091	108259
临县	Linxian	410781	216167	194614	137777	273004
柳林县	Liulin	290191	155086	135105	135589	154602
石楼县	Shilou	97596	50974	46622	51002	46594
岚县	Lanxian	149992	77330	72662	62159	87833
方山县	Fangshan	114472	59390	55082	44843	69629
中阳县	Zhongyang	138652	73020	65632	87401	51251
交口县	Jiaokou	96817	49639	47178	43489	53328
孝义市	Xiaoyi	476467	242397	234070	328398	148069
汾阳市	Fenyang	408384	208990	199394	202845	205539

20-1 续表27 continued

单位：人 (person)

县(市、区)	Region	2020 常住人口 Resident Population	按性别分 By Sex 男 Male	女 Female	按城乡分 By Residence 城镇人口 Urban	乡村人口 Rural
太 原 市	**Taiyuan**					
小店区	Xiaodian	1364860	702259	662601	1276350	88510
迎泽区	Yingze	594284	296279	298005	582904	11380
杏花岭区	Xinghualing	781027	392588	388439	732644	48383
尖草坪区	Jiancaoping	531288	277996	253292	501722	29566
万柏林区	Wanbailin	953276	487495	465781	952109	1167
晋源区	Jinyuan	318647	167494	151153	270611	48036
清徐县	Qingxu	344526	178318	166208	145889	198637
阳曲县	Yangqu	128671	68487	60184	68627	60044
娄烦县	Loufan	91066	47643	43423	45893	45173
古交市	Gujiao	210877	110864	100013	159666	51211
大 同 市	**Datong**					
新荣区	Xinrong	88417	47064	41353	35495	52922
平城区	Pingcheng	1106724	551934	554790	1106724	
云冈区	Yungang	682845	340224	342621	592927	89918
云州区	Yunzhou	150666	78992	71674	72597	78069
阳高县	Yanggao	191446	96539	94907	86718	104728
天镇县	Tianzhen	160243	80739	79504	67113	93130
广灵县	Guangling	153823	80067	73756	54626	99197
灵丘县	Lingqiu	212178	109478	102700	77691	134487
浑源县	Hunyuan	237086	120606	116480	100836	136250
左云县	Zuoyun	117614	63892	53722	59268	58346
阳 泉 市	**Yangquan**					
城 区	Chengqu	225308	113039	112269	224032	1276
矿 区	Kuangqu	230554	115682	114872	230554	
郊 区	Jiaoqu	275118	143858	131260	192402	82716
平定县	Pingding	306057	158254	147803	155827	150230
盂 县	Yuxian	280888	145266	135622	135878	145010
长 治 市	**Changzhi**					
潞州区	Luzhou	895410	440802	454608	770410	125000
上党区	Shangdang	319537	159239	160298	147194	172343
屯留区	Tunliu	253699	129055	124644	120532	133167
潞城区	Lucheng	219055	113333	105722	129702	89353
襄垣县	Xiangyuan	260026	134977	125049	139503	120523
平顺县	Pingshun	115885	60522	55363	38131	77754
黎城县	Licheng	134098	67942	66156	62328	71770
壶关县	Huguan	239957	118888	121069	92935	147022
长子县	Zhangzi	298608	153490	145118	104408	194200
武乡县	Wuxiang	155294	82963	72331	55657	99637
沁 县	Qinxian	138430	72789	65641	61725	76705
沁源县	Qinyuan	149927	83862	66065	73023	76904

20-1 续表28 continued

单位：人 (person)

县(市、区)	Region	2020 常住人口 Resident Population	按性别分 By Sex 男 Male	女 Female	按城乡分 By Residence 城镇人口 Urban	乡村人口 Rural
晋城市	**Jincheng**					
城　区	Chengqu	574822	282396	292426	574822	
沁水县	Qinshui	196489	106365	90124	95979	100510
阳城县	Yangcheng	350386	177014	173372	174902	175484
陵川县	Lingchuan	204780	103575	101205	89766	115014
泽州县	Zezhou	414893	215550	199343	197264	217629
高平市	Gaoping	452990	225837	227153	243462	209528
朔州市	**Shuozhou**					
朔城区	Shuocheng	565216	288847	276369	393702	171514
平鲁区	Pinglu	147436	78761	68675	82811	64625
山阴县	Shanyin	199031	104702	94329	109806	89225
应　县	Yingxian	243310	125566	117744	99113	144197
右玉县	Youyu	87854	46348	41506	51013	36841
怀仁市	Huairen	348577	180741	167836	247613	100964
晋中市	**Jinzhong**					
榆次区	Yuci	905920	445509	460411	717081	188839
太谷区	Taigu	322377	161770	160607	184450	137927
榆社县	Yushe	111565	58395	53170	50936	60629
左权县	Zuoquan	144397	74621	69776	75917	68480
和顺县	Heshun	121485	63888	57597	63470	58015
昔阳县	Xiyang	190734	98895	91839	78821	111913
寿阳县	Shouyang	200168	108564	91604	90406	109762
祁　县	Qixian	254391	130125	124266	114489	139902
平遥县	Pingyao	450500	229173	221327	216129	234371
灵石县	Lingshi	246305	129620	116685	144766	101539
介休市	Jiexiu	432555	219627	212928	291607	140948
运城市	**Yuncheng**					
盐湖区	Yanhu	928574	456665	471909	692021	236553
临猗县	Linyi	482281	242649	239632	191345	290936
万荣县	Wanrong	361573	183554	178019	113466	248107
闻喜县	Wenxi	355142	179251	175891	149544	205598
稷山县	Jishan	315917	158994	156923	124711	191206
新绛县	Xinjiang	282030	141528	140502	114970	167060
绛　县	Jiangxian	226504	113484	113020	102313	124191
垣曲县	Yuanqu	197585	101898	95687	111568	86017
夏　县	Xiaxian	287732	146583	141149	88867	198865
平陆县	Pinglu	204738	104209	100529	79255	125483
芮城县	Ruicheng	342559	176823	165736	174965	167594
永济市	Yongji	394466	199136	195330	182002	212464
河津市	Hejin	392481	203996	188485	225697	166784
忻州市	**Xinzhou**					
忻府区	Xinfu	577122	284810	292312	384394	192728
定襄县	Dingxiang	193805	97521	96284	85730	108075
五台县	Wutai	233064	119943	113121	99135	133929
代　县	Daixian	178617	93765	84852	85299	93318

20-1 续表29 continued

单位：人 (person)

县(市、区)	Region	2020				
		常住人口 Resident Population	按性别分 By Sex		按城乡分 By Residence	
			男 Male	女 Female	城镇人口 Urban	乡村人口 Rural
繁峙县	Fanshi	250298	130057	120241	127090	123208
宁武县	Ningwu	135840	73065	62775	73551	62289
静乐县	Jingle	118990	64240	54750	56550	62440
神池县	Shenchi	75333	39878	35455	35554	39779
五寨县	Wuzhai	100017	51719	48298	53455	46562
岢岚县	Kelan	68899	36841	32058	37354	31545
河曲县	Hequ	123100	64629	58471	65779	57321
保德县	Baode	143800	76153	67647	75646	68154
偏关县	Pianguan	72616	37802	34814	37554	35062
原平市	Yuanping	412040	210951	201089	225985	186055
临 汾 市	**Linfen**					
尧都区	Yaodu	959348	471512	487836	696343	263005
曲沃县	Quwo	216281	110206	106075	97792	118489
翼城县	Yicheng	263526	129433	134093	112302	151224
襄汾县	Xiangfen	425416	211365	214051	160829	264587
洪洞县	Hongtong	636644	317596	319048	251634	385010
古 县	Guxian	79618	41665	37953	41127	38491
安泽县	Anze	75471	39594	35877	35136	40335
浮山县	Fushan	98559	50018	48541	42100	56459
吉 县	Jixian	87093	44704	42389	36871	50222
乡宁县	Xiangning	206634	108872	97762	84648	121986
大宁县	Daning	51863	27995	23868	28045	23818
隰 县	Xixian	91030	47137	43893	46057	44973
永和县	Yonghe	49800	25999	23801	23115	26685
蒲 县	Puxian	95499	52189	43310	46571	48928
汾西县	Fenxi	104156	53684	50472	50188	53968
侯马市	Houma	258014	129408	128606	175437	82577
霍州市	Huozhou	272798	138159	134639	183389	89409
吕 梁 市	**Lvliang**					
离石区	Lishi	456710	232576	224134	335391	121319
文水县	Wenshui	371925	189838	182087	152114	219811
交城县	Jiaocheng	226716	116743	109973	126765	99951
兴 县	Xingxian	182711	98399	84312	82526	100185
临 县	Linxian	393354	207982	185372	132882	260472
柳林县	Liulin	287624	152790	134834	139889	147735
石楼县	Shilou	96550	50320	46230	52412	44138
岚 县	Lanxian	148150	77992	70158	63776	84374
方山县	Fangshan	112486	60639	51847	44916	67570
中阳县	Zhongyang	138465	73737	64728	89683	48782
交口县	Jiaokou	94952	50080	44872	44388	50564
孝义市	Xiaoyi	477345	244308	233037	337376	139969
汾阳市	Fenyang	407520	205864	201656	207327	200193

20-2 地区生产总值(2020年)
GROSS DOMESTIC PRODUCT(2020)

单位：万元 (10 000 yuan)

县(市、区)	Region	地区生产总值 Gross Domestic Product	第一产业 Primary Industry	第二产业 Secondary Industry	第三产业 Tertiary Industry	人均地区生产总值(元) Per Capita GDP (yuan)
太原市	**Taiyuan**					
小店区	Xiaodian	10636837	44124	4920153	5672560	79273
迎泽区	Yingze	9021875	3383	1098716	7919776	151846
杏花岭区	Xinghualing	7496941	6451	1534724	5955766	96562
尖草坪区	Jiancaoping	3639853	27605	2489504	1122744	68914
万柏林区	Wanbailin	4860403	3202	2412100	2445101	51398
晋源区	Jinyuan	800874	36310	260814	503750	25523
清徐县	Qingxu	1948319	101008	1154627	692684	56559
阳曲县	Yangqu	621886	64172	394678	163036	48450
娄烦县	Loufan	310226	24880	151134	134212	33815
古交市	Gujiao	605742	23444	373142	209156	28757
大同市	**Datong**					
新荣区	Xinrong	615074	50236	348116	216722	68086
平城区	Pingcheng	4281681	12429	812723	3456529	39060
云冈区	Yungang	4060052	55435	2051787	1952830	59258
云州区	Yunzhou	1273464	78266	631337	563861	83402
阳高县	Yanggao	552958	150539	132001	270418	28347
天镇县	Tianzhen	406904	89381	96235	221288	24884
广灵县	Guangling	423615	80920	128966	213729	27248
灵丘县	Lingqiu	543226	55209	163424	324593	25435
浑源县	Hunyuan	476797	98234	78036	300527	19627
左云县	Zuoyun	1061209	29446	624771	406992	88594
阳泉市	**Yangquan**					
城　区	Chengqu	2084079	2303	310395	1771381	92208
矿　区	Kuangqu	1630777	944	1169022	460811	70326
郊　区	Jiaoqu	1248661	16552	589123	642986	45816
平定县	Pingding	1146995	46449	587333	513213	37344
盂　县	Yuxian	1311934	38422	688506	585006	46510
长治市	**Changzhi**					
潞州区	Luzhou	4725533	19868	1606878	3098787	52882
上党区	Shangdang	2200841	77134	1348420	775287	68786
屯留区	Tunliu	1368264	69116	923145	376003	53896
潞城区	Lucheng	1284375	39361	816197	428817	58571
襄垣县	Xiangyuan	2247510	56329	1501753	689428	86379
平顺县	Pingshun	243258	33039	54873	155346	20905
黎城县	Licheng	336597	25975	90917	219705	25028
壶关县	Huguan	587635	61621	216275	309739	24405
长子县	Zhangzi	1795717	106327	1178941	510449	59962
武乡县	Wuxiang	650016	43845	276230	329941	41749
沁　县	Qinxian	328587	56369	61059	211159	23635
沁源县	Qinyuan	1348026	27578	910361	410087	89826
晋城市	**Jincheng**					
城　区	Chengqu	3524822	4993	1011182	2508647	61757
沁水县	Qinshui	2271783	93096	1684794	493893	115301

20–2 续表1 continued

单位：万元 (10 000 yuan)

县(市、区)	Region	地区生产总值 Gross Domestic Product	第一产业 Primary Industry	第二产业 Secondary Industry	第三产业 Tertiary Industry	人均地区生产总值(元) Per Capita GDP (yuan)
阳城县	Yangcheng	2446440	104838	1468766	872836	69645
陵川县	Lingchuan	485611	63361	97896	324354	23613
泽州县	Zezhou	3005281	147598	2054959	802724	72154
高平市	Gaoping	2523229	151381	1311743	1060105	55616
朔州市	**Shuozhou**					
朔城区	Shuocheng	3169048	91514	652394	2425140	56460
平鲁区	Pinglu	2424358	42228	1595025	787105	161115
山阴县	Shanyin	1510114	104288	625218	780608	75035
应县	Yingxian	767904	209541	91067	467296	30960
右玉县	Youyu	853182	62717	337657	452808	95592
怀仁市	Huairen	2280323	130296	1102693	1047334	65681
晋中市	**Jinzhong**					
榆次区	Yuci	3007120	154492	793733	2058895	33832
太谷区	Taigu	1047321	238604	238430	570287	32638
榆社县	Yushe	375901	51937	132817	191147	33334
左权县	Zuoquan	578066	49147	271912	257007	39779
和顺县	Heshun	668891	35685	375109	258097	54532
昔阳县	Xiyang	939277	53680	554741	330856	48776
寿阳县	Shouyang	1300016	110016	763293	426707	64718
祁县	Qixian	888586	191356	198912	498318	34838
平遥县	Pingyao	1123902	124633	304727	694542	24801
灵石县	Lingshi	2433869	40946	1611242	781681	98451
介休市	Jiexiu	2418907	54906	1537397	826604	56152
运城市	**Yuncheng**					
盐湖区	Yanhu	3050038	199913	728140	2121985	33499
临猗县	Linyi	1577819	541452	231988	804379	32448
万荣县	Wanrong	823463	249227	174323	399913	22556
闻喜县	Wenxi	1514917	199567	687916	627434	42429
稷山县	Jishan	922255	145780	302349	474126	29091
新绛县	Xinjiang	1229504	202340	622047	405117	43248
绛县	Jiangxian	639085	103990	173070	362025	27886
垣曲县	Yuanqu	678252	77698	261860	338694	34081
夏县	Xiaxian	632177	221453	99712	311012	21749
平陆县	Pinglu	533505	105272	161177	267056	25736
芮城县	Ruicheng	953899	275664	216642	461593	27660
永济市	Yongji	1283155	251813	392319	639023	32360
河津市	Hejin	2598729	103017	1588795	906917	66185
忻州市	**Xinzhou**					
忻府区	Xinfu	1914266	98246	510625	1305395	33262
定襄县	Dingxiang	565551	50938	274820	239793	29043
五台县	Wutai	589863	56689	124552	408622	24994
代县	Daixian	716203	36864	421061	258278	39736

20-2 续表2 continued

单位：万元　　(10 000 yuan)

县(市、区)	Region	地区生产总值 Gross Domestic Product	第一产业 Primary Industry	第二产业 Secondary Industry	第三产业 Tertiary Industry	人均地区生产总值(元) Per Capita GDP (yuan)
繁峙县	Fanshi	756980	73305	345073	338602	30179
宁武县	Ningwu	727877	23386	414224	290267	53084
静乐县	Jingle	372090	44225	140124	187741	30776
神池县	Shenchi	280128	94693	39291	146144	36437
五寨县	Wuzhai	314249	50900	17474	245875	31323
岢岚县	Kelan	330898	43220	74090	213588	47476
河曲县	Hequ	1145919	38566	708650	398703	92346
保德县	Baode	827659	47677	505897	274085	57246
偏关县	Pianguan	329251	37381	156435	135435	43979
原平市	Yuanping	1466336	148973	754682	562681	35237
临汾市	**Linfen**					
尧都区	Yaodu	3465112	92918	680047	2692147	36148
曲沃县	Quwo	1157678	170086	655614	331978	53396
翼城县	Yicheng	741494	120312	171148	450034	27934
襄汾县	Xiangfen	1304965	162345	580606	562014	30619
洪洞县	Hongtong	1500712	104047	669476	727189	23434
古　县	Guxian	505587	25011	332121	148455	63014
安泽县	Anze	644989	37236	451225	156528	85129
浮山县	Fushan	391827	46571	196601	148655	39172
吉　县	Jixian	240549	83627	71691	85231	27302
乡宁县	Xiangning	1421783	46810	1055295	319678	68405
大宁县	Daning	109624	20299	32024	57301	20946
隰　县	Xixian	202592	62921	21183	118488	22081
永和县	Yonghe	175018	28000	81490	65528	34656
蒲　县	Puxian	926106	29617	719932	176557	96404
汾西县	Fenxi	244299	36350	48881	159068	22980
侯马市	Houma	1208420	31467	289036	887917	47123
霍州市	Huozhou	810839	36230	399501	375108	29689
吕梁市	**Lvliang**					
离石区	Lishi	1547183	23242	678188	845753	34513
文水县	Wenshui	792483	137612	277624	377247	21177
交城县	Jiaocheng	849035	39871	545435	263729	37429
兴　县	Xingxian	1342035	43886	1017410	280739	71755
临　县	Linxian	1023423	124730	479224	419469	25454
柳林县	Liulin	2205406	40376	1582741	582289	76336
石楼县	Shilou	173860	46856	16463	110541	17910
岚　县	Lanxian	444593	35876	250896	157821	29824
方山县	Fangshan	518238	31836	360459	125943	45668
中阳县	Zhongyang	1175908	29627	915352	230929	84867
交口县	Jiaokou	423875	39227	245165	139483	44207
孝义市	Xiaoyi	3127769	78239	1905230	1144300	65585
汾阳市	Fenyang	1756513	77105	887524	791884	43057

20-3 城乡居民收入(2020年)
INCOME OF URBAN AND RURAL HOUSEHOLDS(2020)

单位：元 (yuan)

县(市、区)	Region	居民人均可支配收入 Per Capita Disposable Income of Households	城镇居民人均可支配收入 Per Capita Disposable Income of Urban Households	农村居民人均可支配收入 Per Capita Disposible Income of Rural Households
太 原 市	Taiyuan			
小店区	Xiaodian	36881	39978	22641
迎泽区	Yingze	36846	39683	22641
杏花岭区	Xinghualing	36811	39625	22641
尖草坪区	Jiancaoping	36567	37912	22641
万柏林区	Wanbailin	36567	37979	22641
晋源区	Jinyuan	36741	38468	22641
清徐县	Qingxu	25385	36856	21988
阳曲县	Yangqu	17481	28061	11846
娄烦县	Loufan	15742	24146	9490
古交市	Gujiao	30897	35361	18300
大 同 市	Datong			
新荣区	Xinrong	15648	28454	11299
平城区	Pingcheng	35414	37451	18344
云冈区	Yungang	33796	36340	18317
云州区	Yunzhou	15512	23651	11807
阳高县	Yanggao	14901	25168	9749
天镇县	Tianzhen	14504	25397	9448
广灵县	Guangling	12467	25244	10007
灵丘县	Lingqiu	14544	30817	9530
浑源县	Hunyuan	15181	26104	9871
左云县	Zuoyun	22059	31434	14817
阳 泉 市	Yangquan			
城　区	Chengqu	36399	36399	
矿　区	Kuangqu	35933	35933	
郊　区	Jiaoqu	26846	29726	17452
平定县	Pingding	22206	32289	15834
盂　县	Yuxian	23367	34827	16454
长 治 市	Changzhi			
潞州区	Luzhou	37830	39706	21747
上党区	Shangdang	25458	36047	20532
屯留区	Tunliu	23254	31009	19033
潞城区	Lucheng	25523	33135	16716
襄垣县	Xiangyuan	28220	40291	18658
平顺县	Pingshun	12530	26318	8671
黎城县	Licheng	14619	21850	10558
壶关县	Huguan	12529	26498	8320
长子县	Zhangzi	21622	33875	17120
武乡县	Wuxiang	14013	27132	9064
沁　县	Qinxian	13279	23005	8260
沁源县	Qinyuan	25944	38598	17693

20-3 续表1 continued

单位：元 (yuan)

县(市、区)	Region	居民人均可支配收入 Per Capita Disposable Income of Households	城镇居民人均可支配收入 Per Capita Disposable Income of Urban Households	农村居民人均可支配收入 Per Capita Disposible Income of Rural Households
晋 城 市	**Jincheng**			
城　区	Chengqu	38780	38780	
沁水县	Qinshui	21184	32325	14434
阳城县	Yangcheng	23576	33809	15758
陵川县	Lingchuan	15203	22087	11389
泽州县	Zezhou	26133	37553	17866
高平市	Gaoping	26629	36373	16617
朔 州 市	**Shuozhou**			
朔城区	Shuocheng	30357	38040	17695
平鲁区	Pinglu	20695	28391	12306
山阴县	Shanyin	28928	38024	19476
应　县	Yingxian	18148	27693	12845
右玉县	Youyu	19421	27631	10025
怀仁市	Huairen	30643	39332	19368
晋 中 市	**Jinzhong**			
榆次区	Yuci	35693	39673	21288
太谷区	Taigu	27631	34830	22265
榆社县	Yushe	13225	25126	7559
左权县	Zuoquan	16679	30036	7771
和顺县	Heshun	17124	28066	9031
昔阳县	Xiyang	16801	28925	12062
寿阳县	Shouyang	23739	38340	16168
祁　县	Qixian	25598	35953	20167
平遥县	Pingyao	22016	33904	14438
灵石县	Lingshi	30502	42036	20162
介休市	Jiexiu	30709	38901	16619
运 城 市	**Yuncheng**			
盐湖区	Yanhu	29762	35445	14721
临猗县	Linyi	22103	32547	15546
万荣县	Wanrong	15996	28752	12156
闻喜县	Wenxi	21996	33679	12455
稷山县	Jishan	19360	30598	13228
新绛县	Xinjiang	21530	32421	14172
绛　县	Jiangxian	20764	29228	11481
垣曲县	Yuanqu	19295	30297	9401
夏　县	Xiaxian	15279	29374	10029
平陆县	Pinglu	14460	27498	9650
芮城县	Ruicheng	22134	32858	13301
永济市	Yongji	24194	33251	15833
河津市	Hejin	24704	32584	16147
忻 州 市	**Xinzhou**			
忻府区	Xinfu	25022	34524	12455
定襄县	Dingxiang	22046	34102	15492
五台县	Wutai	15201	30162	8352
代　县	Daixian	16478	29755	7384

20-3 续表2 continued

单位：元 (yuan)

县(市、区)	Region	居民人均可支配收入 Per Capita Disposable Income of Households	城镇居民人均可支配收入 Per Capita Disposable Income of Urban Households	农村居民人均可支配收入 Per Capita Disposible Income of Rural Households
繁峙县	Fanshi	20276	34393	10195
宁武县	Ningwu	17353	28037	7582
静乐县	Jingle	15061	27006	8806
神池县	Shenchi	15928	27169	9996
五寨县	Wuzhai	17128	26890	9665
岢岚县	Kelan	19199	31168	8820
河曲县	Hequ	19594	31607	8914
保德县	Baode	17908	32737	9240
偏关县	Pianguan	16399	25083	8989
原平市	Yuanping	23436	34791	12968
临汾市	**Linfen**			
尧都区	Yaodu	31444	39023	17410
曲沃县	Quwo	24420	36833	17668
翼城县	Yicheng	20316	34154	13590
襄汾县	Xiangfen	22421	34652	15689
洪洞县	Hongtong	20679	32237	13911
古　县	Guxian	21526	35465	13146
安泽县	Anze	19664	32832	12113
浮山县	Fushan	19137	34088	11107
吉　县	Jixian	12927	23678	7615
乡宁县	Xiangning	19365	34016	12603
大宁县	Daning	13616	22508	5553
隰　县	Xixian	16407	26361	8552
永和县	Yonghe	13968	25734	5815
蒲　县	Puxian	20059	31312	11411
汾西县	Fenxi	16735	30359	5980
侯马市	Houma	26994	33029	17431
霍州市	Huozhou	26946	34265	16168
吕梁市	**Lvliang**			
离石区	Lishi	29757	32851	7901
文水县	Wenshui	15930	24483	11979
交城县	Jiaocheng	18768	25142	12265
兴　县	Xingxian	12550	24727	6271
临　县	Linxian	10588	21096	6921
柳林县	Liulin	22062	35031	14355
石楼县	Shilou	9782	16788	4780
岚　县	Lanxian	11817	22816	6851
方山县	Fangshan	11600	24117	6031
中阳县	Zhongyang	19428	25699	8714
交口县	Jiaokou	14855	22978	9594
孝义市	Xiaoyi	31554	38030	19682
汾阳市	Fenyang	20592	27040	16274

20-4 财政收支情况(2020年)
FINANCIAL REVENUE AND EXPENDITURE(2020)

单位：万元 (10 000 yuan)

县(市、区)	Region	一般公共预算收入 General Public Budget Revenue	#国内增值税 Value-added Taxes	#企业所得税 Enterprises Income Taxes	#个人所得税 Individual Income Taxes	一般公共预算支出 General Public Budget Expenditure
太原市	**Taiyuan**					
小店区	Xiaodian	237205	23286	21164	5823	471608
迎泽区	Yingze	178011	17881	23734	6289	305853
杏花岭区	Xinghualing	148247	19158	12653	5450	327330
尖草坪区	Jiancaoping	141846	59923	7963	6534	303882
万柏林区	Wanbailin	201345	26894	19719	5337	357662
晋源区	Jinyuan	64569	3933	6656	1016	205059
清徐县	Qingxu	132304	37061	14398	2088	376911
阳曲县	Yangqu	56073	8866	3002	448	190253
娄烦县	Loufan	45680	11786	838	180	210850
古交市	Gujiao	128259	43363	2126	1007	282252
综改示范区	Comprehensive Reform Demonstration Zone	440732	111484	22919	12757	561402
大同市	**Datong**					
新荣区	Xinrong	19273	5843	1734	547	116273
平城区	Pingcheng	92023	8053	6969	2225	289842
云冈区	Yungang	123071	20144	11149	508	311422
云州区	Yunzhou	25554	3676	625	1040	195019
阳高县	Yanggao	15140	2111	1113	103	243501
天镇县	Tianzhen	19402	1844	1548	171	295594
广灵县	Guangling	26737	3439	4078	172	290196
灵丘县	Lingqiu	20200	2763	1665	174	259302
浑源县	Hunyuan	16177	909	599	171	298112
左云县	Zuoyun	98760	23349	12356	836	168454
开发区	Development Zone	84528	33926	3216	556	143765
阳泉市	**Yangquan**					
城　区	Chengqu	29316	3127	3914	602	120199
矿　区	Kuangqu	25617	2952	4381	611	105663
郊　区	Jiaoqu	46173	6827	5846	507	200655
平定县	Pingding	51016	8648	2330	538	313286
盂　县	Yuxian	75002	16548	4781	1065	287619
开发区	Development Zone	34578	6805	3305	469	37414
长治市	**Changzhi**					
潞州区	Luzhou	116965	10451	5513	1219	317594
上党区	Shangdang	158450	28828	19170	1242	329361
屯留区	Tunliu	118035	29813	11230	897	236868
潞城区	Lucheng	81800	13796	5793	569	194324
襄垣县	Xiangyuan	179995	32084	12703	4351	290026
平顺县	Pingshun	12277	940	1175	116	229729
黎城县	Licheng	24799	4843	1788	412	156750
壶关县	Huguan	27820	3140	2061	371	268868
长子县	Zhangzi	159498	35444	21446	1056	296701
武乡县	Wuxiang	54343	10303	3549	371	233934
沁　县	Qinxian	12788	947	543	82	176526
沁源县	Qinyuan	135271	27450	16680	2040	208006
高新区	High-tech Zone	57591	11481	2359	432	79544

20-4 续表1 continued

单位：万元 (10 000 yuan)

县(市、区)	Region	一般公共预算收入 General Public Budget Revenue	#国内增值税 Value-added Taxes	#企业所得税 Enterprises Income Taxes	#个人所得税 Individual Income Taxes	一般公共预算支出 General Public Budget Expenditure
晋城市	**Jincheng**					
城　区	Chengqu	95058	6509	6723	883	206989
沁水县	Qinshui	162310	39932	17745	1124	267888
阳城县	Yangcheng	197068	34716	20068	1447	371171
陵川县	Lingchuan	19920	2657	1189	182	238988
泽州县	Zezhou	265000	45869	11764	1618	485007
高平市	Gaoping	237368	40440	11611	1026	446623
开发区	Development Zone	100505	5400	2415	272	119925
朔州市	**Shuozhou**					
朔城区	Shuocheng	73791	8130	1819	789	295740
平鲁区	Pinglu	111620	20834	7526	965	224667
山阴县	Shanyin	123267	28792	15166	1273	240085
应　县	Yingxian	18296	2207	921	97	245165
右玉县	Youyu	42248	8707	2889	518	182401
怀仁市	Huairen	128984	30514	15570	2261	285139
开发区	Development Zone	72342	14475	9003	999	74595
晋中市	**Jinzhong**					
榆次区	Yuci	146082	13409	9853	3473	447006
太谷区	Taigu	64019	13191	2044	810	247878
榆社县	Yushe	39100	4359	1203	309	209185
左权县	Zuoquan	50844	4758	964	561	230777
和顺县	Heshun	91865	12074	2544	920	191762
昔阳县	Xiyang	85028	14339	5041	769	224567
寿阳县	Shouyang	130341	20367	4376	1202	251865
祁　县	Qixian	51510	6308	1957	221	228371
平遥县	Pingyao	46478	10811	1825	763	373796
灵石县	Lingshi	184030	56870	20834	6983	291440
介休市	Jiexiu	206252	60583	9341	2193	356683
示范区	Demonstration Zone	81243	11115	8417	2044	258289
运城市	**Yuncheng**					
盐湖区	Yanhu	126951	8702	5147	1643	352082
临猗县	Linyi	29800	5175	2112	229	288678
万荣县	Wanrong	18888	3320	1501	181	267228
闻喜县	Wenxi	58581	16750	1200	584	285779
稷山县	Jishan	31928	8281	2364	232	200509
新绛县	Xinjiang	45576	12902	9805	712	198095
绛　县	Jiangxian	15574	3782	1204	211	207284
垣曲县	Yuanqu	39727	11666	2256	169	214060
夏　县	Xiaxian	19186	2105	1009	126	247332
平陆县	Pinglu	33941	4224	1752	68	218433
芮城县	Ruicheng	37737	9360	2808	527	262541
永济市	Yongji	50152	9400	1667	508	297880
河津市	Hejin	143417	40000	20876	3629	327542
开发区	Development Zone	40300	2996	1890	827	67102
忻州市	**Xinzhou**					
忻府区	Xinfu	63798	5071	4291	1120	273228
定襄县	Dingxiang	25567	9926	2683	222	181167
五台县	Wutai	44957	5416	1820	361	320555

20-4 续表2 continued

单位：万元 (10 000 yuan)

县(市、区)	Region	一般公共预算收入 General Public Budget Revenue	#国内增值税 Value-added Taxes	#企业所得税 Enterprises Income Taxes	#个人所得税 Individual Income Taxes	一般公共预算支出 General Public Budget Expenditure
代　县	Daixian	42571	11074	1394	1386	207984
繁峙县	Fanshi	38359	10229	2166	527	260516
宁武县	Ningwu	77886	15461	6356	556	307197
静乐县	Jingle	30928	2768	904	201	276967
神池县	Shenchi	19103	1602	1589	209	163197
五寨县	Wuzhai	31935	4810	558	146	175993
岢岚县	Kelan	19058	4096	485	161	169439
河曲县	Hequ	101015	31047	15994	829	239333
保德县	Baode	82632	18992	8151	863	215093
偏关县	Pianguan	23934	3335	3512	318	211980
原平市	Yuanping	94718	12649	5956	1764	333892
开发区	Development Zone	24236	2976	2150	718	21311
临汾市	**Linfen**					
尧都区	Yaodu	187948	21484	12711	3487	457254
曲沃县	Quwo	41402	9746	3294	450	187161
翼城县	Yicheng	31913	4954	1558	475	230284
襄汾县	Xiangfen	75573	21549	9478	910	310366
洪洞县	Hongtong	92101	13415	1646	772	431723
古　县	Guxian	48800	11104	4733	1205	133400
安泽县	Anze	59694	17921	11156	1679	130047
浮山县	Fushan	13296	1017	283	117	142013
吉　县	Jixian	15350	1898	1060	431	168150
乡宁县	Xiangning	173197	49867	25711	1334	358679
大宁县	Daning	6855	53	519	24	166666
隰　县	Xixian	10141	754	801	52	161082
永和县	Yonghe	17989	1660	1344	106	168561
蒲　县	Puxian	117492	24206	14301	2046	190728
汾西县	Fenxi	10738	658	248	114	159383
侯马市	Houma	50006	11980	2411	1263	185944
霍州市	Huozhou	48775	13790	608	654	181433
临汾开发区	Development Zone	23170	1970	1603	393	28615
侯马开发区	Houma Development Zone	9680	1306	371	80	14276
吕梁市	**Lvliang**					
离石区	Lishi	160732	32887	13679	6416	271488
文水县	Wenshui	45559	14295	1629	3240	286406
交城县	Jiaocheng	66076	20596	5207	1133	219467
兴　县	Xingxian	142580	45539	25224	622	363940
临　县	Linxian	115662	20727	9625	1421	611619
柳林县	Liulin	260029	81140	38033	2076	397101
石楼县	Shilou	5520	292	180	26	264409
岚　县	Lanxian	56903	13856	4239	409	199911
方山县	Fangshan	49510	9645	4217	260	199453
中阳县	Zhongyang	97239	32910	16326	764	180761
交口县	Jiaokou	31048	8810	3035	160	135488
孝义市	Xiaoyi	270608	81092	16217	2631	346895
汾阳市	Fenyang	180931	49794	36639	1354	308568

20-5 固定资产投资增长速度
GROWTH RATE OF INVESTMENT IN FIXED ASSETS

单位：% (%)

县(市、区)	Region	2019	2020
太 原 市	**Taiyuan**		
小店区	Xiaodian	20.3	2.3
迎泽区	Yingze	4.1	6.7
杏花岭区	Xinghualing	16.6	5.1
尖草坪区	Jiancaoping	13.7	15.6
万柏林区	Wanbailin	6.7	0.1
晋源区	Jinyuan	-27.1	9.5
清徐县	Qingxu	80.6	107.6
阳曲县	Yangqu	17.0	44.9
娄烦县	Loufan	7.0	9.2
古交市	Gujiao	17.5	8.0
大 同 市	**Datong**		
新荣区	Xinrong	12.2	12.4
平城区	Pingcheng	12.4	16.9
云冈区	Yungang	21.7	16.7
云州区	Yunzhou	4.2	6.9
阳高县	Yanggao	12.5	10.4
天镇县	Tianzhen	-14.3	11.4
广灵县	Guangling	15.9	13.5
灵丘县	Lingqiu	40.2	16.1
浑源县	Hunyuan	10.0	-18.9
左云县	Zuoyun	-18.5	-6.7
阳 泉 市	**Yangquan**		
城 区	Chengqu	1.5	10.9
矿 区	Kuangqu	13.3	11.2
郊 区	Jiaoqu	19.2	14.3
平定县	Pingding	8.1	9.3
盂 县	Yuxian	15.3	9.2
长 治 市	**Changzhi**		
潞州区	Luzhou	9.6	5.4
上党区	Shangdang	25.1	-4.7
屯留区	Tunliu	7.5	12.3
潞城区	Lucheng	9.3	12.7
襄垣县	Xiangyuan	6.9	-4.5
平顺县	Pingshun	11.9	19.9
黎城县	Licheng	11.2	20.4
壶关县	Huguan	10.1	13.0
长子县	Zhangzi	8.1	11.0
武乡县	Wuxiang	10.9	13.2
沁 县	Qinxian	10.8	5.2
沁源县	Qinyuan	8.5	12.9

注：各县(市、区)投资不含跨省、市项目投资和农村农户投资。
Note: Investment in city and county doesn't include investment across provinces and cities, aparting from investment of rural pesant household.

20-5 续表1 continued

单位：%　　(%)

县(市、区)	Region	2019	2020
晋 城 市	**Jincheng**		
城　区	Chengqu	14.2	−11.5
沁水县	Qinshui	13.7	8.0
阳城县	Yangcheng	13.0	8.5
陵川县	Lingchuan	15.7	8.1
泽州县	Zezhou	19.5	46.3
高平市	Gaoping	13.4	8.1
朔 州 市	**Shuozhou**		
朔城区	Shuocheng	10.8	21.3
平鲁区	Pinglu	2.8	2.6
山阴县	Shanyin	37.1	33.7
应　县	Yingxian	12.6	28.9
右玉县	Youyu	10.0	15.6
怀仁市	Huairen	6.6	3.1
晋 中 市	**Jinzhong**		
榆次区	Yuci	12.0	9.1
太谷区	Taigu	3.3	7.2
榆社县	Yushe	14.7	41.5
左权县	Zuoquan	0.7	7.7
和顺县	Heshun	1.4	−2.2
昔阳县	Xiyang	3.5	2.2
寿阳县	Shouyang	30.9	10.1
祁　县	Qixian	−5.9	8.2
平遥县	Pingyao	3.1	4.1
灵石县	Lingshi	1.2	7.4
介休市	Jiexiu	12.0	7.6
运 城 市	**Yuncheng**		
盐湖区	Yanhu	21.4	11.2
临猗县	Linyi	11.2	11.6
万荣县	Wanrong	3.4	11.0
闻喜县	Wenxi	7.6	11.9
稷山县	Jishan	7.7	11.0
新绛县	Xinjiang	14.4	10.9
绛　县	Jiangxian	9.4	9.9
垣曲县	Yuanqu	10.0	12.7
夏　县	Xiaxian	−17.3	11.6
平陆县	Pinglu	8.6	11.8
芮城县	Ruicheng	36.9	10.8
永济市	Yongji	−23.7	9.6
河津市	Hejin	8.5	11.1
忻 州 市	**Xinzhou**		
忻府区	Xinfu	12.6	12.8
定襄县	Dingxiang	9.7	10.5
五台县	Wutai	9.3	−11.5
代　县	Daixian	9.1	9.8

20-5 续表2 continued

单位：% (%)

县(市、区)	Region	2019	2020
繁峙县	Fanshi	9.5	12.4
宁武县	Ningwu	4.0	9.1
静乐县	Jingle	9.3	8.6
神池县	Shenchi	12.3	7.6
五寨县	Wuzhai	8.1	11.6
岢岚县	Kelan	12.4	9.4
河曲县	Hequ	3.5	8.6
保德县	Baode	8.9	9.8
偏关县	Pianguan	44.7	57.4
原平市	Yuanping	8.8	8.6
临 汾 市	**Linfen**		
尧都区	Yaodu	-11.2	25.3
曲沃县	Quwo	66.2	-9.3
翼城县	Yicheng	8.8	14.8
襄汾县	Xiangfen	16.4	-10.0
洪洞县	Hongtong	11.2	6.2
古　县	Guxian	9.3	26.9
安泽县	Anze	13.2	14.3
浮山县	Fushan	60.3	12.4
吉　县	Jixian	12.9	17.1
乡宁县	Xiangning	10.2	16.5
大宁县	Daning	19.1	7.0
隰　县	Xixian	-45.4	12.5
永和县	Yonghe	13.9	10.1
蒲　县	Puxian	13.3	16.6
汾西县	Fenxi	-22.9	16.7
侯马市	Houma	11.4	11.6
霍州市	Huozhou	-2.8	7.5
吕 梁 市	**Lvliang**		
离石区	Lishi	-11.9	-18.6
文水县	Wenshui	-9.9	24.5
交城县	Jiaocheng	-20.1	15.2
兴　县	Xingxian	11.4	29.0
临　县	Linxian	10.4	27.5
柳林县	Liulin	3.8	16.0
石楼县	Shilou	8.1	23.3
岚　县	Lanxian	0.6	13.9
方山县	Fangshan	4.9	20.4
中阳县	Zhongyang	1.4	21.8
交口县	Jiaokou	-9.6	9.7
孝义市	Xiaoyi	9.5	3.4
汾阳市	Fenyang	19.9	8.2

20-6 农林牧渔业总产值(2020年)

GROSS OUTPUT VALUE OF FARMING, FORESTRY, ANIMAL HUSBANDRY AND FISHERY(2020)

按当年价格计算 (at current price)

县(市、区)	Region	农林牧渔业总产值(万元) Total (10 000 yuan)	农业 Farming	林业 Forestry	牧业 Animal Husbandry	渔业 Fishery	农林牧渔专业及辅助性活动 Specializing and Supportive Activities for Agriculture, Forestry, Animal Husbandry and Fishery
太原市	**Taiyuan**						
小店区	Xiaodian	81011	34977	11276	29630	28	5100
迎泽区	Yingze	8717	153	7201	759	67	537
杏花岭区	Xinghualing	17266	2245	11356	2665		1000
尖草坪区	Jiancaoping	50926	22765	16058	8798	183	3121
万柏林区	Wanbailin	8140	458	6852	309	21	500
晋源区	Jinyuan	60069	36255	7930	11780	395	3710
清徐县	Qingxu	211987	131231	8881	56143	2100	13632
阳曲县	Yangqu	124395	69283	15585	31660	67	7800
娄烦县	Loufan	58431	27001	16978	10179	673	3600
古交市	Gujiao	50648	21328	9257	16822	242	3000
大同市	**Datong**						
新荣区	Xinrong	105595	41462	8981	47981	61	7109
平城区	Pingcheng	25349	6826	1416	15292		1815
云冈区	Yungang	106453	41369	3569	53755		7760
云州区	Yunzhou	157741	69079	5862	71915	430	10455
阳高县	Yanggao	335209	135350	12086	172187	119	15467
天镇县	Tianzhen	185219	77978	9348	88743	271	8879
广灵县	Guangling	153963	86273	6142	54382	143	7023
灵丘县	Lingqiu	119192	46743	6916	60350	283	4900
浑源县	Hunyuan	182461	76318	14723	82817	3	8600
左云县	Zuoyun	66310	27757	7715	27348		3490
阳泉市	**Yangquan**						
郊　区	Jiaoqu	41429	15004	4630	20223	14	1559
平定县	Pingding	95257	36937	5526	46376	525	5893
盂　县	Yuxian	86908	45803	7221	29572	160	4153
长治市	**Changzhi**						
潞州区	Luzhou	47300	18966	7228	16161	2345	2600
上党区	Shangdang	160062	65159	7320	78586	97	8900
屯留区	Tunliu	148940	88730	9378	41741	791	8300
潞城区	Lucheng	84472	37383	8827	34062		4200
襄垣县	Xiangyuan	114894	70272	7928	29884	510	6300
平顺县	Pingshun	69683	34356	13172	18255		3900
黎城县	Licheng	52852	22178	6718	20324	731	2900
壶关县	Huguan	129410	62955	8617	50596	42	7200
长子县	Zhangzi	212209	129931	8537	61542	1141	11058
武乡县	Wuxiang	88351	33686	10802	38370	493	5000
沁　县	Qinxian	118531	51272	11113	48223	1323	6600
沁源县	Qinyuan	59755	34861	13122	8561	64	3146

20-6 续表1 continued

按当年价格计算 (at current price)

县(市、区)	Region	农林牧渔业总产值(万元) Total (10 000 yuan)	农业 Farming	林业 Forestry	牧业 Animal Husbandry	渔业 Fishery	农林牧渔专业及辅助性活动 Specializing and Supportive Activities for Agriculture, Forestry, Animal Husbandry and Fishery
晋城市	**Jincheng**						
城区	Chengqu	10249	3892	3114	1901	23	1320
沁水县	Qinshui	178746	86563	12881	69407	1292	8602
阳城县	Yangcheng	199677	87655	7889	94485	99	9548
陵川县	Lingchuan	118921	59067	4898	48789	286	5880
泽州县	Zezhou	285882	95161	8307	167346	532	14535
高平市	Gaoping	293009	115644	6718	155930	169	14547
朔州市	**Shuozhou**						
朔城区	Shuocheng	181291	103939	6697	55946	486	14224
平鲁区	Pinglu	89001	45047	12086	24798	37	7033
山阴县	Shanyin	232950	94979	4045	121364	21	12540
应县	Yingxian	459842	304238	5626	127700	306	21972
右玉县	Youyu	128521	36513	27348	57373	78	7209
怀仁市	Huairen	295931	113907	4357	159743	40	17884
晋中市	**Jinzhong**						
榆次区	Yuci	287201	175542	13166	78045	1056	19393
太谷区	Taigu	531129	181517	140716	192717	750	15429
榆社县	Yushe	89692	49956	7736	24618	1282	6100
左权县	Zuoquan	80899	49722	3725	22368	529	4555
和顺县	Heshun	69575	31430	5946	27312	137	4750
昔阳县	Xiyang	112942	59534	14771	33180	347	5110
寿阳县	Shouyang	216658	153770	16019	35215	834	10820
祁县	Qixian	353713	183631	17642	134045	330	18064
平遥县	Pingyao	240864	128539	5949	93238	659	12480
灵石县	Lingshi	74906	31708	12836	27440	98	2824
介休市	Jiexiu	105126	30769	4794	57173	223	12166
运城市	**Yuncheng**						
盐湖区	Yanhu	379455	318806	8810	29746	893	21200
临猗县	Linyi	1147041	969487	1801	63514	140	112100
万荣县	Wanrong	508296	408206	5081	72484	1675	20850
闻喜县	Wenxi	381917	286854	12336	73332	81	9315
稷山县	Jishan	286151	154048	2088	115634	81	14300
新绛县	Xinjiang	406507	272219	5516	106610	162	22000
绛县	Jiangxian	224080	157149	17080	36932	18	12900
垣曲县	Yuanqu	162786	118621	2635	31779	1251	8500
夏县	Xiaxian	455688	366518	5083	49298	90	34700
平陆县	Pinglu	224556	175876	7007	30992		10680
芮城县	Ruicheng	541091	392106	4653	101750	1782	40800
永济市	Yongji	509181	379904	6697	73054	18796	30730
河津市	Hejin	196272	136769	7189	32400	165	19750

20-6 续表2 continued

按当年价格计算 (at current price)

县(市、区)	Region	农林牧渔业总产值(万元) Total (10 000 yuan)	农业 Farming	林业 Forestry	牧业 Animal Husbandry	渔业 Fishery	农林牧渔专业及辅助性活动 Specializing and Supportive Activities for Agriculture, Forestry, Animal Husbandry and Fishery
忻州市	**Xinzhou**						
忻府区	Xinfu	205353	140489	6249	46332	854	11430
定襄县	Dingxiang	118085	84369	7628	19246	378	6465
五台县	Wutai	107690	53602	11004	37048	12	6025
代　县	Daixian	73545	37319	6390	25055	649	4133
繁峙县	Fanshi	162400	47952	16015	89365	368	8700
宁武县	Ningwu	52582	12783	6562	30078	162	2997
静乐县	Jingle	93012	44471	17618	25460	259	5204
神池县	Shenchi	196938	85633	7744	92526		11035
五寨县	Wuzhai	117047	77667	10325	22563	185	6306
岢岚县	Kelan	87686	45051	9522	28301	12	4800
河曲县	Hequ	87977	48004	9831	25343	66	4733
保德县	Baode	81128	49185	5114	22069	229	4530
偏关县	Pianguan	88828	45361	12288	25754	480	4945
原平市	Yuanping	293231	151124	15875	111617	710	13906
临汾市	**Linfen**						
尧都区	Yaodu	181422	109951	8328	51095	2380	9668
曲沃县	Quwo	325067	252902	4219	45787	3060	19100
翼城县	Yicheng	237006	137335	5207	81717	247	12500
襄汾县	Xiangfen	319619	204752	5569	89345	2786	17167
洪洞县	Hongtong	205530	108780	6666	76554	1429	12100
古　县	Guxian	48259	31349	4375	10897		1638
安泽县	Anze	70405	53857	4959	7540	295	3754
浮山县	Fushan	96356	66451	5024	21138		3743
吉　县	Jixian	159265	133176	4297	14210	7	7575
乡宁县	Xiangning	91769	45523	8508	34328	50	3361
大宁县	Daning	40430	25622	6318	6376	92	2021
隰　县	Xixian	127669	96696	4711	22310		3952
永和县	Yonghe	56305	37376	6341	9859		2730
蒲　县	Puxian	61518	35479	3840	19919	120	2159
汾西县	Fenxi	72464	26127	4596	39131		2610
侯马市	Houma	65507	39119	4951	15940	1287	4210
霍州市	Huozhou	71775	29740	4668	33343	67	3958
吕梁市	**Lvliang**						
离石区	Lishi	50204	10986	12947	23748	22	2501
文水县	Wenshui	291027	103873	10494	161110	701	14850
交城县	Jiaocheng	96179	32441	14158	44486	273	4821
兴　县	Xingxian	100113	38769	28500	27844	69	4930
临　县	Linxian	240186	105559	38871	83762	76	11919
柳林县	Liulin	88511	33515	13804	36771	70	4351
石楼县	Shilou	87514	36790	19336	27001	65	4322
岚　县	Lanxian	85283	32366	30978	17548	187	4204
方山县	Fangshan	69490	24876	12712	28288	185	3429
中阳县	Zhongyang	68197	14275	9381	41135	80	3325
交口县	Jiaokou	93490	27760	9601	51502		4628
孝义市	Xiaoyi	165736	61865	32164	63148	59	8501
汾阳市	Fenyang	161476	60419	19776	72934	118	8229

20-7 主要粮食作物播种面积(2020年)

单位：公顷

县(市、区)	Region	粮 食 Grain	#秋 粮 Autumn Grain	谷 物 Cereal	#小 麦 Wheat	#玉 米 Corn	#谷 子 Millet
太 原 市	**Taiyuan**						
小店区	Xiaodian	2439	2400	2415	39	1857	46
迎泽区	Yingze	102	102	78		50	11
杏花岭区	Xinghualing	492	492	337		132	40
尖草坪区	Jiancaoping	3354	3354	2851		2213	287
万柏林区	Wanbailin	266	266	157		107	37
晋源区	Jinyuan	1036	1036	895		639	12
清徐县	Qingxu	17072	17043	16213	29	12847	53
阳曲县	Yangqu	22067	22067	18709		12216	5055
娄烦县	Loufan	9668	9668	3259		929	1052
古交市	Gujiao	7000	7000	2882		917	772
大 同 市	**Datong**						
新荣区	Xinrong	25767	25767	20570		4032	877
平城区	Pingcheng	2589	2589	2274		1496	91
云冈区	Yungang	9289	9289	8934		5516	325
云州区	Yunzhou	29219	29219	25177		13043	2568
阳高县	Yanggao	50443	50443	45284		27762	4586
天镇县	Tianzhen	42395	42395	34452		24369	4040
广灵县	Guangling	29307	29307	25839		18731	3234
灵丘县	Lingqiu	32509	32509	26375		19232	3579
浑源县	Hunyuan	33915	33915	28241		19481	1939
左云县	Zuoyun	23004	23004	18482		4673	1427
阳 泉 市	**Yangquan**						
城　区	Chengqu	258	258	230		230	
矿　区	Kuangqu	116	116	87		79	8
郊　区	Jiaoqu	4174	4174	3829		3565	257
平定县	Pingding	20396	20396	19413		17611	1727
盂　县	Yuxian	29858	29600	27270		24590	2521
长 治 市	**Changzhi**						
潞州区	Luzhou	8027	8019	7929	8	7807	66
上党区	Shangdang	17343	17178	16821	165	15919	586
屯留区	Tunliu	37644	37153	37200	490	35784	598
潞城区	Lucheng	17115	16436	16864	680	14895	561
襄垣县	Xiangyuan	28673	28480	28183	194	25846	2003
平顺县	Pingshun	9785	9255	8435	529	6785	1000
黎城县	Licheng	15323	14439	14397	885	12700	526
壶关县	Huguan	16837	16837	16224		15576	523
长子县	Zhangzi	34464	33533	33332	931	32103	274
武乡县	Wuxiang	28401	28289	25118	111	17528	5893
沁　县	Qinxian	26835	26763	25853	72	21937	2437
沁源县	Qinyuan	14027	14027	9753		7791	1126

SOWN AREAS OF MAJOR GRAIN CROPS(2020)

(ha)

#高 粱 Sorghum	#燕 麦 Oats	#荞 麦 Buckwheat	豆 类 Beans	#大 豆 Soybean	薯 类 Tubers	#马铃薯 Potato
455			24	24		
4		11	8	4	17	16
10	9	135	105	102	50	42
203	1	85	370	368	133	109
4	1		23	20	86	75
69			104	102	37	25
3284			323	321	535	14
688		409	1622	1161	1736	1717
138	334	709	1792	966	4618	4618
64	86	503	2124	1602	1994	1994
2724	2096	4236	1910	1758	3286	3286
129			143	125	172	172
797	313	485	272	234	83	83
4046			3353	706	689	689
5577			3051	1242	2109	2109
1876	46		3529	1727	4415	4415
303	240	628	2023	631	1445	1445
143	1230	202	2980	1986	3155	3134
2425	1717		3243	730	2431	2431
1377	4731	3277	2018	1628	2504	2504
			1		28	
			6	6	22	6
1			94	49	252	119
37			290	269	694	238
8		2	554	402	2034	1935
48			67	66	31	31
43			217	184	305	254
327			50	49	393	366
728			143	143	108	53
82			132	126	358	256
69			219	204	1130	1050
277			813	809	114	73
29			113	94	501	496
25			153	141	979	693
1167	3	6	847	820	2436	2321
1407			459	396	522	357
376	232	54	787	626	3486	3429

20-7 续表1

单位：公顷

县(市、区)	Region	粮食 Grain	#秋粮 Autumn Grain	谷物 Cereal	#小麦 Wheat	#玉米 Corn	#谷子 Millet
晋城市	**Jincheng**						
城　区	Chengqu	1571	441	1343	1130	208	5
沁水县	Qinshui	22760	21490	20468	1270	17060	1737
阳城县	Yangcheng	29538	21847	27299	7691	15576	3977
陵川县	Lingchuan	22494	22451	19875	43	18148	1638
泽州县	Zezhou	48671	17546	42090	31125	8343	2576
高平市	Gaoping	35384	34818	27680	566	25122	1900
朔州市	**Shuozhou**						
朔城区	Shuocheng	56848	56848	52080		40359	1313
平鲁区	Pinglu	34692	34692	25894		3771	3851
山阴县	Shanyin	56127	56127	54236		39391	3225
应　县	Yingxian	51960	51960	45347		37856	2393
右玉县	Youyu	30330	30330	24548		6212	1050
怀仁市	Huairen	42954	42954	37612		29427	1298
晋中市	**Jinzhong**						
榆次区	Yuci	26826	26684	25606	142	23102	1702
太谷区	Taigu	22430	21875	21407	555	19309	1041
榆社县	Yushe	13667	13667	12173		8648	2290
左权县	Zuoquan	11673	11664	10149	9	6971	1876
和顺县	Heshun	11304	11304	9640		7972	750
昔阳县	Xiyang	22204	22204	21148		18861	1986
寿阳县	Shouyang	50052	50052	48466		46254	2109
祁　县	Qixian	23968	22730	22650	1238	21103	252
平遥县	Pingyao	36293	36070	34179	157	32550	873
灵石县	Lingshi	11328	9834	10821	1494	8531	441
介休市	Jiexiu	21443	18421	19691	3022	15713	362
运城市	**Yuncheng**						
盐湖区	Yanhu	31037	13480	30053	17556	12396	
临猗县	Linyi	22727	11916	21091	10811	9873	2
万荣县	Wanrong	36178	24458	33811	11720	20182	351
闻喜县	Wenxi	58957	18865	58200	40091	17518	61
稷山县	Jishan	45987	21076	45882	24911	20971	
新绛县	Xinjiang	47396	22077	47006	25319	21639	12
绛　县	Jiangxian	36496	17933	36009	18563	17371	69
垣曲县	Yuanqu	22929	10087	21502	12843	7823	715
夏　县	Xiaxian	44841	23704	44204	21137	22706	360
平陆县	Pinglu	27650	10680	26195	16970	9138	87
芮城县	Ruicheng	63691	30195	60691	33496	26724	323
永济市	Yongji	66105	34909	64657	31196	30968	3
河津市	Hejin	31706	15855	31196	15851	15278	67

continued

(ha)

#高 梁 Sorghum	#燕 麦 Oats	#荞 麦 Buckwheat	豆 类 Beans	#大 豆 Soybean	薯 类 Tubers	#马铃薯 Potato
			208	208	20	4
401			1842	1825	449	211
40			1633	1592	605	125
1			1471	1460	1148	1071
46			5372	5363	1208	149
92			5588	5585	2117	101
1592	2808	1252	2765	1031	2004	2004
179	11302	3852	3954	3028	4844	4844
2197	2451	2403	1326	1164	566	566
1850	379		910	136	5703	5703
342	9273	4240	2425	1475	3357	3357
3063	380		4585	413	757	757
182	2	162	1027	897	193	95
462			540	521	483	201
991	35	16	967	933	527	335
1141	76	72	917	891	607	572
552	10	256	760	754	904	904
33		66	764	703	292	208
51		51	128	115	1458	1458
57			866	866	452	87
590	4		1127	990	987	411
263	3	28	241	214	266	161
563	2		1411	1402	340	99
101			633	40	351	
191			381	20	1256	1
254			1817	77	550	
529			618	150	139	28
			45	2	60	
4			346	118	44	
6			150	136	337	17
121			834	694	593	117
1			230	115	406	21
			904	765	550	23
114			2286	378	714	
2344			1117	1065	331	2
1			180	83	330	46

20-7 续表2

单位：公顷

县(市、区)	Region	粮食 Grain	#秋粮 Autumn Grain	谷物 Cereal	#小麦 Wheat	#玉米 Corn	#谷子 Millet
忻州市	**Xinzhou**						
忻府区	Xinfu	44095	44095	43329		39257	2637
定襄县	Dingxiang	21792	21792	21028		17948	1905
五台县	Wutai	25238	25238	21393		16944	3394
代　县	Daixian	22767	22767	22043		17860	3326
繁峙县	Fanshi	36224	36224	30258		19827	4395
宁武县	Ningwu	9929	9929	6498		814	232
静乐县	Jingle	23216	23216	8949		1855	1473
神池县	Shenchi	48904	48904	36020		14582	16192
五寨县	Wuzhai	40307	40307	36785		22457	12031
岢岚县	Kelan	22364	22364	14051		5355	5409
河曲县	Hequ	26120	26120	17979		4719	6543
保德县	Baode	23882	23882	13192		5119	3585
偏关县	Pianguan	28826	28826	21142		3312	8630
原平市	Yuanping	54085	53806	47138	279	37377	6171
五台山风景名胜区	Wutai Mount Scenic Area	597	597	286		176	110
临汾市	**Linfen**						
尧都区	Yaodu	45754	21126	45193	24629	20153	121
曲沃县	Quwo	31245	14607	30800	16638	14144	
翼城县	Yicheng	39752	17774	39323	21978	16527	752
襄汾县	Xiangfen	80848	35121	80122	45726	34313	62
洪洞县	Hongtong	81646	36033	80491	45613	34703	64
古　县	Guxian	16106	15286	15816	820	13222	720
安泽县	Anze	22371	22371	21986		21448	460
浮山县	Fushan	23572	12795	23075	10777	10499	682
吉　县	Jixian	6590	6586	5094	4	4268	655
乡宁县	Xiangning	22589	16317	17753	6272	9352	1316
大宁县	Daning	9925	9925	8438		5057	1729
隰　县	Xixian	20720	20720	18103		14843	1915
永和县	Yonghe	21387	21373	20401	14	11717	4218
蒲　县	Puxian	14802	14802	13323		11579	720
汾西县	Fenxi	25952	16184	24348	9768	13443	564
侯马市	Houma	15129	7057	15129	8072	7057	
霍州市	Huozhou	21723	11385	19819	10339	9073	250
吕梁市	**Lvliang**						
离石区	Lishi	13396	13396	7462		5645	1366
文水县	Wenshui	31257	30730	29463	268	28823	238
交城县	Jiaocheng	7637	7553	6248	84	5749	224
兴　县	Xingxian	31111	31111	17131		7097	8108
临　县	Linxian	78448	78448	43206		27842	10645
柳林县	Liulin	22025	22013	12828	11	7156	3857
石楼县	Shilou	29081	29077	25551	4	17484	5146
岚　县	Lanxian	26809	26809	16433		9630	3117
方山县	Fangshan	11720	11720	6735		5596	651
中阳县	Zhongyang	8584	8584	4614		2910	1309
交口县	Jiaokou	9122	9120	7584	1	6364	814
孝义市	Xiaoyi	19855	18471	17702	1384	13906	1354
汾阳市	Fenyang	41094	40934	39354	160	30956	2380

continued

(ha)

#高 粱 Sorghum	#燕 麦 Oats	#荞 麦 Buckwheat	豆 类 Beans	#大 豆 Soybean	薯 类 Tubers	#马铃薯 Potato
1380			242	238	524	168
926	34	4	330	304	434	324
618	139	1	1020	911	2824	2690
153	7	59	271	116	453	376
1260	241	37	3126	2913	2839	2809
196	4955	38	2592	797	839	839
646	3050		4944	2639	9322	9322
878	3729	61	8002	1827	4882	4882
1614	24	12	752	413	2769	2769
957	1219	378	4333	589	3980	3980
660			2081	1715	6060	5973
487	2	72	4766	3395	5924	5646
1806	665	1186	3038	2863	4646	4646
1866	777		2389	1728	4557	4349
			68	68	243	243
282			214	189	347	89
19			160	44	284	1
66			166	164	264	47
20			286	120	439	3
95			260	175	895	50
1054			179	56	111	85
77			111	88	274	156
1117			287	210	210	65
97		38	1030	474	465	297
28			3127	2414	1709	1627
1618			1208	537	280	111
1013		20	1149	889	1467	1413
4294			383	152	603	349
691	184	117	252	221	1227	1219
35		320	696	473	908	509
158			1101	855	803	374
41		1	3750	3235	2184	2148
135			211	130	1583	1357
44	1		602	326	787	748
1092	135	39	8901	5630	5079	4979
1380	2	18	19344	15537	15898	14548
834	12	28	6732	6236	2465	2105
2746			1585	642	1945	1191
3008	320		3207	448	7169	7169
261			1703	1027	3282	3262
48	186	13	2260	2022	1710	1591
135	9	45	696	479	842	718
757	83	123	1267	787	886	569
5739	8	38	686	501	1054	701

20-8 主要粮食作物产量(2020年)

单位：吨

县(市、区)	Region	粮食 Grain	#秋粮 Autumn Grain	谷物 Cereal	#小麦 Wheat	#玉米 Corn	#谷子 Millet
太原市	**Taiyuan**						
小店区	Xiaodian	9797	9600	9734	197	7487	87
迎泽区	Yingze	118	118	97		65	11
杏花岭区	Xinghualing	999	999	732		379	85
尖草坪区	Jiancaoping	12599	12599	11637		9997	624
万柏林区	Wanbailin	644	644	373		280	72
晋源区	Jinyuan	4712	4712	4301		2904	20
清徐县	Qingxu	79112	78955	76130	157	59562	112
阳曲县	Yangqu	100398	100398	83126		70401	9843
娄烦县	Loufan	22529	22529	6914		3336	980
古交市	Gujiao	14413	14413	5262		2657	1286
大同市	**Datong**						
新荣区	Xinrong	75486	75486	60213		22698	2230
平城区	Pingcheng	15465	15465	14648		13010	206
云冈区	Yungang	54098	54098	53510		46228	692
云州区	Yunzhou	106128	106128	98598		72082	5913
阳高县	Yanggao	264628	264628	250507		207043	11728
天镇县	Tianzhen	204912	204912	187472		166911	9483
广灵县	Guangling	183729	183729	174986		160132	8009
灵丘县	Lingqiu	110194	110194	94446		81249	8326
浑源县	Hunyuan	174350	174350	157998		139946	4431
左云县	Zuoyun	47645	47645	36256		15204	3200
阳泉市	**Yangquan**						
城　区	Chengqu	1048	1048	1021		1021	
矿　区	Kuangqu	341	341	303		289	14
郊　区	Jiaoqu	14807	14807	14112		13416	682
平定县	Pingding	79580	79580	77210		73430	3565
盂　县	Yuxian	135197	134273	129310		123231	5773
长治市	**Changzhi**						
潞州区	Luzhou	38906	38877	38748	29	38091	373
上党区	Shangdang	85154	84233	83452	921	79696	2201
屯留区	Tunliu	198027	195131	195090	2896	187694	1649
潞城区	Lucheng	85819	84444	84967	1375	78816	1460
襄垣县	Xiangyuan	128902	128297	126862	605	119907	5626
平顺县	Pingshun	47597	44746	42614	2850	36631	2567
黎城县	Licheng	57325	53670	55581	3655	50019	831
壶关县	Huguan	94636	94635	92285	1	90667	1430
长子县	Zhangzi	181099	175858	172973	5241	167011	639
武乡县	Wuxiang	89005	88792	82862	214	63879	13833
沁　县	Qinxian	142984	142754	138747	231	122868	6852
沁源县	Qinyuan	62805	62805	46356		41168	2511

OUTPUT OF MAJOR GRAIN CROPS(2020)

(ton)

#高粱 Sorghum	#燕麦 Oats	#荞麦 Buckwheat	豆类 Beans	#大豆 Soybean	薯类 Tubers	#马铃薯 Potato
1832			62	62		
6		12	8	3	13	13
29	38	184	158	155	109	98
662	4	246	830	826	132	113
6	2		37	33	234	222
348			229	221	182	141
16299			862	857	2120	49
2141		588	5029	4300	12243	12230
217	681	1565	3373	1955	12243	12243
48	172	630	1864	1020	7286	7286
7539	3124	9558	3705	3467	11568	11568
365			201	170	615	615
2370	409	786	334	281	253	253
11244			5545	1023	1985	1985
15990			6286	3586	7834	7834
5430	60	1	4820	2398	12620	12620
849	314	1080	3020	868	5723	5723
415	1310	371	5926	4333	9822	9743
7491	2321		4324	1133	12028	12028
3862	6374	4622	2834	2246	8555	8555
			1	1	25	
			9	8	30	9
2			186	78	510	204
159			431	406	1939	603
20		3	1092	784	4795	4586
255			94	92	64	64
283			697	647	1005	901
2850			83	81	2854	2753
3316			417	416	435	309
578			344	337	1697	1330
401			830	807	4153	3922
1065			1303	1301	441	281
98			310	281	2041	2034
82			490	461	7636	6176
4247	5	11	1272	1248	4871	4728
8793			1461	1366	2776	2153
1930	393	105	2132	1867	14317	14206

20-8 续表1

单位：吨

县(市、区)	Region	粮食 Grain	#秋粮 Autumn Grain	谷物 Cereal	#小麦 Wheat	#玉米 Corn	#谷子 Millet
晋城市	**Jincheng**						
城区	Chengqu	5543	1841	4893	3703	1174	16
沁水县	Qinshui	110072	105533	98118	4539	82602	8159
阳城县	Yangcheng	100648	69310	94262	31338	49720	12900
陵川县	Lingchuan	80439	80149	73474	291	67858	5242
泽州县	Zezhou	187017	62534	171146	124484	37356	8979
高平市	Gaoping	180000	177698	154877	2302	146359	5535
朔州市	**Shuozhou**						
朔城区	Shuocheng	275947	275947	264670		242253	2114
平鲁区	Pinglu	66154	66154	43261		14199	5796
山阴县	Shanyin	285471	285471	282445		261334	5192
应县	Yingxian	303554	303554	280809		257378	8461
右玉县	Youyu	55175	55175	43327		25626	1187
怀仁市	Huairen	256243	256243	247144		226351	2765
晋中市	**Jinzhong**						
榆次区	Yuci	152011	151216	149651	795	143277	4301
太谷区	Taigu	170291	167536	164745	2755	155848	3264
榆社县	Yushe	56115	56115	53225		41742	5344
左权县	Zuoquan	53411	53365	48974	45	39845	3790
和顺县	Heshun	62959	62959	57462		50226	2664
昔阳县	Xiyang	145454	145454	142864		137469	4543
寿阳县	Shouyang	350313	350313	344955		336783	7914
祁县	Qixian	206131	199769	202083	6361	194405	867
平遥县	Pingyao	196039	195121	189355	647	183082	3025
灵石县	Lingshi	32285	29514	31222	2771	26549	826
介休市	Jiexiu	78898	66338	75338	12559	59462	625
运城市	**Yuncheng**						
盐湖区	Yanhu	139521	72088	137409	67433	69503	
临猗县	Linyi	128194	78893	122427	49302	70961	4
万荣县	Wanrong	161866	115827	156352	46038	97694	1235
闻喜县	Wenxi	310073	128227	308129	181846	123905	149
稷山县	Jishan	265460	143655	265176	121805	143371	
新绛县	Xinjiang	238631	118015	237905	120616	117025	32
绛县	Jiangxian	169671	99842	167936	69829	97891	184
垣曲县	Yuanqu	88213	39411	83872	48802	33572	1253
夏县	Xiaxian	255563	140058	252291	115505	136016	767
平陆县	Pinglu	117339	45061	114202	72278	41763	160
芮城县	Ruicheng	342863	176648	336497	166215	168217	1339
永济市	Yongji	408523	229649	403515	178874	213874	7
河津市	Hejin	194577	106886	192590	87690	104703	195

continued

(ton)

#高 粱 Sorghum	#燕 麦 Oats	#荞 麦 Buckwheat	豆 类 Beans	#大 豆 Soybean	薯 类 Tubers	#马铃薯 Potato
			574	574	76	14
2817			9214	9193	2741	631
277			3395	3315	2991	475
5			2972	2935	3993	3610
326			11145	11133	4726	367
682			14693	14687	10430	265
6116	4693	3269	4648	1426	6629	6629
216	16395	5211	5466	4043	17427	17427
5608	4788	2027	1004	734	2022	2022
4252	1733		353	167	22392	22392
1197	9322	3144	3209	1679	8639	8639
11630	1735	1	6365	532	2735	2735
620	5	247	1979	1768	382	215
2785			1883	1860	3664	1490
5344	64	40	1993	1921	896	600
4997	166	125	2232	2205	2204	2099
3670	19	716	1926	1916	3571	3571
80		235	1697	1570	893	743
135		122	329	310	5029	5027
447			2883	2883	1165	331
2575	7		2493	2189	4190	1600
858	10	89	457	395	606	430
2614	4		3131	3117	428	108
472			896	115	1217	
855			588	74	5180	5
1033			2634	158	2880	
2229			1270	408	674	84
			75	5	210	
9			584	210	142	
33			368	338	1367	86
245			1319	1114	3022	351
3			479	315	2793	108
1			1349	1202	1787	61
558			3302	753	3064	
10024			3219	3135	1789	13
1			428	307	1559	247

20-8 续表2

单位：吨

县(市、区)	Region	粮 食 Grain	#秋 粮 Autumn Grain	谷 物 Cereal	#小 麦 Wheat	#玉 米 Corn	#谷 子 Millet
忻 州 市	**Xinzhou**						
忻府区	Xinfu	312063	312063	309137		295753	7238
定襄县	Dingxiang	157008	157008	154014		142763	6333
五台县	Wutai	117279	117279	104627		92535	8418
代 县	Daixian	102155	102155	99828		87932	9373
繁峙县	Fanshi	100052	100052	86497		65460	9405
宁武县	Ningwu	21416	21416	13847		4754	502
静乐县	Jingle	69153	69153	23173		8647	5013
神池县	Shenchi	202510	202510	160294		105080	41364
五寨县	Wuzhai	224797	224797	209263		160498	41505
岢岚县	Kelan	79835	79835	59180		32759	19583
河曲县	Hequ	66818	66818	42305		18908	10425
保德县	Baode	63099	63099	36420		19921	5677
偏关县	Pianguan	85023	85023	62833		11668	35546
原平市	Yuanping	344317	342726	316441	1591	290718	14018
五台山风景名胜区	Wutai Mount Scenic Area	2627	2627	1616		1264	352
临 汾 市	**Linfen**						
尧都区	Yaodu	200891	98517	199091	102374	94787	368
曲沃县	Quwo	159683	82683	158092	77000	80998	
翼城县	Yicheng	182017	80168	180491	101850	74156	4175
襄汾县	Xiangfen	443865	230886	441429	212979	228028	269
洪洞县	Hongtong	360952	194851	355844	166100	188911	271
古 县	Guxian	41318	38959	40421	2358	30011	3312
安泽县	Anze	118358	118358	116802		115214	1262
浮山县	Fushan	83871	52441	82101	31429	40457	3367
吉 县	Jixian	29266	29258	25923	8	22858	2478
乡宁县	Xiangning	80743	56698	70689	24045	40997	4323
大宁县	Daning	24570	24569	20876	1	13348	4135
隰 县	Xixian	57938	57938	48315		39641	4245
永和县	Yonghe	48789	48771	47148	18	29207	4449
蒲 县	Puxian	81205	81205	75180		67184	2820
汾西县	Fenxi	75601	47370	70555	28230	39705	1426
侯马市	Houma	86380	41022	86380	45357	41022	
霍州市	Huozhou	51330	22368	45477	28962	14835	1105
吕 梁 市	**Lvliang**						
离石区	Lishi	25833	25833	18093		15290	2087
文水县	Wenshui	218862	215595	210134	1506	206286	1396
交城县	Jiaocheng	37569	37084	31387	485	29471	887
兴 县	Xingxian	73120	73120	53491		27965	17126
临 县	Linxian	147633	147633	105872		90528	11368
柳林县	Liulin	49616	49595	34074	21	24349	6128
石楼县	Shilou	71896	71888	65451	7	51423	8814
岚 县	Lanxian	69963	69963	51704		40004	3833
方山县	Fangshan	47613	47613	37717		35240	924
中阳县	Zhongyang	21065	21065	15621		13458	1772
交口县	Jiaokou	23760	23757	21711	3	19447	1626
孝义市	Xiaoyi	51533	48681	48835	2852	40461	2499
汾阳市	Fenyang	173454	172875	168050	579	136728	4971

continued

(ton)

#高 粱 Sorghum	#燕 麦 Oats	#荞 麦 Buckwheat	豆 类 Beans	#大 豆 Soybean	薯 类 Tubers	#马铃薯 Potato
6046			322	314	2604	909
3998	59	9	1137	1080	1856	1352
2712	221	2	2237	2048	10415	10028
685	14	161	699	259	1628	1414
5154	463	37	4439	4079	9117	9068
846	7301	81	3554	1681	4015	4015
2521	4456		6359	3891	39621	39621
2262	10043	151	22429	5403	19787	19787
5706	28	28	1522	757	14013	14013
3687	1500	626	6372	1060	14283	14283
1431			2511	1971	22002	21720
2052	4	184	8447	6263	18232	17543
4140	768	1993	5623	5353	16567	16567
7491	1002		3757	2841	24120	23356
			206	206	804	804
1522			774	725	1026	139
94			233	61	1358	5
311			333	326	1193	207
152			554	303	1882	13
529			717	510	4391	40
4741			430	116	466	370
325			398	320	1158	757
6848			581	453	1188	338
401		90	2070	1061	1274	1000
87			6236	5535	3819	3710
3331			3052	1362	643	319
3787		31	3496	3177	6127	5929
13249			390	213	1252	803
4325	465	304	844	792	5181	5153
66		687	1546	1148	3500	2211
575			2869	2236	2985	1667
264		3	4220	3658	3520	3441
947			617	501	8110	7162
313	1		1461	711	4721	4601
6940	228	71	12056	6656	7572	7439
1884	1	18	11230	8864	30531	29501
2403	19	41	8531	7994	7012	6442
4819			2055	997	4390	2581
7291	330		4064	306	14194	14194
1213			3129	1086	6767	6738
131	151	11	1968	1706	3475	3335
442	8	52	734	529	1315	1177
2636	90	187	1016	859	1683	1046
25671	6	29	864	595	4539	3188

20-9 棉花生产基本情况(2020年)
BASIC STATISTICS ON COTTON PRODUCTION(2020)

县(市、区)	Region	播种面积 (公顷) Sown Area (ha)	总产量 (吨) Total Output (ton)	每公顷产量 (公斤) Output per ha (kg)
太原市	**Taiyuan**			
清徐县	Qingxu	0.3	0.8	2667
长治市	**Changzhi**			
潞城区	Lucheng	9.4	4.3	457
平顺县	Pingshun	12.4	27.9	2250
黎城县	Licheng	1.4	1.2	857
晋城市	**Jincheng**			
沁水县	Qinshui	74.5	72.1	968
阳城县	Yangcheng	1.7	2.4	1412
泽州县	Zezhou	0.5	1.0	1900
高平市	Gaoping	0.2	0.2	1000
晋中市	**Jinzhong**			
榆次区	Yuci	0.8	0.5	663
平遥县	Pingyao	3.5	4.1	1171
运城市	**Yuncheng**			
盐湖区	Yanhu	384.5	517.5	1346
临猗县	Linyi	109.7	217.2	1980
万荣县	Wanrong	196.7	303.7	1544
闻喜县	Wenxi	4.1	8.2	2000
垣曲县	Yuanqu	61.0	98.0	1607
夏　县	Xiaxian	16.2	29.2	1802
平陆县	Pinglu	7.1	7.7	1085
芮城县	Ruicheng	25.4	36.0	1417
永济市	Yongji	145.4	173.7	1195
河津市	Hejin	0.5	0.8	1500
临汾市	**Linfen**			
尧都区	Yaodu	1.8	1.9	1056
洪洞县	Hongtong	3.3	2.5	750
浮山县	Fushan	3.7	5.7	1541
大宁县	Daning	16.3	17.9	1098
霍州市	Huozhou	4.0	2.0	495
吕梁市	**Lvliang**			
柳林县	Liulin	48.2	23.3	484

20-10 油料生产基本情况(2020年)
BASIC STATISTICS ON OIL-BEARING CROPS(2020)

县(市、区)	Region	油料合计 Oil-bearing Crops		胡麻籽 Benne		葵花籽 Sunflower Seeds	
		播种面积(公顷) Sown Area (ha)	总产量(吨) Total Output (ton)	播种面积(公顷) Sown Area (ha)	总产量(吨) Total Output (ton)	播种面积(公顷) Sown Area (ha)	总产量(吨) Total Output (ton)
太原市	**Taiyuan**						
小店区	Xiaodian	92	375			17	35
杏花岭区	Xinghualing	3	3			3	3
尖草坪区	Jiancaoping	67	137			67	137
晋源区	Jinyuan	48	10			9	9
清徐县	Qingxu	86	194			18	32
阳曲县	Yangqu	84	121	28	56	14	17
娄烦县	Loufan	352	459	104	204	3	9
古交市	Gujiao	132	208	71	110	15	25
大同市	**Datong**						
新荣区	Xinrong	1492	1639	1415	1596		
平城区	Pingcheng	7	19	6	17	1	2
云冈区	Yungang	208	341	13	6	54	105
云州区	Yunzhou	67	150			67	150
阳高县	Yanggao	1778	2650	22	18	1330	2237
天镇县	Tianzhen	1200	2026	45	69	611	1033
广灵县	Guangling	345	474	153	192	56	81
灵丘县	Lingqiu	1440	2078	651	850	202	297
浑源县	Hunyuan	1061	1537	793	1018	72	125
左云县	Zuoyun	5607	5591	1042	918	704	768
阳泉市	**Yangquan**						
郊　区	Jiaoqu	10	9			7	1
平定县	Pingding	53	77			29	55
盂　县	Yuxian	75	62			9	13
长治市	**Changzhi**						
上党区	Shangdang	185	422			39	113
屯留区	Tunliu	11	11			11	11
潞城区	Lucheng	151	332	7	12	44	93
襄垣县	Xiangyuan	1241	1784			49	107
平顺县	Pingshun	56	100			15	47
黎城县	Licheng	293	474			268	408
壶关县	Huguan	336	400			55	205
武乡县	Wuxiang	446	390			20	20
沁　县	Qinxian	63	93				
沁源县	Qinyuan	475	854			192	407

20-10 续表1 continued

县(市、区)	Region	油料合计 Oil-bearing Crops		胡麻籽 Benne		葵花籽 Sunflower Seeds	
		播种面积 (公顷) Sown Area (ha)	总产量 (吨) Total Output (ton)	播种面积 (公顷) Sown Area (ha)	总产量 (吨) Total Output (ton)	播种面积 (公顷) Sown Area (ha)	总产量 (吨) Total Output (ton)
晋城市	**Jincheng**						
城　区	Chengqu	30	32			13	11
沁水县	Qinshui	788	1393			299	488
阳城县	Yangcheng	1862	3572			1106	2218
陵川县	Lingchuan	389	653			23	48
泽州县	Zezhou	600	1243			426	859
高平市	Gaoping	83	167			25	77
朔州市	**Shuozhou**						
朔城区	Shuocheng	569	1131	188	258	255	701
平鲁区	Pinglu	8004	9793	6283	6388	60	130
山阴县	Shanyin	1766	1595	590	371	403	698
应　县	Yingxian	1039	1626	241	109	796	1508
右玉县	Youyu	10873	7127	2551	1352	1965	3159
怀仁市	Huairen	13	22	7	18		
晋中市	**Jinzhong**						
榆次区	Yuci	67	82			45	55
太谷区	Taigu	22	75				
榆社县	Yushe	1323	2927			363	912
左权县	Zuoquan	268	383	3	7	84	143
和顺县	Heshun	931	1805	52	86	7	12
昔阳县	Xiyang	36	71	1	2	31	69
寿阳县	Shouyang	318	603			40	181
祁　县	Qixian	23	39			3	5
平遥县	Pingyao	164	364			33	66
灵石县	Lingshi	95	126	3	4	53	85
介休市	Jiexiu	35	23				
运城市	**Yuncheng**						
盐湖区	Yanhu	1948	4084			1240	2958
临猗县	Linyi	1329	3743			1138	3240
万荣县	Wanrong	1648	3588			731	1498
闻喜县	Wenxi	790	1760			493	1209
稷山县	Jishan	111	281			85	226
新绛县	Xinjiang	406	941			343	757
绛　县	Jiangxian	429	1025			300	799
垣曲县	Yuanqu	851	1746			190	490
夏　县	Xiaxian	1538	3924			892	2605
平陆县	Pinglu	2515	5108			952	1937
芮城县	Ruicheng	2445	5070			897	2522
永济市	Yongji	1595	4682			654	1748
河津市	Hejin	745	2726			214	661

20-10 续表2 continued

县(市、区)	Region	油料合计 Oil-bearing Crops		胡麻籽 Benne		葵花籽 Sunflower Seeds	
		播种面积(公顷) Sown Area (ha)	总产量(吨) Total Output (ton)	播种面积(公顷) Sown Area (ha)	总产量(吨) Total Output (ton)	播种面积(公顷) Sown Area (ha)	总产量(吨) Total Output (ton)
忻州市	**Xinzhou**						
忻府区	Xinfu	60	138	2	5	24	69
定襄县	Dingxiang	122	332			121	330
五台县	Wutai	12	10	7	3	1	2
代　县	Daixian	24	44	14	13	5	13
繁峙县	Fanshi	295	450	242	359	29	46
宁武县	Ningwu	1149	1100	1143	1091		
静乐县	Jingle	2261	2890	1516	1859	367	678
神池县	Shenchi	3189	5332	2366	3586	822	1746
五寨县	Wuzhai	167	448			167	448
岢岚县	Kelan	2200	9199	335	313	72	151
河曲县	Hequ	736	2030			4	17
保德县	Baode	238	462		1	95	182
偏关县	Pianguan	733	1224	123	171	6	7
原平市	Yuanping	654	959	355	424	96	249
临汾市	**Linfen**						
尧都区	Yaodu	316	675			267	563
曲沃县	Quwo	658	1649			481	1217
翼城县	Yicheng	372	884			361	849
襄汾县	Xiangfen	779	2364			433	1520
洪洞县	Hongtong	205	530			161	426
古　县	Guxian	496	670			100	165
安泽县	Anze	246	475			27	73
浮山县	Fushan	351	945			288	701
吉　县	Jixian	434	1002			360	870
乡宁县	Xiangning	1836	3453			552	903
大宁县	Daning	309	526			196	340
隰　县	Xixian	373	666			358	653
永和县	Yonghe	350	428			182	206
蒲　县	Puxian	340	644	206	420	123	202
汾西县	Fenxi	264	461	24	35	126	267
霍州市	Huozhou	115	192			69	108
吕梁市	**Lvliang**						
离石区	Lishi	442	323	16	14	61	60
文水县	Wenshui	64	175			4	6
交城县	Jiaocheng	48	149	9	26		
兴　县	Xingxian	1936	2143	95	66	382	561
临　县	Linxian	1588	1277			639	593
柳林县	Liulin	570	518	1	1	217	171
石楼县	Shilou	126	500	1	5	22	40
岚　县	Lanxian	327	453	223	331		
方山县	Fangshan	313	562			5	4
中阳县	Zhongyang	82	70	49	36	4	9
交口县	Jiaokou	395	196	184	79		1
孝义市	Xiaoyi	25	21	1	2		
汾阳市	Fenyang	3	24				

20–11 药材、蔬菜、瓜果生产情况(2020年)
PRODUCTION OF MEDICINAL MATERIALS, VEGETABLES AND MELONS(2020)

县(市、区)	Region	药材类 Medicinal Materials		蔬菜 Vegetables		瓜果类 Melons	
		播种面积(公顷) Sown Area (ha)	总产量(吨) Total Output (ton)	播种面积(公顷) Sown Area (ha)	总产量(吨) Total Output (ton)	播种面积(公顷) Sown Area (ha)	总产量(吨) Total Output (ton)
太原市	**Taiyuan**						
小店区	Xiaodian	29	217	1715	89643	15	118
迎泽区	Yingze			10	282		
杏花岭区	Xinghualing			49	1882		
尖草坪区	Jiancaoping	11	21	637	40304	20	643
万柏林区	Wanbailin	4	3	20	327		
晋源区	Jinyuan			1091	74716	11	76
清徐县	Qingxu	10	118	6148	340010	58	1586
阳曲县	Yangqu	259	2848	1897	74257	31	444
娄烦县	Loufan	652	2424	225	12018	27	1266
古交市	Gujiao	214	789	474	31998	10	144
大同市	**Datong**						
新荣区	Xinrong	37	221	281	9004	104	4547
平城区	Pingcheng			190	10928	5	108
云冈区	Yungang	2		1274	78956	79	2265
云州区	Yunzhou	188	573	8268	71167	640	18519
阳高县	Yanggao	506	2553	3910	233351	486	16934
天镇县	Tianzhen	52	392	1718	45543	148	2495
广灵县	Guangling	79	543	2149	57495	40	1035
灵丘县	Lingqiu	330	887	626	15546	81	1827
浑源县	Hunyuan	787	2734	1059	46459	60	1021
左云县	Zuoyun	240	569	149	8401	15	223
阳泉市	**Yangquan**						
城区	Chengqu			105	6877		
矿区	Kuangqu			51	1066		2
郊区	Jiaoqu	176	171	301	10757	1	14
平定县	Pingding	301	1116	375	20594	3	26
盂县	Yuxian	100	823	454	19312	13	267
长治市	**Changzhi**						
潞州区	Luzhou	206	478	528	26735	11	350
上党区	Shangdang	229	806	2462	146816	12	143
屯留区	Tunliu	59	1243	4020	119687	19	631

20–11 续表1 continued

县(市、区)	Region	药材类 Medicinal Materials		蔬菜 Vegetables		瓜果类 Melons	
		播种面积(公顷) Sown Area (ha)	总产量(吨) Total Output (ton)	播种面积(公顷) Sown Area (ha)	总产量(吨) Total Output (ton)	播种面积(公顷) Sown Area (ha)	总产量(吨) Total Output (ton)
潞城区	Lucheng	552	1777	629	28498	5	169
襄垣县	Xiangyuan	475	3266	1491	67438	259	4865
平顺县	Pingshun	1549	4863	637	17777	2	35
黎城县	Licheng	349	524	342	9427	26	779
壶关县	Huguan	483	538	1313	78339		9
长子县	Zhangzi	7237	3993	4484	243854	6	204
武乡县	Wuxiang	384	3736	580	9212	82	2011
沁　县	Qinxian	228	643	1473	29824	28	600
沁源县	Qinyuan	1419	3995	623	15402	49	770
晋城市	**Jincheng**						
城　区	Chengqu			102	3865	1	46
沁水县	Qinshui	876	12249	995	54465	32	1327
阳城县	Yangcheng	1700	9195	1135	59427	14	462
陵川县	Lingchuan	1616	6174	943	46890	1	20
泽州县	Zezhou	936	1786	1490	69874	21	709
高平市	Gaoping	193	731	1538	104139	5	85
朔州市	**Shuozhou**						
朔城区	Shuocheng	73	986	1583	77337	83	2246
平鲁区	Pinglu	4	2	9	567		8
山阴县	Shanyin	371	96	1231	41212	104	3694
应　县	Yingxian	3562	25021	7652	361520	1348	38383
右玉县	Youyu	119	211	172	7660	13	533
怀仁市	Huairen	67	96	2514	116160	1288	26873
开发区	Development Zone			48	2683		3
晋中市	**Jinzhong**						
榆次区	Yuci	373	709	6031	435469	123	5364
太谷区	Taigu	220	286	4881	393912	464	20388
榆社县	Yushe	561	1401	999	73741	30	1430
左权县	Zuoquan	588	2514	624	24467	2	32
和顺县	Heshun	169	1227	261	16874	2	37
昔阳县	Xiyang	496	3908	761	46025	1	15
寿阳县	Shouyang	108	263	4304	388648	67	3192
祁　县	Qixian	44	117	3480	261642	60	3133

20–11 续表2 continued

县(市、区)	Region	药材类 Medicinal Materials		蔬 菜 Vegetables		瓜果类 Melons	
		播种面积 (公顷) Sown Area (ha)	总产量 (吨) Total Output (ton)	播种面积 (公顷) Sown Area (ha)	总产量 (吨) Total Output (ton)	播种面积 (公顷) Sown Area (ha)	总产量 (吨) Total Output (ton)
平遥县	Pingyao	184	459	3332	140867	226	7157
灵石县	Lingshi	425	495	1089	31051	15	150
介休市	Jiexiu	185	942	419	21982	11	296
运城市	**Yuncheng**						
盐湖区	Yanhu	2054	3558	1687	60797	586	22810
临猗县	Linyi	138	667	2616	84772	201	6437
万荣县	Wanrong	3683	22790	2737	117392	379	11023
闻喜县	Wenxi	8707	104913	5097	236979	725	27172
稷山县	Jishan	3609	10178	698	32794	25	919
新绛县	Xinjiang	1494	7874	9471	553277	4	125
绛　县	Jiangxian	2373	32542	839	35432	216	7010
垣曲县	Yuanqu	330	492	2656	72667	400	19968
夏　县	Xiaxian	4810	26044	9570	543161	864	43694
平陆县	Pinglu	553	1656	1902	80862	235	7191
芮城县	Ruicheng	2362	29008	2895	110030	387	19184
永济市	Yongji	276	1372	3337	81585	416	16963
河津市	Hejin	820	23066	2758	122305	280	13810
忻州市	**Xinzhou**						
忻府区	Xinfu	12	54	6459	133700	863	27419
定襄县	Dingxiang	141	578	4899	107998	622	26848
五台县	Wutai	1102	4604	318	13233	7	92
代　县	Daixian	1006	431	436	13751	67	2042
繁峙县	Fanshi	1084	1128	986	46470	141	3399
宁武县	Ningwu	36	50	90	1915	6	54
静乐县	Jingle	560	517	284	9124	36	1280
神池县	Shenchi			1231	25957		
五寨县	Wuzhai	475	614	65	3808	7	240
岢岚县	Kelan	236	358	208	6198	1	30
河曲县	Hequ			1010	29934	401	13010
保德县	Baode	6	15	426	6468	98	1291
偏关县	Pianguan	83	225	185	6470	82	1839
原平市	Yuanping	317	1243	2574	100292	124	4039
五台山风景名胜区	Wutai Mount Scenic Area			1	27	1	12

20-11 续表3 continued

县(市、区)	Region	药材类 Medicinal Materials		蔬 菜 Vegetables		瓜果类 Melons	
		播种面积 (公顷) Sown Area (ha)	总产量 (吨) Total Output (ton)	播种面积 (公顷) Sown Area (ha)	总产量 (吨) Total Output (ton)	播种面积 (公顷) Sown Area (ha)	总产量 (吨) Total Output (ton)
临汾市	**Linfen**						
尧都区	Yaodu	391	3614	1060	60040	116	2776
曲沃县	Quwo	562	6933	5123	382323	184	7193
翼城县	Yicheng	529	2044	352	18203	123	4502
襄汾县	Xiangfen	1552	14326	2376	147573	43	1783
洪洞县	Hongtong	1015	2951	1979	76967	32	1076
古　县	Guxian	2301	7402	560	11291	220	3667
安泽县	Anze	1173	8577	789	31784	33	1705
浮山县	Fushan	645	11480	946	37818	267	11091
吉　县	Jixian		449	859	21532	76	1446
乡宁县	Xiangning	280	328	822	6439	16	96
大宁县	Daning	149	559	190	2584	286	4088
隰　县	Xixian	45	83	350	6438	222	4456
永和县	Yonghe	277	1798	315	8176	49	821
蒲　县	Puxian	207	2628	247	10586	6	245
汾西县	Fenxi	175	323	464	10701	22	591
侯马市	Houma	145	1564	483	34285	72	2131
霍州市	Huozhou	7	29	542	26512	46	958
吕梁市	**Lvliang**						
离石区	Lishi	3	5	299	2796	46	326
文水县	Wenshui	115	339	1131	41049	57	2146
交城县	Jiaocheng	67	133	531	28020	4	109
兴　县	Xingxian	256	336	246	5527	67	1098
临　县	Linxian	122	107	2671	39352	78	2646
柳林县	Liulin	29	46	1057	18177	211	3287
石楼县	Shilou	137	178	495	4457	42	581
岚　县	Lanxian	28	23	242	7359	9	240
方山县	Fangshan	644	2179	471	14354	11	161
中阳县	Zhongyang	47	20	259	4905	1	14
交口县	Jiaokou	199	572	171	10217	2	32
孝义市	Xiaoyi	66	136	583	19503	41	447
汾阳市	Fenyang	42	61	591	11209	30	589

20-12 水果、林业及渔业生产情况(2020年)

县(市、区)	Region	年末果园面积(公顷) Area of Orchards at Year-end (ha)	#苹果 Apples	#桃 Peaches	#梨 Pears	全年水果产量(吨) Annual Output of Fruits (ton)
太原市	**Taiyuan**					
小店区	Xiaodian	466	22	41	283	1229
迎泽区	Yingze	15			4	37
杏花岭区	Xinghualing	489	268	18	22	1135
尖草坪区	Jiancaoping	1037	420	25	77	17608
万柏林区	Wanbailin	83		2	24	143
晋源区	Jinyuan	393	41	38	79	2344
清徐县	Qingxu	3098	117	339	666	48790
阳曲县	Yangqu	1835	626	222	409	3003
娄烦县	Loufan	252	17	10	40	1256
古交市	Gujiao	646	107	49	42	1056
大同市	**Datong**					
新荣区	Xinrong	472	111		23	207
平城区	Pingcheng	4				1
云冈区	Yungang	320	17	5	4	3135
云州区	Yunzhou	2195	211	18	68	3658
阳高县	Yanggao	2880	212	8	59	3453
天镇县	Tianzhen	938	41	3	3	454
广灵县	Guangling	1094				336
灵丘县	Lingqiu	472	106	10	11	1475
浑源县	Hunyuan	247	118		33	1468
左云县	Zuoyun	61				511
阳泉市	**Yangquan**					
城　区	Chengqu	3	1			50
矿　区	Kuangqu	93	56	4	10	39
郊　区	Jiaoqu	912	685	36	90	8681
平定县	Pingding	248	111	20	53	2098
盂　县	Yuxian	298	121	12	75	1858
长治市	**Changzhi**					
潞州区	Luzhou	163	92	22	32	1691
上党区	Shangdang	900	398	167	134	1677
屯留区	Tunliu	90	56	18	8	400
潞城区	Lucheng	250	170	6	37	4087
襄垣县	Xiangyuan	393	67	18	262	4167
平顺县	Pingshun	145	46	7	57	3890
黎城县	Licheng	368	170	45	29	2165
壶关县	Huguan	119	21	1	55	1729
长子县	Zhangzi	360	92	12	214	2134
武乡县	Wuxiang	1422	70	37	96	980
沁　县	Qinxian	105	16	2	7	1043
沁源县	Qinyuan	29	3	7	3	247

注：本表造林面积不包括省属九大林局、市直单位数据；渔业生产情况不包括省属渔业单位、市直单位数据。

PRODUCTION OF FRUITS, FORESTRY AND FISHERY(2020)

			当年造林面积 (公顷) Afforestation Area in the Year (ha)	水产养殖面积 (公顷) Fishery-breeding Area (ha)	水产品总产量 (吨) Aquatic Products(ton)
#苹果 Apples	#桃 Peaches	#梨 Pears			
41	61	222		5	20
		10		167	48
439	114	91			
5873	475	2013		10	131
	2	58		13	15
428	346	956		45	282
1057	1078	19212		291	1500
780	450	860	5526	37	46
173	116	222	4134	31	481
110	46	57	600	32	173
95		35	1667	12	45
3	8	59	67		
	5		1667	910	320
20	173		4686	20	99
225	19	45	4340	3	200
			2360	53	110
700	43	105	1333	31	191
520		459	5800	13	2
			467		
28	4				
20	11	1			
6986	248	144	987	1	7
693	250	128	1133	9	385
1113	119	309	934	44	139
969	222	437	67	1313	1640
924	296	166	67	7	72
83	198	70	800	281	591
3196	53	425	733		
1268	258	2195	600	300	340
1215	156	1841	3267	3	
1428	129	51	666	16	281
246	5	457	733	1	31
665	61	1282	600	310	834
260	53	321	1200	298	425
313	24	94	2033	355	1043
32	12	31	1393	2	20

Note: The coverage of afforestation area in this table doesn't include data of nine privincial forestry administration and municipal units. Fishery production indicators don't include provincial and municipal fishery units data.

20–12 续表1

县(市、区)	Region	年末果园面积 (公顷) Area of Orchards at Year–end (ha)	#苹果 Apples	#桃 Peaches	#梨 Pears	全年水果产量 (吨) Annual Output of Fruits (ton)
晋城市	**Jincheng**					
城　区	Chengqu	52	11	13	14	470
沁水县	Qinshui	443	317	10	87	10131
阳城县	Yangcheng	1094	53	94	19	9172
陵川县	Lingchuan	381	230	30	76	3298
泽州县	Zezhou	728	251	66	188	23662
高平市	Gaoping	2202	427	31	1617	25435
朔州市	**Shuozhou**					
朔城区	Shuocheng	68	1			2
平鲁区	Pinglu					
山阴县	Shanyin	142	3			477
应　县	Yingxian	52	37		1	150
右玉县	Youyu					
怀仁市	Huairen	856	32	2	8	160
开发区	Development Zone	18	2		1	250
晋中市	**Jinzhong**					
榆次区	Yuci	6479	4989	94	341	80717
太谷区	Taigu	3156	911	127	286	43121
榆社县	Yushe	540	54	2	328	2661
左权县	Zuoquan	186	35	2	77	971
和顺县	Heshun	34	7		23	12
昔阳县	Xiyang	526	326	83	84	4121
寿阳县	Shouyang	1072	119	9	688	6757
祁　县	Qixian	6932	1757	5	4855	156403
平遥县	Pingyao	6659	2146	18	4081	124347
灵石县	Lingshi	164	55	2	76	695
介休市	Jiexiu	273	89	14	3	2238
运城市	**Yuncheng**					
盐湖区	Yanhu	22532	2365	8415	7665	763100
临猗县	Linyi	73850	43901	11533	4001	2750118
万荣县	Wanrong	30163	22402	5757	350	920926
闻喜县	Wenxi	2198	385	217	40	50499
稷山县	Jishan	5346	408	1243	37	119470
新绛县	Xinjiang	3645	327	3137	3	81189
绛　县	Jiangxian	4332	399	58	59	92184
垣曲县	Yuanqu	743	277	40	56	35590
夏　县	Xiaxian	8552	1219	3690	94	271740
平陆县	Pinglu	9660	4585	3742	516	365016
芮城县	Ruicheng	15168	8975	2893	181	527718
永济市	Yongji	20649	2711	5052	353	629387
河津市	Hejin	1772	146	459	45	47945

continued

#苹 果 Apples	#桃 Peaches	#梨 Pears	当年造林面积 (公顷) Afforestation Area in the Year (ha)	水产养殖面积 (公顷) Fishery-breeding Area (ha)	水产品总产量 (吨) Aquatic Products(ton)
95	155	65		3	15
8702	145	442	400	98	850
1034	1557	281	267	95	65
2226	224	584	300	32	188
7375	1516	6458	234	236	350
7008	346	16396	67	39	111
1					
			1000	25	132
128	4		4312	25	25
150			400	5	10
			4700	15	190
14	6		2600	24	38
54	9	23	200	30	30
71836	584	4277	334	132	659
15165	2199	4957	466	183	485
63	16	2116	1880	352	921
242	5	127	1400	122	342
		1	460	61	76
3361	400	66	1387	25	127
1242	39	3504	1387	119	639
37300	195	117238	267	21	97
36628	212	85249	300	145	343
554	5	61	333	33	87
1070	153	18		46	184
68046	252438	345649	600	1360	675
1783859	425279	133711		107	86
724393	154198	12826	133	217	1391
12358	6149	1026	1343	5	60
15827	36779	893	767	5	58
8160	69122	50	266	23	115
13127	1842	818	867	1	13
14523	651	1990	367	16	953
58307	123122	3559	527	4	60
191174	149488	12295	1097		
365160	115386	7514	133	65	1273
117114	155214	11926	533	543	17040
5393	20386	1333	487	5	122

20-12 续表2

县(市、区)	Region	年末果园面积(公顷) Area of Orchards at Year-end (ha)	#苹 果 Apples	#桃 Peaches	#梨 Pears	全年水果产量(吨) Annual Output of Fruits (ton)
忻 州 市	**Xinzhou**					
忻府区	Xinfu	1076	378	92	263	3710
定襄县	Dingxiang	538	170	8	187	8027
五台县	Wutai	244	24		28	1796
代　县	Daixian	557	46	4	346	2505
繁峙县	Fanshi	1981	190	26	189	2638
宁武县	Ningwu					
静乐县	Jingle	83	5		38	1125
神池县	Shenchi					
五寨县	Wuzhai					
岢岚县	Kelan	81	20	1		1373
河曲县	Hequ	1411	142	11	115	2265
保德县	Baode	5433	182	13	162	29081
偏关县	Pianguan	690	32	4	75	1653
原平市	Yuanping	3947	632	23	2156	18489
临 汾 市	**Linfen**					
尧都区	Yaodu	2627	1154	409	15	87014
曲沃县	Quwo	2891	1196	289	59	89752
翼城县	Yicheng	5763	4695	320	172	180846
襄汾县	Xiangfen	3464	2183	207	35	101684
洪洞县	Hongtong	377	135	23	15	5178
古　县	Guxian	42	29	7	3	1107
安泽县	Anze	59	23	2	24	623
浮山县	Fushan	978	597	255	83	16748
吉　县	Jixian	13779	13420	30	263	263511
乡宁县	Xiangning	2326	1877	18	3	31112
大宁县	Daning	4592	4245	185	138	21015
隰　县	Xixian	12845	4502	5	8267	129639
永和县	Yonghe	9064	1735	2	107	17514
蒲　县	Puxian	996	674	1	321	3522
汾西县	Fenxi	317	27	0	277	5437
侯马市	Houma	318	86	69	4	7260
霍州市	Huozhou	561	517	11	16	15258
吕 梁 市	**Lvliang**					
离石区	Lishi	275	43	1	10	523
文水县	Wenshui	4006	5	7	3712	76407
交城县	Jiaocheng	426	26	28	125	7371
兴　县	Xingxian	6916	191	1	59	19649
临　县	Linxian	25259	84	2	50	116730
柳林县	Liulin	4176	138	10	28	7185
石楼县	Shilou	7810	112	3	13	8283
岚　县	Lanxian	817	3		3	9959
方山县	Fangshan	202	74	3	36	615
中阳县	Zhongyang	23	6	2		28
交口县	Jiaokou	85		2	15	5
孝义市	Xiaoyi	230	22	6	11	1970
汾阳市	Fenyang	220	81	13	54	2866

continued

#苹 果 Apples	#桃 Peaches	#梨 Pears	当年造林面积 (公顷) Afforestation Area in the Year (ha)	水产养殖面积 (公顷) Fishery- breeding Area (ha)	水产品 总产量 (吨) Aquatic Products(ton)
1309	718	483	533	114	432
3012	67	2581	333	63	346
589		418	540	30	11
385	58	1800	1000	75	398
1517	25	3	2266	172	225
			1860	78	70
111		583	11867	45	162
			4500		
			4100	60	125
216	23		4733	30	5
134	8	74	4400	3	32
541	10	354	1920	14	101
193	28	283	4067		60
2761	65	13899	733	253	540
45517	15893	156	867	159	1165
49861	8808	1191	333	223	1686
158817	8741	2656		77	126
76227	8373	1018	533	205	993
1890	187	52	267	249	840
703	152	51	726		
467	21	21	1027	1	55
11171	4788	108	1147		
262364	352	176	933	6	4
27553	163	52	5534	20	25
18799	1850	222	5467	7	35
71140	61	57915	2521		
6030	12	454	4533		
2683	1	837	1600	3	60
320	2	5061	1200		
1998	1629	72		56	690
14785	123	63		1	36
162	4	38	1800	52	12
85	43	73931		316	383
319	301	4364		98	145
179	3	2	14134	14	35
203	2	48	12234	95	36
503	60	51	3333	14	35
308	1	28	4734	20	34
6		3	2467	63	89
110	2	15	2333	453	88
16	1		67	40	39
	1		934		
352	17	77	466	44	25
1392	103	327	600	24	49

20-13 畜牧业生产情况(2020年)

县(市、区)	Region	大牲畜年末存栏(头) Large Animals at Year-end (head)	#牛 Cattle and Buffaloes	猪年末存栏(头) Hogs at Year-end (head)	羊年末存栏(只) Sheep and Goats at Year-end (head)	家禽年末存栏(只) Poultry at Year-end (head)
太 原 市	**Taiyuan**					
小店区	Xiaodian	9145	9140	10168	11579	390889
迎泽区	Yingze	214	176	285	3925	38472
杏花岭区	Xinghualing	107	69	3618	3770	166517
尖草坪区	Jiancaoping	4241	4210	3370	18008	67969
万柏林区	Wanbailin	95	87	74	1908	13275
晋源区	Jinyuan	2507	2459	3525	11254	304894
清徐县	Qingxu	4176	3979	55382	89643	801981
阳曲县	Yangqu	6859	6467	31211	75325	805436
娄烦县	Loufan	7093	6702	11864	33083	163634
古交市	Gujiao	8711	7642	10704	54333	228925
大 同 市	**Datong**					
新荣区	Xinrong	20729	17563	14295	79329	157658
平城区	Pingcheng	4996	4925	10360	14692	281101
云冈区	Yungang	24010	23568	33958	33811	517785
云州区	Yunzhou	17781	16662	58848	134493	2645803
阳高县	Yanggao	30034	23356	198234	277139	373868
天镇县	Tianzhen	33089	20959	44734	179657	270012
广灵县	Guangling	26428	21460	27313	209813	395069
灵丘县	Lingqiu	30281	23560	51376	362948	355269
浑源县	Hunyuan	25816	22033	53091	314035	353482
左云县	Zuoyun	6938	6113	12807	94769	68094
开发区	Development Zone	274	274	169	565	172
阳 泉 市	**Yangquan**					
城　区	Chengqu	168	166	241	586	125212
矿　区	Kuangqu	81	77	441	1105	26493
郊　区	Jiaoqu	581	466	25104	5576	478253
平定县	Pingding	2129	1280	34891	18377	1624501
盂　县	Yuxian	6453	5244	38578	43136	428169
长 治 市	**Changzhi**					
潞州区	Luzhou	2127	2056	11762	10332	557914
上党区	Shangdang	2086	2018	72554	18448	2398988
屯留区	Tunliu	5228	5066	36869	63310	984573
潞城区	Lucheng	2813	1988	44557	22656	543112
襄垣县	Xiangyuan	1138	787	32636	37800	719194
平顺县	Pingshun	3041	2192	30632	19655	182066
黎城县	Licheng	1981	1404	30852	32723	720226
壶关县	Huguan	500	451	66262	22473	2247948
长子县	Zhangzi	3650	3594	48142	73617	2485009
武乡县	Wuxiang	5813	5059	19740	92368	2398131
沁　县	Qinxian	9413	8900	16687	64967	4118140
沁源县	Qinyuan	5099	4288	5775	115134	344758

NUMBER OF LIVESTOCK AND LIVESTOCK PRODUCTS(2020)

肉类总产量 (吨) Output of Meat (ton)	#猪肉 Pork	#牛肉 Beef	#羊肉 Mutton	禽蛋产量 (吨) Poultry Eggs (ton)	奶类产量 (吨) Milk (ton)	#牛奶 Milk
3064	1752	207	103	4492	31220	31220
98	12	17	23	399		
407	238	10	31	1527		
403	86	73	114	705	14334	14334
27	3	12	5	138	112	112
1491	575	124	85	4002	8471	8471
10025	6876	569	858	7627	5018	4775
4630	2878	413	870	7386	5295	5295
1614	944	228	298	1529		
3164	1554	157	451	3127	328	328
4795	2094	1216	824	1907	25506	25506
1326	941	202	51	3256	14543	14543
3843	2469	645	307	6372	76426	76426
10133	5550	1315	1010	29420	23645	23645
26223	22179	1354	1943	4086	45321	45321
11107	8036	994	1341	3301	53949	53949
7483	3636	853	2020	4559	21411	21360
8268	4175	1344	2024	4321	5577	5571
14396	9877	1646	2359	4263	13902	13900
3891	1632	652	1492	804	3033	3033
30	14	5	3	20	256	256
83	13		9	1134	295	295
97	81		9	436	222	222
3437	2811	31	40	5051	513	513
6648	4293	49	180	23229	2366	2366
5213	4213	315	293	5796		
2133	1547	121	46	6671	5095	4963
12994	10630	104	117	29239	2957	2957
7250	5118	483	573	10629	505	505
6178	5274	156	220	5177	2544	2544
6726	3472	361	290	4770		
3607	3172	111	126	2114		
3401	2890	118	164	5301	509	508
12414	7726	25	167	10340	499	499
8158	5890	285	379	33342	505	505
14628	2565	331	507	1740	494	494
13584	1771	1851	377	6923	135	135
1501	409	109	395	2009	150	150

20-13 续表1

县(市、区)	Region	大牲畜年末存栏(头) Large Animals at Year-end (head)	#牛 Cattle and Buffaloes	猪年末存栏(头) Hogs at Year-end (head)	羊年末存栏(只) Sheep and Goats at Year-end (head)	家禽年末存栏(只) Poultry at Year-end (head)
晋 城 市	**Jincheng**					
城　区	Chengqu	869	869	1397	6703	85545
沁水县	Qinshui	2837	2669	50735	127777	2562049
阳城县	Yangcheng	1546	1495	120510	39312	2857604
陵川县	Lingchuan	926	885	100190	34048	1364436
泽州县	Zezhou	3355	3237	251874	80799	2197094
高平市	Gaoping	951	916	242982	37099	1625243
朔 州 市	**Shuozhou**					
朔城区	Shuocheng	30486	25864	36002	130975	663341
平鲁区	Pinglu	12871	8723	17650	156006	54580
山阴县	Shanyin	84865	83247	38013	130300	267872
应　县	Yingxian	75993	74763	63213	256877	231439
右玉县	Youyu	12964	10847	12542	251884	149936
怀仁市	Huairen	24824	24225	99991	583041	1273222
开发区	Development Zone	2819	2819	482	2132	23281
晋 中 市	**Jinzhong**					
榆次区	Yuci	13358	12920	87329	117435	1657666
太谷区	Taigu	9059	8592	250772	142410	3997757
榆社县	Yushe	10051	9623	34304	105965	569497
左权县	Zuoquan	6480	6260	11717	109178	599618
和顺县	Heshun	26546	26282	12636	51990	1004786
昔阳县	Xiyang	5244	4757	52061	46005	431857
寿阳县	Shouyang	1958	1747	30997	62247	1179503
祁　县	Qixian	55222	55167	45671	114215	2280742
平遥县	Pingyao	12219	12142	63888	125231	5872290
灵石县	Lingshi	1032	584	43584	57294	517739
介休市	Jiexiu	3067	2902	54803	66165	2644744
运 城 市	**Yuncheng**					
盐湖区	Yanhu	2829	2737	52488	111944	1172780
临猗县	Linyi	1732	1713	127914	64435	2099519
万荣县	Wanrong	2490	2288	130494	58161	2708815
闻喜县	Wenxi	2945	2901	98866	50087	3865731
稷山县	Jishan	4843	4826	49220	47818	10006167
新绛县	Xinjiang	10810	10438	121570	46443	3968439
绛　县	Jiangxian	4770	4130	50740	56119	920922
垣曲县	Yuanqu	2172	2123	48207	63572	436139
夏　县	Xiaxian	2469	2376	78804	36299	3111528
平陆县	Pinglu	4662	4662	42158	58518	179081
芮城县	Ruicheng	2636	2494	146622	48258	1065278
永济市	Yongji	5497	5497	136076	44460	1089482
河津市	Hejin	3950	3695	45321	28374	1131951

continued

肉类总产量 (吨) Output of Meat (ton)	#猪肉 Pork	#牛肉 Beef	#羊肉 Mutton	禽蛋产量 (吨) Poultry Eggs (ton)	奶类产量 (吨) Milk (ton)	#牛奶 Milk
214	60	58	34	920		
20544	3202	177	878	4995		
12765	9102	122	285	33606	20	20
7979	5916	80	226	11218		
37399	34306	332	550	20806	69	69
35681	33445	78	249	15959	246	246
5052	2913	577	958	10615	52230	52230
3924	2186	496	1081	551	5223	5223
4889	2146	1549	841	4980	211804	211804
9526	4972	1609	2670	2560	188874	188874
7915	2313	1883	3403	1917	2739	2739
21077	6246	734	13267	7886	30286	30286
149	40	30	30	342	14732	14732
16411	9547	450	1118	13382	40897	40897
49961	38381	1202	1698	32617	12932	12932
5923	2172	506	910	5344	21	21
5096	1824	529	1141	5014	3	3
5065	1110	2099	301	8248		
7561	5083	273	377	2230	157	157
3802	2546	158	480	10299	1876	1876
21559	8051	8941	1368	20091	71420	71420
24009	7242	1156	978	25460	13978	12952
6952	5001	24	375	4108	591	591
11703	6410	191	593	19321	6708	6707
6705	4285	86	598	8058	2598	2578
12703	10402	90	389	17942	1768	1768
14328	12018	209	279	32976	1847	1847
20122	11546	363	347	20032	440	290
10542	5016	176	215	104440	1616	1616
16203	12257	546	200	39868	6003	6003
7202	5214	273	371	4896	213	213
6097	4259	110	387	3682	82	82
11848	6166	263	251	10455	227	227
6167	4898	360	501	2358	1525	1525
20505	17794	123	334	9508	418	418
16056	13792	202	248	9491	8759	8759
5558	4623	93	118	11467	4733	4733

20-13 续表2

县(市、区)	Region	大牲畜年末存栏(头) Large Animals at Year-end (head)	#牛 Cattle and Buffaloes	猪年末存栏(头) Hogs at Year-end (head)	羊年末存栏(只) Sheep and Goats at Year-end (head)	家禽年末存栏(只) Poultry at Year-end (head)
忻州市	**Xinzhou**					
忻府区	Xinfu	14375	13586	32008	75597	400854
定襄县	Dingxiang	9396	7942	26435	46489	94454
五台县	Wutai	24502	23662	25974	87927	332326
代　县	Daixian	27351	25714	13230	73189	149543
繁峙县	Fanshi	41978	36071	100800	163727	1249707
宁武县	Ningwu	16627	14028	48905	97177	26203
静乐县	Jingle	13188	8591	10296	87928	334966
神池县	Shenchi	17933	8394	17115	489864	120260
五寨县	Wuzhai	8547	6525	9669	137211	311970
岢岚县	Kelan	7969	6166	12536	185712	67782
河曲县	Hequ	6502	4153	19669	66088	536470
保德县	Baode	3044	1323	17087	86990	302560
偏关县	Pianguan	4337	3029	6543	180437	112925
原平市	Yuanping	13735	10194	92145	243511	2630043
五台山风景名胜区	Wutai Mount Scenic Area	5872	5331	514	5094	8377
临汾市	**Linfen**					
尧都区	Yaodu	5939	5815	65225	75193	1626823
曲沃县	Quwo	3950	3405	63296	54277	1461464
翼城县	Yicheng	10280	10244	93608	49231	596211
襄汾县	Xiangfen	4353	4265	110980	76647	2732484
洪洞县	Hongtong	11950	11904	100041	94349	2784470
古　县	Guxian	1322	1302	19762	19154	122252
安泽县	Anze	2976	2937	9104	48040	307882
浮山县	Fushan	4239	4070	24442	54214	257149
吉　县	Jixian	1269	1196	20267	21718	147228
乡宁县	Xiangning	10703	10633	39367	68479	1066909
大宁县	Daning	1607	1222	21057	7794	78495
隰　县	Xixian	3165	2777	32192	22618	324056
永和县	Yonghe	2817	2190	4029	63009	249984
蒲　县	Puxian	10529	10524	35139	4613	258784
汾西县	Fenxi	4086	4086	24723	58213	2250575
侯马市	Houma	1945	1945	13590	22518	205035
霍州市	Huozhou	2914	2661	42402	39651	677137
吕梁市	**Lvliang**					
离石区	Lishi	10460	9960	23535	33771	572727
文水县	Wenshui	116750	116736	60366	63897	3704460
交城县	Jiaocheng	22158	21301	27230	30995	940057
兴　县	Xingxian	5113	5011	26374	82947	485511
临　县	Linxian	4026	3024	70987	168586	2004088
柳林县	Liulin	3182	2512	48480	68433	380551
石楼县	Shilou	3674	3201	17217	49218	665596
岚　县	Lanxian	12153	9500	15739	35700	581008
方山县	Fangshan	24277	24104	16541	28815	1043735
中阳县	Zhongyang	7892	7549	49851	22446	811112
交口县	Jiaokou	6404	4902	52564	30846	316241
孝义市	Xiaoyi	3840	3286	49005	28617	2733897
汾阳市	Fenyang	9697	9513	81120	54456	2761622

continued

肉类总产量(吨) Output of Meat (ton)	#猪 肉 Pork	#牛 肉 Beef	#羊 肉 Mutton	禽蛋产量(吨) Poultry Eggs (ton)	奶类产量(吨) Milk (ton)	#牛 奶 Milk
5784	4385	361	509	5115	23962	23962
3535	2735	343	336	1006	2682	2682
5979	3456	1222	879	4340		
3026	1634	597	679	1576	387	387
14917	10613	1781	1252	13521	10746	10746
4770	3284	559	710	685	71	71
2711	917	411	945	3334	305	305
11323	3139	1185	6034	1203	811	811
2444	776	311	827	3714	264	264
3139	949	407	1628	1083	161	161
2415	1470	216	445	6087	8994	8994
2704	1550	124	728	3015	90	90
3316	849	252	1994	1595		
17879	11757	642	2222	29943	4065	4061
230	14	167	19	92		
8563	6785	221	279	15050	8084	8077
10333	5932	232	283	8530	3425	3409
16029	14772	460	304	5470	15450	15450
16515	13453	235	418	24397	1097	1097
12452	8773	820	481	25256	5845	4890
2042	1700	88	111	1090	111	
1174	500	239	99	2516		
3582	2500	551	268	3549	487	437
2607	2139	253	109	1647	33	33
5393	3513	535	302	9886	917	917
1119	895	67	73	688	21	21
3680	3193	152	95	3091	338	336
1538	638	90	354	1381	46	46
3914	2209	1078	30	1133	55	55
13378	2111	318	342	2452	161	145
2799	2434	103	107	2299	1799	1799
6650	5616	125	206	3418	3136	2479
3619	2045	378	262	4374	1220	1220
26680	5995	11647	502	26161	5405	5405
7613	4233	1356	302	6437	2666	2666
3391	2506	305	362	5958	74	74
11263	7956	298	1150	21045	3025	3025
5545	4787	126	408	3958	2830	2830
3467	2157	266	430	7172	300	300
3533	1734	318	144	2305	71	71
4000	1507	711	163	11002	633	633
7894	6427	268	98	3707	150	150
10613	8620	347	199	2012	14	14
24789	4084	103	215	9755	5416	5392
14515	7339	756	390	15944	8080	8080

20-14 农业生产条件(2020年)
CONDITIONS OF AGRICULTURAL PRODUCTION(2020)

县(市、区)	Region	年末有效灌溉面积(公顷) Effective Irrigated Area at Year-end (ha)	农村用电量(万千瓦小时) Electricity Consumption in Rural Areas (10 000 kwh)	农用化肥施用量(折纯量,吨) Agricultural Consumption of Chemical Fertilizers (ton)	农用塑料薄膜使用量(吨) Agricultural Consumption of Plastic Films (ton)	农药使用量(吨) Agricultural Consumption of Farm Chemical (ton)
太 原 市	**Taiyuan**					
小店区	Xiaodian	6880	4911	2069	149	41
迎泽区	Yingze	170	735	2		
杏花岭区	Xinghualing	30	5280	24	1	3
尖草坪区	Jiancaoping	4370	8788	647	287	61
万柏林区	Wanbailin	500	2002	25	1	2
晋源区	Jinyuan	3740	5598	729	104	29
清徐县	Qingxu	25070	21212	10717	1545	219
阳曲县	Yangqu	1760	4457	6999	1271	54
娄烦县	Loufan	1200	1224	680	61	6
古交市	Gujiao	780	2864	505	119	16
大 同 市	**Datong**					
新荣区	Xinrong	5040	1928	1188	311	7
平城区	Pingcheng	4460	7062	570	91	8
云冈区	Yungang	10640	6093	2797	507	106
云州区	Yunzhou	21370	3922	9360	1220	76
阳高县	Yanggao	30590	4221	13039	2087	159
天镇县	Tianzhen	26680	3232	14711	887	79
广灵县	Guangling	18320	3216	8779	468	74
灵丘县	Lingqiu	12250	5707	12114	471	96
浑源县	Hunyuan	18540	7197	14491	905	94
左云县	Zuoyun	3100	1181	1547	160	8
阳 泉 市	**Yangquan**					
郊 区	Jiaoqu	2090	31018	765	69	31
平定县	Pingding	2810	10549	3571	5	47
盂 县	Yuxian	3700	10337	10139	167	92
长 治 市	**Changzhi**					
潞州区	Luzhou	8680	19580	4774	313	30
上党区	Shangdang	10300	13808	10138	99	47
屯留区	Tunliu	18260	10458	22434	176	87
潞城区	Lucheng	5200	6572	8712	152	52
襄垣县	Xiangyuan	9130	9358	9591	210	69
平顺县	Pingshun	1620	2759	3149	172	102
黎城县	Licheng	10580	4662	4313	25	71
壶关县	Huguan	700	8693	8775	483	107
长子县	Zhangzi	16190	9176	20379	723	255
武乡县	Wuxiang	6400	3416	6066	124	40
沁 县	Qinxian	7740	2595	7986	189	29
沁源县	Qinyuan	2380	3969	2340	188	30

20-14 续表1 continued

县(市、区)	Region	年末有效灌溉面积(公顷) Effective Irrigated Area at Year-end (ha)	农村用电量(万千瓦小时) Electricity Consumption in Rural Areas (10 000 kwh)	农用化肥施用量(折纯量，吨) Agricultural Consumption of Chemical Fertilizers (ton)	农用塑料薄膜使用量(吨) Agricultural Consumption of Plastic Films (ton)	农药使用量(吨) Agricultural Consumption of Farm Chemical (ton)
晋城市	**Jincheng**					
城　区	Chengqu	2750	4696	346	6	4
沁水县	Qinshui	9970	4393	8623	84	103
阳城县	Yangcheng	9910	27646	10559	30	95
陵川县	Lingchuan	3090	7919	13125	223	183
泽州县	Zezhou	11390	15982	11913	60	188
高平市	Gaoping	11300	19993	16133	332	232
朔州市	**Shuozhou**					
朔城区	Shuocheng	36430	3663	11509	1424	91
平鲁区	Pinglu	900	595	6387	132	55
山阴县	Shanyin	27620	3477	15306	1010	96
应　县	Yingxian	55490	9402	22795	1825	219
右玉县	Youyu	3000	1901	1891	155	27
怀仁市	Huairen	31210	7332	12127	832	57
晋中市	**Jinzhong**					
榆次区	Yuci	25240	18975	13364	949	300
太谷区	Taigu	30050	15489	16477	2378	284
榆社县	Yushe	5590	708	2659	74	39
左权县	Zuoquan	7430	5849	2030	205	28
和顺县	Heshun	5970	2506	2288	471	58
昔阳县	Xiyang	5670	3222	5439	113	77
寿阳县	Shouyang	5650	6801	19946	1355	311
祁　县	Qixian	27340	16265	14499	742	323
平遥县	Pingyao	37800	14813	13676	377	280
灵石县	Lingshi	2850	10422	1652	24	38
介休市	Jiexiu	15040	29977	3702	39	61
运城市	**Yuncheng**					
盐湖区	Yanhu	49140	41955	20343	997	1445
临猗县	Linyi	84590	38895	54692	1491	6125
万荣县	Wanrong	54720	23975	13405	1321	1409
闻喜县	Wenxi	16450	34657	23531	456	365
稷山县	Jishan	30460	43895	12312	18	272
新绛县	Xinjiang	25330	20324	22995	683	609
绛　县	Jiangxian	15380	7983	24665	310	244
垣曲县	Yuanqu	8170	4050	5126	303	195
夏　县	Xiaxian	23780	18473	24758	1828	754
平陆县	Pinglu	17160	7502	13400	168	308
芮城县	Ruicheng	48410	16372	19961	180	1283
永济市	Yongji	46050	20526	16538	1659	1113
河津市	Hejin	18290	29420	11621	121	302

20–14 续表2 continued

县(市、区)	Region	年末有效灌溉面积(公顷) Effective Irrigated Area at Year-end (ha)	农村用电量(万千瓦小时) Electricity Consumption in Rural Areas (10 000 kwh)	农用化肥施用量(折纯量, 吨) Agricultural Consumption of Chemical Fertilizers (ton)	农用塑料薄膜使用量(吨) Agricultural Consumption of Plastic Films (ton)	农药使用量(吨) Agricultural Consumption of Farm Chemical (ton)
忻州市	**Xinzhou**					
忻府区	Xinfu	35530	15029	19628	480	180
定襄县	Dingxiang	21720	9787	10248	250	59
五台县	Wutai	6280	6076	7722	652	92
代　县	Daixian	17770	3789	10487	207	71
繁峙县	Fanshi	14520	11950	14676	732	95
宁武县	Ningwu	1550	1261	255	39	12
静乐县	Jingle	1550	1230	4076	265	30
神池县	Shenchi	1730	601	13206	1006	22
五寨县	Wuzhai	4200	1120	15979	1242	86
岢岚县	Kelan	1830	1028	3859	614	14
河曲县	Hequ	3980	1898	6290	267	75
保德县	Baode	1060	6373	3501	80	18
偏关县	Pianguan	1110	1013	5381	317	18
原平市	Yuanping	32350	10041	24929	216	201
临汾市	**Linfen**					
尧都区	Yaodu	27020	19993	18114	616	800
曲沃县	Quwo	15730	12100	12141	1407	314
翼城县	Yicheng	12320	9825	11359	217	257
襄汾县	Xiangfen	31870	28229	27435	395	497
洪洞县	Hongtong	28720	16341	24150	178	614
古　县	Guxian	1070	1239	5063	47	46
安泽县	Anze	2040	655	6595	239	43
浮山县	Fushan	3660	1570	5968	121	98
吉　县	Jixian	3450	399	6311	405	239
乡宁县	Xiangning	1580	5286	8818	99	163
大宁县	Daning	2500	337	2646	67	33
隰　县	Xixian	2270	1042	6250	130	74
永和县	Yonghe	1560	424	2746	12	28
蒲　县	Puxian	2560	3730	4605	318	17
汾西县	Fenxi	250	1604	1312	65	35
侯马市	Houma	8310	4954	8865	183	92
霍州市	Huozhou	6900	4908	3573	49	81
吕梁市	**Lvliang**					
离石区	Lishi	2090	10180	2417	33	6
文水县	Wenshui	30870	21851	9276	96	274
交城县	Jiaocheng	8840	13158	2784	64	61
兴　县	Xingxian	5380	2707	3289	26	19
临　县	Linxian	8140	6041	13162	210	77
柳林县	Liulin	4920	5218	2965	63	19
石楼县	Shilou	1720	1250	3884	38	30
岚　县	Lanxian	4300	2456	4291	655	35
方山县	Fangshan	2540	2953	3257	70	17
中阳县	Zhongyang	650	6752	1669	24	7
交口县	Jiaokou		8902	2001	156	2
孝义市	Xiaoyi	11170	10400	4497	28	32
汾阳市	Fenyang	28510	19352	9877	67	79

20-15 农业机械年末拥有量(2020年)
AGRICULTURAL MACHINERY AT YEAR-END(2020)

县(市、区)	Region	农业机械总动力(千瓦) Total Power of Agricultural Machinery (kw)	大中型农用拖拉机(台) Large and Medium Tractors for Agriculture (unit)	小型农用拖拉机(台) Mini-tractors for Agriculture (unit)	联合收割机(台) Combine Harvesters (unit)
太原市	**Taiyuan**				
小店区	Xiaodian	52407	179	363	158
迎泽区	Yingze	507	2	19	
杏花岭区	Xinghualing	5695	7	155	1
尖草坪区	Jiancaoping	8250	56	120	6
万柏林区	Wanbailin	1600	7	16	1
晋源区	Jinyuan	40815	128	166	12
清徐县	Qingxu	172570	905	462	331
阳曲县	Yangqu	136088	1189	2791	298
娄烦县	Loufan	31164	357	366	6
古交市	Gujiao	62557	118	475	13
大同市	**Datong**				
新荣区	Xinrong	76774	422	2735	93
平城区	Pingcheng	16287	11	30	22
云冈区	Yungang	133199	1083	840	200
云州区	Yunzhou	158947	1326	2786	277
阳高县	Yanggao	247055	1996	1682	393
天镇县	Tianzhen	150630	1245	1846	280
广灵县	Guangling	106940	1122	544	342
灵丘县	Lingqiu	75718	740	109	166
浑源县	Hunyuan	105637	870	930	362
左云县	Zuoyun	82073	510	2785	68
阳泉市	**Yangquan**				
郊　区	Jiaoqu	46004	148	373	41
平定县	Pingding	118026	399	1147	77
盂　县	Yuxian	200024	1177	6369	301
长治市	**Changzhi**				
潞州区	Luzhou	56926	356	231	110
上党区	Shangdang	61405	478	295	95
屯留区	Tunliu	236297	1911	5392	725
潞城区	Lucheng	115629	983	1370	312
襄垣县	Xiangyuan	132621	1636	505	461
平顺县	Pingshun	55983	159	678	18
黎城县	Licheng	111436	672	6480	160
壶关县	Huguan	53820	502	445	128
长子县	Zhangzi	174476	977	2002	557
武乡县	Wuxiang	126641	1095	3472	148
沁　县	Qinxian	123741	1428	1008	416
沁源县	Qinyuan	45761	558	610	53

20-15 续表1 continued

县(市、区)	Region	农业机械总动力(千瓦) Total Power of Agricultural Machinery (kw)	大中型农用拖拉机(台) Large and Medium Tractors for Agriculture (unit)	小型农用拖拉机(台) Mini-tractors for Agriculture (unit)	联合收割机(台) Combine Harvesters (unit)
晋 城 市	**Jincheng**				
城　区	Chengqu	14534	106	79	20
沁水县	Qinshui	110524	745	8186	167
阳城县	Yangcheng	173701	794	15348	246
陵川县	Lingchuan	53949	567	2026	154
泽州县	Zezhou	192300	1332	6846	481
高平市	Gaoping	89955	1021	2211	227
朔 州 市	**Shuozhou**				
朔城区	Shuocheng	361260	1488	2697	573
平鲁区	Pinglu	129658	612	1220	119
山阴县	Shanyin	325958	2798	1832	677
应　县	Yingxian	251221	1670	1951	544
右玉县	Youyu	154603	1402	3099	204
怀仁市	Huairen	263113	1678	1456	642
晋 中 市	**Jinzhong**				
榆次区	Yuci	274789	1620	3667	436
太谷区	Taigu	226140	1117	6235	312
榆社县	Yushe	101790	554	3388	82
左权县	Zuoquan	92232	265	7400	44
和顺县	Heshun	98548	368	6978	35
昔阳县	Xiyang	136669	856	6585	82
寿阳县	Shouyang	276508	3168	4652	1133
祁　县	Qixian	197000	1106	3987	660
平遥县	Pingyao	197080	983	3885	511
灵石县	Lingshi	104824	663	805	133
介休市	Jiexiu	154062	787	88	287
运 城 市	**Yuncheng**				
盐湖区	Yanhu	349082	1660	9060	637
临猗县	Linyi	449012	1450	21497	807
万荣县	Wanrong	238240	1602	2560	323
闻喜县	Wenxi	187230	2016	1182	641
稷山县	Jishan	211076	1626	1407	912
新绛县	Xinjiang	248090	1467	490	911
绛　县	Jiangxian	113077	715	968	352
垣曲县	Yuanqu	89190	891	1482	279
夏　县	Xiaxian	233000	1762	3814	750
平陆县	Pinglu	186084	1021	8330	345
芮城县	Ruicheng	383016	1878	1089	1146
永济市	Yongji	365077	2823	8638	1166
河津市	Hejin	114066	835	236	475

20–15 续表2 continued

县(市、区)	Region	农业机械总动力(千瓦) Total Power of Agricultural Machinery (kw)	大中型农用拖拉机(台) Large and Medium Tractors for Agriculture (unit)	小型农用拖拉机(台) Mini–tractors for Agriculture (unit)	联合收割机(台) Combine Harvesters (unit)
忻州市	**Xinzhou**				
忻府区	Xinfu	251603	2353	1544	811
定襄县	Dingxiang	123214	697	1178	482
五台县	Wutai	107884	1268	4261	123
代　县	Daixian	109792	581	2079	338
繁峙县	Fanshi	154800	1011	1984	372
宁武县	Ningwu	27546	266	753	13
静乐县	Jingle	65742	636	1744	24
神池县	Shenchi	187369	1963	4374	269
五寨县	Wuzhai	231214	4788	2590	285
岢岚县	Kelan	120600	1370	458	180
河曲县	Hequ	71046	440	1639	29
保德县	Baode	80322	97	342	10
偏关县	Pianguan	53803	456	1966	11
原平市	Yuanping	263617	1709	4664	825
临汾市	**Linfen**				
尧都区	Yaodu	223210	1140	1962	821
曲沃县	Quwo	226661	844	910	713
翼城县	Yicheng	234721	1531	3816	970
襄汾县	Xiangfen	300608	2131	1487	1432
洪洞县	Hongtong	292073	2615	2313	1246
古　县	Guxian	72883	998	1311	169
安泽县	Anze	70645	698	3379	92
浮山县	Fushan	89213	974	1835	235
吉　县	Jixian	101733	496	5740	11
乡宁县	Xiangning	143902	1223	2534	81
大宁县	Daning	41872	397	1844	15
隰　县	Xixian	104725	1020	4457	38
永和县	Yonghe	48952	525	845	29
蒲　县	Puxian	48237	773	1128	28
汾西县	Fenxi	69773	871	916	79
侯马市	Houma	91418	628	61	241
霍州市	Huozhou	90934	936	1358	194
吕梁市	**Lvliang**				
离石区	Lishi	42790	200	287	9
文水县	Wenshui	241354	842	1435	523
交城县	Jiaocheng	83537	137	510	103
兴　县	Xingxian	92507	179	293	22
临　县	Linxian	179280	845	65	52
柳林县	Liulin	79221	364	532	23
石楼县	Shilou	68200	412	227	18
岚　县	Lanxian	95410	1132	1762	142
方山县	Fangshan	48241	236	934	22
中阳县	Zhongyang	59487	120	686	13
交口县	Jiaokou	69200	714	544	46
孝义市	Xiaoyi	63952	616	336	187
汾阳市	Fenyang	258959	1740	698	480

20-16 工业主要指标(2020年)

单位：万元

县(市、区)	Region	单位数(个) Number of Enterprises(unit)	资产总计 Total Assets
太 原 市	**Taiyuan**		
小店区	Xiaodian	54	2666796
迎泽区	Yingze	15	2611105
杏花岭区	Xinhualing	31	1222218
尖草坪区	Jiancaoping	100	16143713
万柏林区	Wanbailin	31	12915588
晋源区	Jingyuan	24	364504
清徐县	Qingxu	81	7767185
阳曲县	Yangqu	52	1031595
娄烦县	Loufan	15	808897
古交市	High-tech Zone	40	3551615
综合示范区	Comprehensive Reform Demonstration Zone	187	22691233
大 同 市	**Datong**		
新荣区	Xinrong	30	771208
平城区	Pingcheng	30	2340051
云冈区	Yungang	90	39293589
云州区	Yunzhou	12	157545
阳高县	Yanggao	23	1187403
天镇县	Tianzhen	14	607244
广灵县	Guangling	20	677014
灵丘县	Lingqiu	25	703702
浑源县	Hunyuan	13	600883
左云县	Zuoyun	36	5049366
开发区	Development Zone	73	2778862
阳 泉 市	**Yangquan**		
城　区	Chengqu	13	725202
矿　区	Kuangqu	20	22834103
郊　区	Jiaoqu	64	2756571
平定县	Pingding	78	2937217
盂　县	Yuxian	47	3249366
长 治 市	**Changzhi**		
潞州区	Luzhou	92	7170253
上党区	Shangdang	79	6428806
屯留区	Tunliu	46	4012283
潞城区	Lucheng	59	5799679
襄垣县	Xiangyuan	60	28699017
平顺县	Pingshun	18	599504
黎城县	Licheng	14	641063
壶关县	Huguan	26	1006989
长子县	Zhangzi	37	4125949
武乡县	Wuxiang	22	1339736
沁　县	Qinxian	5	314095
沁源县	Qinyuan	42	6982177

MAJOR INDUSTRIAL INDICATORS(2020)

(10 000 yuan)

负债合计 Total Liabilities	营业收入 Business Revenue	利润总额 Total Profits	应交增值税 Value Added Taxes Payable
2038550	1229181	43795	15787
1253867	894353	32053	31644
818093	609021	-11415	13796
9420204	10530998	463638	144739
10455514	3684696	34587	151979
307382	191430	10197	3888
5539096	3690112	102063	45854
729467	872043	58392	16908
718010	319585	-2278	18867
3162926	1365192	16592	39213
16865197	14513401	351093	124132
533489	710687	-7671	12258
1285615	1263216	116811	40147
35847315	7581564	-64319	188574
97652	49385	3834	265
926803	332823	-865	4179
384013	152036	36767	3927
393136	261232	41043	5016
504496	242111	8180	6835
443090	72920	12418	-563
3913411	1334062	165842	64932
1787952	2062422	68978	34206
443611	240025	14896	9291
19281514	2491265	-65342	106287
1865358	958371	42465	44777
2714574	1102311	-79777	27003
2659122	944670	38792	53102
4736862	4448769	416550	110222
3245451	2287737	307088	129910
3137517	1938162	25043	78560
3882334	3544199	175261	41211
22123539	5606276	126394	233971
381521	173421	21367	3682
435975	687176	31547	17253
985189	1432396	128768	16023
2502139	1657840	198012	116531
1175567	670369	31138	33836
200306	247955	10719	1856
4899264	2014252	223438	92262

20-16 续表1

单位：万元

县(市、区)	Region	单位数(个) Number of Enterprises(unit)	资产总计 Total Assets
晋 城 市	**Jincheng**		
城　区	Chengqu	54	4377387
沁水县	Qinshui	63	22893778
阳城县	Yangcheng	91	5295354
陵川县	Lingchuan	19	492190
泽州县	Zezhou	113	10243064
高平市	Gaoping	86	6415718
朔 州 市	**Shuozhou**		
朔城区	Shuocheng	22	1068367
平鲁区	Pinglu	50	12668480
山阴县	Shanyin	59	5510613
应　县	Yingxian	41	492064
右玉县	Youyu	25	2422228
怀仁市	Huairen	117	3116855
经济开发区	Economic Development Zone	36	3135216
晋 中 市	**Jinzhong**		
榆次区	Yuci	198	5214205
太谷区	Taigu	90	1322171
榆社县	Yushe	18	617869
左权县	Zuoquan	25	1667823
和顺县	Heshun	23	2114987
昔阳县	Xiyang	31	2796038
寿阳县	Shouyang	52	3796020
祁　县	Qixian	52	751724
平遥县	Pingyao	72	2279860
灵石县	Lingshi	112	6515302
介休市	Jiexiu	134	9130782
运 城 市	**Yuncheng**		
盐湖区	Yanhu	66	1337706
临猗县	Linyi	43	657445
万荣县	Wanrong	36	573078
闻喜县	Wenxi	34	4097239
稷山县	Jishan	32	1390328
新绛县	Xinjiang	35	2367981
绛　县	Jiangxian	46	1173577
垣曲县	Yuanqu	22	1671249
夏　县	Xiaxian	28	545924
平陆县	Pinglu	27	828170
芮城县	Ruicheng	40	1510122
永济市	Yongji	61	1611995
河津市	Hejin	97	6424412
经济开发区	Economic Development Zone	41	2887883

continued

(10 000 yuan)

负债合计 Total Liabilities	营业收入 Business Revenue	利润总额 Total Profits	应交增值税 Value Added Taxes Payable
2196533	2540458	228746	35431
15230867	5166836	614765	195526
3624504	2521047	214330	101225
276334	194808	21415	8483
5698137	5553581	375911	227569
5497602	2600097	41049	94847
813656	305437	6810	13465
8043654	4218168	300188	277150
3425221	1996349	149701	61008
269594	303138	10667	2964
1396367	697149	62432	35054
2735536	2189943	96223	84385
2111658	1101085	59940	40038
3678039	2740958	-22505	55971
830696	1046069	16307	35216
623055	511266	21915	10779
1529989	495035	-65090	20042
1832611	655202	8226	45980
2407479	902345	61546	55415
2707677	1497992	8267	61495
568598	573505	18147	8623
1913944	1555325	-8925	30770
5190350	4451662	75652	115309
7276573	7139293	28451	147314
1116776	943988	11782	17017
457794	538710	12070	10333
263314	320868	9269	8791
2503097	3323048	121339	45641
820534	1390468	33836	25262
1624477	2993042	255825	39112
587641	700847	8106	8450
1284867	1062031	18174	35671
285629	277383	12678	6867
521572	471590	57337	5143
1190054	455826	-5450	16026
1079535	1055646	26024	24641
4636666	6310864	541864	162221
2277120	1586438	-12410	8606

20-16 续表2

单位：万元

县(市、区)	Region	单位数(个) Number of Enterprises(unit)	资产总计 Total Assets
忻 州 市	**Xinzhou**		
忻府区	Xinfu	42	1631304
定襄县	Dingxiang	57	558703
五台县	Wutai	23	724992
代　县	Daixian	74	1340413
繁峙县	Fanshi	62	1642620
宁武县	Ningwu	36	3423643
静乐县	Jingle	15	1329863
神池县	Shenchi	15	799284
五寨县	Wuzhai	14	176953
岢岚县	Kelan	23	1082918
河曲县	Hequ	30	2847487
保德县	Baode	25	1941236
偏关县	Pianguan	10	460419
原平市	Yuanping	51	5021265
五台山风景名胜区	Wutai Mount Scenic Area	1	10428
临 汾 市	**Linfen**		
尧都区	Yaodu	70	3354937
曲沃县	Quwo	30	5312955
翼城县	Yicheng	35	914320
襄汾县	Xiangfen	51	2697947
洪洞县	Hongtong	74	5816249
古　县	Guxian	27	1675818
安泽县	Anze	14	1357006
浮山县	Fushan	20	400470
吉　县	Jixian	7	171733
乡宁县	Xiangning	40	3406022
大宁县	Daning	4	143288
隰　县	Xixian	5	272833
永和县	Yonghe	6	418413
蒲　县	Puxian	48	3968170
汾西县	Fenxi	9	179618
侯马市	Houma	39	1754477
霍州市	Huozhu	23	5181270
吕 梁 市	**Lvliang**		
离石区	Lishi	34	4391336
文水县	Wenshui	74	2760775
交城县	Jiaocheng	69	2970409
兴　县	Xingxian	31	4734290
临　县	Linxian	27	2889168
柳林县	Liulin	50	11250602
石楼县	Shilou	6	229120
岚　县	Lanxian	21	2018429
方山县	Fangshan	18	1106746
中阳县	Zhongyang	35	3602106
交口县	Jiaokou	26	1704755
孝义市	Xiaoyi	143	14315844
汾阳市	Fenyang	54	2818390

continued

(10 000 yuan)

负债合计 Total Liabilities	营业收入 Business Revenue	利润总额 Total Profits	应交增值税 Value Added Taxes Payable
1019932	749404	77874	18422
251685	704390	61514	18432
440499	292575	23904	12863
1012851	911193	58453	32292
1259401	1101687	122819	52953
2701475	734384	54172	43707
1219374	176248	-10435	7932
517447	105301	24543	2692
102349	110083	5389	1051
713438	354802	34197	8458
1658073	1172202	214245	71614
1045047	763483	113494	54904
252522	146285	40901	10189
3847671	1777093	18561	22781
13861	3142	-1546	
2618261	1397968	77049	48772
4289629	5784829	62060	29223
831330	578360	18974	13379
1728195	3110535	179506	73573
3912144	1963767	119652	52809
1163889	920034	108326	37246
678770	882779	158573	54830
328325	247475	21353	4818
84578	80721	5981	5756
1698247	1489568	333875	97945
92867	120449	47265	-1638
210336	18898	3054	-187
172398	194749	59544	330
3081283	1536003	112545	76143
139768	147697	6045	-702
1458052	1079588	25424	12950
4231074	1255355	25849	48784
3640387	1524328	136946	76737
1986483	1326422	-58545	13911
2457967	2220768	135309	51391
2361469	2324166	424712	135110
1979499	915298	117474	58127
8509249	3649792	426907	223260
187820	42924	8361	-3473
890182	867929	74458	41842
682661	668863	26325	36836
2203555	2100730	196400	93774
924890	1002338	40071	28508
11452972	6269983	245172	137376
1556564	2146781	270746	99953

20-17 社会消费品零售总额(2020年)
TOTAL RETAIL SALES OF CONSUMER GOODS(2020)

单位：万元 (10 000 yuan)

县(市、区)	Region	社会消费品零售总额 Total Retail Sales of Consumer Goods	城镇 Town	乡村 Village
太原市	**Taiyuan**			
小店区	Xiaodian	4850340	4795790	54550
迎泽区	Yingze	3702167	3663216	38951
杏花岭区	Xinghualing	2083413	2042905	40508
尖草坪区	Jiancaoping	1030213	796642	233570
万柏林区	Wanbailin	1832288	1799485	32803
晋源区	Jinyuan	464916	425238	39678
清徐县	Qingxu	484379	297739	186639
阳曲县	Yangquan	136951	80953	55997
娄烦县	Loufan	46791	25900	20891
古交市	Gujiao	377171	274805	102366
综改示范区	Comprehensive Reform Demonstration Zone	1542502	1542502	
大同市	**Datong**			
新荣区	Xinrong	134966	84376	50590
平城区	Pingcheng	3410020	2922124	487896
云冈区	Yungang	1308628	974740	333888
云州区	Yunzhou	436969	310692	126277
阳高县	Yanggao	118319	81450	36869
天镇县	Tianzhen	114854	67018	47836
广灵县	Guangling	109441	60971	48470
灵丘县	Lingqiu	335348	175871	159477
浑源县	Hunyuan	330015	208232	121784
左云县	Zuoyun	255051	150412	104639
阳泉市	**Yangquan**			
城　区	Chengqu	1100833	1083662	17171
矿　区	Kuangqu	312170	311419	751
郊　区	Jiaoqu	421205	238756	182449
平定县	Pingding	531006	395162	135845
盂　县	Yuxian	538739	429675	109064

20-17 续表1 continued

单位：万元 (10 000 yuan)

县(市、区)	Region	社会消费品零售总额 Total Retail Sales of Consumer Goods	城镇 Town	乡村 Village
长治市	**Changzhi**			
潞州区	Luzhou	3424809	3358020	66790
上党区	Shangdang	298362	154176	144186
屯留区	Tunliu	238576	122782	115795
潞城区	Lucheng	224816	154151	70665
襄垣县	Xiangyuan	328114	247723	80391
平顺县	Pingshun	126705	71258	55448
黎城县	Licheng	141681	81922	59759
壶关县	Huguan	199360	86443	112918
长子县	Zhangzi	270466	125600	144865
武乡县	Wuxiang	175688	106349	69338
沁　县	Qinxian	136651	61738	74913
沁源县	Qinyuan	225163	126482	98681
晋城市	**Jincheng**			
城　区	Chengqu	2835252	2835252	
沁水县	Qinshui	268118	169252	98867
阳城县	Yangcheng	346767	249824	96943
陵川县	Lingchuan	167409	85494	81915
泽州县	Zezhou	486931	235452	251479
高平市	Gaoping	584635	426801	157834
朔州市	**Shuozhou**			
朔城区	Shuocheng	794154	564300	229854
平鲁区	Pinglu	329623	233162	96461
山阴县	Shanyin	392432	278113	114319
应　县	Yingxian	297422	211001	86422
右玉县	Youyu	150374	106975	43399
怀仁市	Huairen	783188	553541	229647
开发区	Development Zone	237882	162311	75571
晋中市	**Jinzhong**			
榆次区	Yuci	1974761	1522289	452472
太谷区	Taigu	395100	308406	86694
榆社县	Yushe	113519	92948	20571
左权县	Zuoquan	148964	116416	32548
和顺县	Heshun	134600	103572	31028

20–17 续表2 continued

单位：万元 (10 000 yuan)

县(市、区)	Region	社会消费品零售总额 Total Retail Sales of Consumer Goods	城 镇 Town	乡 村 Village
昔阳县	Xiyang	262551	207319	55232
寿阳县	Shouyang	271496	212038	59458
祁 县	Qixian	425889	328302	97586
平遥县	Pingyao	630912	487570	143341
灵石县	Lingshi	669147	517493	151654
介休市	Jiexiu	906894	716370	190524
运 城 市	**Yuncheng**			
盐湖区	Yanhu	2525666	2098111	427555
临猗县	Linyi	666221	463902	202319
万荣县	Wanrong	362151	239144	123007
闻喜县	Wenxi	323588	223117	100472
稷山县	Jishan	226033	169976	56056
新绛县	Xinjiang	481106	354181	126926
绛 县	Jiangxian	161758	121642	40116
垣曲县	Yuanqu	304255	231383	72872
夏 县	Xiaxian	294675	221596	73080
平陆县	Pinglu	273299	205521	67778
芮城县	Ruicheng	273864	194302	79563
永济市	Yongji	513217	404714	108504
河津市	Hejin	702518	513667	188851
忻 州 市	**Xinzhou**			
忻府区	Xinfu	1326332	969609	356723
定襄县	Dingxiang	230095	147663	82432
五台县	Wutai	206271	139043	67228
代 县	Daixian	99412	61529	37883
繁峙县	Fanshi	234022	143841	90181
宁武县	Ningwu	138022	87273	50749
静乐县	Jingle	117381	72677	44704
神池县	Shenchi	120590	81324	39266
五寨县	Wuzhai	133056	92372	40684
岢岚县	Kelan	119228	78863	40366
河曲县	Hequ	178056	119211	58845
保德县	Baode	205507	140425	65082
偏关县	Pianguan	64776	45254	19522
原平市	Yuanping	555392	383650	171742
五台山风景名胜区	Wutai Mount Scenic Area	88202	59114	29089

20-17 续表3 continued

单位：万元 (10 000 yuan)

县(市、区)	Region	社会消费品零售总额 Total Retail Sales of Consumer Goods	城镇 Town	乡村 Village
临汾市	**Linfen**			
尧都区	Yaodu	2604936	2274781	330154
曲沃县	Quwo	283458	220125	63333
翼城县	Yicheng	375992	279434	96559
襄汾县	Xiangfen	547249	438715	108533
洪洞县	Hongdong	730092	532936	197156
古　县	Guxian	109255	85138	24118
安泽县	Anze	104242	85613	18629
浮山县	Fushan	128412	101560	26851
吉　县	Jixian	87325	66925	20400
乡宁县	Xiangning	207200	174549	32651
大宁县	Daning	54571	47674	6898
隰　县	Xixian	101001	80965	20037
永和县	Yonghe	64515	53681	10834
蒲　县	Puxian	87446	78443	9003
汾西县	Fenxi	147022	120194	26828
侯马市	Houma	607110	548188	58922
霍州市	Huozhou	326051	252476	73576
吕梁市	**Lvliang**			
离石区	Lishi	680464	468143	212322
文水县	Wenshui	209839	144372	65467
交城县	Jiaocheng	194734	121863	72871
兴　县	Xingxian	158569	118035	40534
临　县	Linxian	446759	284477	162282
柳林县	Liulin	383889	312964	70925
石楼县	Shilou	33030	25693	7337
岚　县	Lanxian	110117	77425	32692
方山县	Fangshan	94621	75907	18714
中阳县	Zhongyang	140017	103609	36407
交口县	Jiaokou	78590	63516	15074
孝义市	Xiaoyi	1392321	1162588	229733
汾阳市	Fenyang	642799	576543	66256